给此院士
建设尚未
贺教劳印
重大攻向项目
心王之然

李长林

教育部哲学社会科学研究重大课题攻关项目

"十四五"时期国家重点出版物出版专项规划项目

新时代教育工作目标研究

RESEARCH ON NEW ERA'S EDUCATIONAL OBJECTIVE

卢黎歌

等著

中国财经出版传媒集团

经济科学出版社
Economic Science Press

·北京·

图书在版编目（CIP）数据

新时代教育工作目标研究／卢黎歌等著 . -- 北京 ：
经济科学出版社，2024.12. -- ISBN 978 - 7 - 5218 - 6608
- 7

Ⅰ . G52

中国国家版本馆 CIP 数据核字第 2024YB3001 号

责任编辑：孙丽丽　纪小小
责任校对：郑淑艳
责任印制：范　艳

新时代教育工作目标研究

卢黎歌　等著

经济科学出版社出版、发行　新华书店经销

社址：北京市海淀区阜成路甲 28 号　邮编：100142

总编部电话：010 - 88191217　发行部电话：010 - 88191522

网址：www. esp. com. cn

电子邮箱：esp@ esp. com. cn

天猫网店：经济科学出版社旗舰店

网址：http：//jjkxcbs. tmall. com

北京季蜂印刷有限公司印装

787 × 1092　16 开　37.25 印张　730000 字

2024 年 12 月第 1 版　2024 年 12 月第 1 次印刷

ISBN 978 - 7 - 5218 - 6608 - 7　定价：149.00 元

（图书出现印装问题，本社负责调换。电话：010 - 88191545）

（版权所有　侵权必究　打击盗版　举报热线：010 - 88191661

QQ：2242791300　营销中心电话：010 - 88191537

电子邮箱：dbts@ esp. com. cn）

课题组主要成员

首 席 专 家　卢黎歌

子课题负责人　秦　龙　　文　明　　张立杰　　龙宝新
　　　　　　　　郑庆华　　陆根书

课 题 组 成 员　李迎霞　　吴凯丽　　李英豪　　隋牧蓉
　　　　　　　　岳　潇　　郭玉杰　　钱　瑾　　李华飞
　　　　　　　　武星星　　王　霞　　胡长栓　　杨　华
　　　　　　　　田建军　　卢春天　　訾艳阳　　宋宝萍
　　　　　　　　阮云志　　魏　华　　邓　谨　　李丹阳
　　　　　　　　向苗苗　　吉瑞霞　　王玉福　　杨　佩
　　　　　　　　孙　媛　　王安潮　　杨聚鹏　　王洪礼

（注：以上课题组成员排名以子课题组为序，排名不分先后。郑庆华、陆根书因工作调整，子课题分别由张立杰、龙宝新担任负责人）

总 序

哲学社会科学是人们认识世界、改造世界的重要工具，是推动历史发展和社会进步的重要力量，其发展水平反映了一个民族的思维能力、精神品格、文明素质，体现了一个国家的综合国力和国际竞争力。一个国家的发展水平，既取决于自然科学发展水平，也取决于哲学社会科学发展水平。

党和国家高度重视哲学社会科学。党的十八大提出要建设哲学社会科学创新体系，推进马克思主义中国化、时代化、大众化，坚持不懈用中国特色社会主义理论体系武装全党、教育人民。2016 年 5 月 17 日，习近平总书记亲自主持召开哲学社会科学工作座谈会并发表重要讲话。讲话从坚持和发展中国特色社会主义事业全局的高度，深刻阐释了哲学社会科学的战略地位，全面分析了哲学社会科学面临的新形势，明确了加快构建中国特色哲学社会科学的新目标，对哲学社会科学工作者提出了新期待，体现了我们党对哲学社会科学发展规律的认识达到了一个新高度，是一篇新形势下繁荣发展我国哲学社会科学事业的纲领性文献，为哲学社会科学事业提供了强大精神动力，指明了前进方向。

高校是我国哲学社会科学事业的主力军。贯彻落实习近平总书记哲学社会科学座谈会重要讲话精神，加快构建中国特色哲学社会科学，高校应发挥重要作用：要坚持和巩固马克思主义的指导地位，用中国化的马克思主义指导哲学社会科学；要实施以育人育才为中心的哲学社会科学整体发展战略，构筑学生、学术、学科一体的综合发展体系；要以人为本，从人抓起，积极实施人才工程，构建种类齐全、梯队衔接的高校哲学社会科学人才体系；要深化科研管理体制改革，发挥高校人才、智力和学科优势，提升学术原创能力，激发创新创造活力，建设中国特色新型高校智库；要加强组织领导、做好统筹规划、营造良好学术生态，形成统筹推进高校哲学社会科学发展新格局。

哲学社会科学研究重大课题攻关项目计划是教育部贯彻落实党中央决策部署的一项重大举措，是实施"高校哲学社会科学繁荣计划"的重要内容。重大攻关项目采取招投标的组织方式，按照"公平竞争，择优立项，严格管理，铸造精品"的要求进行，每年评审立项约40个项目。项目研究实行首席专家负责制，鼓励跨学科、跨学校、跨地区的联合研究，协同创新。重大攻关项目以解决国家现代化建设过程中重大理论和实际问题为主攻方向，以提升为党和政府咨询决策服务能力和推动哲学社会科学发展为战略目标，集合优秀研究团队和顶尖人才联合攻关。自2003年以来，项目开展取得了丰硕成果，形成了特色品牌。一大批标志性成果纷纷涌现，一大批科研名家脱颖而出，高校哲学社会科学整体实力和社会影响力快速提升。国务院副总理刘延东同志做出重要批示，指出重大攻关项目有效调动各方面的积极性，产生了一批重要成果，影响广泛，成效显著；要总结经验，再接再厉，紧密服务国家需求，更好地优化资源，突出重点，多出精品，多出人才，为经济社会发展做出新的贡献。

作为教育部社科研究项目中的拳头产品，我们始终秉持以管理创新服务学术创新的理念，坚持科学管理、民主管理、依法管理，切实增强服务意识，不断创新管理模式，健全管理制度，加强对重大攻关项目的选题遴选、评审立项、组织开题、中期检查到最终成果鉴定的全过程管理，逐渐探索并形成一套成熟有效、符合学术研究规律的管理办法，努力将重大攻关项目打造成学术精品工程。我们将项目最终成果汇编成"教育部哲学社会科学研究重大课题攻关项目成果文库"统一组织出版。经济科学出版社倾全社之力，精心组织编辑力量，努力铸造出版精品。国学大师季羡林先生为本文库题词："经时济世　继往开来——贺教育部重大攻关项目成果出版"；欧阳中石先生题写了"教育部哲学社会科学研究重大课题攻关项目"的书名，充分体现了他们对繁荣发展高校哲学社会科学的深切勉励和由衷期望。

伟大的时代呼唤伟大的理论，伟大的理论推动伟大的实践。高校哲学社会科学将不忘初心，继续前进。深入贯彻落实习近平总书记系列重要讲话精神，坚持道路自信、理论自信、制度自信、文化自信，立足中国、借鉴国外，挖掘历史、把握当代，关怀人类、面向未来，立时代之潮头、发思想之先声，为加快构建中国特色哲学社会科学，实现中华民族伟大复兴的中国梦做出新的更大贡献！

教育部社会科学司

前 言

教育是民族振兴、社会进步的重要基石，是国之大计、党之大计，在国家战略中处于优先发展的地位。党的二十大把"建成教育强国、科技强国、人才强国、文化强国、体育强国、健康中国，国家文化软实力显著增强"，列入"到二〇三五年我国发展的总体目标"。①建成教育强国，是实现中华民族伟大复兴的基础工程，是一项人的全面发展工程。作为教育工作者，应该跳出教育看教育，深感责任重大、使命光荣。

习近平高度重视教育和人才培养，把"更好的教育"列为人民的期盼之一，提出"教育决定着人类的今天，也决定着人类未来"②的论断。党的十八大以来，围绕我国教育"培养什么人、怎样培养人、为谁培养人"这一根本问题，习近平就教育工作发表了一系列重要讲话，深刻论述了新时代我国教育改革和发展的重大理论和实践问题，为我国新时代教育发展提供了重要的理论指导。

党的十九大从新时代坚持和发展中国特色社会主义的战略高度，作出了优先发展教育事业、加快教育现代化、建设教育强国的重大部署。2018 年 9 月 10 日，全国教育大会（简称"全教会"）在北京召开。这次大会是深入贯彻落实习近平新时代中国特色社会主义思想和党的十九大精神、推动教育事业发展开创新局面的一次极为重要全局

---

① 习近平：《高举中国特色社会主义伟大旗帜　为全面建设社会主义现代化国家而努力奋斗——在中国共产党第二十次全国代表大会上的报告》，人民出版社 2022 年版，第 24 页。
② 《习近平和奥巴马向清华苏世民学者项目启动致贺信》，中国新闻网，2013 年 4 月 21 日，https：//www.chinanews.com.cn/gn/2013/04－21/4750568.shtml。

性大会。大会对我国教育改革发展提出的一系列新理念新思想新观点进行了总结，根据新时代新形势，改革开放和社会主义现代化建设、促进人的全面发展和社会全面进步对教育和学习提出了新的更高的要求，对我国教育事业发展和教育工作进行了规划部署，擘画了教育发展的新蓝图。

进入新时代，人民对教育有了新期待。这些新期盼，集中表现在对教育公平和高质量发展上。人民期盼教育布局科学、收费合理、享受教育的机会均等；人民期盼教育有高质量，能够破解"钱学森之问"，使我国教育不仅大而且强，使人民能够接受到高质量的科学文化教育。教育做好满足人民对教育新期待的工作，这不仅是民生工程的重要内容，也是教育凝聚人心的功能体现。

全教会的召开，国家对教育有了新定位。我们党提出的教育改革发展一系列新理念新思想新观点，深刻回答了教育事业发展中带有方向性、根本性、全局性、战略性的重大问题，对做好当前和今后一个时期教育工作作出全面部署。教育是国之大计、党之大计，对提高人民综合素质、促进人的全面发展、增强中华民族创新创造活力、实现中华民族伟大复兴具有决定性意义。站在新时代的历史方位，如何加快推进教育现代化，使教育事业始终同党和国家事业发展要求相适应、同人民群众期待相契合、同我国综合国力和国际地位相匹配，建设教育强国是新时代的新形势对教育工作提出的新要求。教育的新定位，对做好新时代教育工作具有十分重要的指导意义。

教育改革发展的新形势，对教育工作作风有了新要求。全教会对教育事业发展中带有方向性、根本性、全局性、战略性的重大问题作出了科学的判断，如何落实全教会的全面部署？需要教育工作在作风方面有一个转变，这就是要抓问题、抓大事、抓关键，用"空谈误国、实干兴邦"的理念抓落实。

习近平在全教会重要讲话中强调，"在党的坚强领导下，全面贯彻党的教育方针，坚持马克思主义指导地位，坚持中国特色社会主义教育发展道路，坚持社会主义办学方向，立足基本国情，遵循教育规律，坚持改革创新，以凝聚人心、完善人格、开发人力、培育人才、造福人民为工作目标，培养德智体美劳全面发展的社会主义建设者和接班人，加快推进教育现代化、建设教育强国、办好人民满意的教育"①。这是在全教会上首次全面阐述了我国新时代教育工作目标，为我国教育工作指明了方向，提出了基本遵循。对教育工作目标的研究，已经成为理论和实践的重大时代问题，如何开展深入而系统研究的任务，已经摆在了教育领域每一位理论和实践工作者面前。

对于我国教育工作目标的研究，2018 年是具有里程碑意义的关键一年。

2018 年之前学界对教育工作目标的研究，基本是出于对微观的、具体工作目标的研究。一是针对不同年龄教育、不同学段教育的具体工作目标。比如小学低年级教育目标。二是针对具体学科的教育工作目标。比如外语课教育目标。三是针对学生素质的教育工作目标。比如德育教育目标、体育素质达标率。四是针对教育分工的目标。比如班主任、辅导员、专业课教师的教育工作目标。五是年度教育工作目标。比如该年度工作的量化目标。六是教育主管部门的工作目标。比如毛入学率、升学率、普及义务教育率、教师队伍建设达标率。七是教育工作目标的管理研究。比如教育经费的投入与管理工作，教育工作计划执行情况的评估与管理。这些研究的特点是具体细微、具有可操作性、可检验性、可评价性。但是也缺少对教育的宏观把握，教育作为一个有机整体，被碎片化了，割裂开了。

全教会召开以来，学者们从多个角度对教育大会精神进行了深刻解读，相关的研究成果也越来越多。主要研究的领域有：一是习近平关于教育的重要论述梳理及其研究。学界认为，党的十八大以来，习近平就我国的教育发表了一系列的重要讲话，形成了较为完整的关于教育的重要论述。尤其是在全教会上的讲话，为我国今后相当长的一个历史时期教育的发展指明了方向。二是新时代"五人"教育工作目标的理论创新研究，包括新时代"五人"教育工作目标的理论研究、制定新时代"五人"教育工作目标的理论依据和现实依据研究、教育目标之间的内在逻辑关系研究。三是"五人"教育工作目标内涵的分

① 《习近平在全国教育大会上强调：坚持中国特色社会主义教育发展道路　培养德智体美劳全面发展的社会主义建设者和接班人》，载于《人民日报》2018 年 9 月 11 日，第 1 版。

项研究。对教育工作目标中凝聚人心、完善人格、开发人力、培育人才、造福人民的"五人"分项研究，对它们的内涵、功能、作用、意义等理论内容分别予以阐释。四是对教育工作目标的时代价值研究。学界认为，"五人"教育工作目标的提出，形成了个人、家庭、社会、国家、民族等多元价值统一的教育价值取向，有利于进一步凝聚力量，促进人的全面发展，服务中国梦。五是我国教育工作目标实施现状、存在的问题及其原因研究，包括教育工作体制的研究、教育工作队伍的研究、教育工作评价的研究。六是我国教育工作目标的改进路径研究，包括针对我国教育工作目标实施中面临的问题提出破解的对策；通过目标体系和评估体系建构，提供具体的、可操作和可检验的导向指标。

总体而言，党的十八大以来，尤其是全教会以来，我国社会对教育高度关注。享受公平、优质教育，成为人民对美好生活向往的重要内容。党和政府顺应时代发展大势和民意诉求，高度重视教育的改革与发展问题。因此，学界也对教育的关注空前提高，呈现出多学科并进和交叉学科研究态势。但是，由于教育"以凝聚人心、完善人格、开发人力、培育人才、造福人民为工作目标"是全教会首次提出的新论断，所以，对这一研究成果尚不丰富，还缺少有深度的理论成果，也没有实现政理向学理的有效转化。

因此，完整准确地理解习近平在全教会上重要讲话精神中关于"以凝聚人心、完善人格、开发人力、培育人才、造福人民为工作目标"的新论述，从学理与政理相结合的角度，以理论逻辑、历史逻辑和实践逻辑的学术范式，以学术的形态展现其丰富的理论内涵，论证习近平关于教育工作目标新论述的时代价值，探索其实践的创新路径，无疑是极为重要的。

当前，可进一步开拓、发展或突破的空间十分广阔：通过深入研究"五人"教育工作目标的丰富理论内涵，回答"是什么"，实现理论突破；通过深入研究"五人"教育工作目标提出的历史背景和时代回应，回答"为什么"，实现时代价值认同突破；通过深入研究"五人"教育工作目标提出的现实基础，回答"怎么了"，实现对我国教育工作的客观认识的开拓；通过深入研究"五人"教育工作目标的贯彻落实，回答"怎么办"，实现对策创新的推进。进行分类型、分学段精细化的"五人"工作目标的分解性研究，也将成为研究的趋势。

为此，教育部将"教育凝聚人心、完善人格、开发人力、培育人才、造福人民工作目标研究"列为2019年度哲学社会科学研究重大课题攻关项目（19JZD045）。2019年8月2日，教育部社科司下文立项。本课题组承接课题任务以来，通过破题研究讨论，认为本课题内含的总体问题是：

从"两个大局"即世界面临百年未有之大变局和实现"第二个百年奋斗目标"的战略高度，从新时代党和国家经济社会发展重要部署，国之大计、党之大计高度，着眼于当代青少年现实状况、教育工作实际情况，全面正确地理解新时代教育工作目标，使"五人"工作目标成为教育工作的导向引领，通过相应的体制机制持续保障，使工作目标能真正落到实处、取得实效，以服务于教育现代化、建设教育强国和办好人民满意的教育。

因而，本课题研究成果所要达到的目标是：推进落实教育工作目标，以服从和服务于国家对教育的战略定位，服从服务于教育的根本任务。

为达至上述目的，本着有限性研究和突出重点的原则，课题分为四个子课题，研究的重点分别是：

第一子课题为新时代"五人"教育工作目标的理论创新研究，主要研究习近平关于"五人"教育工作目标的理论创新，全面准确地用学术语言从理论的角度阐述教育工作目标。子课题由秦龙教授负责。

第二子课题为新时代"五人"教育工作目标的时代价值研究，主要研究新时代"五人"教育工作目标的时代格局定位与学术价值。站在党的十九大作出的中国特色社会主义进入新时代的新论断，我国社会主要矛盾发生变化的新特点，分两步走全面建设社会主义现代化国家的新目标的高度，研究新时代赋予教育的新使命、新时代"五人"教育工作目标的丰富内涵，站在时代的高度来研究教育工作和教育工作目标。子课题由文明教授负责。

第三子课题为当前我国教育工作目标实施现状及问题分析。主要通过调查研究，准确地掌握当前我国教育工作目标实施的现状，厘清其实施过程中存在的主要问题并进行原因分析，为"五人"教育工作目标的落实奠定现实基础。子课题先由郑庆华教授负责，后因工作调动，改由张立杰教授接任。

第四子课题为新时代"五人"教育工作的实施对策与持续保障研究。主要研究如何将工作目标精细化、具体化到不同层次和学段，并系统设计目标指标体系，以便在教育工作的实施过程中有具体、可操作的依据，对教育目标的实施过程进行跟踪性评估与反馈等手段的控制。子课题先由陆根书教授负责，后因工作原因，改由龙宝新教授接任。

本课题以教育所面临的重大问题为研究导向。首先，从对教育工作目标的理论研究入手，通过新中国教育发展历史沿革回顾，在历史中理解制定教育工作目标的必要性；站在现实和世界的大视野中，研究制定我国教育工作目标的时代背景、战略考量、理论基础和现实基础，为更好理解和阐释我国教育工作目标提供了学理、政理和事理的依据。在此基础上，对我国教育工作目标的丰富内涵、内在逻辑、理论创新进行了深入研究，为我国教育工作目标落地生根提供了学理思考和理论指导。其次，在教育所面临的重大问题导向下对教育工作的问题研究。课题组对我国教育工作目标实施以来的状况，通过便利的网络条件进行了大量的问卷调查，从宏观上把握了教育工作目标实施以来的"家底"。然后，通过座谈、访谈等方式，在微观上进行了深度的调查，尤其是全教会以来，我国教育改革的举措及其实际效果、社会舆论对教育的热点问题在教育界的反响及应对。再次，根据研究的基本判断和对问题的分析，提出落实我国教育工作目标的对策建议。最后，理论研究和实证研究的两条思路共同指向如何落实"五人"教育工作目标的持续保障体制机制研究。

党和国家高度重视教育事业，把教育摆在优先发展的战略地位，把教育、科技、人才定位为全面建设社会主义现代化国家的基础性、战略性支撑。在党的领导下，经过一代又一代中国人民的努力，尤其是党的十八大以来，教育事业得到飞速发展，建成了世界上规模最大的教育体系，教育普及水平实现历史性跨越。党的二十大把"建成教育强国、科技强国、人才强国、文化强国、体育强国、健康中国，国家文化软实力显著增强"作为到二〇三五年我国发展的总体目标之一。把"办人民满意的教育"作为"实施科教兴国战略，强化现代化建设人才支撑"的头号任务。坚持教育优先发展，加快建设教育强国、科技强国、人才强国。这些既为我国教育的高质量快速发展提供了历史性机遇，也对教育事业的发展提出了更高的要求。在新时代新征程中，教育工作的研究还需要不断深入推进。

在众多马克思主义理论学、教育学、社会学专家的关心指导下，经过三年多的研究，形成了本课题研究报告。但愿这一成果，能够为实现我国教育工作目标，推进我国教育现代化，贡献微薄的力量。

卢黎歌

摘　要

本书以 2018 年全国教育大会提出的教育"以凝聚人心、完善人格、开发人力、培育人才、造福人民为工作目标"（简称"'五人'教育工作目标"）为研究专题，以新时代为研究背景，以马克思主义理论为指导，坚持问题导向和目标导向，运用多学科理论成果，采取文献研究法、比较研究法、实证研究法、定性与定量相结合研究等方法开展研究工作。

本书分为理论篇、现状篇、对策篇三部分，共十三章，主要结论或创新如下：

第一，"五人"教育工作目标的制定，建立在充分的科学依据基础之上，具有深厚的理论性和历史合理性。

"五人"教育工作目标，以马克思主义教育理论，尤其是习近平关于教育的重要论述为指导，汲取我们党领导下我国教育的实践探索和经验总结，借鉴了中外教育思想资源。新中国教育事业发展、教育方针演变轨迹，进一步夯实和证实了"五人"教育工作目标的历史基础。

第二，"五人"教育工作目标的制定，是基于一定的时代背景与战略考量。

基于深邃的历史考量，服务于中华民族伟大复兴的战略全局；基于宽广的国际视野，应对百年未有之大变局的国际挑战；基于激烈的人才竞争，抢占世界人才竞争制高点的竞争诉求；基于崇高的理论旨趣，契合促进人的全面发展的价值追求；基于坚定的人民立场，满足人民群众教育新期待的主体意识。

第三，"五人"教育工作目标的制定，是基于我国教育现实基础。

一是当时我国教育事业全面发展已取得的成就；二是当时我国教育事业全面发展所面临的问题。

第四，"五人"教育工作目标有着丰富的理论内涵。

凝聚人心，是要大力弘扬中国精神、传播中国价值、凝聚中国力量。完善人格，是要培养品格高尚、人格健全、身心健康、全面发展的时代新人。开发人力，是要通过教育提升人力资源素质，使人尽其才，人人出彩。培育人才，不仅要培养一般性人才，更要精心培养更多具有国际水平的创新性的战略科技人才、科技领军人才、高水平创新人才。造福人民，是要以人民为中心，实现教育公平，不断提高人民群众对教育的获得感和满意度，提升教育服务经济社会发展的能力。

第五，"五人"教育工作目标是一个环环相扣的逻辑体系。

蕴含着以凝聚人心为逻辑起点，完善人格、开发人力、培育人才为逻辑展开，造福人民为逻辑实现的内在逻辑，深刻回应了教育的根本问题。

第六，对 2018 年 9 月以来教育工作目标落实情况进行调研。

取得的主要成效：学校对凝聚人心工作的重视程度大幅提升、成效逐步显现，大思政格局逐步形成，学生的价值观形成趋势在符合国家主导方向上积极提升；教育界对人格教育的重视程度明显提升，学生的人格状况总体积极乐观；人力资源开发力度不断增强，教育过程中能够尊重学生个体差异，因材施教，激发学生潜能；国家政策的不断完善为人才培养提供了高质量发展空间，人才培育的目标、标准和方法更加科学合理；以人民为中心发展教育理念深得人心，教育福民（即造福人民，后同）工作取得进展。

存在的主要问题：师生凝聚人心的育与学不充分，部分学校仍需强化凝聚人心教育实践；学生的人格问题越发复杂多样，个别教师的人格本身存在问题，有的学校的人格教育执行力较弱；青少年学生特别是职校学生的潜能开发不够，创新创业潜能开发不足，人尽其才、人人出彩局面尚未形成；学生五育全面发展融合力度不够，人才观念存在偏差，拔尖领军人才和高端职业技能型人才发展环境需要改善，教师素质现代化发展程度不够；教育公平仍是群众所期待解决的问题，教育为社会发展提供智力支持的力度仍需加强，学校福民工作仍有待优化。

第七，建言献策。

本书从"五人"教育工作目标的总体引领、行动举措、外部保障三方面提出了落实新时代教育工作目标的对策与建议，为教育工作目标的有效落实提供了学理支撑和行动指南。

第八，构建"五人"教育工作目标评估指标体系。

综合运用教育评价理论，分别从"五人"的各分维度，提出三级评价指标体系，既具可操作性和可测性，又体现了统一指导与分类评估的有机结合。

Abstract

With the background of the New Era, as guided by Marxist theories and being problem-oriented and target-oriented, this book takes the educational objectives of "uniting people's hearts, perfecting people's personalities, developing people's powers, cultivating people's talents and benefiting people's lives" (hereinafter referred to as the "Five People" Educational Objectives) which were put forward at the 2018 National Education Conference as the research topic, and conducts the research by way of adopting theoretical achievements from multiple subjects and applying a number of research methods including the literature research method, the comparative research method, the empirical research method, the combined qualitative and the quantitative research.

This book is composed of three parts which are the Theories, the Current Situation and the Strategies, and which have twelve chapters in total. The main conclusions or innovations are as below:

First, the setting of the "Five People" Educational Objectives is built on a sufficient and scientific basis, with profound theoretical characteristic and historical rationality.

The "Five People" Educational Objectives which are guided by Marxist educational theories, and especially by Xi Jinping's Important Discourses on Education, draw lessons from the practical explorations, experiences and summaries of China's education which has been led by the Party, and use both domestic and overseas educational thoughts for references. The historical foundation of the "Five People" Educational Objectives have been reinforced and proved by the development of new China's education and the evolution track of its educational principles.

Second, the setting of the "Five People" Educational Objectives is based on a certain historical background and strategical considerations.

It is based on profound historical consideration, serving for realizing the comprehensive strategies for the Great Rejuvenation of the Chinese Nation; it is based from the perspective of a broad international view, for coping with international challenges of great changes unseen in a century; it is based on considerations of intensive human resource competition, for answering the demand of occupying the commanding height of human resource competition worldwide; it is based on the lofty theoretical aiming, complying with the value pursuit which promote people's integrated development; it is based on the people's position firmly, for meeting up with the subject consciousness of people's new expectations for education.

Third, the development of the "Five People" Educational Objectives is based on the realistic foundation of education in China.

It not only includes the current achievements made by the comprehensive development, but also the currently main problems existing in the comprehensive development of education in China.

Fourth, the "Five People" Educational Objectives contain rich theoretical connotations.

The objective of uniting people's hearts requires to vigorously promote China's ethos, spread China's values and consolidate China's power. The objective of perfecting people's personalities requires to cultivate a new generation of noble character, sound personality, healthy body and mind, and all-round development. The objective of developing people's powers requires to improve the quality of human resources through education, and make full use of everyone's talent. The cultivation of people's talents not only should aim at cultivating general talents, but also should aim at carefully cultivating more creative and internationally leading talents in the fields of high-level strategical and innovative science and technology. The objective of benefiting people's lives requires to maintain people-centered, realize fair education, and continuously improve people's sense of gain and satisfaction from education, and enhance the capacity of education to serve the economic and social development.

Fifth, the "Five People" Educational Objectives are of an interlocking logic system.

The objective of uniting people's hearts works as the starting point of the logic, and the rest objectives including perfecting people's personalities, developing people's powers and cultivating people's talents work as the logical expansion with the objective of benefiting people's lives as the internal logic of the logical implementation, thus responding to the fundamental problems of education in a profound way.

Sixth, the survey for the implementation of the educational objectives since September 2018 has been performed.

Its main achievements: Schools' attention to the work for the objective of uniting people's hearts has been greatly increased, noticeable effects are progressively taking place, the Big Ideological and Political Pattern has been gradually developed, and the trend of students' value formation has been positively enhanced in accordance with the nation's leading direction; All sectors of education have been attaching more importance to character education, and the overall students' personality is generally deemed to be active and optimistic; Human resource development has been continuously strengthened with a capacity of respecting the students' individual differences in the course of deduction, teaching students according to their aptitude, and motivating students' potentials; Continuous improvement of national policies has provided the high-quality development space for talent cultivation which has its targets, standards and methods becoming more scientific and reasonable; The idea of developing people-centered education has won the hearts of all, and the work of benefiting people's life through education has achieved more progresses.

Its main existing problems: The teaching and learning between teachers and students for the objective of uniting people's hearts is yet to be sufficient, due to the fact that a portion of schools still needs to reinforce the related educational practices; Students' personality issues have become more complex and diversified, individual teachers also have problems in personality, and character education in some schools is still weak; Potentials of juvenile students, especially of students in vocational schools, need to be further developed, their potentials of innovation and entrepreneurship are insufficient, and the situation of making full use of talents has not been formed; the integration of students' Five Educations is not strong enough, a deviation in the understanding of talents still exists, the development environment for leading talents and talents with high-end professional skills should be improved, and the modernization of teachers' quality is yet to be developed; Educational fairness is still a publicly expected issue to be addressed, strength of education for providing intellectual support for social development still needs to be enhanced, and schools' work for the objective of benefiting people's lives should be optimized.

Seventh, advice and suggestions.

The book proposes advice and suggestions from three aspects of the "Five People" Educational Objectives which include general guidance, actions and measures, and external guarantees for realizing these objectives in the New Era, and provides academic support and action guidance for the effective implementation of the objectives.

Eighth, the construction of the evaluation index system for the "Five People" Educational Objectives.

Through comprehensively applying the educational evaluation theories, a three-step evaluation index system is raised from each sub-dimension of the "Five People" Educational Objectives respectively with both operability and measurability, and on the other hand, reflects the organic combination of unified guidance and classified evaluation.

目 录

Contents

Contents

理论篇

第一章

制定我国教育工作目标的基础理论

本章主要对教育工作目标进行理论阐释，论述本书所涉及的主要学术概念的基本内涵与外延，以及它们之间的理论关系；阐释与教育工作目标相关的理论。其目的在于，为教育工作目标的研究做好理论铺垫工作，在约定意义上讨论研究相关问题。

第一节　教育工作目标相关概念

中国的语言和词汇极为丰富，含义也可以多样态、多层次。在不同的历史时期、不同的话语背景下、不同的人际环境中，它们所蕴含的意思会有所不同。因此，在特定背景下进行学术交流，尤其需要对概念、观点、理论进行意思的约定，以便在共识基础上研讨某些问题。概念是以词汇的方式呈现出来的。概念是指反映事物本质属性的思维形式，是人们在实践的基础上，经感性认识上升到理性认识而形成的。在特定语境下所使用概念内涵和外延，应该准确地阐释。否则，可能因对概念理解的歧义，导致思想交流的障碍甚至误解。所以，要重视概念的界定并准确地阐释，这不仅是从事课题研究的起点，也是在学术共同体中进行学术交流探讨的前提。学术成果在广泛宣传和推广过程中，同样也需要对概念的精准把握。本课题涉及诸多与教育工作目标相关的基本概念，对这些概念进行研究界定是一项基础性的工作，对于顺利进行课题研究、正确认识教育工作目标的内涵价值和推进教育工作目标的落地实施，都具有重要意义。

一、教育

教育这一概念，是本课题最基础性的概念，其他概念、理论都是由这里而展开的。从理论上看，教育是一个内涵丰富、分类复杂的概念，在此基础上衍生和发展出完整的学科门类，并以其理论指导教育的实践。

教育概念的复杂性在于，有的从"教育的本义"界定，有的则增加了"教育的转义"甚至"教育的附义"。而"转义"又是多样性的，有时甚至随着教育的发展"转义"有被泛化（附义）的现象。这就造成了对教育概念多样性的理解，甚至难免会产生阅读或学术交流的障碍。近代以来，教育从不定型向定型化演变，随着不同层面教育及其教育组织和教育制度的形成，教育的外延也不断扩展。由于对教育概念的不同理解，后文主要以权威性的词典和文件这些共识性的成果为主要依据，同时参考部分学者的观点和笔者自己的分析理解。

（一）教育的内涵

教育的内涵，是指教育内在因素的总和。教育一词，按照《现代汉语词典》的解释，有三重含义：一是按一定要求培养人的工作，主要是指学校培养人的工作。二是按一定要求培养有用人才。三是用道理使人照着规则、指示或要求等做。① 新编现代汉语词典的解释基本相仿：一是按一定的目标培养人才的事业。主要是指学校对儿童、少年、青年进行培养的工作。二是按一定要求实施教育，培养人才。三是讲清道理使人明白并懂得怎样去做。② 其他词典的解释，虽然表述有差异，但是实质内涵并无分歧，只是取其中的某一层含义而已。仔细研究三重含义可知，第一层含义是从社会分工的职业、行业的角度来论述教育的，第二层含义是从学校内部的角度来论述教育的，描述的是教育的过程和结果，其过程是"按一定要求实施"，其结果是"培养人才"。第三层含义是从教育者与受教育者的关系的角度来论述教育的，描述的是教育者采取的方式——"讲清道理"，受教育者的效果——"明白并懂得怎样去做"。可以这样理解，教育的本质内涵是育人，根本任务是立德树人。

教育学教材对教育的定义是"教育是在一定社会背景下发生的促进个体的社

---

① 中国社会科学院语言研究所词典编辑室：《现代汉语词典》，商务印书馆 2020 年版，第 660 页。
② 字词语辞书编写组：《新编现代汉语词典》，湖南教育出版社 2016 年版，第 614～615 页。

会化和社会的个性化的实践活动"①。

我国新兴教育理论先驱者杨贤江的《新教育大纲》一书，被称为中国现代史上的第一本马克思主义教育理论书籍。在该书的第一章"教育的本质"中，他对教育是什么、教育的本质及其变质、教育的效能进行了创新性论述，提出了不同于以往的种种唯心主义观点，提出了"教育起源于人类的实际生活需要"的教育起源论，并指出了教育的变质在于私有制的出现，支配阶级有闲暇时间接受文雅教育，而受支配阶级的教育权利则被剥夺，因而导致了劳动与教育的分离、理论与实际的脱节。这些论述，对于我们认识教育的本质，依然是有重要的价值的。

（二）教育的外延

教育的外延应该包括人们所进行的一切育人活动与现象。根据不同的分类方式分为若干种类。

一是根据教育的实施主体，教育可分为广义教育和狭义教育。广义的教育，是指一种有意识、有目的、有组织、有计划地培养人的实践活动，或者说是社会对其成员进行社会化和继续社会化的活动。它既包括了学校教育，也包括了学校以外的社会教育。狭义的教育，是指主要通过学校教育对青年学生进行科学知识、技术能力、社会规范等内容的社会化培养。2018年全国教育大会以及历届全国教育工作大会的文件中的教育，主要是指狭义的学校教育。

二是根据办学主体资质，教育可分为正规教育和非正规教育。正规教育是指由教育部门认可的教育机构（学校）所提供的有目的、有组织、有计划、由专职人员承担的，以影响入学者的身心发展为直接目标的全面系统的训练和培养活动（教育）。非正规教育是指在生产劳动、日常生活过程中，个体从家庭、社会（邻里、工作娱乐场所、图书馆、大众宣传媒介，以及社会短期培训班）接受的教育。

三是根据是否纳入国家教育计划以及学历的社会认可范围，分为国民教育系列和非国民教育系列。国民教育（亦称"公共教育"）系列指纳入国家教育计划里的教育系列，其主管部门是中华人民共和国教育部（以下简称"教育部"）（1985～1998年为国家教委），国民教育系列是区别于非国民教育序列的概念，由各级政府或教育行政部门依法批准或登记注册的学校及其他教育机构所实施的教育为国民教育系列。非国民教育系列指党校和军事院校进行的、未纳入国家教育计划教育系列的、非国民教育系列学历教育。

四是根据学校不同学段、功能，分为不同学段教育和不同功能教育。根据教

---

① 全国十二所重点师范大学联合编写：《教育学基础》，教育科学出版社2014年版，第4页。

育部网站 2020 年 5 月 20 日公布的《2019 年全国教育事业发展统计公报》，将各级各类教育事业分为学前教育、义务教育（小学、初中）、特殊教育、高中教育（普通高中、成人高中、职业高中）、高等教育、民办教育（含各个学段）。根据中央人民政府网站《国家教育事业发展"十三五"规划》"教育事业发展'十三五'规划主要目标"一栏，分为学前教育、九年义务教育、高中阶段教育（含中等职业教育）、高等教育（含普通本专科、成人本专科、全日制和非全日制研究生在校生）。而《国家中长期教育改革和发展规划纲要（2010－2020 年)》中，则分为学前教育、义务教育、高中阶段教育、职业教育、高等教育、继续教育、民族教育、特殊教育。

五是根据教育的内容，分为德育、智育、体育、美育、劳动教育以及安全教育、生命教育、国防教育、可持续发展教育等。德育是"对学生进行的思想政治和道德品质方面的教育"①。德育被人们理解为品德教育或道德教育的简称，由此引出大德育、小德育的概念。顺便说明一下，明确了德育的概念后，就会发现时常出现在论文或者会议上的称谓"德育教育"是一个语言病句。大德育包括了思想、政治、道德、法治、心理等内容的教育；小德育则主要是道德教育。德育是学校面对学生的教育，而思想政治教育尽管与德育的内容覆盖面是重叠的，但是面对的受教育对象却要广泛得多，它包括了社会各个层次各种职业的人群。学校思想政治教育，面对的则除了学生外，还包括学校的党政干部和教职员工。智育是"以发展智力为主要任务的教育。有时单指文化科学知识教育"②。其包含的内容为基础知识、专业知识、技能知识、思维训练、创新能力等。体育是"以发展体力、增强体质为主要任务的教育"③，也指体育运动。美育是"以培养审美的能力、美的情操和艺术的兴趣为主要任务的教育"④。音乐和美术是美育的重要内容。劳动教育是通过对劳动即人类创造物质或精神财富活动的认识，使学生树立正确的劳动观点和劳动态度，热爱劳动和劳动人民，养成劳动习惯的教育。

此外，还有很多不同的分类。比如：根据受教育者的人生经历，分为学历教育、继续教育、终身教育。根据受教育对象的特殊性，分为普通教育、军事教育、特殊教育、民族教育。

为了与"教育事业""教育工作"等概念加以区分，本书对"教育"主要是基于社会分工"领域"的角度来界定和理解这一概念的。从我国召开政协会议的

---

① 《新华词典》，商务印书馆 1982 年版，第 156 页。
② 中国社会科学院语言研究所词典编辑室：《现代汉语词典》，商务印书馆 2020 年版，第 1692 页。
③ 中国社会科学院语言研究所词典编辑室：《现代汉语词典》，商务印书馆 2020 年版，第 1288 页。
④ 中国社会科学院语言研究所词典编辑室：《现代汉语词典》，商务印书馆 2020 年版，第 899 页。

界别可以看到，"教育界"就是从社会分工"领域"的角度来划分的。当然，也有从个体角度定义教育的，把教育等同于个体的学习或发展。本书所说的教育基本没涉及个体角度定义的教育。

《孟子》倡导"得天下英才而教育之"。从社会功能看，广义的教育是人类传承文明和知识、培养年轻一代创新创造能力、发展社会生产力、造福人民的社会实践活动。"狭义的教育主要指学校根据一定社会或阶级的要求，有目的、有计划、有组织的对受教育者身心施加影响，把他们培养成为一定社会或阶级所需要的人的活动。"① 所以，教育是国之大计、党之大计。百年大计，教育为本。

二、教育事业

（一）教育事业的内涵

事业是指"人所从事的，具有一定目标、规模和系统而对社会发展有影响的经常活动"②；有时事业也可以指个人的成就。职业则是"个人在社会中所从事的作为主要生活来源的工作"③，它与职守（工作岗位）、职位（机关或团体中执行一定职务的位置）、职务（职位规定应该担任的工作）等概念关系密切。相比较而言，从事职业和事业的活动的主要目的是有区别的，职业的目的是获取主要生活来源，事业的目的则是对社会发展有积极的影响。一般而言，两者有时候是一致的，但是有时候则是矛盾的，是鱼和熊掌不可兼得的关系。马克思1818年5月5日诞生在德国特里尔城的一个律师家庭，他完全可以子承父业选择足以获得优厚生活来源的律师职业。然而，中学时代就树立了为人类幸福而工作志向的马克思，却选择了一条为人类解放不懈奋斗而饱尝颠沛流离、贫病交加煎熬的艰辛道路。正如他高中毕业作文《青年在选择职业时的考虑》写的那样："如果我们选择了最能为人类而工作的职业，那么，重担就不能把我们压倒，因为这是为大家作出的牺牲；那时我们所享受的就不是可怜的、有限的、自私的乐趣，我们的幸福将属于千百万人，我们的事业将悄然无声地存在下去，但是它会永远发挥作用，而面对我们的骨灰，高尚的人们将洒下热泪。"④ 可见，只有把为人类幸福的志向融入职业中，把职业当作事业，才有永恒的动力，才能不畏艰险勇往直前。

---

① 全国十二所重点师范大学联合编写：《教育学基础》，教育科学出版社2014年版，第3页。
② 中国社会科学院语言研究所词典编辑室：《现代汉语词典》，商务印书馆2020年版，第1194页。
③ 中国社会科学院语言研究所词典编辑室：《现代汉语词典》，商务印书馆2020年版，第1683页。
④ 《马克思恩格斯全集》第1卷，人民出版社1995年版，第459～460页。

7

（二）教育事业是与教育、事业、职业密切相关的概念

从社会发展的历史角度看，教育事业的形成是社会分工的必然结果。当人类摆脱进行教育活动的无计划、无组织状态，把教育活动从其他的社会活动中分离出来，划分成一个独立的社会部门，并经由专人实施，这种活动便成了一种事业，即教育事业。当教育活动成为一种事业以后，便有了完善的组织机构、活动规章、各项制度规则、人员责任等，从而使其具有组织的严密性、活动的系统性、人员的规范性、评价的制度性、时间的秩序性等。这一概念告诉我们，首先，教育事业是由一定的活动领域所构成的，它相对于人类的其他社会活动而言，是一个相对独立部门。其次，教育事业拥有明确的目标、完善的组织机构、各项制度规章规则、人员责任等，从而使其具有组织的严密性、活动的系统性、人员的规范性、评价的制度性、时间的秩序性等。

从对社会发展的影响角度看，教育事业的成败，关乎着国家的强弱、民族的兴衰、人民的福祸。教育事业决定了人心的凝聚程度、人格的完善程度、人力的开发程度、人才的创新。正如习近平强调的："教育是提高人民综合素质、促进人的全面发展的重要途径，是民族振兴、社会进步的重要基石，是对中华民族伟大复兴具有决定性意义的事业。"①

从个人的角度看，教育既可以是职业，更可以成为事业。在社会主义市场经济条件下，乃至在社会主义阶段，作为职业，是从教人员维持生活来源的主要工作。社会主义职业道德的首条要求便是"爱岗敬业"。教师职业道德是教师（这里应该理解为广义的教师，即所有从教人员）在从事教育劳动时所遵循的基本道德规范和行为准则的总和，由于教师职业的特殊性，对教师的道德要求要高于一般的职业道德要求。根据新《教师职业道德规范》，爱与责任是贯穿其中的核心和灵魂。教师职业的基本要求是"爱国守法"，本质要求是"爱岗敬业"，灵魂是"关爱学生"，天职是"教书育人"，内在要求是"为人师表"，发展动力是"终身学习"。作为事业，是从教人员为追求"对社会发展有积极影响"的价值，而自觉地、孜孜不倦、兢兢业业地全身心投身于教育工作，把教师职业道德规范内化于意念，外化于行为，自觉地、高标准地遵循，不为个人得失而计较，不为功名所困扰。通过比较可见，社会主义制度下的教育职业和教育事业具有较高的契合度。但是，把教育作为事业，需要从教人员具有更高的思想境界。只有把教育作为事业来对待，才具有更足的动力和抗干扰能力，才会在攻坚克难中体会成

---

① 习近平：《做党和人民满意的好老师：同北京师范大学师生代表座谈时的讲话》，人民出版社 2014 年版，第 2 页。

就，在奋斗中收获幸福。

三、教育工作

（一）教育工作的概念

工作既可指体力或脑力劳动，也可指业务、任务，还可指职业。教育工作是指为顺利实现社会主义教育事业所确定的目标，所承担的业务、任务和进行的劳动，是对教育事业的具体化、实践化。

教育工作是指具体或有特定时空场景的教育实践活动，有狭义与广义之分。陈桂生在《略论"教育"概念演变的轨迹》一文中，通过从赫尔巴特给"教学"作出"教育性"的规定到"教育"概念的演进历程分析后指出："故至今既把'教学'纳入'教育'之中，并统称为'教育工作'，同时仍保持'教学工作'与'教育工作'之分。前者是外延限制了的'教育'概念，后者基本上保持原有外延的'教育'概念。惟其如此，当我们提到'教育工作'时，既可能指的是狭义的'教育工作'，也可能是指广义的'教育工作'。"[①]

（二）狭义教育工作

狭义教育工作，在近代"教育"概念中，是指在教师与学生之间的"直接教育过程"的工作，即教学工作。随着教育事业的发展与学校规模的扩大，由"直接教育过程"派生出来的、因"直接教育过程"存在而需要的学校教育管理工作，相对于非教育管理部门的工作，也被称为"教育工作"。所以，现在我们所说的狭义教育工作，一般是指学校的教育教学与教育管理，主要包括教学工作、教学管理工作（含教务管理、教学质量评估管理、教学督导等）、招生工作、毕业生就业工作、学籍管理工作、党团建设与思想政治工作、学生日常管理工作（含奖贷、学生会社团等）、教师队伍建设工作等。狭义的教育工作主体，既包含广大的教育教学实施者，也包括学校教育管理者。

（三）广义教育工作

广义教育工作，一般是指除了学校教育工作之外，还涵盖了各级党委和政府

---

① 陈桂生：《略论"教育"概念演变的轨迹》，载于《杭州师范学院学报》（社会科学版）2005 年第 1 期，第 87~91、102 页。

及其职能部门的涉教事务与管理，它是发展教育事业所不可或缺的工作。2018年2月28日，中国共产党第十九届中央委员会第三次全体会议通过《深化党和国家机构改革方案》（以下简称《改革方案》），在《改革方案》"一、深化党中央机构改革"的（五）部分，阐述了组建中央教育工作领导小组的目的在于："为加强党中央对教育工作的集中统一领导，全面贯彻党的教育方针，加强教育领域党的建设，做好学校思想政治工作，落实立德树人根本任务，深化教育改革，加快教育现代化，办好人民满意的教育，组建中央教育工作领导小组，作为党中央决策议事协调机构。"[①] 这一《改革方案》，体现了习近平在全国教育大会上提出的"各级党委要把加强对教育工作的全面领导当成重要职责，把教育改革发展纳入议事日程，党政主要负责同志要熟悉教育、关心教育、研究教育"[②] 的重要论述。

（四）正确理解狭义教育工作与广义教育工作两个概念之间的关系

从教育工作的体系构成可见，教育工作是复杂的社会工程，完成教育立德树人根本任务，需要全党全社会共同努力。"把青年一代培养造就成德智体美劳全面发展的社会主义建设者和接班人，是事关党和国家前途命运的重大战略任务，是全党的共同政治责任。"[③] 对狭义教育工作的辨析和理解是很有理论意义的。如果忽视狭义教育工作概念，可能导致"教育"本义的淡化。教育的关键在教师，关键在发挥教师的积极性、主动性、创造性。这是因为教师直接面对学生，是教育教学的承担者、组织者。因而，教师队伍建设工作，是教育工作的基础性工作，是"母机"工作。教师队伍建设工作的目的又在于"立德树人"。要重视教育"教师直接面对学生"的环节及其效果，这是教育的核心。如果忽视广义教育工作概念，可能导致以强调"教育"本义的名义而忽视对于教育的管理以及对教育"四为"（为人民服务，为中国共产党治国理政服务，为巩固和发展中国特色社会主义制度服务，为改革开放和社会主义现代化建设服务）功能的全面追求。根据中共中央印发的《改革方案》，组建中央教育工作领导小组，"主要职责是，研究提出并组织实施在教育领域坚持党的领导、加强党的建设方针政策，研究部署教育领域思想政治、意识形态工作，审议国家教育发展战略、中长期规划、教育重大政策和体制改革方案，协调解决教育工作重大问题等"[④]。这些职责和任务都不是狭义教育工作所能承担的。因此，要针对所研究的问题，辩证地

---

① 《深化党和国家机构改革方案》，人民出版社 2018 年版，第 6~7 页。
② 习近平：《论坚持党对一切工作的领导》，人民出版社 2019 年版，第 277 页。
③ 习近平：《在纪念五四运动 100 周年大会上的讲话》，人民出版社 2018 年版，第 12 页。
④ 《深化党和国家机构改革方案》，人民出版社 2018 年版，第 7 页。

理解和运用狭义教育工作和广义教育工作两个概念。

四、教育方针

（一）教育方针的概念

方针是指为发展某项事业而制定的指导原则，它介于路线和政策之间，是三者的中位概念。

教育方针是指"国家为了发展教育事业，在一定阶段，根据社会和个人两方面发展的需求与可能而制定的具有战略意义的总政策或总的指导思想。内容一般包括教育的性质、地位、目的和基本途径等"[①]。教育方针是中国教育管理文化的传统和特色，它集中体现了不同历史时期国家的教育意志及其关于教育发展的总方向、总目标、总纲领、总政策和总原则。

我国党的教育方针，是国家或党在一定历史阶段提出的有关教育工作事业的总方向和总指针，确定教育事业发展方向，是教育改革发展的指导思想、价值取向和根本要求，是教育基本政策的总概括，是指导整个教育事业发展的战略原则和行动纲领，是教育领域的日常规范。

（二）新时代党的教育方针

我国关于教育方针的演变历史，将在第二章进行回顾。2021 年 4 月 29 日对《中华人民共和国教育法》进行第三次修正，将教育方针修改为："教育必须为社会主义现代化建设服务、为人民服务，必须与生产劳动和社会实践相结合，培养德智体美劳全面发展的社会主义建设者和接班人。"

五、教育目标和教育工作目标

（一）教育目标

目标，是指所要寻找的对象，或者通过努力所要达到的境地或标准。教育目标亦称"教育目的"，是培养受教育者的总目标。它是教育活动的出发点和归宿，反映的是办教育的主体根据社会发展对教育培养人的方向、规格标准、要求和指

---

① 顾明远：《教育大辞典：增订合编本》，上海教育出版社 1998 年版，第 744 页。

向的认知，体现为"培养什么人"和"为谁培养人"的预期效果。"教育目的一般由两部分组成。一是就教育所要培养出的人的身心素质作出规定，即指明受教育者在知识、智力、品德、审美、体质诸方面的发展，以期受教育者形成某种个性结构。二是就教育所要培养出的人的社会价值作出规定，即指明这种人符合什么社会的需要或为什么阶级的利益服务"①。不少学者对教育目的也有自己的见解。教育目的"即教育欲达到的归宿所在或所预期实现的结果。它是教育活动的出发点和归宿，本身就反映着办教育的主体对教育活动在努力方向、社会倾向性和人才培养规格标准等方面的要求或指向"②。"教育是人类的一种有意识地依照自觉设定的目的所进行的对象性活动，是一种有意识、有目的、有计划地培养人的社会实践活动，是人类为使种族生命繁衍、社会生活延续所必须的自觉活动。"③"全民教育的目的：第一，每个人——儿童青年和成人——都应该获得旨在满足其基本学习需要的受教育机会。第二，满足基本学习需要可以使任何社会中的任何人有能力并有责任去尊重和依赖他们共同的、文化的、语言的和精神的遗产，促进他人的教育，推动社会正义事业，保护环境，宽容与自己不同的社会、政治和宗教制度，从而确保坚持为人们所普遍接受的人道主义价值观念和人权，并为这个相互依存的世界建立国际和平与团结而努力。第三，教育发展的另一个但更基本的目的就是传递并丰富共同的文化和道德价值观念。正是从这些价值观念中，个人和社会发现了自己的特性和价值。第四，基础教育本身不仅仅是目的。它是终身学习和人类发展的基础，而各国可以在这一基础上系统地建立其他层次其他类型的教育和培训。"④

（二）教育方针与教育目的两者的关系

教育方针是教育目的的上位概念，是政党或政府根据社会的政治、经济和文化要求，为实现一定时期的教育目的而提出的指导教育事业发展的总目标和总方向，它规定了教育的性质、目的以及实现教育目的的根本途径和方法。在层次上，教育方针是一个国家教育发展和人才培养的最高行动指针，是目的体系中的最高层次，即一定时期一个国家（特别是中央集权制国家）只能有一个教育方针。教育目的是教育方针的重要组成部分，教育目的的确立及其内容必须符合教育方针的规定，在实际使用中有时并没有将二者做严格的区分。教育目的与教育

---

① 王道俊、王汉澜：《教育学》，人民教育出版社1989年版，第96页。
② 全国十二所重点师范大学联合编写：《教育学基础》，教育科学出版社2014年版，第66页。
③ 黄济、王泽山等：《现代教育论》第三版，人民教育出版社2012年版，第17页。
④ 赵中建：《教育的使命——面向21世纪的教育宣言和行动纲领》，教育科学出版社1996年版，第15~16页。

方针既有联系又有所不同。从二者的联系看，它们在对教育社会性质的规定上具有内在的一致性，都含有"为谁（哪个阶级、哪个社会）培养人"的规定性，都是一定社会（国家或地区）各级各类教育在其性质和方向上不得违背的根本指导原则。从二者的区别来看，一方面，教育方针所含的内容比教育目的更多些。教育目的一般只包含"为谁培养人""培养什么样的人"的问题；而教育方针除此之外，还含有"怎样培养人"的问题和教育事业发展的基本原则。另一方面，教育目的在对人培养的质量规格方面要求较为明确，而教育方针"则在'办什么样的教育'、'怎样办教育'方面显得更为突出。教育目的与教育方针的这种联系和区别，在我国现行教育的相关法规和文献中有明显的体现。如'教育必须为社会主义现代化建设服务，为人民服务，必须同生产劳动和社会实践相结合，培养德智体美等方面和谐发展的建设者和接班人'，就是我国现阶段教育方针所强调的主旨；而我国的教育目的则强调培养德智体美等方面和谐发展的社会主义建设者和接班人"①。

（三）教育工作目标

教育工作目标，是教育工作的标的，是检验教育工作任务完成效果的标准。由于教育工作是一个大系统，对教育工作也有狭义和广义之分，故而，教育工作目标也有狭义和广义之分、宏观与微观之分。

宏观教育工作目标，也可称为战略性教育工作目标，是站在时代的、全局的、整体的、长远的高度，从广义的角度，对全国教育领域提出的总任务、总目标。它既是对承担"直接教育过程"工作的教育工作者任务和标准的框定，也包含着对因"直接教育过程"存在而需要派生的学校教育管理工作的任务和标准的框定，还包含着对"发展教育事业所不可或缺的"工作，即党对教育的领导和各级政府对教育的行政管理工作的任务和标准的框定。全国教育大会提出的"凝聚人心、完善人格、开发人力、培育人才、造福人民"工作目标，就是宏观的、战略性教育工作目标，它为全国教育工作指明了努力的方向，规定了工作任务，确定了检验标准。

微观教育工作目标，也可称为战术性教育工作目标，是站在某一特定的领域、阶段、环节，从狭义或广义的角度，提出的局部的、一定时期的、一定阶段的工作任务和检验标准。以教育内容为划分依据，可分为德育工作目标、智育工作目标、体育工作目标、美育工作目标、劳动教育工作目标。还可以进一步细分为比如某专业、课程的工作任务和标准。以学段为划分依据，可分为学前教育工

---

① 全国十二所重点师范大学联合编写：《教育学基础》，教育科学出版社2014年版，第67页。

作目标、小学教育工作目标、初中教育工作目标、高中教育工作目标、职业教育工作目标、普通教育工作目标。还可以进一步细分为某年级教育工作目标。以时间为划分依据，可分为学期、学年教育工作目标。以工作性质为划分依据，可分为教学工作目标、教学管理工作目标、政府教育主管部门工作目标，等等。根据不同的划分依据，还可以罗列很多不同的教育工作目标。微观教育工作目标体现了对宏观教育工作目标的分解，使任务更加细化、具体化，检验标准更加明晰化，操作性很强。微观教育工作目标要在宏观教育工作目标的引领下制定，这样才能保证具体的教育工作与全国总体教育工作同向同行，不会偏离正确方向，从而服务于国家和人民对教育的期待。不认真学习和理解党和国家对教育工作的总体要求，囿于一地、一时、一校制定微观教育工作目标，就可能"不识庐山真面目，只缘身在此山中"。

教育工作目标的确立，要遵循我国教育工作的指导思想。党的教育方针明确了我国教育工作的指导思想是"坚持马克思主义指导地位，贯彻落实习近平新时代中国特色社会主义思想"。在这一指导思想指引下，才能使得我国教育工作始终保持马克思主义和中国特色社会主义的鲜亮底色，围绕"为谁培养人"的问题，实现教育为党育人、为国育才的教育目的。

确立教育工作目标具有重要的价值意义。其理论意义在于，可以从逻辑上厘清、学理上论证教育工作目标的标的如何建构，采用何种运行机理，使教育可以既忠实于"本义""初心"，又胜任于功能责任，完成其"使命"。其应用意义在于，通过导引功能，使教育的各层级、各领域达成工作共识，明确任务标准；通过激励功能，激发教育改革和完善的工作动力，保障教育事业的持续发展；通过检验功能，使工作目标落地生根；通过聚焦功能，使工作目标对标于国家远景目标中的建设教育强国的大目标，使教育真正成为民族振兴、社会进步的重要基石。

通过以上分析和对比可知，教育目标和教育工作目标既紧密联系，又有所区别。教育目标的指向是"人"，体现为教育培养人的方向、规格标准、要求和指向。教育工作目标不仅指向"人"，重视人的培养，而且还指向"社会"，体现为教育"四为"[①] 功能。

综上所述，作为涉及本课题研究的基本范畴主要有：教育、教育方针、教育工作、教育目标、教育工作目标。它们之间既相互联系，又相互区别，而核心概念是教育工作目标。理清这些基本范畴及其相互关系，尤其是准确理解教育工作目标的含义，对于围绕主题开展研究是很重要的。

---

① 教育"四为"即为人民服务、为中国共产党治国理政服务、为巩固和发展中国特色社会主义制度服务、为改革开放和社会主义现代化建设服务。

第二节　制定我国教育工作目标的理论依据

　　教育因其特殊的社会功能，历来就是思想家、政治家关注的重要领域。以人类解放和人的全面发展为己任的无产阶级革命家们，更是对教育重视有加，在汲取人类关于教育的积极思想成果基础上，提出了许多教育思想和重要观点。这些宝贵的理论成果，是我们党领导教育事业不断发展的理论基础，是制定新时代教育工作目标的理论依据，也是我们研究教育工作目标的思想指导。

　　我们所处的时代是一个需要理论不断创造理论的伟大时代。习近平新时代中国特色社会主义思想是当代中国马克思主义、二十一世纪马克思主义，是中华文化和中国精神的时代精华，实现了马克思主义中国化新的飞跃。习近平关于教育的重要论述，是习近平新时代中国特色社会主义思想的重要内容，是指导我国建设现代化教育强国的理论基础，同时也是我们研究中国教育工作目标的理论基础。

　　习近平关于教育的重要论述，是习近平新时代中国特色社会主义思想的重要组成部分。习近平关于教育的重要论述，系统全面地回答了我国教育发展中带有根本性、全局性、长远性的重大战略问题，为发展我国教育事业、做好教育各项工作、促进人的全面发展，提供了指导思想和行动指南，是新时代建设教育强国的根本遵循和我国教育事业发展的"定海神针"。习近平高度重视教育事业，多次在党和国家重要会议上论述教育工作；多次主持会议审议教育重大议题；在各地视察工作时，深入了解教育发展的实际情况，解决教育发展中的短板和弱项；在青年节、教师节会深入各地大中小学和幼儿园考察并同师生座谈，或者以贺信、回信的方式作出指示。习近平关于教育的重要论述，内容极为丰富，集中而系统地体现在全国教育大会上提出的"九个坚持"[①]。全国教育大会之后，习近平还不断地就我国教育事业的发展，发表了一系列重要论述，进一步发展了习近平新时代中国特色社会主义思想中关于教育的重要论述。本课题为研究需要，对习近平有关教育的重要论述按照教育"凝聚人心、完善人格、开发人力与培育人才、造福人民"四个方面进行了梳理。

　　为了更为深入地理解习近平有关教育的重要论述，我们对马克思和恩格斯、

---

　　① "九个坚持"即坚持党对教育事业的全面领导，坚持把立德树人作为根本任务，坚持优先发展教育事业，坚持社会主义办学方向，坚持扎根中国大地办教育，坚持以人民为中心发展教育，坚持深化教育改革创新，坚持把服务中华民族伟大复兴作为教育的重要使命，坚持把教师队伍建设作为基础工作。

毛泽东、邓小平、江泽民、胡锦涛关于教育的论述，也按照上述四个方面进行了梳理，以体现继承和发展的线索和逻辑。

一、关于教育凝聚人心的重要理论及其相关论述

（一）马克思主义关于教育的思想中有关教育凝聚人心的重要论述

马克思主义关于教育的思想，从理论渊源而言，是从对空想社会主义思想批判继承而来的。圣西门、傅里叶和欧文由于他们所处的社会阶段的限制，使思想和实践带有空想思想的性质，但是马克思从中汲取了他们智慧的光辉，在创立自己的教育理论时批判地吸收了其中有价值的思想成果。马克思主义关于教育的思想与空想社会主义的最大不同在于，不是止步于理论的思考，而是依据于社会的现实和教育的实践。

马克思主义关于教育的思想中教育凝聚人心的论述，主要体现在对资本主义社会的透彻分析和对未来社会理想的论述中。

马克思基于对资本主义制度批判和对无产阶级解放的立场，形成了他教育思想理论生成的现实起点，以此为人类自由和人的全面发展而奋斗。依据历史辩证法，马克思虽然高度肯定了资产阶级在历史上曾经起到的革命性作用，但是对于资产阶级的剥削、贪婪、虚伪深恶痛绝，一刻也没有放弃批判。马克思认为"资本来到世间，从头到脚，每个毛孔都滴着血和肮脏的东西"①，"资产阶级使农村屈服于城市的统治。它创立了巨大的城市，使城市人口比农村人口大大增加起来，因而使很大一部分居民脱离了农村生活的愚昧状态。正像它使农村从属于城市一样，它使未开化和半开化的国家从属于文明的国家，使农民的民族从属于资产阶级的民族，使东方从属于西方"②。在《资本论》中，马克思深刻地考察了16～19世纪人类历史上从工场手工业到机器大工业过渡时期分工的发展、社会经济后果以及对人自身的影响。"机器劳动极度地损害了神经系统，同时它又压抑肌肉的多方面运动，夺去身体上和精神上的一切自由活动。甚至减轻劳动也成了折磨人的手段，因为机器不是使工人摆脱劳动，而是使工人的劳动毫无内容。"③ 在马克思看来，造成民族之间从属关系、东西方从属关系，工人阶级形成发展状况的经济根源、制度根源，根本在于资本主义制度。其解决之道，必须

---

① 《马克思恩格斯全集》第 42 卷，人民出版社 2016 年版，第 777 页。
② 《马克思恩格斯选集》第 1 卷，人民出版社 2012 年版，第 405 页。
③ 《马克思恩格斯全集》第 42 卷，人民出版社 2016 年版，第 438 页。

依靠无产阶级的社会革命，彻底推翻资本主义制度，建立社会主义制度，用更加先进的社会主义生产关系替代已经阻碍生产发展和人的发展的资本主义生产关系。马克思对资本主义社会的透彻分析和社会理想，深刻地影响着马克思对于教育性质和价值的看法。

（二）毛泽东关于教育凝聚人心的重要论述

毛泽东关于教育的思想，是形成于从我国新民主主义到社会主义革命和建设时期的历史背景下。毛泽东关于教育的思想是毛泽东思想的重要组成部分，其是从近代以来中国历史发展的时势中产生的，是从近代以来中国人民抵御外敌入侵、反抗民族压迫和阶级压迫的艰苦卓绝斗争中产生的。在新民主主义革命时期、社会主义革命和建设时期，由于社会主要矛盾不同，教育的功能和重点也是不同的。在新民主主义革命时期，就是要通过教育，宣传、动员、组织广大民众推翻"三座大山"，建立人民当家作主的新中国。在社会主义革命和建设时期，就是要通过教育，培养社会主义事业的建设者和接班人。

毛泽东教育思想中凝聚人心的论述，主要体现在中国共产党领导教育的重要作用、学校德育工作及重视知识和知识分子的作用的论述中。

关于中国共产党领导教育的重要作用，毛泽东指出，共产党是无产阶级的先锋队和无产阶级组织的最高形式，它应该领导一切其他组织，如军队、政府与民众团体。中国新民主主义教育和社会主义教育都是由中国共产党领导的。他说"但是就教育史的主要侧面来说，几千年来的教育，确是剥削阶级手中的工具，而社会主义教育乃是工人阶级手中的工具"[1]，"党委应当指导青年的思想，指导教师的思想。为什么县委书记一年内不能找中小学校长谈一两次话，开一两次会呢？"[2] 中国共产党的领导，对中国教育的社会主义方向，以及走中国自己的道路、建立具有中国特色的社会主义教育，起了保证作用。在中国共产党的领导下，中国教育采取了一系列正确的方针、政策。如古为今用、洋为中用，反对排外主义和复古主义；批判地吸收古代和外国教育遗产和教育实践中进步的、积极的内容。

关于德育工作，他指出，学校应该把坚定正确的政治方向放在首位。他要求知识分子和青年学生除了学习专业以外，还应该学习马克思主义，学习时事政治，逐步地树立共产主义的世界观，培养为人民服务的思想，发扬艰苦奋斗的作风。1957年，他在普通教育工作座谈会上强调"学校要大力进行思想教育，进

---

① 《毛泽东文集》第七卷，人民出版社1999年版，第398页。
② 《毛泽东文集》第七卷，人民出版社1999年版，第247页。

行遵守纪律、艰苦创业的教育"①。他针对现实中出现的问题，尖锐指出，"在知识分子和青年学生中间，最近一个时期，思想政治工作减弱了，出现了一些偏向。在一些人的眼中，好像什么政治，什么祖国的前途、人类的理想，都没有关心的必要。好像马克思主义行时了一阵，现在就不那么行时了。针对着这种情况，现在需要加强思想政治工作"，"没有正确的政治观点，就等于没有灵魂"②。"中学应当有政治课。政治课要联系实际，生动有趣，不要教条式的，要使中学生知道一些为人在世的道理。"③

关于重视知识和知识分子的作用，毛泽东很重视学习文化，强调要有比较完全的知识，要尊重知识分子。他指出，学了文化以后，政治、军事、经济哪一门都可学。毛泽东重视知识分子的作用。他指出，在中国革命中知识分子常常起着先锋和桥梁的作用，没有革命知识分子，革命就不会胜利。他还指出：革命力量的组织和革命事业的建设，离开革命的知识分子的参加，是不能成功的。他在党的七大政治报告中指出，"一切知识分子，只要是在为人民服务的工作中著有成绩的，应受到尊重，把他们看作国家和社会的宝贵的财富。中国是一个被民族压迫和封建压迫所造成的文化落后的国家，中国的人民解放斗争迫切地需要知识分子，因而知识分子问题就特别显得重要"④。1958年，他在给陆定一的信中写道，"端正方向，争取一切可能争取的教授、讲师、助教、研究人员为无产阶级的教育事业和文化科学事业服务"⑤。毛泽东提倡知识分子要逐步树立无产阶级的共产主义的世界观，走又红又专的道路。知识分子要学习革命理论，学习马克思列宁主义；要到工农中去，与工农民众相结合；要接触实际，参加一定的生产劳动。

（三）邓小平关于教育凝聚人心的重要论述

邓小平关于教育的思想，与他所处的特殊时代和经历分不开。但是，其重视教育的初心不曾改变。改革开放初期是教育发展的重大转折时期。当时所面临的局面是，由于"左"的思想长期干扰，尤其是"文化大革命"对教育的破坏，使我国教育出现危机，人才青黄不接，科技水平与世界先进水平差距越来越大。他力主解放思想、拨乱反正，力挽教育出重灾区，使我国教育逐步走向了健康发展的道路。邓小平提出一系列关于教育的指示和思想，对于教育凝聚人心起到了定秤星作用。

---

① 《毛泽东文集》第七卷，人民出版社1999年版，第246页。
② 《毛泽东文集》第七卷，人民出版社1999年版，第226页。
③ 《毛泽东文集》第七卷，人民出版社1999年版，第247页。
④ 《毛泽东选集》第三卷，人民出版社1991年版，第1082页。
⑤ 《毛泽东文集》第七卷，人民出版社1999年版，第464页。

邓小平关于教育凝聚人心的重要理论及其相关论述，主要体现在教育优先发展的战略地位；教育拨乱反正、加强思想政治教育、培养"四有"新人；全党全社会要"尊师重教"的论述中。

第一，始终从社会主义现代化全局的高度来考虑教育的战略地位问题。邓小平认为，社会主义的根本任务是发展社会生产力，科学技术是第一生产力，科学技术的现代化是实现四个现代化的关键，科技人才的培养基础在教育。新中国成立后，邓小平担任西南局第一书记时就十分重视恢复和发展教育。1950年，与刘伯承一起创办了西南人民革命大学。他认为，"西南人才缺乏，我们要解决这个问题，就必须迅速创办民族学院，吸收一些青年进民族学院深造"①。1951年，他指出："学校教育工作搞不好，关系重大。"② 1958年，邓小平在主持中央书记处讨论教育工作时指出："我们的方针是，一要普及，二要提高，两者不能偏废。只普及不提高，科学文化不能很快进步；只提高不普及，也不能适应国家各方面的需要"③。

1977年，邓小平在著名的《尊重知识尊重人才》谈话中指出，"我们要实现现代化，关键是科学技术要能上去。发展科学技术，不抓教育不行。靠空讲不能实现现代化，必须有知识，有人才"④。邓小平提出，"我们国家，国力的强弱，经济发展后劲的大小，越来越取决于劳动者的素质，取决于知识分子的数量和质量。一个十亿人口的大国，教育搞上去了，人才资源的巨大优势是任何国家比不了的。有了人才优势，再加上先进的社会主义制度，我们的目标就有把握达到"⑤。"教育事业，决不只是教育部门的事，各级党委要认真地作为大事来抓。各行各业都要来支持教育事业，大力兴办教育事业。"⑥ "国家计委、教育部和各部门，要共同努力，使教育事业的计划成为国民经济计划的一个重要组成部分。"⑦ "忽视教育的领导者，是缺乏远见的、不成熟的领导者，就领导不了现代化建设。"⑧

邓小平总是从战略高度考虑教育问题。1988年，他在《科学技术是第一生产力》中指出，"从长远看，要注意教育和科学技术，否则我们已经耽误了20

---

① 《邓小平文选》第一卷，人民出版社1994年版，第168页。
② 《邓小平论教育》，人民教育出版社1995年版，第1页。
③ 《邓小平文选》第一卷，人民出版社1994年版，第280页。
④ 《邓小平文选》第二卷，人民出版社1994年版，第40页。
⑤ 《邓小平文选》第三卷，人民出版社1993年版，第120页。
⑥ 《邓小平文选》第二卷，人民出版社1994年版，第95页。
⑦ 《邓小平文选》第二卷，人民出版社1994年版，第108页。
⑧ 《邓小平文选》第三卷，人民出版社1993年版，第121页。

年，影响了发展，还要再耽误 20 年，后果不堪设想"①。1992 年，邓小平在视察南方时再次指出："经济发展得快一点，必须依靠科技和教育。"②

由此可见，邓小平从来不是就教育论教育，而是始终从社会主义现代化战略和中华民族的根本命运的高度重视教育。

第二，重视对学生的思想政治教育。邓小平反复强调要坚持社会主义办学方向，重视对学生的思想政治教育。他在改革开放伊始，就把这些问题摆在教育的重要位置上。他强调，"毫无疑问，学校应该永远把坚定正确的政治方向放在第一位"③。在辩证地分析红与专的关系时，他指出"学生把坚定正确的政治方向放在第一位，这不仅不排斥学习科学文化，相反，政治觉悟越是高，为革命学习科学文化就应该越加自觉，越加刻苦"④。1978 年全国教育工作会议上，他提出要培养"有很高的政治责任心和集体主义精神，有坚定的革命思想和实事求是、群众路线的工作作风，严守纪律，专心致志地为人民积极工作的劳动者"⑤。他特别重视理想教育。1980 年 5 月 26 日，他首次提出"立志做有理想、有道德、有知识、有体力的人"⑥，1985 年进一步指出"教育全国人民做到有理想、有道德、有文化、有纪律。这四条里面，理想和纪律特别重要"。"要特别教育我们的下一代下两代，一定要树立共产主义的远大理想。一定不能让我们的青少年作资本主义腐朽思想的俘虏，那绝对不行。"⑦ 可见，培养"四有"新人是社会主义现代化建设的必然要求和重要保证，而在"四有"中，核心是有远大理想。

邓小平强调"要加强各级学校的政治教育、形势教育、思想教育，包括人生观教育、道德教育"⑧。1986 年到 1989 年前后，针对国内一段时期出现的资产阶级自由化思想，他多次就如何开展教育作出重要指示。他提出，要"旗帜鲜明地反对资产阶级自由化"⑨，"反对资产阶级自由化至少还要搞二十年。民主只能逐步地发展，不能搬用西方的那一套，要搬那一套，非乱不可。我们的社会主义建设，必须在安定团结的条件下有领导、有秩序地进行，我特别强调有理想、有纪律，就是这个道理"⑩。"问题在于，我们思想战线上出现了一些混乱。对青年学

---

① 《邓小平文选》第三卷，人民出版社 1993 年版，第 274～275 页。
② 《邓小平文选》第三卷，人民出版社 1993 年版，第 377 页。
③④ 《邓小平文选》第二卷，人民出版社 1994 年版，第 104 页。
⑤ 《邓小平文选》第二卷，人民出版社 1994 年版，第 106 页。
⑥ 《邓小平论教育》，人民教育出版社 1995 年版，第 123 页。
⑦ 《邓小平文选》第三卷，人民出版社 1993 年版，第 111 页。
⑧ 《邓小平文选》第二卷，人民出版社 1994 年版，第 369 页。
⑨ 《邓小平文选》第三卷，人民出版社 1993 年版，第 194 页。
⑩ 《邓小平文选》第三卷，人民出版社 1993 年版，第 196～197 页。

生引导不利。这是一个重大失误。我们要改变这种引导不力的软弱状态，要用我们自己的历史来教育青年，也要揭露那些别有用心的人，因为他们这次的口号是反对共产党的领导，反对社会主义道路。"① "我们特别强调坚持四项基本原则，反对资产阶级自由化，同时提出加强思想政治工作、说服教育工作，同社会不良风气包括特权思想进行斗争。"② 他曾多次深刻地指出："十年最大的失误是教育，这里我主要是讲思想政治教育，不单纯是对学校、青年学生，是泛指对人民的教育。对于艰苦创业，对于中国是个什么样的国家，将要变成一个什么样的国家，这种教育都很少，这是我们很大的失误。"③ 他提出两个文明一起抓的思想，指出"有一点要提醒大家，就是我们在建设具有中国特色的社会主义社会时，一定要坚持发展物质文明和精神文明，坚持五讲四美三热爱，教育全国人民做到有理想、有道德、有文化、有纪律"④。

第三，尊师重教，加强教师队伍的建设。邓小平关心教师队伍建设，在多种重要场合呼吁要形成全党全社会尊师重教的浓厚空气，他指出："一个学校能不能为社会主义建设培养合格的人才，培养德智体全面发展，有社会主义觉悟的有文化的劳动者，关键在教师。"⑤ 他反复强调"尊重知识，尊重人才"⑥，"人民教师是培养革命后代的园丁。他们的创造性劳动，应该受到党和人民的尊重"⑦。"我们要提高人民教师的政治地位和社会地位。不但学生应该尊重教师，整个社会都应该尊重教师。我们提倡学生尊敬师长，同时也提倡师长爱护学生。尊师爱生，教学相长，这是师生之间革命的同志式的关系。对于优秀的教育工作者，应该大张旗鼓地予以表扬和奖励。"⑧ 邓小平要求有关部门"要研究教师首先是中小学教师的工资制度。要采取适当的措施，鼓励人们终身从事教育事业。特别优秀的教师，可以定为特级教师"⑨。他呼吁"各级党政负责同志，要经常深入学校，倾听广大师生的意见和呼声，为他们排忧解难"⑩。"我们不论怎么困难，也要提高教师的待遇。"⑪ 他多次表示，"愿意当大家的后勤部长"⑫。

针对在相当长时间里，我国中小学教师的物质生活待遇和社会地位偏低的情

① 《邓小平文选》第三卷，人民出版社1993年版，第198页。
② 《邓小平文选》第三卷，人民出版社1993年版，第205页。
③ 《邓小平文选》第三卷，人民出版社1993年版，第306页。
④ 《邓小平文选》第三卷，人民出版社1993年版，第110页。
⑤ 《邓小平文选》第二卷，人民出版社1994年版，第108页。
⑥ 《邓小平文选》第二卷，人民出版社1994年版，第40页。
⑦ 《邓小平文选》第二卷，人民出版社1994年版，第95页。
⑧⑨ 《邓小平文选》第二卷，人民出版社1994年版，第109页。
⑩ 《邓小平文选》第三卷，人民出版社1993年版，第121页。
⑪ 《邓小平文选》第三卷，人民出版社1993年版，第275页。
⑫ 《邓小平文选》第二卷，人民出版社1994年版，第98页。

况，在提出恢复大学教师职务制度的同时，实行中小学教师职务制度。1985 年，我国规定每年 9 月 10 日为教师节，全社会尊师重教逐渐蔚然成风。

（四）江泽民关于教育凝聚人心的重要论述

江泽民关于教育的思想，产生于改革开放的继往开来时期。坚持改革开放、坚持邓小平理论中关于教育的论述，把邓小平教育理论通过具体措施落到实处，是其特点之一。20 世纪 90 年代，东欧剧变，造成了思想的混乱，如何坚持走中国特色社会主义道路，如何坚持办中国特色教育，如何培养社会主义建设者和接班人，都是那个时期需要面临和解决的问题。江泽民关于教育的思想，正是在"三个代表"重要思想形成过程中，在解决这些与教育相关的实际问题中产生的。

江泽民关于教育凝聚人心的重要理论及其相关论述，主要体现在百年大计教育为本、教育的根本宗旨、加强思想教育培育"四有新人"的论述中。

关于百年大计教育为本，主要体现在以下五个方面。

其一，把发展教育与科学作为百年大计来抓。把教育摆在一个什么样的地位来抓，从来都是事关教育能不能健康发展的首要问题。江泽民不是就教育论教育，而是把教育摆在全党全国工作大局中来思考和定位。江泽民在庆祝中华人民共和国成立 40 周年大会上的讲话中指出："发展教育和科技是百年大计，对社会生产力和民族素质的提高具有重大的深远的意义。我们的教育和科技还比较落后，更要采取有效措施，自觉地抓好这项工作。"[1] 在庆祝中国共产党成立 70 周年大会上的讲话中指出："百年大计，教育为本。教育是社会主义物质文明和精神文明建设极为重要的基础工程。它对提高全体人民的思想道德和科学文化素质，对培养一代又一代社会主义事业的接班人，具有重大的战略意义。我们必须加强教育工作，大力发展教育事业。"[2]

其二，坚持把教育摆在优先发展的战略地位。在 1994 年全国教育工作会议上，江泽民指出"在我们这样一个有近十二亿人口、资源相对不足、经济文化比较落后的国家，依靠什么来实现社会主义现代化建设的宏伟目标呢？具有决定性意义的一条，就是把经济建设转到依靠科技进步和提高劳动者素质的轨道上来，真正把教育摆在优先发展的战略地位，努力提高全民族的思想道德素质和科学文化素质。这是实现我国现代化的根本大计"[3]。

---

[1]　江泽民：《在庆祝中华人民共和国成立四十周年大会上的讲话》，人民出版社 1989 年版，第 20 页。
[2]　江泽民：《在庆祝中国共产党成立七十周年大会上的讲话》，人民出版社 1991 年版，第 23 页。
[3]　《江泽民文选》第一卷，人民出版社 2006 年版，第 369 页。

其三，积极发展民族教育。1992 年，他在中央民族工作会议上指出："民族教育是整个教育事业的组成部分，是民族工作的重要方面，应该在教育结构、专业设置、教学内容、学制、办学形式等方面，逐步走出一条适应少数民族和民族地区实际的路子。"①

其四，坚定不移地实施科技、教育兴农的发展战略。1993 年，他在中央农村工作会议上指出："要重视农村教育工作，重点是扎扎实实地普及九年制义务教育，扫除青壮年文盲，同时大力发展农村职业技术教育和农村成人教育。农村中小学要在学生学好文化基础知识的同时，紧密联系农村生产、生活实际，在适当阶段引进职业教育内容，把学文化和学技术结合起来。"② 1994 年，他在扶贫开发工作会议上指出："坚持自力更生、艰苦奋斗，抓好人才培养是关键。要把这种创业精神转化为物质力量，最终要靠发挥劳动者的聪明才智。因此，要把科教扶贫、智力开发摆在重要位置上。"③

其五，充分发挥知识分子的作用。在党的十四大报告中，江泽民指出"知识分子是工人阶级中掌握科学文化知识较多的一部分，是先进生产力的开拓者，在改革开放和现代化建设中有着特殊重要的作用。能不能充分发挥广大知识分子的才能，在很大程度上决定着我们民族的盛衰和现代化建设的进程。要努力创造更加有利于知识分子施展聪明才智的良好环境，在全社会进一步形成尊重知识、尊重人才的良好风尚"④。

关于教育的根本宗旨。江泽民认为教育必须以提高国民素质为根本宗旨。在第三次全国教育工作会议上，他指出"事实越来越证明，劳动力素质和科技创新能力不高，已经成为制约我国经济发展和国际竞争能力增强的一个主要因素。中央全面分析国际国内发展的大势，认为必须坚定不移地实施科教兴国战略，大力提高全民族的思想道德素质和科学文化素质，提高知识创新、技术创新能力，密切教育与经济、科技的结合，加快实现经济体制和经济增长方式的根本性转变。这是全面推进我国现代化事业的必然选择，也是中华民族自立于世界民族之林的根本保证"⑤。

关于加强思想教育，培育"四有新人"，主要体现在以下三个方面。

其一，对青年人，一要爱二要严。"我们对青年人，第一要爱，满腔热情地爱护他们；第二要严，对他们要热情帮助，要有批评。爱和严，都是为了促进他

---

① 《江泽民文选》第一卷，人民出版社 2006 年版，第 185 页。
② 《十四大以来重要文献选编》（上），人民出版社 1996 年版，第 429～430 页。
③ 江泽民：《论社会主义市场经济》，中央文献出版社 2006 年版，第 170 页。
④ 《江泽民文选》第一卷，人民出版社 2006 年版，第 233～234 页。
⑤ 《江泽民文选》第二卷，人民出版社 2006 年版，第 330 页。

们将来更好地创造我们民族美好的未来。爱和严要结合起来。真正的爱必然体现在严格要求之中，只爱不严不是真正的爱，而是害。只有严格要求，青年一代才能挑起建设社会主义现代化的历史重担。"①

其二，加强思想教育。在党的十五大报告中，江泽民指出："在全社会形成共同理想和精神支柱，是有中国特色社会主义文化建设的根本。"② 他提出，要"引导人们树立正确的世界观、人生观、价值观，大力弘扬爱国主义、集体主义、社会主义和艰苦奋斗精神"③。在中央思想政治工作会议上的讲话中，他指出"党的思想政治工作是经济工作和其他一切工作的生命线，是团结全党，全国人民实现党和国家各项任务的中心环节，是我们党和社会主义国家的重要政治优势"④。他强调要坚持不懈进行中国近代史、现代史及国情教育。教育的目的在于"要提高中国人民特别是青少年的民族自尊心、民族自信心，防止崇洋媚外的思想抬头"⑤。他在1994年全国教育工作会议上指出："加强理论教育、思想教育和政治工作的目的，就是要引导和帮助青年学生树立正确的世界观、人生观、价值观，打下科学理论的基础，确立为建设有中国特色社会主义而奋斗的政治方向。这样才能增强青少年抵制错误思潮和拜金主义、享乐主义、极端个人主义等腐朽思想侵蚀的能力。"⑥

其三，培养"四有"新人。1994年，在全国宣传教育工作会议上，江泽民指出，"培养有理想、有道德、有文化、有纪律的新人，是建设社会主义精神文明的根本目标。要围绕这个目标，在人民群众特别是青少年中加强以爱国主义、集体主义、社会主义为核心内容的思想道德教育，开展艰苦奋斗、勤俭建国的教育，职业道德、社会公德的教育，基本国情的教育和普及法律基本知识教育"⑦。同年，他在全国教育工作会议上的讲话中指出："各级各类学校都要全面贯彻党的教育方针，坚持社会主义办学方向，努力培养德智体全面发展的'四有'新人。要针对改革和建设过程中出现的新情况、新问题，不断加强和改进学校的思想政治工作和政治课教育。"⑧ 他认为儿童教育至关重要，"无产阶级革命事业需

① 中华人民共和国教育部中共中央文献研究室：《毛泽东邓小平江泽民论教育》，中央文献出版社人民教育出版社、北京师范大学出版社2002年版，第208页。

② 《江泽民文选》第二卷，人民出版社2006年版，第33页。

③ 《江泽民文选》第二卷，人民出版社2006年版，第33~34页。

④ 《江泽民文选》第三卷，人民出版社2006年版，第74页。

⑤ 中华人民共和国教育部中共中央文献研究室：《毛泽东邓小平江泽民论教育》，中央文献出版社人民教育出版社、北京师范大学出版社2002年版，第215页。

⑥ 《江泽民文选》第一卷，人民出版社2006年版，第372页。

⑦ 中华人民共和国教育部中共中央文献研究室：《毛泽东邓小平江泽民论教育》，中央文献出版社人民教育出版社、北京师范大学出版社2002年版，第240页。

⑧ 《江泽民文选》第一卷，人民出版社2006年版，第371~372页。

要一代又一代艰苦不懈的努力，今天的少年儿童将要肩负起 21 世纪建设社会主义祖国的重任，培养接班人必须从小抓起"①。

（五）胡锦涛关于教育凝聚人心的重要论述

胡锦涛关于教育的重要论述，产生于新时期新阶段。在这个时期，世界正处在大发展大变革大调整时期。世界多极化、经济全球化深入发展，世界经济格局发生新变化，综合国力竞争和各种力量较量更趋激烈，世界范围内生产力、生产方式、生活方式、经济社会发展格局正在发生深刻变革。国内处于全面建设小康社会的关键时期，处于深化改革开放、加快转变经济发展方式的攻坚时期。在这个时期，教育的地位更加重要，人才的质量要求更高，创新成为经济社会发展的主要驱动力，知识创新成为国家竞争力的核心要素。

胡锦涛关于教育凝聚人心的重要理论及其相关论述，主要体现在全国教育工作会议上的讲话中。包括坚持以人为本、德育为先；重视意识形态和思想政治教育的论述中。

关于坚持以人为本、德育为先。胡锦涛指出"坚持以人为本、全面实施素质教育是教育改革和发展的战略主题，是贯彻党的教育方针的时代要求，核心是解决好培养什么人、怎样培养人的重大问题，重点是面向全体学生、促进学生全面发展，着力提高学生服务国家服务人民的社会责任感、勇于探索的创新精神、善于解决问题的实践能力。坚持以人为本，在教育工作中的最集中体现就是育人为本、德育为先"②。

"要把德育融入学校课堂教学、学生管理、学生生活全过程，创新德育观念、目标、内容、方法，充分体现时代性，准确把握规律性，大力增强实效性。坚持以人为本，在教育工作中的重要着眼点是全面提高国民素质。这就需要全面实施素质教育。实施素质教育不仅涉及教育各个阶段和领域，更涉及文化传统、经济发展、社会结构、用人制度等方方面面，必须统筹兼顾、协调推进，切实把实施素质教育这件大事抓紧抓好、抓出成效。"③

关于重视意识形态和思想政治教育，胡锦涛要求掌握意识形态工作领导权和主动权，指出"意识形态工作是党的一项十分重要的工作。经验告诉我们，经济工作搞不好要出大问题，意识形态工作搞不好也要出大问题"④。他倡导开展以

---

① 中华人民共和国教育部中共中央文献研究室：《毛泽东邓小平江泽民论教育》，中央文献出版社人民教育出版社、北京师范大学出版社 2002 年版，第 205 页。
② 《胡锦涛文选》第三卷，人民出版社 2016 年版，第 420 页。
③ 《胡锦涛文选》第三卷，人民出版社 2016 年版，第 421 页。
④ 《胡锦涛文选》第二卷，人民出版社 2016 年版，第 527 页。

"八荣八耻"为主要内容的社会主义荣辱观教育，指出"社会风气是社会文明程度的重要标志，是社会价值导向的集中表现，树立良好社会风气，是广大人民群众的强烈愿望，也是经济社会顺利发展的必要、必然要求，在我们的社会主义社会里，是非善恶美丑的界限绝对不能混用。坚持什么，反对什么倡导什么抵制什么，都必须旗帜鲜明"①。他要求"推进社会主义核心价值体系建设，进一步增强全民族团结和谐奋发向上的精神力量"②。要"大力弘扬我国传统美德，以增强诚信意识为重点，加强社会公德、职业道德、家庭美德、个人品德建设，引导人们自觉履行法定义务、社会责任、家庭责任"③。

（六）习近平关于教育凝聚人心的重要论述

习近平关于教育的重要论述，是在世界不稳定性、不确定性上升并面临百年未有之大变局加速演进，中国特色社会主义进入新时代、中国教育发展面临新任务新要求、党和国家部署建设教育强国的背景下形成的，也是在全面总结中国教育改革发展历史经验、着力破解现实问题的背景下形成的。在这样的时代背景下，教育凝聚人心的作用，就更显得特别重要。习近平关于教育的重要论述，系统全面地回答了我国教育发展中带有根本性、全局性、长远性的重大战略问题，为发展我国教育事业、做好教育各项工作、促进人的全面发展，提供了指导思想和行动指南，是新时代建设教育强国的根本遵循和我国教育事业发展的"定海神针"。习近平高度重视教育事业，他在党和国家重要会议上多次论述教育工作；多次主持会议审议教育重大议题；在各地视察工作时，深入了解教育发展的实际情况，解决教育发展中的短板和弱项；在青年节、教师节都会深入各地大中小学和幼儿园考察并同师生座谈，或者以贺信、回信的方式作出指示。

习近平关于教育凝聚人心的重要理论及其相关论述，主要体现在坚持党对教育工作的全面领导、坚持把立德树人作为根本任务、坚持社会主义办学方向、坚持把服务中华民族伟大复兴作为教育的重要使命；重视意识形态工作和思想政治教育等方面的论述中。

关于坚持党对教育工作的全面领导。党的十八大以来，习近平多次强调党对教育工作的全面领导。在主持中共十九届中央政治局第六次集体学习时，他明确指出"中国特色社会主义最本质的特征是中国共产党领导，中国特色社会主义制

---

① 《胡锦涛文选》第二卷，人民出版社 2016 年版，第 430 页。
② 《胡锦涛文选》第三卷，人民出版社 2016 年版，第 62 页。
③ 《胡锦涛文选》第三卷，人民出版社 2016 年版，第 65 页。

度的最大优势是中国共产党领导，党是最高政治领导力量"①。习近平强调："办好我国高等教育，必须坚持党的领导，牢牢掌握党对高校工作的领导权，使高校成为坚持党的领导的坚强阵地。党委要保证高校正确办学方向，掌握高校思想政治工作主导权，保证高校始终成为培养社会主义事业建设者和接班人的坚强阵地。"② 习近平指出"要坚持党对高校的领导，坚持社会主义办学方向，把我们的特色和优势有效转化为培养社会主义建设者接班人的能力"③。"加强党对教育工作的全面领导，是办好教育的根本保证。教育部门和各级各类学校的党组织要增强'四个意识'、坚定'四个自信'，坚定不移维护党中央权威和集中统一领导，自觉在政治立场、政治方向、政治原则、政治道路上同党中央保持高度一致。各级党委要把教育改革发展纳入议事日程，党政主要负责同志要熟悉教育、关心教育、研究教育。"④ 中国特色社会主义学校，必须坚持马克思主义为指导，全面贯彻党的教育方针，这是坚持党对教育工作的全面领导的重要体现。

关于坚持把立德树人作为根本任务。党的十八大以来，习近平围绕"培养社会主义建设者和接班人"作出一系列重要论述，深刻回答了"培养什么人、怎样培养人、为谁培养人"的根本性问题。习近平强调，"高校思想政治工作关系高校培养什么样的人、如何培养人以及为谁培养人这个根本问题。要坚持把立德树人作为中心环节，把思想政治工作贯穿教育教学全过程，实现全程育人、全方位育人，努力开创我国高等教育事业发展新局面"⑤。此后，在全国教育大会等一系列重要会议上都反复强调"三人"这个根本问题。习近平在党的十九大报告中指出："要全面贯彻党的教育方针，落实立德树人根本任务，发展素质教育，推进教育公平，培养德智体美全面发展的社会主义建设者和接班人。"⑥ 在党的二十大报告中再次强调，"教育是国之大计、党之大计。培养什么人、怎样培养人、为谁培养人是教育的根本问题。育人的根本在于立德。全面贯彻党的教育方针，落实立德树人根本任务，培养德智体美劳全面发展的社会主义建设者和接班人"⑦。

关于坚持社会主义办学方向。这一问题既关系到教育事业兴衰成败和社会现

---

① 《习近平谈治国理政》第三卷，外文出版社 2020 年版，第 94 页。

② 《习近平谈治国理政》第二卷，外文出版社 2017 年版，第 379 页。

③ 习近平：《在北京大学师生座谈会上的讲话》，人民出版社 2018 年版，第 10 页。

④ 《习近平在全国教育大会上强调坚持中国特色社会主义教育发展道路　培养德智体美劳全面发展的社会主义建设者和接班人》，载于《人民日报》2018 年 9 月 11 日。

⑤ 《习近平谈治国理政》第二卷，外文出版社 2017 年版，第 376 页。

⑥ 习近平：《决胜全面建成小康社会　夺取新时代中国特色社会主义伟大胜利——在中国共产党第十九次全国代表大会上的报告》，人民出版社 2017 年版，第 45 页。

⑦ 习近平：《高举中国特色社会主义伟大旗帜　为全面建设社会主义现代化国家而团结奋斗——在中国共产党第二十次全国代表大会上的报告》，人民出版社 2022 年版，第 34 页。

代化建设全局，也关系到人心向背。我国的教育是社会主义教育，这是国家性质决定的。《中华人民共和国宪法》和《中华人民共和国教育法》对此都有着明确的规定。习近平特别强调办学方向的特殊性和重要性，围绕着办学方向问题，旗帜鲜明地坚持社会主义办学方向，2016 年 12 月，习近平在全国高校思想政治工作会议上首次提出了"四个服务"的重要论断，"我国高等教育发展方向要同我国发展的现实目标和未来方向紧密联系在一起，为人民服务，为中国共产党治国理政服务，为巩固和发展中国特色社会主义制度服务，为改革开放和社会主义现代化建设服务"①。在以后的讲话中他多次强调"四个服务"，可见"四个服务"体现了习近平关于中国特色社会主义教育事业功能定位的核心主张。2018 年他指出，"马克思主义是我们立党立国的根本指导思想，也是我国大学最鲜亮的底色"②。这些论述为新时代中国教育改革发展指明了必须坚持的正确方向，是新时代办好中国特色社会主义教育的根本性、全局性、方向性的重大问题。

关于坚持把服务中华民族伟大复兴作为教育的重要使命。中华民族伟大复兴是全体中华儿女最大的公约数，也是教育凝聚人心的最好教育资源。习近平在全国教育大会上强调，"坚持把服务中华民族伟大复兴作为教育的重要使命"③。教育是对中华民族伟大复兴具有决定性意义的事业，因为中华民族伟大复兴需要培养一批批的社会主义建设者和接班人来实现。人才是衡量一个国家综合国力的重要指标，也是实现民族振兴、赢得国际竞争主动的战略资源。一定要认清历史方位，把握国际坐标，立足中国现实，履行好教育的重要使命。履行好教育的重要使命，就需要教育与中国新时代的历史方位相适应，与世界发展大势相适应，同党和国家事业发展的要求相适应。要通过认真落实教育凝聚人心、完善人格、开发人力、培育人才、造福人民的工作目标，推动教育高质量发展。

关于重视意识形态工作和思想政治教育。习近平十分重视意识形态工作和思想政治教育。既重视现实中的思想政治教育，也重视网络思想政治工作；既重视日常思想政治工作，也重视思想政治理论课建设；既重视思政课建设，也重视"大思政课"建设；既重视显性思想政治教育工作，也重视学习和践行社会主义核心价值观、中华优秀传统文化传承。在思想政治教育内容方面，习近平的重要论述中十分丰富。包括理想信念、"三热爱"、中国共产党人精神谱系、"四个意识"、"四个自信"、"四个认同"、"四史"、"四个认同"、"两个结合"、依法治

---

① 《习近平谈治国理政》第二卷，外文出版社 2017 年版，第 376～377 页。

② 习近平：《在北京大学师生座谈会上的讲话》，人民出版社 2018 年版，第 6 页。

③ 《习近平在全国教育大会上强调坚持中国特色社会主义教育发展道路　培养德智体美劳全面发展的社会主义建设者和接班人》，载于《人民日报》2018 年 9 月 11 日。

国和以德治国、世界观人生观价值观、家国情怀、引导学生"四个正确认识"等。2013 年 8 月 19 日，习近平在全国宣传思想工作会议上强调："经济建设是党的中心工作，意识形态工作是党的一项极端重要的工作。"[①] 2014 年 5 月 4 日，习近平在北京大学师生座谈会上，对青年提出殷切希望，指出"青年要从现在做起、从自己做起，使社会主义核心价值观成为自己的基本遵循，并身体力行大力将其推广到全社会去"，并且要求广大青年树立和培育社会主义核心价值观，在勤学、修德、明辨、笃实几个方面下功夫。2016 年 12 月 7 日，习近平在全国高校思想政治工作会议上强调："要坚持把立德树人作为中心环节，把思想政治工作贯穿教育教学全过程，实现全程育人、全方位育人，努力开创我国高等教育事业发展新局面"[②]，"要教育引导学生正确认识世界和中国发展大势，从我们党探索中国特色社会主义历史发展和伟大实践中，认识和把握人类社会发展的历史必然性，认识和把握中国特色社会主义的历史必然性，不断树立为共产主义远大理想和中国特色社会主义共同理想而奋斗的信念和信心；正确认识中国特色和国际比较，全面客观认识当代中国、看待外部世界；正确认识时代责任和历史使命，用中国梦激扬青春梦，为学生点亮理想的灯、照亮前行的路，激励学生自觉把个人的理想追求融入国家和民族的事业中，勇做走在时代前列的奋进者、开拓者；正确认识远大抱负和脚踏实地，珍惜韶华、脚踏实地，把远大抱负落实到实际行动中，让勤奋学习成为青春飞扬的动力，让增长本领成为青春搏击的能量"[③]。2019 年 3 月 18 日，习近平在学校思想政治理论课教师座谈会的讲话中，全面地阐述了一系列关于思想政治教育的重要论述。主要有青少年是祖国的未来、民族的希望，要贯彻党的教育方针、落实立德树人根本任务，用新时代中国特色社会主义思想铸魂育人；解决好培养什么人、怎样培养人、为谁培养人这个根本问题；思想政治理论课是落实立德树人根本任务的关键课程，理直气壮开好思政课，推动思想政治理论课改革创新，不断增强思政课的思想性、理论性和亲和力、针对性，坚持"八个相统一"；办好思想政治理论课关键在教师，关键在发挥教师的积极性、主动性、创造性，并提出了思政教师"六要"的要求。要求各级党委要把思想政治理论课建设摆上重要议程，抓住制约思政课建设的突出问题，在工作格局、队伍建设、支持保障等方面采取有效措施。2020 年 4 月 22 日，习近平在陕西考察时参观西安交通大学西迁博物馆，亲切看望了西迁老教师代表和学生，高度评价了西迁精神，指出"'西迁精神'的核心是爱国主义，精髓是听党指挥跟党走，与党和国家、与民族和人民同呼吸、共命运，具有深刻现实意

---

① 《习近平谈治国理政》第一卷，外文出版社 2018 年版，第 153 页。

② 《习近平谈治国理政》第二卷，外文出版社 2017 年版，第 376 页。

③ 《习近平谈治国理政》第二卷，外文出版社 2017 年版，第 377～378 页。

义和历史意义"①。在纪念五四运动 100 周年大会上，习近平对新时代中国青年提出"六要"的殷切期望：要树立远大理想，要热爱伟大祖国，要担当时代责任，要勇于砥砺奋斗，要练就过硬本领，要锤炼品德修为。2021 年 3 月 6 日，习近平看望参加全国政协十三届四次会议的医药卫生界教育界委员时，强调"'大思政课'我们要善用之，一定要跟现实结合起来"②。在庆祝中国共产党成立 100 周年大会上，习近平号召"新时代的中国青年要以实现中华民族伟大复兴为己任，增强做中国人的志气、骨气、底气，不负时代，不负韶华，不负党和人民的殷切期望！"③ 2022 年 4 月 25 日，习近平在中国人民大学考察调研时，再次强调"'为谁培养人、培养什么人、怎样培养人'始终是教育的根本问题。要坚持党的领导，坚持马克思主义指导地位，坚持为党和人民事业服务，落实立德树人根本任务，传承红色基因，扎根中国大地办大学"④。此外，习近平对思政课提出新要求，强调"思想政治理论课能否在立德树人中发挥应有作用，关键看重视不重视、适应不适应、做得好不好。思政课的本质是讲道理，要注重方式方法，把道理讲深、讲透、讲活，老师要用心教，学生要用心悟，达到沟通心灵、启智润心、激扬斗志"⑤。

二、关于完善人格的重要理论及其相关论述

（一）马克思主义有关教育的思想关于完善人格的重要论述

马克思主义有关教育的思想中有关完善人格的重要论述，主要体现在教育的本质在于改变人的本质、批判资产阶级人格原则的双重标准、人的全面而自由的发展的论述中。

关于教育的本质在于改变人的本质。马克思认为人的本质是社会关系的总和，也是形成人的不同人格的核心和精髓。教育的本质在于改变人的本质。

"现实的人"是马克思主义有关教育的思想的理论逻辑起点。马克思认为，教育的本质是使"人"成为真正的人，通过教育活动将被异化的"人"从资产

---

① 《习近平在陕西考察时强调：扎实做好"六稳"工作　落实"六保"任务　奋力谱写陕西新时代追赶超越新篇章》，载于《人民日报》2020 年 4 月 24 日。
② 《"'大思政课'我们要善用之"（微镜头·习近平总书记两会"下团组"·两会现场观察）》，载于《人民日报》2021 年 3 月 7 日。
③ 习近平：《在庆祝中国共产党成立 100 周年大会上的讲话》，人民出版社 2021 年版，第 21 页。
④⑤ 《习近平在中国人民大学考察时强调：坚持党的领导传承红色基因扎根中国大地　走出一条建设中国特色世界一流大学新路》，载于《人民日报》2022 年 4 月 26 日。

阶级统治中解放出来。教育的本质揭示了教育如何使被异化的"人"回归为真正人的问题。在《关于费尔巴哈的提纲》中，马克思对费尔巴哈有关人的本质的学说及其方法进行了深刻的批判，认为其从孤立的个体出发，把人的本质理解为"一种内在的、无声的、把许多个人纯粹自然地联系起来的普遍性"①的观点是错误的。马克思从具体的、现实的个体出发揭示人的本质是社会关系的总和。他认为"人的本质不是单个人所固有的抽象物，在其现实性上，它是一切社会关系的总和"②。"自然界的人的本质只有对社会的人来说才是存在的；因为只有在社会中，自然界对人来说才是人与人联系的纽带，才是他为别人的存在和别人为他的存在，只有在社会中，自然界才是人自己的人的存在的基础，才是人的现实的生活要素。只有在社会中，人的自然的存在对他来说才是自己的人的存在，并且自然界对他来说才成为人。因此，社会是人同自然界的完成了的本质的统一，是自然界的真正复活，是人的实现了的自然主义和自然界的实现了的人道主义。"③教育之所以能促进人的本质的实现，在于人是"现实的人"。"现实的人"从事着现实的社会生产等实践活动，现实的社会关系是人在实践活动中形成的。教育是"现实的人"在现实的社会关系中的现实的实践活动，通过教育的现实的实践活动，改造着现实的人的本质。马克思把实践看成物质的、能动的、革命的实践，把人民群众看成社会实践的主体力量，以区别于亚里士多德、黑格尔等把实践看成某种伦理目的的内在实现或绝对精神的外在实现的实践观。马克思批驳了黑格尔的"抽象人格"。他在《黑格尔法哲学批判》对人格的社会特质属性进行了分析，认为"国家的各种职能和活动同个人发生联系（国家只有通过各个人才能发生作用），但不同作为肉体的个人，而是同作为政治的个人发生联系，同个人的政治特质发生联系"④，指出"特殊的人格"是它的社会特质，而国家的职能等只不过是人的社会特质的存在方式和活动方式。他明确指出"人格脱离了人，当然只是一个抽象，但人也只有在自己的类存在中，只有作为人们，才是人格的现实的观念"⑤。他在《经济学手稿（1861－1863年）》揭示了资本、劳动与人格的关系。"资本的各种形态表现为生产的实际因素和直接承担者。生息资本在货币资本家身上人格化了，产业资本在产业资本家身上人格化了，提供地租的资本在作为土地所有者的地主身上人格化了，最后，劳动在雇佣工人身上人格化了。"⑥

---

① ② 《马克思恩格斯选集》第 1 卷，人民出版社 2012 年版，第 135 页。
③ 《马克思恩格斯全集》第 3 卷，人民出版社 2002 年版，第 301 页。
④ 《马克思恩格斯全集》第 3 卷，人民出版社 2002 年版，第 29 页。
⑤ 《马克思恩格斯全集》第 3 卷，人民出版社 2002 年版，第 36 页。
⑥ 《马克思恩格斯全集》第 35 卷，人民出版社 2013 年版，第 376 页。

关于批判资产阶级人格原则的双重标准。马克思《评普鲁士最近的书报检查令》中指出："我们必须绝对承认人格原则，尽管书报检查制度有缺陷，我们还要信任书报检察官；你们却肆意践踏人格原则，你们竟不根据行为来判断人，而根据对人的行为动机的看法来判断人。"①

关于人的全面而自由的发展。马克思关于人的全面发展理论，是指个体的基础素质得到全方位的发展。人的全面而自由的发展是对教育的根本追求，也是人格完善的最高境界。马克思恩格斯认为，人的全面而自由的发展是需要一定的社会条件的。马克思在《经济学手稿（1857－1858年）》中指出："人的依赖关系（起初完全是自然发生的），是最初的社会形式，在这种形式下，人的生产能力只是在狭小的范围内和孤立的地点上发展着。以物的依赖性为基础的人的独立性，是第二大形式，在这种形式下，才形成普遍的社会物质变换、全面的关系、多方面的需要以及全面的能力的体系。建立在个人全面发展和他们共同的、社会的生产能力成为从属于他们的社会财富这一基础上的自由个性，是第三个阶段。"②马克思认为，"只有在共同体中，个人才能获得全面发展其才能的手段，也就是说，只有在共同体中才可能有个人自由"③。马克思认为教育的根本追求在于促进"人的全面而自由的发展"。

（二）毛泽东关于完善人格的重要论述

毛泽东关于完善人格的重要理论及其相关论述，在新民主主义革命时期和社会主义革命建设时期，有着不同的重点。在新民主主义革命时期，主要体现在对人格是财产所有权的产物、党的人格、人格的光明、人格的教育与人格的陶冶论述中；社会主义革命建设时期主要体现在全面发展的青年人、为人民服务的价值取向、"真善美"的统一的论述中。

新民主主义革命时期，毛泽东多次围绕人格问题展开论述。第一，毛泽东关于人格的重要理论继承了马克思主义经典作家的观点，将"现实的人"作为出发点，以人的自由全面发展为旨归，在人格的论述中，呈现出鲜明的历史唯物主义观点。毛泽东主张，人格是财产所有权的产物，"在我们党领导的解放区，不仅社会上的人都有人格、独立性和自由，而且在我们党的教育下，更发展了他们的人格、独立性和自由"④。第二，毛泽东将"人格的光明"⑤视为个人德性修养及

---

① 《马克思恩格斯全集》第1卷，人民出版社1995年版，第123页。
② 《马克思恩格斯文集》第8卷，人民出版社2009年版，第52页。
③ 《马克思恩格斯选集》第1卷，人民出版社2012年版，第199页。
④ 《毛泽东文集》第三卷，人民出版社1996年版，第416页。
⑤ 《毛泽东书信选集》，人民出版社2003年版，第6页。

交友的重要维度。为此，毛泽东强调教育应当注意人格的教育与人格的陶冶。第三，人格问题能够延伸至战争与和平问题，对于新民主主义革命产生了一定的作用。五四运动时期，段祺瑞执政府任命张敬尧为湖南督军兼署省长，张敬尧在湖南盘剥民众，暴力镇压抗日革命。毛泽东发起"驱张运动"，反对张敬尧的残暴统治，并将此次运动归因于"湘人驱张，完全因为在人格上湘人与他不能两立"[①]。

新中国成立之初，毛泽东在既往对完善人格的思考之基础上，提出了我国最早的人格培育理论，主要有三方面内容。第一，要大力培养"德、智、体"全面发展的青年人，指出"我们的教育方针，应该使受教育者在德育、智育、体育几方面都得到发展，成为有社会主义觉悟的有文化的劳动者"[②]。这是马克思主义关于人自由而全面发展的学说在中国的具体应用，也是毛泽东关于人格教育的核心观点。第二，提出全心全意为人民服务的价值取向，"共产党人的一切言论行动，必须以合乎最广大人民群众的最大利益，为最广大人民群众所拥护为最高标准"[③]。凡事要以人民利益为出发点，个体要在为人民服务中实现自己的价值。第三，做到"真善美"的统一。所谓"真"即实事求是，坚持真理；"善"即全心全意为人民服务，个体利益自觉服从集体利益；"美"即美好的道德品格。

（三）邓小平关于完善人格的重要论述

邓小平关于完善人格的重要论述，主要体现在"四有"新人、国格与人格关系的论述中。

邓小平根据中国现代化建设的实际提出了要培养"有理想、有道德、有文化、有纪律"[④]的"四有"新人。社会主义初级阶段，"有理想"即实现共产主义最高理想，实现共产主义是广大无产阶级的共同任务，中国共产党以此作为精神动力，不断完善自身的执政理念，为共产主义事业奋斗终身。"有道德"是建设社会主义的本质要求，即以全心全意为人民服务为核心，提倡集体主义、大局意识，反对拜金主义、享乐主义和个人主义等不良风气。"有文化"是中国特色社会主义的基本要求，是指有丰富的专业知识和较高的文化素养。"有纪律"是建设社会主义的有力保证，即为了保证集体利益，维持社会秩序的正常运作，要求每个社会成员遵守社会的规章制度。"四有"新人体现了我国开启中国特色社

---

① 《毛泽东早期文稿（1912.6－1920.11）》，中央文献出版社1990年版，第481页。
② 《毛泽东文集》第七卷，人民出版社1999年版，第226页。
③ 《毛泽东选集》第三卷，人民出版社1991年版，第1096页。
④ 《邓小平文选》第三卷，人民出版社1993年版，第110页。

会主义现代化建设时期国家对公民的基本要求，是我国历史上完善人格理论发展的标志性成果。

值得注意的是，邓小平关于完善人格的重要理论继承了毛泽东思想中有关人格的论述，在改革开放初期重视人格的独立性这一重要维度，在毛泽东关于"人格""党的人格"的理论基础之上，在我国与西方国家广泛扩大交往的时代背景下，创造性地提出了"国格"概念，即由人格的自尊独立衍生出整个国家民族的自尊与独立。邓小平明确提出，"谈到人格，但不要忘记还有一个国格。特别是像我们这样第三世界的发展中国家，没有民族自尊心，不珍惜自己民族的独立，国家是立不起来的"①。上述理论在一定意义上奠定了中国特色社会主义道路、理论、制度的独立性，独立自主成为中国改革开放和现代化建设的重要原则之一，亦对我们党的教育工作乃至中华民族精神产生了积极影响。

（四）江泽民关于完善人格的重要论述

江泽民关于完善人格的重要论述，主要体现在对我国全面改革开放新局面下完善人格的时代内涵的论述中。

中国特色社会主义走向 21 世纪，江泽民提出了要培养拥有远大理想、热爱祖国的人，时刻追求真理、敢于创新的人，能够德才兼备、获得全面发展的人，努力拓宽视野、胸怀宽广的人，能够知行合一、脚踏实地的人，这一论述体现了我国全面改革开放新局面下完善人格的时代内涵。

江泽民关于完善人格的重要理论还包括以下几个方面。其一，培育完善人格是提高国民素质的重要部分，"如果轻视思想政治教育、历史知识教育和人格培养，那就会产生很大的片面性，而这种片面性往往会影响人一生的轨迹"②。因此，推进完善人格的工作，是促进经济发展、提升综合国力的一项重要因素。其二，强调完善人格对于青年的重大意义，并阐释了青年所应当具有的完善人格之科学内涵，"青年要树立正确的世界观、人生观、价值观，树立正确的名利观，努力培养良好的品德，提高自身素质，完善人格品质，做有益于祖国和人民的人"③。教师的道德、品质与人格对青少年学生有重要影响，因此教师也应当具有崇高人格，做到言传身教，"教师应该自觉加强道德修养，率先垂范，既要有脚踏实地、乐于奉献的工作态度，又要有淡泊明志、甘为人梯的精神境界，以自

---

① 《邓小平文选》第三卷，人民出版社 1993 年版，第 331 页。
② 《江泽民文选》第二卷，人民出版社 2006 年版，第 332 页。
③ 《江泽民文选》第二卷，人民出版社 2006 年版，第 484 页。

己的高尚人格教育和影响学生，努力成为青少年学生的良师益友，成为受到全社会尊敬的人"[①]。其三，江泽民强调在马克思主义基本原理的基础上，吸收中华优秀传统文化当中有关完善人格的有益思想成分，提出"我们共产党人，应该继承和发扬中华民族的优秀文化传统，应该在马克思主义的思想基础上，培养和弘扬高尚的人格品质"[②]。

（五）胡锦涛关于完善人格的重要论述

胡锦涛关于完善人格的重要论述，主要体现在青年的全面发展、知行合一与完善人格关系、教师的人格魅力、文艺工作者的职业道德、共产党人的人格力量的论述中。

党的十六大以后，在全面建设小康社会进程中，胡锦涛关于完善人格的重要理论以社会主义荣辱观作为理论基石，突出强调了青年学生、教师、文艺工作者、党员干部等四大重点人群。

关于青年的全面发展、知行合一与完善人格关系。胡锦涛关注学生的全面发展，勉励大学生知行合一，完善人格。他在全国加强和改进大学生思想政治教育工作会议上明确指出："要加强社会主义民主法制教育，加强人文素质和科学精神教育，加强集体主义和团结合作精神教育，促进大学生思想道德素质、科学文化素质和健康素质协调发展，引导大学生在增长科学文化知识的过程中提升思想政治素养，知行合一，德才并进。"[③] 同时他还对青年学子提出四点希望，希望大学生坚持爱国主义、始终坚持勤奋学习、始终坚持奉献社会、坚持自觉践行社会主义荣辱观，在具体行动中完善人格。

关于教师的人格魅力。完善的人格是人民教师的首条要素，能够对学生产生潜移默化的影响。胡锦涛提出了教师在教学工作与个人德行修养方面的努力方向，即"切实肩负起立德树人、教书育人的光荣职责，关爱学生，严谨笃学，淡泊名利，自尊自律，加强师德建设，弘扬优良教风，提高业务水平，以高尚师德、人格魅力、学识风范教育感染学生，做学生健康成长的指导者和引路人"[④]。

关于文艺工作者的职业道德。广大文艺工作者对于社会思想道德水平具有引领示范作用，优秀的文艺作品能够传播真善美、践行先进文化、弘扬社会风尚。胡锦涛主要从文艺工作者的职业特性出发，倡导广大文艺工作者"恪守职业道

---

① 《江泽民文选》第二卷，人民出版社 2006 年版，第 502 页。

② 江泽民：《在纪念中国共产党成立七十八周年座谈会上的讲话》，人民出版社 1999 年版，第 12 页。

③ 《十六大以来重要文献选编》中，中央文献出版社 2006 年版，第 639 页。

④ 胡锦涛：《在庆祝清华大学建校 100 周年大会上的讲话》，人民出版社 2011 年版，第 12 页。

德、弘扬职业精神"①，以文艺工作者的人格力量赢得人民赞誉，塑造人民群众的美好心灵。

关于共产党人的人格力量。高尚的人格是共产党员先进性的重要体现，具体表现为"廉洁奉公、勤政为民"② 等内涵。共产党员具有崇高的人格魅力，则能够在群众当中产生强大的感召力与凝聚力。为此，胡锦涛在党的十八大报告中明确提出，"教育引导党员、干部模范践行社会主义荣辱观，讲党性、重品行、作表率，做社会主义道德的示范者、诚信风尚的引领者、公平正义的维护者，以实际行动彰显共产党人的人格力量"③。

（六）习近平关于完善人格的重要论述

习近平关于完善人格的重要论述，主要体现在对新时代好青年、教育培养健康成熟的人格、教师对培养学生完善人格的关键作用等论述中。

关于新时代好青年。习近平在党的二十大报告中寄语广大青年，"要坚定不移听党话、跟党走，怀抱梦想又脚踏实地，敢想敢为又善做善成，立志做有理想、敢担当、能吃苦、肯奋斗的新时代好青年"④。他要求"青年要把正确的道德认知、自觉的道德养成、积极的道德实践紧密结合起来，不断修身立德，打牢道德根基，在人生道路上走得更正、走得更远"⑤。他还用革命先烈的感人故事教育中青年干部，"1941 年，时任鄂西特委书记何功伟被捕入狱。面对敌人一次次严刑拷打、一次次劝降利诱，他毫不畏惧、不为所动，高唱《国际歌》英勇就义，年仅 26 岁。何功伟在给父亲的信中写道，儿献身真理，早具决心，除慷慨就死外，绝无他途可循，为天地存正气，为个人全人格，成仁取义，此正其时"⑥。

关于教育培养健康成熟的人格。习近平认为"教育是提高人民综合素质、促进人的全面发展的重要途径，是民族振兴、社会进步的重要基石，是对中华民族伟大复兴具有决定性意义的事业"⑦。对教育提出了培养健康成熟人格的要

① 胡锦涛：《在中国文联第九次全国代表大会中国作协第八次全国代表大会上的讲话》，人民出版社 2011 年版，第 9 页。

② 《胡锦涛文选》第一卷，人民出版社 2016 年版，第 497 页。

③ 胡锦涛：《坚定不移沿着中国特色社会主义道路前进　为全面建成小康社会而奋斗——在中国共产党第十八次全国代表大会上的讲话》，人民出版社 2012 年版，第 50 页。

④ 习近平：《高举中国特色社会主义伟大旗帜　为全面建设社会主义现代化国家而团结奋斗——在中国共产党第二十次全国代表大会上的报告》，人民出版社 2022 年版，第 71 页。

⑤ 习近平：《在纪念五四运动 100 周年大会上的讲话》，人民出版社 2019 年版，第 11 页。

⑥ 习近平：《努力成长为对党和人民忠诚可靠、堪当时代重任的栋梁之才》，载于《求是》2023 年第 13 期，第 4～16 页。

⑦ 习近平：《做党和人民满意的好老师——同北京师范大学师生代表座谈时的讲话》，人民出版社 2014 年版，第 2 页。

求。"教育，无论学校教育还是家庭教育，都不能过于注重分数。分数是一时之得，要从一生的成长目标来看。如果最后没有形成健康成熟的人格，那是不合格的。"①

关于教师对培养学生完善人格的关键作用。他在 2014 年教师节前夕与北京师范大学师生代表座谈会上说，"邓小平同志曾经指出：'一个学校能不能为社会主义建设培养合格的人才，培养德智体全面发展、有社会主义觉悟的有文化的劳动者，关键在教师。'教师重要，就在于教师的工作是塑造灵魂、塑造生命、塑造人的工作"②。由此提出了好老师的四条标准，就是"要有理想信念""要有道德情操""要有扎实学识""要有仁爱之心"。在学校思政课教师座谈会上，对思政教师专门提出了"人格要正"的要求，指出，"有人格，才有吸引力。亲其师，才能信其道。思政课教师要有堂堂正正的人格，用高尚的人格感染学生、赢得学生"③。

三、关于教育开发人力、培育人才的重要论述

（一）马克思主义有关教育的思想中关于教育开发人力、培育人才的重要论述

马克思主义有关教育的思想中有关教育开发人力、培育人才的重要论述，主要体现在马克思恩格斯对教育基本特征、教育目的、教育方法的论述中。

第一，关于教育的基本特征。马克思主义有关教育的思想认为教育的基本特征主要体现在教育的实践性、社会性与阶级性上。实践性是教育的基本特征。在马克思恩格斯看来，实践是检验思维真理性的标准。"人的思维是否具有客观的真理性，这不是一个理论的问题，而是一个实践的问题。"④"全部社会生活在本质上是实践的。凡是把理论引向神秘主义的神秘东西，都能在人的实践中以及对这种实践的理解中得到合理的解决。"⑤ 环境是由人的实践活动改变的，"环境的改变和人的活动或自我改变的一致，只能被看做是并合理地理解为革命的实践"⑥。

教育是上层建筑的组成部分，教育的内容、目的和方法等都是由经济基础决

---

① 《"我们来共同关心这些教育问题"（微镜头·习近平总书记两会"下团组"·两会现场观察）》，载于《人民日报》2021 年 3 月 7 日。

② 习近平：《做党和人民满意的好老师——同北京师范大学师生代表座谈时的讲话》，人民出版社 2014 年版，第 4 页。

③ 习近平：《思政课是落实立德树人根本任务的关键课程》，人民出版社 2020 年版，第 16 页。

④⑥ 《马克思恩格斯选集》第 1 卷，人民出版社 2012 年版，第 134 页。

⑤ 《马克思恩格斯选集》第 1 卷，人民出版社 2012 年版，第 135～136 页。

定的，最终是由特定的生产力水平决定的，一定的社会关系决定着教育的发展、教育的社会性质，反过来教育为社会关系服务，实现教育的社会功能，教育具有社会性。在阶级社会中，生产关系表现为一定的阶级关系，教育是为一定阶级服务的，所以教育也具有阶级性。马克思认为，在阶级社会中，教育作为上层建筑的重要组成部分具有阶级性。"无论是发现现代社会中有阶级存在，或发现各阶级间的斗争，都不是我的功劳。在我以前很久，资产阶级历史编纂学家就已经叙述过阶级斗争的历史发展，资产阶级经济学家也已经对各个阶级作过经济上的分析。"① 马克思尖锐指出："资产者唯恐失去的那种教育，对绝大多数人来说是把人训练成机器"②，"共产党人并没有发明社会对教育的作用；他们仅仅是要改变这种作用的性质，要使教育摆脱统治阶级的影响"③。"平等的国民教育？他们怎样理解这句话呢？是不是以为在现代社会中（而所谈到的只能是现代社会）教育对一切阶级都可以是平等的呢？或者是要求用强制的方式使上层阶级也降到国民学校这种很低的教育水平，即降到仅仅适合于雇佣工人甚至农民的经济状况的教育水平呢？"④ "教育一般说来取决于生活条件，资产者认为道德教育就是灌输资产阶级的原则，而且资产阶级没有使人民受到真正教育的经费，即使有这笔经费，它也不肯使用。"⑤ "资产者唯恐其灭亡的那种教育，对于绝大多数人来说不过是把人变成为机器的附属品罢了"，"而你们的教育不也是由社会决定的吗？不也是由你们进行教育时所处的那种社会关系决定的吗？不也是由社会通过学校等等进行的直接的或间接的干涉决定的吗？"⑥。马克思首次提出教育具有社会性和阶级性论断，揭开了资产阶级自由派学者有关教育神圣、教育平等、教育自由等的神秘面纱，在教育性质认识的历史上是一个重大转折。

第二，关于教育目的。马克思认为教育的目的在于培养全面发展的人。马克思主张教育要培养全面发展的人，这是基于人的片面发展的现实与社会发展对人的全面发展的客观要求之间的矛盾。在马克思看来，教育是造就全面发展的人的唯一方法，教育为实现人的全面发展提供创造物质财富的能力，共产主义社会才能最终实现人的全面发展。马克思从旧式分工揭示了人的片面发展的社会根源。他认为，"事情不仅是：由分工即劳动的这种社会存在形式引起的生产力的提高不再是工人的生产力，而是资本的生产力。这种结合劳动的社会形式作为资本的存在与工人相对立。结合作为有强大威力的天命与工人相对立，工人受到这种天命

---

① 《马克思恩格斯全集》第 49 卷，人民出版社 2016 年版，第 81 页。
② 《马克思恩格斯选集》第 1 卷，人民出版社 2012 年版，第 417 页。
③⑥ 《马克思恩格斯选集》第 1 卷，人民出版社 2012 年版，第 418 页。
④ 《马克思恩格斯全集》第 25 卷，人民出版社 2001 年版，第 30 页。
⑤ 《马克思恩格斯全集》第 6 卷，人民出版社 1961 年版，第 648 页。

的支配是由于他的劳动能力变成了完全片面的职能,这种片面的职能离开总机构就什么也不是,因此,它完全要依赖于这个总机构。工人本身变成了一个简单的零件"①。同时,他们又指出了个人全面发展的客观趋势。解决人的片面发展的现实与社会发展对人的全面发展的客观要求之间的矛盾,是教育的目的所在。"因此,教育将使他们摆脱现在这种分工给每个人造成的片面性。这样一来,根据共产主义原则组织起来的社会,将使自己的成员能够全面发挥他们的得到全面发展的才能。于是各个不同的阶级也必然消灭。"② "当一切专门发展一旦停止,个人对普遍性的要求以及全面发展的趋势就开始显露出来。"③ 马克思从共产主义社会的理想的视角,提出的人的全面发展,至少包含四层含义。一是,包括劳动者智力、体力以及智力的各方面和体力的各方面都得到发展,这就是人全面发展的基础。他指出:"我们把教育理解为以下三件事:第一:智育。第二:体育,即体育学校和军事训练所教的内容。第三:技术培训,这种培训要以生产各个过程的一般原理为内容,并同时使儿童和少年学会各种行业基本工具的实际运用与操作。"④ 二是,每个人在志趣、道德、个性等方面的发展,每个社会成员得到自由的、充分的发展,即人的彻底解放。三是,只有自由、充分的发展,才有全面的发展;只有每个人的自由、充分的发展,才有一切人的自由、充分的发展。对此,在《马克思恩格斯全集》可以找到很多的论述:"代替那存在着阶级和阶级对立的资产阶级旧社会的,将是这样一个联合体,在那里,每个人的自由发展是一切人的自由发展的条件。"⑤ "只有在共同体中,个人才能获得全面发展其才能的手段,也就是说,只有在共同体中才可能有个人自由。"⑥ 四是,通过废除私有制,消灭分工,创造物质条件,为人的全面发展奠定现实基础;人的全面发展是消灭私有制的条件。马克思对人的全面发展的阐述并不仅仅是基于道德思考,同时也基于大工业生产对人的素质提出的客观要求。"用适应于不断变动的劳动需求而可以随意支配的人,来代替那些适应于资本的不断变动的剥削需要而处于后备状态的、可供支配的、大量的贫穷工人人口;用那种把不同社会职能当做互相交替的活动方式的全面发展的个人,来代替只是承担一种社会局部职能的局部个人。"⑦ "在共产主义社会高级阶段,在迫使个人奴隶般地服从分工的情形已经消失,从而脑力劳动和体力劳动的对立也随之消失之后;在劳动已经不仅仅

---

① 《马克思恩格斯全集》第 32 卷,人民出版社 1998 年版,第 319 页。
② 《马克思恩格斯选集》第 1 卷,人民出版社 2012 年版,第 308 页。
③ 《马克思恩格斯选集》第 1 卷,人民出版社 2012 年版,第 249 页。
④ 《马克思恩格斯全集》第 21 卷,人民出版社 2003 年版,第 270 页。
⑤ 《马克思恩格斯选集》第 4 卷,人民出版社 2012 年版,第 647 页。
⑥ 《马克思恩格斯选集》第 1 卷,人民出版社 2012 年版,第 199 页。
⑦ 《马克思恩格斯全集》第 26 卷,人民出版社 2014 年版,第 312~313 页。

是谋生的手段，而且本身成了生活的第一需要之后；在随着个人的全面发展，他们的生产力也增长起来，而集体财富的一切源泉都充分涌流之后，——只有在那个时候，才能完全超出资产阶级权利的狭隘眼界，社会才能在自己的旗帜上写上：各尽所能，按需分配！"① 因此，教育的终极目的，是使全人类获得彻底解放。

第三，关于教育方法。马克思认为教育的方法，要坚持教育与生产劳动相结合。马克思主义的实践品格是马克思突出的理论特质。这一理论特质运用到教育的方法思想中，就是教育与生产劳动结合。教育与生产劳动相结合的依据首先在于，个人生命的表现与生产方式密切相关，教育起源于生产劳动。他认为"生产劳动和教育的早期结合是改造现代社会的最强有力的手段之一"②。"正如我们在罗伯特·欧文那里可以详细看到的那样，从工厂制度中萌发出了未来教育的幼芽，未来教育对所有已满一定年龄的儿童来说，就是生产劳动同智育和体育相结合，它不仅是提高社会生产的一种方法，而且是造就全面发展的人的唯一方法。"③ 所以，他特别强调在教育中的理论联系实际，反对教育只是传授书本知识，进行脱离社会生产生活的"纯粹理论"教育。他认为教育与生产劳动的结合是培养全面发展的人的必然手段。"教育将使年轻人能够很快熟悉整个生产系统，将使他们能够根据社会需要或者他们自己的爱好，轮流从一个生产部门转到另一个生产部门。因此，教育将使他们摆脱现在这种分工给每个人造成的片面性。"④ "在社会主义社会中，劳动将和教育相结合，从而既使多方面的技术训练也使科学教育的实践基础得到保障；因此，这一点也被他照例用于共同社会。"⑤

（二）毛泽东关于教育开发人力、培育人才的重要论述

毛泽东关于教育开发人力、培育人才的重要论述，主要体现在教育的人力人才培养目标、培养途径，以及根据当时的历史条件所确定的办学形式。

第一，关于培养目标。1957 年 2 月 24 日，毛泽东在《关于正确处理人民内部矛盾的问题》中提出"我们的教育方针，应该使受教育者在德育、智育、体育几方面都得到发展，成为有社会主义觉悟的有文化的劳动者"⑥，并进一步指出

---

① 《马克思恩格斯选集》第 3 卷，人民出版社 2012 年版，第 364～365 页。
② 《马克思恩格斯选集》第 3 卷，人民出版社 2012 年版，第 377 页。
③ 《马克思恩格斯全集》第 42 卷，人民出版社 2016 年版，第 500～501 页。
④ 《马克思恩格斯选集》第 1 卷，人民出版社 2012 年版，第 308 页。
⑤ 《马克思恩格斯全集》第 26 卷，人民出版社 2014 年版，第 340 页。
⑥ 《毛泽东文集》第七卷，人民出版社 1999 年版，第 226 页。

"我们所主张的全面发展，是要使学生得到比较完全的和比较广博的知识，发展健全的身体，发展共产主义的道德"①。除了前面所述的德育外，毛泽东对智育、体育都有具体论述。在智育方面，毛泽东指出：学习书本知识（理性知识）是完全必要的；要重视理论与实际统一，将知识应用到生活和实际中去。要善于思索，培养分析问题和解决问题的能力。要改革教育方法和考试方法。反对注入式教学法，提倡启发式教学法。重视学生自学。毛泽东十分重视教授的方法，早在1929 年为中国共产党红军第四军第九次代表大会起草的决议中，就提出了十大教授法："（1）启发式（废止注入式）；（2）由近及远；（3）由浅入深；（4）说话通俗化（新名词要释俗）；（5）说话要明白；（6）说话要有趣味；（7）以姿势助说话；（8）后次复习前次的概念；（9）要提纲；（10）干部班要用讨论式。"② 十大教授法的核心是实行启发式，废止注入式。在体育方面，毛泽东很注意增强学生的体质。青年时期毛泽东就曾在《新青年》杂志上刊文，大声疾呼"欲文明其精神，必先野蛮其体魄。苟野蛮其体魄矣，则文明之精神随之"。除了倡导发展体育运动之外，还提倡爱国卫生运动。移风易俗，养成良好卫生习惯。毛泽东指出，要使受教育者在德智体几方面生动活泼主动地得到发展。"儿童时期需要发展身体，这种发展要是健全的。"③

第二，关于培养途径。毛泽东坚持和发展了教育与生产劳动相结合的马克思主义教育理论。他从政治意义、经济意义和思想教育三个方面强调了教育与生产劳动相结合的重要性。他指出："教育与劳动结合的原则是不可移易的。"④这既是革命及生产发展的需要、教育改革及发展的需要，也是培养社会主义新人的需要。他要求知识分子与工农群众相结合。毛泽东始终坚持把教育与生产劳动相结合列入教育方针，作为办教育的重要指导思想。他指出，要从实际出发，确定教育与生产劳动相结合的制度、内容及组织形式。

第三，关于办学形式。毛泽东坚持实事求是的原则，结合中国当时的实际，提出"两条腿走路"，多种形式办学的方针。早在土地革命战争时期，毛泽东根据江西苏区的实际情况，就提出：一方面要办列宁小学、中学、师范以及红军大学、苏维埃大学等干部学校，另一方面要办群众夜校、补习学校、识字组等，发动群众自己教育自己，以民教民，来发展国民教育事业。在抗日战争和解放战争时期，毛泽东强调根据群众的需要和自愿的原则办教育，指出要开展扫除文盲运动，发展群众教育，发展小学教育；不但要有集中的正规的小学、中学，而且要有分散的、不正规的村学、读报组和识字组。由于充分发挥群众办学的积极性、

---

① ④　《毛泽东文集》第七卷，人民出版社 1999 年版，第 399 页。
②　《毛泽东文集》第一卷，人民出版社 1993 年版，第 104 页。
③　《毛泽东文集》第七卷，人民出版社 1999 年版，第 398 页。

创造性，各根据地和解放区的教育得到蓬勃发展。进入社会主义时期，毛泽东又多次重申"两条腿走路"，多种形式办学的方针。

（三）邓小平关于教育开发人力、培育人才的重要论述

邓小平关于教育开发人力、培育人才的重要论述，主要体现在"教育三个面向"的战略指导方针、关于深化教育改革的论述中。

关于"教育三个面向"。邓小平提出"教育三个面向"的战略指导方针，为教育开发人力、培育人才指明了方向。1983 年 10 月 1 日，在中国改革开放初期，邓小平来到北京景山学校挥笔题词，提出了"教育要面向现代化，面向世界，面向未来"[①]。"三个面向"战略思想，确定了教育现代化的思想，是邓小平教育理论体系中最具有时代特征和前瞻性的内容，揭示了新时期我国教育的本质要求，对于培养和造就社会主义一代新人提出了更高的要求，成为新时期中国教育事业改革发展的战略指导方针。

教育要面向现代化，就是面向中国特色社会主义的现代化建设。邓小平认为，"四个现代化，关键是科学技术的现代化"[②]，"科学技术人才的培养，基础在教育"[③]。我国科教战线上的重要任务，是要在普及全民教育、提高整个民族科学文化水平基础上，"把尽快地培养出一批具有世界第一流水平的科学技术专家，作为我们科学、教育战线的重要任务"[④]。

教育要面向世界，就是要求我国教育改革和发展放眼世界，追踪科技前沿，开展教育的国际合作与交流。在立足本国培养高素质劳动者和专门人才的同时，要注意吸收人类文明先进成果。邓小平专门指示，"要进口一批外国的自然科学教材，结合我们的实际编出新的教材，以后就拿新教材上课"[⑤]。在他的推动下，外国著名学者来华讲学与日俱增，博士后流动站设立工作有条不紊地进行。派遣留学生的工作也打破了思想禁锢，顺利开展。改革开放以来，我国同世界上 150 多个国家建立了教育交流与合作关系，与国际组织的教育合作也非常活跃。

教育要面向未来，就是要求教育既考虑当前，更着眼长远。因为教育周期比科技开发和经济活动的周期都长，直接影响着一代人甚至几代人，教育必须有前瞻性，能够应对未来挑战。邓小平把国家未来和民族命运始终寄托在青少年儿童

---

① 《邓小平文选》第三卷，人民出版社 1993 年版，第 35 页。
② 《邓小平文选》第二卷，人民出版社 1994 年版，第 86 页。
③ 《邓小平文选》第二卷，人民出版社 1994 年版，第 95 页。
④ 《邓小平文选》第二卷，人民出版社 1994 年版，第 96 页。
⑤ 《邓小平年谱（一九七五——一九九七）》（上卷），中央文献出版社 2004 年版，第 167 页。

身上。1984 年，邓小平在视察上海少年宫时说："计算机的普及要从娃娃做起。"① 1985 年，他指出："现在小学一年级的娃娃，经过十几年的学校教育，将成为开创二十一世纪大业的生力军。中央提出要以极大的努力抓教育，并且从中小学抓起，这是有战略眼光的一着。"② "三个面向"是辩证统一的，统一于为实现社会主义现代化培养各级各类合格人才这一目标，统一于与时俱进地为中国特色社会主义事业提供可持续的智力支持这一过程。

如何实现"三个面向"，邓小平从育人途径的角度出发，强调教育与生产劳动相结合。1978 年，邓小平就指出："为了培养社会主义建设需要的合格的人才，我们必须认真研究在新的条件下，如何更好地贯彻教育与生产劳动相结合的方针。"③ 1995 年，教育"必须与生产劳动相结合"的内容，被列入《中华人民共和国教育法》第五条，成为国家教育方针的重要组成部分。

关于深化教育改革。把改革作为促进中国教育事业发展的根本出路，也是教育开发人力、培育人才的重要保障。深化教育改革是邓小平教育理论最鲜明的标志。由于"文化大革命"的冲击，教育战线陷入严重混乱局面，造成我国人才青黄不接，我国与世界先进国家的科技和教育差距被拉大。1973 年邓小平恢复工作后，大刀阔斧地整顿教育。他指出："要后继有人，这是对教育部门提出的问题。大学究竟起什么作用？培养什么人？有些大学只是中等技术学校水平，何必办成大学？"④ 他认为教育在现代化建设中处在基础地位，教育工作关系到整个现代化的水平。1977 年，邓小平根据我国教育科技落后的现状和现代化建设对人才的紧迫要求，决定恢复高考和派遣留学生。恢复高考制度，是对"文化大革命"拨乱反正的一个重要标志。邓小平明确表示："今年就要下决心恢复从高中毕业生中直接招考学生，不要再搞群众推荐。从高中直接招生，我看可能是早出人才、早出成果的一个好办法。"⑤ 针对招生中不利于优秀考生脱颖而出的问题，他提出"招生主要抓两条：第一是本人表现好，第二是择优录取"⑥。1977 年我国恢复高考制度，改变了当时年轻一代的知识观、学习观，青少年学习知识蔚然成风，广大教师为国育才的积极性空前高涨，一大批有志向、愿学习的青年人由此而改变了命运。1978 年，邓小平提出，留学生"要成千上万地派，不是只派十个八个"⑦，多次提出"人是最宝贵的财富。我们有几万名留学生在国外，这

---

① 《邓小平年谱（一九七五——一九九七）》（下卷），中央文献出版社 2004 年版，第 961 页。
② 《邓小平文选》第三卷，人民出版社 1993 年版，第 120 页。
③ 《邓小平文选》第二卷，人民出版社 1994 年版，第 107 页。
④ 《邓小平文选》第二卷，人民出版社 1994 年版，第 33～34 页。
⑤ 《邓小平文选》第二卷，人民出版社 1994 年版，第 55 页。
⑥ 《邓小平文选》第二卷，人民出版社 1994 年版，第 69 页。
⑦ 《邓小平年谱（一九七五——一九九七）》（上卷），中央文献出版社 2004 年版，第 331 页。

是财富，要争取他们回来。我们要加强同他们的联系"①。目前回国留学生在各行各业为现代化建设作出了重要贡献，还有大量留学人员以不同方式为国服务。恢复高考和派遣留学生工作的展开，实际上拉开了中国教育改革的帷幕。

党的十一届三中全会以后，随着经济体制的改革深入开展，教育体制存在的许多不适应现代化需要的问题越来越显露出来，迫切需要解决。在教育体制改革的进程中，邓小平特别重视教育制度建设问题。1979 年，邓小平明确指示"要建立学位制度，也要搞学术和技术职称"②。邓小平还高度重视教育督导工作，恢复了督导制度。1985 年全国教育工作会议上，邓小平指出，"教育体制改革的决定草案，我看是个好文件。现在，纲领有了，蓝图有了，关键是要真正重视，扎扎实实地抓，组织好施工"③。邓小平十分重视依法治教，把教育改革纳入法治轨道。1986 年，在邓小平亲自指导下，六届人大四次会议通过了《义务教育法》。此后，我国的《教育法》《高等教育法》等法律，以及国务院一系列教育行政法规，先后制定颁布。

（四）江泽民关于教育开发人力、培育人才的重要论述

江泽民关于教育开发人力、培育人才的重要论述，主要体现在培育具有创新能力的高素质人才、推进人的全面发展、教育与生产劳动相结合的论述中。

关于培育具有创新能力的高素质人才。江泽民十分重视创新的作用和创新人才的培育。他强调"创新是一个民族进步的灵魂，是一个国家兴旺发达的不竭动力"④。在全国科技创新大会上，他进一步指出："青年时代，是最富有创新精神的黄金时代。世界科技发展的一些重大突破，往往是由年轻人搞出来的。要努力为青年人才脱颖而出营造良好的社会环境，让他们充分施展才华，勇于创新，大展宏图。"⑤ 他还说："我国要跟上世界科技进步的步伐，必须千方百计加快知识创新，加快高新技术产业化。而创新的关键在人才，必须有一批又一批优秀年轻人才脱颖而出，必须大量培养年轻的科学家和工程师。"⑥

关于推进人的全面发展。在庆祝中国共产党成立八十周年大会上，江泽民指出："我们建设有中国特色社会主义的各项事业，我们进行的一切工作，既要着眼于人民现实的物质文化生活需要，同时又要着眼于促进人民素质的提高，也就

---

① 《邓小平年谱（一九七五—一九九七）》（下卷），中央文献出版社 2004 年版，第 1061 页。
② 《邓小平文选》第二卷，人民出版社 1994 年版，第 224 页。
③ 《邓小平文选》第三卷，人民出版社 1993 年版，第 120 页。
④ 《江泽民文选》第二卷，人民出版社 2006 年版，第 392 页。
⑤ 《江泽民文选》第二卷，人民出版社 2006 年版，第 399 页。
⑥ 《江泽民文选》第二卷，人民出版社 2006 年版，第 133 页。

是要努力促进人的全面发展。这是马克思主义关于建设社会主义新社会的本质要求。我们要在发展社会主义社会物质文明和精神文明的基础上，不断推进人的全面发展。"① 他同时指出："推进人的全面发展，同推进经济、文化的发展和改善人民物质文化生活，是互为前提和基础的。人越全面发展，社会的物质文化财富就会创造得越多，人民的生活就越能得到改善，而物质文化条件越充分，又越能推进人的全面发展。"②

关于教育与生产劳动相结合。1994 年，江泽民在全国教育工作会议上指出："教育与生产劳动相结合是坚持社会主义教育方向的一项基本措施。建国后，我们一直实行这一条，方向是对头的，虽然在贯彻执行中也出现过一些问题，但总的是成功的，对青年学生健康成长很有好处。事实证明，如果只是让学生关起门来读书，不参加劳动，不接触社会实践，不了解工人农民是怎样辛勤创造社会财富的，不培养劳动人民感情，是不利于他们健康成长和全面发展的。"③

（五）胡锦涛关于教育开发人力、培育人才的重要论述

胡锦涛关于教育开发人力、培育人才的重要论述，主要体现在重视教育质量和青年知识分子健康成长必由之路的论述中。

关于重视教育质量。胡锦涛指出："全面提高教育质量，对建设教育强国、人力资源强国意义重大。要把提高质量作为教育改革和发展的核心任务，摆在各级各类教育更加突出的位置，树立以提高质量为核心的教育发展观，坚持规模和质量统一，注重教育内涵发展。要把促进人的全面发展、适应社会需要作为衡量教育质量的根本标准，努力协调好教育发展和人的全面发展、教育发展和社会发展的关系，鼓励学校办出特色、办出水平和出名师、育英才。"④ "教育大计，教师为本。要把加强教师队伍建设作为教育事业发展最重要的基础工作来抓，充分信任、紧密依靠广大教师，进一步激发和保护他们投身教育改革创新、推动教育事业发展的积极性、主动性、创造性，着力提升教师素质、优化队伍结构，着力加强中青年教师和创新团队建设，健全教师管理制度，努力造就一支师德高尚、业务精湛、结构合理、充满活力的高素质专业化教师队伍。"⑤

关于青年知识分子健康成长必由之路。他指出："坚定不移走同工农群众

---

① 江泽民：《在庆祝中国共产党成立八十周年大会上的讲话》，人民出版社 2001 年版，第 42~43 页。
② 江泽民：《在庆祝中国共产党成立八十周年大会上的讲话》，人民出版社 2001 年版，第 44 页。
③ 《江泽民文选》第一卷，人民出版社 2006 年版，第 372 页。
④ 《胡锦涛文选》第三卷，人民出版社 2016 年版，第 425 页。
⑤ 《胡锦涛文选》第三卷，人民出版社 2016 年版，第 425~426 页。

相结合、同实践相结合的道路，是青年知识分子健康成长必须始终坚持的正确方向。"① "青年知识分子只有深入实际、深入工农、研究社会、了解国情，才能认清历史发展趋势和时代潮流，自觉把自己的前途命运同祖国的前途命运紧紧联系在一起，确立远大抱负和坚定信念。"② "青年知识分子只有在实践中经受锻炼、增长见识、增长才干，才能更好更快成熟起来。"③ "青年知识分子只有深深植根于人民群众之中，汲取营养和力量，才能不断激发为民造福、为国奉献的热情，始终保持奋发向上的精神状态，真正干出一番事业来。"④

（六）习近平关于教育开发人力、培育人才的重要论述

习近平关于教育开发人力、培育人才的重要论述，主要体现在人才强国战略、推进人的全面发展、坚持扎根中国大地办教育、坚持深化教育改革创新、加快人才成长机制建设、重视创新能力培养培育、科技的"四个面向"、提供人生出彩机会、坚持把教师队伍建设作为基础工作等一系列论述中。

关于人才强国战略。习近平在党的二十大报告中指出："教育、科技、人才是全面建设社会主义现代化国家的基础性、战略性支撑。必须坚持科技是第一生产力、人才是第一资源、创新是第一动力，深入实施科教兴国战略、人才强国战略、创新驱动发展战略，开辟发展新领域新赛道，不断塑造发展新动能新优势。"⑤ "我们要坚持教育优先发展、科技自立自强、人才引领驱动，加快建设教育强国、科技强国、人才强国，坚持为党育人、为国育才，全面提高人才自主培养质量，着力造就拔尖创新人才，聚天下英才而用之。"⑥

关于推进人的全面发展。2019 年 3 月 18 日，习近平在学校思想政治理论课教师座谈会上指出："教育是民族振兴、社会进步的重要基石，是功在当代、利在千秋的德政工程，对提高人民综合素质、促进人的全面发展、增强中华民族创新创造活力、实现中华民族伟大复兴具有决定性意义。"⑦ 并提出要努力培养担当民族复兴大任的时代新人，培养德智体美劳全面发展的社会主义建设者和接班人。

关于坚持扎根中国大地办教育。扎根中国大地办教育的重要论断，是马克思主义关于矛盾的思想在教育问题上的具体运用。矛盾论的观点认为，任何事物的发展都是矛盾的普遍性与特殊性的辩证统一。教育亦如此。由于不同国家历史条

①② 《胡锦涛文选》第一卷，人民出版社 2016 年版，第 195 页。

③④ 《胡锦涛文选》第一卷，人民出版社 2016 年版，第 196 页。

⑤ 习近平：《高举中国特色社会主义伟大旗帜　为全面建设社会主义现代化国家而团结奋斗——在中国共产党第二十次全国代表大会上的报告》，人民出版社 2022 年版，第 33 页。

⑥ 习近平：《高举中国特色社会主义伟大旗帜　为全面建设社会主义现代化国家而团结奋斗——在中国共产党第二十次全国代表大会上的报告》，人民出版社 2022 年版，第 33 ~ 34 页。

⑦ 习近平：《思政课是落实立德树人根本任务的关键课程》，人民出版社 2010 年版，第 1 ~ 2 页。

件、文化传统和具体国情不同，教育发展也因各自独特的客观条件和文化环境而具有独特的内在逻辑和生存规律。习近平指出：坚持扎根中国大地办教育，就要坚持教育发展的基本规律同中国实际相结合，尤其是与中国式现代化相结合，走出一条符合中国实际的具有中国特色的教育发展之路。[①]

扎根中国大地办教育也是由我国教育的根本任务所决定的。习近平曾经指出，"'两个一百年'奋斗目标的实现，中华民族伟大复兴中国梦的实现，归根到底要靠人才、靠教育。源源不断的人才资源，是我国在激烈的国际竞争中的重要潜在力量和后发优势"[②]。

扎根中国大地办教育就是要办出中国特色的一流水平的教育。习近平曾指出"办好中国的世界一流大学，必须有中国特色。没有特色，跟在他人后面亦步亦趋，依样画葫芦，是不可能办成功的。这里可以套用一句话，越是民族的越是世界的。世界上不会有第二个哈佛、牛津、斯坦福、麻省理工、剑桥，但会有第一个北大、清华、浙大、复旦、南大等中国著名学府。我们要认真吸收世界上先进的办学治学经验，更要遵循教育规律，扎根中国大地办大学"[③]。他说，"办好我国高校，办出世界一流大学，必须牢牢抓住全面提高人才培养能力这个核心点，并以此来带动高校其他工作"[④]。

关于坚持深化教育改革创新。建设教育强国是中华民族伟大复兴的基础工程，是党的十九届五中全会《中共中央关于制定国民经济和社会发展第十四个五年规划和二〇三五年远景目标的建议》提出的远景蓝图之一。办好人民满意的教育，关键在于全面深化教育领域综合改革，改革是教育事业发展的根本动力。党的十八大以来，习近平站在全面深化改革的战略高度，擘画教育改革，及时研究解决教育改革发展中的重大问题，以教育改革激活力、增动力。

要加强教育改革的顶层设计，以内涵式发展统领教育领域的综合改革，更加注重教育改革的系统性、整体性、协同性，用依法治教引领和推动教育领域的综合改革。习近平指出，"要深化办学体制、管理体制、经费投入体制、考试招生及就业制度等方面的改革，深化学校内部管理制度、人事薪酬制度、教学管理制度等方面的改革，深化人才培养模式、教学内容及方式方法等方面的改革"[⑤]。"要运行好、

① 《习近平在全国教育大会上强调：坚持中国特色社会主义教育发展道路　培养德智体美劳全面发展的社会主义建设者和接班人》，载于《人民日报》2018年9月11日。

② 习近平：《做党和人民满意的好老师——同北京师范大学师生座谈时的讲话》，人民出版社2014年版，第3页。

③ 习近平：《青年要自觉践行社会主义核心价值观——在北京大学师生座谈会上的讲话》，人民出版社2014年版，第12～13页。

④ 《习近平谈治国理政》第二卷，外文出版社2017年版，第377页。

⑤ 《习近平关于社会主义社会建设论述摘编》，中央文献出版社2017年版，第60页。

发展好这样庞大而复杂的教育事业，必须针对学校自我约束和自我发展机制不健全、政府管理越位缺位错位不到位、社会参与不足等问题，深化办学体制和教育管理改革，推进教育领域治理能力和水平现代化。"①

教育改革要符合教育规律和人才成长规律，把提高教育质量作为教育改革的核心工作来抓。习近平指出："要按照人才成长规律改进人才培养机制，'顺木之天，以致其性'，避免急功近利，拔苗助长。"② 习近平在主持十八届中央政治局第九次集体学习时指出，"要深化教育改革，推进素质教育，创新教育方法，提高人才培养质量，努力形成有利于创新人才成长的育人环境"③。

要从根本上解决教育评估指挥棒的问题。习近平强调，"要创新人才评价机制，建立健全以创新能力、质量、贡献为导向的科技人才评价体系，形成并实施有利于科技人才潜心研究和创新的评价制度"④。要扭转不科学的教育评价导向，破除"五唯"痼疾，从根本上解决教育指挥棒的问题。他还指出，"说到底，是立德树人的要求没有完全落实到体制机制上，教育的指挥棒在中小学实际上是考试分数和升学率，在高校主要是科研论文，关于德育、素质教育的应有地位和科学评价体系没有真正确立起来"⑤。

要扩大教育开放，同世界一流资源开展高水平合作办学，增强我国教育的世界影响力。要吸收借鉴世界先进办学治学经验，坚持强强合作，提升我国教育实力和创新能力。习近平指出，"要聚焦世界科技前沿和国内薄弱、空白、紧缺学科专业，同世界一流资源开展高水平合作办学，把质量高、符合需要的引进来"⑥。扩大教育开放，还需要统筹出国留学和来华留学工作。新形势下，留学工作要适应国家发展大势、党和国家工作大局。习近平站在科技兴国和人才强国的战略高度，确立了"支持留学、鼓励回国、来去自由、发挥作用"的16字方针，以适应社会发展，推动经济增长，维护国家安全，增强文化自信。习近平指出，"要打造更具国际竞争力的留学教育，将我国建成全球主要留学中心和世界杰出青年向往的留学目的地，吸引海外顶尖人才来华留学，培养未来全球精英"⑦。

关于加快人才成长机制建设。2018年5月28日，习近平在中国科学院第十

---

① 习近平：《论坚持全面深化改革》，中央文献出版社2018年版，第474页。

② 习近平：《在中国科学院第十七次院士大会、中国工程院第十二次院士大会上的讲话》，人民出版社2014年版，第18页。

③ 《习近平关于社会主义经济建设论述摘编》，中央文献出版社2017年版，第129页。

④ 习近平：《在中国科学院第十七次院士大会、中国工程院第十二次院士大会上的讲话》，人民出版社2014年版，第19页。

⑤ 习近平：《论坚持全面深化改革》，中央文献出版社2018年版，第472页。

⑥ 习近平：《论坚持全面深化改革》，中央文献出版社2018年版，第475页。

⑦ 习近平：《论坚持全面深化改革》，中央文献出版社2018年版，第475~476页。

九次院士大会、中国工程院第十四次院士大会上的讲话中指出："要营造良好创新环境，加快形成有利于人才成长的培养机制、有利于人尽其才的使用机制、有利于竞相成长各展其能的激励机制、有利于各类人才脱颖而出的竞争机制，培植好人才成长的沃土，让人才根系更加发达，一茬接一茬茁壮成长。"[1] 他在 2021 年 9 月 27 日中央人才工作会议上的讲话中指出："必须破除人才培养、使用、评价、服务、支持、激励等方面的体制机制障碍，破除'四唯'现象，向用人主体授权，为人才松绑，把我国制度优势转化为人才优势、科技竞争优势，加快形成有利于人才成长的培养机制、有利于人尽其才的使用机制、有利于人才各展其能的激励机制、有利于人才脱颖而出的竞争机制，把人才从科研管理的各种形式主义、官僚主义的束缚中解放出来。"[2]

关于重视创新能力培养培育。习近平对于人力、人才培养中的创新能力培养十分重视。2014 年 6 月 9 日，习近平在中国科学院第十七次院士大会、中国工程院第十二次院士大会上的讲话中就这个问题进行了深入论述。他指出，"实施创新驱动发展战略，最根本的是要增强自主创新能力，最紧迫的是要破除体制机制障碍，最大限度解放和激发科技作为第一生产力所蕴藏的巨大潜能。面向未来，增强自主创新能力，最重要的就是要坚定不移走中国特色自主创新道路，坚持自主创新、重点跨越、支撑发展、引领未来的方针，加快创新型国家建设步伐"[3]。"培养创新型人才是国家、民族长远发展的大计。当今世界的竞争说到底是人才竞争、教育竞争。要更加重视人才自主培养，更加重视科学精神、创新能力、批判性思维的培养培育。要更加重视青年人才培养，努力造就一批具有世界影响力的顶尖科技人才，稳定支持一批创新团队，培养更多高素质技术技能人才、能工巧匠、大国工匠。"[4] 他与科学家座谈时指出，"要把教育摆在更加重要位置，全面提高教育质量，注重培养学生创新意识和创新能力。要加强数学、物理、化学、生物等基础学科建设，鼓励具备条件的高校积极设置基础研究、交叉学科相关学科专业，加强基础学科本科生培养，探索基础学科本硕博连读培养模式。要加强基础学科拔尖学生培养，在数理化生等学科建设一批基地，吸引最优秀的学生投身基础研究。要加强高校基础研究，布局建设前沿科学中心，发展新型研究型大学。要尊重人才成长规律和科研活动自身规律，培养造就一批具有国际水平

---

[1] 习近平：《在中国科学院第十七次院士大会、中国工程院第十二次院士大会上的讲话》，人民出版社 2014 年版，第 20 页。

[2] 《习近平谈治国理政》第四卷，外文出版社 2022 年版，第 539 页。

[3] 习近平：《在中国科学院第十七次院士大会、中国工程院第十二次院士大会上的讲话》，人民出版社 2014 年版，第 8~9 页。

[4] 习近平：《在中国科学院第十七次院士大会、中国工程院第十二次院士大会上的讲话》，人民出版社 2014 年版，第 15~16 页。

的战略科技人才、科技领军人才、创新团队。要高度重视青年科技人才成长，使他们成为科技创新主力军"①。

关于科技的"四个面向"。习近平主持召开科学家座谈会时提出科技工作要做到四个面向，"希望广大科学家和科技工作者肩负起历史责任，坚持面向世界科技前沿、面向经济主战场、面向国家重大需求、面向人民生命健康，不断向科学技术广度和深度进军"②。这既是对科技工作者提出的要求，也是对教育培育人才的新要求。

关于提供人生出彩机会。习近平在十二届全国人大一次会议闭幕会上发表重要讲话时指出："生活在我们伟大祖国和伟大时代的中国人民，共同享有人生出彩的机会，共同享有梦想成真的机会，共同享有同祖国和时代一起成长与进步的机会。有梦想，有机会，有奋斗，一切美好的东西都能够创造出来。"③ 他还指出："全国广大青少年，要志存高远，增长知识，锤炼意志，让青春在时代进步中焕发出绚丽的光彩。"④

关于坚持把教师队伍建设作为基础工作。教师是立教之本、兴教之基，是推动教育高质量发展的根本条件，是推动教育改革创新的基本力量和第一资源，也是推动文化传承创新的中坚力量。党和教育事业发展需要有一大批党和人民满意的好老师。习近平在北京师范大学师生座谈会上指出："教师重要，就在于教师的工作是塑造灵魂、塑造生命、塑造人的工作。一个人遇到好老师是人生的幸运，一个学校拥有好老师是学校的光荣，一个民族源源不断涌现出一批又一批好老师则是民族的希望。国家繁荣、民族振兴、教育发展，需要我们大力培养造就一支师德高尚、业务精湛、结构合理、充满活力的高素质专业化教师队伍，需要涌现一大批好老师"⑤，并从有理想信念、有道德情操、有扎实学识、有仁爱之心四个方面对好老师提出了四点标准。此后多次在师生座谈会、教师座谈会、教育会议、看望教育界代表等场合，反复强调对教师的要求，强调"教师是人类灵魂的工程师，承担着神圣使命。传道者自己首先要明道、信道"⑥。"教师要时刻铭记教书育人的使命，甘当人梯，甘当铺路石，以人格魅力引导学生心灵，以学术造诣开启学生的智慧之门。"⑦

---

① 习近平：《在科学家座谈会上的讲话》，人民出版社2020年版，第8～9页。

② 习近平：《在科学家座谈会上的讲话》，人民出版社2020年版，第4页。

③ 习近平：《在第十二届全国人民代表大会第一次会议上的讲话》，人民出版社2013年版，第5页。

④ 习近平：《在第十二届全国人民代表大会第一次会议上的讲话》，人民出版社2013年版，第7页。

⑤ 习近平：《做党和人民满意的好老师：同北京师范大学师生代表座谈时的讲话》，人民出版社2014年版，第4页。

⑥ 《习近平谈治国理政》第二卷，外文出版社2017年版，第379页。

⑦ 习近平：《青年要自觉践行社会主义核心价值观——在北京大学师生座谈会上的讲话》，人民出版社2014年版，第13页。

2023年9月9日，习近平致信全国优秀教师代表座谈会与会教师代表，号召广大教师大力弘扬教育家精神——心有大我、至诚报国的理想信念，言为士则、行为世范的道德情操，启智润心、因材施教的育人智慧，勤学笃行、求是创新的躬耕态度，乐教爱生、甘于奉献的仁爱之心，胸怀天下、以文化人的弘道追求。①

加强教师队伍建设，要弘扬和传承中华民族尊师重教的优良传统，让尊师重教蔚然成风。习近平指出，"各级党委和政府要满腔热情关心教师，让广大教师安心从教、热心从教、舒心从教、静心从教，让广大教师在岗位上有幸福感、事业上有成就感、社会上有荣誉感，让教师成为让人羡慕的职业"②。要努力提高教师的政治地位、社会地位、职业地位，健全教师待遇保障机制，切实提高教师的待遇，充分调动教师从教积极性。习近平强调，"各级党委和政府要从战略高度来认识教师工作的极端重要性，把加强教师队伍建设作为基础工作来抓，满腔热情关心教师，改善教师待遇，关心教师健康，维护教师权益，充分信任、紧紧依靠广大教师，支持优秀人才长期从教、终身从教，使教师成为最受社会尊重的职业"③。把尊师重教的文化摆在突出的位置，"要让全社会广泛了解教师工作的重要性和特殊性，让尊师重教蔚然成风"④。2022年4月25日，习近平到中国人民大学考察调研并发表重要讲话，指出"对教师来说，想把学生培养成什么样的人，自己首先就应该成为什么样的人。培养社会主义建设者和接班人，迫切需要我们的教师既精通专业知识、做好'经师'，又涵养德行、成为'人师'，努力做精于'传道授业解惑'的'经师'和'人师'的统一者"⑤。

四、关于教育造福人民的重要理论及其相关论述

（一）马克思主义关于教育的思想中有关教育造福人民的重要理论及其相关论述

马克思主义关于教育的思想中有关教育造福人民的重要理论及其相关论述，

---

① 《习近平致信全国优秀教师代表强调　大力弘扬教育家精神　为强国建设民族复兴伟业作出新的更大贡献　向全国广大教师和教育工作者致以节日问候和诚挚祝福》，新华网，2023年9月9日，http://www.news.cn/politics/leaders/2023-09/09/c_1129854339.htm。

② 《习近平在北京市八一学校考察时强调　全面贯彻落实党的教育方针　努力把我国基础教育越办越好》，载于《人民日报》2016年9月10日。

③④ 习近平：《做党和人民满意的好老师：同北京师范大学师生代表座谈时的讲话》，人民出版社2014年版，第13页。

⑤ 《习近平在中国人民大学考察时强调　坚持党的领导传承红色基因扎根中国大地　走出一条建设中国特色世界一流大学新路》，载于《人民日报》2022年4月26日。

主要体现在关于教育的价值的论述中。

教育的价值问题是回答"教育为了谁"的问题。马克思主义认为，教育的价值在于它鲜明的人民性和彻底的革命性。古典主义教育论认为，教育的价值为实现人自身的完善。世俗社会认为，教育的价值是培养等级社会所需要的达官贵族或精英人物。而马克思则主张，教育的价值不仅仅是为受教育者自身的进步发展，更不是为了培养精英贵族，而应该与更大范围的社会斗争和进步关联起来，唤醒无产阶级革命意识和社会责任，培育无产阶级革命队伍。"共产党一分钟也不忽略教育工人尽可能明确地意识到资产阶级和无产阶级的敌对的对立，以便德国工人能够立刻利用资产阶级统治所必然带来的社会的和政治的条件作为反对资产阶级的武器，以便在推翻德国的反动阶级之后立即开始反对资产阶级本身的斗争。"① "但是工人阶级中比较先进的那部分人则完全懂得，他们阶级的未来，因而也是人类的未来，完全取决于新一代工人的成长。"② 通过教育动员无产阶级与一切不合理的制度作现实的斗争，从而赢得自身的解放和整个人类的解放。这是马克思的教育价值观。

（二）毛泽东关于教育造福人民的重要论述

毛泽东关于教育造福人民的重要论述，主要体现在他关于教育工作与服务人民之间的关系的论述中。

毛泽东运用历史唯物主义原理，根据中国社会历史的特点，提出了教育为革命和经济建设服务的科学论断。他认为教育受政治和经济所制约，同时教育又对政治和经济起重要的反作用。毛泽东关于教育的思想，反映了我国教育在新民主主义革命时期、社会主义革命和建设时期的特殊功能，这就是教育要为革命和经济建设服务。

新中国成立前，人民不仅食不果腹、衣不蔽体，而且受尽压迫剥削，甚至性命难保。这就需要通过教育和宣传提高群众的政治觉悟和文化水平，唤醒民众起来革命，推翻压在人民头上的三座大山，让人民当家作主，让中国站起来。即使在共产党局部执政的苏区，也是处在国民党的白色包围之中。所以，这个时期的教育功能中，政治功能更加鲜明。在新民主主义时期，提出新民主主义的文化和教育。1933 年毛泽东在《必须注意经济工作》的报告中指出："用文化教育工作提高群众的政治和文化的水平，这对于发展国民经济同样有极大的重要性。"③

---

① 《马克思恩格斯全集》第 28 卷，人民出版社 2018 年版，第 19 页。
② 《马克思恩格斯全集》第 21 卷，人民出版社 2003 年版，第 270 页。
③ 《毛泽东选集》第一卷，人民出版社 1991 年版，第 125～126 页。

关于苏维埃区域的文化，他指出"苏维埃文化教育的总方针在什么地方呢？在于以共产主义的精神来教育广大的劳苦民众，在于使文化教育为革命战争与阶级斗争服务，在于使教育与劳动联系起来，在于使广大中国民众都成为享受文明幸福的人"①。1937年，毛泽东在为陕北公学成立的题词中写道："要造就一大批人，这些人是革命的先锋队。这些人具有政治远见。这些人充满着斗争精神和牺牲精神。这些人是胸怀坦白的，忠诚的，积极的，与正直的。这些人不谋私利，唯一的为着民族与社会的解放。这些人不怕困难，在困难面前总是坚定的，勇敢向前的。这些人不是狂妄分子，也不是风头主义者，而是脚踏实地富于实际精神的人们。中国要有一大群这样的先锋分子，中国革命的任务就能够顺利的解决。"②他在《论联合政府》中指出："中国国民文化和国民教育的宗旨，应当是新民主主义的；就是说，中国应当建立自己的民族的、科学的、人民大众的新文化和新教育"③，这就是人民大众反帝反封建的文化和教育。同时指出，对于"一切奴化的、封建主义的和法西斯主义的文化和教育，应当采取适当的坚决的步骤，加以扫除"④。在半殖民地半封建的旧中国，应争取教育为全民族中90%以上的工农劳苦民众服务。他要求教育要紧密配合革命工作，在抗日战争时期，提出实行抗战的教育政策，使教育为长期抗战服务，实行以抗日救国为目标的新课程、新制度。

新中国成立之时，我国不仅处于一穷二白，而且民众基本处于文盲水平，就需要教育为社会主义建设服务，培养社会主义建设者，以适应我国建设和发展的实际需要。教育不仅要破，还需要立。因而，这一时期的教育思想明显具有探索的特色。进入社会主义时期之后，毛泽东提出教育同各种经济事业相配合，更好地为社会主义建设服务。他说，"要使全体青年们懂得，我们的国家现在还是一个很穷的国家，并且不可能在短时间内根本改变这种状态，全靠青年和全体人民在几十年时间内，团结奋斗，用自己的双手创造出一个富强的国家。社会主义制度的建立给我们开辟了一条到达理想境界的道路，而理想境界的实现还要靠我们的辛勤劳动"⑤。

（三）邓小平关于教育造福人民的重要论述

邓小平关于教育造福人民的重要论述，主要体现在教育的目的在于提高人民的科学文化水平和共同富裕与教育的相关论述中。

---

① 《毛泽东同志论教育工作》，人民教育出版社1958年版，第15页。
② 《毛泽东年谱（一八九三——一九四九）（修订本）》（中卷），中央文献出版社2013年版，第34页。
③④ 《毛泽东选集》第三卷，人民出版社1991年版，第1083页。
⑤ 《毛泽东文集》第七卷，人民出版社1999年版，第226页。

关于教育的目的在于提高人民的科学文化水平，邓小平指出："教育服务于一个目的，即培养人才，逐步提高人民的科学文化水平。我们要最大限度地发挥教育效能，培养各方面的人才，为各方面建设服务。教育的制度、任务就是这个目的。"① "教育普及了，群众的科学文化水平提高了，发明创造就会多起来。我们在任何时候都要坚持'两条腿走路'，做到在普及基础上的提高和在提高指导下的普及。"②

关于共同富裕与教育。他说，"社会主义与资本主义不同的特点就是共同富裕，不搞两极分化。创造的财富，第一归国家，第二归人民，不会产生新的资产阶级。国家拿的这一部分，也是为了人民，搞点国防，更大部分是用来发展经济，发展教育和科学，改善人民生活，提高人民文化水平"③。

（四）江泽民关于教育造福人民的重要论述

江泽民关于教育造福人民的重要论述，主要体现在他对"一流大学"和教育根本宗旨的论述中。

关于"一流大学"。一个国家的大学水平如何从一个方面反映了这个国家科技、文化的发展水平，也是这个国家综合国力的重要体现。江泽民十分重视建设世界先进水平的一流大学问题，他从正确的办学思想，优秀的办学传统，鲜明的办学风格，高素质、高水平的教师队伍建设，追踪国际学术的最前沿，满足先进生产力的发展要求，创新，人才培养等方面，提出了"一流大学"的建设标准。

关于教育必须以提高国民素质为根本宗旨。江泽民指出，"在当今世界上，综合国力竞争越来越表现为经济实力、国防实力、民族凝聚力的竞争。无论就其中哪一个方面实力的增强来说，教育都具有基础性地位"④。他认为，"发展的优势蕴藏于知识和科技之中，社会财富日益向拥有知识和科技优势的国家和地区聚集，谁在知识和科技创新上占优势，谁就在发展上占据主导地位。这种发展格局，对于第三世界广大国家来说，既提供了利用高技术和先进知识超越传统发展模式的有利机遇，又提出了前所未有的严峻挑战"⑤。

（五）胡锦涛关于教育造福人民的重要论述

胡锦涛关于教育造福人民的重要论述，主要体现在优先发展教育、坚持改革

---

① 《邓小平文集（一九四九—一九七四年）》（中卷），人民出版社 2014 年版，第 261 页。
② 《邓小平文选》第一卷，人民出版社 1994 年版，第 280 页。
③ 《邓小平文选》第三卷，人民出版社 1993 年版，第 123 页。
④⑤ 《江泽民文选》第二卷，人民出版社 2006 年版，第 329 页。

创新、促进教育公平的论述中。

关于优先发展教育。胡锦涛指出："优先发展教育是党和国家长期坚持的一项重大方针。我国未来发展、中华民族伟大复兴，关键靠人才，基础在教育。在党和国家工作全局中，必须始终把教育摆在优先发展的战略地位。要把优先发展教育作为贯彻落实科学发展观的基本要求"[①]。

关于坚持改革创新。胡锦涛指出，"改革是教育事业发展的强大动力。要深化教育教学改革，重视改革的系统设计和整体安排，加快重要领域和关键环节改革步伐，以改革推动发展，以改革提高质量，以改革增强活力，进一步消除制约教育发展和创新的体制机制障碍，全面形成与社会主义市场经济体制和全面建设小康社会目标相适应的充满活力、富有效率、更加开放、有利于科学发展的教育体制机制"[②]。

关于促进教育公平。胡锦涛指出，"教育公平是社会公平的重要基础。坚持教育的公益性和普惠性，把促进公平作为国家基本教育政策，是促进社会公平的重要基础性任务。教育公平的关键是机会公平，基本要求是保障公民依法享有受教育的权利，重点是促进义务教育均衡发展和扶持困难群众，根本措施是合理配置教育资源"[③]。"促进教育公平，要着力促进教育制度规则公平，全面推进依法治教和依法治校，坚持用规范管理维护教育公平，探索教育行政执法体制机制改革，完善督导制度和监督问责机制。"[④]

（六）习近平关于教育造福人民的重要论述

习近平关于教育造福人民的重要论述，主要体现在坚持优先发展教育事业、坚持以人民为中心发展教育等论述中。

关于坚持优先发展教育事业。教育兴则国家兴，教育强则国家强。党的十八大以来，以习近平同志为核心的党中央把教育摆在了优先发展的地位。在世界面临着百年未有之大变局，国际竞争，尤其是人才竞争日趋激烈的今天，国家的发展将取决于国民素质，特别是广大劳动者的素质水平。正如习近平所强调："劳动者素质对一个国家、一个民族发展至关重要。劳动者的知识和才能积累越多，创造能力就越大。"[⑤] "教育是提高人民综合素质、促进人的全面发展的重要途径，是民族振兴、社会进步的重要基石，是对中华民族伟大复兴具有决定性意义

---

① 《胡锦涛文选》第三卷，人民出版社 2016 年版，第 419 页。
② 《胡锦涛文选》第三卷，人民出版社 2016 年版，第 422 页。
③④ 《胡锦涛文选》第三卷，人民出版社 2016 年版，第 424 页。
⑤ 习近平：《在庆祝"五一"国际劳动节暨表彰全国劳动模范和先进工作者大会上的讲话》，人民出版社 2015 年版，第 9 页。

的事业。"① 教育作为培养人的事业，对提升人民的综合素质水平、实现人的全面发展，具有重要的作用。教育摆在优先发展的地位，是党中央的重大决策，也是习近平关于教育重要论述的重要内容。百年大计，教育为本。以习近平同志为核心的党中央坚持"教育优先"，不断加大对教育的投资力度，努力让每个适龄青少年儿童都享有受教育的机会，让教育更加公平、人民更加满意。在 2013 年 9 月联合国"教育第一"全球倡议行动一周年纪念会纪念活动上，习近平发表视频贺词时指出，"中国将坚定实施科教兴国战略，始终把教育摆在优先发展的战略位置，不断扩大投入，努力发展全民教育、终身教育，建设学习型社会，努力让每个孩子享有受教育的机会，努力让 13 亿人民享有更好更公平的教育，获得发展自身、奉献社会、造福人民的能力"②。党的十九大报告指出："优先发展教育事业。"③ 在全国教育大会上习近平提出了"教育是国之大计、党之大计"的重要论断，为新时代推进教育优先发展战略提供了根本的依据。他指出："党的十九大从新时代坚持和发展中国特色社会主义的战略高度，作出了优先发展教育事业、加快教育现代化、建设教育强国的重大部署。教育是民族振兴、社会进步的重要基石，是功在当代、利在千秋的德政工程，对提高人民综合素质、促进人的全面发展、增强中华民族创新创造活力、实现中华民族伟大复兴具有决定性意义。"④

关于坚持以人民为中心发展教育。办人民满意的教育，促进教育公平是以人民为中心发展教育的内核。教育公平是社会公平的基础。办人民满意的教育，是我国教育的价值旨归。办人民满意的教育，就要促进教育公平，解决好人民关心的热点问题，及时补齐和解决教育存在的短板和问题，全面落实教育"四为"，让教育改革发展成果更好地惠及最广大人民群众。习近平指出，"我们的人民热爱生活，期盼有更好的教育、更稳定的工作、更满意的收入、更可靠的社会保障、更高水平的医疗卫生服务、更舒适的居住条件、更优美的环境，期盼孩子们能成长得更好、工作得更好、生活得更好"⑤。办人民满意的教育，是习近平有关教育论述的重要内容，既出现在党的十九大报告中，也多次出现在习近平讲话

① 习近平：《做党和人民满意的好老师：同北京师范大学师生代表座谈时的讲话》，人民出版社 2014 年版，第 2 页。

② 《习近平谈治国理政》第一卷，外文出版社 2018 年版，第 191 页。

③ 习近平：《决胜全面建成小康社会 夺取新时代中国特色社会主义伟大胜利——在中国共产党第十九次全国代表大会上的报告》，人民出版社 2017 年版，第 45 页。

④ 《习近平在全国教育大会上强调 坚持中国特色社会主义教育发展道路 培养德智体美劳全面发展的社会主义建设者和接班人》，载于《人民日报》2018 年 9 月 11 日。

⑤ 习近平：《论把握新发展阶段、贯彻新发展理念、构建新发展格局》，中央文献出版社 2021 年版，第 22 页。

中。办人民满意的教育，反映了社会主义教育为人民服务和为社会主义现代化建设服务的内在统一性，是"以人民为中心"理念在教育领域的体现。要满足人民对更好教育的期待，保障人民有更多教育的获得感。促进教育公平，办更有质量的教育，是办人民满意教育的具体体现。习近平指出："我们将通过教育信息化，逐步缩小区域、城乡数字差距，大力促进教育公平，让亿万孩子同在蓝天下共享优质教育、通过知识改变命运。"[①] 习近平强调："教育公平是社会公平的重要基础，要不断促进教育发展成果更多更公平惠及全体人民，以教育公平促进社会公平正义。"[②] 党的二十大报告指出："坚持以人民为中心发展教育，加快建设高质量教育体系，发展素质教育，促进教育公平。加快义务教育优质均衡发展和城乡一体化，优化区域教育资源配置，强化学前教育、特殊教育普惠发展，坚持高中阶段学校多样化发展，完善覆盖全学段学生资助体系。统筹职业教育、高等教育、继续教育协同创新，推进职普融通、产教融合、科教融汇，优化职业教育类型定位。加强基础学科、新兴学科、交叉学科建设，加快建设中国特色、世界一流的大学和优势学科。引导规范民办教育发展。"[③]

第三节　相关理论资源借鉴

本课题的研究，需要在吸收现有相关理论，尤其是教育学理论的基础上进行。主要涉及下述理论资源。

一、教育目的论

教育目的论是教育学的基础，是教育学相关理论中的核心理论。教育目的论旨在说明教育应该满足什么样的社会需求，培养什么样的人才具备什么样的素质才能够满足社会对人才的需要。也就是说，教育目的需要对"办什么样的教育？怎么办教育？为谁办教育？""培养什么样的人？怎么培养人？为谁培养人？"作出规定。教育目的论包括教育目的的概念、类型、功能、选择与确立等。教育目的的概念在本章的概念部分已经进行过阐释，在此就不再赘述了。

---

① 《习近平关于社会主义社会建设论述摘编》，中央文献出版社2017年版，第53页。

② 《习近平谈治国理政》第二卷，外文出版社2017年版，第365～366页。

③ 习近平：《高举中国特色社会主义伟大旗帜　为全面建设社会主义现代化国家而团结奋斗——在中国共产党第二十次全国代表大会上的报告》，人民出版社2022年版，第34页。

（一）教育目的的类型

按照划分标准的不同，学界将教育目的划分为以下四对范畴。

1. 价值性教育目的和功利性教育目的

这是以教育目的具有的作用与特点为划分标准的。所谓价值性教育目的，是"教育在人的价值倾向性发展上所要达到的目的。反映教育在建构和引领人的精神世界、人文情感、人格品质、审美意识、生活态度、社会倾向等方面所要达到的结果"[①]。价值性教育目的要解决的是培养人的社会情感、个性情操和对社会规范的熟悉、认同和遵从。内含着对人的世界观、人生观、价值观、社会观、法治观、道德观、审美观等观念和理想信念、爱国情怀、中国精神、科学精神、科学家精神、工匠精神等思想方面发展的指向和要求。这些目标主要通过思政课程和课程思政、专业思政、学科思政来实现。所谓功用性教育目的，是"教育在发展人从事或作用于各种事物的活动性能方面所预期的结果。内含对人的功用性发展的指向要求"[②]。功用性教育目的要解决的是增长人在社会财富创造中应具备的素质。在教育实践中以知识的传授、创新能力培养、技能技巧训练、智慧的提高等方面的具体要求呈现出来。这些目标主要通过专业知识的学习、生产实践、科学实验来实现。

2. 终极性教育目的和发展性教育目的

这是以教育目的所含内容的特点为划分标准的。所谓终极性教育目的，是"各种教育及其活动在人的培养上最终要实现的结果。内含对人发展的理想性要求"[③]。终极性教育目的，对人的发展具有远景性规划，具有引导性。人的全面而自由发展，就是教育最为终极的目标。而此处的终极性教育目的，既包含这一终极性目标，也包含对一定的教育活动全过程而言的终极目标，还包括特定的受教育者经过培养最后达到的目标。终极性教育目的的实现与否，与社会发展的实际进程关系十分密切。当终极性教育目的与社会发展的实际进程不相符合时，需要调整终极性教育目的。所谓发展性教育目的，"是指教育及其活动在不同阶段所要连续实现的各种结果，表明对人培养的不同时期、不同阶段前后具有衔接性的各种要求"[④]。发展性教育目的，对人的发展具有过程性的指导意义和操作性帮助。不同学段的教育目标，既需要有所分工呈现阶梯性，又需要螺旋式上升呈现衔接性。发展性教育目的，就是要解决两者之间的关系。

3. 正式决策的教育目的和非正式决策的教育目的

这是以教育目的的生成制定程序及实际被重视的程度为划分标准的。所谓正

---

①②③④　全国十二所重点师范大学联合编写：《教育学基础》，教育科学出版社 2014 年版，第 68 页。

式决策的教育目的，是"被社会一定权力机构确定、并要求所属各级各类教育都必须遵循的教育目的①"。其决策的主体一般为国家或地区相关权力机关或教育行政机构，决策过程需要通过一定的法律程序、组织程序，其形态为国家或地区的有关法令、教育文件。正式决策的教育目的具有权威性、规范性和强制性，所以一般都作为教育执行机构的依据。所谓非正式决策的教育目的，是"蕴含在教育思想、理念、理论中的教育目的②"。非正式决策的教育目的以思想理论为根基而存在，或者基于一定社会单纯的功利观念而存在，虽然它可能以"学术观点"的面目或者社会心理的面目出现，但是它会与正式决策的教育目的争地位、抢市场，干扰正式决策的教育目的的执行，甚至成为教育执行机构（学校、二级教学组织）实际操作的教育目的，以单纯升学率为教育目的现象的普遍存在，就很能证明这一点。

4. 内在教育目的和外在教育目的

这是以教育目的的所体现的范围为划分标准的。所谓内在教育目的，是"具体教育过程要实现的直接目的，是对具体教育活动预期结果的直接指向③"。内在教育目的存在于"当下的""具体的""微观的"具体教育活动中，内含对学习者思想品德、情感意志、知识认知、操作技能、创新发明等方面发展变化的预期结果。由于内在教育目的存在于具体教育活动中，故是教育目的的执行底端，更具操作性、可观性、可检测性。外在教育目的是指"教育目的领域层次较高的教育目的，它体现一个国家的教育在人的培养上所预期达到的总的目标和结果④"。因为外在教育目的是一个国家或地区对所属各级各类教育培养人的普遍的原则要求，所以具有宏观性、方向性、抽象性、普遍性、原则性。外在教育目的应该与内在教育目的相互对应、相互配合，才能达到教育的总目的、总要求。

（二）教育目的的功能

从教育作用对象的角度划分，教育目的的功能可分为对个体的功能与对社会的功能。从对教育活动的影响的角度划分，可分为定向规范功能、选择功能、调控功能、评价功能、激励功能。

教育目的对个体的功能，主要体现为教育对个体的生存和发展所产生的作用和影响。通过教育目标实现教育促进个体发展，包括教育促进个体社会化的功能和教育促进个体个性化的功能。在促进个体社会化过程中，包括促进个体理念变更、志向确立、知识积累、能力提高、职业技能和社会身份的社会化，以实现个

①② 全国十二所重点师范大学联合编写：《教育学基础》，教育科学出版社2014年版，第69页。
③④ 全国十二所重点师范大学联合编写：《教育学基础》，教育科学出版社2014年版，第70页。

体谋生和贡献的功能。促进个体个性化的功能包括促进个体主体意识的形成和发展、个体倾向性和心理特征的发展，以实现个体价值和自我完善功能。

教育目的对社会的功能，主要通过教育目的体现社会对人才的需求，培养人实现由自然人向社会人的转化，为社会源源不断输送合格建设者和接班人，最终实现社会的稳定运行和发展。

教育目的的定向规范功能。这一功能是教育目标的核心功能，既体现为对教育方向的确定，又体现为规范教育教学的管理。一是对教育社会性质的定向作用。对教育"为谁培养人"具有明确的规定。我们是社会主义教育，所以坚持马克思主义的指导地位，坚持社会主义的办学方向，是我国教育的鲜亮底色。政府教育主管部门应该依此来制定相关文件，指导和督查学校的教育教学。二是对人才培养的定向作用。我们的人才培养定向为培养德智体美劳全面发展的社会主义建设者和接班人。学校应依此构建人才培养体系，制订人才培养计划。三是对课程选择及其建设进行定向。这是因为课程选择与人才培养的定向是分不开的。四是对教师教学的定向作用。教师代表社会进行育人活动，教师教育教学不是个人的行为，而是社会行为。教师要保质保量地完成社会赋予他们的使命，完成人才培养的重任，必须满足社会对人才需要的定向。五是对学生学习的定向功能，学生应该围绕教育目的，制定学习规划和生涯规划。

教育目的的选择功能。教育目的的选择功能集中体现在教育活动与教育内容的选择上。学校的教育内容要从浩如烟海的人类经验、繁杂多样的社会文化、爆炸式增长的科技知识的宝库中加以甄别、衡量和遴选，根据教育目标、人才培养计划和学生的学情，从中选择积极、进步、科学、健康、有益的内容进入教材和课堂。

教育目的的调控功能。一定的教育目的是一定的社会、一定的阶级根据社会自身或者人的发展需要，对教育活动进行调节、控制的重要手段。它可以通过价值方式进行调控，可以通过标准方式进行调控，可以通过目标方式进行调控。调控的目的在于使教育活动更为符合社会发展对人才的需要，符合受教育者的自身发展与社会发展契合的需要。

教育目的的评价功能。教育目的的评价功能集中体现在现代教育评估或教育督导行为中。教育不仅是教育活动应该遵循的基本指导原则，而且是检验、评价教育活动效果的重要依据。一种能够实现的教育目的总是含有多层次的系列目标，这就使得它对教育活动不仅符合宏观的衡量标准，还要符合微观的衡量标准。依据这些标准，一方面对教育活动的方向和质量作出判断，对价值变异情况作出评判。评价学校的总体办学方向、办学思想、办学路线是否正确、是否清晰，以及是否符合社会的发展方向和需要。另一方面通过对教育活动的得与失的分析，对教育效果作出评价。评价教育质量是否达到了教育目的的要求，达到了教育目的规定的规格和标准；评价学校的管理是否科学有效，是否遵循了教育规律和人的身心发展规律，促进了学生的健康发展和成长。

教育目的的激励功能。教育目的可以激励学校和教师为达成教育目的而努力工作。

教育目的功能的发挥，要与学习目的的引导相辅相成。每个人的抱负、志向、兴趣、受教育的背景不同，反映在学习目的上是具有差异性的。同时，学习目的是一个由不同层次的子目构成的体系。积极的学习目的，有利于教育目的的实现，比如为中华之崛起而学习，为改变贫穷落后面貌而学习；消极的学习目的，不利于甚至有碍于教育目的的实现，比如"学而优则仕"学习观影响下的学习目的。因此，关注教育目的功能的发挥的同时，要注意对学习目的的引导，使两者同向同行。

（三）教育目的的选择与确立

因为教育目的是一定社会需要的产物。因此，教育目的的选择与确立，必定会受到一定社会历史条件的制约。教育机构、教育者只能在一定的现实条件下实现培养人才的任务，而受教育者也只能在一定的现实条件下得到发展。物质生产是教育存在和发展的绝对条件和永恒基础。所以，教育目的所反映的社会要求首先是由生产力和生产关系所决定的。其次上层建筑反作用于经济基础。所以一定社会条件下现实的政治、社会、文化都会在人才要求中有体现。教育目的的选择与确立，集中地反映了一定的社会、一定的阶级对所需要培养人才的总的要求。教育目的的选择与确立，反映的是国家意志，属于国家事权，由国家或执政党代表国家提出。但是，在选择与确立过程中，学者的智囊作用、人大代表（国外是国会议员）的提案作用，也是十分重要的因素。同时，教育目的的实现也有赖于对教育对象的认知、对教育规律的把握。所以在一定条件下受教育者的身心基础、状况，以及身心发展的可能性，也是教育目的的选择与确立必须考虑的。

二、人的全面发展理论

人的全面发展理论，是与教育目的论相衔接、相对应的重要理论。它既是马克思主义的基本原理之一和马克思主义的价值旨归，也是教育学的重要基础理论和教育的价值追求。

人的全面发展，是人类的美好向往和诉求。马克思主义认为，人的全面发展

61

就是"人以一种全面的方式，就是说，作为一个总体的人，占有自己的全面的本质"①。社会的分工和阶级的分化，人对人的依赖性和人对物的依赖性，导致了人的发展畸形化、片面化。中外古代先贤和近现代教育家，都在其教育思想中提出了通过教育破除人的片面化发展的主张和全面发展的思想萌芽。在中国古代孔孟等诸子百家的教育思想中，因材施教、有教无类、教学相长、知行统一、学以致用、综合教育（六艺）等教育思想，至今都对我国教育理论和实践产生着重要影响。西方思想家亚里士多德的"和谐教育"、夸美纽斯的"泛智教育"、卢梭等人的自然主义教育、裴斯泰洛齐主张教育以实现人的各种潜能的全面而和谐发展为宗旨、第斯多惠的"全人教育"、欧文主张"体力与脑力相结合实现全面发展"，他们共同的主张和心愿就是希望所有的人都受到完善的教育，使之得到多方面的发展，成为和谐发展的人。

马克思主义从分析现实的人和现实的生产关系入手，指出人的全面发展的条件、手段和途径，形成了马克思主义关于人的全面而自由发展的理论。这一理论在本章的第二节已有详细的介绍，在此不再赘述。

马克思主义人的全面发展原理的中国化，植根于中国传统文化的土壤之中，与中国传统的教育思想相融合，与中国的国情相结合，形成了中国的教育理论的重要组成部分。黄济等学者认为，个人全面发展作为现代教育目的得到了普遍认同，深入人心；个人全面发展的内涵变得更加丰富了；个人发展得到了更普遍的实践。"一部现代教育史就是一部个人全面发展理论与实践不断深入发展丰富的历史。追求个人全面发展，是现代教育目的的共识。"② 郝文斌认为"人的全面发展，不仅是教育发展的理想和目标，也是社会发展的理想和目标，而且是社会理想和目标与教育理想和目标的高度统一的理想和目标，很难说它首先是教育目标和理想还是社会目标和理想。人的全面发展是不同社会及其教育共同追求的理想，这说明人的全面发展是人类的共性，不是某些社会和某些人的追求和特征。"③ 张耀灿、郑永廷等认为"实现人的自由全面发展的前提，是要使人真正成为自然和历史的主人。成为社会发展的主体，人在社会发展中居于主体地位，发挥主体作用。这就是要实现人的解放，克服人对人的依赖，人丧失独立人格，成为依附性的人；也要克服人对物的依赖，即对金钱，物质的依赖性"④。

---

① 《马克思恩格斯全集》第 3 卷，人民出版社 2002 年版，第 303 页。
② 黄济、王泽山等：《现代教育论》第 3 版，人民教育出版社 2012 年版，第 305 页。
③ 郝文武：《教育哲学》，人民出版社 2006 年版，第 350 页。
④ 张耀灿等：《现代思想政治教育学》，人民出版社 2006 年版，第 146 ~ 147 页。

三、教育要素论

教育过程中由各种要素构成体系。教育效果如何、教育目标的实现程度如何，与教育要素的构成、对各要素地位的认识、各要素发挥效能的程度有着密切关系。教育要素是指构成教育活动的成分和决定教育发展的内在条件。各种要素处于不同的位置，相互作用，使教育活动得以进行，以达成教育目的。

教育要素论在教育学界是一个很活跃且颇具争议的领域。教育要素论者根据其不同的视角分出了不同的教育要素理论，包括教育实践活动视角的教育要素论、教育内容视角的教育要素论、学生发展核心素养视角的教育要素论，等等。

（一）教育实践活动视角的教育要素论

比较有代表性的有三要素、四要素、五要素、六要素等不同的理论。每一种要素说又有不同的构成之争。

1. 三要素说

三要素说把教育过程的要素分为教育者、受教育者、教育影响（如南京师范大学教育系编的《教育学》、全国十二所重点师范大学联合编写的《教育学基础》），也有三要素学者在前两要素相同的基础上，把第三要素定为"教育资料"（如陈桂生著的《教育原理》）或"教育措施"（如王道俊、王汉澜主编的《教育学》）。

（1）教育者。

教育者，即从事有目的、有组织、有计划的教育活动的实施者。教育者是教育过程中"教"的主体，承载着传播知识、传播思想、传播真理，塑造灵魂、塑造生命、塑造新人的时代重任，以其自身的活动来引起、促进受教育者的身心发生合乎目的的发展和变化。教育者意味着一种社会授权或资格，必须明确教育目的，理解在教育教学实践活动中、根据社会需要促进受教育者个体全面发展的使命。教育者这个概念，不仅是对从事教育职业者的称谓，更是对他们内在态度和外在行为、质量的规范性要求。

（2）受教育者。

受教育者，即参与教育者实施的有目的、有组织、有计划的教育活动，接受教育影响者。在教育过程中，受教育者既是受教育的客体，又是自己学习的主体。在全国十二所重点师范大学联合编写的《教育学基础》中，称其为"学习者"。编写者的理由是，"受教育者"这个概念毫无疑问是将教育对象看成比较被动的存在，看成纯粹"接受教育者教育"的人。这就意味着，"教育"是一种发生在教育对象身外，并由教育者施加于教育对象身心的某种事情，这种看法在逻辑上是说不通的，在实践上是有害的。学习是一种高度个性化的活动。受教育者是学校存在的主体，是学校和教师评价的主体，也是教育任务完成的主体。同时，受教育者的独立性、选择性、需要性、创造性和他们个人的兴趣、爱好、主观能动性等也制约着教师的教学活动。而受教育者（学习者）的学习目的、学习态度、学习兴趣和学习积累不同，也会影响接受教育（学习）的效果。

（3）教育影响。

在三要素说中的"教育影响"，并不是我们日常用语中的教育影响力，或者教育影响的效果，而是指教育活动中教育者作用于学习者的全部信息，是置于教育者和受教育者之间并把他们联系起来的一切中介的总和。它既包括了信息的内容，也包括了信息选择、传递和反馈的形式，是形式和内容的统一。从内容上说，主要就是教育内容、教育材料或教科书；从形式上说，主要就是教育手段、教育方法、教育组织形式。正是教育内容与教育形式的统一所构成的教育影响，使得教育活动成为区别于其他社会活动的一种相对独立的社会实践活动。

由于上述三要素说已经将"教育资料""教育措施"涵盖其中，所以它们是包含的关系，而不是增量的关系。因此，就不再对其他两种三要素说进行分析。

2. 四要素说

四要素说把教育要素分为教育者、受教育者、教育内容和教育手段。

教育内容是师生共同认识的客体，是联系教育者和受教育者的中介。它是以所处时代的社会生产力、科学技术、文化发展水平和受教育者的现有文化知识程度为基础，向受教育者传授文化和科技、阐释思想和理念、激活潜能和活力、培养习惯和行为的总和。教育内容是教育目的的反映，不同的时代和社会，面对不同的受教育者，教育的内容构成是不同的。教育内容，它既承载在教科书、教育辅助材料、教案、教育资料库中，也体现在教师教学的现场发挥。在教学过程中，教育者以教材为基本遵循，实现教材体系向教学体系转化。[①] 因此，教育内容也包括了教育者对教育目标和教科书内容的态度和理解程度。

教育手段是指教育者将教育内容作用于受教育者所借助的各种形式与条件的总和，它包括物质手段、精神手段等。物质手段主要是进行教育时所需要的一切物质条件，可分为教育的活动场所与设施、教育使用的各种工具媒体及教育辅助手段。精神手段主要是在教育教学中使用的方法、渠道、载体、技术。在信息化和大数据时代，教育的手段更加多样化。

---

① 卢黎歌：《试论高校思想政治理论课教材体系向教学体系的转化》，载于《教学与研究》2009年第11期，第89～92页。

也有将四要素定为教育主体、教育客体、教育介体、教育环体。[1] 其中，教育主体、教育客体的概念类似于教育者、受教育者。教育介体是介于主体与客体之间相互联系、相互作用的中介因素，包括教育内容，承载教学内容的教科书、课件、教学视频、录像、具有符号意义的教学道具、教育教学中使用的大数据（数据、图表、影像资料）等载体，教育教学的方式、方法、手段以及教育教学的物理现场、教学设施等。教育环体是指教育的环境，是指与教育有关的、对客体产生影响的外部因素，包括以物理距离为划分标准的国际国内大环境，地区中环境，学校、家庭、班级、社交圈等小环境；以形态为划分标准的物质环境与精神环境，进一步细分为经济环境、政治环境、文化环境、社会环境、生态环境。其中，社会环境中的法治环境、道德环境、政策环境、舆论环境对教育的影响更为直接。

3. 五要素说与六要素说

五要素说认为教育由教育者、受教育者、教育方法、教育内容、教育环境构成。

六要素说认为教育的基本要素有教育者、受教育者、教育内容、教育手段、教育途径和教育环境。

由此可见，五要素说、六要素说与三要素说、四要素说并无质的区别，而是在划分标准上有所不同，划分得更为细致一些而已。

通过上述分析可知，不论是哪种要素说，其共性在于：教育的各要素之间既具有相对的独立性，又相互规定，共同构成完整的教育实践活动系统。各个要素都可能成为"自变量"，它自身的变化，会引发教育实践活动系统状况的改变。不同教育要素的变化及其组合，最终形成了多姿多态的教育，担负起实现教育目的的神圣职责。

（二）教育内容视角的教育要素论

从教育内容视角来看教育的要素，主要是基于对德智体美劳等教育内容要素的定位或相互关系的认知。

西周时期以礼、乐、射、御、书、数"六艺"为基本和主要的教育内容，反映了当时教育者对德（礼）智（书、数）体（射、御）美（乐、书）的认知水平。古希腊亚里士多德认为教育应有体育、德育、智育三种要素。欧洲文艺复兴时期的人文主义教育家在强调智育、德育的同时，重视对儿童的体格和美育要求。

---

[1]　张耀灿等：《现代思想政治教育学》，人民出版社 2006 年版，第 236 ~ 240 页。

德育在我国一直处于"至上"地位。黄钊是中国古代德育思想史论权威学者，他认为"中华民族德育学说无比丰富，体系博大精深。其源可以追踪到上古文化时代，其流可以将秦汉以后各个历史时期德育理论成果囊括其中，可谓源远流长，根基深厚"[①]。由于德育被作为阶级统治的工具，所以在社会生活中占有重要地位。他研究发现，天命神权的观念在夏殷时代就已经是德育的核心内容。这一时期的《易经》《洪范》和《诗经》中，就已经有着丰富的德育观念，成为德育萌发阶段。春秋战国时期更是丰富了内容，德育思想逐渐基本成熟，后经两汉至隋唐的发展到宋元明清的延续更新，构成了中国古代德育史的宏大画卷，成为世界文明史的重要内容。本章第一节中对新中国成立以来"教育方针"历史演进脉络的考察，从"德智体"到"德智体美"，再到"德智体美劳"，教育内容的要素在逐步扩大，但在"三育并举""四育并举""五育并举"中，始终把德放在引领的位置。同时，强调德育的引领作用、"为先"地位，并不意味着德育能极端化为"替代"其他各育。各育都有其相对独立的领域、内容和功能。各育相互影响、相互促进，共同完成人的全面发展的教育目的。

（三）学生发展核心素养视角的教育要素论

学生发展核心素养是一个最近在中国教育界关注度很高的概念。在中国知网上，以"学生发展核心素养"为主题的论文，截至 2023 年 8 月 5 日，有4 218篇，涉及不同学段和不同类型的教育研究成果。对这一主题的研究，2014 年仅 5 篇，2015 年为 28 篇，2016 年开始直线上升：2016 年为 213 篇，到 2017 年、2018 年分别为 722 篇、769 篇，到 2019 年达到峰值 857 篇，之后回落，2020 年、2021 年、2022 年和 2023 年分别为 663 篇、488 篇、340 篇、131 篇（见图 1 – 1）。

引导这一主题研究出现热潮的学术事件，是北京师范大学课题组《中国学生发展核心素养》研究成果的发布。这一成果是受教育部基础教育二司委托，由北京师范大学牵头林崇德主持的"中国学生发展核心素养"课题组完成，并于2016 年 9 月 13 日发布的。它以科学性、时代性和民族性为基本原则，以培养"全面发展的人"为核心，分为文化基础、自主发展、社会参与 3 个方面，综合表现为人文底蕴、科学精神、学会学习、健康生活、责任担当、实践创新 6 大素养，具体细化为国家认同等 18 个基本要点。

[①] 黄钊：《中国古代德育思想史论》，中国社会科学出版社 2011 年版，第 6 页。

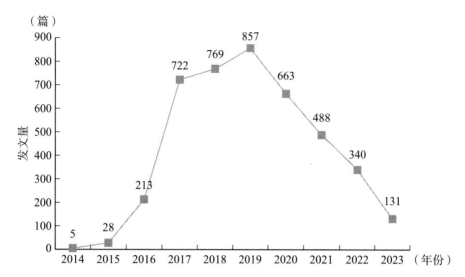

图 1-1　中国知网以"学生发展核心素养"为主题论文发表年度曲线

这一研究成果的发布，引起了教育学理论界和实践工作者的高度关注和研究兴趣的高涨，一系列相关成果集中"井喷"。这些成果无疑进一步丰富完善了这一理论。当然，也有从"不足"角度研究的。其代表人物是上海师范大学教育学院丁念金，他在《教育导刊》2018 年第 1 期发表《析"中国学生发展核心素养"研究成果的五十个不足》，指出了该理论目前存在的不足。不同观点的争鸣，可以进一步促进对该理论的完善。

四、教学认识论

教学认识论是以哲学认识论的原理阐释教学这一人类特殊认识活动过程的理论。"所谓教学认识论，是这样一种理论：它认为教学活动，即教师教学生学习的活动，主要是或本质上是一种认识活动，这种认识又不同于一般的认识和其它形式的认识，而是一种特殊认识或认识的一种特殊形式。这种认识有它自己独特的动力、条件、客体、主体、领导、方式检验标准和方法，有它自己的运动规律，教学认识论就是研究教学认识的这些方面和过程及其运动规律的理论。"[1]

教学工作是教育工作的一个重要范畴，是本书的重要研究对象。对教学的各个方面进行认识论的考查，总结提炼学校教学实践的经验，有利于推进教育工作目标的实现。教学认识论涵盖教学认识的主体、教学认识的客体、教学认识的方式、教

---

[1]　王策三等：《教学认识论》，北京师范大学出版社 2002 年版，第 311 页。

学认识的检验等多方面的内容，对于本书的研究内容具有重要的理论指导意义。

（一）教学认识主体

教学认识论认为，在教学认识这一特殊的认识过程中，只有学生才是认识的主体，教师则在其中发挥主导作用。学生在对知识的加工和选择方面具有主观能动性，这一能动性随着自身结构的成熟不断提高，反过来进一步促进自身认识主体地位的确立与巩固。教师教学活动的目的不是认识教学内容或教材情况，而是以此为基础，对教学内容进行加工，促使其转变为学生的个体知识结构，这种认识活动并不具备特殊性。

在教学认识中，主体结构是一个整体性系统，主要由智力、非智力、思想品德和身体等子系统构成。智力系统特定表现为学习能力，作为认识能力的基础，其作用主要体现在影响学生掌握知识的数量和质量以及学生认识的连续性，不同学生的学习能力在水平高低和类型特点方面存在差异。非智力系统包括兴趣、情感、意志和性格等因素，上述因素通过发起或终止、增强或削弱等过程间接影响教学认识，这就要求在教学中坚持教学认识活动途径的多样性与多元化。思想品德系统决定着学生对教师、同学和集体的态度，一旦学生确立某种思想品质，不论正确与否，都会对学生的认识活动产生强烈影响，其中既有对各种人际关系的影响，也有对个人努力程度的影响。身体系统包括学生的身体及大脑的生理组织结构和机能。在教学认识中，健康的身体结构作为学生心理结构的物质载体，是主体参与教学认识活动、掌握知识的必要前提条件。

贯彻落实新时代教育工作目标，培养德智体美劳全面发展的社会主义建设者和接班人，要求我们必须以教学认识论为指导，坚持以学生为中心，协调主体结构中的各个子系统，使其相互协调相互作用，最终实现教学认识主体结构最优化。

（二）教学认识客体

教学认识客体是学生学习活动指向的对象，是从一般认识客体分化出来的特殊的中介客体，其内容包括科学知识、活动方法和价值经验，具有完整性、活动性和基本性。教学认识客体的功能，即在与客体的相互作用中合乎目的、有效地创造主体，进而谋求主体认识能力乃至个性的全面发展。

教学认识客体的表现形式主要包括语言形式和非语言形式两种。但是，单纯的语言描述并不能完整呈现人们直接经验中的各种感受、体验，表现出一定的局限性，而学生通过直接接触对象所获得的认识，例如教师的行为、教师提供的案例等以潜在形式呈现的内容，更为鲜明、生动、真实且完整。这就要求教育者既要充分利用认识对象的自然表现，使学生获得丰富的感性经验，又要利用多种方式实现客观对象的形象化再现。

（三）教学认识方式

"所谓教学认识方式，指的是教学过程中学生认识活动存在的形式、结构及发展阶段。"[1] 教学认识论认为，教学过程中学生认识的方式以教师传授知识和学生掌握为主，教学认识过程中的观察、实验、探索与发现以及思维都是在这一基础上进行的。教学认识的掌握方式在不同时间序列和空间结构下表现为不同的教学模式，包括以教师讲授为主，系统传授和学习书本知识；以学生为中心，组织学生从活动中学习；设置学习情境，严格控制学习过程；提供结构化材料，引导学生探究式学习等。各种教学模式不分好坏，需要教师根据学生的不同情况，创造性地选择不同的教学模式。

教学认识方式的影响因素主要包括学生的认知结构、一定的教材结构以及教学目标，三者影响并制约着学生认识方式的形成和发展，使教学认识呈现出不同的形式。教学认识论认为，优化教学认识方式，要正确处理教材结构与学生认知结构、结论与过程、观点与材料、具体经验与抽象理论等范畴之间的关系，根据不同的具体情况组织学生的认识过程。

（四）教学认识检验

教学认识检验涉及认识的标准、方式、目标、结果等问题的检查与评定，主要包括提出目标、制订方案、选择方法、分析结构四个过程。对教学认识进行检验，有利于及时了解学生现有的认识状况和认识水平，使教师和学生根据检验结果分别进行教或学的调节。教学认识的检验和一般认识的检验是有区别的，无论是在检验的目标、内容、方式还是结果的分析方面都具有特殊性。这就要求我们在进行教学认识检验时，应把一般认识检验的共性与教学认识检验的个性统一起来。本课题根据"五人"教育工作目标，在实证研究基础上，建立分类型、分学段的科学指标体系，通过系统地收集信息和定性、定量分析，遵循教育工作规律，构建工作目标与评估体系。教学认识论中关于教学检验的理论对于教学方面指标体系的构建与评测具有重要的指导意义。

五、教育与社会发展关系论

教育与社会发展的关系，决定了"办什么样的教育、怎么办教育、为谁办教

---

[1] 王策三等：《教学认识论》，北京师范大学出版社 2002 年版，第 143 页。

育"的问题。这一理论,也对研究教育工作目标具有基础性的指导意义。

教育是社会需要的产物。一方面,一定社会中教育的发展水平是该社会经济、政治、文化、社会、生态环境等诸方面因素综合的结果,也是诸因素发展水平的综合反映,教育随社会的发展而发展。另一方面,教育在社会发展中,处于"服务"的定位。我国教育的"四为"功能,充分体现了这一定位。

在教育与社会关系的理论中,教育对社会诸因素的反作用研究,更多的是从积极方面(即正向功能)分析阐述的。不过,也有专门研究负向功能的学者及其理论。日本柴野昌山《学校的负向功能》一文,是较早研究这一问题的。此后,张人杰、吴康宁等我国为数不多的学者也有研究论文发表。这些观点虽值得借鉴,但是本书不作为重点。

(一) 教育与生产力的关系

根据马克思主义经济基础决定上层建筑的原理,作为上层建筑的教育,受着经济基础的决定或曰制约;而教育又反作用于经济基础。

一方面,生产力的发展决定着,或者说制约着教育的发展;另一方面,教育对生产力具有反作用。

生产力的发展决定着教育的发展,体现在四个方面:第一是生产力的发展水平决定着教育事业的发展规律、发展水平、规模和速度。这是因为教育所需的物质条件受限于生产力的发展。生产力的发展水平制约着社会的人口规模,也制约着剩余劳动数量,进而制约着受教育人口。社会可能提供的受教育人口规模与可能提供给教育的物质条件,决定了教育发展水平、规模和速度。第二是生产力的发展水平决定着教育结构和人才规格,进而反映在教育目的中。生产力发展水平影响着经济结构和产业结构,进而影响人才结构。物质生产所需的何种规格、何种类型的人才,需要教育来提供。最终,人才结构影响教育结构。因此,教育结构和人才结构取决于社会生产的"需求侧"。第三是生产力和生产关系的发展水平影响着教育内容的选择和专业设置。这是因为教育内容的选择和专业设置取决于教育结构和人才规格,最根本还是受制于生产力的发展水平。在近现代生产力发展水平下,经过第三次工业革命生产力的高速发展,尤其是面临第四次工业革命的到来,教育内容的选择和专业设置正在孕育着重大重组和革命性变化。第四是生产力的发展水平促使教学方法和教学手段、教学组织形式的改革。由网络、新媒体、大数据带来的教育手段和组织形式的巨大变化,已经从实践中证明了这一点。

教育对生产力具有反作用,这种作用主要体现在对生产力的促进作用。其一是教育是劳动力再生产的基本途径。教育可以使可能的生产力转变为现实的生产力,使我国的人口红利得以释放;可以提高劳动力的质量和素质,使一般的劳动力转化为有技能的专门劳动力，使经验型劳动力提升为具有科技知识的现代劳动力；可以改变劳动力的形态，使之适应新业态对劳动力的新要求；可以摆脱现代分工造成的劳动力发展的片面性，使更多的体能型劳动力转化为智能＋体能型劳动力，促进人的全面发展。其二是教育再生产科学知识。教育的"传承文化"功能，使得人类科学技术文化知识得以代际传递，前人创造的科学技术文化知识通过教育的再生产，可以继承和弘扬。教育可以把作为潜在的生产力的科学知识转化为被劳动者掌握的现实的生产力，因而，教育是培养劳动者实现科学技术的再生产的重要手段和最为有效的方式。其三是教育生产新的科学知识。教育可以通过科学技术的创新，直接推动科学技术的发展，为经济发展提供科技新成果、新手段、新工具。

（二）教育与政治的关系

教育与政治具有双向作用：政治对教育的制约和教育对政治的影响。"集中体现为国家对教育的干预。'国家干预'既体现了政治对教育的制约，也体现了教育为政治服务。'国家干预'是通过制定教育计划、加强教育管理、进行教育改革、开展教育立法等多种渠道实现的。"①

政治对教育的决定作用。主要包括政治决定着教育的领导权，由于一个国家的教育体现着国家意志，所以属于国家事权，由国家领导；受教育者的权利，受教育权体现在国家法律中；针对教育性质、教育目的，国家教育法中都有明确规定；思想品德教育的内容。国家的政治制度决定着教育制度。

教育对政治的反作用。教育能为政治培养、输送社会所需要的政治人才和管理人才；教育可以通过提高受教育者的政治民主素质，促进社会的政治民主；通过宣传主流思想意识，促进受教育者的政治认同、思想认同、理论认同和情感认同，实现教育"凝聚人心"的工作目标。

（三）教育与文化的关系

文化是人类社会相对于经济、政治而言的精神活动及其产物。文化包括非意识形态的部分（如自然科学、技术、语言、文字等）和意识形态性质的部分（世界观、人生观、价值观等）。教育、科学、艺术是广义的文化，这里的文化是指除了文化之外的部分。

教育和文化既相互依存、相互制约，又在相互关系中变化与发展。文化对教育的影响在于：影响教育目的的确定、教育制度的制定、教育内容的选择、教育

---

① 吴铎、张仁杰：《教育与社会》，中国科技出版社1991年版，第59页。

手段和教育组织形式的变革。教育对文化的作用在于：传递、保存文化；传播、交流文化；生产、创新文化。

（四）教育与社会的关系

社会是指以一定的物质生产活动为基础而相互联系的人类生活共同体。这里的社会，是与经济、政治、文化并列意义上的社会概念。

社会发展的需要，决定着教育的生存、发展和变革。教育又通过服务于社会发展，体现着教育特有的价值。教育可以通过对人的改变和塑造，改变人们的思想观念、意识形态、理想追求、价值取向、法治思维、道德情操、兴趣爱好，改变社会心态和社会氛围。和谐社会的形成，离不开教育和宣传。

（五）教育的相对独立性

在教育与社会关系理论中，有一种"教育独立论"的学派，代表人物是蔡元培先生。他曾于1922年在《新教育》杂志第4卷第3期上发表了《教育独立论》。不过，当我们仔细阅读蔡元培先生的论述"教育事业当完全交与教育家，保有独立的资格，毫不受各派政党或各派教会的影响"就会发现，他并非否定教育与社会的相互关系，而是为了摆脱军阀统治与教会势力对教育的干扰和破坏。因此，我们应该把蔡元培先生的"教育独立论"理解为教育的相对独立性。

我们在重视教育与社会关系的同时，也要承认并尊重教育的相对独立性。教育服务于社会，在多数情况下，并不是直接发生的，而是通过人才培养作为中介来实现的。教育有着自身的历史继承性；教育与社会发展也不是同步的，具有不平衡性；教育有着自身的规律：教育教学规律、办学规律、育人规律。因此，教育具有相对独立性。从社会的角度看，不仅应为教育发展提供社会条件、良好生态，而且应尊重教育的相对独立性，用法律等有效形式，保障教育按其内在的规定性与规律实现健康发展。

总而言之，梳理并学习相关教育理论，可以更加丰富研究视野，打牢学术基础。这一节主要针对国内外教育学者关于教育起源论、教育目的论、人的全面发展理论、教育要素论、教学认识论、教育与社会发展关系论的理论成果进行了综述。教育起源论，让我们对于教育的本质有更深的理解；教育目的论、人的全面发展理论，让我们对教育的价值追求和功能更为清晰；教育要素论，让我们更加清楚在教育内部各要素之间的相互关系；教学认识论，有助于了解学生在学习过程中的几对关系；教育与社会发展关系论则是对教育与外部重要影响因素的相互关系的理论阐释。这些内容，对我们研究、理解教育工作目标制定的理论依据与教育目标落实的理论领悟有一定启示。

第二章

新中国教育事业发展的历史回顾

——个重大理论的产生，总是建立在对历史继承和回应现实需求的基础之上的。"五人"教育工作目标的制定，也是基于新中国成立以来教育事业探索发展中的经验教训、对教育认识不断深化和对教育规律的把握，基于时代对教育事业发展的新要求。习近平指出，"教育是提高人民综合素质、促进人的全面发展的重要途径，是民族振兴、社会进步的重要基石，是对中华民族伟大复兴具有决定性意义的事业"①。这是对教育事业功能的科学论断。借助教育工作目标的确立助推教育功能的充分释放是新中国教育改革事业的根本意图。我国教育工作目标的制定是教育总体布局中的关键要素，随教育发展情况的变化而不断更新。本章通过梳理新中国成立以来各个阶段教育事业发展的历史脉络，总结我国教育事业取得的巨大成就与历史经验，旨在从中汲取改革营养和实践智慧，进一步廓清我国教育工作目标演进的历史逻辑。

第一节　新中国教育事业发展的历史脉络

中华人民共和国成立后，我国教育事业发生了翻天覆地的变化。经过 70 多年风雨兼程、艰苦卓绝的探索，教育事业在"一穷二白"的起点上康庄前行、向

---

① 习近平：《做党和人民满意的好老师》，人民出版社 2014 年版，第 2 页。

前发展，取得了巨大成就，从根本上改变了阶级社会旧教育制度的专制性，凸显了社会主义教育的人民性；彻底扭转了文盲众多、人才匮乏的教育弱国局面，成功地树立了体量庞大、人才辈出的教育大国形象，并开启了向教育强国迈进的历程。新中国成立以来，我国的教育事业发展历程大致可以分为以下四个阶段。

一、初建阶段（1949～1976 年）：社会主义教育事业的奠基

党的十九届六中全会形成的《中共中央关于党的百年奋斗重大成就和历史经验的决议》中指出，在社会主义革命和建设时期，党面临的主要任务是实现从新民主主义到社会主义的转变，进行社会主义革命，推进社会主义建设，为实现中华民族伟大复兴奠定根本政治前提和制度基础。这就是社会主义教育事业的初建阶段。在该阶段，党的历史功绩是：党领导人民自力更生、发愤图强，创造了社会主义革命和建设的伟大成就，实现了中华民族有史以来最为广泛而深刻的社会变革，实现了一穷二白、人口众多的东方大国大步迈进社会主义社会的伟大飞跃。在这一阶段社会主义教育事业初步建立，并获得了历史性发展。

新中国的成立，犹如一轮太阳从东方升起，解救了民族危难，解放了劳苦大众，代表着先进的发展道路。然而，这时的中国社会百废待兴，是一个极端落后的农业国，全国总人口为 5.42 亿，城镇人口只占 10.6%，国民平均预期寿命为 35 岁。国内生产总值和人均国内生产总值只有 679 亿元、119 元（1952 年），国家财政收入只有 62 亿元。[1] 城镇人口普遍处于失业状态，失业人口总计达 474.2 万人，失业率高达 23.65%，城镇居民人均现金收入不足 100 元，农村居民人均纯收入不足 50 元，国民普遍处于贫困状态。[2] 由于经济发展水平低下，当时用于发展教育事业的经费总量十分有限，致使教育也陷入极端落后的窘境。当时，80% 的人口是文盲，小学和初中入学率仅有 20% 和 6%，高校在校生仅有 11.7 万人[3]，全国只有几所培训技术工人的学校，一些少数民族甚至没有学校教育的历史，15 岁以上人口平均受教育年限只有 1.6 年，人民群众受教育程度总体上很低[4]。在这样一个"穷国"，如何办"大教育"，如何将半殖民地半封建社会的旧教育转变为社会主义的新教育，这一系列现实教育问题摆在国家和人民的面前，

---

[1] 国家统计局：《光辉的历程宏伟的篇章——新中国成立 60 周年经济社会发展成就回顾系列报告之一》，http://www.gov.cn/gzdt/2009/09/07/content_1410926.html，2009 年 9 月 7 日。

[2] 国务院新闻办公室：《中国人权发展 50 年》，载于《人民日报》2000 年 2 月 17 日。

[3] 中共教育部党组：《人民教育奠基中国——新中国 60 年教育事业发展与改革的伟大成就》，载于《求是》2009 年第 19 期，第 37 页。

[4] 温家宝：《在全国教师工作暨"两基"工作总结表彰大会上的讲话》，载于《人民日报》2012 年 9 月 10 日。

如何后来居上、迎难而进，考验着中国共产党人的改革智慧。面对这些挑战，充满崇高教育理想的中国共产党和新生的政权开启了艰辛的探索，新中国的教育事业正式迈入起步阶段。

（一）新中国成立初期教育事业的发展

新中国成立之初，毛泽东向世界展示了中国人民的伟大理想："我们将以一个具有高度文化的民族出现于世界""要把我们这个经济落后、文化落后的国家建设成为富裕的、强盛的、具有高度文化的国家"。① 随后，作为新中国的"临时大宪章"，《中国人民政治协商会议共同纲领》向全国各民族宣告："人民政府应有计划有步骤地改革旧的教育制度。"在这一精神指引下，我国重点推进了两项教育改革工作：其一是确定教育工作方针，其二是颁布新学制。

1949 年 12 月 23～31 日，教育部召开了党和国家历史上第一次全国教育工作会议，全国东北、华东、中南、西北大行政区和华北各省份的代表以及中央有关部门负责人共计 200 多人参加了本次会议，重点讨论了我国的教育方针问题，为新中国成立初期我国社会主义教育事业发展提供了基本指南。围绕教育方针问题，本次会议重点讨论了四个问题：一是制定了统领全国教育工作的指导方针，即"教育必须为国家建设服务，学校必须为工农开门"；二是强调以老解放区的教育经验为基础，吸收旧中国教育有用的经验，借助苏联教育的先进经验，建设好新民主主义教育；三是提出了发展教育工作的基本原则，即"普及与提高相结合"，在提高的指导下普及，在普及的基础上提高；四是阐明了对原有老解放区的教育、对新解放区的教育以及旧教育制度的基本政策等。可见，本次教育工作会议的历史意义就在于它奠定了我国社会主义教育方针与教育政策的始基，标志着我国教育事业被正式纳入社会主义建设的框架，为中国教育事业确定了基本方向。

为了满足工农子弟入学的要求，体现新民主主义教育方针，我国随之启动了学制改革。1951 年 10 月 1 日，国家政务院颁布了《关于学制改革的决定》，新中国建立了与国际教育制度、学制年限"接轨"，利于广大劳动人民文化水平提高的现代教育体系和教育制度。作为我国第一个学制文件，其历史意义在于：一是规定了我国包括幼儿教育、初等教育、中等教育与高等教育在内的完整学制系统，克服了旧学制不利于广大劳动人民子女接受完整初等教育的缺陷，并使不同程度的学校互相衔接；二是充分考虑工农青年接受基础教育的要求，设立工农速成初等学校、识字学校、工农速成中学、业余中学等，适应了新中国成立初期我国教育发展的现状；三是设立各级政治学校和政治训练班，便于青年知识分子和

① 《毛泽东著作选读》（下册），人民出版社 1986 年版，第 692 页。

旧知识分子接受革命的政治教育，体现了教育为无产阶级服务的精神。

（二）社会主义改造时期的教育事业发展

1952 年 9 月，毛泽东提出"我们现在就要开始用 10 年到 15 年的时间，基本上完成到社会主义的过渡"[①]，第二年 6 月，中共中央公布了逐步实现社会主义工业化的过渡时期总路线，逐步开始对农业、手工业和资本主义工商业等进行社会主义改造，标志着社会主义改造时期的到来。1956 年 9 月，党的八大在北京召开，报告中指出："我们国内的主要矛盾，已经是人民对于建立先进的工业国的要求同落后的农业国的现实之间的矛盾，已经是人民对于经济文化迅速发展的需要同当前经济文化不能满足人民需要的状况之间的矛盾。"在这种形势下，大力发展社会生产力，提高社会主义精神文化与文化事业建设水平，就成为国家经济社会发展面临的新挑战。在该时期，尽管各级学校明确了培养目标，但缺乏统领性的教育方针，将教育方针予以具体化就成为一个现实的问题。

为此，党和国家对教育工作方针问题给出了相对科学的回答：一次是毛泽东主席提出的第一个相对系统的教育方针。1957 年 2 月，毛泽东在最高国务会议上提出、6 月 19 日发布的《关于正确处理人民内部矛盾的问题》中提出教育方针是："我们的教育方针，应该使受教育者在德育、智育、体育几方面都得到发展，成为有社会主义觉悟的有文化的劳动者。"[②] 这一方针高度概括，充分体现了中国教育的性质和特点，高屋建瓴，纲举目张，既注重受教育者的个体成长，又兼顾社会主义事业的建设需要。另一次是党中央、国务院提出的教育方针。1958年 9 月，中共中央、国务院发布《关于教育工作的指示》，对教育方针作了新的补充，即"教育为无产阶级的政治服务，教育与生产劳动相结合"[③]。在这一方针指引下，我国提出 3～5 年内扫除文盲、普及小学，15 年左右普及高等教育的教育发展规划[④]；强调培养教师和学生的工人阶级的阶级观点、群众观点、集体观点、劳动观点与辩证唯物主义的观点，突出教育事业的政治属性；把生产劳动列为正式课程，要求多快好省地发展教育事业，提出了"两条腿走路"，即公立教育与私立教育齐头并进，"三结合原则"——"采取统一性与多样性相结合、普及与提高相结合、全面规划与地方分权相结合的原则"，以及"六并举"的办学思路，即"国家办学与厂矿、企业、农业合作社办学并举，普通教育与职业（技术）教育并举，成人教育与儿童教育并举，全日制学校与半工半读、业余学

---

① 《毛泽东著作选读》（下册），人民出版社 1986 年版，第 704 页。
② 毛泽东：《关于正确处理人民内部矛盾的问题》，载于《人民日报》1957 年 6 月 19 日。
③④ 中共中央、国务院：《关于教育工作的指示》，载于《人民日报》1958 年 9 月 20 日。

校并举，学校教育与自学并举，免费的教育与不免费的教育并举"，以及"三类学校并举"的办学方向，即全日制学校、半工半读学校、业余学校并举，全民办教育热情迅速高涨。可以说，正是在教育方针与《关于教育工作的指示》的指引下，我国各地迅速掀起了全民办学、全民上学的热潮，教育事业得到进一步发展。直到 1961～1963 年，中共中央颁发了《教育部直属高等学校暂行工作条例》（草案）、《全日制中学暂行工作条例》（草案）和《全日制小学暂行工作条例》（草案），简称"高教六十条""中学五十条""小学四十条"，要求按教育规律办教育，重视教学中心办学原则，整治了一度出现的社会活动过多、负担过重、随心所欲的办教育乱象。其中，最为值得关注的是"高教六十条"。1961 年 3 月起，在邓小平直接领导下，教育部和中央有关领导直接参与、实地调研、起草草稿，中央书记处在北戴河召开会议逐条讨论修改之后定稿，之后还到北京大学、天津大学、复旦大学征求意见，在 9 月庐山中央工作会议上逐条进行讨论后，《教育部直属高等学校暂行工作条例（草案）》被批准，因为共分十章、六十条，共简称《高教六十条》，其核心主题是整顿"大跃进""教育革命"中打乱的高校教育教学秩序，规定高校必须以教学为主；缓和及调整"教育革命""反右倾"运动以来紧张的知识分子政策；继承及巩固"教育革命"中的一些经验和成果，尤其是科学对待"教育与生产劳动相结合"的思想。

正是基于上述探索，1961 年我国学制改革中强调贯彻"调整、巩固、充实、提高"八字方针，撤并部分学校，精简部分师生。经过 3 年调整后，1964 年又更大规模地发展半工（农）半读学校，与全日制教育形成"两条腿走路"格局。据相关数据统计，1965 年上半年半工半读学校有 1 700 多所，学生 26 万余人；1965 年底农业中学有 53 000 多所，学生 310 余万人，耕读小学有学生 2 400 万人，分别占全国中小学生总数的 25% 和 20%。[1]

（三）"文革"时期教育事业发展受挫

"文化大革命"期间，受极"左"思想影响，教育沦为服务于阶级斗争的工具，学校基本建设停滞，许多学校一度处于停课状态，教学秩序遭到破坏，教育质量受到严重影响。正如在《关于建国以来党的若干历史问题的决议》中所提到的，"在对待知识分子问题、教育科学文化问题上发生了越来越严重的左的偏差，并且在后来发展成为'文化大革命'的导火线"[2]。直到 1977 年，邓小平同教育部负责人谈话指出，1971 年《全国教育工作会议纪要》里讲的所谓"两个估计"

---

① 毛礼锐、沈灌群：《中国教育通史（第六卷）》，山东教育出版社 1989 年版，第 185 页。
② 《中国共产党中央委员会关于建国以来党的若干历史问题的决议》，人民出版社 1981 年版，第 21 页。

是不符合实际的，教育战线要进行拨乱反正。

综上，在教育事业的起步阶段，党和政府为促进教育事业的发展作出了不懈的努力，虽然"文化大革命"时期教育遭受严重挫折，但整体而论，从新中国成立到改革开放前夕这一段时期，我国教育事业整体上看是曲折发展的。邓小平在1977年科学和教育工作座谈会上引领当时科教领域拨乱反正时指出，"对全国教育战线十七年的工作怎样估计？我看，主导方面是红线"①。中华人民共和国成立后，党和政府就把发展教育事业摆在突出地位，按照"民族的、科学的、大众的"方针，改造旧教育、建设人民新教育，坚持教育以工农为主体、各级各类学校向工农开门，保障人民群众平等受教育的权利，逐步建立起社会主义教育制度。

二、探索阶段（1977~1992 年）：教育秩序恢复和教育改革的初步探索

在改革开放和社会主义现代化建设新时期，我国社会主义教育事业进入探索阶段。该阶段面临的主要任务是，继续探索中国建设社会主义的正确道路，解放和发展社会生产力，使人民摆脱贫困、尽快富裕起来，为实现中华民族伟大复兴提供充满新的活力的体制保证和快速发展的物质条件。在这一阶段，理清中国特色社会主义教育事业的本质属性，大力推进教育现代化建设事业，实现让中国人民富起来的奋斗目标，成为中国教育事业的新主题。

1977 年 7 月 7 日，在北京召开的党的十届三中全会上，邓小平被恢复一切党政军职务，并主管科技和教育工作，这直接推动了教育领域的拨乱反正工作顺利展开。邓小平主持国务院工作以来，很快对"文革"中的教育错误进行了全面纠正。1978 年 12 月，十一届三中全会将党和国家的中心工作转移到社会主义现代化建设上来，实行改革开放政策，开启了改革开放和社会主义现代化建设新时期。1981 年 6 月，党的十一届六中全会在北京召开，会上通过了《关于建国以来党的若干历史问题的决议》，对新中国成立 32 年来中国共产党的历史进行了科学的分析和正确的总结，实事求是地评价了新中国成立以来的重大历史事件；实事求是地评价毛泽东的历史地位，充分肯定毛泽东思想作为党长期坚持的指导思想的伟大意义；对毛泽东思想多方面的内容和活的灵魂——实事求是、群众路线、独立自主作了科学概括，标志着党在指导思想上的拨乱反正胜利完成。在该决议中还指出，在社会主义改造基本完成以后，我国所要解决的主要矛盾是"人

---

① 《邓小平文选》第二卷，人民出版社 1994 年版，第 49 页。

民日益增长的物质文化需要同落后的社会生产之间的矛盾"。与之相应，围绕经济建设这一中心，秉承"教育先行"主张，大力发展中国特色社会主义教育事业，充分发挥其在科教兴国战略实施中的伟大作用，成为教育改革事业的新主题。邓小平指出："现在小学一年级的娃娃，经过十几年的学校教育，将成为开创21世纪大业的主力军。"① 在此形势下，中国特色社会主义教育事业全面启动，一系列教育改革工作迅速展开。

（一）恢复高考制度

1977年10月22日，国务院批转教育部《关于1977年高等学校招生工作的意见》，决定在全国恢复高考。文件中明确规定：凡是工人、农民、上山下乡和回城知识青年、复员军人和应届毕业生，符合条件均可报考。当年冬季，570多万人参加了恢复高考后的第一次考试，宣示新中国高考制度恢复。

（二）召开全国教育工作会议

1978年4月22日，时值改革开放前夕，我国召开了改革开放启动前夕的一次重要教育工作会议。在会议开幕式上邓小平出席并做了重要讲话，提出了一系列全新的教育思想与改革工作指针：一是重申了德智体全面发展的教育目标，他指出：学校是为社会主义建设培养人才的地方，人才的标准是德、智、体几方面都得到发展，成为有社会主义觉悟的有文化的劳动者；二是要求学校大力加强革命秩序和革命纪律，加强革命理想与共产主义品德教育，造就具有社会主义觉悟的一代新人，促进整个社会风气的革命化；三是要求教育事业必须同国民经济发展的要求相适应，倡导教育事业与生产劳动相结合；四是尊重教师的劳动，提高教师的质量，提高人民教师的政治地位和社会地位。② 本次工作会议对全国教育工作产生了历史性重要影响，一系列教育改革工作随之启动。

一是开始实施重点学校办学政策。1980年7月28日至8月4日，教育部召开全国重点中学工作会议，10月14日颁发《关于分批分期办好重点中学的决定》，逐步开展重点中学试办与探索，着力提高中等教育质量。

二是改变中等教育结构，促使其多样化发展。1980年10月7日，国务院批准了《关于中等教育结构改革的报告》，开始进行中等教育结构改革，开设职业高中、职业中学，要求改变不合理的中等教育结构状况，为中学生多样化发展创造条件。

---

① 《邓小平文选》第三卷，人民出版社1993年版，第120页。

② 董衍美：《1978年以来全国教育工作会议回顾》，载于《职业技术教育》2018年第30期，第10～13页。

三是要求反对应试教育，提高基础教育质量。1982 年 1 月 21 日，教育部印发了《关于当前中小学教育几个问题的通知》，要求基础教育必须面向全体学生，使他们都得到全面发展，重申改变单纯追求升学率的错误做法，提高基础教育的质量与水准。

（三）调整教育工作方针

1983 年 9 月 11 日，全国各主要报纸在第一版刊登了邓小平为北京景山学校的题词："教育要面向现代化，面向世界，面向未来"，成为改革开放后我国教育的新方针。关于"三个面向"的学习和讨论促进了教育思想的更大的改变。该方针的提出契合了我国基本国情，适应世界新技术革命的发展要求，继承了党的教育工作管理的基本经验，是邓小平在新的历史时期对教育工作指导思想的精辟概括。在"三个面向"中，"面向现代化"是核心，但要强调的是，"现代化是社会主义现代化"[1]。具体包含两层意思：一是课程教材要反映世界科学技术的新成果；二是用现代科技（尤其是信息技术）革新教育教学手段。"面向世界"是立足国情，学习借鉴国外教育理论和先进经验，做到洋为中用；加强与世界各国交流与合作，扩大教育开放。"面向未来"是教育改革要充分考虑未来社会发展和人的发展的需要。今天的教育决定了明天的科技水平和人才素质，关系社会主义建设的成败，关系中国在未来世界中的地位。

（四）召开改革开放后的第一次全国教育工作会议

1985 年 5 月 15~19 日，中共中央、国务院在北京召开了改革开放后第一次全国教育工作会议，600 多位代表参会，讨论的中心议题是中共中央《关于教育体制改革的决定（草案）》，并研究贯彻执行的步骤和措施。在会议闭幕式上，邓小平出席并作了题为《把教育工作认真抓起来》的重要讲话，要求各级领导要像抓好经济工作那样抓好教育工作，把中央的教育体制改革决定落到实处。同时，在邓小平"三个面向"指引下，会议确立了"教育必须为社会主义建设服务，社会主义建设必须依靠教育"的根本指导思想，要求大力改革教育体制，建立起与社会主义建设以及经济、科技体制改革相适应的教育体制，要求调动全社会的力量关心、支持教育的积极性，积极探索"分级办学、分级管理"的基础教育管理体制改革，从根本上改变我国中小学的落后面貌，成为我国现代教育管理体制建设中的重要一笔。会后，5 月 27 日，党中央正式颁布《中共中央关于教育体制改革的决定》，首次提出在全国有步骤地实行九年义务教育，为推进"双

---

[1] 《邓小平文选》第三卷，人民出版社 1993 年版，第 209 页。

基"，即"基本普及九年义务教育""基本扫除青壮年文盲"打下了坚实基础，中国基础教育改革开始呈现出勃勃发展生机。[①]

应该说，1985年5月中共中央发布的《关于教育体制改革的决定》对中国当代教育改革影响较为深远，是一场席卷教育领域、影响深远的大改革。该决定指出，教育必须为社会主义建设服务，社会主义建设必须依靠教育，成为新时期我国教育工作的新指针；提出了社会主义现代化建设的宏伟任务，要求我们不但必须放手使用和努力提高现有的人才，而且必须极大地提高全党对教育工作的认识，面向现代化、面向世界、面向未来；要求重点是实行九年义务教育，加强中等职业教育，扩大高校自主权，开放社会力量办学，实行基础教育由地方负责、分级管理的原则，等等。可以说，《关于教育体制改革的决定》的颁布基本上确立了当代中国基础教育的基本管理框架。

（五）多渠道实施义务教育

1986年4月，为了全面实施义务教育，实现依法治教的目标，我国颁布了首部教育法规——《中华人民共和国义务教育法》，开启了义务教育事业的新征程。中国人口众多，地区发展极不平衡，普及义务教育多举措并行：一是分类推进，将全国分为城市和经济发达地区、中等发展程度的镇和农村、经济落后地区三类，前两类分别用5年、10年普及义务教育，第三类地区的教育发展，国家尽力给予支援；二是国家设立助学金，帮助贫困家庭学生就学并完成学业；三是实施希望工程，通过社会捐助，在贫困地区建设一批希望小学，并资助失学儿童重返校园。为引导普及义务教育后初中毕业生合理分流，《关于教育体制改革的决定》提出重点发展职业高中，力争用5年时间，使大多数地区职业高中招生数相当于普通高中招生数。中等职业技术教育的发展，大大改善了教育结构，减轻了普通高中的压力，既为高等职业技术教育提供了发展契机，又为经济建设输送了大量初级、中级技术人员。根据当时发展教育事业、加快推进现代化建设的要求，1992年党的十四大作出"到本世纪末，基本扫除青壮年文盲，基本普及九年义务教育"（简称"两基"）的重大决策，分地区、有步骤地实施义务教育，成为那一个时期教育工作的主线。针对中等教育结构单一化特别是1978年高中阶段普职比达到88∶12的严峻形势[②]，还重点就调整中等教育结构大力发展职业技术教育进行了部署。

---

① 《改革开放以来的三次全国教育工作会议》，载于《人民日报》1999年6月23日。

② 匡瑛、石伟平：《走向现代化：改革开放40年我国职业教育发展之路》，载于《教育与经济》2018年第4期，第13～21页。

（六）深入推进高等教育体制改革

改革开放伊始，教育界就呼吁放松计划体制，扩大高校办学自主权，《关于教育体制改革的决定》从体制上做了一些重要突破：一是改革招生和分配制度，允许学校计划外招收委培生和自费生，收取培养费。这为大学收费做了制度铺垫。二是高校有权接受委托或与外单位合作，进行科学研究和技术开发，建立教学、科研、生产联合体。这使高校能够通过技术转让获取办学经费，激活了科技创新能力。三是高校有权调整专业的服务方向，有权提名任免副校长和任免其他各级干部。这些改革简政放权，大大增强了高校办学活力。

在上述六大举措的推进下，我国基础教育事业呈现出突飞猛进的发展态势。《1992 年全国教育事业发展统计公报》数据显示：在高等教育领域，1992 年招收本专科学生 75.42 万人，比上年增加 13.43 万人，年增长率为 21.66%；本专科招生比由上年的 1∶0.88 提高到 1∶1.15；本专科在校生 218.44 万人，比上年增加 14.07 万人，年增长率为 6.89%；本专科在校生的比例由上年的 1∶0.55 提高到 1∶0.64。在基础教育领域，1992 年全国有小学 712 973 所，小学入学人数达到 2 183.2 万人，比上年增加 110 万人；7～11 周岁学龄儿童入学率达到 97.95%，比上年提高 0.11 个百分点；女儿童入学率为 96.98%，比上年提高 0.02 个百分点；初中招生 1 491.70 万人，比上年增加 56.54 万人，12～15 周岁学龄人口入学率达 66.91%；初中在校学生达到 4 122.92 万人，初中在校生比上年增加 109.31 万人；小学毕业生升学率达到 79.67%，比上年提高 1.96 个百分点；1992 年高中阶段教育共招收学生 426.91 万人（未包括技工学校），比上年增加 10.33 万人。[①] 应该说，改革开放以来，我国教育事业发生了翻天覆地的大变化。

三、深化改革阶段（1993～2012 年）：全面深化教育体制改革

1992 年，邓小平赴南方视察，并发表了一系列重要讲话，标志着我国社会主义教育改革进入深化阶段。南方谈话重申了深化改革、加快发展的重要性和必要性，将改革开放和现代化建设推向了一个新的阶段。在邓小平南方谈话精神指引下，教育领域的表现是我国教育发展进入全面深化改革时期。同时，20 世纪90 年代是我国实现现代化建设第二步战略目标的关键时期，党的十四大召开，提出了"加快社会主义建设步伐、建立社会主义市场经济体制基本框架"的战略

---

① 国家统计局：《关于 1992 年国民经济和社会发展的统计公报》，http：//www.stats.gov.cn/sj/tjgb/ndtjgb/qgndtjgb/工程师 202302/t20230206_1901936.html，1993 年 2 月 18 日。

任务，为教育改革和发展提供了新的机遇和动力，也提出了新要求、新挑战。这一时期，政府持续加大教育投入，继续普及九年义务教育、努力实现"两基"目标，同时诸多法案与政策的颁布与落实使得我国依法执教，全面推行素质教育，着力实现高等教育大众化。在本阶段，我国召开了改革开放以来的第二次全国教育工作会议，制定了《中国教育改革和发展纲要》《国家中长期教育改革和发展规划纲要（2010－2020 年)》，形成了全新的教育发展规划与思路。

（一）制定《中国教育改革和发展纲要》

在邓小平南方谈话精神指引下，我国启动了新一轮的教育改革，勾画了未来一段时期教育改革发展的新蓝图，集中体现在《中国教育改革和发展纲要》（以下简称《纲要》）中。早在 1988 年 6 月，国务院就决定成立国务院专题教育工作研讨小组，到 1993 年正式发布，《纲要》的起草整整经历了 4 年多时间，社会各界和教育界人士广泛参与建议征集活动，甚至还专程赴美听取了海外学者和国外教育界专家的意见，使之成为世纪之交我国颁布的一份重要教育改革文件。诚如学者所言，"《中国教育改革和发展纲要》是 90 年代乃至下世纪初教育改革和发展的蓝图，是建设有中国特色社会主义教育体系的纲领性文件。"[①] 在《纲要》中，党和国家提出的教育改革发展蓝图是：到本世纪末，全民受教育水平有明显提高；城乡劳动者的职前、职后教育有较大发展；各类专门人才的拥有量基本满足现代化建设的需要；形成具有中国特色的、面向 21 世纪的社会主义教育体系的基本框架；再经过几十年的努力，建立起比较成熟和完善的社会主义教育体系，实现教育的现代化。其中提出的具体奋斗目标是：到 2000 年全国基本普及九年义务教育（包括初中阶段的职业教育）；到 2000 年普通高中在校生要达到 850 万人左右，每个县要面向全县重点办好一两所中学，全国重点建设 1 000 所左右实验性、示范性的高中；大力发展职业教育，逐步形成初等、中等、高等职业教育和普通教育共同发展、相互衔接、比例合理的教育系列；高等教育要走内涵发展为主的道路，使规模更加适当，结构更加合理，质量和效益明显提高；大力发展以扫盲和岗位培训及继续教育为重点的成人教育，等等。其具体举措是：建立起与社会主义市场经济体制、政治体制和科技体制改革相适应的教育新体制；基础教育主要由政府办学，同时鼓励企事业单位和其他社会力量按国家的法律和政策多渠道、多形式办学，引导"基础教育要由片面追求升学率转向提高国民素质的轨道"；深化中等及中等以下教育体制改革，完善分级办学、分级管理体制；深化高等教育体制改革，建立政府宏观管理、学校面向社会自主办学的体

---

① 《国务院关于〈中国教育改革和发展纲要〉的实施意见》，载于《人民教育》1994 年第 9 期。

制，在高等教育领域"集中力量办好 100 所左右的重点大学"；加强教育法制建设，依法治教；加快教育立法步伐，抓紧制定《教育法》《职业教育法》和《高等教育法》等一批教育法律和行政法规；等等。这些思路与举措落地有声，成为中国特色社会主义教育事业发展中的里程碑。

（二）召开改革开放以来的第二次全国教育工作会议

1994 年 6 月，中共中央、国务院在北京召开了改革开放以来的第二次全国教育工作会议，进一步动员全党全社会认真学习《纲要》精神，确立教育优先发展的战略地位。会议期间，江泽民从我国社会主义现代化建设的全局和国家、民族前途命运的高度，强调要进一步落实教育优先发展的战略地位，强调这一战略地位必须始终坚持、不能动摇。在本次会议上，江泽民指出："落实教育优先发展的战略地位，要求在全党全社会形成和保持尊师重教的良好风气。振兴民族的希望在教育，振兴教育的希望在教师。教师是人类灵魂的工程师。"[1] 这一理念成为指引我国新时期教育改革事业的重要思想指针。同时，第二次全教会还将"双基"，即基本普及九年义务教育和基本扫除青壮年文盲列为教育工作的"重中之重"，有重点地发展教育事业。会议之后，一系列教育改革工作迅速启动。

一是高等教育领域。1995 年 11 月，国家计委、国家教委和财政部联合出台《"211 工程"总体建设规划》，高等教育领域"211 工程"正式启动，确定 108 所高校为"211 高校"，予以重点支持建设；1998 年 5 月 4 日，国家主席江泽民在庆祝北京大学建校 100 周年大会上代表党和国家向全社会宣告："为了实现现代化，我国要有若干所具有世界先进水平的一流大学"[2]，"985 工程"随之启动，确定 39 所高校为"985 高校"，致力于打造中国高等教育的顶尖力量。随后，高等教育结构由传统的中专、大专、一般本科、重点大学，转变为高职高专、普通本科、研究型大学、高水平大学，层次定位清晰，办学特色愈加明确。[3]

二是基础教育领域。1999 年，中共中央、国务院颁发《关于深化教育改革，全面推进素质教育的决定》，提出素质教育"以培养学生的创新精神和实践能力为重点""实施素质教育应当贯穿于各级各类教育之中"。为落实素质教育对中小学课程与教学的要求，2001 年教育部下发《基础教育课程改革纲要（试行）》，启动改革开放以来全方位、最大规模的中小学课程改革，改革业绩显著。2002年高等教育规模扩大，毛入学率达到了 15%，高等教育发展进入大众化阶段。

---

① 《江泽民同志在全国教育工作会议上的讲话》，载于《人民日报》1994 年 6 月 20 日。
② 《江泽民文选》第二卷，人民出版社 2006 年版，第 123 页。
③ 蒋纯焦：《新中国 70 年教育的发展历程》，载于《河北师范大学学报》（教育科学版）2019 年第 6 期，第 17～24 页。

2006 年高等教育规模跃居世界第一，毛入学率为 22%，在校大学生有 2 500 万人。[1] 2004 年，国务院印发《2003 - 2007 年教育振兴行动计划》，文件中要求重点推进农村教育发展与改革及高水平大学和重点学科建设；实施"新世纪素质教育工程"等内容。同年实施西部地区"两基"攻坚计划，2006 年对西部农村义务教育阶段学生实行"两免一补"，2007 年西部地区"两基"人口覆盖率达 98%，全国基本实现"两基"目标，并且"两免一补"开始推广到中东部地区，实现对乡村中小学的全覆盖。通过实施"两基"攻坚，到 2011 年底全面普及了九年义务教育，青壮年文盲率下降到 1.08%，成为中国教育发展史上的重要里程碑。[2] 在全面普及义务教育后，国家又明确提出，要把均衡发展作为义务教育发展的一项重要任务，旨在缩小城乡、区域和校际之间教育差距。同时，对庞大的流动人口子女，提出"以流入地区政府管理为主，以全日制公办中小学为主"（"两为主"），解决他们接受义务教育的问题。

三是民办教育领域。2002 年，我国还通过了新中国成立后第一部关于民办教育的专门法律——《民办教育促进法》，确立了民办教育事业的公益属性，提出了"积极鼓励、大力支持、正确引导、依法管理"的举办方针，以法律形式赋予了民办教育与公办教育同等的法律地位，标志着民办教育事业真正走上依法治教的轨道。

四是颁布《教育法》，深入推进教育事业的法治化进程。1995 年 3 月 18 日，第八届全国人民代表大会第三次会议通过了《中华人民共和国教育法》，总共 10 章 84 条，成为我国教育事业的根本大法。《教育法》的颁布与实施是中国教育史上的一座里程碑，它标志着中国教育工作进入了全面依法治教的新时期，对于进一步落实教育优先发展的战略地位，坚持中国教育的社会主义性质和办学方向，巩固和深化教育改革，保障和促进教育事业的健康发展，加快教育法治建设的进程，都具有十分重要的意义。

（三） 制定《国家中长期教育改革和发展规划纲要（2010 - 2020 年）》

在我国教育改革史上，《国家中长期教育改革和发展规划纲要（2010 - 2020 年）》（以下简称《规划纲要》）的制定具有历史意义，它与 1985 年的《关于教育体制改革的决定》、1993 年的《中国教育改革和发展纲要》一样，是决定中国教育改革格局的重要文件，是国家教育强国、人才强国战略实施的重要组成部

---

① 教育部：《2006 年全国教育事业发展统计公报》，载于《中国教育报》2007 年 6 月 8 日。
② 《国务院关于表彰全国"两基"工作先进单位和先进个人的决定》，https：//www.gov.cn/zhengce/zhengceku/2012 - 09/07/content_5357.htm，2012 年 9 月 7 日。

分。正如温家宝所言，"这是进入 21 世纪以来我国第一个教育规划，制订一个让人民群众满意，符合中国国情和时代特点的规划，对我国教育事业的发展乃至整个现代化事业具有重大意义。"① 《规划纲要》中指出，我国发展教育事业的基本思路是：把教育摆在优先发展的战略地位，育人为本作为教育工作的根本要求，改革创新作为教育发展的强大动力，促进公平作为国家基本教育政策，提高质量作为教育改革发展的核心任务。战略目标是：到 2020 年，基本实现教育现代化，基本形成学习型社会，进入人力资源强国行列。具体改革举措是：通过对教育的持续发力，2012 年国家财政性教育经费支出占 GDP 比例首次超过 4%。② 实践证明：《规划纲要》对我国教育事业发展发挥了重要作用，相关统计数据表明：在 2012 年，全国各级各类教育蓬勃发展，教育公平进一步推进，入学机会继续扩大，资源配置更趋合理，教育质量逐步提高；学前教育规模保持较大幅度增长，毛入园率继续上升；义务教育办学条件进一步改善，均衡化程度有所提升；高中阶段教育规模略有缩减，普及水平稳步提高；高等教育规模适度增长，重点正转向优化结构与提高质量。③

（四）印发《关于进一步加强和改进大学生思想政治教育的意见》

在这一时期，党和国家日益重视大学生思想政治教育工作，强调提高大学生的思想政治素质，促进大学生的全面发展。2004 年 8 月，中共中央、国务院颁布了《关于进一步加强和改进大学生思想政治教育的意见》，对大学生思想政治教育工作的重要意义、指导思想、基本原则与主要任务等问题做了全面回答。其中指出，大学生是十分宝贵的人才资源，是民族的希望，是祖国的未来，加强和改进大学生思想政治教育工作，对于全面实施科教兴国和人才强国战略，全面建设小康社会，确保中国特色社会主义事业兴旺发达、后继有人而言，都具有重大而深远的战略意义。《关于进一步加强和改进大学生思想政治教育的意见》中还提出了加强和改进大学生思想政治教育的"六条"指导思想，分别是坚持教书与育人相结合；坚持教育与自我教育相结合；坚持政治理论教育与社会实践相结合；坚持解决思想问题与解决实际问题相结合；坚持教育与管理相结合；坚持继承优良传统与改进创新相结合。与之相应，加强和改进大学生思想政治教育的主要任务是：以理想信念教育为核心，深入进行树立正确的世界观、人生观和价值观教育；以爱国主义教育为重点，深入进行弘扬和培育民族精神教育；以基本道德规

---

① 温家宝：《百年大计教育为本》，载于《人民日报》2009 年 1 月 5 日，第 2 版。

② 《2012 年我国财政性教育经费支出首次实现占 GDP 比例 4%》，https://www.gov.cn/2012lh/content_2082936.htm，2012 年 3 月 5 日。

③ 教育部：《2012 年全国教育事业发展统计公报》，载于《中国教育报》2013 年 8 月 16 日，第 2 版。

范为基础，深入进行公民道德教育；以大学生全面发展为目标，深入进行素质教育；等等。

四、繁荣阶段（2013 年至今）：迈向建设现代化的教育强国

2012 年，党的十八大胜利召开，在党的十八大报告中提出教育发展的新思路、新方向，我国社会主义教育事业发展进入繁荣阶段。其中指出，我国教育事业发展的总目标是努力办好人民满意的教育，重新确立了教育的地位，提出教育是民族振兴和社会进步的基石，进一步凸显了教育在社会发展和民族振兴中的作用。2017 年，党的十九大召开，习近平在报告中明确指出："中国特色社会主义进入新时代，我国社会主要矛盾已经转化为人民日益增长的美好生活需要和不平衡不充分的发展之间的矛盾。"[①] 与之相应，我国教育事业面临的矛盾变成了人民对优质教育资源的需求与发展不平衡不充分的教育事业之间的矛盾，努力创建高质量教育成为新时代中国特色社会主义教育事业的历史任务。在该阶段，党和国家推进了一系列教育改革事业，中国特色社会主义教育事业发生了历史性变化，主要内容是："全面贯彻党的教育方针，优先发展教育事业，明确教育的根本任务是立德树人，培养德智体美劳全面发展的社会主义建设者和接班人，深化教育教学改革创新，促进公平和提高质量，推进义务教育均衡发展和城乡一体化，全面推行国家通用语言文字教育教学，规范校外培训机构，积极发展职业教育，推动高等教育内涵式发展，推进教育强国建设，办好人民满意的教育。"[②]

在本阶段，建设教育现代化强国成为重要议题，而回归"立德树人"的教育初心、深入推进课程改革、强化教师队伍建设、推进教育评价方式改革等成为本阶段国家教育改革的四根重要支柱。

（一）回归教育初心，凸显"三全育人"职能

在该阶段，回归"立德树人"的教育初心成为新时代我国教育改革的新主题。早在 2011 年党的十七届六中全会上，我国就提出"把社会主义核心价值体系融入国民教育"的教育改革方向，将"三观教育"视为教育改革的核心目的。2013 年 11 月，中共中央《关于全面深化改革若干重大问题的决定》中指出"坚

---

① 《习近平著作选读》第二卷，人民出版社 2023 年版，第 9 页。

② 《党的十九届六中全会〈决议〉学习辅导百问》，党建读物出版社、学习出版社 2021 年版，第 49~50 页。

持立德树人，加强社会主义核心价值体系教育"，明确提出以立德树人为教育的根本任务。在该决定第（42）条中，党中央明确指出："深化教育领域综合改革。全面贯彻党的教育方针，坚持立德树人，加强社会主义核心价值体系教育，完善中华优秀传统文化教育，形成爱学习、爱劳动、爱祖国活动的有效形式和长效机制，增强学生社会责任感、创新精神、实践能力。"由此，回归育人、回归教育初心，成为新时代我国教育改革的历史性任务。为了落实这一教育任务，2014年教育部印发《关于全面深化课程改革，落实立德树人根本任务的意见》，将立德树人落实到学科课程与教学之中，整合统筹协调各种资源，实现全科育人、全程育人、全员育人。不仅如此，强化课程思政育人功能受到国家高度重视。

2019年3月18日，党中央在人民大会堂召开了学校思想政治理论课教师座谈会，习近平主持会议并发表重要讲话。他指出，办好思想政治理论课，最根本的是要全面贯彻党的教育方针，解决好培养什么人、怎样培养人、为谁培养人这个根本问题，呼吁思想政治课教师在教育工作中要做到"四个服务"：贯彻党的教育方针，要坚持马克思主义指导地位，贯彻新时代中国特色社会主义思想，坚持社会主义办学方向，落实立德树人的根本任务，坚持教育为人民服务、为中国共产党治国理政服务、为巩固和发展中国特色社会主义制度服务、为改革开放和社会主义现代化建设服务，扎根中国大地办教育，同生产劳动和社会实践相结合，加快推进教育现代化、建设教育强国、办好人民满意的教育，努力培养担当民族复兴大任的时代新人，培养德智体美劳全面发展的社会主义建设者和接班人。其后，2019年8月，中共中央、国务院专门下发了《关于深化新时代学校思想政治理论课改革创新的若干意见》，要求完善思政课课程教材体系，着力建设一支政治强、情怀深、思维新、视野广、自律严、人格正的思政课教师队伍，不断增强思政课的思想性、理论性和亲和力、针对性，加强党对思政课建设的领导。继之，2021年7月，中共中央、国务院下发了《关于新时代加强和改进思想政治工作的意见》，提出了新时代加强和改进思想政治工作的方针原则：坚持和加强党的全面领导，把思想政治工作贯穿党的建设和国家治理各领域各方面各环节，牢牢掌握工作的领导权和主动权；坚持以人民为中心，践行党的群众路线，把人民对美好生活的向往作为奋斗目标，组织群众、宣传群众、教育群众、服务群众，强信心、聚民心、暖人心、筑同心；坚持服务党和国家工作大局，全面贯彻党的基本理论、基本路线、基本方略，坚持系统观念，把思想政治工作与经济建设和其他各项工作结合起来，为党和国家中心工作提供有力政治和思想保障；坚持遵循思想政治工作规律，把显性教育与隐性教育、解决思想问题与解决实际问题、广泛覆盖与分类指导结合起来，因地、因人、因事、因时制宜开展工作。坚持守正创新，推进理念创新、手段创新、基层工作创新，使新时代思想政治工作始终保持生机活力等。这些精神成为新时代我国思想政治教育工作的重要精神指针，对于持续思想政治教育工作、立德树人教育的效能发挥了重要保障作用。

2019年6月，中共中央、国务院先后印发了《关于深化教育教学改革全面提高义务教育质量的意见》和《关于新时代推进普通高中育人方式改革的指导意见》，将立德树人放在首位，坚持"五育"并举，强化综合素质培养。2020年5月28日，教育部印发《高等学校课程思政建设指导纲要》，要求把思想政治教育贯穿人才培养体系，全面推进高校课程思政建设，发挥好每门课程的育人作用，提高高校人才培养质量。

（二）加强教师队伍建设，全面提升教育质量

2018年，中共中央、国务院印发《关于全面深化新时代教师队伍建设改革的意见》，要求各方重视教师队伍的建设，推进教师教育综合化改革，提高教师的待遇和社会地位。该文件强调"百年大计，教育为本；教育大计，教师为本"，提出当代我国教师队伍建设的重要意义是："造就党和人民满意的高素质专业化创新型教师队伍，落实立德树人根本任务，培养德智体美全面发展的社会主义建设者和接班人，全面提升国民素质和人力资源质量，加快教育现代化，建设教育强国，办好人民满意的教育，为决胜全面建成小康社会，夺取新时代中国特色社会主义伟大胜利、实现中华民族伟大复兴的中国梦奠定坚实基础。"同时，该文件还提出了我国教师队伍建设的"2035规划"，即"到2035年，教师综合素质、专业化水平和创新能力大幅提升，培养造就数以百万计的骨干教师、数以十万计的卓越教师、数以万计的教育家型教师。教师管理体制机制科学高效，实现教师队伍治理体系和治理能力现代化"。与此同时，教育部等五部门还印发了《教师教育振兴行动计划（2018－2022）》，细化了5年中的具体行动方略，为我国教育事业健康、持续、快速发展奠定了坚实的教师人才支撑。在本阶段，国家尤为重视乡村教师队伍建设工作。2020年，教育部等六部门发布了《关于加强新时代乡村教师队伍建设的意见》，要求加强新时代乡村教师队伍建设，努力造就一支热爱乡村、数量充足、素质优良、充满活力的乡村教师队伍。该文件与2015年颁发的《乡村教师支持计划（2015－2020）》相得益彰，要求综合解决"下不去、留不住、教不好"的问题，帮助乡村与乡村教师实现"引得来、留得住、教得优、发展好"。

（三）召开新时代全国教育大会，擘画新时代我国教育发展蓝图

2018年9月10日，全国教育大会在北京召开，中共中央总书记、国家主席、中央军委主席习近平出席会议并发表重要讲话，提出了一系列重要教育思想：教育是民族振兴、社会进步的重要基石，是功在当代、利在千秋的德政工程，教育

是"国之大计、党之大计";提出了教育事业发展中的"九个坚持",即坚持党对教育事业的全面领导,坚持把立德树人作为根本任务,坚持优先发展教育事业,坚持社会主义办学方向,坚持扎根中国大地办教育,坚持以人民为中心发展教育,坚持深化教育改革创新,坚持把服务中华民族伟大复兴作为教育的重要使命,坚持把教师队伍建设作为基础工作,其历史性意义尤为明显;提出了教育工作的"五人"目标,即以凝聚人心、完善人格、开发人力、培育人才、造福人民为工作目标,培养德智体美劳全面发展的社会主义建设者和接班人,加快推进教育现代化、建设教育强国、办好人民满意的教育;强调教育工作的首要问题与根本任务是"培养什么人""怎么培养人""为谁培养人"的问题,明确了我国教育工作"必须把培养社会主义建设者和接班人作为根本任务,培养一代又一代拥护中国共产党领导和我国社会主义制度、立志为中国特色社会主义奋斗终身的有用人才";等等。①。这些论断与观点振聋发聩,成为构筑新时代中国特色社会主义教育大厦的理念之基。

(四) 推进教育现代化,提高教育事业的品质

在党的十八届三中全会中,党进一步指出要深化教育领域综合改革,推进考试招生制度改革,深入推进管办评分离。党的十八大以后,中国教育加紧迈向建设教育强国的步伐。2017 年召开的党的十九大,将基本实现社会主义现代化的目标提前了 15 年,提出全面建成社会主义现代化强国的宏伟目标,这就迫切需要教育事业优先发展、强教先行,以教育现代化支撑国家现代化,以教育强国支撑社会主义现代化强国。2019 年 2 月,中共中央、国务院印发《中国教育现代化 2035》,提出推进教育现代化的总体目标是:到 2020 年,全面实现"十三五"发展目标,教育总体实力和国际影响力显著增强,劳动年龄人口平均受教育年限明显增加,教育现代化取得重要进展,为全面建成小康社会作出重要贡献。在此基础上,再经过 15 年努力,到 2035 年,总体实现教育现代化,迈入教育强国行列,推动我国成为学习大国、人力资源强国和人才强国,为到本世纪中叶建成富强民主文明和谐美丽的社会主义现代化强国奠定坚实基础。2035 年主要发展目标是:建成服务全民终身学习的现代教育体系、普及有质量的学前教育、实现优质均衡的义务教育、全面普及高中阶段教育、职业教育服务能力显著提升、高等教育竞争力明显提升、残疾儿童少年享有适合的教育、形成全社会共同参与的教育治理新格局。2020 年 10 月,中国共产党第十九届中央委员会第五次全体会议

---

① 《习近平在全国教育大会上强调:坚持中国特色社会主义教育发展道路 培养德智体美劳全面发展的社会主义建设者和接班人》,载于《人民日报》2018 年 9 月 11 日,第 1 版。

通过了《中共中央关于制定国民经济和社会发展第十四个五年规划和二〇三五年远景目标的建议》，提出了"到二〇三五年基本实现社会主义现代化"，"建成文化强国、教育强国、人才强国、体育强国、健康中国，国民素质和社会文明程度达到新高度，国家文化软实力显著增强"的宏伟目标，教育强国计划全面启动。可以说，至此，我国加快推进教育现代化，建设教育强国的宏伟蓝图全面付诸实施，揭开了新时代我国教育改革发展史册的新篇章。

应该说，在我国教育事业改革与发展中，全国教育工作会议对整个教育全局的转变发挥了尤为重要的作用，非常有必要在此做以重点梳理。资料显示，新中国成立至今，党中央召开的全国性教育工作会议有 7 次。除了 1971 年会议外，其他 6 次会议均对教育改革整体布局产生了重大影响。在此特做以对比分析，如表 2 - 1 所示。

表 2 - 1　　我国历史上党中央召开的全国教育工作会议

序号	时间	特点	核心工作内容	影响深远的教育政策文件
1	1971 年 4 月 15 日 ~ 7 月 31 日	"文化大革命"时期	提出了不符合实际的"两个估计"	《全国教育工作会议纪要》
2	1978 年 4 月 22 日	改革开放启动时期	提出了"三个面向"的教育方针	
3	1985 年 5 月 19 日	改革开放后第一次全国教育工作会议	提出了"教育必须为社会主义建设服务，社会主义建设必须依靠教育"的教育方针	《中共中央关于教育体制改革的决定（草案）》
4	1994 年 6 月 14 日	改革开放后第二次全国教育工作会议	提出了"振兴民族的希望在教育，振兴教育的希望在教师"的重要论断	落实《中国教育改革和发展纲要》
5	1999 年 6 月 22 日	改革开放后第三次全国教育工作会议	作出了"全面推进素质教育的决定"	《中共中央、国务院关于深化教育改革全面推进素质教育的决定》
6	2010 年 7 月 13 ~ 14 日	改革开放后第四次全国教育工作会议	提出了"以人为本、全面实施素质教育"的教育改革战略主题	《国家中长期教育改革和发展规划纲要（2010 - 2020 年）》
7	2018 年 9 月 10 ~ 11 日	全国教育大会	提出了"教育是国之大计、党之大计"的重要论断	

经历了 70 年的教育发展历程，我国教育事业取得了巨大的成就与辉煌。这一系列的成就最直观地体现在数据面板上。2019 年，全国教育经费总投入为 50 178.12 亿元，全国共有各级各类学校 53.01 万所，1 732 万多名教师，2.82 亿名在校学生，学前教育毛入园率达 83.4%，小学学龄儿童净入学率达 99.94%，九年义务教育巩固率达 94.8%，高中阶段毛入学率达 89.5%，高等教育毛入学率达 51.6%[①]，如图 2-1~图 2-5 所示。

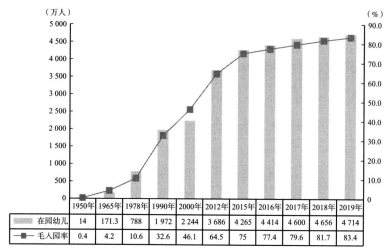

图 2-1 学前教育在园幼儿和毛入园率

资料来源：教育部：《2019 年全国教育事业发展统计公报》，载于《中国教育报》2020 年 5 月 20 日，第 2 版。

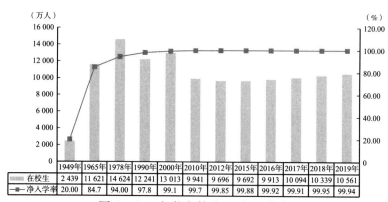

图 2-2 小学在校生和净入学率

资料来源：教育部：《2019 年全国教育事业发展统计公报》，载于《中国教育报》2020 年 5 月 20 日，第 2 版。

① 教育部：《2019 年全国教育事业发展统计公报》，载于《中国教育报》2020 年 5 月 20 日，第 2 版。

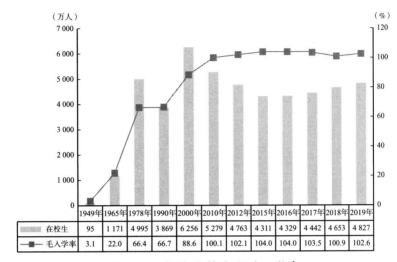

	1949年	1965年	1978年	1990年	2000年	2010年	2012年	2015年	2016年	2017年	2018年	2019年
在校生	95	1 171	4 995	3 869	6 256	5 279	4 763	4 311	4 329	4 442	4 653	4 827
毛入学率	3.1	22.0	66.4	66.7	88.6	100.1	102.1	104.0	104.0	103.5	100.9	102.6

图 2 – 3　初中在校生和毛入学率

资料来源：教育部：《2019 年全国教育事业发展统计公报》，载于《中国教育报》2020 年
5 月 20 日，第 2 版。

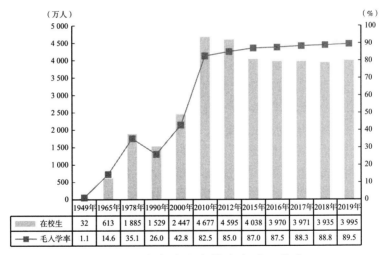

	1949年	1965年	1978年	1990年	2000年	2010年	2012年	2015年	2016年	2017年	2018年	2019年
在校生	32	613	1 885	1 529	2 447	4 677	4 595	4 038	3 970	3 971	3 935	3 995
毛入学率	1.1	14.6	35.1	26.0	42.8	82.5	85.0	87.0	87.5	88.3	88.8	89.5

图 2 – 4　高中阶段在校生和毛入学率

资料来源：教育部：《2019 年全国教育事业发展统计公报》，载于《中国教育报》2020 年
5 月 20 日，第 2 版。

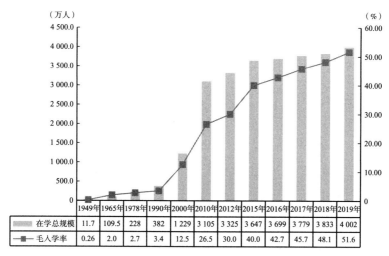

图 2 - 5　高等教育在学总规模和毛入学率

资料来源：教育部：《2019 年全国教育事业发展统计公报》，载于《中国教育报》2020 年 5 月 20 日，第 2 版。

第二节　新中国成立以来教育方针的历史变迁

方针是指为发展某项事业而制定的指导原则，它介于路线和政策之间，是三者间的中位概念。教育方针是指"国家为了发展教育事业，在一定阶段，根据社会和个人两方面发展的需求与可能而制定的具有战略意义的总政策或总的指导思想。内容一般包括教育的性质、地位、目的和基本途径等"[①]。进言之，教育方针是中国教育管理文化的传统和特色，它集中体现了不同历史时期国家的教育意志及其关于教育发展的总方向、总目标、总纲领、总政策和总原则。新中国教育事业发展的精神指南是教育方针，教育方针的历史演变其实就是新中国教育事业指导理念的演进史，它内在决定着不同时期中国教育事业的基本面貌。

一、教育方针表述的层次与框架

党的教育方针是国家或党在一定历史阶段提出的有关教育工作事业的总方向和总指针。确定教育事业发展方向，是教育改革发展的指导思想、价值取向和根

---

① 顾明远：《教育大辞典：增订合编本》，上海教育出版社 1998 年版，第 744 页。

本要求，是教育基本政策的总概括，是指导整个教育事业发展的战略原则和行动纲领，是教育领域的日常规范。

习近平指出："新时代贯彻党的教育方针，要坚持马克思主义指导地位，贯彻新时代中国特色社会主义思想，坚持社会主义办学方向，落实立德树人的根本任务，坚持教育为人民服务、为中国共产党治国理政服务、为巩固和发展中国特色社会主义制度服务、为改革开放和社会主义现代化建设服务，扎根中国大地办教育，同生产劳动和社会实践相结合，加快推进教育现代化、建设教育强国、办好人民满意的教育，努力培养担当民族复兴大任的时代新人，培养德智体美劳全面发展的社会主义建设者和接班人。"① 这是关于贯彻新时代党的教育方针的新表述。

这一新表述，包括了教育的指导思想、我国教育的性质与办学方向、教育的根本任务、教育实现的基本途径、国家对教育的战略定位和人才培养目标等内容，如表 2-2 所示。

表 2-2　　对习近平关于新时代党的教育方针新表述的层次解读

序号	层次	习近平关于教育方针论述的内容
1	指导思想	坚持马克思主义指导地位，贯彻新时代中国特色社会主义思想
2	性质与方向	坚持社会主义办学方向
3	根本任务	落实立德树人的根本任务
4	根本宗旨或功能	坚持教育为人民服务、为中国共产党治国理政服务、为巩固和发展中国特色社会主义制度服务、为改革开放和社会主义现代化建设服务
5	基本途径	扎根中国大地办教育，同生产劳动和社会实践相结合
6	国家定位	加快推进教育现代化、建设教育强国、办好人民满意的教育
7	人才目标	努力培养担当民族复兴大任的时代新人，培养德智体美劳全面发展的社会主义建设者和接班人

其中，指导思想、性质与方向是教育工作的政治属性，根本宗旨或功能的"四为"是教育工作的宗旨方向，根本任务、基本途径、国家定位、人才目标是教育工作的目标任务。

2021 年 4 月 29 日，第十三届全国人民代表大会常务委员会第二十八次会议

---

① 参见翟博：《新时代教育工作的根本方针》，载于《中国教育报》2019 年 9 月 16 日，第 1 版。

通过的《全国人民代表大会常务委员会关于修改〈中华人民共和国教育法〉的决定》，把教育方针修改为"教育必须为社会主义现代化建设服务、为人民服务，必须与生产劳动和社会实践相结合，培养德智体美劳全面发展的社会主义建设者和接班人"。2021 年 5 月 27 日，《人民日报》刊登中央教育工作领导小组印发的《关于深入学习宣传贯彻党的教育方针的通知》，指出"党的教育方针是党的理论和路线方针政策在教育领域的集中体现，在教育事业发展中具有根本性地位和作用"。"要深刻理解新时代全面贯彻党的教育方针重大意义，深刻把握教育工作的政治属性、宗旨方向、目标任务，坚持以习近平新时代中国特色社会主义思想为指导，坚持马克思主义指导地位，坚持党对教育工作的全面领导，坚持社会主义办学方向，坚持教育为人民服务、为中国共产党治国理政服务、为巩固和发展中国特色社会主义制度服务、为改革开放和社会主义现代化建设服务，扎根中国大地办教育，同生产劳动和社会实践相结合，加快推进教育现代化、建设教育强国、办好人民满意的教育，努力培养担当民族复兴大任的时代新人，培养德智体美劳全面发展的社会主义建设者和接班人。"在学习贯彻中，要"同学习贯彻习近平关于教育的重要论述相贯通，同贯彻落实党的十九届五中全会精神相衔接，同开展党史学习教育相结合，同贯彻落实新修订的《中华人民共和国教育法》相统一"。

二、我国教育方针的演进路线

我们党和政府高度重视教育事业，在 1949 年 9 月的《中国人民政治协商会议共同纲领》中，首次确立了党和国家的教育方针，明确了教育的性质与方向。随着时代的发展、形势的变化及党和国家中心任务的转变，党和国家的教育方针经历了提出、形成、发展与完善的历史沿革过程，如表 2 - 3 所示。

表 2 - 3   涉及教育方针表述的历史沿革一览

时间	文件、会议、讲话	关于教育方针的表述	变化与发展
1949 年 9 月	《中国人民政治协商会议共同纲领》	中华人民共和国的教育是新民主主义的教育。它的主要任务是提高人民文化水平，培养国家建设人才，肃清封建的、买办的、法西斯的思想，发展为人民服务的思想	第一次提出与清朝和民国时期的"教育宗旨"具有完全不同性质、方向、目的、主要任务的教育方针

时间	文件、会议、讲话	关于教育方针的表述	变化与发展
1949 年 12 月	教育部全国教育工作会议	为人民服务，首先为工农服务，为当前的革命斗争与建设服务	第一次提出教育"两为"的新民主主义教育方针
1954 年	《1954 年文化教育工作的方针和任务》	中等教育和初等教育，应贯彻全面发展的教育方针……为培养社会主义社会的建设者而奋斗	第一次提出"培养社会主义社会的建设者"
1957 年 2 月	毛泽东《关于正确处理人民内部矛盾的问题》	我们的教育方针，应该使受教育者在德育、智育、体育几方面都得到发展，成为有社会主义觉悟的、有文化的劳动者	第一次提出"德育、智育、体育几方面都得到发展""有社会主义觉悟的、有文化的劳动者"
1958 年 9 月	中共中央、国务院《关于教育工作的指示》	培养有社会主义觉悟有文化的劳动者正确地解释了全面发展的含义，是我国教育的目的。党的教育方针是教育为无产阶级政治服务，教育与生产劳动相结合	第一次提出"为无产阶级政治服务"的要求和教育的途径。这是中央文件关于教育的表述中首次冠以"党的教育方针"字样
1961 年	《教育部直属高等学校暂行工作条例（草案）》（即"高教六十条"）	教育必须为无产阶级政治服务，必须同生产劳动相结合，使受教育者在德育、智育、体育几方面都得到发展，成为有社会主义觉悟的有文化的劳动者	将 1957 年和 1958 年的教育方针表述进行了结合。此表述于 1978 年被正式载入《中华人民共和国宪法》
1981 年 6 月	《中国共产党中央委员会关于建国以来党的若干历史问题的决议》	用马克思主义世界观和共产主义道德教育人民和青年，坚持德智体全面发展、又红又专、知识分子与工人农民相结合、脑力劳动与体力劳动相结合的教育方针	第一次将"马克思主义世界观和共产主义道德"教育内容写入党的教育方针
1982 年	《中华人民共和国宪法》	中华人民共和国公民有受教育的权利和义务。国家培养青年、少年、儿童在品德、智力、体质等方面全面发展	为教育界拨乱反正、正本清源导向
1983 年 10 月 1 日	邓小平为北京景山学校题词	教育要面向现代化、面向世界、面向未来	首次提出教育的"三个面向"

时间	文件、会议、讲话	关于教育方针的表述	变化与发展
1985年5月27日	《中共中央关于教育体制改革的决定》	教育必须为社会主义建设服务，社会主义建设必须依靠教育……面向现代化、面向世界、面向未来，为90年代至下世纪初叶我国经济和社会的发展，大规模地准备新的能够坚持社会主义方向的各级各类合格人才……所有这些人才，都应该有理想、有道德、有文化、有纪律、热爱社会主义祖国和社会主义事业……	首次提出"四有"人才标准，把"教育为无产阶级政治服务"升华为"教育必须为社会主义建设服务"
1986年	《中华人民共和国义务教育法》	义务教育必须贯彻国家的教育方针，努力提高教育质量，使儿童、少年在品德、智力、体质等方面全面发展，为提高全民族的素质，培养有理想、有道德、有文化、有纪律的社会主义建设人才奠定基础	把"四有"写入我国义务教育法
1990年12月30日	《中共中央关于制定国民经济和社会发展十年规划和"八五"计划的建议》	继续贯彻教育必须为社会主义现代化服务，必须同生产劳动相结合，培养德、智、体全面发展的建设者和接班人的方针	把"教育为社会主义建设服务"变为"教育为社会主义现代化服务"，首提"接班人"
1993年2月13日	《中国教育改革和发展纲要》	各级各类学校要认真贯彻"教育必须为社会主义现代化建设服务，必须与生产劳动相结合，培养德、智、体全面发展的建设者和接班人"的方针	沿用1990年《中共中央关于制定国民经济和社会发展十年规划和"八五"计划的建议》表述
1995年3月18日	《中华人民共和国教育法》	教育必须为社会主义现代化建设服务、必须与生产劳动相结合，培养德、智、体等方面发展的社会主义事业的建设者和接班人	对《中国教育改革和发展纲要》提出的教育方针进一步确认，在"建设者和接班人"前冠以"社会主义事业的"，在"德、智、体"后加上了"等方面"。教育方针的表述被纳入教育法

时间	文件、会议、讲话	关于教育方针的表述	变化与发展
1999年6月13日	《中共中央 国务院关于深化教育改革全面推进素质教育的决定》	实施素质教育，就是全面贯彻党的教育方针，以提高国民素质为根本宗旨，以培养学生的创新精神和实践能力为重点，造就"有理想、有道德、有文化、有纪律"的、德智体美等全面发展的社会主义事业建设者和接班人	在"德、智、体"后加上了"美"
2000年	《2000年中国教育绿皮书》	将素质教育归纳如下：面向全体学生；"促进学生全面发展；重视学生创新精神与实践能力；发展学生的主动精神，注重学生个性发展；着眼于学生终身可持续发展"	加入了"重视学生创新精神与实践能力；发展学生的主动精神，注重学生个性发展；着眼于学生终身可持续发展"内容
2001年	《国务院关于基础教育改革与发展的决定》	要高举邓小平理论的伟大旗帜，教育要面向现代化、面向世界、面向未来和江泽民同志"三个代表"重要思想为指导，坚持教育必须为社会主义现代化建设服务、为人民服务，必须与生产劳动和社会实践相结合，培养德智体美等全面发展的社会主义事业建设者和接班人	增加了教育必须"为人民服务"、在"与生产劳动相结合"基本途径中增加了必须与"社会实践相结合"内容
2002年11月	党的十六大报告	全面贯彻党的教育方针，坚持教育为社会主义现代化建设服务，为人民服务，与生产劳动和社会实践相结合，培养德智体美全面发展的社会主义建设者和接班人	在党的全国代表大会上，重申了《国务院关于基础教育改革与发展的决定》关于党的教育方针的表述
2006年6月	《中华人民共和国义务教育法》	义务教育必须贯彻国家的教育方针，实施素质教育，提高教育质量，使适龄儿童、少年在品德、智力、体质等方面全面发展，为培养有理想、有道德、有文化、有纪律的社会主义建设者和接班人奠定基础	修改版增加了"实施素质教育""适龄"等词

续表

时间	文件、会议、讲话	关于教育方针的表述	变化与发展
2007 年 10 月	党的十七大报告	要全面贯彻党的教育方针，坚持育人为本、德育为先，实施素质教育，提高教育现代化水平，培养德智体美全面发展的社会主义建设者和接班人，办好人民满意的教育	增加了"育人为本、德育为先，实施素质教育，提高教育现代化水平"和"办好人民满意的教育"表述
2012 年	党的十八大报告	全面贯彻党的教育方针，坚持教育为社会主义现代化建设服务、为人民服务，把立德树人作为教育的根本任务，培养德智体美全面发展的社会主义建设者和接班人	增加了"把立德树人作为教育的根本任务"
2015 年	《中华人民共和国义务教育法》	义务教育必须贯彻国家的教育方针，实施素质教育，提高教育质量，使适龄儿童、少年在品德、智力、体质等方面全面发展，为培养有理想、有道德、有文化、有纪律的社会主义建设者和接班人奠定基础	延续了 2006 年 6 月版的表述
2015 年 12 月 27 日	人大常委会《关于修改〈中华人民共和国教育法〉的决定》	教育必须为社会主义现代化建设服务、为人民服务，必须与生产劳动和社会实践相结合，培养德、智、体、美等方面全面发展的社会主义建设者和接班人	与 1995 年 3 月《教育法》相比，修改版吸纳了教育方针表述中"社会实践"和"美"的内容
2017 年 10 月 28 日	党的十九大报告	要全面贯彻党的教育方针，落实立德树人根本任务，发展素质教育，培养德智体美全面发展的社会主义建设者和接班人	增加了"推进教育公平"

100

续表

时间	文件、会议、讲话	关于教育方针的表述	变化与发展
2018 年 9 月 10 日	习近平在全国教育大会上的讲话	全面贯彻党的教育方针，坚持马克思主义指导地位，坚持中国特色社会主义教育发展道路，坚持社会主义办学方向，立足基本国情，遵循教育规律，坚持改革创新，以凝聚人心、完善人格、开发人力、培育人才、造福人民为工作目标，培养德智体美劳全面发展的社会主义建设者和接班人，加快推进教育现代化、建设教育强国、办好人民满意的教育	增加了"坚持马克思主义指导地位，坚持中国特色社会主义教育发展道路，坚持社会主义办学方向，立足基本国情，遵循教育规律，坚持改革创新，以凝聚人心、完善人格、开发人力、培育人才、造福人民为工作目标""劳""加快推进教育现代化、建设教育强国、办好人民满意的教育"等内容
2019 年 3 月 18 日	习近平在学校思想政治理论课教师座谈会上的讲话	新时代贯彻党的教育方针，要坚持马克思主义指导地位，贯彻新时代中国特色社会主义思想，坚持社会主义办学方向，落实立德树人的根本任务，坚持教育为人民服务、为中国共产党治国理政服务、为巩固和发展中国特色社会主义制度服务、为改革开放和社会主义现代化建设服务，扎根中国大地办教育，同生产劳动和社会实践相结合，加快推进教育现代化、建设教育强国、办好人民满意的教育，努力培养担当民族复兴大任的时代新人，培养德智体美劳全面发展的社会主义建设者和接班人	全面阐释了新时代党的教育方针。与之前的表述相比，增加了"贯彻新时代中国特色社会主义思想""坚持教育为人民服务、为中国共产党治国理政服务、为巩固和发展中国特色社会主义制度服务、为改革开放和社会主义现代化建设服务""扎根中国大地办教育""努力培养担当民族复兴大任的时代新人"等内容

第二章　新中国教育事业发展的历史回顾

续表

时间	文件、会议、讲话	关于教育方针的表述	变化与发展
2019 年 8 月 14 日	中共中央办公厅、国务院办公厅《关于深化新时代学校思想政治理论课改革创新的若干意见》	全面贯彻党的教育方针，坚持马克思主义指导地位，贯彻落实习近平新时代中国特色社会主义思想，坚持社会主义办学方向，落实立德树人根本任务，坚持教育为人民服务、为中国共产党治国理政服务、为巩固和发展中国特色社会主义制度服务、为改革开放和社会主义现代化建设服务，扎根中国大地办教育，同生产劳动和社会实践相结合，加快推进教育现代化、建设教育强国、办好人民满意的教育，努力培养担当民族复兴大任的时代新人，培养德智体美劳全面发展的社会主义建设者和接班人	与 2019 年 3 月 18 日讲话内容一致
2021 年 4 月 29 日	《中华人民共和国教育法》修改	教育必须为社会主义现代化建设服务、为人民服务，必须与生产劳动和社会实践相结合，培养德智体美劳全面发展的社会主义建设者和接班人	基本精神与 2019 年 3 月 18 日讲话衔接

三、我国教育方针表述的共同特征与演进趋势

无疑，作为我国教育事业的最高指针，教育方针的演变具有其相对稳定内容与时代性内容，其演变一定是教育工作的稳定要求与时代要求的耦合。因之，我国教育方针尽管具有明显的时代特征，但其一般演变趋势也一目了然。习近平指出，"培养什么人、怎样培养人、为谁培养人"是教育事业的根本性问题，其实质就是教育方针问题。在此，我们可以从三个方面对新中国成立以来教育方针的演进规律做以分析。

（一）教育事业的培养目标是社会主义劳动者、建设者与接班人

新中国各个时期对"培养什么人"的回答尽管有所差异，但其共同素质内涵

有两个：其一是社会主义属性，即培养具有社会主义信念的人、忠诚社会主义事业的人；其二是有才能的人，即能够为国家富强、民族振兴、人民富裕作出贡献的人，其典型素质构成是"德智体美等全面发展"。不同阶段对这一培养目标的具体表述稍有差异：在社会主义革命和建设时期，党的教育方针中对"培养什么人"的基本定位是"有社会主义觉悟的有文化的劳动者"；改革开放时期，党的教育方针中对"培养什么人"的基本定位是"坚持社会主义方向的各级各类合格人才"，其典型素质内涵是"四有"，即"有理想、有道德、有文化、有纪律"，进一步突出了"创新精神与实践能力"的培育；在《教育法》颁布后，造就"培养德、智、体等方面发展的社会主义事业的建设者和接班人"的表述基本定型；在新时代，"努力培养担当民族复兴大任的时代新人"成为教育方针的新内涵。就其演进趋势来看，在人才培养目标上，坚持稳定的"社会主义"属性内涵是共同特征，而愈来愈关注在更大视野与格局中培养人，即从阶级关注、国家关注日益走向人民关注、民族关注、世界关注，教育方针的关注视野日益扩延。

（二）教育事业培养人的根本途径是"两个结合"

"怎样培养人"是教育育人的途径问题，培养人的根本途径是教育方针关注的第二个重要维度，规定科学的育人方式与路径是提高教育方针科学性的内在需要。从新中国成立以来教育方针的演变来看，其强调的根本途径是"两个结合"，即教育与生产劳动相结合、教育与社会实践相结合。在革命斗争中，以毛泽东为主要代表的中国共产党人强调的是"教育与生产劳动相结合"，与之相应，"知识分子与工人农民相结合、脑力劳动与体力劳动相结合"是育人的基本方式；在改革开放和社会主义现代化建设时期，教育事业"必须同生产劳动相结合"，成为相对稳定的教育途径表述；在新时代，党和国家的教育方针更强调"教育与生产劳动和社会实践相结合"，成为教育事业立德树人的根本途径。总而观之，教育事业育人的主途径经历了从"与生产劳动相结合"到"与生产劳动和社会实践相结合"的演变，教育育人的途径更为宽广。

（三）教育事业育人的初心使命是"为党育人、为国育才"

"为谁培养人"是教育事业的育人目的问题，新中国教育方针演变的路线表明：我国教育方针持续关注的是为党育人、为国育才的问题，只是在不同阶段有所侧重罢了。社会主义革命和建设时期，以毛泽东为主要代表的中国共产党人对育人目的的定位是"为人民服务，首先为工农服务，为当前的革命斗争与建设服务"，"为无产阶级政治服务"，主要服务对象是工农大众；在改革开放时期，教育事业的服务对象主要是"为社会主义建设服务"；在新时代，教育事业主要服

103

务对象是人民与民族，是全面建设社会主义现代化国家，是实现中华民族伟大复兴，具体表述是"为社会主义现代化建设服务、为人民服务"，"教育为人民服务、为中国共产党治国理政服务、为巩固和发展中国特色社会主义制度服务、为改革开放和社会主义现代化建设服务"。就其一般发展态势来看，教育方针的制定日益关注立德树人对中国特色社会主义事业"五位一体"总体布局的能动作用，即对"经济建设、政治建设、文化建设、社会建设、生态文明建设"的全方位服务功能，教育事业的育人目的日益综合化、全面化了，教育事业成为社会主义事业的枢纽环节。

第三节　新中国成立以来教育事业发展的经验

1949 年至今，中华人民共和国走过了 70 多年的光辉历程。70 多年来，在中国共产党的坚强领导下，全国各族人民勠力同心、艰苦奋斗，创造了社会主义革命、建设和改革开放的伟大奇迹。近代以来久经磨难的中华民族历经了从站起来、富起来到强起来的伟大飞跃，开启了民族复兴的伟大征程。新中国成立以来，教育事业始终与党和国家中心工作同向同行，筚路蓝缕、砥砺奋进，走过了极不平凡的发展历程，发生了翻天覆地的变化。经过 70 多年的奋斗和蜕变，从成立之初的底子薄、基础弱，到今天总体发展水平跃居世界中上行列，中国教育成为世界上体量规模最大、发展速度最快、发展潜力最大、特色最为鲜明的教育。新中国成立后，我国教育事业的发展经历了跌宕起伏，从起步、探索到改革、繁荣，在摸索中前行，积累了宝贵的历史财富。2018 年，全国教育大会在北京召开，习近平出席并做了重要讲话，明确指出"九个坚持"就是新中国教育事业改革发展中形成的核心经验。

一、坚持党对教育事业的全面领导

"建国君民，教学为先。"中华民族素来有着尊师重教的传统，千百年来坚持着"学有所教""有教无类""因材施教"等教育理想。70 多年来，我们党继承和发扬了这一优良传统，高度重视教育在党执政兴国中的战略地位，推动教育实现跨越式发展，成功地让这一梦想变成了现实。回顾成功的经验，首当其冲的就是坚持党对教育事业的全面领导，持续加强党对教育事业的方向领导、组织领导、政治领导。1949 年 9 月，中国人民政治协商会议第一届全体会议召开，毛泽东在大会的开幕词中向全世界预言："随着经济建设高潮的到来，不可避免地将要出现一个文化建设的高潮。中国人被认为不文明的时代已经过去了，我们将以一个具有高度文化的民族出现于世界。"① 会议通过的《中国人民政治协商会议共同纲领》规定"新中国的文化教育是新民主主义的，即民族的、科学的、大众的文化教育"。改革开放以来，中国这艘东方巨轮乘风破浪，驶入了改革、振兴、发展的新航程。邓小平以极富战略性的眼光指出"科学技术是第一生产力"，"我们要实现现代化，关键是科学技术要能上去。发展科学技术，不抓教育不行"。20 世纪 90 年代，面对方兴未艾的知识经济和日趋激烈的国际竞争，江泽民深刻指出，"人才资源是第一资源""百年大计，教育为本""对教育的投资就是对国家未来的经济繁荣和竞争力的投资，也就是对国家未来的生存和前途的投资"。② 进入新世纪，教育在现代化建设中的基础性、先导性、全局性作用更加凸显，2010 年颁布的《国家中长期教育改革和发展规划纲要（2010－2020年)》中明确提出，"要坚持优先发展教育，建设人力资源强国"，"切实把教育摆在优先发展的战略地位，保证经济社会发展规划优先安排教育发展、财政资金优先保障教育投入、公共资源优先满足教育和人力资源开发需要"。进入新时代，以习近平同志为核心的党中央高度重视教育。习近平对教育工作提出了一系列富有创见的新理念新思想新观点，系统回答了一系列方向性、全局性、战略性重大问题。2018 年 9 月，党中央召开新时代第一次全国教育大会，习近平旗帜鲜明地指出，"没有哪一项事业像教育这样影响甚至决定着接班人问题，影响甚至决定着国家长治久安，影响甚至决定着民族复兴和国家崛起"③。进言之，加强党对教育事业的全面领导涉及两个重要方面：一是确保教育改革发展的正确方向。习近平强调，坚持和完善党的领导，是党和国家的根本所在、命脉所在，是全国各族人民的利益所在、幸福所在。2022 年 10 月 16 日，习近平在党的二十大报告中指出：中国式现代化的本质要求之一是"坚持中国共产党领导"，"中国特色社会主义最本质的特征是中国共产党领导，中国特色社会主义制度的最大优势是中国共产党领导，中国共产党是最高政治领导力量"④，加强党对教育的领导是教育改革深入推进的客观要求。在教育系统中，坚持以政治建设为统领全面加强党的建设，让党旗始终高高飘扬在育人一线，为教育改革发展提供坚强保证，是确保教育事业沿着正确方向前行的必由之路。二是完善党对教育工作的领导体制。

① 《毛泽东著作选读》（下册），人民出版社 1986 年版，第 693 页。
② 江泽民：《1992 年 5 月 20 日与首都应届高校毕业生座谈时的发言》，载于《人民日报》1992 年 5月 21 日，第 1 版。
③ 本书编写组：《习近平总书记教育重要论述讲义》，高等教育出版社 2020 年版，第 78 页。
④ 《习近平著作选读》第一卷，人民出版社 2023 年版，第 6～10 页。

近年来，党中央层面组建了中央教育工作领导小组，31 个省（区、市）和新疆生产建设兵团均成立党委教育工作领导小组，党委对教育事业实行统一领导、党政齐抓共管、部门各负其责的教育领导体制更加完善。不仅如此，党对高校的教育领导更加坚强：在高校管理中，我国坚持和完善高校党委领导下的校长负责制，改进中小学领导体制，全国民办高校全部设立党组织，民办学校和培训机构单独建立或联合组建党组织，党对教育事业的领导在组织层面得到了保证。时至今日，教育的地位和作用愈发凸显，因为复兴大业对教育的需要、对科学知识和优秀人才的渴求比以往来得更加迫切，习近平甚至提出了教育事业是"国之大计，党之大计"[①] 的重要论断。这一论断把教育摆在了前所未有的战略高度，把教育与国家的前途命运、党的前途命运紧紧联系在一起，丰富和发展了中国特色社会主义教育理论，为做好新时代教育工作、更好服务党和人民事业，提供了根本遵循和行动指南。

二、坚持以人民为中心的宗旨

新中国成立以来，在党的领导下，始终坚持"以人民为中心"的宗旨，教育也不例外。"办人民满意的教育"是党和国家的目的，也是归宿。近代教育未摆脱传统教育私有的属性，工人和农民的子女大量地被排斥在外。新中国成立之初，党和国家就执行"教育为工农服务""学校向工农开门"，要求各级各类学校在招生时"对于青年工农及工农子女的录取名额，应规定一定的比例"。[②] 1952 年，在小学中，来自工农家庭的学生已占 82%，在普通中学，已达到 60% 以上，高等学校也有了近 30%。[③] 这表明作为新中国的主人——工农及其子女，破天荒地享受到了教育的机会，这是千年教育史上的巨变，开了新纪元。除了工农子弟之外，还有数以亿计的劳动人民，他们也有学文化的需求，这个问题必须解决，因为"在一个文盲充斥的国家内，是建成不了共产主义社会的"[④]。新中国成立前夕，第一次全国教育会议上就做出了部署，"要做必要的准备，以便在全国范围内进行识字教育、扫除文盲的伟大工作"[⑤]。70 多年来，经数次大规模的群众运动，充分发动民众的创造性，彻底解决了这一问题，这也是人类文明史

---

① 《习近平著作选读》第一卷，人民出版社 2023 年版，第 28 页。
② 《中学暂行规程》（草案），1952 年 3 月 18 日。
③ 庞立生：《毛主席对新中国"教育与生产劳动相结合"的探索》，载于《湘潭大学学报》（哲学社会科学版）2022 年第 5 期。
④ 《毛泽东同志论教育工作》，人民教育出版社 1992 年版，第 224 页。
⑤ 《中国教育事典·初等教育卷》，河北教育出版社 1994 年版，第 435 页。

上的一大奇迹。新中国通过标本兼治的办法，解决了未成年人及成年人的教育问题，还将它写入了《宪法》和《教育法》中，从法律上来保障人民的受教育权，70多年来矢志不渝。"中华人民共和国公民有受教育的权利和义务"，"公民不分民族、种族、性别、职业、财产状况、宗教信仰等，依法享受平等的受教育机会"。① 这是党和政府的庄严承诺，也是实践的标准。自此，边疆地区、少数民族地区、贫困地区的孩子都拥有受教育的权利，社会主义教育事业的本质得到了充分体现。

在当前，"以人民为中心"的教育发展理念正付诸实践、深入人心，其实践体现正是始终把实现好、维护好、发展好最广大人民的根本利益作为出发点和落脚点，努力办好人民满意的教育。习近平强调，"教育公平是社会公平的重要基础，要不断促进教育发展成果更多更公平惠及全体人民，以教育公平促进社会公平正义"②。将教育资源配置向弱势群体和困难地区倾斜，着力构建优质均衡的基本公共教育服务体系，努力让每个学生拥有人生出彩的机会，正是新时代党和国家教育政策的根本立场。党的二十大报告中指出，"坚持以人民为中心发展教育，加快建设高质量教育体系，发展素质教育，促进教育公平"③。为了实现这一施政理念，当前我国正出台一系列改革举措，全方位体现这一政策立场。

一是全面打赢教育脱贫攻坚战，落实"义务教育有保障"的奋斗目标，实施乡村振兴战略，帮助贫穷儿童及其家庭经由教育之路迈出"贫困陷阱"。在本世纪这场脱贫攻坚战中，数千万贫困家庭学生通过知识改变命运、通过教育迎来美好生活，义务教育阶段辍学问题得到历史性、根本性解决。

二是推动学前教育公益普惠发展。教育法将学前教育纳入国家基本教育制度、纳入政府公共服务体系，形成了"国务院领导、省市统筹、以县为主"的学前教育管理体制；支持中西部地区农村和城市薄弱地区大力发展公办园，扶持普惠性民办园，下大力气治理整改城镇小区配套园，普惠性幼儿园覆盖率已经超过八成④，真正破解了"入园难""入园远""入园贵"的学前教育诟病。

三是统筹城乡义务教育一体化发展。建立县域内城乡义务教育"四统一"制度，即学校建设标准统一、教师编制标准统一、生均公用经费基准定额统一、基本装备配置标准统一，确保城乡义务教育资源配置上的制度平等；加强乡村小规模学校和乡镇寄宿制学校建设，深入推进"全面改薄"工作，全国99.8%的义

---

① 何东昌：《中华人民共和国重要教育文献（1976—1990）》，海南出版社1998年版，第3790页。
② 习近平：《全面贯彻落实党的教育方针　努力把我国基础教育越办越好》，载于《人民日报》2016年9月10日，第1版。
③ 《习近平著作选读》第一卷，人民出版社2023年版，第28页。
④ 晏红：《幼儿园教育风险及其两难影响因素研究》，首都师范大学出版社2022年，第3页。

务教育学校（含教学点）办学条件达到了"20 条"底线要求①，义务教育"大班额"基本消除，农村学生学习、生活条件得到了大幅度改善。

四是积极破解公民办招生不同轨问题。2020 年开始实施义务教育学校"公民同招"政策，将民办义务教育学校招生工作纳入审批地统一管理，构建公办民办互不享有招生特权等机制，民办学校"择校热"大幅降温，减轻了家庭的经济负担与精神负担。

五是积极落实义务教育"双减"政策。教育部成立校外教育培训监管司，提出规范发展校外培训机构政策意见，开展校外培训机构专项治理，实行线上线下同步规范，引导教育事业回归育人正常轨道，减轻家长心理焦虑，加强面向中小学生（含幼儿园儿童）的校外教育培训管理工作，指导规范面向中小学生的社会竞赛等活动。2021 年 7 月，中共中央办公厅、国务院办公厅印发《关于进一步减轻义务教育阶段学生作业负担和校外培训负担的意见》，提出了一系列利国惠民的好政策，如全面压减作业总量，严禁要求家长批改作业；提升学校课后服务水平，教师可"弹性上下班制"；学科类培训机构一律不得上市融资；不得在节假日及寒暑假期开展学科类培训；不得有提前结课备考、考试排名等行为；等等。这一政策的实施，对于进一步净化教育生态，凸显素质教育精神具有历史性重要意义。

六是积极落实"五管"，即中小学生作业、睡眠、手机、读物、体质五项管理，促进青少年身心健康成长、全面发展，义务教育学校为学生提供课后服务，切实解决"三点半难题"。

七是切实关心关注特殊群体教育问题。教育部门持续完善随迁子女"两为主、两纳入"制度，即以流入地政府为主、以公办学校为主，常住人口纳入区域教育发展规划、随迁子女纳入财政保障范围，建立生均公用经费等"钱随人走"制度，确保全国 1 400 万随迁子女在公办义务教育学校就读，为农村孩子流动入学提供了制度与政策保障。②

历史在发展，社会在进步，人民对于教育的需求也在变，开始是"能识字"，后来是"能上学"，再后来是"有学上"，如今是"上好学"。这种内涵的演变充分反映了人民教育在发展中具有明显的阶段性，其目标与追求层层递进、与时俱进。党的十九大以来，中国社会的主要矛盾已经由人民日益增长的物质文化需要同落后的社会生产之间的矛盾，转变为人民日益增长的美好生活需要和不平衡不

---

① 国务院研究室编写组：《十三届全国人大三次会议〈政府工作报告〉学习问答》，中国言实出版社 2020 年版，第 59 页。

② 中共教育部党组：《党坚持对教育事业领导的历史经验与启示》，载于《人民日报》2021 年 9 月 7日，第 9 版。

充分的发展之间的矛盾，人民群众对美好教育的向往正在逐步实现。

三、坚持明确的教育培养目标

"培养什么人"是教育事业的根本问题，也是不同社会性质下教育的根本区别。在全国教育大会上，习近平强调，"党的十八大以来，我们围绕培养什么人、怎样培养人、为谁培养人这一根本问题，全面加强党对教育工作的领导，坚持立德树人，加强学校思想政治工作，推进教育改革，加快补齐教育短板，教育事业中国特色更加鲜明，教育现代化加速推进，教育方面人民群众获得感明显增强，我国教育的国际影响力加快提升，13 亿多中国人民的思想道德素质和科学文化素质全面提升"[1]。明确的培养目标是统领谋划整个教育事业的指导思想，是各级各类学校教育的行动指南，也是党和国家领导教育事业改革发展中形成的一条重要经验。新中国成立 70 多年来，教育事业发展之所以取得辉煌的成就，主要原因之一是坚持明确的教育培养目标，使之成为引领教育发展的"标杆"。新中国成立之初，教育为国家建设服务，各级各类学校的培养目标主要是各种建设人才，各个阶段的目标较明确，但缺乏一个能够一统全局的大目标。直到 1957 年春，毛泽东在《关于正确处理人民内部矛盾的问题》的讲话中才有了高度概括，即"我们的教育方针，应该使受教育者在德育、智育、体育几方面都得到发展，成为有社会主义觉悟的有文化的劳动者"[2]。这一表述有三大要点，"三育"缺一不可，具备"社会主义觉悟"更是必要。新中国的教育不是培养休闲者、剥削者，而是建设者。1979 年，教育部总结 30 年来教育工作的基本经验，其中之一便是"社会主义学校的培养目标必须坚持又红又专的方向，使受教育者在德智体几方面都得到发展，成为有社会主义觉悟的有文化的劳动者，成为社会主义现代化建设的生力军"[3]。1981 年，党的十一届六中全会通过的《关于建国以来党的若干历史问题的决议》，对教育方针如此表述："坚持德智体全面发展、又红又专、知识分子与工人农民相结合、脑力劳动与体力劳动相结合"[4]，解答了改革开放初期的难题。随着改革开放的深入，对教育目标问题，学者有过讨论，原国家教委负责人有过表态，不尽相同。最终在 1995 年 3 月全国人大通过的《中华人民共和国教育法》中统一了认识，该法第五条明文规定："教育必须为社会主义现代化建设服务，必须与生产劳动相结合，培养德、智、体等方面全面发展的

---

① 习近平：《习近平在全国教育大会上的重要讲话精神》，载于《人民日报》2018 年 9 月 11 日。
② 《毛泽东同志论教育工作》，人民教育出版社 1992 年版，第 258 页。
③ 何东昌：《中华人民共和国重要教育文献（1976－1990）》，海南出版社 1998 年版，第 1774 页。
④ 《三中全会以来重要文献选编》（下），中央文献出版社 2011 年版，第 170 页。

社会主义事业的建设者和接班人。"① 2018 年 9 月,习近平在全国教育大会上对此问题做了最新的阐述:"我国是中国共产党领导的社会主义国家,这就决定了我们的教育必须把培养社会主义建设者和接班人作为根本任务,培养一代又一代拥护中国共产党领导和我国社会主义制度、立志为中国特色社会主义奋斗终身的有用人才。这是教育工作的根本任务,也是教育现代化的方向目标。"② 2022 年 10 月,习近平在党的二十大报告中指出:"培养什么人、怎样培养人、为谁培养人是教育的根本问题。"③ 在当前,我党始终把立德树人作为教育事业的根本任务,强调培养德智体美劳全面发展的社会主义建设者和接班人,从根本上摆正教育事业的前进方向,为素质教育实施提供正确指针。对教育事业而言,坚持社会主义办学方向,全面贯彻党的教育方针,把立德树人成效作为检验一切工作的根本标准,促进学生全面发展、生动活泼发展,是新时代中国教育事业充满生机活力的内在要求。

四、重视教育事业的重要地位

新中国成立以来,党和国家对教育事业的重要地位与作用高度重视,一再强调充分发挥教育事业的能动作用,将教育事业放在基础性、先导性、全局性的地位上来。毛泽东高度重视人民群众政治、文化水平提升对中国社会发展的重要性,如其 1933 年所言:"用文化教育工作提高群众的政治和文化的水平,这对于发展国民经济同样有极大的重要性。"④ 基于这一认识,1950 年毛泽东进而提出"恢复和发展人民教育是当前重要任务之一"⑤,将发展人民教育事业提上议事日程,使新中国教育事业迎来曙光。继之,以邓小平同志为核心的党中央高度强调"四个现代化",将教育方针锁定在服务现代化上。1977 年,邓小平指出,"我们要实现现代化,关键是科学技术要能上去。发展科学技术,不抓教育不行"⑥。基于这一重要论断,20 世纪 90 年代,党作出优先发展教育的重大历史性决策,教育事业深度参与国家高科技研发与高科技人才的培养,中国人民踏上了致富奔小康的道路。之后,江泽民、胡锦涛继续强调教育事业的能动作用与重要地位:江泽民指出,"对教育的投资就是对国家未来的经济繁荣和竞争力的投资,也就

---

① 何东昌:《中华人民共和国重要教育文献(1976-1990)》,海南出版社 1998 年版,第 3790 页。
② 《习近平著作选读》第二卷,人民出版社 2023 年版,第 196 页。
③ 《习近平著作选读》第一卷,人民出版社 2023 年版,第 28 页。
④ 《毛泽东选集》第一卷,人民出版社 1991 年版,第 125~126 页。
⑤ 1950 年 5 月 1 日毛泽东为《人民教育》杂志创刊题词。
⑥ 《邓小平文选》第二卷(2 版),人民出版社 1994 年版,第 40~41 页。

是对国家未来的生存和前途的投资"①；胡锦涛也指出，必须始终把教育摆在优先发展的战略地位，"切实保证经济社会发展规划优先安排教育发展、财政资金优先保障教育投入、公共资源优先满足教育和人力资源开发需要"②。至此，党和国家优先发展教育事业的理念在制度安排、资源匹配上得到了实质性的落实。党的十八大以来，习近平高度重视教育工作，在全国教育大会上作出了教育是"国之大计、党之大计"的历史论断，把教育摆在了前所未有的战略高度上来，对教育事业的重视程度可谓史无前例。2017 年 10 月 18 日，在党的十九大报告中习近平指出，"建设教育强国是中华民族伟大复兴的基础工程，必须把教育事业放在优先位置，深化教育改革，加快教育现代化，办好人民满意的教育"③。正是由于这一英明决策，一系列重量级兴教强国政策纷纷出台。据统计，从 2016 年到 2020 年，党中央、国务院印发的有关教育事业的重要文件就达 46 份之多，成为新中国成立以来历史上党中央、国务院为教育系统发文最密集、最频繁的一个阶段。不仅如此，国家对教育事业的财政支持力度也发生了历史性巨变：根据《光明日报》2021 年 12 月 3 日资料显示："11 月 30 日，教育部、国家统计局、财政部发布的 2020 年全国教育经费执行情况统计公告显示，2020 年全国教育经费总投入约为 5.30 万亿元，其中，国家财政性教育经费约为 4.29 万亿元，占 GDP 比例为 4.22%。这是自 2012 年以来连续第九年做到'不低于 4%'，也意味着'十三五'期间持续做到了'不低于 4%'。"④ 高度重视教育事业的地位与作用成为党和国家治国理政的一贯性国策。

五、始终把深化教育改革作为关键一招

改革是发展教育事业的重要手段，是持续增强社会主义教育事业活力与创造力的重要途径，是新中国成立以来形成的一条重要教育改革经验。改革开放时期，以邓小平同志为核心的党中央首次提出了"科教兴国"战略，将改革开放视为振兴教育事业的突破口，教育改革成为一切社会改革的关键链环。在抓教育工作时，邓小平指出："我们要有计划、有选择地引进资本主义国家的先进技术和其它对我们有益的东西，但是我们决不学习和引进资本主义的制度，决不学习和

---

① 《江泽民同志同应届毕业生代表座谈时的讲话》，载于《人民日报》1992 年 5 月 21 日，第 1 版。

② 《胡锦涛在全国教育工作会议上的讲话》，http：//www.moe.gov.cn/jyb_xwfb/gzdt_gzdt/gaoceng/201009/t20100909_97450.html，2010 年 9 月 9 日。

③ 《邓小平文选》第二卷，人民出版社 1994 年版，第 37 页。

④ 引自《连续第九年"不低于 4%"，本轮教育经费投入有何不同》，中国政府网，https：//www.gov.cn/xinwen/2021 - 12/03/content_5655560.htm。

引进各种丑恶颓废的东西。"① 这一思想为我国教育改革开放提供了基本指针。在党的十六大报告中，江泽民作出了"深化教育改革"的重要论断，正如其所言："坚持教育创新，深化教育改革，优化教育结构，合理配置教育资源，提高教育质量和管理水平，全面推进素质教育。"② 在党的二十大报告中，习近平再次指出，"教育、科技、人才是全面建设社会主义现代化国家的基础性、战略性支撑"，"我们要坚持教育优先发展、科技自立自强、人才引领驱动，加快建设教育强国、科技强国、人才强国，坚持为党育人、为国育才，全面提高人才自主培养质量"③，足以看出习近平对教育工作地位的科学认知与高度重视。1993 年，以江泽民同志为核心的党中央制定和颁布了《中国教育改革和发展纲要》，进一步全面深化教育体制改革，为中国教育事业注入一股新活力。2007 年 8 月 31 日，胡锦涛在中南海会见全国优秀教师代表时指出：当今世界的竞争已经越来越表现为知识和人才的竞争，知识、人才已经成为社会经济发展的核心力量，教育是国之利器。在这一理念指引下，他提出了人才强国战略，为中国教育改革事业确立了新目标。进入中国特色社会主义新时代，党中央成立全面深化改革领导小组（简称"深改组"），面向高考制度、应试教育传统、死板教育管理体制"亮剑"，全力深化教育体制机制改革，破解教育体制机制中的"瓶颈"与障碍环节。在党的十九大报告中习近平指出，"建设教育强国是中华民族伟大复兴的基础工程，必须把教育事业放在优先位置，深化教育改革，加快教育现代化，办好人民满意的教育"④。在中国科学院第二十次院士大会、中国工程院第十五次院士大会、中国科协第十次全国代表大会上，习近平指出："当今世界的竞争说到底是人才竞争、教育竞争。""我国教育是能够培养出大师来的，我们要有这个自信！"⑤ 在这一精神指引下，我国教育部门聚焦重要领域和关键环节，以教育评价改革为牵引，统筹推进育人方式、办学模式、管理体制、保障机制改革，提出了一系列有创造性的改革举措与做法，一些束缚教育事业发展的"老大难"问题正逐步得到解决。值得关注的是，2015 年 5 月，教育部出台《关于深入推进教育管办评分离促进政府职能转变的若干意见》，提出精简行政审批事项、减少外部干预以及开展清单式管理等新理念、新做法，以此引领政府、学校、市场、社会多方主体间的生态变革。2020 年，中央出台了新中国第一个关于教育评价系统性改革的纲领性文件——《深化新时代教育评价改革总体方案》，启动了"破五唯"，

---

① 《邓小平文选》第二卷，人民出版社 1994 年版，第 168 页。
② 江泽民：《全面建设小康社会，开创中国特色社会主义事业新局面——在中国共产党第十六次全国代表大会上的报告》，载于《党建》2002 年第 12 期。
③ 《习近平著作选读》第一卷，人民出版社 2023 年版，第 37 页。
④ 《习近平著作选读》第一卷，人民出版社 2023 年版，第 28 页。
⑤ 《习近平著作选读》第一卷，人民出版社 2023 年版，第 474 页。

即破解"唯分数、唯升学、唯文凭、唯论文、唯帽子"等顽瘴痼疾，用评价"指挥棒"来实质性地搬正我国教育事业的前进方向，堪称中国历史上一次最伟大的教育改革行动。与此同时，我国还系统推进了高等教育、民办教育、职业教育等领域中的一系列改革，教育改革成为振兴大国教育的一枚神器，成为真正意义上的国之重器。

六、始终把教师队伍建设作为基础工作来抓

教师是教育事业的第一资源，教师队伍建设事关我国教育改革事业的成败，持续提升教师的社会地位、经济地位、政治地位是新中国成立以来撑起我国教育改革发展事业的一根擎天柱。新中国成立70多年来，每一届党中央领导都对教师队伍建设的极端重要性有深刻理解，全面提升教师职业的吸引力、提升教师的专业素养、提升教师的教书育人能力是党和国家完善教育制度的关键内容之一。

改革开放以来，邓小平尤其关心中小学教师的生活与发展。1978年，在全国教育工作会议上，他明确提出："要确实保证教师的教学活动时间，要关心他们的政治生活、工作条件和业务学习。"[1] 尤其是在政治上，他要求提高教师的政治地位，即"要把'文化大革命'时的'老九'提到第一"，正如其所言，"科学技术是第一生产力嘛，知识分子是工人阶级一部分嘛"[2]。以江泽民同志为核心的党中央把尊重教师、保障教师权益作为党和国家的政策重点。江泽民提出，"尊师重教，首先要从各级领导干部做起，高级领导干部更应该起带头作用吗"[3]，呼吁全社会"坚持继承中华民族的优良传统，在全社会大力弘扬尊师重教的良好风尚"[4]，为教师工作创设良好的社会氛围。在这一精神指引下，1993年10月31日我国通过了首部《中华人民共和国教师法》，从法律上来保障教师合法权益，教师待遇地位进入依法保障的新阶段。以胡锦涛同志为总书记的党中央全面提升教师队伍的"三大地位"，即政治地位、社会地位与职业地位，将之视为教育事业蓬勃发展的重要支撑点。胡锦涛指出，"必须高度重视和切实加强教师队伍建设，要采取有力措施，保障教师的政治地位、社会地位、职业地位，维护教师合法权益"[5]。

---

[1] 《邓小平文选》第二卷，人民出版社1994年版，第95页。

[2] 《邓小平文选》第三卷，人民出版社1993年版，第275页。

[3][4] 《江泽民文选》第一卷，人民出版社2006年版，第371页。

[5] 胡锦涛：《在全国优秀教师代表座谈会上的讲话（2007年8月31日）》，人民出版社2007年版，第4页。

当前，习近平一再强调，教师是立教之本、兴教之源。没有高水平的师资队伍，就很难培养出高水平的创新人才。为此，2015 年 11 月 27 日，在中央扶贫开发工作会议上习近平指出，"要帮助贫困地区改善办学条件，加大支持乡村教师队伍建设力度，建立省级统筹乡村教师补充机制"①。2016 年教师节期间，习近平视察了北京市八一学校，明确指出："各级党委和政府要满腔热情关心教师，让广大教师安心从教、热心从教、舒心从教、静心从教，让广大教师在岗位上有幸福感、事业上有成就感、社会上有荣誉感，让教师成为让人羡慕的职业。"②2017 年 12 月 28 日，习近平在中央农村工作会议上指出，"要统筹配置城乡教师资源，通过稳步提高待遇等措施，增强乡村教师岗位的吸引力和自豪感"③。在上述精神指引下，党中央、国务院出台了一系列推进教师队伍建设的文件，全力提升优质教师的培养供给。2012 年，国务院制定印发了《关于加强教师队伍建设的意见》，着力创新教师管理体制、加强教师工作薄弱环节、提高教师职业吸引力；2018 年，颁布了《关于全面深化新时代教师队伍建设改革的意见》，全面规划了新时代教师队伍建设的总纲，配套文件《教师教育振兴行动计划》在全国教育界引起了巨大反响。这两个文件的颁布真正实现了将教师队伍建设作为发展教育事业的基础工作的预期目标。当前，一系列提升我国教师队伍质量的举措陆续出台，如实行公费师范生教育、优师计划、卓越教师培养计划、增设中小学正高级职称、发布《中小学教育惩戒规则（试行）》、出台中小学教师减负 20 条、健全教师荣誉表彰制度、落实立德树人根本任务、深入实施乡村教师支持计划和"国培计划""特岗计划"等，我国中小学教师队伍建设正呈现出勃勃生机与良好发展势头。

---

① 《习近平著作选读》第一卷，人民出版社 2023 年版，第 401 页。
② 参见匡后鹏：《一个人遇到好老师是人生的幸运》，载于《青少年与法》2016 年第 5 期。
③ 《习近平著作选读》第一卷，人民出版社 2023 年版，第 83 页。

第三章

制定我国教育工作目标的
时代背景与战略考量

"从现在起，中国共产党的中心任务就是团结带领全国各族人民全面建成社会主义现代化强国、实现第二个百年奋斗目标，以中国式现代化全面推进中华民族伟大复兴。"① 为实现这一战略目标，着眼于深邃的历史考量、宽广的国际视野、激烈的人才竞争、崇高的理论旨趣以及坚定的人民立场，我国制定了"五人"教育工作目标，为第二个百年奋斗目标的实现提供教育支撑。

第一节　深邃的历史考量：服务中华民族
伟大复兴的战略全局

鸦片战争前，中华民族在世界中处于强者之列。鸦片战争后，在内，中华民族有着腐朽的封建制度；在外，中华民族面临帝国主义的入侵、剥削与压迫，从而陷入积贫积弱的困境。面对这些状况，中国人民不得不走向争取民族独立和民族解放斗争的道路。"中国共产党自一九二一年成立以来，始终把为中国人民谋

---

① 习近平：《高举中国特色社会主义伟大旗帜　为全面建设社会主义现代化国家而团结奋斗——在中国共产党第二十次全国代表大会上的报告》，人民出版社 2022 年版，第 21 页。

幸福、为中华民族谋复兴作为自己的初心使命"[1]，而今"中华民族迎来了从站起来、富起来到强起来的伟大飞跃，实现中华民族伟大复兴进入了不可逆转的历史进程！"[2] 由此可见，"中华民族伟大复兴的战略全局"，历史地看，回应的是中华民族和中国人民的期待；实践地看，揭示的是新时代我国追求的宏伟目标，因而也是我国制定教育工作目标所面临的新时代语境。总之，"中华民族伟大复兴的战略全局"是在新的发展阶段对目标和任务的再次明确。实现中华民族伟大复兴的中国梦，是历史之痛苦遭遇赋予中国共产党的重要使命。为此，自新中国成立伊始，党的历届领导人始终站在战略的高度，带领人民奋力并接力地进行着长跑，以期在一棒棒努力、一个个阶段性的胜利中实现历史赋予的重任。尤其在党的十八大闭幕后，习近平便用"中国梦"这一标识性概念，表述中华民族伟大复兴的目标，并围绕此提出一系列实践路径，被全党全国各族人民奋力遵循。党的二十大报告中又强调，从现在起，中国共产党的中心任务就是团结带领全国各族人民全面建成社会主义现代化强国、实现第二个百年奋斗目标，以中国式现代化全面推进中华民族伟大复兴，再次重申了党和人民群众继续努力的方向标、时间表和路线图。这些在治国理政过程中进行的战略考量，凸显了中华民族伟大复兴全局的战略意义。教育工作作为实现中国梦战略的重要方面，理应对标中国梦实践，思考教育工作应担负的特定任务，这就需要围绕中国梦，制定我国新时代的教育工作目标。

一、围绕中华民族伟大复兴，明确了教育工作目标的着力点

在 2018 年的全国教育大会上，习近平立足党和国家发展全局，在全面总结我国教育工作各项成就的基础上，站在战略的高度又提出了教育工作进一步发展的新观点，部署教育工作下一步发展的方向性、战略性问题，对制定新时代教育工作目标具有十分重要的指导意义。

党的二十大明确的战略任务，需要一代代能够胜任蓝图实现的时代新人之接续努力。而这些时代新人的培养，主要源于学校教育，所以为了实现民族复兴之目标，教育需要先行。具体而言，为了要实现中国梦的战略目标，应从以下几方面制定教育工作目标：一是要制定教育"凝聚人心"的工作目标，这不仅是教育工作"立德树人"的应有之义，也是最大限度地凝聚人心、形成合力，实现第二个百年奋斗目标的力量之源；二是要制定教育"完善人格"的工作目标，这不仅

---

[1] 《中国共产党第十九届中央委员会第六次全体会议公报》，人民出版社 2021 年版，第 4 页。
[2] 《在庆祝中国共产党成立 100 周年大会上的讲话》，人民出版社 2021 年版，第 7 页。

是教育工作"全面培养学生"、提升人才质量的重要保证，而且增强了实现中国梦的人才竞争力；三是要制定教育工作"开发人力"的工作目标，这既是提升教育工作效能的重要表现，也是促进人人出彩，实现促进教育工作现代化的刚需；四是要制定教育"培养人才"的工作目标，这既是广大家长学生的心声，也是熔炼精英、回应时代对教育工作的呼唤、落实教育工作者为国家培育"攻坚破卡"尖端人才的表现；五是要制定教育"造福人民"的工作目标，这既是教育工作服务社会的需要，也是教育工作功能与价值的体现。

二、围绕中华民族伟大复兴，明确了制定教育工作目标的实践指向

一代人有一代人的使命。教育工作要承担的使命，应在趋势上与世界发展同向，在要求上满足时代之期待。处于当前这一新的历史节点，习近平要求把握世界大势，立足中国国情，把教育工作与实现中华民族伟大复兴紧密联系起来，为我国制定教育工作目标指涉了方向。

第一，实现民族复兴的"教育强国"要求，是制订教育工作目标的实践旨归。从逻辑上看，党的二十大提出的中华民族伟大复兴的强国建设与教育工作目标相契合。习近平强调："我们党领导的革命、建设、改革伟大实践，是一个接续奋斗的历史过程，是一项救国、兴国、强国，进而实现中华民族伟大复兴的完整事业。"① 由此标明了强国是实现民族复兴大业的核心内容，要实现中华民族伟大复兴的目标，强国建设是必然要求。为此，必须明确强国建设的规律。针对此问题，习近平以"教育兴则国家兴，教育强则国家强"② 进行了明确揭示。也就是说，欲链接强国目标，离不开教育和教育工作的推动作用。的确，回望历史，但凡是历史上的强国，必然有繁荣的教育；回望历史的更替，无不与教育工作的兴衰内在联系着。由此可见，在对历史强国的崛起实践进行深刻总结的基础上，对通达强国之路之规律进行总结的前提下，提出"教育兴则国家兴"的论断。基于此，实现民族复兴而要求的"教育强国"需要，为制定新时代的教育工作目标指明了实践路向。

第二，实现民族复兴的"创新"要求，为制定教育工作目标提出了新期待。在明确科学技术之重要性时，不应忽视"创新"这一促进科学技术进步的最核心

---

① 《在纪念毛泽东同志诞辰 120 周年座谈会上的讲话》，人民出版社 2013 年版，第 13 页。

② 全国干部培训教材编审指导委员会组织编写：《改善民生和创新社会治理》，人民出版社、党建读物出版社 2019 年版，第 24 页。

要素。进一步而言，为实现中华民族伟大复兴，科技必须迭代进步，由此奠定了创新于实现民族复兴大业的重要性。而创新的主体是现实中的"人"，尤其是具有创新能力的人才，人才的培养又离不开教育，这就要求在制定教育工作目标时，将"创新"纳入考量范围，正是在此意义上，我们说"创新"为制定教育工作目标指明了方向，也成为教育工作目标的新期待。同时，在全国教育大会提出新时代教育工作目标之后，党和国家的一系列会议、文件也反复重申了"创新"的极端重要性。高校作为培养创新人才的高地，作为国家科技创新和文化创新的策源地，所培养出的人才之创新能力必须得到进一步的加强和提高，这些创新能力不仅表现在教育理念的创新，而且表现在管理体制的创新，还表现在人才培养模式的创新等。

第三，中华民族伟大复兴的新时代方位，为制定教育工作目标提供了坐标考量。随着社会的发展和对时代的新认识，需要制定出与新时代相匹配的教育工作目标，唯此，方能有效推动新时代各项事业的持续向前。当前这一新时代比以往任何时代都更加渴求创新人才、卓越人才和优质人才，这就为当前制定教育工作目标提出了要求、指明了方向，所以新时代这一新方位，是当前制定教育工作目标的战略考量。进而言之，在科学的教育工作目标的推动下，新时代的各项事业都应该更加现代化，这里的"现代化"，不仅要求在政治、经济、军事、文化等方面要变得强大，同时也要求把教育做大做强，办好大国教育、强国教育，唯此，方能以教育现代化支撑国家现代化，进而实现中华民族伟大复兴的战略目标。因此，制定新时代的教育工作目标，应该肩负起这一时代使命。

三、围绕中华民族伟大复兴，明确了制定教育工作目标的重要使命

首先，要自觉树立超前布局教育工作的新意识。关于这一问题，习近平要求站在"三更"（即"更高远的历史站位、更宽广的国际视野、更深邃的战略眼光"[①]）的高度超前布局教育事业。这里的"三更"，着眼的正是新时代的挑战，从长度、宽度和深度的立体维度，对教育工作布局提出了思想意识层面的要求。邓小平也曾提出教育要面向现代化、面向世界、面向未来。应该说，习近平提出的超前布局教育事业的"三更"是对邓小平提出的"三个面向"的继承，但又根据新时代的坐标特点，进行了契合时代的理论创新，对新时代制定教育工作目

[①] 《习近平在全国教育大会上强调：坚持中国特色社会主义教育发展道路 培养德智体美劳全面发展的社会主义建设者和接班人》，载于《人民日报》2018年9月11日，第1版。

标、提升思想观念和能力水平具有很强的指导意义。实现中华民族伟大复兴离不开习近平超前部署教育的"三更"，也正是在此意义上，明确了当前制定教育工作目标所应承担的重要使命。

其次，要准确把握教育事业、教育工作发展的新要求。为了实现中华民族伟大复兴，需要教育工作提供加持与助力。这与习近平提出的，要不断使教育工作"同党和国家事业发展要求相适应、同人民群众期待相契合、同我国综合国力和国际地位相匹配"① 观点相一致。习近平作出的这一论断，揭示了教育事业、教育工作发展的客观规律，也为新时代制定教育工作目标指明了方向目标。教育工作要同党和国家事业发展要求相匹配，是把教育工作服务中华民族伟大复兴作为重要使命的必然要求。教育事业发展必须适应党和国家事业发展的总体要求，进一步增强围绕中心、服务大局的意识。教育事业发展要同人民群众期待相契合，是以人民为中心的发展思想在教育领域的具体体现。因此，必须办好人民满意的教育。教育事业、教育工作要同我国综合国力和国际地位相匹配，是教育对我国综合国力和国际地位贡献的根本要求。教育是一个国家综合国力竞争的决定性因素，也是其国际地位的重要衡量标准。教育发展水平要随着国家综合国力和国际地位的提升而不断提升，同时也要在综合国力和国际地位竞争中发挥核心竞争力作用。

最后，要全面落实教育工作目标的新定位。立足新时代，仔细考量这一时代比任何时代都更加接近实现中华民族伟大复兴的重要使命，习近平从"人心、人格、人力、人才、人民"五个维度，明确了新时代的教育工作目标。其中，教育"凝聚人心"工作目标的定位是强调教育的精神凝聚作用，强信心、聚民心、暖人心、铸同心，弘扬中国精神、传播中国价值、凝聚中国力量是其具体表达。教育"完善人格"工作目标的定位是强调教育对个体人格之健全、全面发展的作用，通过教育，引导中华民族一代接着一代，持续追求美好崇高的道德境界，增强做中国人的志气、骨气和底气，培养高尚的道德情操和健康的生活情趣，提高审美和人文素养，促进人的全面发展是其具体表达。教育"开发人力"和"培育人才"工作目标的定位是强调教育对经济社会发展的支撑作用，开发人力资源，培养更多、更高质量人才的职责使命是其具体表达。教育"造福人民"工作目标的定位是强调教育的社会价值在于服务人民日益增长的美好生活需要，要体现以人民为中心的发展理念。这五个维度的定位，既包含着内在的精神维度，也包含着现实的客观维度；既包含着个体成长的维度，也蕴含着社会发展的维度；

---

① 《习近平在全国教育大会上强调：坚持中国特色社会主义教育发展道路 培养德智体美劳全面发展的社会主义建设者和接班人》，载于《人民日报》2018 年 9 月 11 日，第 1 版。

既包含着政治认同的维度，也包含着经济贡献的维度。这五个维度着眼于人，是系统有机的统一整体，是教育功能和效果的拓展与丰富，也是教育工作目标在新时代的全新定位。

四、围绕民族复兴所需的时代新人，明确了制定教育工作目标的人才培养方向

我国是中国共产党领导的社会主义国家，这就决定了我们的教育工作必须把培养社会主义建设者和接班人作为根本任务，培养一代又一代拥护中国共产党领导和我国社会主义制度、立志为中国特色社会主义奋斗终身的有用人才。这是教育工作的根本任务，也是制定教育工作目标的方向。

党的十八大以来，特别是党的十九大以后，党和国家从多个维度，对人才培养标准提出了新的要求：一是把立德树人作为教育工作的根本任务；二是把创新能力作为我国人才培养的关键能力；三是教育要做到"四个服务"，即为人民服务、为中国共产党治国理政服务、为巩固和发展中国特色社会主义制度服务、为改革开放和社会主义现代化建设服务；四是强调把担当精神与社会责任感作为人才培养的必备品格；五是教育要与生产劳动和社会实践相结合。这些人才培养的新标准、新要求，强调了社会主义核心价值观的引领作用以及培养社会责任感与担当精神的重要意义，突出了人才培养的社会主义方向，回应了"培养什么样的人、如何培养人、为谁培养人"这一根本问题。这一系列新的人才培养标准的提出，创新和发展了马克思主义关于人才培养的思想，是新时代制定教育工作目标、履行教育工作特定使命的出发点。

面对民族复兴所需的时代新人要求，在制定教育工作目标时，应以培养德智体美劳全面发展的社会主义建设者和接班人为根本使命，以培养学生必备品格和关键能力为出发点，以社会主义核心价值观统领课程改革、人才培养模式改革、课堂教学改革和考试评价改革，建立科学的、现代化的学科体系、教材体系、教学体系、管理体系，构建德智体美劳全面培养的教育体系，形成更高水平的人才培养体系。为此，就要在坚定理想信念上下功夫，所制定的教育工作目标，要倒逼人才培养单位注重引导学生树立共产主义远大理想和中国特色社会主义共同理想，增强学生的中国特色社会主义道路自信、理论自信、制度自信、文化自信，立志肩负起民族复兴的时代重任。进而言之，要在厚植爱国主义情怀上下功夫，让爱国主义精神在学生心中牢牢扎根，引导学生热爱和拥护中国共产党，立志听党话、跟党走，立志扎根中国大地、奉献国家、造福人民；要在加强品德修养上下功夫，引导学生培育和践行社会主义核心价值观，踏踏实实修好品德，成为有

大爱、大德、大情怀的人；要在增长知识见识上下功夫，引导学生珍惜学习时光，心无旁骛求知问学，增长见识，丰富学识，沿着求真理、悟道理、明事理的方向前进；要在培养奋斗精神上下功夫，引导学生树立高远志向，培养敢于担当、不懈奋斗的精神，具有勇于奋斗的精神状态、乐观向上的人生态度，做到刚健有为、自强不息；要在增强综合素质上下功夫，引导学生培养综合能力，培养创新思维。同时还要树立健康第一的教育工作理念，帮助学生强身健体、享受运动；要全面加强和改进学校美育，以文化人、以美育人，坚定文化自信；要弘扬劳动精神，引导学生崇尚劳动、尊重劳动。正是围绕以上要求，制定了当前的教育工作目标。

第二节　宽广的国际视野：应对百年未有之大变局的国际挑战

关于当今世界正经历百年未有之大变局的科学论断，充分体现了党和政府对当前国际形势判断的深谋远虑。就教育的内容而言，这一判断是我们引导学生正确分析和认识国际形势的理论指导。进行"世界百年未有之大变局"的教育，是形势与政策教育的重要内容。但是，我们更应该从"培养什么人"的角度来理解。教育是面向未来的事业。未雨绸缪，居安思危，是教育应有的品质。世界百年未有之大变局给我们带来了诸多机遇。但是，其所带来的新问题、新矛盾、新挑战也不容小觑，需要我们从战略高度加以审视。教育工作者要认真研究，在世界面临百年未有之大变局之际，中国教育培养的人才应该从哪些方面有所改进，方能胜任未来面向世界、更加开放的局面？从哪些方面来改善和优化人才的素质结构，才能符合时代新人的标准？可以预见的是，新时代对人才的综合素质要求会更高，对人的发展要求会更加全面。"培养什么人"的根本任务，要求教育工作目标要适时调整补充，弄清楚其中"什么"的要义、内容、标准，补齐"什么"中的短板，为教育的改革与创新导航。全国教育大会首次提出"五人"教育工作目标，正是为了明晰教育工作的努力方向，使教育工作和人才培养与世界发展的大趋势无缝对接。从"人心、人格、人才、人力、人民"的"五人"来制定标准和目标，突破了原有的工作局限性，体现了新时代对教育、对时代新人的全面性要求，使"培养什么人、怎样培养人、为谁培养人"的根本任务落到实处，为培养的人才能够参与全球政治经济建设提供了工作的基本遵循。

一、应对百年未有之大变局，需要制定教育"凝聚人心"的工作目标

科学虽然没有国界，但科学家应该有自己的祖国，科学成果的应用也会受到国家一定的掌控。在世界百年未有之大变局的国际环境中，面对西方敌对势力的打压和抑制，如果不制定合宜的教育工作目标，把全国人民拧成一股绳，尤其是让我国培养的高级人才留在国内，为中国特色社会主义贡献力量，那么想要在这一大变局的国际环境中取胜也就根基不牢。明晰这一点，就须在制定新时代教育工作目标时，将教育"凝聚人心"工作视为一个十分重要的方面，这既是应对百年未有之大变局的重要举措，也是对教育规律的基本遵循，更是满足群众期盼、顺应民意的基本措施。

"人心是最大的政治"①，道出了新中国成立70年来光辉历程的历史真谛，揭示了新时代治国理政的深层奥秘。"人心"作为一种观念性文化，始终与思想休戚关联，而思想观念的深刻嬗变与多样异质思潮的叠加混搭，催生了分歧分化思想这一"现代性面相"，致使内聚性的"人心"有被涣散之可能。"水能载舟、亦可覆舟。"重视人心向背，聚集人心，成为摆在党和国家意识形态安全议程中的重要议题。在世界百年未有之大变局中，面对人心可能会受到种种因素干扰冲击而出现涣散的现状，更需要在制定教育工作目标时对"人心"加以充分考量。因为应对世界百年未有之大变局，需要倚重人民群众力量，关注人民群众诉求。进而言之，在制定教育工作目标时纳入"人心"因素，会为具体的教学实践提供指导，通过教化民众，汇聚共识，进而凝聚人心，找到"全社会意愿和要求的最大公约数"，为实现中华民族伟大复兴汇聚磅礴力量。

"得民心者得天下，失民心者失天下"，"人心向背"决定一个政党、一个国家是否能够长治久安。面对世界百年未有之大变局，将凝聚人心纳入新时代的教育工作目标，既体现了马克思主义的价值认同思想，有利于维护我国的意识形态安全，也是出于历史教训和现实需要的实际考量。境外出现的多例政权更迭、颜色革命、社会动荡，无不可以从教育问题追溯到起因。面对世界百年未有之大变局，通过制定教育"凝聚人心"的工作目标，充分发挥教育的凝聚人心功能，通过各种教育手段、教育方式和教育内容创新，立体施策来凝聚人心，提升人民群众的精神境界，不断增强广大青年学生的政治认同、国家认同、民族认同，践行社会主义核心价值观，树立中国特色社会主义共同理想和共产主义远大理想，有

---

① 《习近平著作选读》第二卷，人民出版社2023年版，第169页。

利于为应对百年未有之大变局汇聚起磅礴力量。

二、应对百年未有之大变局，需要制定教育"完善人格"的工作目标

要成功应对百年未有之大变局，就需要不断推进中华民族伟大复兴的实现，只有这样，才能为应对世界变局积攒"硬实力"。而中国梦的实现，需要培育为中国特色社会主义服务的时代新人，尤其侧重的是人格完善，意即要使时代新人同时是"有理想的人""有本领的人"和"有担当的人"，这样才能符合当前我国社会发展的现实需要，才能满足应对百年未有之大变局的国际需要。为此，在制定教育工作目标时，一方面，要根据人的发展和人格的发展规律，为未来的社会发展培养人（这里的"人"不是从社会的工具意义，而是人自身和社会发展的共同主体，拥有完善的人格意义谈的）；另一方面，人的发展和人格的塑造要适应社会要求，能够促进社会的发展。唯此，才能培养出个体完善的人格，从而形成具有整体统一的意志，进而成为应对百年未有之大变局的内在动力。

健全的人格是处于一定社会关系中的人的立身之基与发展之本。通过完善人格来应对百年未有之大变局，有利于筑牢人才力量之基。党的十八大报告提出"把立德树人作为教育的根本任务"[①]，教育工作作为培养人、塑造人、引导人的实践活动，贯穿于人的成长、发展全过程，通过形塑人的心理人格、道德人格、社会人格、政治人格和法律人格等，有利于使人们形成健全的人格，为应对百年未有之大变局奠定人格基础。值得注意的是，人格并非一成不变的，而是在生物遗传学基础上，通过后天学习与教育习得，方可修炼、塑造和提升的。据此，通过制定教育完善人格的工作目标，是新时代应对百年未有之大变局的必要之举。通过教育完善人格，涵养胸怀"中华民族伟大复兴战略全局"使命和担当，增强应对百年未有之大变局的意识和本领，有利于为应对百年未有之大变局培养出更多德才兼备的社会主义建设者和接班人，使之成为增强我国硬实力和软实力的主力军，为应对百年未有之大变局筑牢人才发展基础。

三、应对百年未有之大变局，需要制定教育"开发人力"的工作目标

为了应对百年未有之大变局，通过制定开发人力的教育工作目标，可以储备

---

① 《中国共产党第十八次全国代表大会文件汇编》，人民出版社 2012 年版，第 32 页。

人力资源。人力资源开发指的是组织采取各种手段，对人的能力展开一系列的开发并将其在组织中融为一体，进而将人的潜能充分挖掘出来，使组织目标更好的实现。其中主要包含两层含义；一方面，合理利用人力资源；另一方面，加大培养力度，增加人力资源存量。在当前百年未有之大变局形势之下，人才资源之间的竞争成为国际竞争的重要方面。

党的十八大以来，提出了一系列人才强国战略，可以说，人才资源已然成为提高国家综合实力和国际竞争力的关键。而建设人才强国的核心是建设人力资源强国。所谓人力资源强国，是指"人力资源总量丰富、开发充分、结构合理、效能发挥达到世界先进水平的国家，包括人力资源数量、质量、结构、开发能力及利用效率等方面的重要因素"①。就我国而言，尽管当前的人力资源结构和开发利用能力取得了长足发展，但还存在着很大的进步空间。考量至此，就要求在制定教育工作目标时，要注重我国的人力资源开发，不断提高我国劳动者的劳动能力和整体素质，构建适合我国现有人口结构的发展规划，为应对百年未有之大变局提供源源不断的优质人力资源。

四、应对百年未有之大变局，需要制定教育"培育人才"的工作目标

通过培育人才，可以为百年未有之大变局提供人才支撑。治国之本，重在用人。党的十八大以来，习近平特别重视人才培养工作，在继承和发展马克思列宁主义人才理论及历届领导集体关于人才思想的基础上，对人才的培养提出了许多新论述，形成了一系列富有全局性、系统性的人才观。例如，习近平强调："要树立强烈的人才意识，寻觅人才求贤若渴，发现人才如获至宝，举荐人才不拘一格，使用人才各尽其能。"② 在欧美同学会成立 100 周年庆祝大会上谈道："我们比历史上任何时期都更接近实现中华民族伟大复兴的宏伟目标，我们也比历史上任何时期都更加渴求人才。"③ 对人才的要求是圆梦的必要条件。中国梦的实现需要资本，资本越多，底气才会越足，而在实现中国梦的众多资本中，"人才"是最重要的资本，因而是实现中国梦的重要支柱。我国是科技人力资源大国，需

---

① 朱永新、魏书生、贺乐凡、王本中：《〈规划纲要〉让我们形成共识凝聚力量》，载于《中国教育学刊》2010 年第 4 期，第 1～10 页。

② 中共中央宣传部、中央广播电视总台：《平语近人：习近平总书记用典》，人民出版社 2019 年版，第 213 页。

③ 新时代思想政治工作大讲堂编写组：《新时代思想政治工作大讲堂》，人民出版社 2021 年版，第 180 页。

要奋力开启蕴藏在人们大脑中的智慧源泉，运用知识、运用人才成就未来。"人才培养一定是育人和育才相统一的过程，而育人是本。"[①] 对此，习近平站在时代发展的高度，强调了教育在育人环节的重要作用。据此，面对当前百年未有之大变局的国际背景，要想在应对过程中立于不败之地，就须在制定教育工作目标时，注重"培养人才"这一指标，从而在人才的集体推动下，不断增强我国的硬实力，提升我国在国际社会的影响力"软实力"，进而在国际竞争中取胜。

五、应对百年未有之大变局，需要制定"造福人民"的教育工作目标

通过造福人民，可以为应对百年未有之大变局夯实群众基础。随着"十三五"规划目标任务的顺利完成，特别是脱贫攻坚取得全面胜利，奋力建设社会主义现代化强国的新征程，积极应对世界百年未有之大变局，需要一代又一代堪当大任的时代新人接续奋斗。教育工作作为基础性、战略性、先导性事业，肩负着新时代人才培养、智力支持的重任，理应服从和服务于党和国家工作的大局，站在应对世界百年未有之大变局的战略高度，在洞察党和人民事业发展要求的基础上，有针对性地谋划新时代的教育工作目标。

人民性是社会主义教育的根本属性，以人民为中心是中国共产党最鲜明的政治立场。坚持党对一切工作的领导是中国特色社会主义的本质特征，更是中国特色社会主义的制度优势。站在应对国际未有之大变局的战略高度，要想在变局中开新局，就应注重国内民心的基础，这为制定教育工作目标提供了方向，即坚持以人民为中心发展教育，办好人民满意的教育，把增进人民福祉、促进人的全面发展作为教育工作的出发点和落脚点，作为新时代教育工作者的共同使命和价值追求。由此可以说，制定教育造福人民的工作目标，既体现了新时代教育工作的终极使命和价值旨归，也是应对当前百年未有之大变局的必然要求。教育工作造福人民，就在于能够提高国民整体素质、提高人民生活质量，满足人民对美好生活的需求。通过全面推进教育现代化，不断提高教育质量，促进教育公平，优化教育结构，为应对百年未有之大变局提供人才和智力支撑。

在应对百年未有之大变局的战略背景下，考量当前制定教育工作目标的实践发现，教育"造福人民"工作目标的确定既是当代中国教育工作的终端目标，也是当代中国教育改革万径归一的落脚点，有利于在提高中国人民的幸福指数中促

---

① 中共中央宣传部、中央广播电视总台：《平语近人：习近平总书记用典》，人民出版社 2019 年版，第 214 页。

进"万众归心",共同致力于应对百年未有之大变局的实践。从这一角度看,教育"造福人民"工作目标,承载着亿万中国人通过强教育、强国屹立于世界民族之林的期望,而能否真正让人民从教育工作中受益,则是判定能否将全国人民凝聚起来,共同应对百年未有之大变局的一条准绳和有效路径。可见,教育工作是人民的事业,倾听人民呼声、集成人民智慧、响应人民民意是做大中国教育、增强我国综合国力的切入点,也是当代我国的教育工作应对百年未有之大变局,从而在世界范围内崛起的突破口。

第三节　激烈的人才竞争:抢占世界人才竞争制高点的竞争需要

当今世界正处在大发展大变革大调整时期。世界多极化、经济全球化深入发展,科技进步日新月异,人才竞争日趋激烈。"中国未来发展、中华民族伟大复兴,关键靠人才,基础在教育。"[①] 在经济全球化进程中,虽然也出现了"逆全球化"抬头的现象,但是从世界经济发展的规律看,经济全球化符合世界经济发展的客观要求,依然是不以某些人的意志为转移的不可逆转的历史潮流。它将深刻影响着整个世界的经济和政治格局,随之也制约着教育的发展格局。经济全球化一方面为世界经济发展充注巨大活力,另一方面也带来时空压缩、市场扩大和竞争加剧,将人类带入文明转折的重要关口,给主权国家带来巨大的挑战。当前国家与国家之间的竞争维度更加多元,其中包含一些较为"软性"的领域,人才就是一个极其重要的方面,人才的战略重要性日益凸显,而人才的成长和发展与教育的作用息息相关。20 世纪 80 年代以来,国际人才市场竞争日趋激烈,特别是对高新科学技术人才的需求迅速膨胀,大量优秀的专业科技人才打破"国界"在国际范围内流动。世界银行 2017 年发布的报告《向往富裕生活:全球移民与劳动力市场》(Moving for Prosperity:Global Migration and Labor Markets)指出,人才的全球流动,特别是发展中国家向发达国家的人才流动,进一步加剧了世界人才的不平衡状态,深刻改变着 21 世纪的发展格局。人才跨国流动和强调人才主权,正在成为时代的主流。对我国的教育工作而言,"以凝聚人心、完善人格、开发人力、培育人才、造福人民为工作目标,培养德智体美劳全面发展的社会主义建设者和接班人,加快推进教育现代化、建设教育强国、办好人民满意的教

---

① 《全国教育工作会议文件选编》,人民出版社 2010 年版,第 52 页。

育。将服务中华民族伟大复兴作为教育的重要使命"①，积淀起人才国际化竞争的比较优势，抢占世界人才竞争制高点意义重大。

一、人才的全球流动是制定教育工作目标不容忽视的客观现实

当今世界的竞争归根结底是人才的竞争，一定程度上讲，谁拥有更多、更高端的人才资源，谁便会在国际竞争中占据高地。鉴于此，面对经济全球化附带的人才的全球流动，我国在制定教育工作目标时应当充分加以考量，以期通过制定科学合理的教育工作目标，培养出更多更高端的人才，而且能留住人才、吸引人才、用好人才，为我国的社会主义现代化服务。因为人才资源不仅仅是一种人力资源，还属于重要的生产要素，在生产过程中伴随不同的人才配置方式、配置结构以及配置机制会产生截然不同的生产效益，全球范围内频繁的人才流动便是明证。人才的跨国界流动对主权国家的发展带来了明显的影响。应当说，人才离开原来的服务地、脱离原来的服务对象都属于社会常态。从人类社会发展历史看，早在古代由于经济或政治等方面的原因，就已经出现了劳动力在不同地区和国家间的流动。近代以来又出现了四次大规模的人才国际流动。特别是 20 世纪 80 年代之后，随着经济全球化趋势不断增强，人才跨国界流动的规模加大、频率加快。据国际移民组织发布的《世界移民报告 2022》，目前全世界的移民达 2.81 亿之多。其中，科技移民占有很大分量。虽然近年出现所谓"逆全球化"现象，但是人才跨国流动的形势并没有明显变化。

经济全球化的一个重要结果是市场的全球化，也包括人才资源配置的全球化。从历史上看，人才流动就是一个普遍存在的现象。国际著名比较教育学家菲利普·阿特巴赤曾指出："从中世纪开始，一直存在着人才流动现象。由于种种原因，学者们到国外工作。国内机会少，条件差，加之种族或宗教的歧视等都是促使学者们到国外工作的'推动'因素，而较高的薪水、设备良好的实验室和图书馆、更令人满意的教学职责、学术自由以及处于'中心'位置的感觉等，则是促使学者们到国外工作的'拉动'因素。现在，所谓的人才外流是一个非常复杂的现象，因为在国外工作的学者们时常回国工作或同国内的学术界保持着联系。"②

---

① 学习时报编辑部：《以教育现代化助力强国建设》，人民出版社 2020 年版，第 118 页。
② ［美］菲利普·阿特巴赤：《比较高等教育知识、大学与发展》，人民教育出版社教育室译，人民教育出版社 2001 年版，第 3 页。

在经济全球化背景下，国际贸易更加自由活跃、资本更加全球化以及生产日趋跨国化，人才资源的配置格局也难以脱离"全球化"这一语境，深深打上了"国际化"的烙印。首先，活跃的全球贸易加速世界人才间的交流。国与国之间的物品交易、商品贸易等既属于"物"流，也是人与人之间的交流。随着越来越多的国家进入全球市场，在世界贸易组织的协调下，关税水平大幅度下降，非关税壁垒受到更严格的限制，各国充分"扬长避短"，优化国际劳动分工，在全球范围内广揽自身优势领域、行业所需的人才，促进人才的全球交流，呈现出"国际移民的全球化、加速化、多样化和女性化"[①]特征。其次，资本的全球化配置使得人才流动跨国化。一方面，人才资源的流动遵循着基本的市场规律，随着资本全球化，人才因在世界范围内寻找适合自身发展的土壤和平台而不断流动；另一方面，资本的全球化使得一大批新兴国际金融市场崛起，融资工具不断翻新，带动全球金融及其他产业的发展，撬动并改变全球人才配置格局。最后，跨国公司还为人才国际化提供了渠道。百年未有之大变局下，世界经济越来越一体化，生产的全球化使得国与国之间不单单局限于"终端"上产品的交换关系，更多体现为由跨国公司影响的一种生产分工与合作关系，对人才素质提出了更高的要求，人才国际化成为一种必然趋势。可见，人才的全球流动以及经济全球化境遇下对人才素质的要求是制定教育工作目标的客观基础。

二、世界教育变革为制定教育工作目标提供时代机遇

"时代越是向前，知识和人才的重要性就愈发突出，教育的地位和作用就愈发凸显。"[②] 当今世界正在经历百年未有之大变局，而世界之大变局牵涉并制约着教育之大变局。习近平指出，"教育决定着人类的今天，也决定着人类的未来"[③]。教育总是以其先导性、基础性和全局性的作用对人类的发展起到预示的功能。把握世界教育发展大势，就是要把握百年未有之大变局下世界教育变革的本质特征，为制定我国的教育工作目标奠定基础。

---

① 李明欢：《20 世纪西方国际移民理论》，载于《厦门大学学报》（哲学社会科学版）2000 年第 4 期，第 12 ~ 18 + 140 页。

② 全国干部培训教材编审指导委员会组织编写：《改善民生和创新社会治理》，人民出版社、党建读物出版社 2019 年版，第 11 页。

③ 新华月报：《新中国 70 年大事记（1949.10.1—2019.10.1）》（下），人民出版社 2020 年版，第 1735 页。

（一）世界教育哲学理念的变革为我国制定教育工作目标提供价值指引

人类教育的具体实践与制度积淀经历了一个历时性的演化过程，肇始于最初的"古典教育"制度雏形，进而发展到"传统教育"阶段，再历经文艺复兴的洗礼之后，逐步探索出"现代教育"制度，并将人类带入快速发展的现代文明阶段。"教育是民族振兴、社会进步的重要基石，是功在当代、利在千秋的德政工程，对提高人民综合素质、促进人的全面发展、增强中华民族创新创造活力、实现中华民族伟大复兴具有决定性意义。"[①] 在人类社会发展历程中，教育总是以其先导性、基础性和全局性的作用起到预示的功能。纵观人类社会发展的历程可知，一个国家的发展程度总与其教育的发展水平存在千丝万缕的联系。例如，"公元1167年，英格兰诞生了英文世界的第一所大学牛津大学，从此开启英国高等教育辉煌发展的时代，奠定英国逐步强盛的基础。再如，19世纪中叶，由于技术发展的需要，德国和美国先后建立大学本科后的研究生教育体系，从而推进科学技术及人文社会科学的引领性发展"[②]。而近代中国的衰落一定程度上与教育体制、教育范式的落后也脱不开关系。历经了清末、民国的教育启蒙，中华人民共和国成立之后，在中国共产党的带领之下，逐渐探索并建立起具有中国特色的现代教育体系，为中国特色社会主义建设提供了坚实的人才支撑。

当今，世界教育哲学理念正在悄然转变。随着时代的发展，当今人类步入了"人类世"时代。这一时代的人类，面临着全人类所面临的一些共性风险与挑战，呼唤人类转变处世之道，即从宰制转向共生，而教育则是发生转变的关键环节；为胜任这一历史使命，教育范式需要颠覆性变革，即从人类中心主义教育学转向非人类中心教育学。世界教育领域基于新的使命、朝着新的目标，正展开着新的实践，这些无不向我们昭示出世界教育范式已然发生变革，即教育哲学从"主客二分的'认识—宰制'范式转向我他一体的'关怀—共生'范式"[③]。而世界教育哲学理念的转变为我国制定教育工作目标提供了价值指引，促使我国教育工作目标的价值顶层设计更加优化，即超越单纯的知识教育，秉持主体间性教育理念，化解主体意识失落、价值观撕裂以及消费文化猖獗等现代性危机，超越人的

---

① 《习近平重要讲话单行本（2020年合订本）》，人民出版社2021年版，第275页。
② 杨志成：《百年未有之大变局下世界教育变革与中国教育机遇》，载于《教育研究》2021年第3期，第4~11页。
③ 杨道宇：《与世界共生：迈向2050教育范式变革》，载于《比较教育研究》2022年第4期，第3~10页。

发展悖论困境，"培养德智体美劳全面发展的社会主义建设者和接班人"[①]，帮助其构筑起美好的精神家园，达至人的全面发展的境界。因为教育不是一种单子式的对象化活动，教育双方都要摒除"为我性"的思维立场，建立起对话式、交往式的互动机制，激发教育活力。

（二）世界教育实践范式的变革为我国制定教育工作目标提供实践借鉴

伴随着人类社会的现代化进程，世界教育也在发生着现代化的转向，而教育现代化反过来又可以通过培养现代人来服务社会的现代化建设。中国教育现代化是世界教育现代化的重要组成部分。加快教育现代化，建设教育强国，是新时代党和国家对教育事业发展作出的战略部署，是"以中国式现代化全面推进中华民族伟大复兴"[②]的时代使命和重要内容。随着教育理念的变革、新技术的蓬勃发展，世界教育实践领域正发生着深刻变革，世界教育的实践范式已然超越了传统的实践范式。以往的教育已然架构起了现代学校、现代学制、专业教师、依据教材、分科教学等基本范式，这些"常态化"范式为世界教育的专业化、集约化、规模化发展奠定了良好的基础，一方面有利于知识在全球范围内的传播、现代科学技术的发展，另一方面有利于教育的高质量发展。

然而，随着泛在网络连接技术的发展和5G时代的到来，元宇宙、ChatGPT、大数据、云计算、区块链等技术的发展，教育的实践样态发生了翻天覆地的转变，世界教育可谓处于新的"十字路口"。未来教育将会以何种样态形式呈现，目前还未形成统一的定论。但肯定的是，世界教育将呈现出"未来教育"范式，这种范式打破了固有的时空限制与定型模式，给人们接受教育带来崭新的体验与获得感。例如，教育不再局限于特定的学校、特定的课堂，而是更加智慧的"泛在化""个性化"，只要拥有一个技术设备，便可随时随地"沉浸"于各种教育场景；教育不再局限于课堂上教师的单向输出，而是搭建起一种"我—你"的关系格局，通过采取"对分课堂""翻转课堂"等教学模式架构起师生交流沟通渠道，促使双方视域融合与情感共鸣，实现教师与学生思维的共奏；教育不再仅仅是一种学历教育或其他基于外在需要的一种"刚性"需求，更多指向基于内在需求的"终身学习方式"，以更好地满足人民日益增长的美好精神需要。总之，世界教育变革将在超越校园束缚、超越班级授课、超越学科边界、超越教材资源、

---

① 《习近平谈治国理政》第三卷，外文出版社2020年版，第328页。

② 习近平：《高举中国特色社会主义伟大旗帜 为全面建设社会主义现代化国家而团结奋斗——在中国共产党第二十次全国代表大会上的报告》，人民出版社2022年版，第21页。

超越专业教师授课、超越现代学制中实现面向未来教育实践范式的转型。这是未来教育超越现代教育的基本方法论特征。[①] 世界教育实践范式的转变为我国制定教育工作目标提供了实践借鉴。

三、教育"国之大计、党之大计"的定位为制定教育工作目标锚定方向

习近平在全国教育大会上指出，"教育是国之大计、党之大计"[②]。这是站在政治的高度和国家层面，深刻总结新中国成立 70 多年来教育实践的经验教训，结合新时代教育工作面临的形势任务而得出的重大论断。教育指向培养人、造就人、完善人的重要社会公益事业，它既是匡正个体能力发展与素质提高的重要标尺，也是促进民族与国家发展的根本基石。教育从来就是每个民族与国家始终关切关怀的重要社会实践活动，因为它寄托着每个民族与国家的发展希望；教育历来也是每个家庭与个体高度关心关注的重大民生事业，因为它承载着每个家庭与个体的未来憧憬。正是为了提高全党全国人民对教育基础性地位与决定性作用的认识，习近平在改革开放以来的第五次全国教育大会上，从中国特色社会主义现代化建设全局与战略高度作出了"教育是国之大计、党之大计"重要新论断。这一重要新论断深刻揭示了教育内在功能与价值，并赋予了教育在新时代改革发展的根本遵循。"'教育是国之大计、党之大计'的重要论断，是对新中国 70 年来教育改革发展经验的深刻总结，是从成功实践中一步步升华而来的理论成果，必须始终牢牢坚持。"[③] 教育是面向未来的重要社会事业，要更好发挥自身具有的先导性、基础性与全局性的价值与作用，就要推动"教育同党和国家事业发展要求相适应、同人民群众期待相契合、同我国综合国力和国际地位相匹配"[④]。

（一）教育工作为实现经济从高速度增长走向高质量发展提供雄厚人力支持

党的二十大开启了"全面建成社会主义现代化强国、实现第二个百年奋斗目标，以中国式现代化全面推进中华民族伟大复兴"的新征程，"高质量发展"是

---

① 杨志成：《未来教育的时间与存在》，载于《中国教育报》2017 年 6 月 28 日。
② 习近平：《在教育文化卫生体育领域专家代表座谈会上的讲话》，人民出版社 2020 年版，第 2 页。
③ 陈宝生：《国之大计党之大计——新中国教育事业的历史成就与现实使命》，载于《人民日报》2019 年 9 月 10 日。
④ 全国干部培训教材编审指导委员会组织编：《改善民生和创新社会治理》，人民出版社、党建读物出版社 2019 年版，第 22 页。

实现中华民族伟大复兴的必然要求，"高质量发展"诉求也含涉社会发展的方方面面，教育更肩负着为高质量发展提供大量高质量人才的历史使命。当今世界，国与国之间的竞争不断加大，与此同时，我国社会主要矛盾发生转变，要想更好地提升我国的国际竞争力，经济发展需从高速增长向高质量发展的"转轨"，而这就呼唤教育来培育出更多更加优秀的高技术人才，借此依托创新、技术、信息等要素盘活经济发展活力，推动新业态的发展。习近平曾明确指出："劳动者素质对一个国家、一个民族发展至关重要。技术工人队伍是支撑中国制造、中国创造的重要基础，对推动经济高质量发展具有重要作用。"① 总之，通过教育培育出更多的优秀人才，为经济高质量发展提供人才支撑。

（二）教育工作为实现从人力资源大国走向人力资源强国提供坚实人力保障

实现中华民族伟大复兴需要源源不断的人才的支持。我国是一个拥有巨大人口数量的国家，如若从人力资源大国转向人力资源强国将对我国经济发展提供强劲动能。而这就需要发挥教育的功能与作用，通过教育提升人们的整体素质。习近平强调，"建设教育强国，是全面建成社会主义现代化强国的战略先导，是实现高水平科技自立自强的重要支撑，是促进全体人民共同富裕的有效途径，是以中国式现代化全面推进中华民族伟大复兴的基础工程"②。教育在我国从人力资源大国走向人力资源强国的过程中既起着基础性作用，也起着决定性作用。通过高水平的教育，使"教育与政治、社会、经济、文化、生态形成良性互动，通过人才培养、科学研究、社会服务、文化传承创新助推国家强大"③。

（三）教育工作为从文化自信走向文化自强提供强大智力支持

习近平指出，"育新人，就是要坚持立德树人、以文化人"④。实现中华民族伟大复兴有赖源源不断坚守并信仰中国特色社会主义文化自信的时代新人的支持，通过教育夯实中国人共有的精神家园，使之坚守中华文化立场、传承中华文化基因、养成中华审美风范。一是通过教育使人们坚守中华文化立场，保持中华

---

① 新华月报：《新中国70年大事记（1949.10.1—2019.10.1）》（下），人民出版社2020年版，第2003页。

② 《习近平在中共中央政治局第五次集体学习时强调　加快建设教育强国　为中华民族伟大复兴提供强力支撑》，载于《人民日报》2023年5月30日。

③ 薛二勇、李健：《教育强国建设的政策内涵、监测指标与战略路径》，载于《中国教育学刊》2023年第7期，第1~6页。

④ 《习近平著作选读》第二卷，人民出版社2023年版，第193页。

文化的主体性和民族性。继承与转化中华优秀传统文化，激活优秀传统文化在新时代语境下的生命力；弘扬与传承革命文化，通过传承红色基因，激发新时代的爱国奋斗精神；改革与创新社会主义先进文化，增强文化吸引力和感召力。二是通过教育使人们秉承中华文化基因。在教育过程中展示我国文化源远流长所一以贯之的积极因素，包括"讲仁爱、重民本、守诚信、崇正义、尚和合、求大同"① 等思想精华。三是通过教育使人们发扬中华审美风范。通过教育发扬中华民族追求理想人格、超越二元对立思维、讲求"中和"之美的审美性格，对实现和谐社会与构建人类命运共同体提供思想补益。

第四节 崇高的理论旨趣：契合促进人的全面发展的价值追求

马克思主义人的全面发展理论是马克思主义的重要学说之一。马克思指出，人应该做到"作为一个完整的人占有自己全面的本质"②，人的全面发展实际上正是对人的本质的全面占有。人的全面发展是人的本质的生成和展开，表现为人的个性的全面发展、人的需要的充分满足、人的能力的全面发展、人的社会关系的全面发展。"五人"教育工作目标基于崇高的理论旨趣，与马克思主义人的全面发展理论在思想内核、演进逻辑、价值追求等方面具有内在同构性，契合促进人的全面发展的价值追求。"五人"教育工作目标与促进人的全面发展具有内在的统一性。

一、"五人"教育工作目标与人的全面发展在理论内涵上的一致性

（一）"五人"教育工作目标是对马克思主义人的全面发展理论的继承与发展

"五人"教育工作目标继承和发展了马克思主义人的全面发展理论，是马克思主义人的全面发展理论在当前历史时期、历史条件下所得出的新成果，是马克

---

① 《习近平谈治国理政》第一卷，外文出版社 2017 年版，第 164 页。
② 《马克思恩格斯文集》第一卷，人民出版社 2009 年版，第 18 页。

思主义对如何解决社会问题、实现社会理想的新解答。"五人"教育工作目标以马克思主义人的全面发展理论作为思想源泉，是对马克思主义人的全面发展理论的继承和发展。回溯至19世纪，马克思、恩格斯分析工人的生产劳动和革命实践，全面批判资本主义生产、制度和意识形态所造成的人格问题，提出未来世界的社会主义劳动者是"全面发展的一代生产者"[①]。马克思主义对全面发展的生产者的定义还涉及三个方面的本质的全面发挥，一是自由自觉性，即"一个种的整体特性、种的类特性在于生命活动的性质"[②]，人本应具有的类本性是自由有意识的活动；二是劳动，劳动造成人同其他动物最后的本质的区别；三是社会关系，个体既是"社会存在物"[③]，也是"一切社会关系的总和"[④]。因此，马克思主义人的全面发展理论意指人的自由自觉性、劳动活动和社会关系这三项本质的全面实现。

2018年9月，习近平在全国教育大会上正式提出"五人"教育工作目标，强调我国以凝聚人心、完善人格、开发人力、培育人才、造福人民为教育工作目标，培养德智体美劳全面发展的社会主义建设者和接班人。[⑤] 要实现"五人"教育工作目标，就要做到：一是加强环境适应能力，让受教育者善于处理人与自然环境的关系，做到尊重自然、顺应自然、保护自然，与自然环境和谐共生。二是提升社会交往能力，建立、维持良好的社会关系，进而增强人的幸福感、归属感、安全感等心理体验和状态。不同于人与自然环境的世界中所强调的适应能力，人与社会的关系要求更大程度上发挥人的自主自发性。受教育者能够与他人建立并维持良好的社会关系，主动进行社会整合，融入社会之中。三是形成独立自我意识，使受教育者在充分认识自我的基础上，清醒地把握自己的内心需求，完整地了解内心世界，理解周围世界的意义，明确当前以及未来的行动。"五人"教育工作目标提出培养具有充分自我认知、良好环境适应力和社会交往能力的受教育者，其内涵皆可溯源至马克思主义人的全面发展理论对人格建设的要求。

（二）"五人"教育工作目标体现了马克思主义人的全面发展理论的理念内核

马克思主义人的全面发展理论为"五人"教育工作目标提供了丰富的理论资

---

① 《马克思恩格斯选集》第3卷，人民出版社2012年版，第684页。
② 《马克思恩格斯选集》第1卷，人民出版社2012年版，第56页。
③ 《马克思恩格斯文集》第1卷，人民出版社2009年版，第188页。
④ 《马克思恩格斯选集》第1卷，人民出版社2012年版，第135页。
⑤ 《习近平著作选读》第二卷，人民出版社2023年版，第195页。

源和价值底蕴，"五人"教育工作目标体现了马克思主义人的全面发展理论的精神内核。一是聚焦于"现实的人"。不同于以抽象人为基础的西方哲学，马克思主义人的全面发展理论关注现实社会以及人的现实需要，指出人的全面发展的重要内涵之一是人的本质即"一切社会关系的总和"的展开，"五人"教育工作目标聚焦人类个体的社会属性，"五人"教育工作目标的任务之一就是让自然人不断认知自我与社会，遵守社会纪律，了解社会关系，履行社会责任，适应社会环境，满足受教育者参与社会交往的现实需要。二是遵循教育规律。习近平在全国教育大会上提出教育工作应遵循教育规律，指明我国教育工作的开展应不断从自发走向自主和自觉，探索利用好教育规律。明确人的物质生活与精神世界的相互关系是开展教育工作的基础，马克思主义人的全面发展理论对教育工作规律作出如下阐释：从历史发展的角度，分析了教育工作具有阶级性和政治性，由时代的经济基础决定，又受到文化传统等因素的影响；从社会运行的角度，分析了教育工作的差异受到所处环境和所参与的生产活动等因素的影响，故而在不同国家、不同区域甚至不同个体所开展的教育工作均有所差异。总体来说，马克思主义人的全面发展理论关于教育工作规律的论述彰显了科学唯物史观的核心主张。"五人"教育工作目标的提出是我国对教育规律认知的进一步深化，为我国开展教育工作提供了实施思路。

（三）"五人"教育工作目标是马克思主义人的全面发展理论的具象政策表现

"五人"教育工作目标是马克思主义人的全面发展理论的具象政策表现。实现措施方面，马克思主义经典作家将教育看作个人全面发展的重要条件，并把教育与生产劳动相结合看作造就全面发展的人的唯一方法[1]，列宁也提出要通过教育和训练"培养出全面发展的和受到全面训练的人"[2]，为个体成长和社会生产发挥作用。在我国长期的社会主义建设过程中，一直强调要通过教育培养"新型的劳动者"，其内涵是"劳动人民要知识化，知识分子要劳动化"[3]，从知识教育和劳动实践两个维度培养全面发展的新一代劳动者。

然而，马克思主义人的全面发展理论仍属于形而上的社会理想，马克思主义经典作家仅构建了大致的社会主义人才培养框架、标准及追求，当前"五人"教育工作目标的提出实际上实现了马克思主义人的全面发展理论在国家教育政策层

---

[1] 文学国等编：《马克思恩格斯列宁斯大林论教育》，中国社会科学出版社 2016 年版，第 28 页。

[2] 《列宁选集》第 4 卷，人民出版社 2012 年版，第 159 页。

[3] 《毛泽东周恩来刘少奇邓小平论教育》，人民教育出版社 2000 年版，第 37 页。

面的具象化，是马克思主义人的全面发展理论在微观实践层面的表现。具体而言，自 2018 年全国教育大会提出"五人"教育工作目标以来，从具体政策制定、制度设计和措施落实的维度向培养全面发展的人迈进。教育部公布的《2023 年全国教育事业发展统计公报》显示，我国各级各类学历教育在校生共计 2.91 亿人次，教师的数量也高达 1 891.78 万人次 。2023 年全国教育经费总投入 64 595 亿元，比上年增长 5.3%。同时，我国还从体育锻炼、教师培训、社会科学研究等方面开展"五人"教育工作，如学校加强学生的体质监测，构建学校健康教育体系，并通过"国培计划""省培计划"培训骨干教师超过 10 万人。

二、"五人"教育工作目标与人的全面发展在逻辑演进上的同向性

从逻辑演进分析的层面上来看，马克思主义人的全面发展理论与"五人"教育工作目标均以个体的现实需求为出发点，旨在满足受教育者的社会化需求、道德性需求与实现自身价值的需要。同时，二者都以锤炼多维度的能力品质为核心内容，从人与环境的世界、人与人的世界、人与自我的世界之和谐关系分析人的发展的全面性，并最终提出未来的教育目标是培养自由而全面发展的人。

（一）二者均以个体的现实需求为出发点

马克思主义人的全面发展理论与"五人"教育工作目标以一致的受众需求为出发点，指向人的主体性现实需求，包括社会化需求、道德性需求和实现自身价值的需求。一是人的社会化需求。马克思主义人的全面发展理论认为，社会属性是人存在与发展的核心，而"五人"教育工作目标也以发展与实现人类个体的社会属性为主旨，致力于促进个体的社会交往。因此，二者都指明了受教育者参与社会交往的现实需要。二是人的道德性需求。道德是支撑个体生存、集体存续、文明进步的关键之一，自古至今人类都将道德性作为孜孜以求的人格要素。马克思主义认为，随着历史的发展，在共产主义社会，道德将逐渐演变为调节人类社会关系的关键手段和社会个体的必需品质。"五人"教育工作目标可以从精神层面稳定地支撑人的情感活动与意志行为，使人遵守一定的伦理规范，马克思主义人的全面发展理论与"五人"教育工作目标都以人的道德性需要作为理论的重心。三是主体实现自身价值的需求。人在实现自身价值的过程中，如果缺乏全面的能力培养和健全的人格，遇到困境时人格稳定性不足，易导致心理、性格和行为的急剧变化，出现消极甚至一蹶不振的情况，影响人的身体健康与自我目标的实现。马克思主义人的全面发展理论讲求智力和体力的全面发展，增强人的劳动

能力及生产能力，教育完善人格工作目标又提出增强人格积极部分的稳定性，养成坚韧人格，马克思主义人的全面发展理论与"五人"教育工作目标二者都以支撑主体完成自我控制与自我实现为出发点。

（二）以锤炼多维度的能力品质为核心内容

马克思主义人的全面发展理论与"五人"教育工作目标对教育工作规律作出了科学探索和阐述。马克思主义人的全面发展理论将人的全面发展分别表述为人的自由自觉性、充分的劳动和健全的社会交往能力这三大要素的充分发展，"五人"教育工作目标旨在培养受教育者的独立自我意识、环境适应能力与社会交往能力，二者都指向了"人"在处理人与自然界、人与社会和人与自我三重关系中的能力品质。每个个体都同时处于自然界、社会以及自我这三个世界之中，而难以单独生存于其中一个或两个中，缺乏环境适应能力、社会交往能力与独立自我意识中的任何一者，都会导致人的发展的片面性。

由"五人"教育工作目标所指向的三项能力品质观之特质，培养人的独立自我意识是前提、环境适应能力是基础、社会交往能力是关键，其与马克思主义人的全面发展理论所提出的内涵具有一致性。首先，独立自我意识是"五人"教育工作目标的前提，代表着个体实现自由自觉性的可能。人的独立自我意识是人在社会历史的普遍发展中所形成的与他人不同的特点，个体参与自然环境和社会生活均以自我归属和自我意识为前提，如果缺乏独立自我意识作为前提，那么受教育者对自然环境的感知以及他所建立的社会关系都将会是随意的、被动的、盲目的。其次，环境适应能力是"五人"教育工作目标的基础，尊重自然规律、与环境和谐共生是个体开展劳动活动的题中应有之义。人与自然环境相互依存、相互联系，自然环境具有自身发展变化的规律，是人力所不能更改的。只有养成环境适应能力、处理好人与自然环境的关系，才有可能达到和谐发展、健康发展。最后，社会交往能力是"五人"教育工作目标的关键，也是个体从生物人向社会人转化的核心要义。社会交往是人类的需要，每个人都不是封闭生存的，而是处于社会之中的，与群体的关系密切。人的健全发展离不开教育对个体社会交往能力的培养，同时，社会交往能力要求个体不仅做到"适应"，还要发挥人的主动性，体现人的价值与尊严。

（三）以实现自由而全面的发展为目标

马克思主义人的全面发展理论和"五人"教育工作目标以个体的现实需求为出发点，并最终提出实现人自由而全面发展的教育目标。"个体实现自由而全面的发展"是马克思主义所提出的社会进化目标之一，指马克思主义设想下未来共产主义社会中个体的理想状态，其根本特征是以"个体全面发展以及其共同的社会生产能力成为从属于社会个体的社会财富"为基础的"人的自由个性"的实现，马克思主义人的全面发展理论所提出的这一目标将彻底消除劳动对人的统治为根本要求，即在共产主义社会，生产力达到极高水平，人与自然形成了和谐统一的关系，个人不再受到异化，而是成为自己与社会的主人，建立属于自由联合体的理想社会制度。马克思主义认为，教育是造就全面发展的人的唯一方法。因此，"五人"教育工作是实现马克思主义所设想的人的全面发展目标的必经之路。"五人"教育工作目标具体指向培养身体健康、心理健全、道德高尚、有审美素养、勤于劳动、善于创造的受教育者，培养德、智、体、美、劳全面发展的时代新人，在锻炼养成个人环境适应性的基础上，培养个体独立性与社会交往能力，让个体与自然环境和谐共生，并能充分认知自我，发挥人的社会本质，以实现人的自由而全面的发展作为理论旨归和终极追求。

三、"五人"教育工作目标与人的全面发展在价值指向上的趋同性

从目标价值指向的层面上来看，"五人"教育工作目标和马克思主义人的全面发展理论具有趋同性，其指向高度物质科学文明带来的人格问题的合理解决、社会主义人格文明建设的科学策略与以具有人的本质的丰富性的人为主体的共产主义社会建设任务。

（一）解决高度物质科学文明带来的人的片面发展问题

马克思主义人的全面发展理论与"五人"教育工作目标均对高度物质科学文明对个体所造成的"异化"问题进行了现实考察，回应了个体实现自由而全面发展的呼唤。物质科学的发展水平与人格息息相关，社会生产是人的发展的重要构件，马克思指出，"他们的物质关系形成他们的一切关系的基础"①，现实的物质科学文明以合理的要义规定着人类的未来发展。

马克思主义人的全面发展理论提出之初，机器化大工业起步，资本主义所制造的阶级剥削和阶级压迫使工人饱受束缚，只能片面发展自身的生产能力，并异化为生产对象的手段和工具，大量工人的身体健康和心理健康被忽视，导致了人的发展的异化。同时，资产阶级仅关注资本增殖，受到资本的驱使，其精神世界也出现了空虚懒惰、道德低下、不择手段追逐一己私利等人格问题。因此，马克

---

① 《马克思恩格斯文集》第10卷，人民出版社2009年版，第43页。

思主义提出人的全面发展理论，指出社会理想状态应是自由人的联合体，力求实现人自由而全面的发展。伴随着生产工具的迭代，进入 21 世纪，市场经济广泛发展，生产效率日益提高，全球互联网交往逐渐加深，催生了道德丧失、情感冷漠、自我封闭、精神脆弱等一系列人格问题，追逐利益的经济人取向被无限放大，人对"物的依赖"达到了空前水平，在这一高度发达的物质科学文明中，人与人之间的关系被隔绝，自然环境的破坏、对物的依赖、社会关系的对抗与冷漠消减着人的全面发展的可能性。面对当前高度物质科学文明带来的人的发展危机，"五人"教育工作目标应运而生，通过影响人的生理、心理和伦理等各方面素质影响社会生产的参与主体、技术进步水平和国家制度设计，力图推进人的自由全面发展与教育强国、人才强国建设，指明教育现代化的前进方向。

（二）开展中国特色社会主义精神文明建设

每一特定个体精神文明状况的集合就是社会精神文明的整体素质，其一方面内化为个体的存在、价值、尊严、权利与价值，另一方面又影响了民族精神、社会制度以及群体文化。在一定意义上，社会主义精神文明建设作为内在的时代精神，影响着个体的发展与社会历史的进程。个体精神文明状况既源于人的发展水平，又能够对人的发展施加影响。"五人"教育工作目标内含在高度物质与科学基础上的社会主义精神文明建设任务，其不仅是国家人才培养、教育改革的重要一环，还是促进民族复兴的关键一步。社会制度的建立开拓了世界历史新阶段与无产阶级精神文明新时代，其克服了资本主义所有制的固有弊病，意味着在新的历史阶段、新的所有制条件下开辟精神文明建设的篇章。社会主义精神文明建设所追求的实质内涵就是"人的全面发展"，在社会主义精神文明建设的现实意义中，人的全面发展与社会主义经济发展、良好的国民教育和医疗卫生状况、文化创新、和谐社会建设紧密联系。在此背景下，2018 年所提出的"五人"教育工作目标的立意不仅在于满足受教育者的成人成才需求，还在于提升我国国民的综合素质和民族创新活力，其回答了在社会主义精神文明建设过程中如何通过培养时代新人寻找出促进经济、教育和文化等要素发展的有效路径，有助于从精神文明建设的高度塑造个体的精神样态和人格力量，鼓舞受教育者形成全面发展的自我取向。良好的社会主义精神文明建设将进一步提高我国劳动者素质与国民素质，维护社会主义的意识形态安全，促进民众在社会主义新型社会样态中不断发展健全的人际关系，使整个社会面貌更加理性平和、积极乐观。

（三）打造全面发展的人为主体的共产主义社会

"五人"教育工作目标与马克思主义人的全面发展理论分别是人类社会发

展的短期目标与长期目标，二者相互融合、协调一致。"五人"教育工作目标作为人类社会发展的短期目标，指向社会主义社会开展教育工作的基本要求，根本任务是培养社会主义建设者和接班人，培养一代又一代拥护中国共产党领导和我国社会主义制度、立志为中国特色社会主义奋斗终身的有用人才。① 而马克思主义人的全面发展是人类社会的长期目标，导向社会主义建设基础之上更加长远的共产主义社会目标。马克思指出，生产力高度发达的共产主义社会是实现人的全面发展的前提，人的全面发展当前是人类社会发展的理想追求，人类社会的发展将不断趋向这一理想。因此，马克思主义人的全面发展理论的价值指向是打造以具有人的本质的丰富性的人为主体的共产主义社会，实现共产主义最高理想，意味着在未来共产主义社会，人将作为一个完整的人，用全面的方式——通过视觉、听觉、嗅觉、味觉、思维、直观、感觉、愿望、活动等，占有自己的全面的本质、生命活动和对象世界。总体来说，"五人"教育工作目标和马克思主义人的全面发展理论分别作为社会主义建设的教育目标与共产主义建设的长远目标，二者相辅相成、相互融合。"五人"教育工作目标既寓于马克思主义人的全面发展理论的价值指向之中，又是实现马克思主义人的全面发展的必经之路。

综上所述，"五人"教育工作目标是对马克思主义人的全面发展理论的继承和发展，二者代表了教育工作乃至未来社会发展的短期目标和长远目标，在理论内涵、逻辑演进和价值指向上具有内在一致性。"五人"教育工作目标基于崇高的理论旨趣，契合促进人的全面发展的价值追求。

第五节　坚定的人民立场：满足人民群众教育新期待的主体意识

教育工作目标是基于一定的价值立场、价值旨向、价值追求而形成的。我国教育的社会主义性质明确了教育工作目标的价值立场，即坚持以人民为中心的发展理念是我国教育工作目标的价值之维。在2018年9月召开的全国教育大会上，习近平总结了我国教育改革发展的基本经验，提出"九个坚持"是对我国教育事业的规律性认识。在这"九个坚持"的思想中，以人民为中心的教育发展思想可谓其逻辑与价值"线索"，将其"串联"成一个有机整体。"九个坚持"始终贯

---

① 教育部课题组：《深入学习习近平关于教育的重要论述》，人民出版社2019年版，第4页。

穿着坚定的人民立场，体现了深切的人民情怀，为新时代中国特色社会主义教育事业指明了发展方向，提供了根本遵循。

一、"以人民为中心"发展教育是制定教育工作目标的根本立场

（一）以人民为中心发展教育深化了对教育本质功能的认识

坚持实事求是，弄清事物的本质特征，把握事物发展的客观规律，是马克思主义的根本思想武器，也是中国共产党人在革命、建设、改革事业中不断取得胜利的重要法宝。习近平"坚持以人民为中心发展教育"的重要论述，立足人的本质，强调以人为中心，体现了党对教育本质功能和人的全面发展规律的认识。教育从本质上看是培养人的一种社会实践活动，"培养什么人"是教育的首要问题。新中国成立以来，历届党和国家领导人根据我国发展要求，始终坚持人民主体地位，对"培养什么人"的问题作出了科学回答。三大改造完成后，面对政治、经济、文化等方面发展的新要求，毛泽东在《关于正确处理人民内部矛盾的问题》中指出："我们的教育方针，应该使受教育者在德育、智育、体育几个方面都得到发展，成为有社会主义觉悟的有文化的劳动者。"① 改革开放后，邓小平强调要提升人民的思想道德素质和科学文化素质，提出了要培养有理想、有道德、有文化、有纪律的"四有"新人。江泽民在《中共中央 国务院关于深化教育改革全面推进素质教育的决定》中提出，要"造就有理想、有道德、有文化、有纪律的德、智、体等方面全面发展的社会主义建设者和接班人"②。胡锦涛在主持中共中央政治局第三十四次集体学习时强调，要"努力培养德智体美全面发展的社会主义建设者和接班人"③。中国特色社会主义进入新时代，习近平提出了我国教育"培养什么人、怎样培养人、为谁培养人"这一根本问题，强调"坚持以人民为中心发展教育"，强调教育要培养德智体美劳全面发展的社会主义建设者和接班人，要努力构建德智体美劳全面培养的教育体系，不仅从教育与人的发展、教育与社会的发展两个方面揭示了教育的本质功能，还从整个人类文明的角度强调了教育的共同性价值。

---

① 《毛泽东文集》第七卷，人民出版社 1999 年版，第 226 页。
② 杜萍：《当代教育学》，华东师范大学出版社 2016 年版，第 72～73 页。
③ 《坚持把教育摆在优先发展战略地位，努力办好让人民群众满意的教育》，载于《人民日报》2006
年 8 月 31 日，第 1 版。

（二）以人民为中心发展教育体现了教育为人民服务的立场

人民立场是中国共产党的根本政治立场；全心全意为人民服务是中国共产党的根本宗旨；为人民谋幸福是中国共产党的初心和使命；实现人民对美好生活的向往是中国共产党矢志不渝的奋斗目标。"百年大计，教育为本。"教育是民族振兴、社会进步的重要基石，是国之大计、党之大计。[①] 我国是人民民主专政的社会主义国家，人民是国家的主人，社会主义制度下的教育决定了教育具有人民性。因此，我们的教育是坚持以人民为中心的教育，是在国家中作为主体地位的人民的教育，是广大人民实现对美好生活向往的民生工程和对美好生活期许的重要途径。习近平在同北京师范大学师生代表座谈时提道："我们的教育是为人民服务、为中国特色社会主义服务、为改革开放和社会主义现代化建设服务的，党和人民需要培养的是社会主义事业建设者和接班人。"[②] 坚持以人民为中心发展教育，不仅体现了要不断满足人民群众对高质量教育的需求和坚持教育为人民服务的立场，还充分彰显了以人民为中心的发展思想。因此，我们要站在人民的立场，倾听人民群众对教育的呼声，不断满足人民群众对教育各方面的需要，增强人民群众对教育的获得感。

（三）以人民为中心发展教育指明了新时代教育改革发展的方向

坚持以人民为中心发展教育，旗帜鲜明地体现了党在教育改革中以人民为中心的价值取向和工作导向，为新时代的教育改革指明了方向。党的十八大以来，为解决教育领域的突出问题和人民关切的热点问题，以习近平同志为核心的党中央始终坚持以人民为中心，积极回应人民群众对教育的诉求，不断深化教育体制机制改革，促进教育事业朝着更高质量发展，以不断满足人民对美好教育的向往。我国教育改革蹄疾步稳，矢志瞄准并坚守促进教育公平的初心与追求，探索建立健全科学、公平、有效的教育机制，谋划制定教育现代化的总体目标和系统部署等。例如，为回应人民群众对当前教育评价体系存在的问题的关切，改善不科学的教育评价体系，提高教育治理能力和水平，办人民满意的教育，2020年中共中央、国务院印发了《深化新时代教育评价改革总体方案》，充分体现了教育为人民服务的价值追求，也彰显出了教育改革中的人民立场。

[①] 中共中央宣传部：《习近平新时代中国特色社会主义思想学习纲要》，人民出版社 2019 年版，第 159 页。

[②] 《做党和人民满意的好教师：同北京师范大学师生代表座谈时的讲话》，人民出版社 2014 年版，第 5 页。

二、满足人民期待是制定教育工作目标的价值追求

马克思恩格斯指出，"共产党一分钟也不忽略教育工人尽可能明确地意识到资产阶级和无产阶级的敌对的对立"[1]。可见，教育具有鲜明的阶级性，为谁办教育、办什么样的教育、教育究竟为谁服务关涉着教育的价值追求。以人民为中心发展教育是社会主义教育的根本特征，最大限度地满足了人民群众受教育的需求，保障了人民群众受教育的权利，体现了我国社会主义教育制度的鲜明价值追求。马克思恩格斯早在《神圣家族》中就明确指出："创造这一切、拥有这一切并为这一切而斗争的，不是历史，而正是人，现实的、活生生的人。"[2] "历史活动是群众的活动，随着历史活动的深入，必将是群众队伍的扩大。"[3] 人民是历史的创造者，是推动社会进步的根本动力。社会主义教育是为了人民、属于人民的事业。坚持以人民为中心发展教育是满足人民对美好生活的需要，教育是民生之首，关系亿万人民的切身利益，是为人民服务的重要内容。在 2018 年全国教育大会上，习近平作出"坚持以人民为中心发展教育"的重要论述。党的二十大报告指出，"我们深入贯彻以人民为中心的发展思想，在幼有所育、学有所教、劳有所得、病有所医、老有所养、住有所居、弱有所扶上持续用力，建成世界上规模最大的教育体系、社会保障体系、医疗卫生体系"[4]，这些论述深化了我们对教育事业改革发展目的宗旨和依靠力量的认识，指明了新时代教育工作目标的价值立场。

三、以人民为中心发展教育是制定教育工作目标的经验承袭

在新中国教育发展历程中，我们党始终坚持以人民为中心办教育，探索出了一条中国特色社会主义教育发展道路。新中国成立后，以毛泽东同志为主要代表的中国共产党人，提出要发展民族的、科学的、大众的教育，坚持社会主义办学方向，强调教育与生产劳动相结合，培养有社会主义觉悟的有文化的劳动者。党的十一届三中全会以后，邓小平从"教育是一个民族最根本的事业"的高度，开创性地把教育摆在现代化建设中优先发展的战略地位，提出"三个面向"战略思

---

[1] 《马克思恩格斯文集》第 2 卷，人民出版社 2009 年版，第 66 页。

[2] 《马克思恩格斯文集》第 1 卷，人民出版社 2009 年版，第 295 页。

[3] 《马克思恩格斯文集》第 1 卷，人民出版社 2009 年版，第 287 页。

[4] 习近平：《高举中国特色社会主义伟大旗帜　为全面建设社会主义现代化国家而团结奋斗——在中国共产党第二十次全国代表大会上的报告》，人民出版社 2022 年版，第 10 页。

想，培养"四有新人"，强调尊重知识、尊重人才。党的十三届四中全会以后，以江泽民同志为主要代表的中国共产党人，坚持教育为社会主义服务、为人民服务，坚持教育与社会实践相结合。党的十六大以后，以胡锦涛同志为主要代表的中国共产党人，提出必须全面贯彻党的教育方针，把促进学生健康成长作为学校一切工作的出发点和落脚点。党的十八大以来，以习近平同志为核心的党中央围绕培养什么人、怎样培养人、为谁培养人这一根本问题，全面加强党对教育工作的领导，坚持立德树人，加强学校思想政治工作，推进教育改革创新，教育事业以人民为中心的根本立场更加鲜明。

四、以人民为中心办教育是制定教育工作目标的出发点和落脚点

马克思主义唯物史观认为，人民群众是历史创造者。以人民为中心发展教育即是马克思主义群众史观的生动呈现，包含教育发展为了人民、教育发展依靠人民以及教育发展成果由人民共享三部分内容。教育发展为了人民，旨在表明教育发展的目标与宗旨，换言之，教育不是漫无目的野蛮生长，教育成果也不是由极少数人所享有，而是为了全体人民的发展，使人民在接受教育之后积淀起实实在在的获得感，当然，教育发展得好不好、优不优，也应该是由人民群众来衡量的。教育发展依靠人民，指明了教育发展创新的动力源泉——人民，人民在教育发展中居于主体地位，充分调动与发扬全社会的积极性、主动性和创造性，找准教育改革创新的突破口与着力点，不断优化教育发展体制机制，由点及面地实现教育整体的创新发展。教育发展成果由人民共享，指明了教育发展的价值旨归，也即教育发展的最终目的在于使人们切实共享发展成果，这是中国特色社会主义教育的出发点和落脚点，也是制定教育工作目标的出发点和落脚点。

五、满足人民美好生活需要是制定教育工作目标的实践旨归

新时代以来，"美好生活"这一人民口中的朴素话语逐渐成为一个彰显中国共产党治国理政理念、具有鲜明的本土特色、时代气息和唯物史观意蕴的标识性概念。这一概念折射出中国共产党坚持"以人民为中心"发展理念、带领人民追求美好生活的实践追求。美好生活旨在表征人民对个体生活状况的一种美好体验与美好感受。新时代"我国社会主要矛盾已经转化为人民日益增长的美好生活需

要和不平衡不充分的发展之间的矛盾"①，这一变化是关系全局的历史性变化，映射在教育领域体现为人民日益增长的美好教育需要与教育不平衡不充分的发展之间的矛盾。教育系民生之首，关系亿万人民的切身利益，是为人民服务的重要内容。党的二十大报告指出，我们要办好人民满意的教育，"全面贯彻党的教育方针，落实立德树人根本任务，培养德智体美劳全面发展的社会主义建设者和接班人，加快建设高质量教育体系，发展素质教育，促进教育公平"②。"办好人民满意的教育"符合人民对于美好幸福生活的新期待，是新时代教育改革发展的动力和使命。2012年11月，习近平在党的十八届中央政治局常委同中外记者见面时说，"我们的人民热爱生活，期盼有更好的教育"，习近平以"十个更好"回应人民关切，"更好的教育"排在首位。伴随经济社会深入发展，人民群众对教育的优质化、多样化、个性化需求日益强烈，必须积极回应人民群众诉求，发展多层次教育体系。坚持以人民为中心发展教育，就要对标人民对办更好教育的新要求新期待，紧紧抓住人民最关心、最直接、最现实的教育"痛点""难点""堵点"，积极回应人民期待，满足人民日益增长的美好教育需要。

---

① 习近平：《决胜全面建成小康社会　夺取新时代中国特色社会主义伟大胜利——在中国共产党第十九次全国代表大会上的报告》，人民出版社 2017 年版，第 11 页。
② 习近平：《高举中国特色社会主义伟大旗帜　为全面建设社会主义现代化国家而团结奋斗——在中国共产党第二十次全国代表大会上的报告》，人民出版社 2022 年版，第 10 页。

第四章

制定我国教育工作目标的现实基础

本章的目的在于通过对我国教育工作的客观认识的开拓，阐明教育工作目标制定的现实基础。党的十八大以来，我国教育工作坚持以习近平新时代中国特色社会主义思想为指导，认真贯彻落实党的历次中央全会精神，贯彻落实习近平关于教育的重要论述，按照"五位一体"总体布局和"四个全面"战略布局，增强"四个意识"、坚定"四个自信"、做到"两个维护"，坚持稳中求进工作总基调，以推动高质量发展为主题，以改革创新为根本动力，坚持系统观念，更好统筹发展与安全，坚持和加强党的全面领导，全面贯彻党的教育方针，落实立德树人根本任务，坚持发展抓公平、改革抓体制、安全抓责任、整体抓质量、保证抓党建，全面推进依法治教，巩固拓展教育改革发展成果，为建设高质量教育体系立柱架梁，持续推进教育治理体系和治理能力现代化。因而，在此基础上制定契合新时代历史方位特征的教育工作目标也就显得至关重要。而教育工作目标离不开现实基础的支撑，换言之，制定教育工作目标是现实诉求在上层建筑层面的具体回应，是对当前我国教育事业现状的主观能动反映。所以，需对其制定的现实基础，即对当前我国教育事业发展取得的成就以及存在的问题予以深刻分析，这既有利于深化对制定这一工作目标的客观认识，也有助于理解制定这一工作目标所基于的战略定位。

第一节　当前我国教育事业全面发展取得的成就

制定我国教育工作目标的现实基础，首先是基于当前我国教育事业全面发展中已经取得的成就。

党的十八大以来，习近平在领导全党和全国人民开创中国特色社会主义新时代的伟大实践中，始终把教育工作摆在突出位置，系统回答了一系列方向性、全局性、战略性重大问题，深刻阐述了一系列新理念新思想新战略，形成了系统科学完整的教育思想。回望过去，在以习近平同志为核心的党中央正确领导下，在习近平新时代中国特色社会主义思想特别是习近平关于教育的重要论述的指引下，我国教育事业全面发展，走过了极不平凡的历程，取得了显著的成绩，因而这就为教育要以凝聚人心、完善人格、开发人力、培育人才、造福人民为工作目标奠定现实基础。

一、教育事业的中国特色更加鲜明

我国有着5000多年的中华文明史，孕育了深厚的教育思想，因而这种独特的历史、独特的文化、独特的国情，也就决定了具有中国特色的教育发展理应且必须坚定不移走自己的路。追溯过往，我国教育事业所彰显的中国特色更加鲜明，表现在始终以党对教育事业的全面领导作为根本保障、立足中国国情办教育、坚持中国道路办教育以及构建中国特色教育体系，形成既有中国特色又能适应时代发展的教育风格。正如习近平在全国教育大会上指出的，坚持扎根中国大地办教育。这既是对中国教育的深化认识，更是引领我国教育事业发展、办好中国特色社会主义教育的"指南针""定盘星"。[①]

（一）坚持党对教育事业的全面领导

培养什么人、怎样培养人、为谁培养人，这是教育的根本问题。只有坚持党对教育事业的全面领导，才能真正解决好这个根本问题。回望来时路，中华人民

---

① 冯刚、陈步云：《立足国情打造中国特色》，载于《中国教育报》2021年7月1日。

共和国成立前，全国人口中有80％以上文化程度低①，其中大多数在农村。迫切需要改变教育的旧制度、旧课程，实行以造福人民为目标的新制度、新课程，因此开始出现"扫盲运动"、工农速成学校、函授教育、夜大等教育形式，尤其是在农村和厂矿实施。中华人民共和国成立后，党对教育工作的领导体现在迅速恢复和发展人民教育是当前重要任务上。进入20世纪六七十年代，党对教育工作的领导体现在大力发展各类教育，重点是在基础教育上。其中高等教育发展借鉴第二次世界大战后各国经验，先是学习苏联教育经验，进行院系调整，成立专科类院校，出发点是为工业化快出、多出专门技术人才。改革开放以来，党对教育工作的领导体现在把教育摆在优先发展的战略位置上。全国教育体制改革推动了基础教育、职业教育高速发展，尤其是高等教育体制改革和高校扩招，借鉴发达国家的做法，主动快速适应了以经济建设为中心的大批量人才需求，适应了"既要懂技术又要懂经济、既要懂外语又要懂专业"②的复合型人才需求。

进入新时代，党对教育工作的领导体现在全面贯彻教育方针上，以习近平同志为核心的党中央更加高度重视教育事业，坚持党对教育事业的全面领导，主要体现在：首先是思想政治领导。以习近平新时代中国特色社会主义思想为指导，全面贯彻党的教育方针，坚持马克思主义指导地位，坚持中国特色社会主义教育发展道路，坚持社会主义办学方向。关键在于落到实处。把思想政治工作贯穿学校教育管理全过程，使教育领域成为坚持党的领导的坚强阵地。坚持立德树人导向，统筹深化教育领域综合改革，深入推进教育治理现代化，加强学校党的建设、改革考试招生制度、提高基础教育质量、增强职业技术教育适应性、创建一流大学学科、提升教师队伍水平等成效显著。教育系统多措并举保证打赢脱贫攻坚战，全体国民的思想道德素质、科学文化素质和身心健康素质进一步提高，教育面貌正在发生格局性变化。教育领域所取得的历史性新成就，为如期全面建成小康社会和促进人的全面发展作出了重要贡献。最终确保党的领导和党的组织全覆盖。

（二）立足中国国情办教育

教育的发展是建立在一个国家自身历史土壤之上的。由于历史条件、文化传统和具体国情不同，每个国家的教育都有各自独特的内在逻辑和生成发展规律。在中国封建社会，下层民众几乎没有接受学校教育的机会和权利，广大妇女基本

---

① 《从"80％人口是文盲"到教育总水平跃居世界中上》，百家号，https：//baijiahao. baidu. com/s? id=1645345329292349156&wfr=spider&for=pc。

② 徐永利：《百年党史述说党对教育工作的全面领导》，载于《北京教育》（高教）2021年第7期，第25~27页。

被排除在外。

中国共产党成立后，根据革命工作需要，把工农教育作为一项重要的工作来抓，不仅对工农民众进行识字教育，更是宣传反帝反封建的民主革命思想。党的二大明确提出，废除一切束缚女子的法律，改良教育制度，实行教育普及。北洋军阀时期，毛泽东等在井冈山创建农村革命根据地后，中国共产党先后创立了中央苏区、湘赣、湘鄂赣等十几个革命根据地，简称"苏区"。苏区将教育视为革命斗争的重要阵地。其中，干部教育是苏区教育非常重要的一环。毛泽东在苏维埃文化教育的总方针中明确提出："文化教育为革命战争与阶级斗争服务。"① 在抗日战争时期，以毛泽东为代表的中国共产党人始终坚持把抗日战争作为最大的政治，坚持教育为抗日战争服务的原则。解放战争时期，教育从一开始就具有了战时教育的特点，紧密服务于解放战争。新中国成立以来，中国共产党始终如一地对扎根中国大地办教育进行了积极探索与实践。新中国成立之初，毛泽东确立的教育事业发展的"两条腿走路"方针，就是根据我国地域辽阔、人口众多、文化底子薄、经济不发达的国情提出来的。

改革开放后，邓小平面对百废待兴的国情，提出"我们国家，国力的强弱，经济发展后劲的大小，越来越取决于劳动者的素质，取决于知识分子的数量和质量。一个十亿人口的大国，教育搞上去了，人才资源的巨大优势是任何国家比不了的。有了人才优势，再加上先进的社会主义制度，我们的目标就有把握达到"②。他还提出"教育要面向现代化，面向世界，面向未来"③。这就要求我国教育改革和发展，既要立足国情也要放眼世界，既要立足本国培养大批高素质劳动者和专门人才，也要注意吸收人类文明先进成果，既要考虑当前更要着眼长远。

到 20 世纪末 21 世纪初，江泽民对促进教育工作提出："我们的基本国情之一，是在经济比较落后的条件下办大教育。我们必须立足于这个实际，深化教育改革，使我们的教育结构和教育体制适应社会主义市场经济发展和社会全面进步的要求。"④ 2010 年，胡锦涛进一步指出："要全面推动教育事业科学发展，立足社会主义初级阶段基本国情，把握教育发展阶段性特征，坚持以人为本，遵循教育规律，面向社会需求，优化结构布局，提高教育现代化水平。"⑤

当今时代，中华民族伟大复兴的战略全局和世界百年未有之大变局，是我们

---

① 《建国以来重要文献选编》第十一册，中央文献出版社 1995 版，第 418 页。
② 《邓小平文选》第三卷，人民出版社 1993 年版，第 120 页。
③ 《邓小平文选》第三卷，人民出版社 1993 年版，第 35 页。
④ 《江泽民文选》第一卷，人民出版社 2006 年版，第 373 页。
⑤ 《胡锦涛文选》第三卷，人民出版社 2016 年版，第 418 页。

必须面对的"两个大局"。站在"两个一百年"的历史交汇点,站在"两个大局"的时代高点,以习近平同志为核心的党中央把教育当作"党之大计、国之大计",明确提出"坚持把服务中华民族伟大复兴作为教育的重要使命"。这一高屋建瓴的重要论断,将教育的重要作用提升到前所未有的新高度,为新时代我国教育事业改革和发展再上新台阶奠定了坚实基础。建设高质量教育体系,加快推进教育现代化,建设教育强国,办好人民满意的教育,历史性地成为当前中国教育面临的新任务。以现代化的教育助力社会主义现代化建设,助力中华民族伟大复兴,中国特色社会主义教育事业再一次开启新征程。时代越是向前发展,教育地位和作用就越发凸显。步入新时代,扎根中国大地,服务民族复兴,成为中国教育肩负的历史使命。

(三)坚持中国道路办教育

习近平曾深刻指出:"解决中国的问题只能在中国大地上探寻适合自己的道路和办法。"[①] 扎根中国大地办教育,走什么样的教育发展道路至关重要。中国在众多路径中始终坚定不移地选择了一条具有中国特色的社会主义教育发展道路。

一是坚持党对教育事业的全面领导。从教育面向工农开门、教育为革命战争服务,到教育为社会主义现代化建设服务,党对教育事业的全面领导是我们各个历史时期扎根中国大地办教育的鲜明特征。在党的全面领导下,我国教育事业取得了大发展大提升,教育普及水平进入世界中上收入国家行列,教育为我国综合国力和国际竞争力的显著提升提供了强有力的人力支撑。

二是坚持把立德树人作为教育的根本任务。回望中国共产党的百年历史及其领导教育事业的光辉历程,立德树人一直是党的重大关切。从党的十七大确立"坚持育人为本、德育为先",到党的十八大提出"把立德树人作为教育的根本任务",到党的十九大强调"落实立德树人根本任务",再到党的二十大提出"育人的根本在于立德。全面贯彻党的教育方针,落实立德树人根本任务,培养德智体美劳全面发展的社会主义建设者和接班人",可见立德树人的重要地位不断凸显,表现出扎根中国大地办教育、与时俱进的革新精神。

三是优先发展教育事业。重视教育就是重视未来,重视教育才能赢得未来。以习近平同志为核心的党中央用实际行动倡导、垂范优先发展教育的思想,使优先发展教育的理念和战略落到实处。对教育的本质与在实现中华民族伟大复兴的

---

① 《牢记历史经验历史教训历史警示　为国家治理能力现代化提供有益借鉴》,载于《人民日报》2014 年 10 月 14 日。

中国梦征程中的地位、作用，习近平作出了一系列重要论述，发出了一系列重要指示。自党的十八届三中全会以来，习近平主持的中央深改组和中央全面深化改革委员会（简称"深改委"）会议上，涉及教育改革的文件和方案就有十几份。《乡村教师支持计划（2015—2020年）》《关于深化教育体制机制改革的意见》《统筹推进世界一流大学和一流学科建设总体方案》《关于统筹推进城乡义务教育一体化改革发展的若干意见》《关于全面深化新时代教师队伍建设改革的意见》《关于规范校外培训机构发展的意见》《关于学前教育深化改革规范发展的若干意见》等一系列政策，进行了务实精准的顶层设计，直指改革的难点，影响深远。

（四）构建中国特色教育体系

党的十八大以来，习近平围绕"培养社会主义建设者和接班人"作出了一系列重要论述，深刻回答了"培养什么人、怎样培养人、为谁培养人"这一根本性问题。2018年，在北京大学师生座谈会上，习近平指出："人才培养体系必须立足于培养什么人、怎样培养人这个根本问题来建设，可以借鉴国外有益做法，但必须扎根中国大地办大学。"[1] 在拥有14亿人口的发展中大国，中国共产党不断总结教育改革发展实践的成功经验和借鉴国际教育发展的有益探索，扎根中国大地办教育，建成了世界上最大规模教育体系，保障了亿万人民群众受教育的权利，形成了具有中国特色的教育本土化解决方案，成为我们坚持扎根中国大地办教育、坚定教育自信的底气。在新的历史方位上，中共中央力度空前地针对各级各类教育和教育发展的重大问题，陆续颁布了一系列教育文件，对新时代教育发展进行了顶层设计和全面部署，力促构建高质量教育体系，满足人民群众对优质教育的需要，这些都集中体现了"扎根中国大地办教育"的思想和与时俱进的方法论。《关于建立健全高校师德建设长效机制的意见》（2014年9月）、《关于进一步加强和改进新形势下高校宣传思想工作的意见》（2015年1月）、《严禁中小学校和在职中小学教师有偿补课的规定》（2015年6月）、《关于加强中小学劳动教育的意见》（2015年7月）、《普通高校思想政治理论课建设体系创新计划》（2015年7月）、《中小学校体育工作督导评估办法》（2017年4月）、《义务教育学校管理标准》（2017年12月）、《中小学幼儿园教师培训课程指导标准（义务教育语文、数学、化学学科教学)》（2018年1月）、《关于全面深化新时代教师队伍建设改革的意见》（2018年1月）、《关于切实减轻中小学生课外负担开展校外培训机构专项治理行动的通知》（2018年3月）等文件的发布，充分体现了以

---

① 习近平：《在北京大学师生座谈会上的讲话》，载于《人民日报》2018年5月2日。

习近平同志为核心的党中央对"十四五"乃至一个更长时期完善中国特色社会主义教育体系的最新要求，共同构成中国教育现代化的顶层设计和行动方案。

二、中国教育现代化指向更加明晰

新中国成立后，中国共产党持续探索教育现代化建设，坚持以人民为中心发展教育，以教育现代化支撑国家现代化发展，高度重视培养社会主义建设者和接班人。追溯过往，如果说改革开放以来我国以建设"四个现代化"，即"工业现代化、农业现代化、国防现代化和科学技术现代化"为标志重启了现代化的历程并持续至今，那么1983年邓小平为北京景山学校的题词"教育要面向现代化，面向世界，面向未来"[1]，则标志着中国教育现代化重新扬帆起航。往后，从1985年《中共中央关于教育体制改革的决定》将"面向现代化、面向世界，面向未来"作为一种指导思想，到1993年《中国教育改革和发展纲要》的颁布，我国才真正开启了以教育现代化为目标的改革和发展征程；又到2010年《国家中长期教育改革和发展规划纲要（2010－2020年)》颁布，意味着我国教育的改革之路，正式从"效率优先的重点发展"转向"公平导向的均衡发展"，发展的前景和目标也正是基本实现教育现代化；再到党的十九大关于中国教育未来发展的布局谋篇中，更是把"加快教育现代化"作为建设教育强国、办好人民满意教育的首要战略目标。从上可以看出，中国教育现代化指向更加明晰，并且这种现代化指向在主题层面、过程层面以及方向层面展现出不同的本质内涵。

（一）主体层面指向"人"的现代化

我国优秀的传统文化是华夏文明延续的根本动力，它的精神内核千百年来指引着我国国民的立身处世，并导向生命价值的终极追寻。正如习近平指出，"独特的文化传统，独特的历史命运，独特的国情，注定了中国必然走适合自己特点的发展道路。我们走出了这样一条道路，并且取得了成功"[2]。人是教育的原点，育人是教育的根本。所以，教育现代化必须回归育人的原点，即提升人的现代性。马克思运用历史唯物主义揭示了人的发展的阶段："人的依赖关系（起初完全是自然发生的），是最初的社会形式，在这种形式下，人的生产能力只是在狭小的范围内和孤立的地点上发展着。以物的依赖性为基础的人的独立性，是第二大形式，在这种形式下，才形成普遍的社会物质变换、全面的关系、多方面的需

---

① 《邓小平文选》第三卷，人民出版社1993年版，第35页。
② 《习近平在欧洲学院发表重要演讲》，载于《人民日报》2014年4月2日。

要以及全面的能力的体系。"① 而从历史文化传承来看，中华文明也切实做到了以"人"为出发点，以"人的力量"为发展源泉，不断探索与自我更新，这为中国教育现代化确立"人"的主体立场提供了历史可能性与传统承续性。中国教育现代化的本质是人的现代化，考量人在社会发展中的角色地位是人的现代化的核心所指，而"人的现代化是国家现代化必不可少的因素。它并不是现代化过程结束后的副产品，而是现代化制度和经济赖以长期发展并取得成功的先决条件"②。历史经验告诉我们，现代化必须将人的主体性统摄其中。人是现代化的主体和动因，是推动社会发展和历史变革的重要因素。如果进行现代化的主体力量是落后的，那么国家层面的现代化就不能推进，教育层面的现代化更无从谈起。中国教育现代化要走出"人与自然、人与社会、人与自己"的对立关系，走向三者的共生共融、和谐发展，走向"以人的发展为重心"的全面发展。全面发展观是"人"的主体性得以凸显的最恰切表达，它意味着全面发展是人的现代化的出发点与落脚点，个性发展是人的现代化的核心点与闪光点，自由发展是人的现代化的归宿点与最高点，即全面发展是要求，个性发展是趋势，自由发展是追求。人的现代化正是被这样的发展观所引领，同时遵循着这样的逻辑线索不断得到强化和升级。由此，尊重与善待人的尊严和生命理性，全面提升人的素质，将教育眼光真正放到人的发展需要上，最大限度发挥人的主体作用，是中国教育现代化的应然选择。

（二）过程层面指向"融合"的现代化

当今世界正处于百年未有之大变局，第四次工业革命方兴未艾，国际秩序深刻重塑，全球治理机制亟待完善。中国教育要实现"由大转强"的历史性跨越、实现现代化，就必须落实"融合发展"与"共建共享"的新理念，与时俱进、乘势而上，通过跨界与融合实现创新驱动发展。"融合"是中国教育现代化在不断演进过程中的最大特点，表现之一是它的动态性。中国教育现代化历程在历史的浩瀚长河中不断改进、不断更新，力量持续增强，历经"人人有学上"的数量普及阶段和"人人上优学"的质量提高阶段，最终迈进"人人自由选择学上"的教育均衡阶段。在第一阶段，学生追求的是享受教育过程的平等机会，教育作为一项"基本"权利被强调，教育现代化的目的是尽力满足所有学生的基本学习需要。第二阶段的突出特点是等级化的学校建设，教育现代化的关注点是有层次

---

① 《马克思恩格斯文集》第 8 卷，人民出版社 2009 年版，第 52 页。

② ［美］阿历克斯·英格尔斯：《人的现代化——心理·思想·态度·行为》，殷陆君译，四川人民出版社 1985 年版，第 8 页。

地追求学校办学质量最优化，"在教育资源有限的前提下，进行配置的优化，使教育发展水平有所突破，但同时会带来教育发展失衡等相应问题"①。随着现代化程度不断加深，中国教育现代化必将进入第三阶段的跨越式发展期，科学化、标准化、规范化应是这一阶段学校现代化的主要建设目标，自主化、自由化、多样化应是这一阶段教育现代化追寻的基本理念。总而言之，中国教育现代化是一个面向未来且不断进步的动态实践过程，在这一过程中教育改革逐步深化，教育结构逐步均衡，教育质量逐步提升，教育公平逐步实现。

（三）方向层面指向"教育"的现代化

教育现代化，意味着中国教育现代化不仅是教育学人对我国教育事业的殷殷关怀，更是国家层面对中国百年教育改革大计的深切期盼。中国教育现代化路向何方？这条路是否可能？何以可能？这些是我们需要深入思考的问题。首先，"以德为先""因材施教""知行合一"体现了对我国优秀传统文化和思想的传承；"全面发展""面向人人"表达了对联合国重申人文主义教育观的重视；"终身学习""融合发展""共建共享"传达了对自由教育精神的推崇，是对世界教育发展的未来趋势和优势特征的预见与把握。其次，"推动我国成为学习大国、人力资源强国和人才强国"的教育现代化目标，标志着在我国教育话语体系中，已逐渐突破对受教育人数量上的追求，转而强调人的素质和人才的质量，"学习大国"这一目标的提出更是表达了我国建设学习型社会与国家的强烈愿望，与"八大理念"②的内涵追求彼此呼应。最后，"完善教育质量标准体系""发展中国特色世界先进水平的优质教育"的诉求。这预示了我国未来教育质量评价将弱化"人"的参与度，而愈加科学化、标准化、体系化，优质教育仅仅达到"中国特色"的程度还远远不够，还要在此基础上，用自己独特的教育发展眼光解决"中国问题"、争取"中国利益"、达到"世界水平"，进而将"中国思想"与"中国声音"置于世界舞台发挥作用，展现大国远见与风范。

三、人民群众教育获得感明显增强

"获得感是共享发展理念的最终落脚点。"③ 党的十八届五中全会用"共享"

---

① 刘凯：《新时代教育改革的目标指向与实现路径》，载于《韶关学院学报》2021年第2期，第23~28页。

② 八大理念：更加注重以德为先，更加注重全面发展，更加注重面向人人，更加注重终身学习，更加注重因材施教，更加注重知行合一，更加注重融合发展，更加注重共建共享。

③ 习近平：《让人民群众有更多获得感》，载于《内蒙古日报》2016年10月10日。

发展理念揭示了当代中国发展进步的出发点，进一步强调了所有的改革最终都要惠及老百姓的基本目标。让人民群众有更多获得感是对实实在在"得到"的一种强调，得到"更好的教育"。党的十九大报告将"优先发展教育事业"摆在民生之首，对教育改革发展作出了新部署、提出了新要求，并对新时代社会主要矛盾变化作出了新的重大判断，即我国社会主要矛盾已经转化为人民日益增长的美好生活需要和不平衡不充分的发展之间的矛盾。这个矛盾在教育领域表现得也很突出，所以，贯彻落实党的十九大精神，就要立足新时代、聚焦新矛盾、采取新措施，从"兜底线""促均衡""提质量"三个方面着力，进一步促进教育均衡发展，着力解决好发展不平衡不充分的问题，满足人民日益增长的享受更公平更高质量教育的需求，使人民群众教育获得感明显增强。

（一）"兜底线"：保障每个孩子都有学上

"教育公平是社会进步的重要标尺，不让孩子因贫困而失学，是全社会所乐见和努力的方向。借债读书，还是弃学帮衬家里，或许曾是不少寒门学子的艰难抉择。而随着国家的发展、制度的健全，除少数极端情况外，穷孩子上不起学正成为历史。"[1] 从我国区域来看，欲"兜"好底线，保障每个孩子都有学上，关键在中西部地区，重点在中西部地区，难点也在中西部地区。对此，2016 年 6 月颁布的《国务院办公厅关于加快中西部教育发展的指导意见》[2]，主要针对中西部地区各级各类教育发展中存在的突出问题，提出了具体项目和工程，确保经过几年努力，使中西部地区最差的地方、最差的学校都达到基本办学标准；同时，通过调整资源配置方式，逐步抬高底部，确保到 2020 年中西部所有地区的教育发展达到与全面建成小康社会一致的水平。譬如一是合理布局，办好必要的教学点，满足偏远地区孩子就近上学的需要。二是完善标准，即便是小规模的学校和教学点，也要根据国家的基本要求，结合当地实际制定办学标准，按标准办学。三是配齐资源，根据制定的标准，按照"缺什么、补什么"的原则，把资源配足，其中最重要的措施就是要实现数字化教学资源的全覆盖。四是开齐课程，中心校和这些教学点统一管理、安排老师、编排课程等。五是保证质量，采取多方面措施，确保这些教学点的教学质量跟常规学校是一样的。作为一项重大的民生工程、一项复杂的系统工程，包括学前教育、义务教育、职业教育、高中教育、高等教育、民族教育、特殊教育等各级各类教育。部署的任务重，涉及发展、改革和保障等 28 项重点任务、150 项具体措施；涉及的省份多，中西部地区共涉及

---

① 巩育华：《国家兜底，让寒门学子不寒心》，载于《人民日报》2015 年 8 月 13 日。
② 《国务院办公厅关于加快中西部教育发展的指导意见》，载于《中国教育报》2016 年 6 月 16 日。

21 个省（区、市）；时间跨度长，从 2016 年 5 月文件正式颁发至 2021 年 5 月终期评估，时间跨度为 5 年。可以看出，这有利于改变中西部地区上学难的问题，有利于增进人民群众获得感。

（二）"促均衡"：努力缩小区域、城乡、学校之间的差距

"教育公平是社会公平的基石，教育公平反映的是社会正义、平等、自由、人权等价值属性。"① 早在 2010 年制定颁布的《国家中长期教育改革和发展规划纲要（2010 - 2020 年)》② 文件中，就把"促进公平"作为未来十年的重要任务，强调"把促进公平作为国家基本教育政策"，"形成惠及全民的公平教育，建设覆盖城乡的基本公共教育服务体系，逐步实现基本公共教育服务均等化，缩小区域差距"，提出"加快缩小城乡差距，建立城乡一体化义务教育发展机制"。以北京市为例，2016 ~ 2020 年共投入市级转移支付资金 2.8 亿元，推进优质教育资源的覆盖面持续扩大，努力缩小校际、区域间差距。实施城乡中小学校一体化发展项目，2018 ~ 2020 年安排市级经费 3.3 亿元，通过"手拉手""结对子"方式，每年在农村地区、城乡接合部和城市发展新区对口支持或合作帮扶约 100 所中小学校，加快实现基本公共教育服务均等化。开展"互联网 + 基础教育"，投入引导性转移支付资金 2.4 亿元，先行建设 41 个"空中课堂"录课点、17 个"双师课堂"试点校和 4 个"融合课堂"试点校，着力将传统单师授课模式转变为名师团队支持下的新型教学场景，消除时空阻碍，让教育基础薄弱地区的学生有机会享受到优质的教育资源。而在县域内深入推动校长、教师轮岗交流制度，加强师德师风建设，完善乡村教师培养培训机制，缩小城乡师资差距。进一步提高优质高中名额分配到区域内初中的比例，引导学生就近入学，缩小生源差距。发挥优质学校的辐射带动作用，通过集团化办学、城乡托管和结对帮扶等形式，支持带动薄弱学校，缩小管理差距。加快推进教育信息化建设，使贫困地区、薄弱学校的孩子通过信息化手段共享优质教育资源。③

（三）"提质量"：保障每个孩子接受有质量的教育

党的十八大以来，我国通过制定相关政策措施，实现了教育质量稳步提升，确保每个孩子接受有质量的教育。譬如 2017 年 7 月，国家教材委员会成立，完

---

① 张旺：《城乡教育一体化：教育公平的时代诉求》，载于《教育研究》2012 年第 8 期，第 13 ~ 18 页。
② 《国家中长期教育改革和发展规划纲要（2010 - 2020 年)》，教育部网站，http：//www. moe. gov. cn/srcsite/A01/s7048/201007/t20100729_171904. html。
③ 《北京市优化资金投入结构缩小城乡间教育发展差距》，载于《中国教育报》2021 年 4 月 1 日。

成义务教育道德与法治、语文、历史三科统编教材的编写和审查工作，审议部分高校哲学社会科学教材。积极推进教育信息化，全国中小学生基本实现电子学籍管理，中小学互联网接入率从 25% 上升到 94%，多媒体教室从不到 40% 增加到 80%，教育卫星传输网服务于近 1 亿农村中小学生，数字教育资源覆盖了 6.4 万个教学点，促进了优质教育资源的共享。大力发展现代职业教育，推进校企合作、产教结合，建设 12 个国家职业教育改革试验区、56 个行业职业教育教学指导委员会、1 300 个职教集团，自 2015 年起每年举办职业教育活动周，连续举办 10 届全国职业院校技能大赛。加强高校拔尖人才培养和创新创业教育，实施科教结合协同育人行动、基础学科拔尖学生培养计划等，覆盖 600 所高校数十万名学生。启动"新工科"建设，推进"5+3"医学教育改革，举办 9 届中国"互联网+"大学生创新创业大赛。2016 年，我国成为本科工程教育国际互认协议的正式成员，标志着工程教育质量得到国际认可。[1] 在满足群众"有学上"需求的基础上，进一步满足群众"上好学"的迫切愿望，不断从内涵上和本质上满足人民群众对高质量教育的追求与向往。

四、人才工作取得历史性成就、发生历史性变革

在百年奋斗历程中，党始终重视培养人才、团结人才、引领人才、成就人才，团结和支持各方面人才为党和人民事业建功立业。党的十八大以来，党中央作出人才是实现民族振兴、赢得国际竞争主动的战略资源的重大判断，作出全方位培养、引进、使用人才的重大部署，推动新时代人才工作取得历史性成就、发生历史性变革。

（一）党对人才工作的领导得到全面加强

习近平强调："做好人才工作必须坚持正确政治方向，不断加强和改进知识分子工作，鼓励人才深怀爱国之心、砥砺报国之志，主动担负起时代赋予的使命责任。"[2] 人才工作是具有国家战略性、制度长远性的工作。坚持党的领导是我国人才事业取得成功的根本保证，也是加快建设世界重要人才中心和创新高地的根本保证。一方面，更加突出政治优势，实现增人数和得人心的有机统一，即党

---

① 《第九届中国国际"互联网+"大学生创新创业大赛"青年红色筑梦之旅"活动启动》，教育部网站，http://www.moe.gov.cn/jyb_xwfb/gzdt_gzdt/moe_1485/202306/t20230609_1063624.html，2023 年 6 月 9 日。

② 习近平：《深入实施新时代人才强国战略加快建设世界重要人才中心和创新高地》，载于《求是》2021 年第 24 期，第 1~4 页。

领导实施人才强国战略，以"识才的慧眼、爱才的诚意、用才的胆识、容才的雅量、聚才的良方"① 将人才凝聚在中华民族伟大复兴的旗帜之下，涵养家国情怀，激发使命担当，让广大知识分子忠诚爱党，心怀"国之大者"，走在世界前列。另一方面，更加强化政治引领，推进党建工作与人才工作的深度融合，即做好各类人才的党史学习教育、国情研修等工作，帮助其坚定理想信念，明确政治立场和政治方向，以此凝聚广泛共识、汇聚磅礴力量。这表明，全面推进党建工作和人才工作的深度融合，为人才成长搭"桥梁"、竖"阶梯"，构建合理、公正、畅通、有序的发展通道，才能确保人才工作的制定出台、推进实施精准高效，不断夯实各类人才的信仰之基、学习之基、能力之基和创新之基。

（二）全国人才资源总量快速增加

人才始终是经济发展的重要战略资源。无论是创新驱动发展战略，还是供给侧结构性改革，都需要人才提供智力支持。能否实现"聚天下英才而用之"，已经成为能否赢得先机、实现经济高质量发展的重要因素之一。在知识和技术创新成为经济社会发展决定性因素的今天，盘活人才资源，就意味着能够盘活一家企业，乃至撬动整个产业的发展。从整体上看，我国人才资源总量呈现出快速上升趋势，总量从 2010 年的 1.2 亿人增长到 2019 年的 2.2 亿人，其中专业技术人才从 5 550.4 万人增长到 7 839.8 万人。各类研发人员全时当量达到 480 万人年，居世界首位②，成为全球规模最宏大、门类最齐全的人才资源大国。

（三）人才政治底色更加鲜亮

党的十八大以来，越来越多的教育者意识到，培养适应民族复兴、大国崛起的一代新人，需要教育"强基固本"。各级各类学校加强党的领导，坚持社会主义办学方向，增强扎根中国大地办学的观念，深入培育和践行社会主义核心价值观，加强理想信念教育、爱国主义教育、中华优秀传统文化教育和革命传统教育，使之进教材、进课堂、进头脑；同时，始终把思想政治工作和党的建设工作结合起来，把严格要求和灵活方式结合起来，把解决思想问题和解决实际问题情况结合起来，引导高素质人才处理好理想和志向的关系，处理好努力和奋斗的关系，处理好思考和思维的关系，处理好品格和意志的关系，因而一批批又红又专的优秀人才茁壮成长。

①② 习近平：《深入实施新时代人才强国战略加快建设世界重要人才中心和创新高地》，载于《求是》2021 年第 24 期，第 1～4 页。

（四）人才效能持续增强

提高人才效能是人才开发的目的，是在拥有一定数量的人才和优化人才配置结构的基础上，"通过使用人才并在人才使用中检验人才开发效果的过程"[1]。只有解决了人才数量和人才质量问题，才有可能提高人才效能，也只有在数量庞大和质量优良的人才队伍基础上，不断提高人才效能，才能助推和保障经济发展方式转变，应对日趋激烈的全球化市场竞争，促进经济社会的可持续健康发展。可以说，提高人才效能是经济社会高速发展从依赖"人口红利"到依赖"人才红利"的必要准备。回望历史，2007 年，人才强国战略作为发展中国特色社会主义的三大基本战略之一被写入党的十七大报告和《中国共产党章程》，党中央明确提出"实施科教兴国战略、人才强国战略、可持续发展战略"[2]，为发展中国特色社会主义打下坚实基础。自此，我国在教育、科技和人才三项工作上致力于形成一个相互支撑、互为协同的三角形战略构架新体系。2012 年，党的十八大在强调"深入实施科教兴国战略、人才强国战略、可持续发展战略"[3] 的同时，提出"实施创新驱动发展战略"，代表着国家以经济工作为中心的总体战略迭代转型。2017 年，党的十九大报告将"科教兴国战略、人才强国战略、创新驱动发展战略"置于全面建成小康社会需要坚定实施的七大战略的前三位置并列突出，明确了创新驱动发展战略作为国家经济发展总体战略的基本地位。2022 年，党的二十大在并列部署"科教兴国战略、人才强国战略、创新驱动发展战略"的基础上，进一步打破惯例、常规，将以往分属社会建设、经济建设和党的建设三方面的教育、科技、人才工作集中论述、统一部署，体现出具有战略全局视角的系统思维和发展考量，也反映出党中央对科教兴国战略、人才强国战略、创新驱动发展战略系统集成塑造发展新动能、新优势的新理念、新构想和新设计。人才工作在服务创新驱动发展、决战脱贫攻坚、决胜全面建设小康社会、推动区域协调发展等国家重大战略和重大工作中卓有成效。科技实力正在从量的积累迈向质的飞跃、从点的突破迈向系统能力的提升，人才效能得以持续增强。

---

[1] 林泽炎：《人才开发重在提高人才效能》，载于《中国发展观察》2014 年第 9 期，第 40~41 页。

[2] 胡锦涛：《高举中国特色社会主义伟大旗帜　为夺取全面建设小康社会新胜利而奋斗——在中国共产党第十七次全国代表大会上的报告》，人民出版社 2007 年版，第 15 页。

[3] 胡锦涛：《坚定不移沿着中国特色社会主义道路前进为全面建成小康社会而奋斗——在中国共产党第十八次全国代表大会上的报告（2012 年 11 月 8 日）》，新华社，2012 年 11 月 8 日。

（五）人才比较优势稳步增强

人才资源是永不枯竭的资源，人才优势是最具潜力的发展优势。哪个国家拥有人才上的优势，哪个国家就会拥有实力上的优势；谁能培养和吸引更多优秀人才，谁就能在竞争中占据优势。人才选拔的视野，决定了发展的速度；全球配置人才资源的能力，决定了国际竞争的成败。据统计，"全国人才资源总量从 2010年的 1.2 亿人增长到 2019 年的 2.2 亿人，其中专业技术人才从 5 550.4 万人增长到 7 839.8 万人。各类研发人员全时当量达到 480 万人年，居世界首位，研发经费投入从 2012 年的 1.03 万亿元增长到 2022 年的超过 2.80 万亿元，居世界第二。在全球创新指数排名中，我国从 2012 年的第 34 位上升到 2022 年的第 11 位。2021 年回国创新创业的留学人员首次超过 100 万名"①。从科技创新前沿到疫情防控战场，从田间地头生产一线到浩瀚宇宙中的航天探索，每一处闪亮、每一点成功都播撒着人才的汗水、凝结着人才的智慧。我国人才队伍快速壮大，人才效能持续增强，人才比较优势稳步增强，一支规模宏大、素质优良、梯次合理、作用突出的人才队伍加速形成。

五、中国教育的世界影响力加快提升

"随着改革开放 40 年的光辉岁月，中国教育事业取得历史性成就，发生历史性变革，在实现教育大国崛起的基础上开始向教育强国迈进。"② 在这个过程中，教育普及程度大幅度提高、总体发展水平进入中高收入国家行列，教育"走出去"与"引进来"相结合、教育国际竞争力不断增强，中国教育质量和学术地位的国际认可度与国际话语权显著提升，这为中国经济后发赶超、综合国力提升和现代化建设提供了强有力的人才支持和智力支撑。

（一）教育总体发展水平进入中高收入国家行列

2023 年是全面贯彻党的二十大精神开局之年，是实施"十四五"规划承上启下的关键一年。在党中央、国务院坚强领导下，教育系统坚持以习近平新时代中国特色社会主义思想为指导，深入学习贯彻习近平关于教育的重要论述，贯彻落实党的二十大和二十届二中全会精神，牢牢把握教育的政治属性、人民属性、战略属性，锚定教育强国建设目标，扎实推动教育事业高质量发展取得新突破。

---

① 王辉耀：《实施更加积极开放的人才政策》，载于《神州学人》2022 年第 11 期，第 40～45 页。
② 陈子季：《中国教育国际影响力在改革开放中不断增强》，载于《中国教育报》2018 年 11 月 15 日。

根据中华人民共和国教育部发布的《2023 年全国教育事业发展统计公报》[①]，全国共有各级各类学校 49.83 万所，各级各类学历教育在校生 2.91 亿人，专任教师 1891.78 万人。其中全国共有幼儿园 27.44 万所，比上年减少 14 808 所，下降 5.12%。其中，普惠性幼儿园 3.64 万所，比上年减少 9 301 所，下降 3.79%，占全国幼儿园的比例 86.16%，比上年提高 1.2 个百分点；全国共有义务教育阶段学校 19.58 万所。义务教育阶段招生 3 632.51 万人，在校生 1.61 亿人，专任教师 1 073.93 万人，九年义务教育巩固率 95.7%；全国共有特殊教育学校 2 345 所，比上年增加 31 所，增长 1.34%；高中阶段毛入学率为 91.8%，比 2022 年提高 0.2 个百分点，共有普通高中 1.54 万所，比上年增加 355 所，增长 2.36%，共有中等职业学校 7 085 所，比 2022 年减少 116 所；全国共有高等学校 3 074 所，其中普通本科学校 1 242 所（含独立学院 164 所），比 2022 年增加 3 所，本科层次职业学校 33 所，比 2022 年增加 1 所，高职（专科）学校 1 547 所，比 2022 年增加 58 所，成人高等学校 252 所，比 2022 年减少 1 所；另有培养研究生的科研机构 233 所。可以看出，党的十八大以来，我国教育事业取得新的历史性进展，总体发展水平跃居世界中上行列，现代职业教育体系初步建立。我国各级教育普及水平不断提高，国民受教育机会进一步扩大。

（二）教育国际竞争力不断增强

在人员国际流动方面，中国已成为世界最大留学生输出国和亚洲最大留学目的地国。据《2023 中国留学白皮书》[②] 相关数据，自改革开放到 2022 年底，中国的留学人员累计超过 800 万人；留学回国人员总数超过 600 万人，其中 400 多万人完成学业后选择回国发展，中国正由"人才流失国"逐渐扭转为"人才回流国"。同时，伴随着中国高等教育的不断发展，越来越多的外籍学生也选择前往中国留学深造。早在 2013 年秋，习近平主席在访问哈萨克斯坦和印度尼西亚期间，就先后提出共建"丝绸之路经济带"和"21 世纪海上丝绸之路"。10 余年来，中国高校的国际交流与合作日趋频繁和深入，共建"一带一路"国家和地区来华留学人数持续增加。据教育部数据，2018 年，共有来自 196 个国家和地区的 49.22 万名留学生来华留学，其中共建"一带一路"国家和地区来华留学生共计 26.06 万人（占比 52.95%）；2019 年，在我国学习的共建"一带一路"国家

[①] 教育部：《2023 年全国教育事业发展统计公报》，教育部网站，http：//www.moe.gov.cn/jyb_sjzl/sjzl_fztjgb/202410/t20241024_1159002.html，2024 年 10 月 24 日。

[②] 启德教育：《2023 中国留学白皮书》，https：//baike.baidu.com/item/2023% E4% B8% AD% E5% 9B% BD% E7% 95% 99% E5% AD% A6% E7% 99% BD% E7% 9A% AE% E4% B9% A6/62787109，2023 年 3 月 18 日。

和地区留学生占比达 54.1%。来华留学事业是我国教育事业的重要组成部分,一直得到党和国家领导人的高度重视,为共建"一带一路"提供了有力支撑,也为提升我国教育国际影响力、增进中外人民的相互了解和友谊、促进民心相通作出了积极贡献。

(三) 中国教育国际认可度与国际话语权显著提升

作为人口众多的发展中国家,中国积极发展双边与多边领域内的教育交流和合作。党的十八大以来,我国先后"同 181 个建交国普遍开展了教育合作与交流,与 159 个国家和地区合作举办了孔子学院(孔子课堂),与 58 个国家和地区签署了学历学位互认协议;深入实施共建'一带一路'教育行动,加强同共建国家教育领域互联互通,建设了 23 个鲁班工坊,启动了海外中国学校建设试点。"[①] 据不完全统计,中国高考成绩已获得澳大利亚、美国、韩国等近 20 个国家和地区高校的认可。《华盛顿协议》是世界上最具影响力的国际本科工程学认证协议。目前,中国已成为该协议组织的成员,这在一定程度上表明中国工程教育质量开始得到国际社会认可。中国还以负责任的大国态度,积极参加联合国教科文组织、世界银行等国际和区域性国际组织的相关教育活动,参与推动国际组织教育政策、规则和标准的研究制定工作,努力发出中国声音。自 1978 年以来,中国先后派出教育部副部长以上官员率团出席了第三十七届以来的历次国际教育大会,并先后在中国设立了联合国教科文组织国际农村教育研究与培训中心、教师教育中心。近年来,又在华成功举办了首届国际学习型城市大会、首届世界语言大会、首届国际教育信息化大会、国际职业技术教育大会等重要国际会议。可以说,中国作为联合国教科文组织的创始会员国,已从最初的全面学习者转变为深度参与者和重要援助者。

(四) 中国高校世界排名整体逐步上升

我国大学建设的目标是中国特色世界一流大学。我们不唯高校的排名,但是可以参考世界高校的排名。这是因为各个国家的高校处于世界排名的位次,一定程度上可以体现出这个国家的高等教育发展水平。近年来,中国高校从整体上看,所在位次在中国的软科、英国的泰晤士、英国的 QS 和美国的USNews 世界大学排名等各项榜单上都大幅攀升,2023 年中国高校的表现可圈可点。

---

① 《教育部:中国已与 58 个国家和地区签署学历学位互认协议》,中国新闻网,http://www.moe.gov.cn/fbh/live/2022/54849/mtbd/202209/t20220920_663344.html,2022 年 9 月 20 日。

2023 年 8 月 16 日，全球领先的高等教育评价机构软科正式发布"2023 软科世界大学学术排名"①。排名展示了全球领先的 1 000 所研究型大学，中国内地共有 191 所大学上榜，其中 10 所位列世界百强，比去年增加 2 所。清华大学排名全球第 22，位列亚洲第一。北京大学排名第 29，浙江大学排名第 33。上海交通大学排名第 46，首次入围全球 50 强。复旦大学、中国科学技术大学、中山大学、华中科技大学分别位列全球第 56、第 64、第 73 和第 91。中南大学、南京大学首次跻身全球百强，分别排名第 95、第 96。黑龙江大学、东北林业大学等 25 所高校首次上榜，显示出中国大学的学术水平和国际影响力正在持续攀升。

2022 年 10 月 22 日，《泰晤士高等教育》发布了 2023 年世界大学排名②，中国大陆高校在全球排名呈整体上升趋势。本次泰晤士高等教育世界大学排名，共有来自 123 个国家/地区的超过 2 500 所大学参与。其中有来自 104 个国家/地区的 1 799 所大学上榜，比去年增加了 137 所，是此排名 19 年历史上规模最大的一次。中国大陆再创纪录，共有 7 所中国大陆的高校进入了世界大学排名前 100 名。其中，清华大学在泰晤士高等教育世界大学排名中排名亚洲第一，同时也位列中国大陆第一，世界第 16 名。北京大学紧随其后，位列全球第 17 名。在 2023 年的世界大学排名中，中国大陆高校共有 95 所上榜，上榜数量位列世界第四，仅次于美国（177 所）、日本（117 所）与英国（103 所）。

2022 年 6 月 9 日，QS 教育集团正式发布了 2023 年世界大学排名③，这次排名共有近 1500 所院校参与，是 QS 历史上规模最大的一次。在中国大陆地区，北京大学首次冲至世界第 12 名，较去年提升了 8 名，成为亚洲排名第二的大学；清华大学紧随其后，排名上升 3 名至第 14 名，位列亚洲第三。

2022 年 10 月 25 日，USNews 世界大学排名④显示，清华大学和北京大学的名次依旧平稳上升，清华大学在去年排名 TOP26 后，再次上升 3 名，排到了第 23 位，北京大学从第 45 名上升到第 39 名，进入 TOP40。中国内地只有 4 所大学入围前 100，分别是清华大学（23）、北京大学（39）、上海交通大学（89）、浙江大学（93）。香港也有 4 所大学入围，分别是香港中文大学（53）、香港大学（55）、香港科技大学（95）、香港理工大学（100）。

---

① 《重磅发布：2023 软科世界大学学术排名》，中国教育在线，https：//baijiahao. baidu. com/s？id = 1774518397527482774&wfr = spider&for = pc。

② 《2023 泰晤士高等教育世界大学排名发布》，百家号，https：//baijiahao. baidu. com/s？id = 1746448757480747498&wfr = spider&for = pc。

③ 《2023 年 QS 世界大学排名揭晓》，百家号，https：//mbd. baidu. com/newspage/data/dtlandingsuper？nid = dt_5262669908817051586&sourceFrom = search_a。

④ 《2023 年 USNews 世界大学排名》，百家号，https：//baijiahao. baidu. com/s？id = 1747654049217678007&wfr = spider&for = pc。

（五）高校科技论文国际影响力持续上升

科研竞争力是科研评价研究中多个机构在评价指标上进行比较或体现出的科学研究的综合能力。它是一种相对能力，必须通过竞争才能体现出来，竞争情况则需要通过开展科研竞争力评价予以测度。

2023年9月20日，中国科学技术信息研究所发布《2023年中国科技论文统计报告》[①]。报告显示：我国各学科最具影响力期刊论文数量、高水平国际期刊论文数量及被引用次数继续保持世界第1位。各学科影响因子最高的期刊可以被看作世界各学科最具影响力期刊。2023年178个学科中高影响力期刊共有161种（含学科交叉期刊），2023年各学科最具影响力期刊上的论文总数为51 440篇，中国在这些期刊上发表的论文数为14 227篇，占世界总量的27.7%，排在世界第1位。具体来讲：一是高水平国际期刊论文数量持续上升。2023年共有384种国际科技期刊入选世界各学科代表性科技期刊，发表高水平国际期刊论文35.25万篇。按第一作者第一单位统计分析的结果显示，中国发表高水平国际期刊论文11.85万篇，占世界总量的33.6%，被引用次数为81.89万次，论文发表数量和被引用次数均排在世界第1位。此外，我国热点论文世界占比持续增长，热点论文数量世界排名持续保持第1位，高被引论文数量继续保持世界排名第2位，世界总量占比提升了3%。近两年间发表的论文在统计周期内得到大量引用，且被引用次数进入本学科前1‰的论文称为热点论文。各学科论文近十年被引用次数处于世界前1%的论文称为高被引论文。二是高被引论文数量持续提升。截至2024年7月，中国的热点论文数为2 071篇，占世界热点论文总数的48.4%，数量比2023年统计时增加了2.5%，世界排名保持第1位。美国的热点论文数为1 625篇，居第2位。中国高被引论文数为6.57万篇，占世界份额为33.8%，相比2023年统计时世界占比增加了3%，排在世界第2位。美国的高被引论文数量为7.65万篇，占世界份额为39.3%，仍居第1位。我国国际论文篇均被引用次数首次超过世界平均水平，在材料科学、工程技术、化学、环境与生态学、计算机科学、农业科学和数学7个学科领域被引次数排在世界第1位，比2023年统计时新增环境与生态学。据近十年最新统计数据，中国科研人员发表国际论文平均每篇论文被引用16.20次，首次超过世界平均水平（15.76次）。

总体而言，2023年中国持续开展高质量开放合作，中国高被引论文中以我为主的国际合著论文占比已升至1/3。中国国际科技论文受到国际关注，约四成

---

① 中国科学技术信息研究所：《2023年中国科技论文统计报告》，中国科学技术信息研究所网站，https：//www.istic.ac.cn/html/1/284/338/21498919049177297333.html，2024年9月26日。

以上的引用来自中国以外的国家和地区。2023 年中国在主要平台发布预印本论文总量位居世界第二，为推动学术创新成果的全球快速交流作出重要贡献。

六、教育改革纵深发展推进显著

党的十八大以来，以习近平同志为核心的党中央对深化教育领域综合改革作出一系列战略部署，统筹推进育人方式、办学模式、管理体制、保障机制改革。新时代中国共产党全面深化教育领域综合改革的实践要求，重点在于深化，关键在于综合，即通过把握重点领域和关键环节，坚持问题意识和目标导向、坚持标本兼治和破立并举，着力破除制约教育改革发展的体制机制障碍，不断推进教育治理体系和治理能力现代化，整体上教育改革纵深发展推进显著。

（一）持续深化教育领域"放管服"改革

作为教育管理体制改革的突破口，党的十八大以来，深化教育领域"放管服"改革，通过简政放权、放管结合、优化服务，理顺政府、学校、市场、社会之间的关系，进一步实现了"教好""学好""管好"的有机统一。一是深化教育领域"放管服"改革更为精准地做到了"放"，逐步实现教育管理方式由直接的行政干预转变为间接的柔性影响。一方面，政府不断坚持按需放权，广泛征求各级各类学校的意见建议，精准对接师生所盼、学校所需，切实保障学校的办学自主权，做到政府和学校"各司其职"。另一方面，政府不断坚持差异性放权，通过选择性的优先放权激发学校的办学积极性，从而形成学校活力竞相迸发的良好局面。二是深化教育领域"放管服"更为有效地做到了"管"，统筹政府宏观管理、学校内部治理、社会协同治理。就政府宏观管理而言，针对政府宏观管理克服越位缺位不到位的问题，通过宏观管理体制改革践行规矩在前、重惩在后，实现"管"出制度和水准。就学校内部治理而言，学校不断致力于接好权、用好权，构建自我约束和自我发展的内部治理机制。就社会协同治理而言，社会通过依托第三方教育评估组织构建多元主体参与的督导评估机制和协同治理体系。三是深化教育领域"放管服"更为优质地做到了"服"，即政府始终坚持人民至上，优化教育服务，实现"服"出民声。一方面，政府不断健全教育服务供给机制，即通过精简教育事项的审批环节、缩短教育事项的办理时限，提高行政效率，实现"服"出便利。另一方面，政府通过汇聚优质教学资源向学校师生供给优质服务，积极引导多方大力支持教育改革创新，实现"服"出品质。

（二）持续深化办学体制改革

办学体制改革的发展历程见证着教育资源配置方式的转型和教育主体利益的重新分配。持续深化办学体制改革以激发学校活力为目标，以打造多元化、规范化办学格局为方向，以加大公办学校的改革力度、鼓励社会力量办学、倡导教育家办学为实践路径，更有效地满足了人民群众多样性、个性化的教育需求，确保人民群众能够享有更多的教育选择权。一是持续加大公办学校的改革力度，即加大公办学校教育经费投入，提升公共教育支出比重，不断满足人民群众日益增长的教育规模和质量需求；通过发挥公办学校优质教育资源的辐射带动作用，缩小教育的城乡、校际等差距；通过落实公办学校自主权，突出其自身特色。二是大力鼓励社会力量办学，即通过引用民间资本和第三方力量释放办学体制改革活力；通过加大对民办学校的公共财政支持，切实保障其师生权利。三是极力倡导教育家办学。热爱教育事业、精通教育事业的"教育家"是深化办学体制改革的新生力量，即在全社会营造出助力人才快速成长、脱颖而出的良好氛围，从而充分发挥教育家的聪明才智。

（三）解决教育评价指挥棒问题

教育评价关涉教育发展方向。为此，党的十八大以来，各级教育部门要求通过"健全立德树人落实机制，扭转不科学的教育评价导向，坚决克服唯分数、唯升学、唯文凭、唯论文、唯帽子的顽瘴痼疾，从根本上解决教育评价指挥棒问题"[①]。通过树立科学的教育发展观、人才成长观、选人用人观，着力于建立健全教育评价制度和机制，从而牵引高质量教育体系建设。[②]

就各级党委和政府教育工作评价而言，持续完善党对教育工作全面领导的体制机制和政府履行教育职责的评价体系。一是要求各级党委以更加科学的教育发展理念为指引，克服短视行为和功利化倾向，紧抓思想政治工作这一学校各项工作的生命线，完善党对教育工作全面领导的体制机制。二是要求各级政府依据国家层面的评价内容和指标履行教育职责，并以此为依据评价下一级政府履行教育职责的情况。三是要求各级党委和政府秉持正确的政绩观，纠正片面追求升学率的倾向。

---

① 《习近平在全国教育大会上强调　坚持中国特色社会主义教育发展道路　培养德智体美劳全面发展的社会主义建设者和接班人》，载于《人民日报》2018 年 9 月 11 日。
② 葛莉：《新时代中国共产党深化教育改革创新的内在理路》，载于《思想理论教育导刊》2022 年第 2 期，第 135 ~ 141 页。

就各级各类学校评价改革而言，通过持续完善立德树人落实机制，将"立德树人"成效作为根本标准，即以立德为根本、以树人为核心，要求将"立德树人"成效作为检验学校一切工作的根本标准，并将这一标准内化到学校建设和管理各领域、各方面、各环节，旨在强调人才培养的核心地位和聚焦育人成效。具体来说，除克服幼儿园小学化倾向、制定中小学校办学质量评价标准、深化职普融通以健全职业学校评价外，还在改善高校评价方面集中发力。譬如，要求全国高校本科教研教学评估更加突出思想政治教育的育人功效；高校学科评价更加突出学科特点、质量、贡献；应用型本科评价标准更加突出专业能力和实践应用能力；"双一流"建设成效评价办法更加突出培育一流人才和产出一流成果；师范院校评价更加突出办好师范教育、培育合格教师的考核指标；高校经费使用绩效评价更加加大教育教学、基础研究的经费支持力度；高校国际交流合作评价更加突出校际之间交流、中外合作办学、海外人才引进的工作质量等。①

就教师评价改革而言，更加凸显教师教书育人的使命。一是要求将师德师风作为评价教师的第一标准，突出师德表现这一首要要求，重视考察教师的思想政治素质，确保师德师风建设常态化与长效化。二是要求将教师认真履行教育教学职责作为评价要求，突出教育教学实践。具体地，对幼儿园教师的评价，侧重考核其保教实践；对中小学教师的评价，更加注重构建教学述评制度和完善绩效考核办法；对"双师型"教师的评价，更加着力评价其实践技能水平和专业教学能力；对高校教师的评价，更加着重规范设置聘用和职称评聘条件等。三是高校教师科研评价以学术贡献、社会贡献、支撑人才培养情况为重点，更加突出质量导向。高校教师科研评价逐步开始实行代表性成果评价、摸索长周期评价、完善同行专家评议机制。

就学生评价改革而言，持续借助"五育"过程性评价完善学生综合素质评价体系。一是学生评价更加以全面发展为目标，强化德育、体育、美育、劳动教育方面的综合素质评价。二是要求学校把严学生学业标准，进一步优化过程性和结果性考核相结合的学业考评制度以营造良好学风。三是持续深化考试招生制度改革是解决教育评价指挥棒问题的突破口，旨在冲破考试等同于评价、分数代表能力的教育"内卷"禁锢。深化考试招生制度改革，通过发挥其系统性评价和选拔性评价的作用，切实解决"唯分数""一考定终身"的弊端。

就社会用人单位评价改革而言，持续通过社会用人评价制度改革扭转"唯名校""唯学历"的用人导向，促进平等就业、提升教育自信、服务全民终身学习，保障每个学生都拥有人生出彩的机会。同时，各类专业协会、专业组织和机

①《大力推进教育体制改革创新》，载于《人民日报》2018年9月17日。

构共同参与教育评价，党政机关、事业单位和国有企业带头树立以德为先、能力为重、人岗相适的选人用人观，从而营造教育改革创新良好的社会氛围。

七、教育高质量发展引领方向日益明晰

教育高质量发展，有利于推进教育现代化、建设教育强国、办好人民满意的教育的战略目标的实现。欲实现教育高质量发展这一实践活动，就需要在正确科学的引领方向下开展。党的十八大以来，我国各级各类教育建设始终以办好人民满意的教育为目标，以立德树人为根本任务，以促进公平和提高质量为重点抓手，以优先发展和改革创新为保证措施，立足加强思想政治领导、坚持办学正确政治方向，提升党的领导能力和水平、推动教育事业高质量发展，创新体制机制、以制度建设推进教育治理现代化，加强教育领域党的建设，优化教育发展生态，不断提升我国教育发展水平，让教育向更加公平、更高质量迈进，为经济社会发展提供坚实人才基础，教育发展持续向高质量标准迈进。

（一）加强思想政治领导，坚持办学正确政治方向

教育发展举什么旗、走什么路，这是确保我国教育事业沿着正确方向前进的根本性问题。坚持党对教育事业的全面领导，必须解决好举旗定向的问题，首要的是加强思想政治领导，坚持马克思主义指导地位，坚持社会主义办学方向，这样才能使教育领域成为坚持党的领导的坚强阵地。一方面，加强思想引领，即把坚持和巩固马克思主义作为一项重要政治任务，以习近平新时代中国特色社会主义思想统领教育工作，坚持不懈用这一马克思主义中国化最新成果武装全党，切实在学懂弄通做实上下功夫，在深化消化转化上见实效，不断提升全党的理论思维能力与思想政治水平，将党的理论创新成果贯穿教育工作各领域全过程，用科学理论武装头脑、指导实践、推动工作。另一方面，强化政治统领，即始终坚定政治立场。教育部门和各级各类学校的党组织，要增强"四个意识"、坚定"四个自信"、做到"两个维护"，自觉在政治立场、政治方向、政治原则、政治道路上同党中央保持高度一致。除此之外，善于抓好意识形态工作，即各级各类学校党委不断强化政治意识，牢牢掌握意识形态工作领导权，加强对意识形态阵地的管理，切实筑牢意识形态安全防线。同时切实履行意识形态工作主体责任，坚决守好守牢意识形态的主阵地。

（二）提升党的领导能力和水平，推动教育事业高质量发展

加强党对教育事业的全面领导，不断提高党在教育事业发展进程中把方向、

管大局、作决策、抓班子、带队伍、保落实的能力与定力，把党的领导贯穿教育工作全过程，确保党的路线方针政策在教育系统得到贯彻落实。具体来讲，一是改进完善党的领导方式。习近平指出："坚持党的领导，更加注重改进党的领导方式和执政方式。"[①] 领导方式不是一成不变的，它经历了一个创新发展、逐步完善的过程。新中国成立初期，党高度重视对教育工作的领导，明确提出党领导教育工作的基本要求。改革开放以来，党不断加强和改善对教育工作的领导方式。进入新时代，习近平以更深邃的战略定位强调"加强党对教育工作的全面领导"[②]。新时代推动教育高质量发展，要不断改进完善党的领导方式，遵循思想政治工作规律、教书育人规律和学生成长规律，促进党领导教育工作的观念、体制、方式方法与时俱进。因而各级党委始终把教育改革发展纳入议事日程，党政主要负责同志要熟悉教育、关心教育、研究教育，增强统领教育事业发展全局的能力，把党的领导落实到立德树人全过程。二是改进党的工作方法。推进教育高质量发展必须坚持科学的方法论，学习掌握科学的思维方法。各级教育系统党组织始终运用辩证思维、系统思维、战略思维、法治思维、底线思维、精准思维等科学思维方法，运用钉钉子、抓关键少数、问题导向、统筹兼顾等具体工作方法，着力推动解决我国教育改革发展面临的一系列突出矛盾和问题，善于把眼前需要与长远谋划统一起来，把解决具体问题与深层次问题结合起来，不断增强教育工作的科学性、系统性与预见性。除此之外，教育系统各级党委始终聚焦聚神聚力教育改革发展各项任务，以狠抓落实的工作作风引领、推进和保障教育工作稳步前进。

（三）创新体制机制，以制度建设推进教育治理现代化

制度带有根本性、全局性、稳定性，加强党对教育事业的领导、推进教育高质量发展，最重要的是靠制度。深化教育体制机制改革创新，创新党领导教育工作的体制机制，确保党的领导在教育领域的全覆盖，以制度建设推进教育治理现代化。因而，通过完善领导体制机制，确保组织到位、责任到位、保障到位，把教育改革发展纳入议事日程，定期研究解决教育改革发展中的重大问题，推动各相关方面履职尽责，形成教育发展合力。通过强化治理体系保障，以制度建设为核心，积极出台推进教育改革发展的政策条例，同时把法治思维与法治方式贯穿办学治校全过程，建立衔接配套的制度体系，完善各级各类教育办学体制，依法

---

① 《习近平谈治国理政》第一卷，外文出版社 2018 年版，第 141～142 页。
② 《习近平在全国教育大会上强调　坚持中国特色社会主义教育发展道路　培养德智体美劳全面发展的社会主义建设者和接班人》，载于《人民日报》2018 年 9 月 11 日。

改进教育管理体制，用制度化手段确保办学行为遵循教育规律。强化多元治理主体协同功能，充分发挥党委领导、党建引领作用，构建政府宏观管理、学校自主办学、社会广泛参与的现代教育治理体系，从而凝聚成多元治理的协同动力系统，提升教育治理现代化水平。通过提升制度执行能力，坚决杜绝教育领域做选择、搞变通、打折扣的现象，要依法加强对各级政府履行教育职责的评价，完善教育追责问责机制，以强有力的监督推动党和政府对教育各项工作要求落到实处。"教育治理现代化已成为新时代实现我国教育现代化的关键"①，如此推动创新体制机制必然能够推动新时代中国教育治理更加趋向现代化发展。

（四）加强教育领域党的建设，优化教育发展生态

党的领导在教育系统能不能有效实现，取决于教育系统党的组织体系是否健全，党的建设抓得好不好。全面加强和改进教育系统党的建设，为此各级各类学校党组织始终把抓好学校党建工作作为办学治校的基本功，推进全面从严治党向纵深发展，旨在营造教育系统党的建设的良好生态。一方面，加强教育系统党的建设，既以政治建设为根本，严明党的政治纪律和政治规矩，发展积极健康的党内政治文化；也以思想建设为基础，引领教育领域各级领导干部用科学理论武装头脑，坚定理想信念，学会运用马克思主义立场观点方法观察和解决教育问题；统筹抓好教育系统党的组织建设、作风建设、纪律建设，把制度建设贯穿其中，深入推进反腐败斗争，不断提高党的建设质量，使党对教育系统的领导始终坚强有力。另一方面，严肃教育系统党内政治生活，即加强思想教育和理论武装，教育引导各级组织党员干部筑牢信仰之基、补足精神之钙、把稳思想之舵，通过创新党的理论武装，筑牢政治建设的思想根基。持续推动党内政治生活制度化、规范化和常态化，认真落实"三会一课"、民主生活会和组织生活会等制度。严明政治纪律和政治规矩，不断增强政治意识、大局意识、核心意识、看齐意识。

八、教师队伍建设进展成效显著

党的十八大以来，各级各类教育部门坚决贯彻落实党中央、国务院有关工作部署，以立德树人为核心，以实现教育现代化为目标，采取一系列措施，在教师教育质量、师德师风建设、教师职业吸引力以及教师队伍生机活力等方面取得显

---

① 孙杰远：《教育治理现代化的本质、逻辑与基本问题》，载于《复旦教育论坛》2020 年第 1 期，第 5～11 页。

著成效，进一步提高了教师队伍整体素质，优化了教师队伍结构，使教师获得感、幸福感、成就感逐年提高。

（一）教师教育质量大幅提高

党的十八大以来，全国各级各类基础教育和教师教育系统深入贯彻《国家中长期教育改革和发展规划纲要》，始终坚持育人为本、提高质量、促进公平，凝心聚力，攻坚克难，基础教育和教师教育得到了较大发展，教师教育质量大幅提高。首先，以体系为支撑，深化教师教育改革。大力推动教师教育布局结构优化，逐步完善现代教师教育体系。"40 年来，教师教育体系不断健全。建立了由 226 所师范院校和近 600 所非师范院校共同参与的中国特色教师培养体系。办学层次实现了从'中专、大专、本科'老三级向'大专、本科、研究生'新三级的跃升。""国培计划"建立起 5 年一周期的教师全员培训制度，国家、省、市、县、校五级研培体系不断完善；"国优计划"支持以双一流高校为代表的高水平高校吸引、选拔、培养研究生层次的优秀人才从教，为中小学输送优秀教师。[1]初步形成以国家教师教育示范基地为引领、师范院校为主体、高水平综合大学参与、教师发展中心为纽带、优质中小学为实践基地的开放、协同、联动的现代教师教育体系。其次，以标准为引领，加强各项制度建设。通过出台《乡村教师培训指南》《乡村校长培训指南》《中小学教师信息技术应用能力标准（试行）》《中小学教师信息技术应用能力培训课程标准》《中小学校长信息化领导力标准》等文件，为教师培养、准入、培训、考核提供基本依据。最后，以重大项目为示范，提升培养培训水平。通过深入实施师范生免费教育，大力推进教师教育改革创新；通过分类分层按需施训，提升培训实效性；启动实施高校新入职教师国培示范项目等方式，不断提高教师教育质量。

（二）师德师风建设步入规范化制度化轨道

"师德是社会道德建设的标杆。"[2] 加强师德建设，是全面落实立德树人根本任务的必然要求，是新时代造就专业化教师队伍的关键所在，是应对当前少数教师师德失范的现实需要。为促进师德建设走上制度化、规范化的轨道，各级各类教育部门从制度建设入手，在机制上定规矩，构建起了各级各类教育师德建设制

---

① 刘博超：《学历稳步提升 体系不断健全 教师队伍建设量质齐升》，载于《光明日报》2023 年 8 月 30 日。

② 万美容、李芳：《师德建设：新时代振兴教师教育的基础工程》，载于《思想教育研究》2018 年第 7 期，第 20～25 页。

度体系，使师德建设步入规范化、制度化轨道，实现了师德建设长效化。首先，逐步实现了师德建设长效机制各级各类教育全覆盖。教育部或联合有关部门先后颁布了《中小学教师职业道德规范》《高等学校教师职业道德规范》《关于进一步加强和改进师德建设的意见》《关于建立健全中小学师德建设长效机制的意见》《中小学教师违反职业道德行为处理办法》《关于建立健全高校师德建设长效机制的意见》等文件，为广大教师履行教师职责提供了行为准则。各地各校都将师德教育作为教师培养、职后培训的重要内容，不断完善师德考核、监督、奖惩等制度，师德建设全面步入规范化、制度化、法制化轨道。其次，表彰了一大批优秀教师。1985～2023 年，教育部会同有关部门，先后开展了 10 多次大规模评选表彰活动，共 3 万多名教师分别获得了"全国教育系统劳动模范""全国模范教师""全国教育系统先进工作者""全国优秀教师""优秀教育工作者"等荣誉称号。通过表彰奖励活动，有力引导广大教师深入学习优秀教师先进事迹，进一步弘扬人民教师的高尚师德，促进了全社会尊师重教良好氛围的形成。最后，督促查处违反师德事件。及时督促查处部分学校教师严重违反师德师风事件，起到了很好的警示教育作用。

（三）教师职业吸引力进一步增强

首先，凸显教师职业的公共属性，强化教师承担的国家使命和公共教育服务的职责，确立公办中小学教师作为国家公职人员特殊的法律地位，明确中小学教师的权利和义务，强化保障和管理。各级党委和政府要切实负起中小学教师保障责任，提升教师的政治地位、社会地位、职业地位，吸引和稳定优秀人才从教。公办中小学教师要切实履行作为国家公职人员的义务，强化国家责任、政治责任、社会责任和教育责任。其次，完善中小学教师待遇保障机制。健全中小学教师工资长效联动机制，核定绩效工资总量时统筹考虑当地公务员实际收入水平，确保中小学教师平均工资收入水平不低于或高于当地公务员平均工资收入水平。完善教师收入分配激励机制，有效体现教师工作量和工作绩效，绩效工资分配向班主任和特殊教育教师倾斜。实行中小学校长职级制的地区，根据实际实施相应的校长收入分配办法。再次，加大教师表彰力度。大力宣传教师中的"时代楷模"和"最美教师"。开展国家级教学名师、国家级教学成果奖评选表彰，重点奖励贡献突出的教学一线教师。做好特级教师评选，发挥引领作用。做好乡村学校从教 30 年教师荣誉证书颁发工作。各地按照国家有关规定，因地制宜开展多种形式的教师表彰奖励活动，并落实相关优待政策。鼓励社会团体、企事业单位、民间组织对教师出资奖励，开展尊师活动，营造尊师重教良好社会风尚。最后，关心教师身心健康。"教师的心理健康水平是教师整体素质发展的重要基础，直接关系到教育教学质量和学生的发展水平"①，为此通过维护教师职业尊严和合法权益，关心教师身心健康，克服职业倦怠，激发工作热情。

（四）教师队伍生机活力进一步激发

教师为教育之本，再好的办学理念也必须通过教师的教育教学行为去体现、去落实。为此，教师队伍建设至关重要。只有让这支队伍活起来，让教师队伍永远充满爱心、智慧和青春的活力，教育才能充满活力。党的十八大以来，国家不断创新教师管理体制机制，持续打造教师管理模式"升级版"，努力提高教师管理效率和水平。有关部门深入推进开展中小学教师资格考试和定期注册制度改革试点、推动校长教师交流轮岗、完善中小学校领导人员管理体制、深化中小学教师职称制度改革、深化高校教师考核评价制度改革，严格教师职业准入，破除教师资格终身制，探索建立退出机制，盘活了现有教师资源存量，提升了教师队伍质量水平。政府管理方式得以转变，健全了教师管理制度，极大地激发了教师队伍的生机活力。

总而言之，通过对当前我国教育事业全面发展取得成就的回顾，可以看出以习近平同志为核心的党中央根据新时代党和国家事业发展的需要，不断完善并全面贯彻党的教育方针，优先发展教育事业，坚持立德树人，深化教育领域的综合改革，着力克服教育中存在的体制机制障碍和各种顽瘴痼疾，建设教育强国，加快教育现代化，推动教育事业高质量发展，取得了举世瞩目的成就。中国特色社会主义教育体系进一步完善，我国教育的国际地位、竞争力和影响力明显增强，人民群众的教育满意度不断提高，走出了一条具有中国特色的社会主义教育发展之路。毋庸置疑，这是具有跨时代历史意义的。

从教育凝聚人心层面看：通过坚持党对教育工作的全面领导、为凝聚人心提供坚强后盾，坚持社会主义办学方向、为凝聚人心指明政治方向，发挥社会主义核心价值观引领作用、为凝聚人心明确价值导向，发挥教师的基础作用，为凝聚人心提供人才支撑。再从更深层次来对这一教育举措进行审视，可以看出其有利于更加统一思想、统一行动、统一意志，坚决捍卫"两个确立"和做到"两个维护"，能够自觉用习近平新时代中国特色社会主义思想指导改造主观世界，增进政治认同、思想认同、理论认同、情感认同，始终坚持用马克思主义的立场、观点、方法观察时代、把握时代、引领时代。自觉把习近平新时代中国特色社会主义思想贯彻到经济社会发展全过程各方面，更加注重拉高标杆，更加注重对标

---

① 衣新发等：《中国教师心理健康状况的横断历史研究：1994－2011》，载于《北京师范大学学报》（社会科学版）2014 年第 3 期，第 12～22 页。

对表，各项工作都要事争一流，确保贯彻落实不掉队、不走偏，确保取得实实在在业绩。一定程度上，这也就彰显出教育凝聚人心的政治定位。

从教育完善人格层面看：健全的人格，在人的成长和发展过程中，发挥着积极的促进作用。马克思曾指出："人双重地存在着，主观上作为他自身而存在，客观上又存在于自己生存的这些无机条件中。"① 既是一种事实的存在，又是一种价值的存在。因此，人既是有限的，又是无限的，他的理想往往投向无限的完美，追求自由，乃至对世界对自己怀着各种终极性的关怀，人生也因此充满了问题、欲望与反省。长期以来，受科学实证主义的影响，人们往往只看到人的现实规定性，而人的各种不能为现实所证明的他的应然追求，他的理想、超越……则因其形而上的存在而被排除在教育者的视野之外。因此，现代化的教育必然是摆脱科学实证主义统治、致力于人性的完备与构建的教育。它向受教育者传授文化知识，使其具有时代的历史的规定性，同时，要使受教育者能在已有的现实性中奋起，转化为创造的潜力，使人有理想、有创造、有超越、有意义的构建和终极性的关怀……脱离人格的养成显然无法实现这一点。尽管由于种种条件的限制，教育尚不能从根本上关注人性的完善，但这不能成为我们丧失对教育终极目标关照的理由。现代化的教育，必然是越来越符合人性、提升人性的教育。教育现代化的过程是教育终极目标日益彰显的过程。一定程度上，教育的现代化就是为了更好地追求个体的人格健全与完善，这也就与教育完善人格的工作目标具有强烈的衔接性。

从教育开发人力层面看：当前我国人才工作的蓬勃发展为人力开发奠定了坚实的基础。通过不断更新观念、制定人力资源开发战略，建立和完善人才市场体系、实现人力资源的合理配置，进一步加强培训教育、提高人力资源整体素质，完善人力资源管理、考核和使用机制，打破传统体制束缚、建立多元化的人才开发体制，不断激发个体潜在能力。庞大的人力资源是人才培育和选拔的基础，所以人力开发极为重要。尤其是在 21 世纪的今天，更加依靠教育这一手段，最大限度激活学生自身潜力，一方面教育为学生人力资源的开发提供良好的条件，比如举办各种技能的竞赛：英语演讲竞赛、数学建模竞赛、教学技能竞赛、计算机程序大赛等，提高学生学习的积极性。同时在条件允许的情况下，让部分学生参加课题研究、参加各种调研、社会实践活动，进而培养学生的科研能力、创新能力、团队协作能力、人际交往能力，为他们进一步发展成为人才创造条件。另一方面通过加强学生的思想道德教育，使学生在拥有宽厚的扎实的专业知识、丰富的基础知识的同时，有高尚的道德情操，有科学的世界观、人生观、价值观。换

① 《马克思恩格斯全集》第 46 卷（上册），人民出版社 1979 年版，第 491 页。

言之，这也就体现出教育开发人力的工作目标诉求。

从教育培育人才层面看：社会对人才的需求是全方位的，实现德智体美劳"五育融合"，形成全面的高水平人才培养体系是当前教育界必须面对和解决的重大思想理论问题。更加坚决抛弃以往德育、智育、体育、美育、劳育独立育人、独立研究、自成体系的格局，打破不同部门、不同层级、不同科目的育人壁垒，实现德智体美劳五方面育人的有机结合，各种教育资源作用的综合发挥，在每个单一的育人实践中都要实现德育为先、全面发展的育人目标，牢固树立"五育融合"、全面发展的育人思想。在"五育融合"育人思想的指导下，构筑新的高质量、高水平的人才培养教育体系，将实现"1＋1＋1＋1＋1＞5"的育人成效。综上，这体现出了教育培育人才的工作目标诉求。

从教育造福人民层面看：教育为人民服务，为中国共产党治国理政服务，为巩固和发展中国特色社会主义制度服务，为改革开放和社会主义现代化建设服务。教育"四为"功能是教育造福人民的具体体现。进入新时代，改革开放和社会主义现代化建设、促进人的全面发展和社会全面进步对教育和学习提出了新的更高的要求。教育事关国家发展、事关民族未来。只有抓住机遇、超前布局，以更高远的历史站位、更宽广的国际视野、更深邃的战略眼光，对加快推进教育现代化、建设教育强国作出总体部署和战略设计，坚持把优先发展教育事业作为推动党和国家各项事业发展的重要先手棋，才能不断使教育同党和国家事业发展要求相适应、同人民群众期待相契合、同我国综合国力和国际地位相匹配，不断办好人民的教育，通过教育来达到造福人民的效能。换言之，这也就体现出教育造福人民的工作目标诉求。

第二节　当前我国教育事业全面发展存在的主要问题

制定我国教育工作目标的现实基础，其次是针对当前我国教育事业全面发展存在的问题。

从党的十九大确定的战略定位中来看教育的作用，从发展目标中分析教育的现状，从任务要求中审视教育的发展思路，可以说，当前我国教育正面临新的形势和任务，机遇前所未有，挑战前所未有，许多新情况新问题都需要我们去面对、去解决。在加快教育现代化、建设教育强国的新征程中，随着经济社会发展及随之而来的生活需求深刻变化，随着国家对外开放步伐不断加快及随之而来的国际竞争日趋激烈，随着社会公平正义不断提升及随之而来的知识技能重要性不断提升，解决教育发展不平衡不充分的问题将是我们长期要面对的工作主题。因而这也为提出教育要以凝聚人心、完善人格、开发人力、培育人才、造福人民为工作目标奠定现实依据。

一、我国教育局部差距依然存在

当前我国教育事业快速发展，总体进入世界中上行列，成绩有目共睹；但区域、城乡、校际、人群之间还有较大差距，同样不容忽视，主要体现在教育发展的不平衡不充分，这又往往影响着教育事业的发展方向和前进步伐。

（一）教育发展的不平衡

教育发展的不平衡，其指向的是一种教育发展水平和教育资源配置方面的比较关系。[①] 从整体看，不平衡主要体现为现阶段教育事业发展中的短板，体现为整体中的局部短缺，具体来看，这种不平衡体现为教育资源供求关系的不平衡和教育发展要素的不平衡。

1. 教育资源供求关系不平衡

新的时代背景下，人民的教育需求已经发生了实质性变化。这是我们更好地实施教育供给侧结构性改革，实现教育现代化的基本前提。据《2023 年全国教育事业发展统计公报》[②] 数据显示，我国学前教育毛入园率达到 91.1%，比上年提高了 1.4%；义务教育阶段在校生达 1.61 亿人，九年义务教育巩固率达到 95.7%；高中阶段毛入学率达到 91.8%，同比上升 0.2%；全国各类高等教育在学总规模达到 4 763.19 万人，高等教育毛入学率达到 60.2%。这一系列数据表明当前我国人民"有学上"的教育需求已得到基本满足。

习近平指出："我们的人民热爱生活，期盼有更好的教育。"[③] 随着社会不断进步，人民群众关注的不仅是教育机会的获得，更是教育质量的提升与教育的多样化选择。现阶段我国的教育尽管取得了显著的成绩，但仍无法很好地回应高层面、多样化的教育需求。然而，国内教育资源的分配存在着极大的地域不平衡性。这种不平衡性不仅在东部地区和中西部地区之间明显，也存在于同一省份、同一城市甚至同一区县的不同学校之间。通常来说，经济越发达地区的学校往往

[①]　郅庭瑾、陈佳欣：《教育发展的不平衡与不充分》，载于《清华大学教育研究》2018 年第 6 期，第 10 ~ 13 页。

[②]　教育部：《2023 年全国教育事业发展统计公报》，教育部网站，http://www.moe.gov.cn/jyb_sjzl/sjzl_fztjgb/202410/t20241024_1159002.html。

[③]　《习近平谈治国理政》第一卷，外文出版社 2018 年版，第 4 页。

拥有更好的师资力量、教学设施设备、资金投入和教学资源，而贫困地区在这些方面都要远远落后于发达地区。并且这种不平衡性在不断扩大，由于经济原因，越来越多的贫困地区的优秀教师被发达地区通过高薪挖走，这导致了贫困地区和发达地区师资力量严重失衡的情况。这种损不足以奉有余的问题加剧了教育的不均衡发展。

2. 教育发展要素不平衡

教育发展要素主要包括区域性、领域性、群体性三个方面。我国教育现阶段的发展在这三个方面都呈现出不平衡发展的态势。

首先，区域性要素指的是教育的整体发展中局部之间呈现明显差距，即发展存在短板。从地域差异来看，我国东部地区与中西部地区之间、城市与乡村之间的教育发展不平衡仍然十分显著。中西部地区与农村地区由于其经济社会发展和自然条件落后的限制，在教育经费投入、师资水平、教师待遇和职业发展等多个层面仍存在发展滞后的问题。以乡村教师队伍建设为例，乡村教师队伍整体呈现出老龄化趋势，且教师学科的专业知识相对缺乏、教学方法老旧。在城镇化高速发展的当下，乡村学校吸引和留住优秀教师的能力十分微弱。随着乡村教师生活补助政策覆盖范围的扩大，乡村教师收入得到了一定程度增加。

其次，领域性要素主要指的是各级各类教育之间发展的不平衡。譬如，高等教育与基础教育、职业教育与普通教育之间的资源分配和重视程度确实存在显著差异，这种差异不仅体现在资金投入和硬件设施上，更反映在政策支持、社会认知及教育质量等多个层面。一方面，在资金投入方面，高等教育往往获得更多的财政拨款和社会捐赠，而基础教育则面临资金紧张的局面，尤其是在偏远和农村地区。硬件设施上，高等教育机构通常拥有更先进的教学设备和实验室，而基础教育机构则可能因资金不足而难以更新教学设施。另一方面，在政策层面，政府往往对高等教育给予更多的关注和支持，包括科研项目、人才引进等，而基础教育则更多依赖于地方政府的投入和管理。社会认知方面，高等教育被视为通往高薪职业的"金钥匙"，而职业教育和普通教育则常被低估，这在一定程度上影响了教育资源的分配。

最后，群体性要素指的是社会不同学习群体之间在分享社会公共教育资源时的分配不平衡。由于家庭经济条件、地域差距等因素，很多孩子无法得到良好的教育资源。并且伴随着城镇化加速发展和社会转型加快，人口大规模流动已成为我国社会发展的常态。比如，很多贫困家庭的孩子无法承担高昂的学费和课外辅导费用，甚至部分地区的中小学缺乏必要的课外活动和兴趣培养，导致孩子在发展潜力上受到限制。此外，社会阶层的固化也使得一些低收入家庭的孩子难以突破教育资源的限制，无法享受和其他家庭孩子一样的教育机会。

（二）教育发展的不充分

教育发展的不充分指向的是因局部中的整体发展程度不够，导致难以满足不同学习者多样化的学习需求。从整体来看，这种不充分体现为两个维度，一是教育资源总量发展不充分，表现为教育经费投入不充分、教育资源软件建设不充分、教育内涵发展不充分；二是教育发展与新时代特征结合不充分，表现为教育发展与新科技结合程度不充分、教育发展适应经济产业结构调整升级的人力需求不充分等。

1. 教育资源总量发展不充分

面对人民群众已经提高和更新了的教育需求，整个社会的教育发展资源不够丰富，教育发展程度不够高，具体表现在三个方面。

首先，教育经费投入不充分。从全国整体情况来看，我国教育财政投入一直处于增长态势。然而，在整体增长趋势下，对农村地区和中西部欠发达区域的教育财政投入仍然不充分，这些地区的教育财政投入情况持续低于全国平均水平，更远落后于东部沿海地区。据教育部、国家统计局、财政部联合发布的《关于 2023 年全国教育经费执行情况统计公告》[1] 显示，2023 年全国各级教育生均公共财政预算教育事业费支出中，全国幼儿园为 10 510.10 元，全国普通小学为 12 529.74 元，普通初中 17 331.38 元，其中农村普通小学为 9 245.00 元，农村普通初中为 12 477.35 元，但仍然低于世界平均水平。与普通教育各层次相比，所占比例最低。由于未能建立有效的经费保障机制，限制了职业院校的发展，大多职业院校的办学条件还比较薄弱，教学质量也有待进一步提高。

其次，教育资源软件建设不充分。随着经济的发展和教育均衡发展工作的推进，教育硬件建设上的投入取得了显著的成绩，学校校园的建设、教室环境以及电脑投影仪等教学工具的质量都有明显提升。相比之下，在教师队伍的软件建设上成效还不尽如人意。从我国当前教师队伍发展情况来看，学前教师和乡村教师队伍仍有很大的师资缺口。此外，尽管农村特岗教师政策的出台为农村学校的教师补充提供了有效途径，但仍然无法满足乡村地区的师资缺口。由于当前农村教师的学科结构性短缺现象严重[2]，很多农村教师所教非所学，更有农村学校采取包班的方式进行教学，这意味着农村学生的语、数、英、音、体、美等各科课程均由一位老师来完成教学工作，这严重增加了农村教师的备课和教学负担，更影响着农村中小学的教育质量。

---

[1] 教育部等：《2023 年全国教育经费执行情况统计公告》，2024 年。

[2] 纪秀君：《求解农村教师结构性缺编难题》，载于《中国教育报》2014 年 11 月 19 日。

最后，教育内涵发展不充分。我国教育发展在由追求规模和数量向追求质量和效益的内涵发展道路上的转变还不够充分，即我国现阶段教育发展对于先进教育思想的转变与实践还不充分。正因为如此，总体教育资源如何发挥得更加充分，还有很大空间。以考试为核心的升学体系、激烈的高考升学竞争环境与社会普遍的学历至上的价值观相互关联，使教育者、受教育者及家长在教育思想上的转变还不够充分。进而导致整体的教育发展偏离素质教育的改革目标。更重要的是，在应试教育思想影响下，以学生考试成绩和升学率为核心的学校质量评估标准容易导致教育发展忽略学生整体发展，对学生个体间天赋、能力、个性的差异性未能给予充分尊重，对学生的实践与创新能力的培养未能给予充分重视。

2. 教育发展与新时代特征结合不充分

面对新时代社会转型发展对教育的新需求，教育自身的发展与时代特征结合不充分，主要体现在三点：

首先，教育发展与新科技结合程度不充分。新时代是人工智能的时代。人工智能技术的快速发展不仅引领社会经济发展与人类生活方式的变革，同时也对教育领域产生了巨大的影响，对教育发展提出了更多新要求和新挑战。人工智能时代，不仅是教学途径、教育技术发生变化，更重要的是人的知识和能力也必将发生变化。这一系列变化在当前教育领域中体现得还不充分。2017 年国务院发布的《新一代人工智能发展规划》中明确提出，要在中小学设置人工智能相关课程，逐步推广编程教育。如何切实有效地落实这一政策，为国家未来智能科技发展培养生力军，这是未来教育领域改革应该重点思考的问题。

其次，教育发展适应经济产业结构调整升级的人力需求不充分。随着共建"一带一路""中国制造 2035""互联网＋"行动计划等的加快推进，高新技术制造业、互联网与制造业的融合产业将成为我国未来经济增长的关键动力，支撑我国产业优化与升级。新时代国家产业结构优化升级对我国高等教育和职业教育的专业设置和人才培养模式都提出了更高的要求。然而，我国高等教育发展与经济社会发展之间存在一个不可忽视的结构性矛盾点，那就是高校毕业生就业难，与国家经济社会发展所急需的技能型、应用型、复合型、创新型人才的紧缺之间的矛盾。一项基于 2015 年我国 17 个省份 28 所高校毕业生就业状况的调查研究显示，有超过三成半的毕业生的工作与专业不对口；高校学生在校期间个人能力增值评价结果显示，学生在外语能力、对复杂系统的了解、计算机能力、国际视野、创新能力 5 项指标上得分最低，而新时代社会经济发展对这几方面的要求却越来越高。[①] 这

---

① 岳昌君：《高等教育结构与产业结构的关系研究》，载于《中国高教研究》2017 年第 7 期，第 31 ~ 36 页。

恰恰反映了当前高等教育人才培养与劳动力市场需求变化之间的结构性错位。

最后，"不平衡"与"不充分"是两个互相紧密联系的概念。只要某一事物或者要素没有得到充分发展，当与其他获得了充分发展的事物要素放在一起比较时，就呈现一种不平衡的发展状态；而一旦不同事物或要素的发展处于不平衡的状态下，那么必定存在某一种事物或者要素的发展是不充分的，且这种不充分发展会持续下去。换句话说，教育发展的不充分是教育发展不平衡的客观基础，而教育发展不平衡会加剧教育发展的不充分。要全面实现教育领域的小康发展，需要明确并把握教育发展的不平衡性与不充分性之间的内在关系，在关注教育平衡发展的同时，重视教育各个领域、各个阶段的充分发展；需要站在高位以均衡的视角来判断当前教育发展的不足之处，以教育的充分发展为手段来达成深化教育均衡发展的目的，最终实现国家教育建设的全面小康。

二、学生人格教育相对滞后现实需求

当下，部分学生存在心理健康问题，心理问题形成的主要原因有早期信任感和安全感缺乏，产生心理异常；应试教育使学生片面追求高分数、名学校，而忽视学生的心理教育。此外，单亲家庭结构、家庭经济困难、独生子女多、思想多元化少、学生沉迷于网络造成现实与虚拟世界的脱节等都会导致学生心理问题逐渐加深。目前各级各类学校在学生人格教育上还存在不足，主要表现为两方面：

（一）集体主义人格理想与个人主义人格现实反差的不良影响

自党的十一届三中全会推行改革开放以来，特别是党的十二届三中全会确立社会主义市场经济导向的改革后，我国逐步建立了社会主义市场经济体制。在意识形态方面，与市场经济体制一般特征相适应，自由主义、个人主义思潮开始出现；在政治上，政治民主不断发展，民间社会组织的作用日益重要。另外，确立了中国特色社会主义制度，意识形态方面，正如党的十九大报告所说，"马克思主义在意识形态领域的指导地位更加鲜明"[①]；在政治上，中国共产党的领导地位和人民民主专政的政体持续巩固；在经济上，国有经济在国民经济中的主导地位进一步强化，改革与稳定的双重追求，对我国学生人格教育提出了巨大的挑战：集体主义的人格理想与经济人人格的现实之间形成巨大的反差乃至冲突。一方面，社会主义政治文化的主流弘扬的是集体主义无私奉献的理想人格，并且同

---

① 习近平：《决胜全面建成小康社会　夺取新时代中国特色社会主义伟大胜利——在中国共产党第十九次全国代表大会上的报告》，载于《人民日报》2017年10月28日。

中国传统儒家内圣外王的人格理想结合，成为中国学生教育理想的人格典范。另一方面，市场经济的一般特征，客观上为个人权利意识的张扬提供了适宜的社会环境，正如马克思在《共产党宣言》中所指出的，市场经济"使人和人之间除了赤裸裸的利害关系，除了冷酷无情的'现金交易'，就再也没有任何别的联系了。它把宗教虔诚、骑士热忱、小市民伤感这些情感的神圣发作，淹没在利己主义打算的冰水之中"①，个人主义乃至利己主义思潮开始出现。个人主义在学术上的表述是"经济人假设"，只关心个人利益的最大化，不关心他人的利益。这对学生的人格造成了如下不良影响。

1. 部分学生理想信念淡薄，功利心较重

有的学生是精致的利己主义者，不怎么关心人类、国家和民族的命运，缺少远大的精神理想，不再是为中华崛起而读书，或者做社会主义建设的有用人才，而是为了个人的职业和家庭规划而学习，找一个赚钱丰厚的工作和建立幸福家庭。很多学生关心的是升学、评选评优、当学生干部、奖助学金发放等，以争取更好的个人前途，而非为同学服务、为理想奋斗。

2. 部分学生道德行为失范，存在违反诚信等现象

由于市场经济特有的经济人典范的场域制约，有的学生个人主义意识盛行，缺少责任意识，社会公德心缺乏。在日常生活中，表现为信手涂鸦的"课桌文化""厕所文化""墙壁文化"，以及不遵守排队秩序、课堂玩手机、损毁图书馆书籍、盥洗室浪费水、横穿马路等道德行为失范现象。有些学生在考试中作弊，存在违反诚信的现象；在生活上打着学习的幌子，向父母要钱，用于高消费。还有些学生在宿舍中乱扔垃圾，不爱护宿舍卫生，诸此种种。

3. 部分学生以自我为中心意识凸显

许多学生以自我为中心，在人际关系处理上，往往只考虑自己的感觉、需要，而忽视他人的感觉、需要，常常以自我为中心，盛气凌人，或自卑封闭等。

4. 部分学生个人意志力和自控力较差

很多学生以自我为中心，不会安排正常的个人生活，只顾享乐，不愿意努力学习，沉迷于上网和网络游戏；有的沉迷于谈恋爱，荒废学业，甚至因失恋而轻生；一些学生也追求美好的理想，但由于缺乏意志，做事往往虎头蛇尾，难以实现个人的理想规划。

（二）教育过程中相对忽视人文素质教育和人格教育

学校教育在学生的人格形成过程中起着重要作用。教育之根本首先在于培养

---

① 《马克思恩格斯全集》第23卷，人民出版社1995年版，第829页。

人而且是培养拥有健康人格的人。目前学校教育中存在着人格教育上的种种不足：教育目标方面以政治教育代替人格教育、智育第一的教育、片面的人格教育助长了学生不良人格的形成；教育方法的失误直接导致学生形成不良人格；教师人格不完善也是学生不良人格形成的原因之一。

1. 教育目标的片面性助长学生不良人格的形成

一是以政治教育代替人格教育。在一段时期中，政治教育代替人格教育，是造成德育教育流于形式、空洞无效的重要原因。而政治教育取代人格教育的结果就是政治教育落不到实处，达不到应有的效果。二是忽视品德教育不进行人格教育。以智育取代学校的一切教育，认为只要学习好就是好学生，学习不好就是坏学生，而且"所谓的坏学生"遭到歧视，其结果使一些学生片面发展出现人格障碍。三是片面的人格教育。比如，只强调对父母、教师的尊重，而忽视对同学和他人的尊重；拼搏、奋斗只强调成功的荣耀，而忽视抗挫折的健康心态的培养；强调竞争意识的培养，却忽视合作能力的提高。这些做法的结果是：我们培养出来的少数学生是畸形"人才"，不会做人，经受不了挫折，缺乏起码的做人的优良品质，如诚实、正直、勇敢、公正、善良。在人格上也容易形成两种极端：要么是唯唯诺诺、卑躬屈膝的"老实人"，要么是不可一世、唯我独尊的傲慢者。如此这般，已经偏离了教育的目的。

2. 教育评价的不完善直接导致学生形成不良人格

应试教育的压力使教育中重智育轻德育、重物质营养轻精神养分；教育过程中教师、学生、家长都有一种急功近利的心态，浮躁短视，表现在现实生活中就是：在部分中小学只追求高分，教师和学生都成为考试的机器，使那些年龄小且心理还很脆弱的学生面对激烈的竞争及来自学校和家长的高期望值，产生了过大的心理压力。由于缺乏正确解决问题的能力，没有排解压力的渠道和方法，面临一些自认为走投无路的难题，在极度恐惧和不知所措时选择了极端的方式：有的自毁，有的走向了犯罪的道路。

3. 教师人格不完善诱发学生形成不良人格

教师是学生的导师，是学生学习做人的一面镜子。教师在学生的心目中占有重要的地位，越是年龄小的学生，对教师的崇拜和模仿程度越高。教师在教书的过程中，其人格表现会潜移默化地对学生产生影响，有的甚至会有一生的影响。一个心理不健康、人格不健全、自私狭隘、浅薄粗暴的教师，会在行为上动辄打骂学生、侮辱学生；一个当面一套背后一套具有双重人格的教师，对学生影响最大的不是他在课堂上教的知识，而是他的虚伪和欺骗。一个没有国格和基本人格的教师，在外国人面前奴颜婢膝，在学生面前时常流露出"悔不该为中国人"的崇洋情绪，如此教学怎能培养出具有铮铮铁骨的"中国的脊梁"？如此教师带给学生的不仅是不安、恐惧，促使学生的不良人格形成，而且对于国家的发展也是十分不利的。

三、人民群众个性化、多样化教育需求仍未有效满足

个性化教育，抑或是多样化教育是指通过对被教育对象进行综合调查、研究、分析、测试、考核和诊断，根据社会或未来发展趋势、被教育对象的潜质特征和自我价值倾向以及被教育对象的利益人的目标与要求，量身定制教育目标、教育计划、辅导方案和执行管理系统，并组织相关专业人员通过量身定制的教育培训方法、学习管理和知识管理技术以及整合有效的教育资源，从潜能开发、素养教育、学历教育、阅历教育、职业教育、创业教育多个方面，对被教育对象的心态、观念、信念、思维力、学习力、创新力、知识、技能、经验等展开咨询、策划、教育和培训。"个性化教育是培养学生个性发展的教育"①，这既是尊重教育规律和学生身心发展规律的要求，也是现代社会多元化人才结构的要求。尽管当前人民群众总体受教育机会大幅提升，但是个性化、多样化教育形式还较为匮乏。

（一）个性化教育供给不足

个性化教育是因材施教、培养特色人才和拔尖人才的教育形式，它与教学模式有紧密关系。教学模式，是指在一定的教育思想、教学理论、学习理论指导下教学活动进程的稳定结构形式，也就是按照什么样的教育思想、理论来组织教学活动进程，它是教育思想、教学理论、学习理论的集中体现。赫尔巴特认为教学过程中，学生是以一种被动的姿态接受教师由外部提供的知识信息，从而形成他的心理。据此，赫尔巴特提出了"传递—接受"型的教学模式，明确教学过程中的四个阶段为明了—联想—系统—方法。② 苏联教育家凯洛夫继承发展了赫尔巴特的教育思想，强调教学过程中教师的主导作用，在"四阶段"教学理论的基础上提出"五环节"课堂教学结构，即"组织教学—引入新课—讲授新课—复习巩固—布置作业"。③ 凯洛夫的教育思想对我国中小学影响很大，其教育思想一直被沿用至今。这种"传递—接受"型教学模式就是我们常说的传统教学模式。这种以教师为中心的传统教学模式，其特点是由教师通过讲授、板书及教学媒体

---

① 顾明远：《个性化教育与人才培养模式创新》，载于《中国教育学刊》2011 年第 10 期，第 5 ~ 8 页。
② ［德］约翰·弗里德里希·赫尔巴特：《普通教育学》，人民教育出版社 2015 年版，第 134 ~ 135 页。
③ ［苏］凯洛夫：《教育学》，人民教育出版社 1948 年版，第 86 页。

的辅助,把教学内容传递给学生或者灌输给学生。教师是整个教学过程的主宰,学生则处于被动接受教师灌输知识的地位。在这样的模式下,教师是主动的施教者,学生是被动的外部刺激接受者即灌输对象,媒体是辅助教师向学生灌输的工具,教材则是灌输的内容。无论何种学科,只要是以教师为中心的教学模式,教育中的四个要素(教师、学生、教材、媒体)就必定具有这种稳定的结构形式。这种传统教学模式的弊端,并不在于主张发挥教师的主导作用,而在于把教师的主导作用任意夸大并绝对化。因而,这种教学模式下,导致未能较好地照顾到每位学生,一定程度上也就不利于"因材施教",最后导致学生的个体潜能难以被有效激发。

(二) 教育供给单一,难以满足多样化教育需求

教育发展的区域、城乡、校际、人群之间还存在着较大差距,区域间各级各类教育在办学理念、投入、条件、标准等方面都差异巨大,教育发展不平衡不充分的问题依然严峻。教育供给主体的层级性和单一性使不同学校对应隶属于不同层级的行政机构,获得不同的经费和政策资源,这是产生并延续教育发展不平衡不充分的根本的体制性原因。供给主体单一还使得供给结构单一和能力不足,供给的教育产品单一,优质教育资源供给能力不足不均衡,与人民教育需求的多样、个性及实惠之间矛盾越来越突出。学生天性的多样性与社会用人机构对人才需求的多样性都需要改变教育供给主体的单一性、层级性和封闭性。当教育的供方是有层级的单一主体,就会与教育需求方平等、公平、多样性的需求之间存在必然的矛盾。从政府管理体制、资源配置等各方面改革来改善教育供给,才能从根本上解决教育的供需矛盾。已有的优质教育资源按供给方的层级提供给社会才导致需求方的不公平感存在。事实说明,靠有层级的单一的教育供给主体不可能实现教育平衡又充分的发展。改革供给管理体制机制,实现政府角色的转变,增加教育供给主体的多样性和平等性,减少供给主体的层级,建立扁平式多方治理模式,才能为教育平衡与充分发展创造更适合的体制基础。同时,还"要求主体供给由单一走向多元,不断丰富供给主体的多样性,从而不断提高供给质量"①。在此基础上做好优质教育资源的公平有效配置,依据公平和因材施教的原则,向高效、多样化的目标平衡配置优质教育资源,才有利于受教育者全面发展和健康成长,有利于国民素质的提高和民族创新能力的培养,有效解决中国现阶段教育供需所呈现的突出问题。政府要做好多主体参与发展教育的整体规划、规则制定和各方协调工作,同时给地方和

---

① 彭宇文:《新时代教育公平要在教育供给上下功夫》,载于《光明日报》2018 年 3 月 12 日。

各类教育主体及当事人放权，建立矛盾的分散机制，避免矛盾积累或过度集中。

四、人才总供给结构性矛盾尚未解决

人才问题，除了体制性障碍外还有结构问题。人才资源的结构性矛盾突出，还不能适应经济社会发展的需要。当前人才的结构性矛盾主要体现在以下几方面：人才分布不均衡、人才能力结构差距大、人才专业结构不合理和人才自身结构不合理。因而人才结构性矛盾也就呼唤教育需要以开发人力为工作目标的价值导向。

（一）人才分布不均衡

我国人才培养的类型分布较不均衡，表现在以下三个层面。从产业角度看，第一产业的人才偏少，与强化农业的基础地位很不相称，成为农村经济发展的制约因素；第二产业的人才往往集中在少数几个支柱产业，而且由于国有工业企业效益不好，中青年技术骨干流失较为严重，高级专业技术人才后继乏人；第三产业中技术人才主要集中在传统领域，新兴三产如金融保险、律师公证等行业中人才较为缺乏。从行业角度看，事业单位人才数量占总量的比例偏高，而且主要集中于教育、卫生系统，其次是文化、体育及财务类等传统行业、产业领域，新兴服务业人才数量偏低，金融保险、律师公证等中介组织人才极为缺乏。

（二）人才能力结构差距大

在经济全球化、知识经济的大背景下，经济发展越来越依赖于科技创新，人才的实力应主要体现在创新能力上。那些集科技、经济、金融、管理能力于一身，又有强烈创新意识和求索精神，在经济、科技、文化、管理等领域不断有所发明、有所创造的人，越来越为时代所急需。而现在的人才队伍，从整体上讲，创新能力相对薄弱：继承型、执行型人才多，创新型、开拓型人才少；从事生产、服务的人才多，从事研究、开发的人才少。据笔者几年前对某省大中型企业的调查，建立科研开发机构及基地的不到30%，从事科技研发的高新技术人才不足2%。高校、科研院所以及企业中的学科带头人或专家等高层次人才，在世界或全国同行业中处于领先地位的不多。人才的原始创新能力、集成创新能力和引进消化吸收再创新能力与经济发展需求矛盾突出。

（三）人才专业结构不合理

习近平多次指出，"办好中国的事情，关键在党，关键在人，关键在人才"①。然而从整体上看，我国的人才队伍，专业、职业结构还不尽合理。在党政人才队伍中，管理、文秘等文科类专业的人才较多，熟悉经济、外贸、金融、法律及涉外等方面知识的人才较少；在专业技术人才队伍中，文、教、卫以及财务和传统产业的人才多，新兴产业和高新技术产业的人才少；在经营管理人才队伍中，运用传统方式管理企业的人才多，掌握并运用现代企业管理方法、懂市场经济和国际规则的复合型人才少；在技能人才队伍中，传统职业技能的人才多，现代职业技能的人才少；在农村实用人才队伍中，从事传统种、养植（殖）业的人才多，从事现代农业和精深加工业的人才少；在服务业人才队伍中，从事传统服务业的人才多，从事现代服务业的人才少等。上述人才专业（职业）结构存在的"六多、六少"，远远不适应发展现代工业、农业和经济与国际接轨的需求。

（四）人才自身结构不合理

"人才结构与产业结构的协调发展是经济发展的客观要求。"② 《国家中长期人才发展规划纲要（2010－2020年）》指出，我国人才布局和结构不尽合理，表现在传统意义上人才多，传统产业和国有企业的低层次人才大量沉淀，现代化建设急需的高层次、高技能和复合型人才短缺。结构性积压与短缺并存，市场配置人才资源的基础性作用发挥不够，人才利用率不高。部分地区和企业存在着人才"高消费"的现象，片面追求形象与招牌，盲目追求高学历的人员，造成"人浮于事、高才低用"，人才使用效率低下。人才总量泡沫成分多，很多人才因为工厂停产等原因不在工作岗位上，而一些在技术和产业更新中已被淘汰的人员仍被统计在人才总量中。

五、高等教育尚不适应产业结构的调整与升级要求，创新教育薄弱

《国家中长期教育改革和发展规划纲要（2010－2020年）》中提出："适应

---

① 《习近平就深化人才发展体制机制改革作出重要指示》，新华网，http：//www.xinhuanet.com//politics/2016－05/06/c_1118820251_2.htm。

② 陈玉兰：《我国人才结构失衡现象及其对策研究——基于结构偏离度分析视角》，载于《湖南科技大学学报》（社会科学版）2013年第6期，第109～112页。

国家和区域经济社会发展需要，建立动态调整机制，不断优化高等教育结构。"① 我国高等教育结构正处于新旧板块交叉、交集和交融的时代：高等教育普及化是其逻辑起点、供给侧结构性改革是其经济动因。② 党的十九大报告中指出，我国经济已由高速增长阶段转向高质量发展阶段，正处在转变发展方式、优化经济结构、转换增长动力的攻关期。因而在外在经济结构调整的动因下，我国高等教育结构理应实现与产业结构相匹配。然而由于多种因素的掣肘，近年来，随着高等教育规模的不断扩大，我国高等教育自身结构的问题仍然存在，与产业结构升级的根本性要求有一定的差距，主要表现在以下几个方面。

（一）高等教育结构层次的不合理造成人才结构比例失调

一般而言，产业结构对人才结构的需求表现为一定的层次梯度结构，呈现出较稳定的"金字塔"型，即高层次人才的需求量较小，较低层次人才的需求量较大。与之相对应，高等教育的层次结构在相应规模的比例上也应呈"金字塔"型，即高一级的学生规模所占的比例应小一些。目前世界主要发达国家的高等教育层次结构基本都是"金字塔"型，这种结构很好地满足了产业结构升级的需求。但我国高等教育层次结构在大众化进程中却呈现出规模层次的不合理，主要体现为：扩招时片面追求高学历，致使研究生、本科生和专科生的比例失调。尽管专科层面的人数得到较快发展但还是比本科层面的人数少，并且我国专科教育发展比较薄弱，专科教育应主要培养职业技能型人才，但我国专科教育的人才培养却没有突出社会所需要的高级技术特性，这就使我国就业结构中出现高级技工缺乏的现象。此外，我国高校招生规模的变化在一定程度上造成人才结构的比例失调：一方面，一些本来应该由专业人员干的活无法精准匹配，造成人才高消费现象严重；另一方面，学历和工作岗位的错位造成大量基础研究和科研开发工作后继乏人，研究生教育的矛盾突出。③ 可见，我国现有高等教育的规模层次结构不利于我国产业结构优化升级。

（二）高等教育机构多样化发展不足，难以适应产业结构升级的要求

现代产业结构升级对劳动者素质提出了新的要求：一方面，随着工业现代化的发展，需要大量既懂理论知识又会实际操作的技术工人；另一方面，战略性新

---

① 中华人民共和国教育部：《国家中长期教育改革和发展规划纲要（2010－2020 年)》，政府网，http：//www. moe. edu. cn/srcsite/A01/s7048/201007/t20100729－171904. html。

② 高书国：《新一轮高等教育结构调整特征与对策分析——高等教育普及化时代的战略准备》，载于《高校教育管理》2017 年第 5 期，第 13～21 页。

③ 陈超：《产业结构现代化与高教结构改革》，载于《比较教育研究》2001 年第 9 期，第 19～22 页。

兴产业的发展需要大量的高技术人员、科研开发人员。[1] 这些不同层次、级别的劳动者一般来讲是由不同层次的高等教育机构来培养的，这从客观上要求高等教育机构的多样化。这一点世界发达国家主要通过两个阶段来实现：第一个阶段是高等教育的二元化发展阶段。在这个阶段，各发达国家大力发展短期高等教育以适应不断增加的高等教育入学需要，满足了普通百姓接受高等教育的愿望。这些短期高等教育形式主要有美国的初级学院、社区学院，英国的二年制大学和多科技术学院，日本的短期大学和高等专门学校，德国的高等专科学校，法国的短期技术大学等。第二个阶段为多元化发展阶段。在这个阶段，随着产业结构的调整升级和急剧变化，人才流动性大大加强，一次就业定终身已成为历史，人们获得的知识和掌握的技能需要经常更新，否则会有在激烈的职场竞争中被淘汰的危险。为应对种种情况，许多发达国家都很重视在职人员的继续教育和职业培训，相继提出"继续教育"和"终身教育"的理念，兴办了一批新的高等教育机构，如英国的开放大学、日本的广播电视大学等。

（三）学科结构未能较好契合产业结构的调整与升级

产业结构对高等教育的学科结构有决定性作用。高等教育机构所培养的人才要到各个产业的工作岗位中就业，因而，培养人才的知识结构和能力应与所从事工作的产业结构相吻合。同时，高等教育学科结构直接影响人才结构的形成，进而影响一个国家的产业结构。世界主要发达国家如英国、日本在 20 世纪五六十年代都出现过高等教育学科结构严重失衡的情况，主要表现为文、理、工科的比例不均衡，这种失衡在一定程度上制约其产业结构的优化与升级。因此，英国、日本等国在产业升级的过程中，都曾对高等教育学科结构进行大幅度的调整，现在都基本呈现出与产业结构的适应性。现阶段，我国高等教育学科结构呈现出明显的"偏振型"，不利于产业结构优化升级。

（四）高等教育布局结构的不均衡加剧了区域产业结构的失衡

总体上看，我国不同地区高等教育的发展水平与地区产业发展水平表现出一定的适应性，即经济发达、产业结构较合理的区域高等学校数量较多，经济欠发达、产业结构不太合理的区域高等学校数量较少。值得注意的是，由于不同地区经济社会发展水平及产业结构不同，其所制约的高等教育发展也存在差距，并且反过来在一定程度上进一步加剧了地区之间的产业结构水平的不平衡，最终形成

---

[1] 肖昊、张云霞：《产业结构优化升级与高等教育的互动》，载于《江苏高教》2005 年第 5 期，第 13～15 页。

一种恶性循环，导致经济发达的地方高等教育机构多且发展更好，进而促进产业结构升级加速，而欠发达地区高等教育机构少，发展更加落后，人才更加稀缺，从而导致产业结构升级困难，经济进一步恶化。从单纯效率的角度来看，在产业结构较合理的地区，其经济发展水平高，产出能力强，人才需求旺盛，就业岗位多，从而使政府加大对高等教育的投入，进一步扩大高等教育规模，这样就有效提高了资源的配置效率，进而促进我国整体的产业结构优化与升级。但是从公平的角度来看，高等教育大众化的实现意味着高等教育机会的扩大，地区间的差异应该越小越好。教育布局应当有一定超前性，产业结构不合理的地区更需要人才进行产业结构的调整，缩小与发达地区的差距，进而促进整个社会全面、和谐的发展。

总结可知，尽管 2018 年全教会之前，我国教育领域取得了比以往时期更为显著的成就，但不可避免地仍然存在着一些短板和不足，主要体现在我国教育局部差距依然存在，学生心理问题逐渐加重、人格教育还不足，人民群众个性化、多样化教育需求仍未有效满足，人才总供给结构性矛盾尚未解决，人民群众渴望接受优质教育问题仍然没有得到很好解决，高等教育尚未适应产业结构的调整与升级要求、创新教育薄弱，这些短板也就制约着我国教育事业的全面发展，不利于新时代教育工作的全面开展，因而严重影响着具有中国特色的教育发展之路的稳步向前。鉴于此，习近平在 2018 年全教会提出了教育凝聚人心、完善人格、开发人力、培育人才、造福人民的工作目标，这就为新时代教育工作的开展指明了前进方向、提供了基本遵循。

从教育凝聚人心看：新时代我国的社会主要矛盾已经转化为人民日益增长的美好生活需要和不平衡不充分的发展之间的矛盾，具体到教育领域，也就是教育自身发展与社会其他方面的发展存在既不平衡又不充分的关系，与"促进我国产业迈向全球价值链中高端"这一要求不相适应。当前中国经济转型需要教育的转型，需要培养兴趣丰富、人格完整、头脑健全的通识人才、思辨型人才，当下标准和教学模式过于单一的教育尚不能及时、有效地适应产业升级和社会转型对人才的需求。另外，教育发展不均衡集中表现为教育系统内部不同学校、不同地区、不同学段之间的不均衡，其中城乡之间的不均衡问题尤为突出。因而不平衡不充分的发展必然导致少部分群体思想观念出现一定程度偏移，不对其进行及时引领，一定程度上极大可能引起人心涣散、思想不统一。故此，这就需要通过教育来发挥凝聚人心的重要作用，这既符合教育的发展规律，也是提升教育效果的必由之路，更是顺应社会发展的必然要求。

从教育完善人格来看：当前学生心理问题呈现扩大态势，人格教育存在一定不足，不利于教育的全面发展。从本质上讲，人格教育是一种基于"本我"、锤炼"自我"、实现"超我"的教育，是对学生在知识学习、能力培养、性格养成、人生观、价值观塑造等方面有目的、有计划的体验和历练，是使学生对国家、社会的需要有明确认知和价值判断，在社会规范中完善个性，实现生命价值和人生追求的学校教育的生动实践。故此，这就需要通过教育来加强学生的人格完善发展。学校教育如春风化雨润物无声，教师既要关注学生知识的增加、能力的形成，不断提高课堂教学的针对性和实效性，还要培养学生与他人共事、合作解决问题的能力，更要关注学生品德与行为习惯的养成，鼓励他们勇敢面对生活的挑战，不断地超越自我。实现以尊重为核心、以公正和责任为己任的人格教育价值理念，让每一个年轻的生命鲜活而强健。

从教育开发人力看：新时代人民群众个性化、多样化教育需求仍未有效满足，人才总供给结构性矛盾尚未解决，制约着我国人力资源的开发。教育是基础，教育的基础性地位是由教育的本质和功能所决定的。教育是培养人的一种社会实践活动，无论对于我国整体意义上的现代化建设，还是对于增强我国的科技实力、经济实力、国防实力、民族凝聚力等，教育都具有基础性地位。一方面，教育能够促进人力资源的生成。人力资源不能等同于人口资源，并非有了一定数量的人口就能自动生成人力资源，而是需要去开发和建设。另一方面，教育能够提高人力资源的质量。教育作为人类社会所特有的一种有意识、有目的的活动，既是联结社会需求和人的发展的桥梁，也是提高人力资源质量或形成优质人力资源的主要手段。鉴于此，人力资源的培育就应当避免盲目性、增强自觉性和方向性，而教育可以充分地扮演着这一工作开展的引领"角色"。

从教育培育人才看：习近平指出，"我国拥有世界上规模最大的高等教育体系，有各项事业发展的广阔舞台，完全能够源源不断培养造就大批优秀人才，完全能够培养出大师。我们要有这样的决心、这样的自信！"[1] 这就为培育人才指明了基本方向，即充分发挥教育在人才培养中的基础性作用，以教育培育人才所具有的内在属性，系统谋划构建服务全民终身学习的教育体系，发挥在线教育优势，为每个人完善自身、成长成才提供充分的学习资源和便利条件，全面挖掘和释放人才红利。

从教育造福人民看：党团结带领人民进行革命、建设、改革，根本目的就是为了让人民过上好日子，无论面临多大挑战和压力，无论付出多大牺牲和代价，这一点都始终不渝、毫不动摇。教育亦是如此，教育的全面发展也是为了更好地造福人民。教育承担着凝聚人心、完善人格、开发人力、培育人才、造

---

① 习近平：《深入实施新时代人才强国战略　加快建设世界重要人才中心和创新高地》，载于《人民日报》2021 年 9 月 29 日。

福人民的目标，更好的教育既是好日子的一部分，更是创造美好生活、过上好日子的重要基础。只有办好人民满意的教育，努力让每个孩子都拥有光明的未来、拥有出彩的人生，如此才能不断推动教育公平发展和质量提升，人民群众感受更大的教育获得感和幸福感。据此，教育的开展就需要以造福人民为工作目标导向，紧紧依靠人民、牢牢扎根人民，推进教育改革发展，倾听人民群众的教育呼声，回应人民的教育期待，不断推动教育公平发展和质量提升，让教育发展真正造福人民。

第四章　制定我国教育工作目标的现实基础

第五章

新时代教育工作目标的内涵

教育及其工作，是我国新时代"全面建设社会主义现代化国家的基础性、战略性支撑"①。"五人"教育工作目标，是习近平立足教育服务中华民族伟大复兴的重要使命，对新时代教育工作提出的新目标与新要求，也是对教育功能在新时代的全新定位。"五人"教育工作目标，内涵丰富，需对其加以深刻领悟。

第一节　凝聚人心教育工作目标内涵

"凝聚人心"是"五人"教育工作目标的首个目标。实现中华民族伟大复兴，是全党全民族全社会的共同事业，绝不是轻轻松松、敲锣打鼓能实现的，这一伟大梦想的实现需要凝心聚力，需要全民族全社会成员始终团结一心、同舟共济，心往一处想、劲往一处使。这就是"凝聚人心"成为首要的教育工作目标的历史背景和最大现实。

凝聚，基本含义为积聚、聚合；人心，从宏观的、整体的角度理解，是指人们的意愿、感情、期待等，教育工作目标中的人心又明显具有国家意识形态性，具体指中华民族的意愿、感情、期待等。凝聚人心，就是将中华民族的情

---

①　习近平：《高举中国特色社会主义伟大旗帜　为全面建设社会主义现代化国家而团结奋斗——在中国共产党第二十次全国代表大会上的报告》，人民出版社 2022 年版，第 33 页。

感、愿望、期待等通过一定的手段和途径由多元多样、离散无章状态转变成聚合统一、升华共识的状态，并因此形成实际的物质力量。就其本质而言，就是众多主体对于同一客体的认同，并且在认同基础上形成共识。认同，是在认可、同意、接受、赞同的基础上，将外在的理念、标准内化于心、外化于行的社会心理过程。因此，凝聚人心，到底要凝聚什么样的人心，是必须弄清楚的核心问题。

一、增强对国家、民族、地域和同胞的情感认同

情感认同，是一种更直观的心理认同，是政治认同、文化认同的情感基础，也是教育凝聚人心的重要内容。

首先，要通过教育引导受教育者树立正确的国家观和家国情怀。教育要让受教育者科学认识国家的发展演变过程与本质，熟悉国家活动的规律，提升参与国家政治生活的能力；使受教育者能够用当代中国马克思主义思想方法理解马克思主义国家观的理论内容，从而认清以及认同中国国家制度、发展道路，树立个人与国家是辩证统一的观念。通过爱国主义教育，让受教育者热爱祖国并愿意为之献身，增强国家认同。让受教育不断增强"五个认同"（即对伟大祖国、中华民族、中华文化、中国共产党、中国特色社会主义的认同），坚决维护国家主权、安全和发展利益，旗帜鲜明反对分裂国家图谋、破坏民族团结的言行。其次，通过教育培养受教育者的民族认同感与自豪感。使受教育者认识到中华民族历史格局是"多元"与"一体"的统一，中华民族历史进程是各民族成员命运相连的奋斗史，进而树立正确的民族文化观，认识到中华文化是各民族文化的集大成；树立民族平等观和民族团结观、增强"五个认同"，树立民族和谐观，尊重差异、包容多样。在民族团结中争取人心，从而凝聚起中华民族的力量。再次，通过教育增强受教育者地域认同与热爱地理之国。地域认同教育，实际上就是在培养个体对于自己所处地域、所生活的地域圈子的一种心理认同和情感上的归属。其最为重要的就是要与爱祖国的大好河山这一爱国主义的基本要求紧密联系起来，实现对祖国河山的认同与热爱，强化作为祖国大地儿女自觉维护祖国领土的完整和统一的情感认同。最后，通过教育使受教育者增强同胞认同与热爱人民之国。社会凝聚的程度取决于每个人对其骨肉同胞感情的深浅程度，同胞情是形成国家认同、增强向心力和凝聚力的重要情感归属。教育要培养人在平常社会交往中保有同胞情、同理心，在国家危难时刻有血浓于水的亲情与同胞共克时艰的果敢，在国家和平之时有与民众共享国家发展的成果、齐心协力建设中华民族共同家园的恒心。

二、增强对中国特色社会主义的政治认同

政治认同是比情感认同更具理性色彩、更为高级的认同，也是更能凝心聚力的现实力量。当前中国最重要的凝聚人心，就是对中国特色社会主义的政治认同。

一是道路认同。通过持续的教育，让受教育者认识到，每个国家的发展道路是千差万别的，中国是工人阶级领导的社会主义国家，走的是中国特色社会主义道路。这条道路是中国共产党领导人民以马克思主义为指导，在革命、建设和改革的过程中探索出来的。增强对中国特色社会主义道路认同能够增强社会主义建设的信心、凝聚社会力量。首先，使受教育者认识和理解中国选择社会主义道路和中国特色社会主义道路的历史必然性。引导受教育者信服"中国特色社会主义道路是实现社会主义现代化的必由之路，是指引中国人民创造自己美好生活的必由之路"①。不但理解马克思主义理论在发展中国特色社会主义事业中的指导地位，还要信服中国共产党在领导人民走上中国特色社会主义道路中的重要地位，即了解和把握中国共产党成为执政党的合法性以及坚持中国共产党领导的必要性："中国共产党一经成立，就把实现共产主义作为党的最高理想和最终目标。"②

其次，引导受教育者明确人的全面发展和社会共同富裕的价值导向，以及现阶段社会主义现代化建设和中华民族伟大复兴的中国梦的战略目标，这是对中国特色社会主义发展目标的认同。我们的教育还要为受教育者点燃为中国梦助力的激情，从而将个人理想融入国家和民族的发展之中，为中国梦注入青春能量。

再次，使受教育者深刻理解并积极奉献于以中国式现代化推进中华民族伟大复兴的实践道路。特别是党的二十大以后，教育及其工作要引导受教育者充分认识中国式现代化的实质、内涵及其伟大意义，其"是历史发展规律的普遍性与特殊性相结合的具有中国特色的社会主义的现代化"③，是基于中国国情的中国式现代化道路。中国式现代化则为中华民族伟大复兴提供了最佳路径，赋予了民族复兴以强大生机，其伟大实践也有效地推进了中华民族伟大复兴的历史进程。中

---

① 习近平：《在纪念红军长征胜利 80 周年大会上的讲话》，人民出版社 2016 年版，第 13 页。

② 习近平：《决胜全面建成小康社会　夺取新时代中国特色社会主义伟大胜利——在中国共产党第十九次全国代表大会上的报告》，人民出版社 2017 年版，第 13 页。

③ 王伟光：《以中国式现代化全面推进中华民族伟大复兴》，载于《红旗文稿》2022 年第 21 期，第 4 ~ 10、1 页。

国式现代化已经取得了历史性、阶段性的伟大成就，但全面建设社会主义现代化国家是一项伟大而艰巨的任务，需要一代接着一代持续奋斗、接续奉献。

最后，通过国情教育引导受教育者认识到国家未来发展与个人发展方向的结合。引导受教育者了解国家的自然环境、社会历史的发展演替以及在国际环境中的客观存在现实，在提高对国家的全方面认知中激发对国家的热爱之情，结合自身奉献自身力量。

二是理论认同。"政治上的坚定源于理论上的清醒。"[1] 强化理性认知、增强理论认同是形成政治认同的关键。在认同中国特色社会主义理论中，首先，要认同的是马克思主义理论及其指导中国特色社会主义发展的重要地位。通过教育，要使受教育者理解马克思主义在创造性地揭示人类社会发展规律中彰显着科学性；在首次创立人民实现自身解放的思想体系中体现着人民立场；在指引人民改造世界中体现着实践性；在始终站在时代前沿中彰显着开放性。深刻认识到马克思主义理论对于人类社会历史发展的普遍适用性和长远指导意义。

其次，引导受教育者理解认同中国特色社会主义理论体系。把握好这一理论体系所揭示的中国共产党执政规律、社会主义建设规律、人类社会发展规律，深刻体会这一凝结着中国共产党带领全国人民不懈探索的智慧和心血的理论体系的科学性。中国特色社会主义理论体系，是从我国的基本国情出发，继承传统智慧、汲取历史经验又借鉴人类有益成果的重大理论成果，对于改革开放和社会主义现代化建设、实现中华民族伟大复兴的中国梦具有重大而深远的历史意义。特别是，习近平新时代中国特色社会主义思想作为"当代中国马克思主义、二十一世纪马克思主义，是中华文化和中国精神的时代精华，是党和人民实践经验和集体智慧的结晶，是中国特色社会主义理论体系的重要组成部分"，"是马克思主义、中国特色社会主义和实现中华民族伟大复兴中国梦的共同聚焦"[2]，是全党全国人民为实现中华民族伟大复兴而奋斗的行动指南，必须长期坚持并不断发展。

三是制度认同。制度的本质在于利益，制度认同的本质在于利益认同。[3] 制度的优劣决定了人们认同的程度，好的制度能够反映共同体的根本利益、长远利益、全局利益，因而也就能够被共同体成员所拥护，共同利益意志更容易上升为国家意志，进而形成制度。具有群众基础的制度本身就凝聚了成员群体的认同，

---

① 《习近平关于全面从严治党论述摘编》，中央文献出版社 2016 年版，第 67 页。

② 李忠军、杨科：《新时代铸魂育人的关键：信仰、信念、信心》，载于《思想教育研究》2019 第 6 期，第 56～62 页。

③ 郭莉、骆郁廷：《中国特色社会主义制度认同的本质》，载于《马克思主义研究》2015 年第 11 期，第 27～34 页。

其在实施过程中也更能以深层的说服力，增进更大范围和更多新成员的更深层次的制度认同，以此凝聚人心。政治认同中的制度认同，主要是指党和人民在长期实践探索中形成了科学的制度体系——中国特色社会主义制度。教育要引导受教育者认识到，中国特色社会主义制度是党领导人民社会主义建设过程中的智慧结晶，是符合社会和时代发展的规范化体系，其规范性是发挥治理效能的重要保障。中国特色社会主义制度遵循了人类社会历史发展规律，维护和发展着最广大人民的根本利益，能够处理好社会中各种复杂关系以促进社会和谐，又能够在顺应时代发展潮流中自我完善，彰显着明显的优越性和先进性，赢得了人民的拥护和支持。

特别是党的二十大站在新的历史起点上，为全面建设社会主义现代化国家进行了科学谋划，描绘了宏伟蓝图、明确了使命任务、安排了时间表、确立了工作举措，勾勒出了一幅清晰路径图。教育和教育工作，要贯彻落实党中央最新精神，使得受教育者明确习近平新时代中国特色社会主义思想的世界观、方法论，坚持好、运用好贯穿其中的立场观点方法，不断增进对党的创新理论的政治认同。

三、增强对中华传统文化、中国共产党革命文化与社会主义先进文化的文化认同

文化具有精神力量，优秀文化能够铸造人的精神家园，从而为社会群体构筑起坚强的内心信仰、坚定的思想信念、高尚的道德情操等。文化认同是最深层次的认同，也是其他认同的基础。首先，教育要促进优秀传统文化的创造性转化与创新性发展。中华优秀传统文化是居住在中华大地的各族人民在长期的历史发展过程中，由于独特的自然地理环境、经济形势、政治结构、意识形态的作用而形成、积累和流传下来并为中华民族代代相传、继承发扬的优秀民族文化。作为中华民族的精神命脉、中国文明的强大支撑，中华优秀传统文化以其独特的风貌闻名于世，蕴藏着丰富的人文精神、哲学思想、道德理念等内容。我们的教育，不仅要传承优秀的传统文化，还要对其进行创造性转化和创新性发展。其次，增进中国共产党革命文化认同。中国共产党革命文化以"革命"为精神内核，从优秀传统文化中汲取基因，借鉴世界优秀文明成果，形成了具有鲜明共产党人特色的"红色文化"，这一"红色文化"是无数革命先烈的鲜血和生命铸就的，承载了党和人民对民族复兴、人民幸福的时代诉求，闪耀着中华精神的光芒，是调动人民鼓足力量继续书写历史的力量之源。中国共产党革命文化代表着中国共产党人的革命精神，凝结着党和人民的初心。最后，增进对社会主义先进文化的认同。

社会主义核心价值观是社会主义先进文化的内容核心和价值灵魂。要通过教育培育和践行社会主义核心价值观来凝聚价值共识，增进价值认同，使人们形成积极的主流意识。此外，通过现代科学的教育与传播，培养受教育者理性思考、崇尚科学、相信科学的精神，用科学的真理力量凝聚人心。

综上，凝聚人心，本质上就是教育工作增进主体情感认同、政治认同与文化认同。只有受教育者通过教育取得或增进了这些不同层次的情感认同、政治认同和文化认同，才会形成认识的最大公约数，才会通过共识来指导自身的言行、确定自己的行动方向，进而真正凝心聚力。

第二节　完善人格教育工作目标内涵

"完善人格"是"五人"教育工作目标的第二个目标。完善人格，其中"完善"的基本含义是指使原本完成的内容更进一步丰满，以达到更全面细致。一方面，"完善"是动词，表述的是动作和过程；另一方面，新时代教育工作目标的完善人格，完善也是相对于片面或不完善的人格，即"完善"是形容词，表述的是状态和结果，指完善的人格。人格内涵在不同学科中各有其特点，各学科在其学科背景下对人格的定义也各不相同。心理学中对"人格"的定义更倾向于一种心理特征、心理结构、心理要素的总和，是一个相对稳定的组织结构，是个体的内在特质和外在表现的有机结合，能够显示个体独特的思想情绪和行为模式。伦理学所说的人格主要是指道德人格，即个体人格在道德方面的规定，是个体道德认知、道德情感、道德品质、道德意识、道德责任的综合体。哲学领域对人格的界定比较抽象，在《哲学大辞典》中，人格被定义为："具有自我意识、自我控制、自我创造能力的个人的内心活动的存在。"[①]　由此，哲学意义下的人格我们可以大致归纳为两个方面：一方面是作为主体的人与动物相区别的本质属性；另一方面是人作为个体独立存在的为人资格、主体地位、内部价值等，并反映出在其作用下的主体行为，二者相互影响。在法学视域下，"人格是指一个人作为权利和义务主体的资格"[②]。在谈及人格时，毛泽东、邓小平还提出过"党格""国格"等政治学人格概念。应综合各学科的人格内涵，从一般的人的发展和社会发展的角度去理解"人格"。综合"完善"和"人格"的内涵，我们不难得出"完

---

① 《哲学大辞典修订》（下），上海辞书出版社 2001 年版，第 1167 页。
② 余潇择：《哲学人格》，吉林教育出版社 1998 年版，第 36 页。

善人格"的基本理解，即通过人的认识、情感、意志和行为等各种活动塑造并体现个体观念、能力、知识、品质等方面的个性心理特征的过程和样态的总称，结果表现为一个人具有一致性和稳定性的总体个性特征和完整精神面貌。① 本质上说，完善人格是实现人类的共同规定性与个人独特规定性有机统一的持续的社会化过程，是一个人的人性朝着完善的方向得到充分实现的过程。

基于这样的认识原则，中国教育要完善的人格，至少应包括：从自然人到适应新时代中国社会发展的社会人的个人能力；遗传决定的内在本性与共轭形成的外在品性有机融合的个人性格；尊重社会发展普遍客观规律又信仰中国发展特色的科学性与价值性统一的个人心理；体现个体身心健康、发展全面、内外和谐的个人习惯，四位（个人能力、个人性格、个人心理与个人习惯）一体，有机融合。"通过教育完善人格，就是通过对自然人开展教育实践活动，引导自然人不断认知自我、悦纳自我、反省自我、磨炼自我、提升自我，使自然人转变为社会人的目标和过程。"② 完善的人格，应该是个人能力、个人性格、个人心理和个人习惯处于健康完整状态，没有缺损和障碍，不存在变形、扭曲、冲突、异化的情况，并保持协调一致和前后一贯。在教育和教育工作中，完善什么样的具体人格是完善人格目标内涵的核心规定和具体遵循，因而我们必须厘清重要人格维度，即政治人格、道德人格、文化人格和心理人格。

一、完善个体独立、政治参与、民主法治的政治人格

政治人格是行为主体在政治生活中形成的反映主体政治行为、政治品格、政治道德的一种稳定而持久的内在心理状态和外在行为模式，是"影响和决定其外在政治行为方式的内在动力系统"③，具有整体性、阶级性、社会性的特征。个体的政治人格形成受家庭环境、父母的影响，以及后天的学习和生活环境的影响，尤其是系统教育在一个人长期的人格形成过程中发挥了不可替代的功能。完善个体的政治人格，是培养什么样的人不可回避的重要答案维度，是教育工作特别是思想政治教育工作的内在要求和目标中的应有之义。

一方面，各阶段教育要循序渐进增进受教育者感受政治氛围、树立政治参与意识、维护促进民主法治的意识，特别是高校教育在人格教育方面首先要坚

---

① 江畅：《人格完善与人生幸福》，载于《通识教育研究》2016 年第三辑，1～12 页。

② 黄兴胜、黄少成：《深刻把握新时代党的教育工作目标的内涵特征与实践路向》，载于《国家教育行政学院学报》2018 年第 12 期，第 3～9 页。

③ 唐芳云、蔡如军：《思想政治教育学科视域下的政治人格研究》，载于《广西科技师范学院学报》2019 年第 3 期，第 80～84 页。

198

新时代教育工作目标研究

持把马克思主义理论作为根本指导，发挥社会主义核心价值观的引导作用，营造符合时代方向的政治文化氛围，巩固主流意识形态的主导地位，为受教育者的政治价值取向提供正向引导。通过多种教育的方式方法和资源，促进受教育者形成更高的政治素质水平。进一步说，就是在政治社会化的过程中受教育者所获得的对他的政治心理和政治行为发生长期稳定的内在作用的基本品质，实质上也就是明确和内化中华民族的政治理想、政治信念、政治态度和政治立场，并表现于言行。当前，我国正面临着百年未有之大变局，社会处于急速转型时期，政治文化和政治价值观趋于多元化，教育工作要推进受教育者坚定马克思主义和共产主义的信仰，坚定中国特色社会主义信念，坚定对实现中华民族伟大复兴中国梦的信心；教育工作要推进受教育者马克思主义人民观，坚持以人民为中心，站稳人民立场；帮助学生树立正确的政治观念，在政治观点和立场上达成共识，坚持中国马克思主义指导思想，坚持中国共产党的领导，使其在思想上和行为上与国家所提倡的政治观念同向而行，忠于人民，忠于党，坚决不做"两面人"，听党指挥跟党走，与党和国家、与民族和人民同呼吸、共命运；培育和践行社会主义核心价值观，从而使受教育者提高思想境界、增强精神力量、丰富精神世界。

另一方面，要培养受教育者的民主法治素养。法治是人类社会文明的重要标志，是实现人的全面发展的基本条件。从人的全面发展来看，只有公民具有较高的法治意识与法治素养，才有可能逐步实现全面发展。党的十八大以来，以习近平同志为核心的党中央把全面依法治国纳入"四个全面"战略布局，坚持法治国家、法治政府、法治社会一体建设，全面推进国家各方面工作法治化，因而教育及其工作要使受教育者了解我国民主法治建设的基本内容，以及自我与民主法治的关系和规范目标，理解掌握社会主义法治和民主意识形成与发展规律，在实践中确立蕴含公平、正义等的法治精神，依归民主和法治对于社会治理的逻辑和意义，认同法治德治协同治理，增强全社会法治意识，养成民主参与和用法守法习惯，等等。

二、完善契合规律、知行合一的道德人格

道德人格即个体人格的道德规定性，是一种人区别于动物所特有的内在道德品格和外在道德行为的统一，包括道德行为、道德认知、道德品格和道德情感等有机因素。道德人格具有社会性、稳定性与主体性。道德人格是社会政治、经济、文化相互作用的产物，为社会政治、经济、文化服务，却独立于政治、经济、文化。道德人格作为一种内在约束力不仅能够规范社会秩序，而且能推动社会稳定向前发展。道德人格对于个人成长、发展以及社会的发展和进

步都具有重要作用。基于道德在社会发展中重要的认识功能、规范功能和调节功能，及其他教育功能、评价功能、平衡功能等，同时，也因为道德人格对于人的发展的重要意义，逐步完善受教育者的道德人格是教育完善人格目标的应有之义。

首先，应完善个体道德认知。道德认知是道德人格的基础因素，包括对道德概念、原则、理论的基本认识。道德认知教育，要对受教育者进行道德输入，通过道德服从和道德内化来生成道德意识和道德规范意识[1]，并通过道德理论学习和实践经历使其得到强化。其形成和发展的重要阶段和主要标志是，道德概念的掌握、道德评价和道德判断能力的发展。毋庸讳言，教育和教育的工作在道德人格完善目标实现中具有重要作用。要让受教育者从唯物史观的意义上，理解道德的本质是由经济基础决定并反映社会经济关系的特殊意识形态，道德及其实践是合规律性与合目的性的统一、社会选择与个人选择的统一。这也就说明，道德人格的培养和完善，必须遵循和契合社会道德发展和需要的规律。

其次，要培养道德人格的主体意识。完善的道德人格是独立、自律、理性的，道德人格主体意识要求道德行为主体能够形成道德自律，能够进行自我调控和自我教育，是个体的一种主动选择。换言之，道德人格的主体意识是在道德认知基础上的个体道德自觉，即"自觉认同与遵守主流社会道德原则和规范，自觉判断与选择道德处境，自觉实施与反思道德实践，从而实现自我创建和自我完善"[2]。教育，特别是道德教育和道德教育工作，要培养受教育者主流道德价值观，推进个体道德自觉的形成，充分发挥内在的建构功能、外在的塑造功能以及内外的统合功能。

最后，培养受教育者的道德实践力。社会道德的本质属性是实践性。个体道德的实践力，是道德主体出于道德的目的而发出道德行为的能力、效力和自制力的综合指标的外化表现。我们通常说道德自觉可以通过反复训练形成，实际上训练的就是道德实践力。知行合一是道德人格教育的最终归宿，道德需要实践作为必要支撑，道德教育不仅是简单的理论灌输，还要把道德认知与道德行为的实践相结合，理论与实践相呼应，才能做到内外的知行合一。因而教育和教育工作必须培育受教育者的道德实践能力，通过道德实践教育，培育受教育者新的行动力，通过社会理想信念教育个体道德行为的自治力。只有道德认知更深刻、道德主体意识更强烈、道德实践力提升，教育和教育工作才算完成了完善人格的使命。

---

①② 隋牧蓉、卢黎歌：《论道德教育在个体道德自觉形成中的建构、塑造与统合功能》，载于《探索》2022 年第 2 期，第 179～188 页。

三、完善植根民族、立足时代、面向世界的文化人格

文化人格是主体与周边环境中的文化现象、文化背景、文化环境和文化活动的相互作用过程中形成的文化价值取向、文化思维方式和文化审美素养。文化作为一种特殊的上层建筑和深层的社会结构，对人格的形成和发展有深层次的影响，进而能够形成文化人格。一些受教育者处在青少年时期，因而我们的教育要完成阶段性完善文化人格的使命，具体来说主要有以下几个方面。

一是让受教育者了解并认同中华文化。教育工作中一项极为重要的工作就是使受教育者正确认识人类文明中各种不同文化共存的客观性，了解中华文化的独特性、精深性和先进性——中华优秀传统文化是中华文明的智慧结晶和精华所在，是中华民族的根和魂，是我们在世界文化激荡中站稳脚跟的根基。不但要形成能抵制历史虚无主义、盲目追捧、漠视自我等不良思维和习惯的自觉性，还要逐步增进受教者的文化自信和自豪感。在此基础上，进一步提升受教育者传承并发展好中华优秀传统文化的意识，以及为建设社会主义文化强国而努力奋斗的使命感。

二是培养受教育者文化批判精神。文化的多元性是当今世界和社会的主要特征和常态，我们的教育要使受教育者在纷繁的文化中，始终保持文化定力和辨识力，敢于也能批判错误文化或文化中的错误因素，从错误中坚持和坚定正确的文化方向。

三是培养受教育者的社会与文化责任感。中国的历史、现在和未来发展都离不开每个社会成员的社会责任感，教育就是要激发受教育者的责任感，不仅培养受教育者接受中国人民勤劳勇敢、艰苦奋斗、不骄不躁、诚实守信等优秀的民族品格和精神风貌的精神滋养，担起传承文化重任，更要通过文化滋养培养出社会责任感：坚持道德上正确的主张，坚持实践正义的原则。对于新时代青年，教育工作要培育其有理想、敢担当、能吃苦、肯奋斗的品质。聚焦到文化上，教育工作要深刻理解党坚持把马克思主义基本原理同中国具体实际相结合、同中华优秀传统文化相结合的"两个结合"，理解其对道路根基的筑牢、创新空间的拓展、文化主体性的巩固。始终立足中华文化，守正创新，发扬光大，"坚定文化自信，实现精神上的独立自主"[1]。同时，党的二十大报告中强调，发展面向现代化、面向世界、面向未来的，民族的科学的大众的社会主义文化，激发全民族文化创新创造活力，增强实现中华民族伟大复兴的精神力量。因此，教育工作要助力于受教者国际视野的开阔、国际思维的建立、文化国际化意识的树立。

---

① 李斌：《坚定文化自信，实现精神上的独立自主》，载于《人民日报》2023 年 6 月 13 日，第 4 版。

四、完善健康、稳定与包容的心理人格

心理人格就是人格在心理方面的规定性。心理人格教育，就是遵循个体身心发展规律，运用心理学培养方法，对个体进行有目的、有计划、有组织的教育实践活动，保证个体身心发展的平衡及知、情、意、行的协调发展，以此不断提高个体心理素质。完善心理人格，教育阶段要教会受教育者相关人格的重要方面，推进受教育者个体健康、稳定和包容的心理人格的形成。

一是正确面对和应对挫折。当今受教育者，尤其是青少年学生群体的抗挫折能力方面出现的问题比较多，这也是受教育者能力培养中的重点和难点，教育工作必须针对性采取具体教育内容和方式方法，提升个体面对挫折、抵抗挫折、应对挫折、利用挫折的心理能力。[①] 特别是加强挫折教育，针对那些心理素质较差、心理承受能力较弱的个体进行素质教育，通过一定的教学手段和方法对个体进行自我调控和引导，提高其心理承受能力和实际抗挫折能力，在一定程度上磨砺个体意志，减轻挫败对个体带来的消极情绪。诚然，影响受教育者抗挫折能力的因素既包括家庭的，也包括学校和社会的，但教育工作对完善人格中抗挫折心理人格的重要意义毋庸置疑。教育工作要重点聚焦思想认识、人际关系、学业压力、就业压力、家校社生活衔接和转化等方面，让受教育者正确认识挫折的普遍性、应对挫折的必然性和应对手段多元性；使受教育者形成积极应对挫折的心态和意识，习得具体应对挫折的方式，从而形成应对挫折对人格完善的内在积极影响；教育工作要切实贯彻落实素质教育，重视抗挫折能力的培养，针对抗挫折能力较弱的受教育者群体给予更多关注。此外还要开展多种实践锻炼活动，通过缓解受教育者的多种压力，切实促进其抗挫折意识和能力的提升。

二是学会经营和谐的人际关系。人际关系的重要性是显而易见的。但随着人际关系的复杂化及网络普及和虚拟交往的深入发展，人际交往的需求不断提升，而对应的是交际能力的不尽如人意，教育要从易到难，从心理、技巧、方法和目的等方面切实提高受教育者的交际能力。此外，培养受教育者的独立决断和执行能力也是非常重要的。

完善人格，需要对人格有全面认识，统筹政治人格、道德人格、文化人格和心理人格的教育与塑造。单纯进行一种人格教育，不可能塑造出完善、健康的时代新人之人格。

---

① 卢佳慧、齐淑静：《大学生抗挫折能力的环境影响因素探析》，载于《武汉理工大学学报》（社会科学版）2022 年第 6 期，第 177 ~ 187 页。

第三节　开发人力教育工作目标内涵

　　"开发人力"是"五人"教育工作目标的第三个目标。"开发"的基本含义是对人才、技术等的发现和挖掘，以供利用。人力，是指人的劳力、劳动的人，但此处人力更偏向从资源的角度，把人视为一种能动性的资源从而展现出的人的劳力或从事劳动的人，人力构成要素包括体力、智力、知识与技能。马克思在《资本论》中指出，劳动力是一种创造价值的力量，是一种能产生比自己具有的价值更多的价值的源泉。从经济学意义上说，人不但是财富，还成为资本，在当今经济社会发展中，更是战略性资源。人力资源在经济发展中具有极为重要的作用，其是社会经济活动的前提、是具有推动性的经济资源，也是经济增长的主要动力。开发人力，也就是对人力资源的开发，是指对"人"这种特殊资源进行的发掘、培育和强化，通过加强教育性开发，促使劳动者德、智、体、美、劳全面发展，从而开发和提升作为劳动者的能力和素质，回归其人力本身的创富价值，使人力资源为宏观经济运行与微观经济管理产生巨大的效益。① 教育是人力开发的重要动力，开发人力是教育发挥经济价值的主要途径，也是教育服务我国现代化建设的重要目标。"开发人力"的教育目标的内涵，至少包含了以下几个方面。

一、教育发挥形成并巩固人力文化和认识水平的基本功能

　　教育是对"人"这一要素进行生产的最基本条件和最重要途径，教育对于人力资源的开发具有根本意义，并表现出了重要功能，是教育开发人力目标的基本含义。其一，为人提供生产力的经济功能。通过教育，人具备了从事社会劳动所必需的智力、知识和技能，从而具备了劳动能力，以转化为人力资源。其二，传授人类知识的文化功能。"人类经验的传授，是通过第二信号系统，以语言、文字为媒介。教育正是正规地、成体系地、大范围地进行这种传授的唯一途径。"② 因此，可以大批量生产各种质量、各种层次的人力资源。其三，促进科学技术进步的认识功能。教育使得人们能够通过自身之力的发展作用于积累的知识，进行理论思维，产生科学理论，进而生成新技术，从而进一步扩大人们认识客观世界

---

　　① 姚裕群：《人力资源开发与管理通论》，清华大学出版社 2016 年版，第 9 页。
　　② 姚裕群：《人力资源开发与管理通论》，清华大学出版社 2016 年版，第 114 页。

的能力。也可以说教育是推动科技发展的力量，这突出表现在高等教育所培养出来的创新型人力资源的效能上。其四，培养社会管理者的组织功能。现代社会活动内容复杂，社会管理内容繁多，并向科学化、技术化、高级化、现代化的方向发展，社会总体管理需要高层决策者与智囊团两个层次，而教育成为培养管理者的重要手段和管理社会的基础。此外，教育能促进人的全面发展，也因为人力资源主体提高了认识和调控能力、适应能力、选择能力等而成为可靠的资源。

二、教育促进人力身体素质、科学文化素质和思想道德素质开发

从教育与人力资源的关系看，教育是人力资源的奠基工程，是人力资源的第一次开发。人力资源的形成有其自身的特点，教育要结合其特点和规律，发挥出关键作用。教育要促进对人力资源的形成可从两个层面理解。

就个体层面来说，人力资源主体的身体素质、科学文化素质和思想道德素质都是人力资源的要素，反映了人们认识和改造世界的条件和能力。身体素质指人们身体发育的健康程度、体质的强弱、智力是否完好、耐力的持久状况、动作敏捷程度等健康状况；科学文化素质指人们的科学文化知识与实践经验，以用于认识客观事物和解决问题的智慧和创造力；思想道德素质指人力资源的思想意识状态，其中主要包括人的价值观、道德观、思想品质、传统习惯、纪律法治观念等。三种要素中，身体素质是基础，思想道德素质是重要条件，科学文化素质是标志。[①] 可见，人力资源形成的条件和教育培养德智体美劳全面发展的社会主义建设者和接班人的教育根本目标是高度契合的，只是阐述角度不一致。这也就证明人力资源的形成三要素决定于教育的成效。因此，人力的教育性开发意味着教育目的的全面性，"构建德智体美劳全面培养的教育体系，形成更高水平的人才培养体系。要把立德树人融入思想道德教育、文化知识教育、社会实践教育各环节，贯穿基础教育、职业教育、高等教育各领域……教师要围绕这个目标来教，学生要围绕这个目标来学"[②]。这里需要强调的是，人力资源的形成非常重视素质教育，"素质教育是人力资源开发的基础工程，是对学生现有素质的改造、组合、重塑与创造过程，要力求在素质培养上多下功夫"[③]。不能把 16 岁以下的人口排除在人力概念之外，现代人力资源观认为应该从小孩开始，把整体教育纳入

---

① 胡学勤、胡泊：《劳动经济学》，高等教育出版社 2018 年版，第 9～10 页。
② 《培养德智体美劳全面发展的社会主义建设者和接班人》，载于《求是》2018 年第 18 期。
③ 萧鸣政：《基于人力资源素质论的教育与开发》，人民出版社 2017 年版，第 82～83 页。

人力资源开发的系统工程中。

从整体层面看，一方面，人力资源具有社会性，作为资源还具有个体差异性、时效性，所以，人力资源的形成与开发是一个时间跨度大、涉及面广、差异复杂的社会化的系统工程。因此，教育要有整体布局、统筹规划、阶段性教育的分工与侧重。另一方面，人力资源的主体特征中不可避免地包括了自我选择性（在选择劳动供给与否和劳动供给的投入方向方面，具有自主决定权与选择偏好）和非经济性（人的职业选择、劳动付出往往与职业的社会地位、工作稳定性、晋升机会、管理特点、工作条件、个人兴趣爱好、技能水平等非经济、非收入因素相关）①，因而，国家和教育要从全地区、全行业、全人力的角度进行均衡化和重点化发展。当前，我们的教育资源存在历史积累不足、地区之间发展不平衡、办学条件标准不高②等问题，这也导致了人力资源发展的不平衡和不充分，尤其是经济发展水平低的地区，人力资源发展相当不充分。总之，教育既要在人力资源个体的素质培养上下功夫，又要在整体上进行战略设计，以实现在中国人口红利受到挑战的现实境遇下开发人力的教育工作目标。

三、教育促进人力职业技术、改革创新等的质量提高

人力资源形成后还存在一个质量提高的问题。影响人力资源质量的因素主要有人种质量，人力资本投资，科学技术发展及其应用程度，社会风气，经济发展水平，观念因素。③ 就教育来说，使人力资源质量提高，教育仍是最主要的途径和手段。具体来说，就是要加强就业前和就业后的职业技术教育、推进专业教育及高等教育改革与创新。

其一，加强就业前和就业后的职业技术教育。就业前职业教育包括了学校职业技术教育和学校之外的职业技术教育。就业前职业技术教育因为教学比较正规、注重理论，所以教学效果比较好，学生适应性强，是提高人力资源质量的重要内容。校外职业技术教育面向人力资源市场，与就业挂钩，对劳动岗位技能针对性强，对于生源要求不高，也发挥了积极作用。二者还需要根据需要转向"职业教育普通化，普通教育职业化"。另外，职业后教育是随着人力资源要求不断提升、知识更新迅速、科技水平不断提高应运而生的，包括了各种各样的培训和继续教育。目前社会需求量缺口也比较大，要加强。

① 姚裕群：《人力资源开发与管理通论》，清华大学出版社2016年版，第27~28页。
② 本书编写组：《习近平总书记教育重要论述讲义》，高等教育出版社2020年版，第82页。
③ 胡学勤、胡泊：《劳动经济学》，高等教育出版社2018年版，第9页。

205

其二，推进专业教育及高等教育改革与创新。专业教育一般是高等级、高投入的教育，包括大学与大学以上、大专、中专三个层次。专业教育发挥了非同一般的作用，但也存在一些问题。这就需要专业教育和高等教育不断改革和创新，要在人力资源的开发和质量提升的遵循下，基于市场需求定位进行人才资源生产，塑造合理的专业教育和高等教育体制及运行机制，协调好人力资本投资主体关系，大力提升大学生综合素质①，从而为人力开发创造条件，面向经济社会发展需要，进一步发挥基础性和决定性作用。

进一步说，新时代现代化建设要求把劳动力要素配置提升到更高水平，通过劳动力要素提升为我国高质量发展提供持续强大动力，推动"人口红利"向"人才红利"转变。最显著的就是，"互联网＋"等新兴信息技术飞速发展，科技和产业融合发展出现新趋势，并且科技创新竞争与高端产业角逐空前激烈，创新在我国现代化建设全局中具有核心地位。也就是说，新时代国家的战略发展需要的是知识型、技能型、工匠型、创新型劳动者。开发人力作为教育工作的目标，就是要教育工作支撑整体人力资源的数量提升和质量提阶以及个体人力资源的内涵发展。

第四节　培育人才教育工作目标内涵

"培育人才"是"五人"教育工作目标的第四个目标。人才是人力的重要组成部分，也是人力的高端部分、核心部分。开发人力为人才培养提供了良好的"蓄水池"和基础，培育人才是开发人力的必然结果，两者相辅相成。人才资源，是掌握科技前沿、核心技术、能够从事创造性活动的高质量人力资源。培育人才，也就是教育工作以培养适应时代和国家经济社会发展需要的各领域高级专门人才为目标。实践表明，教育及其工作是培养人才的决定性因素。教育工作的培育人才目标从本质上说，也就是教育及其工作要促进"建设规模宏大、结构合理、素质优良的人才队伍"②。

党的二十大报告强调"科技是第一生产力、人才是第一资源、创新是第一动力"③。

① 姚裕群：《人力资源开发与管理通论》，清华大学出版社 2016 年版，第 117～119 页。
② 习近平：《高举中国特色社会主义伟大旗帜　为全面建设社会主义现代化国家而团结奋斗——在中国共产党第二十次全国代表大会上的报告》，人民出版社 2022 年版，第 36 页。
③ 习近平：《高举中国特色社会主义伟大旗帜　为全面建设社会主义现代化国家而团结奋斗——在中国共产党第二十次全国代表大会上的报告》，人民出版社 2022 年版，第 25 页。

人才对于社会经济发展、科技进步的重要性在今天尤为凸显。其一，人才资源是经济社会发展的必要因素。随着时代的进步，物的要素先进性不断攀升，比如资金密集、技术密集、知识密集，这就要求"人"的要素与之匹配性需要相应提升，在今天人才已经成为一个独立的投入要素，只有高级的人力才能从技术、管理等方面促进生产力的全新发展。其二，人才资源是国民经济发展的根本推动力之一。包括中国在内的很多国家都将技术、人才、教育作为本国的生存和发展之本。其三，人才资源可在很大程度上替代物质资源。人才资源的开发和运用，可以从多方面弥补一国或地区自然资源的不足、装备的落后，发挥本国、本地区自然资源、物质装备的优势①。其四，人才资源是经济社会发展的根源和战略资源。国家兴盛，人才为本，人才资源是第一资源，关乎中国特色社会主义事业建设的成功，关乎中华民族伟大复兴的实现。

一、实施教育优先发展战略以扩大高质量人才规模

实现中国梦靠人才、靠教育。当前，我们比历史上任何时期都更加渴求人才，而且是规模宏大的人才队伍。教育工作的"培育人才"目标首先要通过优先发展教育来支撑人才规模的积累和汇集，推动和支撑构建多层次人才培养体系。

首先，加快建设高质量教育体系，为宏大的人才队伍建设提供长链条教育支撑。教育发展首先表现为数量扩大、规模扩张，直接延长人才受教育的年限。因此，要大力发展各级各类教育，"加快义务教育优质均衡发展和城乡一体化，优化区域教育资源配置，强化学前教育、特殊教育普惠发展，坚持高中阶段学校多样化发展，完善覆盖全学段学生资助体系"②，加快建设高质量教育体系，办好人民满意的教育，为人人皆可成才、人尽其才奠定坚实基础、提供受教育机会与教育保障，以教育优先发展构筑人才"蓄水池"，以教育和教育工作的发展促进人才红利的释放，对冲人口红利的减弱。习近平在广东考察时指出，"中国人口众多，教育上去了，将来人才就会像井喷一样涌现出来"③，从而形成最大竞争力。同样，随着经济高质量发展，就业岗位对劳动者技能要求日益提高，对于就业后的人才挖掘和培养要着力化解人岗不匹配的结构性矛盾，也需要通过大力发展教育，特别是职业教育和技能培训，为我国产业迈向全球价值链中高端提供生力军。

其次，重点推进高等教育的内涵式发展，为青年人才和高层次人才队伍壮大

①　姚裕群：《人力资源开发与管理通论》，清华大学出版社 2016 年版，第 236～238 页。
②　习近平：《高举中国特色社会主义伟大旗帜　为全面建设社会主义现代化国家而团结奋斗——在中国共产党第二十次全国代表大会上的报告》，人民出版社 2022 年版，第 34 页。
③　刘传铁：《创新人才培养机制夯实人才发展基础》，载于《湖北日报》2014 年 10 月 14 日。

提供高等教育支撑。青年人才在人才队伍建设中占据重要地位，尤其要加快造就规模宏大的青年科技人才队伍[1]，这是我国不断实现更高水平科技创新的基础。因此，办好高等教育，特别是办好一流大学，必须牢牢抓住全面提高人才培养能力这个核心点，必须推进高等教育内涵式发展，提升高等教育服务经济社会发展能力，着眼未来竞争，以人才质量为导向，优化人才培养结构，加快世界一流大学、学科建设进程，加快建设若干优势学科，着力培养拔尖创新人才、建设新兴学科、加强基础学科等，以加大应用型、复合型、技术技能型人才培养比重，培养出大量的一流人才，助力形成人才事业大江奔腾、万溪汇聚的活跃局面。

二、教育工作着力培育智力劳动与科技创造力以提高人才质量

从人才运用上看，人才资源本质上是一种智力劳动，也就是说人才培养不同于人力资源的开发，其"高级"之处就在于人才能从事智力劳动且具有创造劳动的能力，而非泛泛的、基础的素质要素。因此，教育工作的培育人才目标就有了重点和焦点——智力劳动与创造。因智力劳动具有多量性、创造性、多样性和社会性的特点，故教育工作培养人才的着力点就是培养人的创造力和创造思维。

创造力，是人能够取得创造性产物的能力和素质的综合。教育工作要营创条件、环境和方式重点培养受教育者对问题的敏感性、思想的流畅性、思维的灵活性、发挥创见能力和对问题重新认识的能力，以及思维的广阔性、独立性、批判性等其他良好的心理品质。创造思维，是一种高级的思维过程，这种思维通过对象性转化可以产生创造性活动或产品。产生科学理论、发明科技成果、人类认识的飞跃都是创造性思维的结果。

创新特别是科技创新是推动经济发展的动力源泉，是建设现代化经济体系的战略支撑，是最具根本性、革命性的决定力量。党的十八大明确提出"科技创新是提高社会生产力和综合国力的战略支撑，必须摆在国家发展全局的核心位置。"[2] 强调要坚持走中国特色自主创新道路、实施创新驱动发展战略。"创新驱

① 王济光：《加快形成深入实施人才强国战略的支撑体系》，中国人民政治协商会议全国委员会网，http：//www. cppcc. gov. cn/zxww/2022/10/25/ARTI1666678302140543. shtml，2022 年 10 月 25 日。

② 胡锦涛：《坚定不移沿着中国特色社会主义道路前进　为全面建成小康社会而奋斗——在中国共产党第十八次全国代表大会上的报告》，中国人大网，http：//www. npc. gov. cn/c2/c30834/202410/t20241017_440084. html，2012 年 11 月 17 日。

动实质上是人才驱动"①，就是要整合技术、资本、信息、人才、科研设施等资源要素进行创新实践。培养造就一大批具有国际水平的战略科技人才、科技领军人才、青年科技人才和高水平创新团队，是教育工作的重要任务之一。也就是说，从战略上，教育工作要与创新驱动发展战略深度融合，与科技、人才工作统筹起来，遵循"教育—人才—创新—科技—兴国强国"逻辑链②，支撑战略人才队伍的建设和发展。国家实施的科教兴国战略与人才强国战略，都体现了人才在国家经济社会发展中的重要功能和教育工作对科技创新发展的关键作用，也彰显了教育在现代化建设中的基础性、先导性、全局性地位。

三、通过人才强国战略提升人才发展支撑国家高质量发展潜力

培养造就大批德才兼备的高素质人才，是国家和民族长远发展大计。③ 我国的教育坚持的是社会主义办学方向，坚持"四为"：教育为人民服务，为中国共产党治国理政服务，为巩固和发展中国特色社会主义制度服务，为改革开放和社会主义现代化建设服务。新时代以来，中国正加快向创新型国家前列迈进，向经济强国跨越，这就要求教育着眼未来，抓紧培养能够适应和引领未来发展的时代新人，特别是培养聚集大批创新型人才，充分发挥人力资源和人才资源开发的长效作用，不断促进创新驱动发展模式。教育要始终为国育才，在这样的大逻辑下，我们不难理解培育人才的国家战略意义，教育服务国家经济社会高质量发展的载体就是人才强国战略。

党的十九大报告强调，"坚定实施科教兴国战略、人才强国战略"④。人才强国战略的提出和实施，解决了中国人才资源发展的指导思想、方针原则、战略目标与重大问题等一系列问题，为中国人力资源开发提供了思想保证、组织保证和制度保证。依靠人才兴邦，走人才强国之路，大力提升国家核心竞争力和综合国力，是人才强国战略的核心要义。"强国"，是指增强国力、振兴国家，即大力提

---

① 《新时代创新驱动发展战略思想》，中国理论网，http://www.ccpph.com.cn/yc/202011/t20201130_276442.htm，2020 年 11 月 30 日。

② 张弛：《习近平关于科教兴国战略重要论述的三维阐释》，载于《大连理工大学学报》（社会科学版）2023 年第 1 期，第 9～15 页。

③ 习近平：《高举中国特色社会主义伟大旗帜 为全面建设社会主义现代化国家而团结奋斗——在中国共产党第二十次全国代表大会上的报告》，人民出版社 2022 年版，第 27 页。

④ 习近平：《决胜全面建成小康社会 夺取新时代中国特色社会主义伟大胜利——在中国共产党第十九次全国代表大会上的报告》，人民出版社 2017 年版，第 27 页。

升国家核心竞争力和综合国力。人才从何而来？"培养人才，根本要依靠教育"①，需要教育开创不竭动力，以人才强国战略为途径育才造才，也就是要培养更多具有国际水平的、创新性的、胜任科技"四个面向"重大任务的战略科技人才、科技领军人才、高水平创新人才。

党中央从新时代坚持和发展中国特色社会主义的高度，作出了优先发展教育事业，加快教育现代化，建设教育强国的重大战略部署。教育，尤其是高等教育必须在培育人才上继续加大力度，从受教育者的硬实力和软实力全面推进人才资源形成。随着新技术、新产业、新经济、新业态不断涌现，各项事业对人才素质的要求也"水涨船高"。要在尊重成长成才规律的基础上，加强对人才队伍的后续培养，特别是在纵深推进数字化改革的关键时期，更需要大抓人才培育工作，坚持理论与实践相结合，充分利用互联网、大数据等信息技术科学搭建平台，突出"育才"重点，将世界前沿性人才、科学基础性人才、解决"卡脖子"难题高端人才、胜任科技"四个面向"重任人才、急需紧缺的技能型和专业型人才纳入规划体系大力培育。同时，聚焦人才培育新模式，用好高校、企业"助推器"，通过校地共建、校企共建等模式，建立广覆盖、多层次的人才培养体系，有针对性地培养地方产业和企业所需要的重点人才，促进产业兴旺，反哺地方发展。

第五节 造福人民教育工作目标内涵

"造福人民"是"五人"教育工作目标的第五个目标。造福的基本含义是指给人类带来幸福。人民，指作为社会基本成员主体的劳动群众。在中国，人民是指拥护中国共产党领导、社会主义制度、中国特色社会主义道路并从事于中国特色社会主义事业的所有建设者、劳动者；拥护祖国统一并致力于中华民族伟大复兴的爱国者。教育工作的造福人民目标就是要通过教育既规定个人的现实发展，也描绘个人的未来持续发展；既聚焦个体的自由全面发展，也观照群体的广泛长久福祉；既呈现出直接创造了物质和精神财富造福人民，也蕴含着间接发挥基础和支撑的巨大功能，中国教育的现代化发展始终要坚持以人民为中心。

---

① 本书编写组：《习近平总书记教育重要论述讲义》，高等教育出版社 2020 年版，第 75 页。

一、教育工作以直接创造巨大的物质财富和精神财富造福人民

教育是人类传承文明和知识、培养年轻一代、创造美好生活的根本途径，也可以说教育决定人类的今天和未来。教育工作造福人民首先表现在教育对社会发展中物质财富和精神财富的创造泛在的直接影响。让人民的生存、生活、生产环境越来越好、质量越来越高、体验越来越优、期待越来越高，直接让人民受益，为人民谋求幸福。

一方面，教育及其工作对物质财富的创造和发展主要体现在：其一，教育是劳动力再生产的必要手段。人是生产力中最重要和最关键因素。通过教育，可以使人掌握文化科学知识和技术，成为专门的人才。这些人进入生产过程之后，就能不断地促进生产力的发展。教育把可能的生产力转化为现实的生产力，是劳动力再生产的必要手段。其二，教育是科学知识技术再生产的手段。科学技术是第一生产力。通过教育，可以使科学技术知识从原来为少数人掌握到为更多人所掌握，并且运用到生产实践中，由此推动生产力的发展。其三，教育是生产新的科学知识技术的手段。教育的主要职能是传递人类已有的科学知识，但它也能承担生产新的科学技术知识的任务，这在高等学校表现得尤为明显。新的研究成果和发明一旦在生产中被应用，就能提高社会生产力。

另一方面，教育及其工作直接促进社会精神财富的创造。我们要建成的社会主义现代化强国，不仅包括富强，还包括民主、文明、和谐、美丽。就是说，我们不仅要在物质财富上高水平地满足人民对美好生活需要，在世界上处于领先地位，而且还必须在社会建设上充分满足人民健康多元的精神文明追求，在国际交往中富有文化魅力、价值观引领和环境吸引力。"硬实力"离不开教育及其工作，"软实力"更离不开教育及其工作，提高民族素质是社会和谐稳定发展的基石。教育及其工作作为育人育才的社会活动，毋庸置疑在社会发展、人格塑造中起到了重要的作用，其在实现精神富有过程中发挥筑基作用，原因在于教育工作塑造个体和群体的信仰和信念，培养人的意志力来支付精神亏空，培育人的道德信条以塑造个体的内心道德秩序和群体的道德景观，使人们积累各种各类知识以丰富精神世界。党的二十大报告强调，社会主义的根本要求就是物质富足和精神富有，中国式现代化的本质特征就是物质文明和精神文明相协调。[①]

---

① 习近平：《高举中国特色社会主义伟大旗帜 为全面建设社会主义现代化国家而团结奋斗——在中国共产党第二十次全国代表大会上的报告》，人民出版社 2022 年版，第 22 页。

总之，教育始终以其独特的形式影响并创造出具有时代性的巨大物质财富和精神财富，让人们在由教育工作促进的物质和精神财富中不断获得全面自由发展的条件和潜力。

二、教育工作以提高人民综合素质为个体和群体发展奠定基石

教育作为培养人的事业，对提升人民综合素质和实现人的全面发展具有直接和极为重要的作用。教育帮助人们学习新知识、掌握新技能，增长新本领，提高思想道德素质和科学文化素质，培养综合能力和创新思维，从而获得发展自身与贡献社会的能力。尤其是随着科学技术的作用在生产力中越来越突出，教育也就越来越成为提高个体的综合素质和全面发展的手段。我们的教育要实现培养德智体美劳全面发展的社会主义建设者和接班人，除了通过教育提高科学知识水平外，还要注重培养思想道德素养，要教育引导人民群众树立正确的健康观，提升全民健康素质；要以美育人、以文化人；要弘扬劳动精神，形成崇尚劳动、尊重劳动的良好氛围。

就受教育的群体而言，一方面，教育对于社会和民族发展具有基础性作用。"经济靠科技，科技靠人才，人才靠教育。"[1] 也就是说，教育直接为民族振兴和社会进步提供人才支撑。"千秋基业，人才为先。"[2] 教育要通过培养人才，在经济社会发展中助力赢得战略优势、在国际竞争中助力占据主导地位、在打造经济社会发展资源中助力彰显人才的战略资源作用。另一方面，教育为民族振兴和社会进步提供创新动力。在科技进步日新月异的当今世界，我们必须大力发展教育以服务于国家战略需求，我们的教育要在形成更多更先进创新成果、研发新的科学技术、发明创造新的生产工具、加速科技应用上发挥绝对作用和绝对优势，助力中华民族伟大复兴。

三、教育工作以满足人民教育期待使人民有获得感

人民是真正的英雄，是决定党和国家前途命运的根本力量。党始终坚持人民路线和人民立场，党的十八大以来，习近平反复强调，要着力践行以人民为中心的发展思想，一切为了人民，一切依靠人民，发展成果由人民共享。在教育上，

---

① 习近平：《摆脱贫困》，福建人民出版社 2014 年版，第 173 页。
② 本书编写组：《习近平总书记教育重要论述讲义》，高等教育出版社 2020 年版，第 75 页。

坚守人民至上的价值立场，不断满足人民对更好教育的期待，使得全体人民在共建共享中有更多教育获得感，获得发展自身、奉献社会、造福人民的能力。一言以蔽之，造福人民就要始终坚持教育的人民立场。

第一，教育发展要不断满足人民对更好教育的期待。治国有常，利民为本。教育作为民生之基，涉及千家万户，惠及子孙万代，是人民群众关注的重要民生问题。党的十八大以来，以习近平同志为核心的党中央秉持人民至上的价值理念。未来我们的教育改革仍然要坚持"在人民立场上想问题、做决策，处理好人民的眼前利益要求和长远利益、根本利益要求的关系"①，解决好个人需要和社会需要的关系。这里所说的根本利益，就是通过办更好、更公平的教育培养好社会需要的各种人才，提升民族整体素质，使国家兴旺发达。我们"必须把教育事业放在优先位置，深化教育改革，加快教育现代化，办好人民满意的教育"②。当前，教育中的主要矛盾已经表现为，人民对更好、更公平教育的需要和教育不平衡不充分的发展的现实矛盾③，办好人民满意的教育不能一蹴而就，要首先紧抓人民最关心、最直接、最现实的问题。"国家要守住底线、突破重点、完善制度、引导预期……从覆盖面更大的多数人的共同利益需要出发，优先解决人民群众关心的重点、热点、难点和焦点问题，以回应人民对更好、更公平教育的期待。"④

第二，增加并保障人民能在教育上有更多获得感。要体现社会主义制度的优越性，除了教育坚持为人民服务的宗旨外，别无他途。一方面，在建立健全最大规模教育体系、保障全体人民受教育的权利基础上，教育公平的政策要落地生根，进一步推进教育改革发展、教育公平和教育现代化。除了加强国民教育和学校教育的改革创新外，要推动各级各类教育快速发展和建立完善的学习型社会："网络教育、社区教育、老年教育蓬勃发展，人人学习、时时学习、处处学习的学习型社会建设不断加快。"⑤ 另一方面，要统筹均衡教育资源分配，全面改善贫困地区义务教育薄弱学校基本办学条件，缩小城乡教育差距；实施国家农村和贫困地区定向招生计划，缩小区域教育差距；实施中西部高等教育振兴计划、国家支持中西部地区招生协作计划，加快发展民族教育，缩小校际教育差距。此外，对普通高中建档立卡家庭经济困难学生、残疾人、进城务工人员随迁子女和农村留守儿童等各群体的受教育机会和机制也要不断完善，以缩小群体教育差距。

---

①　本书编写组：《习近平总书记教育重要论述讲义》，高等教育出版社 2020 年版，第 134 页。

②　《习近平谈治国理政》第一卷，外文出版社 2018 年版，第 4 页。

③④　本书编写组：《习近平总书记教育重要论述讲义》，高等教育出版社 2020 年版，第 135 页。

⑤　本书编写组：《习近平总书记教育重要论述讲义》，高等教育出版社 2020 年版，第 136 页。

四、教育工作以其成果更多、更公平惠及全体人民

造福人民的另一种途径就是，把教育"蛋糕"做大，把教育"蛋糕"分好，让全体人民更多、更公平共享教育发展成果。一是教育要通过优化资源配置来缩小教育发展差距。教育要完善基本公共教育服务体系，切实优化教育资源，"用制度盘活、布局好各类教育资源，坚持保基本、补短板、促公平的原则。公共教育资源配置优先向薄弱地区、薄弱学校、薄弱环节和困难人群倾斜，全面推动地域、城乡协同发展"[1]。比如，高度重视农村义务教育，推动城乡义务教育一体化发展；依托教育信息化建设，推进优质教育资源共建共享，实现数字资源、优秀师资、教育数据、信息红利等的有效共享，实现"互联网＋"条件下的区域教育资源均衡配置，缩小区域、城乡、校际差距。二是着力提高欠发达地区和贫困地区教育发展水平。欠发达地区、中西部地区仍然是教育中的短板之一，新时代加快欠发达地区的教育发展，要坚持问题导向，致力补短板，把教育扶贫作为治本之计。尤其是贫困地区，教育是管长远的，应该下大力气抓好。教育精准扶贫，就是要因地制宜、因势利导发展贫困地区教育事业，努力让每个人都有人生出彩的机会。三是通过建设学习型社会保障人人能学和人人满意的教育局面。建设学习型社会，我们还有些路要走，推进普及九年义务教育和扫除青壮年文盲工作是基本工作。办好继续教育，要在投入和制度建设上下功夫，让全体人民都接受教育，特别面向在职人员、社区居民、农民工、新型职业农民、退役军人等重点满足人民多样化的教育需求。人人能学、终身能学的理想学习状况，离不开继续教育、终身学习的通道建设，要构建网络化、数字化、个性化、终身化教育体系。亦即，要通过深化教育领域综合改革，通过完善教育体系，通过落实教育及其工作的相关政策，让人们不断提升获得感，让人们获得受教育的资源和机会，营造人人皆可成才、人人尽展其才的良好教育环境。

五、教育工作以教育公平促进社会公平正义

公平正义是人类社会共同理想，教育公平是最大的公平，教育公平是社会公平在教育领域的集中体现，是促进社会公平正义的重要基础。党的十八大以来，以习近平同志为核心的党中央始终把教育摆在优先发展的战略位置。国家财政性教育经费持续保障；教育资源优化配置，区域、城乡、校际差距逐步缩小；教

---

① 本书编写组：《习近平总书记教育重要论述讲义》，高等教育出版社 2020 年版，第 140 页。

育精准扶贫，阻断贫困代际传递；学前教育实现了跨越式的发展，城乡义务教育一体化稳步推进，高中阶段教育基本普及，高校招生持续向中西部和农村地区倾斜……未来还将继续坚持以人民为中心发展教育，加快建设高质量教育体系，发展素质教育，促进教育公平。

其一，既要保证教育公平，又要提高教育质量。在向第二个百年奋斗目标进军的征程中，"推进教育公平，要把促进社会公平正义、增进人民福祉作为一面镜子，审视教育领域的体制机制和政策规定，完善包括机会公平在内的教育公平保障体系。优化教育公平的体制机制，改善社会公平环境，在更大程度上实现教育公平"①。保证人民平等参与、平等发展的权利，特别是让贫困家庭的孩子有通过知识改变自己命运的机会和条件，让教育的公平保障人生起点的公平，为每个人都有教育公平，为自己的出彩人生奠基。同时，还要注意到，教育公平与教育质量是有机统一的整体，也是一对需要特别重视的矛盾双方。教育要实现造福人民的目标，就要坚守"公平是有质量的公平，质量是充分体现公平的质量"的基本原则。要在机会公平的基础上，着力创造有利于创新人才成长的育人环境，形成普遍提高国民素质基础上、培养时代需要的数以亿计的高素质人才的教育局面。

其二，教育及其工作在实践中促进教育的全面公平发展。促进教育，一要促进教育区域公平，缩小中西部地区教育水平差距。党中央加大对教育的投入力度，党的十八大以来国家财政性教育经费占国内生产总值比例连续10年保持在4%以上②，并优先向农村地区、边疆民族地区、革命老区、边远贫困地区教育发展倾斜，区域差距、城乡差距不断缩小，更好、更公平的教育正成为现实。二要促进教育机会公平，保障每个孩子受教育的权利。义务教育免试就近入学全覆盖，从实际出发，在教育资源配置不够均衡的地方，稳妥推进多校划片，采取随机派位方式入学，并积极推进集团化办学、小学初中强弱结合对口直升、优质普通高中招生指标分配到区域内薄弱初中学校等方式，落实普通高中属地招生和公办民办学校同步招生政策，将优质普通高中学校50%以上招生名额合理分配到区域内初中，遏制违规跨区域掐尖招生，维护良好招生秩序。三要促进资源公平，让更优质的教育成果惠及人民。党的十八大以来，党和国家特别重视公平与质量的关系，强调在公平的基础上要着重提升质量，通过提升质量进一步促进公平，从而实现更加公平、更有质量的教育。比如切实落实"双减"政策，开足各门课程，推进教育信息化等。

---

① 本书编写组：《习近平总书记教育重要论述讲义》，高等教育出版社2020年版，第148页。
② 《坚持以人民为中心发展教育》，教育部网站，http://www.moe.gov.cn/jyb_xwfb/s5148/202501/t20250122_1176598.html，2023年3月8日。

其三，教育及其工作逐步改善已存在的教育不平衡问题。新时代以来，教育公平发展取得历史性成就，普惠性幼儿园更多了，适龄残疾儿童少年受教育机会更多了，中西部和农村地区的孩子上好大学的机会更多了，农村地区的孩子营养状况改善了……党的十八大以来教育公平取得一系列新成效：义务教育阶段建档立卡辍学学生实现动态清零，为全面建成小康社会作出重要贡献；在义务教育全面普及的基础上，全国 2895 个县全部实现义务教育基本均衡；以政府为主导、学校和社会积极参与的学生资助政策体系，对所有学段、所有学校、所有家庭经济困难学生实现全覆盖，十年（党的十八大以来至 2022 年 9 月）累计资助学生近 13 亿人次，确保不让一名学生因家庭经济困难而失学、辍学。[①]

综上，"五人"教育工作目标内涵的具体性和整体性相得益彰，但"五人"教育工作目标终究不能停止于学术话语。相反，"五人"教育工作目标更是教育工作中的日常话语，不但要接地气，还要有实操性，这是具体教育教学的实际需要。

概而言之，可以做这样的理解：

凝聚人心就是通过教育增进认同。它既包括对国家、民族、地域和同胞的情感认同，对中国特色社会主义道路、理论、制度和文化的政治认同，也包括对中华传统文化、中国革命文化和社会主义先进文化的文化认同。凝聚人心是"五人"教育工作目标的价值根基，以教育促进萃取中华民族的最大公约数，得民心得天下。凝聚人心在"五人"教育工作目标体系中处于具有总揽全局意义的基础地位。

完善人格就是通过教育促进个人的全面发展。即通过教育促进和完善人的个体独立、政治参与、民主政治的政治人格；契合规律、知行合一的道德人格；立足民族、立足时代、面向世界的文化人格；健康平稳包容的心理人格。完善人格是实现"五人"教育工作目标的基础工程。在现实中，要通过教育不断培养出包含健康的体魄、良好的心理素质、崇高的品德和丰富的社会阅历等要素的时代新人。完善人格因为直接针对教育对象，所以在"五人"教育工作目标体系中具有基础核心地位。

开发人力就是通过教育促进群体的人生产能力和素质的形成与提升。即在教育发挥认识功能的基础上，促进进行生产的人力形成身体健康素质、政治素质和思想道德素质的生产能力，以及持续提高人力职业技术与改革创新等高级素质。教育是开发人力的基础，开发人力是推动生产力发展的基本条件。因此，开发人

---

① 《"数"说教育这十年教育发展成果更多更公平惠及全体人民》，载于《中国教育新闻网报》2022年 9 月 28 日，第 3 版。

力在"五人"教育工作目标中位于战略核心位置。

培育人才就是高校与科研院所等教育机构着力从人力资源中选拔、培育人才。通过教育培养人才的智力劳动和创造能力，以服务国家的创新发展战略和高质量发展战略，进而推进建设规模宏大、结构合理、素质优良的人才队伍。培育人才在当今中国发展中具有战略意义和优势价值。因此，培育人才在"五人"教育目标体系中具有优势核心地位。

造福人民就是通过教育和教育本身服务于个体和群体的人的发展。教育成果惠及全体人民并促进社会的公平正义，让人民因为教育而感到满足、幸福、收获和满足，彰显了中国特色社会主义教育事业的本质属性是人民性。造福人民是教育发展的价值旨归。因此，造福人民处于"五人"教育目标体系的价值核心地位。

"五人"教育工作目标的内涵也昭示了系统整体性和清晰的独立性，其特有的结构和性质，决定了其具有重要的功能。总的来说，作为教育工作目标，具有六个具体功能：引领教育发展方向、指导具体教育实践、规范教育方式方法、评价教育工作实效、标识时代教育使命、承载教育具象目的。

第六章

新时代我国教育工作目标的
内在逻辑与创新发展

揭示"五人"教育工作目标的内在逻辑，阐明其多维度理论创新，对于更深刻理解新时代我国教育工作目标，全面贯彻落实党的教育方针，准确把握新时代中国特色社会主义教育事业的实践路向具有重要的理论和现实意义。

第一节　教育工作目标的内在逻辑

新时代"五人"教育工作目标，是习近平新时代中国特色社会主义思想中有关教育重要论述的新观点，是回应新时代关于人的发展、教育、管理等问题的新论断，是制定教育工作任务、实施教育工作方案、考核教育工作效果的重要依据。"凝聚人心、完善人格、开发人力、培育人才、造福人民"的教育工作目标并非上述五项分目标的简单组合，而是遵循特定的逻辑规则，根据内在层次所构筑的一个环环相扣的逻辑体系，蕴含着以凝聚人心为逻辑起点，以完善人格、开发人力、培育人才为逻辑展开，以造福人民为逻辑实现的内在逻辑，深刻回应了"培养什么人、如何培养人、为谁培养人"的根本问题。从教育工作目标系统的内外关联性来看，包含着理念、过程和价值三个层次。其中，凝聚人心对应培养什么人的问题，属于理念目标层；完善人格、开发人力、培育人才对应怎样培养人的问题，属于过程目标层；造福人民对应为谁培养人的问题，属于价值目标层。三个层次之间相互关联、相互支撑，揭示新时代"五人"教育工作目标的内在逻辑，具有重要的理论和现实意义。

一、凝聚人心——教育工作目标的逻辑起点

"逻辑起点是理论体系中最简单和最抽象的概念，和历史起点具有一致性，是对认识角度、构成事物的基本矛盾、事物的细胞或细胞形态、构成事物的原始的基本关系等的集中体现和高度概括。"[①] 逻辑起点作为理论体系赖以建立的基础，其作用和影响是根本性的。唯物主义和唯心主义两个哲学阵营，正是因为在世界本源问题上有着不同的逻辑起点，从而产生了截然不同的认识。

凝聚人心，是指通过形式多样的教育活动，将受教育者紧密团结在中国共产党的领导和中国特色社会主义伟大旗帜之下，教育引导其对党、国家的归属感和认同感，始终与党和国家的发展同向同行。在新时代"五人"教育工作目标中，凝聚人心决定了目标实施和实现的方向，不仅是准确把握教育工作目标体系的基石，而且直接制约和影响着新时代我国教育工作的理念和内容，对于新时代教育工作的开展和新时代"五人"教育工作目标的实现具有基础性意义。

（一）凝聚人心作为逻辑起点的依据

以凝聚人心为新时代"五人"教育工作目标的逻辑起点，具有充分的理论、历史与现实依据，是理论逻辑、历史逻辑和现实逻辑发展的必然要求。

1. 理论依据

一方面，凝聚人心作为逻辑起点是对马克思人的本质理论的继承发展。人的本质问题是马克思主义人学理论的核心内容，是马克思在创建其科学理论中一直关注的问题。人是自然人，又是社会人。人都由两部分构成：人体与人心，人体是生命性、生理性、生物性的体现，而人心则是社会性、精神性、价值性的体现。人心最具能动性、主体性，最终决定着人的社会价值与人生意义大小。从这一意义上看，人心教育是人的教育的本质，是评判当前我国教育工作效能的关键。马克思基于现实的人，提出每个人自由而全面发展的未来图景，形成了系统的人学思想，尤其是在哲学史上第一次科学地解答了人的本质问题，强调"人的本质不是单个人所固有的抽象物，在其现实性上，它是一切社会关系的总和"[②]。

---

① 周越、徐继红：《逻辑起点的概念定义及相关观点诠释》，载于《内蒙古师范大学学报》（哲学社会科学版）2006 年第 5 期，第 16～20 页。

② 《马克思恩格斯选集》第 1 卷，人民出版社 2012 年版，第 135 页。

人的本质不是抽象的、一成不变的，而是具体的、现实的、随着实践发展变化的社会关系的总和。作为社会中的个体，任何人都是处在一定的社会关系中从事社会实践活动的人，任何人都不能脱离社会而独立存在。随着社会分工的不断发展，个体利益与社会利益并非总是趋于一致的，人们在日常交往活动中，必然会产生个人与社会之间的矛盾或冲突，这就要求在个体与社会间构建和谐共生的关系。马克思和恩格斯在《德意志意识形态》中指出："只有在共同体中，个人才能获得全面发展其才能的手段，也就是说，只有在共同体中才可能有个人自由"①，深刻论述了个人和集体辩证统一的关系。从政治层面而言，社会正是由具有独立个性的、现实的、自由人的个人所组成的联合体。在这一联合体中，通过教育凝聚人心，引导个人自觉将自身的学习、生活、职业等融入社会发展大进程中，既是以社会为基础来化解个人与社会之间矛盾冲突的实践举措，更是加快个体的社会化进程、促使个体逐渐成长发展为真正意义上的"社会人"的首要前提。

另一方面，凝聚人心作为逻辑起点彰显中国特色社会主义教育事业的深层理念。习近平在全国教育大会上强调："培养什么人，是教育的首要问题。"② 党的二十大报告中强调："教育是国之大计、党之大计。培养什么人、怎样培养人、为谁培养人是教育的根本问题。"③ 教育的根本问题和首要问题是教育工作中的重中之重，如果说教育的根本问题反映的是教育的本质，那么"培养什么人"这一首要问题则是教育本质最鲜明的体现。教育理念是教育活动实施者在教育实践及教育思维活动中所形成的对教育及其内在规律的基本认识、看法和态度，是关于教育目标、教育要求、教育使命更上位的概念。凝聚人心，是实现社会和谐进步的重要前提，彰显了新时代教育工作的重要社会职能。依据凝聚人心在新时代"五人"教育工作目标系统结构中表现出的层次状态特征，可以发现其彰显着中国特色社会主义教育事业的深层理念，是"五人"教育工作的理念目标层。在教育活动中，教育理念具有前提性、普遍性和基础性意义。科学的教育理念对于教育实践具有重要的先导、导向和激励作用。凝聚人心是以习近平同志为核心的党中央结合我国教育工作经验以及新时代教育工作发展要求所提出的教育工作深层理念，符合中国共产党领导的中国特色社会主义教育要求和学生成长成才规律。凝聚人心作为新时代"五人"教育工作目标的逻辑起点，具有充分的依据来源，着重回应了"培养什么人"这一教育的首要问题。

---

① 《马克思恩格斯选集》第1卷，人民出版社2012年版，第199页。

② 习近平：《论党的宣传思想工作》，中央文献出版社2020年版，第343页。

③ 习近平：《高举中国特色社会主义伟大旗帜　为全面建设社会主义现代化国家而团结奋斗——在中国共产党第二十次全国代表大会上的报告》，人民出版社2022年版，第34页。

2. 历史依据

在历史逻辑上，凝聚人心作为逻辑起点，是中国共产党百年奋斗经验的深刻彰显。中国从历史上的一盘散沙到现在的聚沙成塔，尤其是我国第一个百年奋斗目标的实现，得益于上下同心形成的磅礴力量。在旧式的农民战争、不触动封建根基的自强运动和改良主义、资产阶级革命派领导的革命和西方资本主义的其他种种方案相继失败的境遇下，十月革命一声炮响，给中国送来了马克思列宁主义。在马克思列宁主义的科学真理中，中国先进分子看到了解决中国问题的出路。五四运动前后，以李大钊、陈独秀、毛泽东等为代表的一批先进分子，通过著书立说、创立进步刊物、成立进步团体、建立出版机构等途径，在工人群众中系统宣传马克思主义，促进了马克思主义在中国的广泛传播，团结越来越多先进分子集合在马克思主义的旗帜下。正如习近平总书记所指出的："在这个历史大潮中，一个以马克思主义为指导、一个勇担民族复兴历史大任、一个必将带领中国人民创造人间奇迹的马克思主义政党——中国共产党应运而生。"[①] 回顾中国共产党百年奋斗史，蕴含着以凝聚人心作为新时代"五人"教育工作目标的历史必然。

新民主主义革命时期，中国共产党在思想层面积极做好党的路线、方针、政策的思想宣传工作，以此塑造广大人民群众的民族国家意识，提升人民群众对马克思主义理论、共产主义理想的认知和认同；在实践层面团结带领中国人民，经过北伐战争、土地革命战争、抗日战争、解放战争长达28年的浴血奋战，建立了人民当家作主的中华人民共和国，实现了民族独立、人民解放，在此过程中采取土地革命、发展农业生产、发展文化教育等一系列政策措施，着力解决人民群众所关心的现实问题，有力调动了广大人民群众支持、拥护并参加革命的积极性，凝聚了人心、获得了认同。

社会主义革命和建设时期，面对复杂多变的国内外环境，中国共产党高度重视宣传思想工作，积极组织宣传人员，针对不同阶层的民众采取差异化的宣传活动，使得人民群众的思想发生了前所未有的根本性变化，同时开展抗美援朝运动、土地改革运动、"三反五反"运动、社会主义教育运动等规模较大的群众性运动，调动人们参与建设新中国、建设新社会的热情，在凝聚价值共识方面取得了重要成就。

改革开放和社会主义现代化建设时期，国家对人才的紧迫需要与人才的青黄不接的突出矛盾亟待解决。对此，邓小平1978年在全国教育工作会议上提出："我们要大力在青少年中提倡勤奋学习、遵守纪律、热爱劳动、助人为乐、艰苦

---

① 习近平：《在纪念马克思诞辰200周年大会上的讲话》，人民出版社2018年版，第12～13页。

奋斗、英勇对敌的革命风尚，把青少年培养成为忠于社会主义祖国、忠于无产阶级革命事业、忠于马克思列宁主义毛泽东思想的优秀人才，将来走上工作岗位，成为有很高的政治责任心和集体主义精神，有坚定的革命思想和实事求是、群众路线的工作作风，严守纪律，专心致志地为人民积极工作的劳动者"[1]，为当时教育工作的改革创新指明了方向。同时，中国共产党积极推动经济体制和政治体制改革，发展完善社会主义民主经济和民主政治，以经济绩效和政治绩效为人心的凝聚奠定坚实基础。

中国特色社会主义新时代，以习近平同志为核心的党中央，紧紧围绕中国特色社会主义道路、理论、制度和文化认同的构建，统筹推进"五位一体"总体布局、协调推进"四个全面"战略布局，在中华大地上全面建成了小康社会，历史性地解决了绝对贫困问题，为凝聚人心提供了更为完善的制度保证、更为坚实的物质基础、更为主动的精神力量。

一百多年来，中国共产党采取一系列行之有效的政策措施，团结带领全国各族人民形成上下同心的磅礴力量，沉积了丰富的经验，确保如期实现第一个百年奋斗目标，为开启全面建设社会主义现代化国家新征程奠定坚实基础。以凝聚人心为教育工作的核心目标，是中国共产党百年奋斗史的重要启示。

3. 现实依据

在现实逻辑上，凝聚人心作为逻辑起点，是应对当前严峻复杂的国内外形势的必然要求。伟大的时代需要伟大的理论。凝聚人心作为逻辑起点，有现实的、紧迫的需要。习近平强调："人心是最大的政治。"[2] 人心是个体思想意识、道德准则、心态环境等因素的总和，人心凝聚与否对一个国家、社会能否持续发展至关重要。当今世界正在经历新一轮大发展、大变革、大调整：在政治上，西方发达国家大搞单边主义，而广大发展中国家日益走向世界舞台的中央，国际政治力量深度博弈；在经济上，新兴市场国家和发展中国家群体性崛起，世界经济格局朝着更加均衡的方向发展；在科技上，以人工智能、大数据、机器人以及物联网等技术为支撑的第四次工业革命蓄势待发，对人类文明演进和全球治理体系发展产生深刻影响；在文化上，意识形态领域的激荡、碰撞和斗争依然复杂……对此，习近平提出了"世界处于百年未有之大变局"的重要论断。面对百年未有之大变局，如何教育学生正确认识当代中国在世界舞台的角色定位，在认清世界大势中坚定中国特色社会主义道路自信、理论自信、制度自信、文化自信；如何引导学生客观看待世界格局的深刻变迁，在顺应世界大势中开阔视野，树

---

① 《邓小平文选》第二卷，人民出版社1994年版，第106页。

② 中共中央文献研究室：《习近平关于社会主义政治建设论述摘编》，中央文献出版社2017年版，第153页。

立合作共享共赢的人类命运共同体意识，是新时代教育工作必须应对的挑战，也是因势而谋、应势而动、顺势而为的重要机遇。就国内层面而言，当前我国第一个百年奋斗目标已顺利实现，全党全国各族人民迈上全面建设社会主义现代化国家新征程、向第二个百年奋斗目标进军。在此背景下，对于学校教育而言，既要讲清讲透中国共产党成立100多年来领导全国各族人民在各方面取得的历史性成就，教育引导学生在追寻历史足迹中锤炼政治品格、砥砺初心使命、汲取奋进力量；又要宣传贯彻全面建设社会主义现代化国家的宏伟蓝图、重点任务与战略举措，培养学生的时代责任和历史使命，培养能够担当民族复兴大任的时代新人。

置身于世界百年未有之大变局和实现第二个百年奋斗目标的新征程，国内外形势日益复杂多变。在此背景下，教育工作必须首先发挥凝聚人心的功能，通过教育最大限度地凝聚思想政治和道德情感共识。总之，面对国内外形势的新变化，面对新时代新征程新任务，凝聚人心的工作比历史上任何时期都显得更为重要和紧迫，必须以共同的理想信念和价值追求来引领方向、凝聚人心，在长期发展过程中持续发挥凝聚人心的作用，把受教育者奋斗的激情、建设的热情凝聚起来，为实现中华民族伟大复兴中国梦发挥生力军作用。

（二）凝聚人心作为逻辑起点的作用

1. 坚持党对教育工作的全面领导

党的十九届六中全会审议通过的《中共中央关于党的百年奋斗重大成就和历史经验的决议》，概括总结了对我们党具有根本性和长远指导意义的十条历史经验，第一条就是"坚持党的领导"，明确指出："中国共产党是领导我们事业的核心力量。中国人民和中华民族之所以能够扭转近代以后的历史命运、取得今天的伟大成就，最根本的是有中国共产党的坚强领导。"① 这一重要历史结论，是从我们党百年奋斗历程中得出的科学认识，是被实践反复证明了的科学真理。教育工作凝聚人心是坚持党对教育工作全面领导的宏观体现。"凝聚人心作为教育工作的目标之首和教育政策话语表达，是极具时代特色的党言党语和紧贴民心的民言民语，生动体现党对教育事业的重视与情怀。"② 毫不动摇地坚持党对教育工作的全面领导，坚定不移走中国特色社会主义教育发展道路，既是党的组织优势和优良传统，也是全党和全国人民团结一致、集中力量办大事的重要保障。坚

---

① 《中共中央关于党的百年奋斗重大成就和历史经验的决议》，人民出版社2021年版，第65页。

② 黄兴胜、黄少成：《深刻把握新时代党的教育工作目标的内涵特征与实践路向》，载于《国家教育行政学院学报》2018年第12期，第3~9页。

持党对教育工作全面领导，是凝聚人心这一教育工作目标的内在要求。

党对教育工作的领导主要包括政治领导、思想领导和组织领导，只有将上述三个方面进行深度有效融合，才能实现党对教育工作的全面领导，进而为新时代"五人"教育工作目标的实现指明政治方向。第一，政治领导。以凝聚人心为逻辑起点，将凝聚人心工作置于新时代"五人"教育工作目标的首要位置，有利于全面贯彻落实党关于教育工作的方针、政策、路线和宗旨，使教育工作在政治立场、政治方向、政治原则和政治道路上同党中央保持高度一致，这是多角度、多层次、多方位开展教育工作的根本政治保证；有利于站在中国共产党治国理政、国家事业永续发展和民族复兴的战略高度认识教育凝聚人心的重要性，贯彻落实党对教育工作的总体设计和统筹规划。第二，思想领导。毛泽东曾深刻指出："掌握思想领导是掌握一切领导的第一位。"① 人心是最大的政治，党对教育工作的思想领导着重表现为通过教育凝聚人心，坚持以党和国家的指导思想教育和武装人民群众，将党的主张变为人民群众的自觉。凝聚人心既是为中国共产党治国理政服务的航向标，也是加强党建的聚焦点。切实发挥教育工作的凝聚人心作用，引导教育部门和各级各类学校党组织坚定不移维护党中央权威和集中统一领导，自觉在政治立场、政治方向、政治原则、政治道路上同党中央保持高度一致，是保证以党的思想领导来凝聚人心的重要着力点。第三，组织领导。党对教育工作的组织领导需要依靠正确的、科学的、稳定的组织路线来保证。坚强有力的组织领导是实现党对教育工作全面领导的重要一环，其中深化人才培养机制、加强教师队伍建设是党对教育工作组织领导的重要内核。通过教育凝聚人心，筑牢教育者的信仰根基，使教育者善于从政治上看问题，能够在大是大非面前保持政治清醒，将参与教育的各方力量紧密团结凝聚在中国共产党的坚强领导下，是发挥党对教育事业领导作用的生动体现。

2. 坚定社会主义办学方向

教育工作凝聚人心是坚定社会主义办学方向的目标凸显。办学方向问题事关国家发展的命脉，在党的教育方针谱系中始终占据着重要地位。关于教育和社会的关系，早在批判资产阶级的谬论时，马克思、恩格斯就指出："而你们的教育不也是由社会决定的吗？不也是由你们进行教育时所处的那种社会关系所决定的吗？不也是由社会通过学校等等进行的直接的或间接的干涉决定的吗？"② 教育和社会之间的辩证关系，决定了由资本主义社会关系所决定的教育必然承载着资产阶级的政治立场、政治要求和价值观念，而社会主义社会关系下的教育，必然

---

① 《毛泽东文集》第二卷，人民出版社1993年版，第435页。
② 《马克思恩格斯选集》第1卷，人民出版社2012年版，第418页。

承担着培养社会主义发展所需人才的重要使命。我国是工人阶级领导的、以工农联盟为基础的人民民主专政的社会主义国家，社会主义教育的性质决定了社会主义的办学方向。在长期的革命、建设和改革实践中，党和国家不断加强对教育工作的科学领导，在坚持社会主义办学方向方面取得重要成就。党的十八大以来，习近平明确回答了"什么是社会主义办学方向""为什么坚持社会主义办学方向""怎样坚持社会主义办学方向"的战略问题，进一步深化了关于教育坚持社会主义办学方向的要求。凝聚人心作为新时代"五人"教育工作目标的逻辑起点，客观上将中国特色社会主义教育事业与人民对教育的新期待关联起来，集中体现了党对教育事业的重视。从长期发展看，有利于坚定社会主义办学方向，有利于培养合格的社会主义建设者和接班人。

3. 筑牢实现中华民族伟大复兴的思想基础

党的十八大以来，习近平高度重视党和国家的教育事业，将教育置于党之大计、国之大计的战略高度，提出社会主义教育必须坚持教育为人民服务、为中国共产党治国理政服务、为巩固和发展中国特色社会主义制度服务、为改革开放和社会主义现代化建设服务的重要论述，不仅丰富和发展了党的教育方针，为新时代教育工作提供了基本遵循，而且为教育工作如何凝聚人心指明了方向。思想最终指向实践，凝聚人心的目的在于追寻我国社会主义意识形态所指向的价值追求。这一价值追求在新时代坐标中，标示为中华民族伟大复兴的中国梦。一方面，2012 年 11 月 29 日，习近平总书记在参观国家博物馆《复兴之路》展览时，首次提出并阐述了"中国梦"的概念。十多年来，中国梦便承接着近代以来实现中华民族伟大复兴的历史使命，成为新时代中国人民的共同价值追求，这一价值梦想牵动着无数中国人的心，为人心的凝聚提供了"靶手"。另一方面，中国梦以通过努力便能企及的"诗与远方"，描摹了美好生活的未来蓝图，寄托着人心可期许的未来，增强了人们"为公共利益，互相尽义务，给予和得到"[①] 的义务感，在义务感的思想动员作用下，有利于形成意志同向的合力。正是在此意义上，教育工作凝聚人心有利于教育引导受教育者树立科学的理想信仰，满足社会的要求，担负起历史的责任，充分激发受教育者的爱国之情、报国之志、兴国之责和创新创造创业活力，引导广大受教育者勇做新时代的奋斗者，为奋力谱写新时代高质量发展新篇章贡献智慧和力量，从而在社会范围内形成心往一处想、劲往一处使的效益最大化，凝聚并充分发挥中华儿女的最大公约数作用，号召全党和全国各族人民紧密团结、勠力同心，为实现中华民族伟大复兴中国梦奠定思想基础。

---

① ［古罗马］《西塞罗文集》（政治学卷），王焕生译，中央编译出版社 2010 年版，第 332～333 页。

二、完善人格、开发人力、培育人才——教育工作目标的逻辑展开

逻辑展开是逻辑体系的中间范畴，是上承逻辑起点、下启逻辑重心的关键环节。毛泽东指出："辩证唯物论的认识运动，如果只到理性认识为止，那末还只说到问题的一半。"① 先进的教育理念得以确立之后，必须以其为指导，躬身新时代的教育工作实践，进一步回答"如何培养人"，即如何做的实践问题。完善人格、开发人力、培养人才的过程目标进一步回应了"如何培养人"的问题，是新时代我国教育工作目标的逻辑展开，也是新时代教育工作得以开展、"五人"教育工作目标得以实现的活动步骤和工作环节。

（一）完善人格、开发人力、培育人才作为逻辑展开的依据

1. 人本逻辑：个体全面发展的教育思路

"完善人格、开发人力、培育人才三个具体层次，反映的是一个自然人通过接受教育转变成社会人、劳动人和知识人的不断上升、逐次发展的人的自然历史逻辑过程。"② 完善人格、开发人力和培育人才三项目标，坚持以马克思人学理论为指导，坚守基于人、通过人、成就人的教育信念，将教育活动深刻融入受教育者知识、情感、意识、信念和行为方面的发展完善过程之中，揭示的是通过教育实现个体全面发展的具体教育思路。

教育的本质是关于人的教育。人类有追求自身发展和完善的内在倾向，教育是人类潜能实现的基本和必然途径，因而从哲学层面看，教育的概念和人的概念是统一的，不关涉人的教育在本质上不是教育。在马克思看来，人的全面发展是指"人以一种全面的方式，就是说，作为一个总体的人，占有自己的全面的本质"③。教育合理性的判定就是要以人的尺度对教育目的、意义、价值、方式等进行解读，人的全面发展是人类社会的理想和目的，而作为实现人的全面发展理想重要途径的教育，其起点和终点都是人，二者具有高度的一致性，因而人的全面发展是教育的终极追求。

完善人格、开发人力和培育人才三项目标，从人格、人力和人才三个方面对

---

① 《毛泽东选集》第一卷，人民出版社 1991 年版，第 292 页。

② 黄兴胜、黄少成：《深刻把握新时代党的教育工作目标的内涵特征与实践路向》，载于《国家教育行政学院学报》2018 年第 12 期，第 3~9 页。

③ 《马克思恩格斯全集》第 3 卷，人民出版社 2002 年版，第 303 页。

受教育者的成长成才和全面发展做了进一步的详细部署，充分反映出新时代"五人"教育工作目标从深层理念上升到教育实践的具体性特征。人格是个体对自然、社会、他人和自己所表现出来的较为稳定的心理特征的总和。完善人格旨在通过形式多样的教育活动，为受教育者提供发展的基本条件，为达到人格的生理、心理、道德、社会各要素完美的统一、平衡、协调，使受教育者的才能得以充分发挥，实现人格从不完善向完善的转化。人力是指在社会生活中发挥主观能动作用的人的各种力量的总称，包括体力、智力、知识与技能等重要因素。开发人力旨在通过现代教育的内容与方法，根据受教育的特点、兴趣与需要，引导受教育者形成与现代经济社会发展相适应的技术技能与行为习惯，其主要目标在于通过开发活动，发掘人的潜质、提高人的才能、增强人的活力。"人才是具有一定的专业知识或专门技能，进行创造性劳动并对社会作出贡献的人，是人力资源中能力和素质较高的劳动者。"① 培育人才旨在形成并健全择天下英才而用之、激发人才创新、发挥人才作用的人才体制，创造人人渴望成才、人人努力成才、人人皆可成才、人人尽展其才的政策保障机制，引导激发受教育者成为各行各业具有创造力和创新力的高层次人才。教育在推进人改造自我、改造社会、改造自然界的社会实践中完善其人格、开发其潜能、培育其才能，是实现人的自由全面发展的必由之路。

2. 内发逻辑：实现社会使命的教育价值

人朝什么方向发展、怎样发展、发展到什么程度取决于社会条件，决不能讲社会同个人抽象地对立起来。个体是在与社会互倚互生、交流互动、互促共生中存在的，社会性是人的根本属性。当然，人的社会性集中体现为人与社会间的互动性：个体借助自身才能素质的开发获得参与社会、融入社会、回馈社会的资格，社会根据个人的才能、贡献、资质给个体回报以生存发展的资源，为个体提供生存条件与发展平台。人是社会生产力的第一要素，人的素质、能力是社会变革中最具能动性的要素与资源，提升人的人格素质、资质素质、知识才能、创造性品质是教育事业参与社会变革、推动社会进步的独特路径。

人的片面发展是人的发展不可跨越的阶段，同人不断迈进全面发展的现实是一样的，都具有深刻的社会根源，归根到底是由有限的生产力以及其决定的生产关系所决定的。通过教育完善个体人格、开发个体潜能、培育个体才能，有利于充分发挥个体在经济生产、科技创新和社会发展中的重要作用。中国的教育要培养什么样的人，由中国的发展现实决定。2021 年，历史交汇点上的宏伟蓝图迎来新的出发，伟大的中华民族开启了向第二个百年奋斗目标进军的新征程。站在

---

① 《十七大以来重要文献选编》（中），中央文献出版社 2011 年版，第 615 页。

新的历史节点，依靠教育事业来完善人民的人格、激活人民的潜能、培育国民的才能，提高中国人的心智力、创造力、向心力，是我国实现自强内生之路的必经链环与有力行动。

（二）完善人格、开发人力、培育人才作为逻辑展开的作用

1. 提高人的综合素质，实现人的自由全面发展

中国共产党成立 100 多年来，始终高度重视教育工作，推动教育事业取得了巨大成就。2014 年，习近平在同北京师范大学师生座谈时强调："教育是提高人民综合素质、促进人的全面发展的重要途径，是民族振兴、社会进步的重要基石，是对中华民族伟大复兴具有决定性意义的事业。"[①] 2018 年，习近平在全国教育大会的重要讲话中，把"劳"与"德智体美"相并列，明确将育人目标从"德智体美"拓展为"德智体美劳"，将马克思主义关于人的全面发展理论与新时代教育发展需求准确对接并进一步细化，为新时代教育工作的开展提供了基本遵循。完善人格、开发人力、培育人才是受教育者接受教育成长成才的必经过程，鲜明揭示了不同环节和不同方式的教育过程与实现个体全面发展目标的紧密关联，有利于教育引导受教育者不断认识自我、提升自我、完善自我，培养学生人格积极向上、见识能力优秀、才华卓异出众的核心素养，推进实现受教育者的自由全面发展。

完善人格的教育价值，在于通过对自然人开展教育实践活动，优化受教育者的性格、气质和能力，使受教育者人格健全、身心健康、乐观豁达，达到人格的生理、心理、道德、社会各要素完美的统一、平衡、协调，使人的才能得以充分发挥，实现人格从不完善向完善的转化，为人的全面发展奠定良好的人格基础。人是实践活动的能动主体，完善人格是人的全面发展的现实需要。做人要有气节、要有人格，人格要正。人格的"正"，意味着人的精神世界的丰富与和谐，应是"智慧的人""技巧的人""艺术的人""政治的人""道德的人"等。培养能够担当民族复兴大任的时代新人，尤其要在人格完善上有所侧重。全面、合理的教育应该是真、善、美的统一，其任务和目标就是尊重人格各个方面的平衡与和谐。

开发人力的教育价值，在于发掘人的潜质、才能和活力，识别人的发展优势、发掘人的潜在能力、激活人的创新能力、保持人的创业激情，真正做到人尽其才、才尽其用，达到个体能力和价值实现的有机统一。提高人才开发工作的科

---

① 习近平：《做党和人民满意的好老师——同北京师范大学师生代表座谈时的讲话》，人民出版社 2014 年版，第 2 页。

学化水平，能够有效推进人才的健康、有序、个性化发展。改革开放以来尤其是党的十八大以来，我国通过坚持教育优先发展，努力构建完善的现代国民教育体系；全面实施素质教育，不断提高中国特色教育现代化水平；促进教育公平，保障人民群众享有接受良好教育的机会；深化教育改革，全面推进中国特色社会主义教育的制度创新等一系列手段，努力挖掘受教育者的潜能，致使人力资源开发取得了显著成效。但是，就目前而言，人力开发仍然受到多种因素制约，主要表现为基础教育阶段，以知识教育为导向，素质养成培育不足，个性化发展受限。对此，教育开发人力有必要进一步根据不同成长阶段受教育者的具体特点，提供个性化的教育，努力实现以人为本的教育理念和个性化人力开发教育工作目标。

培育人才的教育价值，在于"通过特定的培养目标和人才规格，运用特定的教育管理体系和相应的教育教学方式方法，引导激发受教育者成为各行各业具有创造力和创新力的高层次人才，使其从现代劳动人通过接受教育转变为现代知识人的目标和过程"[1]。推进培育人才的教育目标全面融入中国特色社会主义教育事业，围绕德智体美劳全面发展的人才培育目标系统整合育人要素与环节，有机统筹学科体系、教学体系、教材体系、管理体系，有助于学生获得全面的培养与磨砺。

2. 深化教育改革创新，激发社会发展驱动力量

完善人格、开发人力、培育人才的教育价值，除了在个体发展层面有利于个体价值的强化之外，而且在社会发展层面有助于满足社会发展对各方面人才的需要。当前，我国教育的环境、资源、技术条件、教育对象、教育途径、教学方法正在发生深刻变革，完善人格、开发人力、培育人才作为新时代"五人"教育工作目标的重要组成部分，必将被赋予新的时代内涵。大力培养当前国家亟须的创新型、复合型、应用型人才，是新时代中国教育工作担负的历史使命与社会责任，有助于激活国民的潜力、能力、智力与发展力，让个体人格完善、人力资源开发、高端人才培养成为民族振兴、国家腾飞的双翼。当前我国比历史上任何一个时期都更接近实现中华民族伟大复兴的宏伟目标，也比历史上任何时期都迫切需要深化教育改革创新，以此赋予社会发展的驱动力量。

完善人格不仅从个人发展的角度看是必然的，从社会发展的角度看也是恰切的。青少年学生是实现中华民族伟大复兴的生力军，其人格的发展与塑造关乎着未来社会的发展。党的十八大以来，我国教育工作取得长足进步，青少年学生的人格情况总体向好。但也要清醒地看到，当今世界处于百年未有之大变局，加之西方社会思潮的渗透，现阶段我国青少年存在的人格问题仍较为突出，表现为部

---

① 黄兴胜、黄少成：《深刻把握新时代党的教育工作目标的内涵特征与实践路向》，载于《国家教育行政学院学报》2018 年第 12 期，第 3 ~ 9 页。

分学生政治意识淡漠、部分学生道德素质水平较低、部分学生心理素质较差、部分学生社会人格不健全、部分学生法律观念不牢固等，在认知层面和行动层面与预期水平存在一定差距。通过教育完善人格，引导学生将个人价值实现与社会价值紧密结合，是新时代教育工作初心使命的具体展开。

党的十七大报告强调"优先发展教育、建设人力资源强国"①，正式提出建设人力资源强国的战略思想。《国家中长期教育改革和发展规划纲要（2010－2020年）》指出："人力资源是我国经济社会发展的第一资源，教育是开发人力资源的主要途径。"② 人力资源是国家竞争力和社会发展的第一资源，加快教育事业发展，是全面提高人口素质，把人口优势转换为人力资源优势的根本途径。但是，就开发人力而言，我国作为世界人口大国，对人力资源的开发和优化还远远不够，人力资源开发进程中存在的不平衡不充分矛盾依然突出。现阶段，尤其对于走出校门的社会劳动者的人力开发意识还不强、制度体系还不健全。人口转化为优质人力依然是教育工作需着力解决的问题，我们仍然面临着向人力资源强国进军的迫切任务，这就对新时代通过教育开发人力提出了新要求，即各级学校遵循教育规律和受教育者的身心发展规律，为不同层次、不同类型的受教育者提供适合的教育，实现人力的充分开发。

培育人才是人的发展和社会发展的统一，是教育工作的本质要求。党的十八大以来，以习近平同志为核心的党中央多次强调要坚定实施人才强国战略，对人才工作提出一系列新要求新任务新部署，形成了一个科学的、完整的国家人才战略体系。党的二十大报告强调："我们要坚持教育优先发展、科技自立自强、人才引领驱动，加快建设教育强国、科技强国、人才强国，坚持为党育人、为国育才，全面提高人才自主培养质量，着力造就拔尖创新人才，聚天下英才而用之。"③ 作为一项国家层面的宏观战略，人才强国主要包括两方面的基本含义：一是以人才强国，即加大对人力资源的开发力度，充分发挥人才的作用，使我国由人力资源大国转变为人才资源强国，通过提高人才的竞争能力来提高国家的综合国力；二是建人才强国，即创新机制体制，加强人才队伍建设，认真做好培养、吸引、使用人才的宏观安排。简言之，"实现'人口红利'向'人才红利'的顺利跨越，人才质量是关键，教育的基础性、先导性、全局性地位明显"④。

---

① 胡锦涛：《高举中国特色社会主义伟大旗帜　为夺取全面建设小康社会新胜利而奋斗——在中国共产党第十七次全国代表大会上的报告》，人民出版社2007年版，第37页。

② 《国家中长期教育改革和发展规划纲要（2010－2020年）》，人民出版社2010年版，第13页。

③ 习近平：《高举中国特色社会主义伟大旗帜　为全面建设社会主义现代化国家而团结奋斗——在中国共产党第二十次全国代表大会上的报告》，人民出版社2022年版，第33～34页。

④ 施久铭：《以提升质量为抓手，夯实人才强国之基——党的十八大以来基础教育质量提升成就述评》，载于《人民教育》2017年第18期，第53～58页。

近年来，随着教育事业的飞速发展，我国人才总供给能力显著增强，但人才培养类型结构、学科专业结构和知识能力结构等结构性问题突出，无法完全满足经济社会转型升级的要求，主要表现在学生培养类型单一，学科建设趋同，具有破"瓶颈"创新能力的高端人才稀缺，应用型高级技术人才供给不足，人才供给与市场需求错位，无法满足社会用人需求。就培育人才而言，人才供给的结构性矛盾与问题仍迫在眉睫。这就要求教育工作按照党的教育方针，依据人人渴望成才、人人努力成才、人人皆可成才、人人尽展其才的教育愿景，探索和遵循教育规律、人才成长规律，教育引导学生培养综合能力，培养创新思维，鼓励学生善于奇思妙想并努力实践，培养具有核心竞争力的高端人才和勇于创新创业的建设者，以创造之教育培养创造之人才，以创造之人才造就创新之国家。

3. 落实人才强国战略，彰显综合国力竞争优势

2013 年，习近平出席欧美同学会成立 100 周年庆祝大会时指出："综合国力竞争说到底是人才竞争。人才资源作为经济社会发展第一资源的特征和作用更加明显，人才竞争已经成为综合国力竞争的核心"[1]，这一判断既揭示了中国开启伟大征程仍存在人才供给不足的矛盾，也彰显出求贤若渴的强烈愿望。综合国力是一个主权国家生存与发展所拥有的实力，包括经济实力、科技实力、国防实力、民族凝聚力在内的物质力、精神力，以及对国际的影响力。从国际形势看，当今世界新一轮科技革命和产业变革蓄势待发，一批现代技术深刻改变着人类的思维、生产、生活和学习方式，国际竞争日趋激烈。在知识创新、科技创新、产业创新不断加速的新时代条件下，人力资源越来越成为提高国际竞争力的决定性因素，科技、教育、人才竞争在综合国力竞争中的重要性日益凸显，人才培养与争夺成为焦点。无论是硬实力还是软实力，归根到底都要依靠人才实力，依靠人才推动科技革命及产业变革形成巨大创造力，在高端芯片、开发平台、基本算法、基础元器件、基础材料等目前"瓶颈"依然突出的领域取得科技创新发展主动权，实现关键核心技术自主可控，从而在综合国力竞争中形成强大的竞争优势。从国内发展形势来看，我国正处于实现中华民族伟大复兴的关键时期，统筹推进"五位一体"总体布局和协调推进"四个全面"战略布局离不开人才的有力支撑，归根到底要靠人才、靠教育。党的二十大擘画了全面建设社会主义现代化国家、以中国式现代化全面推进中华民族伟大复兴的宏伟蓝图，吹响了奋进新征程的时代号角。坚定不移地推进人才强国战略，是实现社会主义现代化灿烂前景的必然要求。

教育是面向未来的事业。未雨绸缪、居安思危，是教育应有的品质。习近平

---

① 中共中央文献研究室：《习近平关于科技创新论述摘编》，中央文献出版社 2016 年版，第 112 页。

总书记指出："当今世界，新一轮科技革命和产业变革深入发展，围绕高素质人才和科技制高点的国际竞争空前激烈。我国在建设教育强国上仍存在不少差距、短板和弱项，实现从教育大国向教育强国的跨越依然任重道远。"① 可以预见的是，新时代对人的发展要求会更加全面，这就对新时代教育工作完善人格、开发人力、培育人才提出了更高要求。结合时代发展要求和学生成长成才规律，通过教育工作完善人格、开发人力、培育人才，以个体健全的政治人格、社会人格、道德人格、生态人格等养成为基础，以人力资源的能力建设为重点，调整国家战略重点布局，重新规划人才培养规格目标，实现从教育者为主体到以学习者为主体的转变，大力提升教育质量，全面培育人才，激发学生好奇心、想象力，培养创新思维。在此基础上，完成推进人才结构的战略性调整、培养造就优秀创新人才、营造人才创新创业良好氛围等任务，为我国在日益激烈的综合国力竞争中彰显战略优势提供人才支撑。

综上所述，完善人格、开发人力和培育人才的分级目标正是从国家战略层面进一步拓展了教育工作目标具体实施的策略。通过不断开发受教育者个体潜在的才能和价值，增长才干与见识，使受教育者成为国家建设与发展所需要的人才，实现教育在完善人格、开发人力和培养人才层面的目标，为造福人民逻辑目标的实现奠定了现实基础。

三、造福人民——教育工作目标的逻辑实现

逻辑实现是逻辑体系的指向和目的，亦即价值旨归。教育工作目标的逻辑旨归，主要表现为造福人民。造福人民，是指通过教育培育出兼具道德品行与才智能力的社会主义建设者，形成更和谐有序的社会，最终造福于每位社会成员。造福人民从党和国家事业发展的全局高度出发，将教育工作与人民的福祉紧密结合，突出了以人民为中心发展教育的核心理念，科学回应了"为谁培养人"的问题，是实现人的全面发展和社会全面进步的必由之路，体现了新时代教育工作的终极使命和价值旨归。

（一）造福人民作为逻辑实现的依据

1. 坚持马克思主义根本立场的必然要求

马克思唯物史观认为，人民群众是历史的创造者，是社会变革的决定力量，是社会历史的主体，"人的解放""人的利益""人的全面发展"是共产主义的最

---

① 习近平：《扎实推动教育强国建设》，载于《求是》2023 年第 18 期，第 4~9 页。

终价值取向。坚持以教育工作造福人民为价值旨归，努力办好人民满意的教育，发挥教育服务人民、造福人民的重要功能，反映着马克思主义教育思想的根本立场。第一，体现了马克思主义对教育本质属性的深刻认识。阶级性是教育的本质属性，占统治地位的社会关系直接决定着教育的领导权和受教育权，决定着为谁办教育、办什么样的教育，即决定着教育究竟为谁服务的问题。正如马克思所指出的："共产党人并没有发明社会对教育的作用；他们仅仅是要改变这种作用的性质，要使教育摆脱统治阶级的影响。"① 无产阶级取得政权之后，真正确立起教育的人民性立场，使教育最终成为造福人民的手段。第二，彰显着马克思主义教育价值观的鲜明人民性。教育的价值问题是回答"教育为了谁"的问题。通过教育动员无产阶级与一切不合理的制度作现实的斗争，从而赢得自身的解放和整个人类的解放，是马克思的教育价值观，体现出鲜明的人民性和彻底的革命性。马克思主义基于人民的根本立场，为人民自身的思想解放、政治解放和劳动解放创造前提条件，旨在通过教育与生产劳动的结合实现人的自由而全面的发展。以马克思主义的教育思想为指导，从教育工作造福人民视角观之，要实现教育的社会价值与个体价值的融合统一、理论价值与实践价值的耦合发展，将教育的人民性价值作为推进教育工作目标落实落细的根本依据，把现实的社会的人作为处理教育工作一切问题的逻辑起点，从人的需要出发，以人的终身发展为落脚点，最终实现造福人民的终极价值追求。

2. 中国共产党坚持以人民为中心的深刻彰显

习近平指出："我们党的百年历史，就是一部践行党的初心使命的历史，就是一部党与人民心连心、同呼吸、共命运的历史。"② 一百多年来，中国共产党坚持一切从实际出发，着眼不同历史时期人民群众最关心、最直接、最现实的利益问题，始终将最广大人民群众的利益作为价值追求。党的二十大报告中明确指出："坚持以人民为中心发展教育，加快建设高质量教育体系，发展素质教育，促进教育公平。"③ 围绕着"为谁培养人"这一问题，深刻阐释了新时代中国特色社会主义教育造福人民的内在要义。新时代"五人"教育工作目标体现了自新中国成立以来关于教育工作的基本经验，是执政为民、坚持以人民为中心的政治立场在教育工作中的具体体现和生动实践。坚持以人民为中心发展教育是新时代中国教育改革和发展的根本遵循，造福人民是中国特色社会主义教育的出发点，办好人民满意的教育是中国特色社会主义教育的落脚点，体现了中国共产党全心

① 《马克思恩格斯选集》第 1 卷，人民出版社 2012 年版，第 418 页。
② 习近平：《在党史学习教育动员大会上的讲话》，人民出版社 2021 年版，第 15 页。
③ 习近平：《高举中国特色社会主义伟大旗帜　为全面建设社会主义现代化国家而团结奋斗——在中国共产党第二十次全国代表大会上的报告》，人民出版社 2022 年版，第 34 页。

全意为人民服务的根本宗旨和实践厚度。造福人民的教育工作目标与共产党的奋斗目标方向一致、一脉相承，既体现着党的性质、为人民服务的宗旨、以人民为中心的发展思想，更彰显着共产党人的初心和使命，是不忘初心、牢记使命在教育层面的彰显。

3. 中国特色社会主义事业的本质属性

在培养什么人、怎样培养人、为谁培养人这一根本问题中，为谁培养人是最终价值目标，亦即教育的根本价值所在。习近平总书记在庆祝中国共产党成立100周年大会上指出："中国共产党一经诞生，就把为中国人民谋幸福、为中华民族谋复兴确立为自己的初心使命。"① 通过教育造福人民，与中国共产党的初心使命一脉相承，与实现中华民族伟大复兴中国梦的价值追求密不可分。中国共产党成立100多年来，先后经历了"为中华民族的觉醒培养人、为中华民族站起来培养人、为中华民族富起来培养人、为中华民族强起来培养人以及为中华民族伟大复兴培养人"② 五个阶段。在这五个阶段中，虽然党对教育地位的认识和实践有所不同，在"为谁培养人"这一问题回答上呈现出为当时历史条件下党的根本任务服务的阶段性，但在重视教育方面表现出高度的一致性。立足"为谁培养人"这一根本问题的回答，习近平强调"教育是民族振兴、社会进步的重要基石，是功在当代、利在千秋的德政工程，对提高人民综合素质、促进人的全面发展、增强中华民族创新创造活力、实现中华民族伟大复兴具有决定性意义"③，将教育提高到事关党和国家事业全局的位置。在依次通过教育凝聚人心的科学理念，为新时代教育工作指明前进方向；通过完善人格、开发人力、培育人才的具体实践，为新时代教育工作奠定现实基础之后，教育目标必须着眼于其价值追求，做到依靠人民、服务人民和造福人民，彰显了中国特色社会主义教育事业的本质属性。

（二）造福人民作为逻辑实现的作用

1. 夯实以人民为中心的教育根本立场

教育是人民的事业，倾听人民呼声、集成人民智慧、回应人民需求是做大做强中国教育的切入点。办好人民满意的教育是中国特色社会主义教育事业的价值追求，其关键在于要坚持人民主体地位和维护人民根本利益。为此，要坚持维护人民根本利益推动教育，推进教育事业发展成果更多、更公平惠及人

---

① 《在庆祝中国共产党成立100周年大会上的讲话》，载于《人民日报》2021年7月2日。

② 王明建：《"为谁培养人"——中国共产党百年教育地位溯源》，载于《河北师范大学学报》（教育科学版）2021年第3期，第8～16页。

③ 习近平：《思政课是落实立德树人根本任务的关键课程》，人民出版社2022年版，第1～2页。

民，以教育公平促进社会公平正义，提高人民对教育工作的获得感、幸福感、安全感，始终做到教育发展为了人民，教育发展依靠人民，教育发展成果由人民共享，不断维护人民的根本利益，严守人民至上的利益导向，创造人民群众所期待的美好生活。我国教育工作的价值取向正是基于个体的人格发展，充分发挥教育对人力资源培养和国家发展的基础性作用，形成了个人、家庭、社会、国家、民族等多元价值统一的教育价值取向，有利于进一步凝聚力量，服务最广大的人民群众。以造福人民为价值旨归，通过教育工作造福人民，在发展中国特色社会主义教育事业中积极倾听人民呼声，调查了解人民反映的教育问题和教育现状，把人民对教育是否拥护、是否赞成、是否有获得感作为衡量推进中国特色社会主义教育事业发展的根本标准，是社会主义教育坚持以人民为中心的价值彰显。

2. 营造积极向上的社会氛围

当前，在我国教育工作长足发展的同时，一些功利主义教育价值倾向，如应试主义、指标主义、精英主义等悄然阻碍了教育工作的健康开展，成为教育工作改进的社会障碍。就造福人民的实现而言，当前教育工作还存在一定的问题。例如，在教育公平方面，教育布局不平衡、发展不充分的矛盾仍然突出，学前教育、研究生教育、终身教育等有效供给不足，高考的公平性争议等问题层出不穷。在教育成果方面，满足学生个性化和多样化发展的教育探索和实践还不足；促进学生全面发展的优质教育问题仍没有得到很好解决，片面追求升学而阻滞学生全面发展的现象屡见不鲜；所培养毕业生步入社会还需要再进行职业培训才能胜任工作岗位；科技成果也存在不能及时转化的问题。在学校师生参与造福人民的社会实践方面，高校师生参与社会科技合作、担任扶贫工作驻村干部等，取得了一定成绩，但师生的参与度低，在实践中造福人民的成效还有待提高，等等。受教育者造福人民的决心还不够强、教育事业造福人民的力度还不够大的情况相对制约了教育理应起到的社会效应，这就迫切需要进一步提升教育工作造福人民的彰显度，消除国民对教育工作目标认识上的偏见，纠正当前社会的功利主义教育价值倾向，构建良好教育生态，为教育工作营造积极、正向、健康的社会氛围。

3. 培养担当民族复兴大任的时代新人

新时代中国特色社会主义教育不仅具有传播知识、传播思想、传播真理的基础功能，更肩负着培养出为人民服务、为巩固和发展中国特色社会主义制度服务的使命，旨在引导青少年投身中国特色社会主义建设事业，担负起中国人民的教育强国、富民兴邦之梦，促使他们真正成长为合格的社会主义建设者与接班人，成为担当民族复兴大任的时代新人。把每个社会个体都培养成为具有家国情怀、民族意识、国家观念的公民，增强每个学生的国家认同感、国家归属感、国民身份感，是新时代我国教育工作的历史担当，也是坚持教育工作造福人民的必然要求。福民教育承载着亿万中国人的中国梦、教育梦、改革梦，能否让人民真正从教育改革中受益是判定当代中国改革成效的一条准绳，积极创建人民满意的教育体制、教育服务、教育形态是新时代赋予中国教育改革者的神圣使命。通过教育扶贫、职业教育、素质教育等一系列措施，推进教育公平与教育现代化，在理念上让人民明确教育红利属于人民，接受教育、追求幸福是公民的基本权利；在具体实践中加强教育规划，调整教育结构，加大教育投入力度，让人民真正感受到教育的公平、普惠、均衡发展，最大限度满足人民群众对优质教育资源的需求，以更加现代化的教育模式、更为开放共享的教育体系，造福每个社会成员，有助于使得教育以更公平、更多元的方式开展，真正将学生培养为能够立大志、明大德、成大才、担大任的时代新人。

综上所述，凝聚人心、完善人格、开发人力、培育人才、造福人民的五个分项教育目标是有机联系的统一体，共同构成新时代"五人"教育工作目标体系。首先，凝聚人心是新时代"五人"教育工作目标体系的逻辑起点，深刻彰显中国特色社会主义教育事业的深层理念，鲜明地标示了我国教育的社会主义性质。通过接受现代化教育，受教育者在教育者的引导和帮助下塑造正确的道德观念和价值观念，形成正确的世界观、人生观、价值观，达到情感意志的凝聚，实现凝聚人心目标，使受教育者真正成为有情感、有道义的社会主义建设者和接班人。其次，完善人格、开发人力、培育人才是新时代"五人"教育工作目标体系的逻辑展开，是教育工作目标实现的关键环节。当作为社会个体的受教育者通过教育形成了集体意识、国家观念之后，教育工作所关注的核心目标上升为完善人格、开发人力、培育人才的实践层面，即如何进一步培养具有完整性、创造力和创新力的人。通过不同层次、不同类型的针对性教育，不断完善受教育者的心理和情感，开发受教育者潜在的才能和价值，增长受教育者的才干与见识，使其成为国家发展过程中的重要人才资源，实现教育在完善人格、开发人力、培养人才层面的目标，进而通过个人价值的实现，造福更多的社会成员。最后，造福人民在新时代"五人"教育工作目标系统性架构中扮演着逻辑实现的角色，是凝聚人心、完善人格、开发人力、培养人才实现之后的终极目标，突出了以人民为中心发展教育的核心理念，科学回应了"为谁培养人"的问题，是实现人的全面发展和社会全面进步的必由之路，其他几项目标是造福人民这一目标实现的基础和保障。三个层面相互作用，形成一个相对完整的新时代我国教育工作的内在逻辑链条。

第二节　教育工作目标的创新发展

　　教育的发展，植根于时代发展需求之中，植根于社会与人发展的时代诉求之中。新时代是一个理论创新的时代。站在新时代坚持和发展中国特色社会主义的战略高度，以习近平同志为核心的党中央多次对教育工作作出重要部署，形成了一系列极具创新性和建设性的理论成果。"五人"教育工作目标是中国共产党在科学认识中国特色社会主义教育规律的基础上确立的党的教育工作目标，是新时代党关于教育论述的理论创新，反映了新时代中国特色社会主义教育工作的理论旨向。基于对习近平关于教育系列重要论述的系统厘清，深入全面地掌握新时代党的教育工作目标的创新之维、理论旨向和时代坐标，以期推动观念的更新、理论的进步，在世界格局和时代大潮中准确探寻教育工作的合理定位，把准教育实践路向、推进教育工作目标落细落实、推动教育事业蓬勃发展。

一、教育工作目标的理论创新

　　理解新时代教育工作目标的理论创新，首先要聚焦"五人"教育工作目标，从理论本身理解和把握创新。"五人"教育工作目标是直面社会现实问题的时代产物，其本身就是一种理论创新，具有鲜明的时代色彩和独特的中国品格。"五人"教育工作目标的理论创新体现在以下多个维度。

（一）结构上构建了以"人"为支撑的全方位目标体系

　　新时代党的教育工作目标以"人"为核心进行架构，从国家、社会、个人三个角度延伸出了五个具体化的育人工作目标。"五人"教育工作目标的核心是"人"，将"人"字作为教育工作目标表述的主题词，具体表述为人心、人格、人力、人才、人民，其中心词都是"人"字，涵盖了一切发展阶段、一切社会层次的中国人，成为全国各级各类教育工作的目标指向。此乃党中央"以人民为中心"发展思想在教育领域的生动体现，深刻展示着党中央坚定的人民立场和深切的人民情怀。以人民为中心、办好人民满意的教育是新时代中国特色社会主义教育事业的根本出发点和落脚点。教育经由培养"人"的工作能够释放巨大的价值，既有个体生命价值、自我价值实现的个人层面的价值追求，又有为党育人、为国育才的国家层面的价值追求以及造福人民、奉献社会的社会层面的价值追求。概言之，人是个体人、社会人与国家人的"三位一体"，是当代人的丰富形象的合成。人的个体性是其社会性存在的物质基础，人的社会性是人的属性的根本内核，而人的国家性则是人的社会性的历史表现与自然延伸。基于此，形成了层次清晰的"五人"教育工作目标体系，彰显了教育的全方位目标追求。凝聚人心、完善人格主要体现了教育的人本使命和个体性目标，开发人力、培育人才主要彰显了教育的社会使命和工具性目标，造福人民主要表征了教育的国家使命和服务性目标。国家、社会、个人"三位一体"的教育要求分别内蕴着教育的个体完善目标、变革社会目标和服务国家目标。

结合这一分析，"五人"教育工作目标实质上是在三个层面上讲的：其一，在个体性层面。每个人首先是一个自然意义上的个体，个体是构成社会的分子与单元，个人是个体的社会化存在形态。承认个体人的存在，尊重每个个体的独特性，为每个社会个体提供自由施展的平台，促使其充分释放自我的潜能动能，是教育事业的基本功能。其二，在社会性层面。人与社会之间是奉献与索取、付出与回报的营生关系，二者间须臾不可分离。为此，人必须不断发掘、培育、夯实自己作用于社会的能量与力量，以获得向社会索取生存发展资源的资格。教育工作必须通过改变人的素质来参与社会、影响社会、改变社会，人力开发教育与拔尖人才培育就成为教育工作释放其社会助推功能、推进社会生产力发展的必经之途。其三，在国家性层面。当代中国教育必须教给学生"为天地立心，为生民立命，为往圣继绝学，为万世开太平"的爱国主义、家国情怀、国家意识，必须激发学生"先天下之忧而忧，后天下之乐而乐"的奉献精神，担负起富国强民的历史责任，不辜负中国人民的期望与重托，真正成为新时代中国强国梦的担当者与践行者。教育工作应该引导学习者造福人民、造福国家，让国家成为国人生存的精神家园，成为社会发展的坚实平台。

（二）内容上集合了教育工作重要论述的时代创新

教育是一个历史范畴，有一脉相承的价值标准，也有在不同时代的社会文化中生成的新内容。聚焦"五人"框架下习近平关于教育工作的重要论述，从其新时代的创新理论中理解"五人"教育工作目标的具体内容和党对教育工作战略安排的深刻意蕴。

1. 凝聚人心层面

习近平创造性地提出"大思政""课程思政"等新理念，从原则、内容、队伍、形式、渠道等方面形成了一整套的理论体系，为凝聚人心工作提供了重要的落实对策和方法指导。针对用什么凝聚人心这一问题，习近平指出："我们要加强文化领域制度建设，举旗帜、聚民心、育新人、兴文化、展形象，积极培育和践行社会主义核心价值观，推动中华优秀传统文化创造性转化、创新性发展，传承革命文化、发展先进文化，努力创造光耀时代、光耀世界的中华文化。"① 以习近平同志为核心的党中央对文化建设的高度重视形成了以文育人的良好风尚，为维系中华民族团结奋进的精神纽带、凝聚人心创造了有利的文化氛围。

2. 完善人格层面

教育完善人格方面，由单一的个体性心理人格，扩展为个体性、社会性与国家性相统一的完整人格，在完善的标准、手段上都有了新的突破。2019 年，习近平在学校思想政治理论课教师座谈会上强调："亲其师，才能信其道。思政课教师要有堂堂正正的人格，用高尚的人格感染学生、赢得学生。要有学识魅力，用真理的力量感召学生，以深厚的理论功底赢得学生。"② 可见，习近平十分重视人格的培养。心理健康是人格的重要维度，习近平高度重视心理健康教育工作。在党的十九大报告中，习近平明确提出要"加强社会心理服务体系建设，培育自尊自信、理性平和、积极向上的社会心态"③。2021 年教育部印发《生命安全与健康教育进中小学课程教育指南》等政策文件，也反映出国家对青少年心理健康和完善人格的关切。新时代教育对人格的关注不再局限于心理人格，还包括了道德人格、文化人格、政治人格、社会人格、生态人格等，对人格的认识更加立体、全面，体现了教育对新时代"五位一体"总体布局的适应性调整。

3. 开发人力、培育人才层面

人力的开发和人才的培育形成了"一体两翼"。国以才立，政以才治，业以才兴。当今世界，人力、人才是最有潜力、最可依靠的资源。从民族振兴观之，中华民族伟大复兴中国梦的实现，归根到底靠人才、靠教育；从世界竞争视之，当今世界的竞争是科技的竞争，归根结底是人才的竞争，拥有高质量的创新人才是在日趋激烈的国际竞争中取胜的关键之所在。习近平指出："人才是创新的根基，创新驱动实质上是人才驱动，谁拥有一流的创新人才，谁就拥有了科技创新的优势和主导权。"④ 党的十九大报告对人才的定位作出了精准阐释："人才是实现民族振兴、赢得国际竞争主动的战略资源。"⑤ 党的二十大报告指出："教育、科技、人才是全面建设社会主义现代化国家的基础性、战略性支撑。必须坚持科技是第一生产力、人才是第一资源、创新是第一动力，深入实施科教兴国战略、

① 习近平：《在庆祝改革开放 40 周年大会上的讲话》，人民出版社 2018 年版，第 30 页。

② 习近平：《思政课是落实立德树人根本任务的关键课程》，人民出版社 2020 年版，第 16 页。

③ 习近平：《决胜全面建成小康社会　夺取新时代中国特色社会主义伟大胜利——在中国共产党第十九次全国代表大会上的报告》，人民出版社 2017 年版，第 49 页。

④ 习近平：《习近平关于科技创新论述摘编》，人民出版社 2016 年版，第 122 页。

⑤ 习近平：《决胜全面建成小康社会　夺取新时代中国特色社会主义伟大胜利——在中国共产党第十九次全国代表大会上的报告》，人民出版社 2017 年版，第 64 页。

人才强国战略、创新驱动发展战略，开辟发展新领域新赛道，不断塑造发展新动能新优势。"① 新时代培育人才的教育目标是时代要求在教育场域的重要体现，而人才培育的基础是人力资源的开发。职业教育是国民教育体系和人力资源开发的重要组成部分，无论是服务就业、改善民生，还是提高劳动者素质、适应产业升级等，职业教育都发挥着重要作用。教育开发人力需要职业教育质量的提升，还体现在通过教育激发人的潜能、使人们能够正确认识自己、定位自己，找到自己出彩的舞台、实现人生的价值。

4. 造福人民层面

新时代教育工作目标的本土化、中国化逻辑明显，推进教育不断同党和国家事业发展要求相适应、同人民群众期待相契合、同我国综合国力和国际地位相匹配。新时代我国教育工作必须牢记"四个坚持"，即坚持社会主义办学方向、坚持扎根中国大地办教育、坚持以人民为中心发展教育、坚持把服务中华民族伟大复兴作为教育的重要使命。具体而言，在教育发展上，加快补齐教育短板，学前教育更加规范、基础教育更加均衡、职业教育更具特色、高等教育更高水平、其他各类教育更加完善。教育工作基本满足了人民群众的受教育需求。同时，教育工作持续促进社会公平取得实质性进展，使贫困地区学生和困难群体享受到同等优质教育资源，保障人人都享有公平接受高品质教育的权利，促进实现教育优质均衡发展，进一步缩小教育区域差距。

（三）规律上契合了教育规律和人的全面发展需要

1. 教育工作目标体现了"五位一体"的教育思维

在立德树人根本任务和培养时代新人目标的统领下，习近平强调教育工作目标的整体性、全面性与科学性，秉承"五位一体"的整体教育思维，赋予新时代教育工作目标以科学先进的思维逻辑。所谓"人心"，就是个人的理想信念、价值理念、道德观念，是国家和民族的凝聚力、向心力的本源，凝聚人心对于"人"的研究侧重点不在于个体形态层面，而在于社会群体形态层面。凝聚人心最显著的功能特征就是在政治层面形成政治共识、体现教育的"四个服务"功能。所谓"人格"，就是人的精神面貌、心理气质、品格特质，是人在立身处世中呈现出来的心理倾向与特征。完善人格，既指动态的通过教育使人从片面性人格走向全面性人格的过程，亦指静态的作为教育工作目标的完善的人格的规定性。完善的人格，既要求心理人格的健全，这是健全人格的身心基础，也要求道

---

① 习近平：《高举中国特色社会主义伟大旗帜 为全面建设社会主义现代化国家而团结奋斗——在中国共产党第二十次全国代表大会上的报告》，人民出版社 2022 年版，第 33 页。

德人格、文化人格、政治人格、社会人格、生态人格等的健全。所谓"人力"，就是人的智力、体力、能力、潜力、创造力、自我发展力的合成与汇集，是推动社会进步、国家富强、民族振兴的驱动力，教育在推进人的改造自我、改造社会、改造自然界的社会实践中开发其潜能、培育其才能，通过增能教育，充分挖掘和培养人的经济生产与科技创新价值。人才，主要指具有一定的专业知识或专门技能，进行创造性劳动并对社会作出贡献的人，是人力资源中能力和素质较高的劳动者。人才资源作为国家"第一资源"的重要性日益凸显。人民，指一切赞成、拥护和参加社会主义革命和建设的阶级、阶层和社会集团的全部社会成员。造福人民，是指通过办人民满意的教育，满足人民群众对美好幸福生活的殷切期待，进而实现全国各族人民实现中华民族伟大复兴的共同目标。人心、人格、人力、人才、人民在推动民族复兴大业上融为一体，共同服务于国家核心竞争力的形成。人心和睦夯实国民的共同价值力，人格完善提升国民的综合素质力，人力开发形成国家的现实发展力，人才培育打造国家的创新发展力，人民造福诠释国家的发展本质。五种力量在中国特色社会主义教育事业中的聚合与汇流，必然从根本上重塑新时代中国的世界影响力与国家竞争力。

2. 教育工作目标是马克思人学命题的中国化适用

"五人"教育工作目标是马克思人学命题的中国化适用，蕴含鲜明的马克思主义人学立场，满足了人的自由全面发展的需要。基于对未来社会主义社会的本质规定，马克思、恩格斯提出："代替那存在着阶级和阶级对立的资产阶级旧社会的，将是这样一个联合体，在那里，每个人的自由发展是一切人的自由发展的条件。"[①] 人的自由全面发展是社会主义的本质，这就决定了社会主义教育以育人为本位的发展路径，致力于促进人的自由全面发展。马克思主义人学理论认为，人的全面发展包括需要的充分满足、能力的充分发挥、个性的全面开发以及社会关系的全面发展。

（四）教育发展历史上实现了教育本质从工具价值向人本价值的回归

教育工作目标必然承载着特定的历史过程和历史内容。审视教育工作目标演进的历史坐标轴，可见"五人"教育工作目标的设定，实现了教育本质从工具价值向人本价值的回归。育人是教育最本质也是最重要的功能，忽视育人而过分夸大教育的其他功能是典型的本末倒置、舍本逐末。以"人"为核心架构起教育工作目标，鲜明彰显了教育的时代指向和人的价值关怀，这是从历史的经验教训反思中得出的宝贵的历史结论。教育工作人本价值理念，是相对于教育把人仅仅看

---

① 马克思、恩格斯：《共产党宣言》，人民出版社 2014 年版，第 51 页。

成工具而言的。中国共产党这里的人本，既有教育要服务于广大人民大众之人本意蕴，亦有教育要服务于受教育者，实现受教育者顺利完成社会化进程之人本意蕴。

改革开放以来，伴随着对教育本质的探索和实践，党和国家对教育工作的认识从过去工具价值的禁锢中逐步解放出来，教育为社会主义建设服务的定位愈加明确，教育的育人本质逐渐凸显。改革开放初期是教育发展的重大转折期，教育领域的混乱现象亟须整顿，国家对人才的紧迫需要与人才的青黄不接的突出矛盾亟待解决，教育肩负起培养科学技术人才的使命。邓小平在 1978 年全国教育工作会议上提出："我们要大力在青少年中提倡勤奋学习、遵守纪律、热爱劳动、助人为乐、艰苦奋斗、英勇对敌的革命风尚，把青少年培养成为忠于社会主义祖国、忠于无产阶级革命事业、忠于马克思列宁主义毛泽东思想的优秀人才，将来走上工作岗位，成为有很高的政治责任心和集体主义精神，有坚定的革命思想和实事求是、群众路线的工作作风，严守纪律，专心致志地为人民积极工作的劳动者。"[1] 1980 年，邓小平首次提出培养有理想、有道德、有知识、有体力的"四有"新人的目标。1983 年，邓小平进一步提出"教育要面向现代化，面向世界，面向未来"[2]。1995 年，《中华人民共和国教育法》规定"教育必须为社会主义现代化建设服务，必须与生产劳动相结合，培养德、智、体等方面全面发展的社会主义事业的建设者和接班人"。1999 年，江泽民在第三次全国教育工作会议上指出："我们必须全面贯彻党的教育方针，坚持教育为社会主义现代化建设服务、为人民服务，坚持教育与社会实践相结合，以提高国民素质为根本宗旨，以培养学生的创新精神和实践能力为重点，努力造就有理想、有道德、有文化、有纪律的，德育、智育、体育、美育等全面发展的社会主义事业建设者和接班人"[3]，在德、智、体的基础上加入"美育"。2007 年，党的十七大报告指出："要全面贯彻党的教育方针，坚持育人为本、德育为先，实施素质教育，提高教育现代化水平，培养德智体美全面发展的社会主义建设者和接班人，办好人民满意的教育。"[4] 中国特色社会主义新时代，实现社会主义现代化和中华民族伟大复兴成为把握我国教育发展方向和实践要求的着眼点。2012 年，党的十八大报告指出："要坚持教育优先发展，全面贯彻党的教育方针，坚持教育为社会主义现代化建设服务、为人民服务，把立德树人作为教育的根本任务，培养德智体美全面发展

---

① 《邓小平文选》第二卷，人民出版社 1994 年版，第 106 页。
② 《邓小平文选》第二卷，人民出版社 1994 年版，第 35 页。
③ 《江泽民文选》第二卷，人民出版社 2006 年版，第 332 页。
④ 胡锦涛：《高举中国特色社会主义伟大旗帜　为夺取全面建设小康社会新胜利而奋斗——在中国共产党第十七次全国代表大会上的报告》，人民出版社 2007 年版，第 37 页。

的社会主义建设者和接班人。"[1] 2018 年，习近平在全国教育大会上强调教育是国之大计、党之大计，指出"这次，党中央经过慎重研究，决定把劳动教育纳入社会主义建设者和接班人的要求之中，提出'德智体美劳'的总体要求"[2]。改革开放以来，教育工作的人本价值得以凸显，教育工作更加关注人本身的素质教育和人的自由完整发展，培养什么人、怎样培养人、为谁培养人逐渐上升到了教育根本问题的高度，教育从过去培养国家和社会所需的抽象的"工具"逐渐向培养具体的"人"复归，把人作为活生生的有情有感有生命的人，关注人本身的各方面素质。

（五）发展上转化了中华优秀传统文化中的人本要素

教育工作目标是一个历史性范畴，其具体内容是依据时代的变化而调整变化的。"五人"是新时代教育工作目标的内核，是对中华优秀传统文化中的人本要素的汲取转换。中华优秀传统文化都蕴含着丰富的思想智慧和理论力量，其中的人本要素为教育工作目标注入具有中国特色的智慧和力量。马克思主义一经传入我国，就自然而然地与中华传统文化擦出碰撞的火花，受农耕经济和落后科技等因素影响，中华传统文化在马克思主义传入之前，并未形成去其糟粕的科学性变革，马克思主义辩证唯物主义和历史唯物主义的伟大思想使传统落后思维观念重新焕发理论光辉，充分释放了合理内核的能量。新时代，中华优秀传统文化的智慧在马克思主义的支撑衬托下得以创造性转化和创新性发展，体现在教育工作目标的设定上，具体可见新时代教育工作目标中蕴含着丰富的优秀传统文化色彩。

1. 传统民本思想为凝聚人心提供了强有力的理论支撑

儒家民本思想的核心要义就是顺应民心民意是保证国家安宁的前提，正所谓"君舟民水""得众则得国，失众则失国""夫霸王之所始也，以人为本。本理则国固，本乱则国危""民为邦本，本固邦宁"。中国古代社会治理就已认识到凝聚人心的重要性。人心是最大的政治，它的凝聚或涣散，关乎着政权的存亡、社会的进退、文明的兴衰、百姓的福祸。教育凝聚人心目标的提出是对儒家民本思想的呼应。

2. 传统强调人格尊严等思想观点为完善人格提供了重要依据

第一，传统强调人格尊严等思想观点为完善人格提供了重要依据。如"志不可夺""高尚其事""立天下之正位"的论述充分表达了对保持人格尊严的强调；

---

① 胡锦涛：《坚定不移沿着中国特色社会主义道路前进　为全面建成小康社会而奋斗——在中国共产党第十八次全国代表大会上的报告》，人民出版社 2012 年版，第 35 页。
② 习近平：《论党的宣传思想工作》，中央文献出版社 2020 年版，第 350 页。

"仁""知""知行合一""明德""修身"等主张充分体现了中华传统对修身、锻造人格的重视。第二,传统教育观中也能得到教育要以社会发展为目的开发人力、培育人才的思想启迪。教育在于"化民成俗",建设国家。《学记》云:"玉不琢,不成器;人不学,不知道。是故,古之王者,建国君民,教学为先。"这段话明确说明了人应当学习,教育是建设国家的先手棋,要通过教育培养人才达到国家建设的目的。孙中山提出:"查民国新造,凡有教育,应予提倡,乃足以启文明而速进化"①,乃是站在中华民族立场上考虑教育通过人力人才的培养开启新文明与救亡图存的重要意义。第三,造福人民是对传统"强国富民"思想的赓续传承和创新发展。战国时期荀况通过指出"下贫则上贫,下富则上富"的道理,倡导"裕民"政策。唐太宗汲取前人治国经验教训,提出理国者"务积于人,不在盈其仓库"。古代的富民思想是对"民为邦本"理念的强调,主张爱护百姓,蓄养血气,鼓励农业生产,以达到物质生产的极大丰富,使民富裕,使国强盛。然而,受当时生产力发展状况的制约,当时的主张主要从社会经济发展、物质生产的层面提出利民、富民的措施,较少考量人民的精神富足和幸福。造福人民教育工作目标是对此局限性的补充,是对富民思想的继承和发展,也是对"为天地立心,为生民请命,为往圣继绝学,为万世开太平"和"大同"理想的现代回应与落实。

二、教育工作目标创新发展的理论旨向

理解"五人"教育工作目标的理论创新,要跳出"五人"教育工作目标本身,从更为宏大的视野,跳出教育理解教育。

(一)把准教育工作目标"两个大计"的定位依据

教育工作目标的形成、发展和落实很大程度上取决于时代赋予教育的使命。新时代,把握教育工作目标必须从时代出发,明确教育在新时代的战略定位。习近平在 2018 年全国教育大会明确提出教育是国之大计、党之大计,足以见得新时代党中央对教育战略地位的充分肯定和对教育事业的高度重视。党的十九大报告指出:"党政军民学,东西南北中,党是领导一切的。"② 因此,纳入党的重点工作范围的事,自然是"国之大者"、重中之重。教育国之大计、党之大计的

---

① 《孙中山全集》第九卷,人民出版社 2015 年版,第 42 页。

② 习近平:《决胜全面建成小康社会 夺取新时代中国特色社会主义伟大胜利——在中国共产党第十九次全国代表大会上的报告》,人民出版社 2017 年版,第 64 页。

战略判断是把准新时代教育工作目标的定位依据，研究和落实新时代教育工作目标必须站在党和国家事业发展全局的战略高度。纵观新中国成立以来的教育史，可以清晰地发现，着眼于党和国家事业发展全局来领导和发展教育是我们党历来的传统。教育作为国之大计、党之大计的战略设计更加鲜明地体现了我们党把握教育问题的全局观念和战略高度。

进一步从"两个大计"的具体展开来看，习近平从国家发展、民族振兴以及人类社会进步三个层层递进的方面阐述了教育的重要战略意义。首先，从协调推进"四个全面"战略布局中来看，在全面建成小康社会的决胜阶段把教育扶贫作为打赢脱贫攻坚战的底线任务，"一个贫困家庭的孩子如果能接受职业教育，掌握一技之长，能就业，这一户脱贫就有希望了"[①]；在全面深化改革过程中将教育体制改革作为重要组成部分；在推进全面依法治国过程中强调法制宣传教育的关键作用；在全面从严治党的过程中抓好思想教育这个根本，要坚持不懈强化理论武装，毫不动摇加强党性教育，持之以恒加强道德教育，教育引导广大党员干部筑牢信仰之基础、补足精神之钙、把稳思想之舵。其次，从实现中华民族伟大复兴来看，中华民族伟大复兴中国梦的实现，归根到底靠人才、靠教育，教育是功在当代、利在千秋的德政工程，对实现中华民族伟大复兴具有决定性意义。[②]最后，从整个人类发展和前途命运来看，当今世界的发展和人类的进步离不开教育，教育决定着人类的今天，也决定着人类的未来。对"五人"教育目标的理论研究和实践落实必须站在"两个大计"的高度，站在国家发展、民族振兴和人类社会进步的高度。"两个大计"的战略定位为新时代教育工作目标的有序推进奠定了思想前提和理论基调。

（二）实现教育工作目标"九个坚持"的基本遵循

时代的进步离不开教育持续发展，教育的发展离不开改革创新。大力推进教育体制改革创新是教育事业发展的根本动力。推进教育改革、落实教育工作目标必须从根本上遵循教育改革的发展规律。习近平在 2018 年全国教育大会系统阐释了教育事业的政治性质、根本任务、工作目标等基本问题，形成了"九个坚持"的重要论述。"九个坚持"揭示了新时代中国特色社会主义教育的基本规律，是教育助推实现中华民族伟大复兴的根本遵循。"九个坚持"的提出标志着我们党对教育规律的认识达到了新高度。坚持党对教育事业的全面领导反映了教

---

① 《十八大以来重要文献选编》（下），中央文献出版社 2018 年版，第 42 页。

② 习近平：《坚持中国特色社会主义教育发展道路 培养德智体美劳全面发展的社会主义建设者和接班人》，载于《人民日报》2018 年 9 月 11 日。

育的根本要求和根本保证，教育工作目标的落实离不开党的领导，党的领导为教育工作目标提供了根本遵循。这就意味着要求教育部门和各级各类学校党组织坚决维护党对教育事业的全面领导，增强"四个意识"、坚定"四个自信"，不断推动教育工作目标落细落实。坚持立德树人的根本任务为教育工作目标的落实提供了总体依据和具体思路。习近平指出："人才培养一定是育人和育才相统一的过程，而育人是本。人无德不立，育人的根本在于立德。这是人才培养的辩证法。办学就要尊重这个规律，否则就办不好学。"① 坚持优先发展教育事业体现了教育的基础性、先导性、全局性地位，为教育的发展吹响强劲的冲锋号，为教育工作目标的落实提供了战略性支撑；坚持社会主义办学方向为教育工作目标的落实规定了政治性原则；坚持扎根中国大地办教育不仅为教育工作目标的落实树立了整体自信，还为教育工作目标的落实提供了从实际出发、具体问题具体分析的方法论指导；坚持以人民为中心发展教育体现了教育的价值追求，人民满意是教育的根本尺度，为教育工作目标的落实提供了根本的人民立场；坚持深化教育改革创新为教育工作目标的落实提供了鲜明的导向；坚持教育的重要使命为教育工作目标的落实确立了使命标杆；坚持教师队伍的基础工作揭示了落实教育工作目标的先决条件和重点任务。

（三）践行教育工作目标的"一个五""一个六""两个三"

为落实培养德智体美劳全面发展的社会主义建设者和接班人的任务，习近平从教育学生和教育体系构建等方面提供了具体思路。具体体现在四个方面："五育并举"勾勒了教育学生的蓝图，"六个下功夫"明确了教育学生的总纲，"三全育人"强调了立德树人的机制构建，家庭、学校、社会"三位一体"突出了立德树人的协同体系和合力保障。

首先，"五育并举"的新提法是教育学生的新蓝图，彰显了人的全面发展新内涵和人才培养新要求，其中将劳动教育纳入全面发展和人才培养目标是教育蓝图的重要拓展和整体提升。

其次，"六个下功夫"是对"五育并举"的进一步阐释，也是"五育并举"的出发点、着力点和关键点，即要在坚定理想信念上下功夫、要在厚植爱国主义情怀上下功夫、要在增长知识见识上下功夫、要在培养奋斗精神上下功夫、要在增强综合素质上下功夫，另外，还要树立健康第一的教育理念，坚持以美育人、以文化人，同时要大力弘扬劳动精神。

再次，"三全育人"从教育过程和环节层面强调了教育工作落实的机制构建。

---

① 习近平：《在北京大学师生座谈会上的讲话》，人民出版社 2018 年版，第 7 页。

全员育人、全过程育人、全方位育人构建起了主导机制—内部整合机制—外部协同机制的育人架构。

最后，"三位一体"突出了家庭教育、学校教育、社会教育协同发力的教育要求。"五育并举""六个下功夫""三全育人""三位一体"为教育工作的落实贡献了卓越的"方案书"和"路线图"。"五育并举"和"六个下功夫"从培养人的内在用功，"三全育人"和"三位一体"从体制机制和教育教学场域等外部发力。内外部协同运行为新时代教育工作目标提供了实践维度的总体遵循。凝聚人心、完善人格、开发人力、培育人才、造福人民任何一项目标的实践都要基于德智体美劳全面发展的教育要求，更要在实践中依据"六个下功夫"理念抓住重点和主要矛盾；同时在教育教学过程中要紧抓"三全育人"和"三位一体"的贯彻落实，目标在实践中的细化、落实、评价等始终要围绕"五育并举""六个下功夫""三全育人""三位一体"的宏观维度。在教育工作目标的落实中，在内容上必须把握好突出德育实效—提升智育水平—强化体育锻炼—增强美育熏陶—加强劳动教育—促进学生全面发展的宏观架构，在六个方面下足功夫，在形式上必须做到学校、家庭、协会协同发力，推进全员育人、全过程育人、全方位育人。

（四）评价教育工作目标坚持克服"五唯"的价值导向

教育改革发展至此效果显著，但师德师风风气欠佳、教育评价导向不正、思想政治工作定位不准确等实际问题仍然存在，诸如此类的问题严重影响着教育现代化的推进。因此，必须深化教育体制改革，尤其要注重从根本上扭转不科学的教育评价导向，解决好教育"指挥棒"问题。习近平在全国教育大会上将"唯分数、唯升学、唯文凭、唯论文、唯帽子"称为"顽瘴痼疾"，强调要坚决克服，"这就点出了当前教育弊端的根源，并指明了解决困境的方向"[1]。这也意味着必须从教育评价入手改变教育办学中某些急功近利的做法：一方面，必须坚决克服"五唯"；另一方面，分数、升学、文凭、论文、帽子相互关联，环环相扣，"五不唯"必须并举齐头，不可偏废，"对于教育评价而言，无论分数还是升学，无论文凭、论文还是帽子，都是教育评价的重要因素。但是如果片面强调某一方面，而忽视其他方面，就会陷入'唯分数、唯升学、唯文凭、唯论文、唯帽子'的怪圈，就会造成教育价值观扭曲，就会背离教育的初心"[2]。教育评价新的

---

[1] 顾明远：《新时代教育发展的指导思想——学习习近平总书记在全国教育大会上的讲话》，载于《北京师范大学学报》（社会科学版）2019年第1期，第5~9页。

[2] 何忠国：《坚决克服"五唯"痼疾》，载于《学习时报》2018年9月19日。

"指挥棒"为教育工作目标评价体系的构建提供了标杆，新时代教育工作目标作为新时代教育工作的战略设计，在细化落实的过程中，在整体谋划之初就要参照"五不唯"的标准将"指挥棒"问题搞准确，超前谋划、科学施策，使评价体系真正能够促进教育主体的发展、促成教育工作目标的实现。

三、教育工作目标创新发展的时代坐标

理解"五人"教育工作目标的理论创新，还要从时代现实出发，围绕新时代的阶段性特征，聚焦人民群众的时代关切、教育关切，从新时代教育工作的现实之维出发可以一览目标理论形成和发展的时空境遇。循着新时代思想强教、改革强教、人才强教、法治强教、外交强教相互交织勾勒出的时空图景，旨在为新时代教育改革的顺利推进和教育工作目标的落地生根探寻合理的实践路径。

（一）思想强教需要坚持马克思主义指导地位

马克思主义指导思想是新时代教育工作目标创新发展的思想遵循和方法指导。思想是行动的先导，教育的指导思想关乎教育发展的方向和成效。党的二十大报告指出："马克思主义是我们立党立国、兴党兴国的根本指导思想。实践告诉我们，中国共产党为什么能，中国特色社会主义为什么好，归根到底是马克思主义行，是中国化时代化的马克思主义行。拥有马克思主义科学理论指导是我们党坚定信仰信念、把握历史主动的根本所在。"① 当前我国正面临中华民族伟大复兴战略全局和世界百年未有之大变局，两个大局同步交织、相互激荡，在如此开放包容的社会中，人们的思想观念和价值取向日趋多元，文化碰撞中的各种社会思潮对思想政治教育工作和意识形态工作产生一定的冲击，严重影响着社会主义教育事业的发展。由此，巩固马克思主义在教育场域一元主导地位、坚持社会主义办学方向的任务提上重要议程。

党的十八大以来，以习近平同志为核心的党中央立足于培养社会主义建设者和接班人的战略考量，先后召开全国高校思想政治工作会议、全国教育大会、学校思想政治理论课教师座谈会等系列重要会议，并在多个场合强调思想政治教育的重要地位，将思想政治教育工作和意识形态工作提上新的高度，为坚持马克思主义指导思想、坚持社会主义办学方向奠定坚实的基础。习近平在北京大学师生座谈会上强调："抓好马克思主义理论教育，深化学生对马克思主义历史必然性

---

① 习近平：《高举中国特色社会主义伟大旗帜 为全面建设社会主义现代化国家而团结奋斗——在中国共产党第二十次全国代表大会上的报告》，人民出版社 2022 年版，第 16 页。

和科学真理性、理论意义和现实意义的认识，教育他们学会运用马克思主义立场观点方法观察世界、分析世界，真正搞懂面临的时代课题，深刻把握世界发展走向，认清中国和世界发展大势，让学生深刻感悟马克思主义真理力量，为学生成长成才打下科学思想基础。"[1] 习近平在全国教育大会上强调："思想政治工作是学校各项工作的生命线，各级党委、各级教育主管部门、学校党组织都必须紧紧抓在手上。"[2] 新时代对马克思主义指导思想的一贯坚持和对思想政治教育的高度重视明确了马克思主义的一元指导思想在教育场域的重要作用，为教育工作目标的细化和落实提供了思想遵循，为教育工作目标的细化和落实发展提供了马克思主义立场、观点和方法的路径指导。具体来看，新时代教育工作目标的前提目标是凝聚人心，凝聚人心最重要的就是形成政治共识，思想政治教育是形成共识最有力的教育方式和手段，对思想政治教育的重视和对马克思主义指导思想的强调为凝聚人心的落实打下良好的思想基础。

此外，人格的完善、人力的开发、人才的培育皆应在马克思主义指导之下进行，而造福人民则是马克思主义价值导向的有力彰显。可见，新时代教育工作目标的细化和落实离不开马克思主义理论教育，新时代对马克思主义理论教育、思想政治工作的高度重视反映了教育工作目标的逻辑必然，同时也为目标落实的逻辑应然指明了政治方向。

（二）改革强教需要融合创新提质量

改革创新是新时代教育工作目标创新发展的"根"和"魂"。改革是中国的必然选择，中国持续推进改革开放 40 多年来取得了显著成就，但许多潜在的深层次问题也开始浮出水面，中国站在了全面深化改革的重要关口之上。当今中国社会状况更加复杂，改革已经进入攻坚期和深水区，单一的改革很难破除思想观念老旧、利益长期固化的桎梏和藩篱。因此，必须用更大的政治勇气和智慧全面深化改革，向深化改革索要发展新动力。针对教育事业中的顽瘴痼疾和人民群众对教育的美好期待，必须深化教育领域综合改革，健全促进就业创业体制机制，以更大的决心和勇气啃教育领域的"硬骨头"、涉教育事业中的险滩，把握深化教育领域改革的有利时机，以解决教育强国建设中的重大问题和热点问题。

作为世界规模最大的教育体系，中国教育的改革发展，关乎 14 亿中国人的美好生活，关乎国家进步与民族复兴，推动世界教育的交流、合作与发展，推动世界文明发展进程。改革是解放教育生产力的动力之源，是激活教育发展活力的

---

[1] 习近平：《在北京大学师生座谈会上的讲话》，人民出版社 2018 年版，第 6 页。
[2] 习近平：《论坚持党对一切工作的领导》，中央文献出版社 2019 年版，第 279 页。

强大引擎。党的十八大以来，以习近平同志为核心的党中央高度重视全面深化改革，把教育摆在优先发展的战略位置，将公平和质量作为主要追求，不仅提出了一系列深刻、全面的认识和观念，为教育改革顺利推进破除了落后观念的束缚，而且细化了教育改革的坐标系、任务书、施工图，搭建起了教育改革的"梁"和"柱"，为教育工作目标的落实打通了道路；同时教育改革的一系列措施，不论是考试招生制度的改革、基础教育教学的改革、高校办学体制的改革，还是新课程改革、教育评价改革，都旨在解决教育中的短板问题，为人的全面发展和社会的全面进步营造了良好的教育环境，改革所带来的辉煌成就为教育工作目标的落实打下良好的现实基础。近年来全面深化教育领域改革的实践，在破除体制机制障碍释放发展动力、促进教育公平满足人民期待、提高教育质量推动内涵式发展方面取得了显著成效。

但是，改革也是一把"双刃剑"，必然会引起人们精神世界的深刻变化，从而为教育工作带来一定挑战。随着改革的进一步深入，社会矛盾的显性化造成部分民众对国家和社会的不满情绪；日益多元的文化格局模糊了部分民众的价值认知；互联网和传媒的高速发展放大了社会负面新闻进而影响部分民众的价值判断；等等。诸如此类问题对"五人"教育工作目标的落实提出了新挑战，要求教育工作者引导教育群众分清新时代全面深化改革下的利与弊、主流与支流、正确与谬误，直面教育改革造成的新问题，用"四个意识""四个自信""两个维护"导航、强基、铸魂，从而促进人心的凝聚、人格的完善、人力的开发、人才的培育、人民的造福。

（三）人才强教需要培育高素质教师队伍

教师队伍的优化为新时代教育工作目标的落实提供队伍保障和环境优化。教师是立教之本、兴教之源。党的十八大以来，习近平在多个场合发表重要讲话，针对教师时代使命、社会地位、专业发展、工作收入等多个方面作出重要指示。尤其在全国教育大会的讲话中将教师队伍建设作为"九个坚持"之一，可见新时代教师队伍建设的分量之重、要求之高。"教师是人类灵魂的工程师，是人类文明的传承者，承载着传播知识、传播思想、传播真理，塑造灵魂、塑造生命、塑造新人的时代重任。全党全社会要弘扬尊师重教的社会风尚，努力提高教师政治地位、社会地位、职业地位，让广大教师享有应有的社会声望，在教书育人岗位上为党和人民事业作出新的更大的贡献。"[1] "各级党委和政府要满腔热情关心教师，让广大教

---

[1] 《习近平在全国教育大会上强调　坚持中国特色社会主义教育发展道路　培养德智体美劳全面发展的社会主义建设者和接班人》，载于《人民日报》2018 年 9 月 11 日。

师安心从教、热心从教、舒心从教、静心从教，让广大教师在岗位上有幸福感、事业上有成就感、社会上有荣誉感，让教师成为让人羡慕的职业。"①

党的十八大以来，习近平高度重视教师队伍建设，把培养造就一流的教师队伍作为当前和今后一段时间我国教育事业发展的紧迫任务。为贯彻落实好这一任务，近年来政府部门一方面全力做好各项保障工作，提出"四有"好教师标准，教育投入逐步向教师倾斜、向乡村教师倾斜，积极关心教师的需求和期待，同时注重为教师减负，尽可能地给教师创造静下心来研究教学、备课充电、提高专业化水平的条件。另一方面高度重视加强教师教育体系建设，不断完善教师队伍培养体系和结构体系，同时注重师风师德建设，在全社会掀起重振师道尊严的热潮。近年来对高素质教师队伍的培养和对教师职业的尊重为新时代教育工作目标的落实奠定了良好的队伍基础，营造出落实"五人"教育工作的有利师资环境。

（四）法治强教需要推进依法治教

法治建设是新时代教育工作目标创新发展的重要一环。中国特色社会主义实践向前推进一步，法治建设就跟进一步。中国共产党在领导人民建设社会主义法治国家的实践中走出了一条符合中国国情和国民意愿的中国特色社会主义法治道路，这一道路是全面推进依法治国的根本道路。

党的十八大以来，党中央高度重视法治建设，站在党和国家事业发展的全局定位法治、布局法治、厉行法治，将依法治国纳入"四个全面"的战略布局。党的十九大、党的十九届六中全会提出的"十个明确""十四个坚持"将坚持全面依法治国列入其中。2018 年，中央全面依法治国委员会第一次会议上更是鲜明地将习近平全面依法治国新理念新思想新战略概括为"十个坚持"，回答了全面依法治国一系列带有方向性、根本性、全局性的重大问题，构成了系统完备、逻辑严密、内在统一的科学思想体系。全面推进依法治教是贯彻落实习近平全面依法治国新理念新思想新战略的重大政治任务。教育向前推进必须要加强法治建设，坚定不移走中国特色社会主义法治道路，坚决维护宪法法律权威，为深化教育综合改革、加快推进教育现代化提供有力法治保障。全面依法治国方略落实到教育工作各环节之中形成了依法治教的生动局面。

近年来，教育法治工作在龙头上下功夫，抓好科学立法，全力解决"有法可依"问题，不断完善中国特色教育法律制度体系；在关键上下功夫，抓好行政执法，全力解决"有效实施"问题，不断提高教育部门的严格、规范、公正、文明

---

① 《习近平在北京市八一学校考察时强调　全面贯彻落实党的教育方针　努力把我国基础教育越办越好》，载于《人民日报》2016 年 9 月 10 日。

执法能力；在枢纽上下功夫，抓好教育管理，解决"依法行政"问题，不断深化教育管理改革、全面增强教育部门决策和管理水平；在基础上下功夫，抓好法治教育，解决"思想基础"问题，不断营造尊法学法的良好社会氛围。我国教育法治在前进的道路上取得了很大的进展，但还有许多体制机制上的顽瘴痼疾，教育管理的缺位、越位、不到位以及教育评价中的"五唯"等问题亟须突破。教育法治继续推进为保障教育公平、提高教育质量、推进教育现代化、建设教育强国、办好人民满意的教育提供了规范性工具，也为教育工作目标的落实提供了坚实的法治保障。同时，教育法治的发展也提出了培养和造就法治人才及后备力量的教育要求。

（五）外交强教需要参与全球教育交流

全球坐标为新时代教育工作目标创新发展提供强大动力，推动中国教育在对外开放中发展壮大。当今世界面临百年未有之大变局，全球化深入发展，多极化稳步向前，全球治理规则和理念加速演变，人类文明及交往模式日益多元等。对此，以习近平同志为核心的党中央不仅站在中华民族伟大复兴的高度谋划布局教育，同时也放在促进整个人类和平发展的世界格局中谋划布局教育。这不仅体现了谋划和发展教育的国际胸襟和战略气魄，更意味着我们党对教育的认识达到新的战略高度。

中国特色社会主义新时代，我国不断扩大教育对外开放，加强同世界各国的教育交流与合作，引进优秀人才，学习借鉴先进教育模式，吸收和吸取他国经验教训并进行本土化改造，转化为我国教育发展的着力点和生长点，培养综合素质高、创新能力强、国际视野开阔的新型人才，教育的国际竞争力不断提高。与此同时，我国教育更加注重"走出去"，承担更多国际责任，掌握教育话语权，从人类命运共同体的视角不断拓宽国际教育合作的广度和深度，为世界教育的发展，建设和平、发展、合作、共赢的世界贡献独特的中国智慧和中国方案。教育对外开放是教育国际化宏观背景下的必然趋势，是推动形成教育对外开放局面及参与全球教育治理的重要力量。在国内国际双循环新发展格局和共建"一带一路"的持续推进下，教育对外开放成为服务新时代教育高质量对外开放大局和实现建设现代化教育强国战略目标的核心因素。在扩大教育对外开放的过程中生成的内生动力为促进我国教育发展注入"催化剂"，同时将对教育工作目标的认知提升到世界高度。人心凝聚要放在世界百年未有之大变局的背景之下去把握，造福人民要站在人类命运共同体的高度去考虑，人格完善、人力开发、人才培育必须顺应国际大势，加强青年学生的国际理解教育，使广大青年树立世界眼光，增强创新能力和参与全球治理的能力，确立为人类和平与发展贡献智慧和力量的远大志向。

现状篇

第七章

落实教育凝聚人心工作目标的现状及分析

第一节 调查研究工作概述

自全教会提出"五人"教育工作目标以来，在各所学校中如何贯彻和落实、有何推进和发展、有何问题和困难，今后如何更好地实现，都是当前需要认真研究和准确把握的。为此，本课题调研组进行了四轮不同方式的调查：问卷调查、师生座谈会（线上线下相结合）、领导专家访谈、典型案例搜集。在四轮调查的基础上，查阅了有关部委、省厅、学校和媒体的相关文件、文献，总结当前教育工作目标实施以来的现状，并对当前存在的普遍问题进行归纳和分析。现状调查的基本情况如下。

一、问卷调查概况

（一）问卷设计

问卷调查的目的在于通过大范围的问卷调查，从统计学意义的角度，了解中央提出教育工作目标以来，受调查对象的认知程度和落实效果。

问卷按照学生、教师、学校教务管理部门、政府教育管理部门的划分方式设置 4 套，每一套皆按照凝聚人心、完善人格、开发人力、培育人才、造福人民的

255

顺序依次展开。

问卷的内容涉及调查对象对于"五人"教育工作目标的基本认识,是对"五人"教育工作目标的落实状况的现实反映;对"五人"教育工作目标落实的满意程度;对实现"五人"教育工作目标的新期待。

(二) 调查手段与调查对象

问卷调查及统计通过网络的"问卷星"进行。问卷调研的开始时间为 2021 年 1 月 19 日。问卷的发放通过选定学校的教务处、学生处、马克思主义学院领导或老师,发给不同专业、不同年级学生班级群、教师群;教务管理部门和政府工作人员的问卷采取点对点发放。问卷发放范围覆盖除港澳台以外全国所有地区。

调查回收学生问卷 20 246 份、教师问卷 2 356 份,覆盖大学和中学,以及少量小学;学校教务管理部门工作人员问卷 412 份,涉及公办大学、民办大学、中学的教务部门、学生教育管理部门、教师发展中心的负责同志,含教务正副处长、学生处正副处长、研究生处正副处长、教师发展中心主任和少量教务教研科科长;政府教育管理部门工作人员问卷 47 份,包括相关省的省委教育工委、教育厅,市县级教育局的厅局级、县处级、乡科级领导。

调查的对象中,涵盖中共党员、民主党派无党派人士、共青团员、普通群众;调查范围较广、涵盖人员类型较全,所收回的统计数据涵盖面广、涉及多层级多类型人员,样本数量充分,具有较强的可信度和说服力。

二、师生座谈概况

学校师生座谈会的目的在于,通过深入交谈的方式,进一步反馈师生对学校教育"五人"工作的获得感和尚存的问题,直面感受师生的思想情感、精神状态、所思所想、所乐所愁,以鲜活的资料弥补问卷调查的不足。

学校师生座谈会在全国 24 所学校和通过 2 个全国性会议举行。座谈会时间段为 2021 年 5~9 月。其中教师座谈会 24 场,学生座谈会 18 场。覆盖了华北、华中、华东、华南、西南、西北 6 个行政地区 21 所本科高校、2 所职业技术学校和 1 所小学。邀请参加在重庆交通大学举办的"全国思政教育研究热点 2020 年度发布会"与会代表 12 人(分别来自全国不同地区的 12 所大专院校)、参加在浙江义乌工商职业技术学院举办的"全国职教学院宣传部长会议"与会代表 10 人(分别来自全国不同地区 10 所职业学院),分别召开两场院长、宣传部长座谈会。

学校师生座谈会以线下的现场座谈为主,个别学校采取线上座谈。会议的规模均在 10 人左右,时间为 2 小时左右。座谈人员会前接到调查大纲并准备发言提纲，会议围绕调查的主题畅所欲言。

三、领导专家访谈概况

学校领导专家访谈活动，是根据课题中期检查后召开的"课题中期汇报研讨会"与会领导和专家的建议而开展。访谈时间为 2021 年 10 月至 2021 年 12 月。目的在于调查了解全国教育大会以来，社会关注的教育热点问题，从领导、专家更为宏观和客观的角度反映学校教育中尚存的老问题，以及在全教会以后出现的新问题。

访谈涉及华北、东北、华中、西北四个地区。访谈 24 人次，其中大学 8 人次（校级领导 6 人、处级领导 2 人），中小学 14 人次（其中校级领导 9 人、中层级专家 6 人），教育主管部门 4 人次，教育科研机构 1 人次。

访谈原定全部采取现场访谈方式。由于新冠疫情的限制，西北地区的高校和中小学领导、专家均采取现场访谈方式完成，而华北、东北、华中三个地区高校领导和处长则采取线上访谈。被访谈领导和专家均提前接到访谈大纲，领导和专家根据自己分管的工作和研究领域，有重点地接受访谈。

四、典型案例搜集概况

由于前期调查中对某些学段的关注略显缺乏，2023 年来，课题组又前往陕西西安、渭南，北京，山东济南，湖北武汉、咸宁、赤壁，以及云南昆明，四川成都，新疆乌鲁木齐，甘肃天水，黑龙江哈尔滨，湖南长沙，河南郑州，天津，河北石家庄、秦皇岛等地，对高校、职业院校、中小学的教育工作落实情况进行调查，并广泛搜集网络、报纸等新媒体报道的相关教育情况，索要有关学校的资料，从而对教育工作目标落实中的经验与典型进行总结整理。

为清晰和明朗地展现"五人"教育工作目标的主要现状，现状篇将按照人心、人格、人力、人才、人民的基本顺序依次对五个"人"的状况进行陈述和分析。

第二节　落实教育凝聚人心工作目标的主要成绩及其分析

"得民心者得天下，失民心者失天下"，人心向背一定程度决定着民族、国家、政党的兴盛衰亡。教育任何要素的实现过程都离不开其凝聚人心功能，这一

257

功能可确保我国教育发展的社会主义方向，最大限度彰显社会主义教育制度优势。2018 年全教会以来，我国在教育凝聚人心方面做了大量工作，取得的成绩也是十分明显的。

一、学校对凝聚人心工作的重视程度大幅提升、成效逐步显现

教育凝聚人心工作，是立德树人根本任务的重要内容。全教会以来，尤其是"3.18"学校思政教师座谈会以来，立德树人工作进一步得到政府教育管理部门、学校教育管理部门的高度重视，巡视工作更是推动了立德树人工作的落实。相应地，教育凝聚人心工作也得到进一步加强。

从调查中，尤其是根据座谈会和访谈中所掌握的情况，可以得到如下几点结论：第一，党对教育的全面领导得到明显的加强，使教育凝聚人心工作目标的落实获得了政治保障。第二，学校围绕培养什么人、怎样培养人、为谁培养人这一根本问题达成普遍共识，"三全育人"的氛围正在逐步浓郁。第三，教育凝聚人心的工作面正在拓宽，大思政格局正在逐步形成。第四，教育凝聚人心的软硬件建设力度很大。各种载体、平台正在日渐丰富，技术更加现代化。第五，留学生回国人数大幅提升，彰显了人心凝聚的成效。

得出结论的主要依据如下。

（一）学校党委（或总支）书记是思想政治教育工作第一责任人不断落实

党对教育工作尤其是思政教育和育人工作的领导得到全面加强。各学段、各学校的党委（或总支）书记对思想政治教育的重视和认识程度不断深化，校长和其他班子成员履行着"党政同责、一岗双责"，不断强化对思想政治教育工作和意识形态工作的顶层认识，各级学校领导亲临课堂讲授思政课、深入教学一线指导，在校园文化活动现场与师生交流，及时发现问题、解决问题。在访谈的各学段、各类型学校中，学校党委（或总支）书记都是意识形态工作和思想政治教育的第一责任人，学校形成了研究思政工作的会议机制。党对教育工作尤其是思政教育和育人工作的领导，通过学校党组织层面在执行中的有力措施得到了全面加强。根据问卷调查，当被问及"您认为实现教育工作目标的根本保障是什么"时（见图 7－1），46.81% 的被调查者选择"党的领导"，17.02% 的被调查者选择"领导重视"，14.89% 的被调查者选择"财政支持"，14.89% 的被调查者选择"体制机制"，由此可见，选择"党的领导"的比例是最高的，说明被调查者普

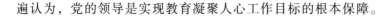

遍认为，党的领导是实现教育凝聚人心工作目标的根本保障。

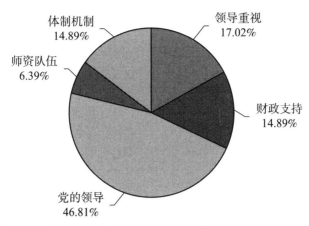

图 7-1　实现教育工作目标的根本保障的调查比例结果

（二）大中小思政课地位明显提升与教师队伍不断优化

调查反映，高校马克思主义学院、中小学德育处在学校的地位明显提高，思政课被重视程度大幅提高，思政教师自身的职业自信心、自豪感明显增强，教师的中国特色社会主义道路自信、理论自信、制度自信、文化自信日益增强。正如思政课老师普遍反映的，思政课的春天已经到来。近年来，学校各级干部、教职员工对思政课在立德树人中的关键课程地位的认同感有明显的提升，课程思政得到越来越普遍的认同，专业课教师对于课程思政建设的自觉性和能力正在逐步提高，全覆盖的态势正在推进，"三全育人"的格局正在形成，思政课大中小一体化建设正在有效推进。"我国意识形态领域形势发生了全局性、根本性的转变"这一判断得到了调查结果的充分验证。

（三）教育管理部门高度重视凝聚人心工作

教育管理部门十分重视学校的凝聚人心工作，实时性地根据学校的具体状况对凝聚人心工作有针对性地实施调整和把控。

2022 年 8 月 18 日，教育部为深入贯彻落实习近平总书记关于"大思政课"的重要指示批示精神，加快构建"大思政课"工作格局，会同有关部门联合公布了首批 453 家"大思政课"实践教学基地。其中包括科学精神专题实践教学基地，工业文化专题实践教学基地，美丽中国专题实践教学基地，抗击疫情专题实践教学基地，中华优秀传统文化、革命文化、社会主义先进文化专题实践教学基地，脱贫攻坚、乡村振兴专题实践教学基地，党史新中国史教育专题实践教学基

259

地等。基地的设立为各地各校利用基地实践教学的优质服务，形成凝聚人心教育工作合力提供了重要的平台支撑。

此外，在访谈工作中，当谈及"您所在集体凝心聚力最有效的方式是什么"时，大多数被访谈者认为党建活动是凝聚人心最有效的方式；而后在问卷调查中，当被问及"您所在部门主要通过哪些方式进行党建引领，实现凝心聚力"时（见图7-2），83.25%的被调查者选择"学习贯彻党的方针政策"；79.13%的被调查者选择"加强支部建设发挥堡垒作用"，可见被调查者比较认同通过学习贯彻党的方针政策来凝心聚力。

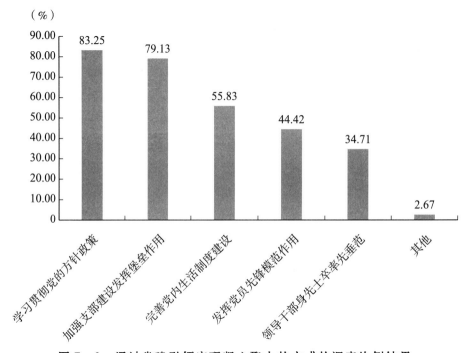

图7-2　通过党建引领实现凝心聚力的方式的调查比例结果

（四）教育凝聚人心的软硬件建设力度很大

在各学校考察中我们注意到，各个学校把对教育凝聚人心工作目标落实在软硬件建设上下了大功夫。一是重视思政课的教学条件改善，智慧教室的数量大为增加并安排给思政课；思政课上班人数规模也从大班、超大班转为中小班，上课的时段也从过去的"特殊时段"变为"普通时段"，与其他专业课一视同仁；由于马克思主义理论学科建设为思政课提供了大量的优质师源，近几年1:350的师生比落实力度大，所以教师的超负荷教学现象在多数学校得到缓解；小学的德育老师也从文、体老师兼职为主得到很大的改善；思政教师的专业化培训有了可持续保证，大中小思政课教师的集体备课、互访交流机制已经基本形成；思政教师的办公条件明显改善，不少高校马克思主义学院都有了"马院楼""马院区域"。二是重视校园文化建设。既注重校园文化内涵挖掘，尤其是充分利用校史进行爱国爱校教育；也加大校园文明建设，尤其是文化景点建设，使学生行走在校园中，就能沐浴着文化的熏陶。三是重视思政大数据载体、平台建设。大量的数据、资料、经典案例、名师课堂等丰富多样立体化教学素材，为教师"讲深讲透讲活"提供了大量的资料参考和模拟教学的支撑。四是用解决学生实际困难的"管理育人、服务育人"举措来凝聚人心。国家出台了一系列政策，对家庭困难学生给予了"绿色通道"系列扶持，不仅解决了生活学习等困难，也通过扶志使这些学生积极向上。

（五）教育工作感召力和吸引力大幅提升

2022 年教育部发布的数据显示，目前超过八成留学生选择回国发展。[1] 回国发展成为我国留学生的共同心愿。我们在座谈调查中也同样了解到，沿海高校回国人员近年呈上升趋势。在与各地大学生座谈中，他们也表示，希望出国深造，但是毕业后还是要回国服务的。这一现象背后反映的是国民的强大向心力。其原因在于，一是国内经济社会发展的前景一片向好，为留学生提供了广阔的发展机会、平台和空间。二是越来越多的留学生愿意将自身学到的新科技、新技术、新理念带回国内，为国家的强大作出贡献。三是美国司法部的"中国行动计划"[2]所引起的寒蝉效应更是推动形成了华裔科学家等人才的回国热潮。

二、教师在思政课和课程思政建设方面积极性主动性创造性增强

教育能否凝聚人心、新时代青年能否接续马克思主义的思想火炬，把青春奋斗融入党和人民事业，离不开教师的立德树人。

从调查中，尤其是根据座谈会和访谈中所掌握的情况，可以得到如下几点结

---

[1] 《教育部：超八成留学成员学成归国》，教育部网站，http：//www.moe.gov.cn/fbh/live/2022/54849/mtbd/202209/t20220921_663497.html。

[2] 2018 年 11 月，特朗普执政时期美国司法部启动了一项名为"中国行动计划"（China Initiative）的行动，以应对所谓的来自外国的"安全和技术威胁"。2022 年 2 月 23 日，美国司法部宣布暂停饱受诟病的"中国行动计划"。然而需要注意的是，迄今只是"暂停"，美国丝毫没有罢手渲染中国威胁，而是转为寻求更隐蔽的"遏华组合拳"。

论：第一，教师的思想政治教育认同感明显提升，课程思政意识也随之普遍增强，教学质量在提高；第二，争当经师与人师相统一的大先生正在成为优秀教师的追求；第三，教师的中国特色社会主义道路自信、理论自信、制度自信、文化自信日益增强。

得出结论的主要依据如下。

（一）思想政治教育工作得到社会高度认同

在立德树人根本任务认识更加深入、素质教育理念不断深化的新时代，随着习近平对思想政治教育的高度重视和宣传强调，思想政治教育的存在感日趋增强。在党中央的高度投入下，高校马克思主义学院、马克思主义理论教师突飞猛进式增长壮大，党中央围绕高校思想政治教育工作形成了一系列创新性理论。通过访谈可知，教师对思想政治教育的认同感明显提升，思政课教师的职业认同感与日俱增，各专业课教师的课程思政意识也普遍提高。所调查的高校教师对课程思政与思政课程的协同性具有一定的认知，将习近平新时代中国特色社会主义思想、社会主义核心价值观、家国情怀、制度自信、中国传统文化以及学科理性精神、职业素养等内容有机融入课程教学，大部分教师在课堂上非常注重学生主流价值观的培育，注重对学生爱国主义精神的培养。通过问卷调查可以发现，学校进行思想教育的主要形式是思政课程，主题班会与党团活动、与专业课结合教育、红色知识竞赛、心理健康教育、第二课堂活动、就业创业教育、理论宣讲活动等形式丰富了思想政治教育形式，提升了专业课程中的思想政治教育价值，避免了思想政治教育的"孤岛"现象。"大思政"理念带动所有学科门类真正关注"人""育人""立德树人"的问题。调查发现，用于对学生进行思想教育的硬件设施建设近年得到长足发展，很多学校都建立了德育教育场馆。比如，西安交通大学的"西迁博物馆""钱学森展览馆"、中国人民大学的"先锋思政课智慧教室"、新疆工程学院的"中国德育馆"、甘肃天水师范学院的"红色文化体验馆"、中南民族大学的"民族学博物馆"、延安大学路遥文化馆，以及各个学校的校史馆。

（二）涌现出一批争当经师与人师相统一大先生的优秀教师

教育凝聚人心工作的落实和成效如何，关键在教师，关键在提高教师的积极性、主动性、创造性。习近平提出教师要成为大先生，做"经师"与"人师"的统一者的要求后，广大教师积极响应，尤其是一批优秀的中青年教师争当大先生的积极性空前高涨。教学比赛、展示活动，已经成为广大教师喜闻乐见的提高综合素质的重要途径。教育部组织的教学创新大赛、思政课展示比赛，中华全国总工会、教育部联合主办全国高校青年教师教学竞赛、中小学青年教师教学竞赛，不仅吸引了许多优秀教师参加，而且在全国学校教师中引起了巨大反响和示范效应。陕西省教育工委组织的"思政课和课程思政大练兵"覆盖到了全省高校的所有思政教师和部分专业课教师。河南省教育系统的"教学技能竞赛"也成为提高教师教学技能的重要途径。中国人民大学"高精尖创新中心"组织的"青椒论坛"影响覆盖到了全国许多高校。全国学校中建成了一批国家级、省级、校级教学名师工作室，在教师的成长中起到了团结、引领、示范作用。经过几年的努力，涌现出了一批"黄大年式教学团队"，一批国家级的时代楷模、优秀教师、教书育人先进个人、道德模范、劳动模范等大师级大先生。

（三）"四史"教育的重要性和必要性得到广泛共识

在培养学生社会主义道路自信时，大部分教师明确意识到通过"四史"教育，能够让学生明白坚持中国特色社会主义道路自信的必要性。在培养学生理论自信的过程中，多数教师选择了讲清理论的科学性和实践性，还有三成左右的教师选择了讲清理论的开放性和人民性。在培养学生社会主义制度自信时，大部分高校教师都能够看到我国社会主义制度显著的优越性。在培养学生的文化自信时（见图 7 - 3），大部分教师意识到传统习俗（83.79%）、传统节日（80.52%）、传统文学（67.28%）、传统艺术（43.76%）以及传统建筑（13.79%）都发挥着不可忽视的作用。在培养学生的革命文化自信时，多数教师选择组织观看红色文化影片、参观红色基地、讲好红色故事、举办重大纪念日仪式，还有部分教师选择缅怀革命先烈等活动培养学生的革命文化自信。

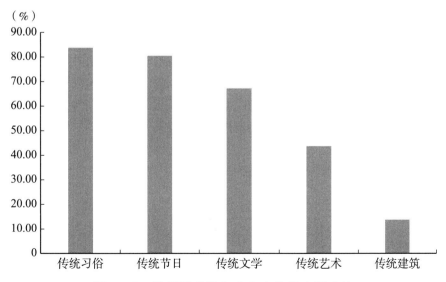

图 7 - 3　教师培养学生文化自信的主要内容

三、学生的价值观形成趋势在符合国家主导方向上积极提升

学生整体呈现一幅生机景象，学生的民族自豪感和国家认同感高涨，学生的价值观走势在符合国家主导方向上积极提升。

从调查中，尤其是根据座谈会和访谈中所掌握的情况，可以得到如下结论：第一，在思想政治方面，学生反映出更加自信自强、富于思辨精神，政治认同感明显上升，"请党放心、强国有我"的爱国爱党爱社会主义的热情较之以前明显高涨；第二，在文化价值方面，社会主义核心价值观得到更为广泛的认同，学生对中华优秀传统文化的获取欲望增加。

得出结论的主要依据如下。

（一）学生思想政治教育工作越来越受到学校的重视

学生的思想政治教育工作越来越受到学校的重视。通过思政课程、课程思政和大思政等主渠道"讲道理"教育，使学生通过对习近平新时代中国特色社会主义思想，党的十九届四中、五中、六中全会和党的二十大精神的理论学习和党团教育、"四史教育"、社会实践教育，明辨是非的能力得到锻炼，"四个认同"得到强化；以突出的政理熏陶影响学生，使学生通过对"国事""天下事"的关注，更加讲政治、讲理想，增强对实现中华民族伟大复兴大业的信心，对祖国未来的憧憬和期待。调查问卷显示，绝大部分学生表现出较为强烈的政治关注度，关注时事热点，胸怀祖国复兴大业。在调查问卷中，学生对学习党的十九届五中全会精神的体会的调查结果显示（见图7-4），对于党的十九届五中全会精神的学习体会，多数学生有自己较为鲜明的看法，呈现出较为明显的政治关注，只有极少数学生（1%左右）表现出较为弱的政治关注度。同时，学生服务社会的自觉性高涨，参与大型活动、救灾抗疫、服务社区、服务养老院、帮助智障学校、进行挂职锻炼、扶贫活动等多样的志愿形式，深受大学生欢迎。

（二）学生的政治认同度和政治关注度与日俱增

近年来，学校通过鲜明的事例感化影响学生，使学生衍生出对中国道路、中国理论、中国制度、中国文化由衷的认同和自信。在调查中，学生表示通过我国脱贫攻坚的伟大成就、全面建成小康社会目标的顺利如期实现、抗击疫情的中外比较（"以什么至上"的宗旨比较、制度比较、治理体系和治理能力比较）、中国应对国际复杂形势的挑战（尤其是中美贸易摩擦、孟晚舟回国）、香港由乱到

治的变化、中国国际地位的显著上升等事实案例，衍生出对中国道路、中国理论、中国制度、中国文化由衷的认同和自信。总体而言，通过学习，学生对中国共产党的信任程度与日俱增，大学生的入党热情空前高涨。通过访谈可知，多数学生反映，"四史"教育等活动对学生理想信念的激发具有较大影响。尤其在问及出国意愿时，大多数本科生表示"还是希望有机会出国深造，但希望学成回国、报效祖国"。这与以前的出国目的发生了较大的变化，与很多家长的想法也是有差异的。尤其是近两年来学成归国比例快速提升，使学生"出国观"有了很大变化。

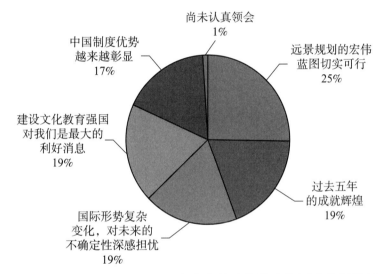

图7-4 学习党的十九届五中全会精神的体会的调查比例结果

（三）学生的文化认同和文化自信水平明显提升

在问卷调查和访谈中发现，很多学生从崇尚艺术明星转向崇拜科学家（尤其是袁隆平逝世学生的自发悼念活动）、从喜欢"洋节"转向喜欢"春节""国庆节""中秋节"。例如在问卷调查中，当问及"您比较重视的节日有哪些"时（见图7-5），97.5%的被调查者选择"春节"，64.45%的被调查者选择"中秋节"，50.81%的被调查者选择"端午节"，而只有5.62%的被调查者选择圣诞节，7.92%的被调查者选择"情人节"，这说明了被调查者的文化自信，一改党的十八大之前狂热过洋节的状况。由此说明，通过教育工作，强化了民众文化自信，有效推动了教育凝聚人心工作目标实现。在问卷调查中，学生阅读书目的主要兴趣由过去的"尼采热""萨特热"等转向对中国"四大名著"及《中国通史》《唐诗宋词》《诗经》《史记》《资治通鉴》《道德经》《论语》《中国哲学史》等传统文化和历史的关注；对电视网络的节目的喜爱也从娱乐类转化为多样化，前四位分别是传统文化类、娱乐综艺类、新闻时政类、历史档案类。据初中、高中学校的调查反映，政治课教材改编以后，增加了很多中华传统文化内容，使用效果好，对学生"四个自信"、文化认同、政治认同、人格塑造等方面发挥着积极作用，学科思政拓宽了学生接受思想政治教育的渠道。语文在高考中的地位和考题的变化，也进一步增强了对中华传统文化的认同感。这些都是近年来学生价值观转变的重要风向标。

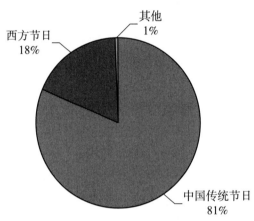

图7-5　重视的节日的调查比例结果

第三节　落实教育凝聚人心工作目标的主要问题及其分析

"凝聚人心"作为新时代教育工作的首要目标，既是对教育规律的遵循，也是对当前突出社会矛盾和问题的准确把握。教育凝聚人心工作在总体向好的同时也存在部分问题。

一、部分学生存在"人心"偏向问题

虽然教育凝聚人心工作取得了较为明显的成绩，积极的人心是主流，但部分学生在理想与现实、主义与问题、利己与利他、小我与大我、民族与世界等方面存在一定程度的思想困惑，部分学生对党和国家的归属感和认同感存在某些消极倾向。教育凝聚人心工作目标的实现还有较大空间。

得出结论的主要依据如下。

（一） 部分学生的国家观存在偏差

中国教育服务网 2020 年 3 月发布消息称，新冠疫情期间，中国在英国有大约 1.5 万名小留学生，这些小留学生的年龄跨度在 10～17 岁，平均年龄在 14 岁左右。[①] 一般而言，小学生留学的目的与研究生留学的目的还是有较大区别的，他们中以移民居多。仅英国一个国家小学生就有如此之多，从侧面反映了部分学生在家长的影响下对祖国认同感存在一定的淡漠现象。另外，部分留学生或者有的归国人员宣扬"国外的月亮比较圆""国外的空气更加新鲜"，加之部分学生受到某些知识分子"通过夸大中国国民在国外的一些不文明表现，进而把这些不文明表现归为中华民族的劣根性"，动摇学生的"民族自尊心、自信心和自豪感"[②]。

（二） 错误思潮影响学生的价值判断和选择

随着社会价值观日趋多元化、社会的包容度逐渐提升，加之受精致利己主义、享乐主义等社会思潮的冲击，部分学生集体主义观念淡薄，在涉及个人利益时，价值选择功利性明显。历史虚无主义、后现代主义、民主社会主义、新自由主义、普世价值观等社会思潮，"弱化中华优秀传统文化的认同和自觉践行中华优秀传统道德的动力，歪曲大学生对革命精神的认知和对革命理论的理解，动摇大学生对社会主义核心价值观的认可和对中国特色社会主义文化发展道路的信念"[③]，严重影响学生的价值判断。

（三） 部分学生的奋斗精神被淡化

受"躺平""佛系""丧文化""废柴"等青年亚文化等消极因素影响，加上生活工作压力大、竞争中过度的"内卷"现象严重，使"佛系青年"等词语在网络上迅速蹿红，部分学生理想信念缺失，家国意识淡漠，缺乏使命担当，逃避社会责任，心理状态失衡，表现为自我中心、精致利己，奋斗精神和竞争意识消减，乐于享受当下。

---

① 《1.5 万小留学生滞留英国 166 个家庭签字申请中国政府包机接回》，中国教育服务网，https：// baijiahao. baidu. com/s？ id = 1661735461757819304&wfr = spider&for = pc，2020 年 3 月 21 日。

② 刘明石：《历史虚无主义对大学生思想的危害及对策探究》，载于《思想教育研究》2016 年第 4 期。

③ 郑萌萌、王玉洁：《西方社会思潮对大学生文化自信的影响及对策探究》，载于《学校党建与思想教育》2020 年第 2 期。

二、师生凝聚人心的教与学不到位、不充分

教学是教育凝聚人心的支撑手段，教师的教与学生的学在很大程度上决定教育凝聚人心的效果。目前，教育凝聚人心的教与学仍存在不到位、不充分的情况。第一，教师层面上，一方面，各专业课部分教师利用大思政课凝聚人心的能力欠缺，对课程资源中"思政元素"的挖掘和运用不够充分；另一方面，由于立德树人的评价标准尚未完全成型，教师使用的评价"指挥棒"目前还没有摆脱"五唯"衡量标准，教学很大一部分精力是在培养受教育者的应试能力。第二，学生层面上，部分学生接受凝聚人心教育的积极性和主动性仍有待提高。

得出结论的主要依据如下。

（一）部分教师凝聚人心的意识欠缺

近年来，学校教育大力提倡"善用大思政课"，积极挖掘大思政课的资源。但是这项工作目前尚处在探索阶段，如何更好激发教师凝聚人心的教育意识、挖掘更多的资源、运用更多的渠道和手段来构建"大思政课"，实现教育凝聚人心的工作目标，还有很长的路要走。部分教师的育人意识不强，在教学工作中缺乏真正的热情和情怀，部分教师只是机械地完成教学任务，在教学过程中投入大部分精力，培养受教育者的应试能力，缺乏对学生个体差异的认识和理解，对学生心理健康发展的关注不够，因此，部分教师欠缺凝聚人心的意识。部分教师在与学生、家长、同事的交往过程中存在沟通不畅、表达能力差等问题，导致教育凝聚人心工作开展受到阻碍。

（二）教师"善用大思政课"水平有待提高

部分教师凝聚人心的能力欠缺、对教育资源和教育内容的选择不够科学。思政课教师的教育手段和方法使用现代化进度缓慢。虽然近年来在教学改革方面取得长足进步，新的教育理念、教育技术在推广普及中，但受历史原因影响，很多思政教师，尤其是在经济较为落后地区的教师、年龄偏大的教师，教学模式和手段还是比较传统。调查反映学生接受凝聚人心教育的渠道主要有课堂教学、校园文化科技活动、广播影视和书籍报刊以及互联网。其中互联网的影响日益增强，手机成为重要的信息来源，在这样的情况下，教育的互联网渠道仅次于课堂和广播影视、书籍报刊等渠道。但是教育如何用好网络，渗透网络空间，目前还显得不足。调查中，实地研学所占比重最小，说明教育社会化和社会教育化亟待加强。

（三）教师的思想政治教育教学方式方法对学生吸引力不足

在学校教育中，还较为普遍地将教学过程看成是单方面的知识灌输的过程，教学形式比较单一，教学基本都是根据课程内容循规蹈矩地教学，缺乏创新性，对学生的吸引力不够。尤其是在教学过程中缺乏提高受教育者的参与感和认同感，缺乏与受教育者的心灵互动和沟通。除此之外，还存在少数教师在潜意识中依然残存着重智育轻德育的思想观念，更有甚者，极少数教师缺失职业操守，口是心非，言行不一致，甚至发表不当言行，散布错误信息和观点误导学生。事后对举报学生以"告密者"为由进行网暴，更是对学生产生了极大的负面影响。这些讲台上的不当言行大大抵消了正面教育的效能，用涣散人心对冲了凝聚人心。

三、部分学校对凝聚人心认识和实践尚不到位

尽管现在学校教育中，立德树人的根本任务被越来越多的人认可，主流呈现积极向上的态势。但在推进教育凝聚人心工作中，仍有部分学校对其功能认识不足，由此导致凝聚人心工作成效受到影响。这主要表现在：第一，思政课的开展还存在较大的提升空间；第二，教育理念仍存在推崇过度国际化偏向；第三，部分学校教育管理制度的"育人"功能不足；第四，学校应对复杂舆论场的实践能力不足；第五，校风建设存在短板，影响师生的凝聚力。

得出结论的主要依据如下。

（一）部分学校对凝聚人心的认识还不够到位

习近平总书记在 2019 年针对学校思政课的开展指出了七个方面的问题。"有的地方和学校对思政课重要性认识还不够到位；课堂教学效果还需要提升，教学研究力度需要加大、思路需要拓展；教材内容还不够鲜活，针对性、可读性、实效性有待增强；教师选配和培养工作还存在短板，队伍结构还要优化，整体素质还要提升；体制机制还有待完善，评价和支持体系有待健全，大中小学思政课一体化建设需要深化；民办学校、中外合作办学思政课建设还相对薄弱；各类课程同思政课建设的协同效应还有待增强，教师的教书育人意识和能力还有待提高，学校、家庭、社会协同推动思政课建设的合力没有完全形成，全党全社会关心支持思政课建设的氛围不够浓厚。"[1] 近年来，这些问题虽然有相当大的改善，但

---

[1] 习近平：《思政课是落实立德树人根本任务的关键课程》，载于《求是》2020 年第 17 期。

还没有得到根本性的改变，这说明部分学校对凝聚人心的认识还不够到位，思想政治教育工作的开展与理想状态还存在较大的差距。

（二）部分学校过度追求教育国际化形式与教师的国际教育背景

教育国际化是提高教育竞争力的重要途径，但是，既要教育"国际化"，也要勿忘"中国心"。教育"国际化"，目的在于学习借鉴国际教育中具有先进性的理念，以及教育管理、教育技术、教育手段、教育工具，以促进我国教育更加高质量发展，而不是部分良莠一律引进照搬。要在"国际化"的"化什么"上把好关，认真遴选。要在扎根中国大地办教育的基础上，建立培养符合德智体美劳全面发展的建设者和接班人的育人目标，把培育学生的爱国情、强国志、报国行作为"为谁培养人"的重要观测点。社会舆论场出现的"高中和义务教育阶段是否要降低英语教学比重？"争论中，既有坚持"英语教学畸形比例"的，也有全盘否定英语教学必要性的。说明在教育"国际化"问题上的不同看法，由此可见，如何在正确对待国际化中凝聚人心是重要的时代课题。《关于深化教育体制机制改革的意见》提出，要以社会主义核心价值观为统领，构建大、中、小、幼一体化的德育体系，不断增强思想政治教育的影响力。然而尽管问卷调查结果显示，在制订人才培养方案时，秉持的理念按重要性排序分别为全面发展理念、精细化发展理念、本土化发展理念、国际化理念，表现出较为合理的价值理念，但这一调查结果与访谈结果并不完全契合。根据实地访谈，很多学校相对推崇过度国际化理念，比较片面地注重教师和学生的国际学习背景。某校通过境外教学培训机构"成批量"地产出在职教师博士，这一事件说明了过度追求海外博士比例所引发的极端做法。这种偏向性较强的教育管理制度，定然会冲击社会主义核心价值观教育效果，从而影响凝聚人心的教育实践。

在访谈中，一些中小学工作人员表示，某些家长为了面子，常常为学生选择可以出国游学的国际学校；很多高校在人才招聘时，也明确"有海外经历者优先"，还有个别学校将全年的招聘指标都留给有海外经历的毕业生。部分高校在评职称时要求教师必须有海外访学经历，甚至极具中国特色的马克思主义学院的教师也不例外。2022年，湖南某学院一纸《出国攻读博士毕业返校与同类型拟引进博士名单待遇公示》引起的轩然大波，从侧面反映出部分院校不惜花高价引进国外"镀金"博士的现象。客观而论，出国真正学到国外先进科学技术和理念，开阔学术视野，这是强调留学经历的本意，是非常有必要的。但如果出国留学、访学只是为了"镀金"，甚至为了旅游，变成了一项不论其收获成效的经历考核指标，则失去了原定的意义。不可忽视的是，一些教师在国外访学期间，受西方价值观的影响较深，回国后在课堂上讲授与我国社会主义意识形态相悖的错误观点，对学生产生不良影响。在过度国际化理念影响下，我国部分高校淡化"为谁培养人"的育人之问，以向国外输送高级人才并服务国外为荣，这也在舆论和校园文化氛围中一定程度影响了报效祖国的教育效果。

（三）部分学校在管理制度上重义务轻权利

调查发现，很多学校在管理制度上重义务轻权利。为了使管理更加便捷，学校往往制定校规、校纪等管理制度，设置诸多义务性条款，要求学生必须遵守，否则将会受到相应处罚，而对学生享有的权利则很少花费精力去挖掘。例如，在学校的管理制度中，禁止学生在宿舍烧电炉、点蜡烛，这是规定学生必须遵守的义务，但并未在管理制度中附上学生享有的权利。倘若学生的权利无法得到保障，定会引起学生的不满和怨言，难以使学生对学校产生亲近的认同感。而学校作为实施教育工作的主要场所，学生不认同学校就意味着不会配合学校开展的教育活动，学校想通过教育来凝聚人心也很难实现。由此，可以说，一些学校的教育管理制度不规范，使用的还是传统的管理办法，没有及时转化为治理的思路，只作单纯义务规定，很难被学生普遍接受，从而难以调动学生积极参与教学活动的积极性，进而定会影响凝聚人心的现实结果。

（四）部分学校应对社会负面舆论尚显乏力

部分学校面对社会负面舆论影响时的应对尚显乏力，这是一个工作层面的短板。学校教育在旗帜鲜明宣传正能量方面，比以前有了很大进步。但是，在消减因为社会发展的艰巨性、舆论场（尤其是网络舆论场）的复杂性、国际斗争的尖锐性、社会负面影响的严峻性对教育凝聚人心产生的对冲效应方面，在分析批判错误社会思潮方面，力度明显不够，时效明显滞后，效果较为欠缺。教师对错误思想的分辨、批判、斗争的能力与水平还满足不了时代要求和学生期待。部分领导和教师存在不敢斗争、不愿斗争、不会斗争的心理与现象，而大部分同学认为获取信息最快的渠道是网络。但是当前网络场被自媒体信息充斥，有的还被资本因素所掌控，一些博取眼球和流量的"标题党"异常活跃，信息真真假假，造成学生一定程度的思想混乱、价值判断颠倒。这在社会出现重大事件时影响尤为明显。但是在正面舆论导向和学校及时引导方面，无论是声音的"分贝"还是覆盖率，都没能满足学生的教育需求。

（五）部分学校存在应试教育倾向而价值引领不到位

学校教育目的功利化，核心价值引领不到位。例如，受高考"指挥棒"的导引，学生"分数第一"的意识被强化，在此意识的支配下，学生认为学高考内容更有意义，其他知识理应排在次要位置，这种心态即为典型的功利化。这一现象也被问卷调查结果所证实，在问卷调查中，当被问及"您所在地区的教育工作主要通过哪些措施凝聚民心"（见图7-6），46.81%的被调查者选择"提高学生升学率和就业率"，可见仍有学校存在着应试教育倾向。

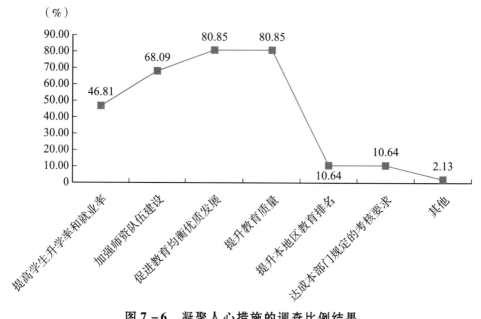

图7-6　凝聚人心措施的调查比例结果

上述困境造成的后果是学生知识水平越来越高，而价值观逐渐偏离我国核心价值轨道，这使学校教育的凝聚人心功能难以发挥出来，想要以社会主义核心价值观为支撑凝聚人心，将成为心有余而力不足的事。同时，部分学生对思政课的接受较为被动，刻板地认为上好思政课的目的就是背对知识点拿高分，没有用心消化、领悟所学思政知识理论，学习自觉性不强，因而难以形成内心的真正认同。一旦遇到舆论场出现虚无我国历史、矮化或丑化革命英雄、歪曲抹黑党的理论、社会主义道路时，思想很容易被带偏，从而使思政教育的导向作用部分失效。另外，学生学习负担重、压力大，加上受到"重智轻德""重理轻文"等错误思想的误导，部分学生对思想政治教育产生偏见，或者认为与己无关，或者认为是"洗脑"，在这种"首因效应"支配下，学生对接受思想政治教育抱有消极应付的心态。

第四节　落实教育凝聚人心工作目标的经验与典型

在对课题进行调研的过程中，发现部分学校在凝聚人心方面已经形成了较为成熟的经验与做法，因此课题组在调研和广泛收集资料的基础上，总结和提炼了基础教育、职业教育和高等教育中落实凝聚人心教育工作目标的某些经验与典型，以期有助于进一步推动凝聚人心教育工作目标实现。

一、基础教育

基础教育是落实凝聚人心教育工作目标的基石。而在不同的教育时期，如幼儿教育阶段、小学教育阶段、中学教育阶段，学生身心发展规律与人心凝聚目标各不相同，人心凝聚的教育方法与手段也各有差异，因此，下文以幼儿教育、小学教育和中学教育为划分依据，提炼与总结了部分学校凝聚人心的宝贵经验与做法。

（一）幼儿教育

幼儿教育是学校教育的起点，不仅关系亿万儿童健康成长，更关系国家的未来发展前途。从幼儿开始，人便进入了社会性发展的最佳期，幼儿个体由自然人发展为能初步适应社会生活的社会人，因之，凝聚人心应从幼儿抓起。经过总结和提炼，幼儿教育阶段，凝聚人心的典型做法主要包括爱国主义教育探索、爱党向党教育探索、学习英雄模范教育探索。

1. 爱国主义教育探索

浙江省定海区岑港幼儿园多举措开展幼儿爱国主义教育。爱国主义教育从幼儿开始，是时代赋予我们的责任和义务。为弘扬民族精神，厚植爱国情怀，激发幼儿的爱国主义情感，岑港幼儿园通过"国旗飘飘，共抒爱国情""续红色血脉，行思政教育""观看爱国影音，根植爱国情怀""读红色经典，传红色基因""开启红色之旅"等多举措开展幼儿爱国主义教育。通过升国旗活动，在幼儿心中播撒一颗爱国的种子，激发爱国的情怀；通过爱国观影活动多方面展现出中国力量，让孩子们感受身为中国人的骄傲与自豪；通过读好红色经典，传承红色精神，厚植爱党、爱国、爱社会主义的情感；通过走进红色基地，培养孩子们对烈士们的敬佩之情。通过多形式的爱国主义教育，不仅培养了孩子的民族归属感，

273

让孩子们热爱自己的民族与国家，而且给孩子们内心埋下一颗感恩奉献、勇于奋斗、建设祖国的红心苗。①

2. 爱党向党教育探索

2022 年，北京市朝阳区为弘扬爱党爱国精神，引导青少年树立正确理想信念，庆祝党的二十大胜利召开，呼家楼街道开展"童心向党，强国有我"主题绘画作品征集活动。呼家楼的小朋友们，用手中的画笔抒发心中的赞美和热爱，一颗颗爱国的心灵，一幅幅美好的画面，充满童趣、充满活力，表达了心中最美好的祝愿。让"从小听党话，永远跟党走"的理念根植在一代代儿童的心中，培养他们对党的政治认同、情感认同、价值认同，让革命薪火代代传承，把少年儿童最广泛最紧密地团结在党的周围，更好凝聚人心、增进团结。②

陕西艺林春天幼儿园积极倡导"少年儿童始终跟党走"活动，促进幼儿大手拉小手，听党话、跟党走，让幼儿通过一个一个党的小故事去了解中国共产党的来历，认识党旗、认识党徽，将百年党史融入幼儿的一日活动，让红色基因滋养颗颗童心。通过绘画活动，让幼儿绘出心中的党，在孩子们幼小的心灵里种下一颗爱国的种子，加深了孩子们的爱国、爱党情感。③

3. 学习英雄模范教育探索

新疆维吾尔自治区阿勒泰地区福海县教育系统启动"英雄模范人物事迹进校园"活动，少年儿童学习党和国家的历史故事，以"学习英雄模范，争当'四有'教师；传承红色基因，争做时代新人"为主题，制订了《福海县教育系统英雄模范人物事迹进校园活动实施方案》，同时针对活动的"三个 100%"和"三进"提出了具体要求。为发挥新时代先进人物的榜样示范作用，以先进人物的感人事迹引领广大师生汲取榜样力量，深刻理解新时代的历史使命和责任担当，传递正能量，2022 年，阿勒泰市第一幼儿园开展"英雄模范人物进校园"活动，教育引导广大教师和幼儿赓续英雄模范精神血脉，以英雄模范精神激荡新时代的爱国主义情怀。④

---

① 《岑港幼儿园多举措开展幼儿爱国主义教育》，中国定海区教育局网，http：//www. dinghai. gov. cn/art/2022/2/22/art_1496335_59080127. html。

② 《强国复兴有我丨献礼二十大 童心绘党恩》，北京市朝阳区人民政府网，http：//www. bjchy. gov. cn/dynamic/jxdt/4028805a8414b57b01841762e33402cf. html。

③ 选自《红色传承·我心向党丨艺林春天幼儿园建党节主题教育活动》，《艺林春天幼儿园》公众号，https：//mp. weixin. qq. com/s?__biz = MzIzNjY3MjgyMw == &mid = 2247499584&idx = 1&sn = 1110f5c95a2c0684416dce154f43f82a&chksm = e8d6fd18dfa1740e425fa62fa30eb7dac60e0fda8d7474718645e93b953 c93d63eb9ec0dfa5b&scene = 27。

④ 《【榜样的力量】向英雄致敬 向榜样学习——阿勒泰市开展英雄模范人物事迹进校园系列活动》，阿勒泰市人民政府网，https：//www. alt. gov. cn/zwxx/001001/20220318/a0d8d2d7 - 25a3 - 436d - 8582 - 6d6ab97dca32. html。

济南市洺源幼儿园积极开展"致敬小英雄 童心永向党"主题活动。不懂历史的民族没有根，淡忘英雄的民族没有魂。一个有历史感的民族，必然铭记传统。一个有温度的国家，必然致敬英雄。聆听一段红色故事，走进一段波澜壮阔的历史时光。每一段故事背后，都蕴藏着无声的力量。传播红色故事，传承革命精神，老师和孩子们一起重温红色经典。小班级部的小朋友在老师的带领下观看红色经典故事影片，用稚嫩的语言，致敬小英雄，童心永向党。一段段红色经典故事，记载着辉煌，镌刻着历史；一个个人物，一则则动人的故事，串联起了新中国诞生的轨迹。在学习英雄模范主题活动中，孩子们能感受到幸福生活的来之不易，幼儿教师在孩子们幼小的心灵里埋下了爱国、爱党、爱家的种子。①

（二）小学教育

小学教育是我国学校教育和终身教育的奠基阶段。小学教育与其他学段相区别的主要特性是其具有基础性、全面性和养成性，小学教育是一个孩子成长为一个社会公民的奠基工程，是培养人才、提高全民族科学文化水平的起点和不可逾越的阶段。小学阶段是一个人的身心迅速发展的时期，是身体素质、行为习惯、道德品质、智慧品质和个性特征形成的最佳时期和关键时期，因之，凝聚人心也要抓牢小学教育。经过总结和提炼，小学教育阶段，凝聚人心的典型做法主要包括红色研学激发学生爱国情怀、书画教育创新人心凝聚方式、校园文化浸润唤醒师生文化认同、团建活动强化教师向心力。

1. 红色研学激发学生爱国情怀

党史、国史学习是德育的重要内容，广东省深圳市水库小学借助校内外"行走的思政课"教学资源，开发了研学旅行课程——"点亮红星"，让爱国、爱党的精神在少年儿童心中生根发芽，成为他们价值观的基石和实践行动的指南，为他们成长为有理想、有担当的时代新人奠基。"点亮红星"研学旅行课程分为4个环节，分别是前置课程"学党史"，了解中国共产党的百年奋斗历程；戏剧课程"读演红色经典"，追溯红色历史，抒发爱党情怀，传承红色基因；走读课程"亲历革命烈士陵园"，缅怀革命先烈的崇高精神和民族气节；展示课程"组建班书项目"，创编中队"小红书"，表达敬党爱党之心。②

2. 书画教育创新人心凝聚方式

四川省成都市奥林小学校将中华民族独特的文化瑰宝——书法作为重要的美

---

① 《济南市市中区洺源幼儿园开展"致敬小英雄 童心永向党"主题活动》，教育快讯，https：//baijiahao. baidu. com/s？ id = 1768729760802490367&wfr = spider&for = pc。

② 《"点亮红星"的研学之旅》，中国教育新闻网，https：//baijiahao. baidu. com/s？ id = 18181022 35242872401&wfr = spider&for = pc。

育载体，提出"书法教育就是帮助学生回归生命本真的教育"，并确立"本真教育"的办学文化和育人理念，创设了"墨香奥林"书法课程群，在"学为中心"的课堂教学模式下，引导学生在课程中寻求真理，学做真人。①

重庆市永川区子庄小学，外聘中国书协、美协名家到校开坛办讲座开展培训，100 余名教师与书法名家结对，形成"1＋1＋N"的帮扶梯队，不断提高教师的书法水平和教学水平。另外，学校强化教师三笔字基本功，每隔一周举行教师硬笔、毛笔全员集中培训，教师每周上交一份有质量的毛笔、硬笔作业，由教科室负责检查、考核，为教师提供全方位的学习交流平台。②

3. 校园文化浸润唤醒师生文化认同

济南市景山小学用独特的景山文化凝聚人心。景山小学处处都可以是课堂，在那里，不但有"会说话"的传统文化墙和民俗文化大厅，还有别开生面的特色拓展课程，师生举手投足、一言一行中也折射出该校特有文化底蕴的浸润。景山文化的力量在于凝聚人心，是润物无声中师生发自肺腑的文化认同感。在校内东侧墙壁上，古铜质地的书法文化墙格外醒目，这里将汉字演变过程形象地展现出来，已成为学生课余时间围聚研究讨论的学习时空。学校培养了一批批小讲解员，为校内师生和校外客人讲解汉字演变史，让校园成为书法大课堂，成为传统文化的传播地。在教学楼内，几乎"一步一景"。作为山东省王羲之书法特色学校，景山小学已将传统文化蕴含于课程之中，形成高雅、深厚的以美术教材为基础的四大传统文化课程群——"民间艺术""京韵童趣""炫彩扎染""跃然纸上"，囊括了数十种传统文化主题的艺术创作，将传统文化根植于心，外化于行。优秀传统文化在景山小学起着润物无声、潜移默化的作用，引导师生积蓄对祖国的热爱、对家园的留恋，培养阳光向上的人生观，不断汲取传统文化的养分和力量，从而实现生活、学习的人生目标，让师生在景山小学心有所属、心有所依。③

南阳市第十九小学结合学校实际，大力改善办学条件，做好校园美化工作，实现校园环境干净整洁，四季常绿。结合学校办学特色，围绕"文化育人、特色立校"的办学理念，精心制作经典文化墙、文化橱窗、长征精神文化墙等，让文明理念深入学校每一名师生心中。宽敞明亮的教室里，都悬挂 24 字核心价值观和《中小学生守则》；教学楼、办公楼走廊墙壁上，名人名言、遵德守礼标语等举目可观；文明校园创建、文明教师、文明学生等宣传版面随处可见。这些都在

---

① 《四川省成都市奥林小学校：翰墨润心，书法育人》，中国教育新闻网，http：//www.jyb.cn/rmtzgjyb/202404/t20240417_2111181973.html。

② 《重庆市永川区子庄小学：丹青溢彩，书法育人》，中国教育新闻网，http：//www.jyb.cn/rmtzcg/xwy/wzxw/202410/t20241008_2111253576.html。

③ 《济南市景山小学用独特的景山文化凝聚人心景山·向美而生向上漫溯》，新时报网，http：//e.e23.cn/content/2020/xxjy_0910/65525.html。

潜移默化中，影响着师生的一言一行。为了整治校园周边环境，维护校园周边良好秩序，学校还与相关部门联合，不断提升平安校园建设的人力、物力保障等级，为同学们健康快乐成长，营造出文明和谐环境。[①]

4. 团建活动强化教师向心力

洛阳市珠江路小学积极举办卓越团队建设特色活动，通过"珠行万里"和"心心相印"等活动使老师们聚集在一起，像教研课程一样，认真商量解决方法，并在实践中不断改进。通过开展活动来凝聚人心，激发老师的活力，同时增进老师和老师之间的感情。由此，老师们的"精气神"起来了，随之，教育教学工作开展也会更加有动力。此外，教职工拔河比赛等团建活动的开展，不仅能够锻炼教师的体魄，更凝聚了学校的向心力，为创建和谐校园增添了亮色。[②]

湖州市吕山小学为了提高教师整体素质、提升教师团队意识、创建和睦团队，致力于从以增强教师体质为主的"健之路"、以提升教师专业素养为主的"研之道"和以增加教师工作幸福指数为主的"乐之行"入手，开展一系列团建活动。具体而言，在"健之路"上强体魄：教师身体是教学工作的本钱，每周周一团建时间安排以"每天运动一小时 健康快乐一辈子"为主题的多项运动项目。学校体育组为全体教师准备好运动器材，规划好场地。固定项目有男子篮球和女子气排球、跳绳、乒乓球等；在"研之道"中提素养：教师素养是教学的生命线，每周三团建时间安排了以"一月一主题 每月一提升"为主题的教研项目，例如安排 3 月的"硬笔书法"、4 月的"信息技术能力提升"、5 月的"读书沙龙"、6 月的"学常规 晒常规"，每一个主题都重在过程的落实，提升教师的教学基本素养；在"乐之行"里寻快乐：幸福感决定了教师的工作效率，每周五团建时间安排以"一旬一游戏 一月一互动"为主题的放松活动，例如安排以"体现团队力量的重要性"为主的传呼啦圈、轮胎过河、齐步走、一元 5 毛钱和传递数字活动，以小家为单位，每一个游戏都需要团队的合作，在合作中凝聚人心。在"一月一互动"中安排三八编手链、4 月户外团建、5 月的师德演讲赛和 6 月的趣味运动会。[③]

（三）中学教育

中学教育是基础教育的重要阶段，是社会公民意识和责任意识的重要培育阶

[①] 《南阳市第十九小学：文化凝聚人心文明滋养校园》，卧龙区文明网，http：//wlqwmw. ihold. com. cn/？ m = word&key = 12417。

[②] 《珠江路小学：提升教师团队凝聚力，打造"追梦"教育理念》，今报网，http：//www. jinbw. com. cn/c/20220105/n_1641352358245130. html。

[③] 《吕山小学：团建中收获自我，合作中凝聚人心》，中国教育云，http：//cx. zjer. cn/index. php？ r = portal/content/view&id = 5051725。

段。中学教育是未来发展的必要阶段。学生在这个阶段需要学习公民教育、法律意识和社会责任意识，培养自己的公民道德和社会责任感。因之，凝聚人心教育亦不可忽视中学教育。经过总结和提炼，中学教育阶段，凝聚人心的典型做法主要包括党建引领增强学校凝聚力、多样化文体活动凝聚人心。

1. 党建引领增强学校凝聚力

衡南县泉湖中学以党支部建设标准化为契机，严格落实"三会一课"制度，把握党建工作核心，找准定位，立足本职，强化责任，以科学的党建工作理念引领中心工作，通过抓党建、促教学，发挥基层党组织的战斗堡垒作用；以创建"最美校园"为契机，学校调整工作分工，以新时期学校发展为依托，着力在绿化美化、书香校园、人文管理等方面加大领导创新力度，推动学校高质量发展；为强化民主集中制教育，健全领导班子议事和决策机制，学校通过党群联席会议、教代会、党员大会，对评先选优、绩效考核等教师关心关注的问题进行专题讨论决议，体现了民主集中制，保障了学校工作的公平、公开、公正；以提高广大教职工队伍思想政治素质、理论水平和运用理论解决实际问题的能力为目标，深入开展政治理论学习，增强党员的政治意识和责任意识。通过"三会一课"集中学习和"学习强国"平台学习等方式加强党员干部的理论学习。结合学校实际，抓好社会主义核心价值观建设，发挥"家校共育"优势，运用学校媒体落实党管意识形态要求。[①]

2. 多样化文体活动凝聚人心

铭记历史活动凝聚人心。为了纪念中国人民志愿军抗美援朝出国作战 70 周年，进一步激发广大党员的爱国热情，海亮初级中学党总支于 2023 年 11 月 6 日组织全体党员观看抗美援朝题材电影《金刚川》。通过观看电影，全体党员深深感受到中国人民志愿军的无畏牺牲精神，更加体会到和平的来之不易，受到了一次深刻的党性教育和精神洗礼。[②]

发扬民主精神凝聚人心。南阳市方城县实验初中在 40 多年的发展中，形成了以"校兴我荣 校衰我耻"主人翁意识为核心的实验初中精神，方城县实验初中教职工代表大会，是教职工发扬民主、凝聚共识、解决疑难问题的议事机构，也是群策群力、集思广益的决策机构。方城县实验初中教职工代表大会发挥"民主决策、民主管理、民主监督"的作用，不断把广大教职工对学校工作的思考和合理化建议，转化为学校发展的一项项有力举措；教职工代表深入教研组、深入班级，详细了解教师工作、生活中的困难和疑惑，为广大教师解疑释惑，解决困

---

① 《衡南县泉湖中学：强化党建引领，凝聚人心奋进》，载于《湖南日报》2023 年 5 月 30 日。

② 《铭记历史凝聚人心——海亮初级中学组织党建活动》，海亮教育网，https://www.hailiangedu.com/news/info/6713.html。

难。教职工代表大会有广泛民意基础，通过传达和解读上级精神，表达教职工心声，促进了学校和谐健康发展。该校重视科学决策，坚持民主管理，发挥集体智慧，形成了实验初中持续高质量发展的内生力量。①

二、职业教育

职业教育与普通教育虽属不同教育类型，但具有同等重要地位。职业教育是国民教育体系的重要组成部分，是培养多样化人才、传承技术技能、促进就业创业的重要途径。职业教育的目的也是培养社会主义劳动者、建设者，因之，在职业教育阶段，凝聚人心也是必然要求。经过总结和提炼，职业教育阶段，凝聚人心的典型做法主要包括实践教学融合思政"匠于心"、深化产教融合"匠于心"、文化思政润物无声"匠于心"、以价值引领为目标"匠于心"、广泛开展党建活动"匠于心"、发挥统战优势"匠于心"。

（一）实践教学融合思政"匠于心"

长沙商贸旅游职业技术学院马克思主义学院将"法治＋旅游"思想政治理论课，搬到湖南首家户外法治教育研学基地长沙县金州村开展。从法治书屋、宪法广场、法治大讲堂、皋陶书院到中国法治史、法治知识闯关等活动，让在场旅游管理专业的学生们直呼"特别接地气"！把课堂内扩展到课堂外，从排演剧目到同步分享互动，思政课与专业课巧妙结合，使思政课成为一堂贴近专业的思政课，学生在亲身实践相关法律知识的同时，深刻感受到了法律的神圣与威严。②

菏泽职业学院坚持分阶段、分批次开展思政课实践活动。读万卷书，更需要行万里路，菏泽职业学院经常性地组织学生参加思政课社会实践活动，让学生了解我国革命的历史和成就，了解现代化建设的历程，课堂理论与社会实际相结合，为职业院校学生爱国主义精神和大国工匠的培育提供有力的支撑。③

（二）深化产教融合"匠于心"

咸宁职业技术学院以一流的实训设备为学生追梦、逐梦创造了优越的条件。

---

① 《方城县实验初中：发扬民主精神 凝聚集体智慧》，选自潘河小夜曲公众号，https：//baijiahao.baidu.com/s？id＝1744623166114990020&wfr＝spider&for＝pc。

② 《长沙商贸旅游职院：让思政课堂"活"起来"火"起来"立"起来》，长沙商贸旅游职院官网，http：//www.hncpu.com/info/1133/6759.htm。

③ 《读万卷书 行万里路——菏泽职业学院思政实践教学纪实》，菏泽职业学院官网，https：//www.hezevc.edu.cn/jcjxb/info/1028/1250.htm。

走进会计学习基地，可以发现在会计课程教授过程中，学校与全国各地的工作单位建立联系，为学生提供实操性的学习环境，使学生能够沉浸式一站式的全方位体验真实的会计工作；走进汽车实训区，学校为学生提供了真实的汽车零件剖解1:1模型，汽修部和开发部的学生们头戴面罩，神情专注，动作十分熟练；走进直播间产教融合基地，学生正在电脑前聚精会神地学习、实操……

无锡职业技术学院对接科技发展，建设产教融合集成平台，切实关注学生的真实利益，以学生切实需求的满足凝聚人心。在产教融合协同育人过程中，无锡职业技术学院以技术为牵引、以产品为载体、以职业能力提升为核心，开展理实一体化的教学设计。围绕学习型工作任务，设计不同层次和形式的问题，引导学生针对问题建构知识，实现理论和实践的整合。①

（三）文化思政润物无声"匠于心"

在课题组调研新疆工程学院的过程中，得知新疆工程学院高度重视校园文化建设，实施"文化润心"工程，在潜移默化中不断铸牢师生中华民族共同体意识。为进一步传承中华优秀传统文化，将中华优秀传统文化形象生动地展现出来，引发学生情感共鸣，学校以时间为脉络，从西周初期的诗经文化、春秋时期的百家争鸣、汉代文化至唐宋时期的灿烂文化，依次打造了诗经园、诸子百家园、复兴门（汉阙）、唐诗宋词园等景观建筑，同时还创新性地建设了中国德育馆（新疆工程学院馆）、润心春联展、字典里的中国——字林词库集结展等展馆，不断提升学生的文化自信。

重庆巴南职业教育中心（以下简称"巴南职中"）以"青年养志"为核心的全员协同、全程覆盖、全方位构建"三全育人"体系，锤炼一批又一批的时代好青年。巴南职中积极探索新时代新征程下的中职学校"文化思政"大课堂模式，将学校"乐善"文化和"三知成人"主题教育深度融合，量身定制职业教育专属教化仪式，配套构建中职三年"学校＋企业＋社会"现代学徒制管理常规，建立起以树立社会主义核心价值观为基石、以夯实职业技能为支柱、以养成工匠精神为目标的一整套规范完善的现代学徒制教育体系。其中，党建文化是校园文化建设中不可缺少的红色底色。信步校园，"党史学习教育"长廊、"永远跟党走""匠心向党 技能报国""忠信勇勤"等景观小品营造了浓厚氛围。此外，由党员团员组成的10支"乐善"志愿服务队，常态化为镇街部门、社区村居提供电商助农、旧物改造、汽车维修等"星级"服务，彰显了现代职业

---

① 《无锡职业技术学院：产教融合协同育人培育优秀技术技能人才》，载于《光明日报》2023年5月24日。

教育为党育人、为国育才的风范。①

（四）以价值引领为目标"匠于心"

贵州大学阳明学院"五育并举"抓牢新时代大学生思想政治工作，学院组织成立马克思主义青年学习社，全面实施"沉浸式榜样育人工程"，始终坚持党建引领，积极推行"思政＋社团"工作机制，广泛凝聚和组织青年学生，将信仰教育向学生学习空间、生活空间和实践空间延伸，打造思政工作与学生学习生活深度融合的"思政社区"。社团面向全校招募优秀青年成立"新时代大学生信仰宣讲团"，深入班级、楼栋、寝室，线上线下开展信仰宣讲和入党动员，引导新生听党话、感党恩、跟党走。学院开展革命题材、时代榜样等内容的爱国影片赏析，引导新生学英雄精神，挖掘先进典型；通过讨论辩论、故事分享的青马"论·谈"，引导学生讲先进思想，深化人物理解；通过"英模再现"比赛，重演再现建党、新中国成立以来涌现出的英雄模范和感人事迹，带领学生激发情感共鸣，传承红色基因；提供经费，鼓励班级积极申报"阳光征程 明日可期"党建实践活动，激励学生做传承榜样，汇聚前行动力。②

（五）广泛开展党建活动"匠于心"

江南职业学校党委全面贯彻党的教育方针，加强对学校工作的全面领导，紧紧围绕立德树人根本任务，建立完善"支部＋专业群""支部＋项目""党委＋支部"等工作机制，充分发挥基层党组织在政治引领、推动发展、服务师生、凝聚人心等方面的政治核心作用，为办好人民满意的现代职业教育提供坚强保障。③

广东省外语艺术职业学院坚持通过开展主题教育学深悟透互动凝聚人心。主题教育启动以来，学校党委始终坚持问题导向，边学习、边调研、边检视、边整改，为学校发展指明道路。一是带着问题学理论，认识新机遇、新挑战。带着如何破解办学空间不足、规模不大的问题，校党委班子和全体处级以上干部开展了为期6天的集中学习研讨，重点围绕习近平关于教育工作的重要论述、国家职业教育改革和广东省职业教育"扩提强"精神，各基层党支部也紧跟党委做好学习

---

① 《重庆巴南职业教育中心：培养有志青年锤炼有为人才》，光明网，https：//new.qq.com/rain/a/20230706A01BV400。

② 《坚守初心为党育人 凝聚人心为国育才——贵州大学阳明学院"五育并举"抓牢新时代大学生思想政治工作》，贵州大学阳明学院官网，http：//ymc.gzu.edu.cn/2023/0510/c19220a189449/page.htm。

③ 《党建引领 打造新时代职业教育新范式》，中国新闻网，http：//www.cq.chinanews.com.cn/news/2021/0628/39-24072.html。

教育，通过学习研讨让党员干部和师生们准确认识学校发展的机遇与挑战。二是沉入基层调研，摆出真问题、"硬骨头"。4名党委委员以"扩大招生规模，整合办学资源，推进集团办学"为重点主题，带队开展调查研究，将"老大难"问题摆出来，直面"硬骨头"，问需于师生，问计于师生，真正把情况摸清楚、把症结分析透，找到解决问题的路径。全体党员干部和师生通过主题教育，把"守初心、担使命"的担当精神激发起来，自觉地把思想和行动统一到职教集团办学、广东省第二期高职扩招专项行动等学校"扩提强"工作上来，上下联动、多管齐下。①

（六）发挥统战优势"匠于心"

大连中华职教社积极发挥"统战性、教育性、民间性"优势，打出"组合拳"、使出"连环招"，团结凝聚全市从事职业教育和关心、支持职业教育发展的社会各界力量，大力倡导、推行、宣传职业教育，推动职业教育理念深入人心。坚持大宣传广覆盖。在大连市新开通的地铁5号线车厢内，一条视频循环播放，吸引了人们的目光。"看来以后孩子不仅可以考大学，参加职业教育也是一条出路……"人们还在不时地讨论着。为营造"国家重视技能、社会崇尚技能、人人享有技能"的良好氛围，把职业教育理念传承下去、传播出去，大连中华职教社充分运用电视、广播、网站以及微博、微信、短视频、户外广告、地铁公交等载体大波次播放职业教育宣传片。在全市5 000余处电子屏幕、灯箱广告、地标大屏共同点亮"职业教育 前途广阔 大有可为""技能：让生活更美好"等标语口号，日均百万以上人流关注，2023年6月，受众群体达2 400万人次。坚持汇人心、聚人气。工作要踏实，踏实就是做人、做事既要往远看，也要往近做，只有真正拥有一技之长的人，拥有立业之本的人，才能踏踏实实地在社会上立足。为使职业教育深入人心、深得民心，让职业学校学生"有学头、有盼头、有奔头"，市职教社大力弘扬"工匠精神"、积极讲好"劳模故事"。选取10位来自不同行业的全国模范、大国工匠为原型，制作10集纪录片"大连劳模风采录"，发放至全市70多所职业院校，用事实和影像展现劳模工匠风采，诠释劳模精神、劳动精神、工匠精神。同时，举办全市职业院校主题演讲大赛，49所职业院校师生报名参加，参赛作品一百余件，网上点击量数十万次。②

---

① 《广东省外语艺术职业学院聚焦"老大难"问题，在主题教育中寻求良策实现破局》，中国教育网，https://guangdong. eol. cn/guaungdongxiaoyuan/201911/t20191113_1692858. shtml。

② 《大连中华职教社打出"组合拳"推动职教理念深入人心》，辽宁神韵网，https://gd. huaxia. com/c/2023 – 06 – 02/1700508. shtml。

三、高等教育

大学教育、职业教育、基础教育教育、幼儿教育在人的教育生涯中具有不同的作用功能。高等教育在整个教育过程中起着重要的支撑、引领作用，能够通过共享校园环境资源、优秀的教师资源、课程与专业资源、学术与研究资源对中小学生进行积极的人生理想教育和产生科学精神教育效果。此外，大学可以协同开发中小学一体化开展德育活动资源，在推进一体化德育活动资源协同融通上贡献资源。经过总结和提炼，高等教育阶段，凝聚人心的典型做法主要包括"大思政课"格局下思政课程与课程思政协同育人、以大学为引领的大中小幼一体化德育模式、思政课堂的沉浸式体验式教育、行走的思政课激活社会大课堂、利用特色展馆凝聚人心；充分挖掘当地资源凝聚人心。

（一）"大思政课"格局下思政课程与课程思政协同育人

调研发现，西安交通大学积极探索把"理论小课堂"拓展为理论课堂、实践课堂、时政课堂、网络课堂的"思政大课堂"的做法，着力建设"行走的思政课""前沿的思政课""指尖的思政课"，都很有创新，取得了很好效果。2023年9月9日，西安交通大学马克思学院院长燕连福参加全国优秀教师代表座谈会时发言汇报了这些做法，得到中央领导同志的肯定。

甘肃省着力打造一支专兼结合思政课教师队伍，并实现大中小学教师培训全覆盖，省委、省政府主要领导带头深入高校讲"形势与政策"课、高校班子成员上讲台讲授思政课成为常态；组建"博士生宣讲团"、优秀教师讲师团、大学生骨干宣讲团，广泛开展宣讲巡讲活动，形成"大思政课"的浓厚氛围；从全省"五老"、先进模范、专家学者、道德模范中聘请思政课兼职教师75名，形成先进人物经常性进学校作报告的长效机制，为思政课实践育人提供了有力保障。[①]

上海大学利用大课堂、大师资、大平台共同推进"思政课+课程思政"建设。围绕"思政课+课程思政"建设，上海大学积极探索，例如，在"美丽中国"教育教学中，以前瞻性视角解析生态文明建设的重要意义，通过案例分析、理论讲解等形式将生态文明建设融入思想政治教育；在环境与化学工程教育教学中，应当认识到"能源的利用史中藏着'生态文明建设''人与自然和谐共生'和'新能源'国家发展战略和理念的思政元素"，要通过讲述"双碳战略"，激

---

① 《激活"大课堂" 做优"大品牌"》，载于《中国教育报》2023年8月4日。

发青年学生的"报国热情"。①

温州医科大学以"思政课程"与"课程思政"作为学校思政工作的重要抓手，齐心协力共推"思政课程"与"课程思政"互动发展，发挥全员协同、全过程协同、全方位协同育人合力，改善"思政课程"与"课程思政"单向发展的现状短板，构建并完善"大思政"育人格局。②

（二）以大学为引领的大中小幼一体化德育（思政）模式

包头市青山区教育局主动向包头师范学院伸出"思政橄榄枝"，合作成立全市首家"新时代大中小幼思政课一体化教育联盟"，并通过"自治区铸牢中华民族共同体意识大中小思政课教师培训基地（西部片区）"获得教师培训的经费支持，经过一年多全学段教师的培养和打磨，包头市青山区各学段均建起了思政课一体化建设实验校，包括幼儿园1所、小学5所、初中4所、高中2所。同时，还建起了小学和初中学段的"道德与法治名师工作室"，高中段的"高中思想政治课名师工作室"。③

北京市学校德育研究会组织教师以讲故事的形式提升德育能力。讲述育人故事活动已经成为加强教师思想政治工作的平台、推进学校德育一体化的途径和展示首都广大教师育人风采的舞台。通过讲述教育故事，教师们相互影响感受激励，相互学习提升能力。这种跨学段、跨学校的自主教育，增强了教师们"为党育人、为国育才"的使命感。讲述育人故事成了北京市学校德育研究会贯彻大中小幼一体化德育的有效途径。④

（三）思政课堂的沉浸式体验式教育

在课题组开展大学教育工作目标落实的调研中，发现华中科技大学、南开大学、中南大学、北京科技大学等高校积极探索思政课堂的沉浸式体验式教育新形式、新方法。

华中科技大学《星河灯塔——科学家精神》沉浸式思政示范课，由华中科技大学10多个院系20多位教师组成的教学团队历经100多个日夜反复打磨，于2023年9月面向全体本科生开设，以专题教学的方式向华中科技大学学子讲授科

---

① 《大课堂大师资大平台推进上海大学"思政课+课程思政"建设》，上海大学教务部网，https：//jwb.shu.edu.cn/info/1016/305623.htm。

② 《推进"思政课程"与"课程思政"良性互动构建"大思政"育人格局》，载于《光明日报》2023年3月25日。

③④ 《包头市青山区：以"一体化建设"为抓手筑牢大中小幼思政之基》，载于《中国教育报》2022年11月19日。

学家精神的内涵，引导学子自觉砥砺爱国之志、实践报国之行。例如，华工激光团队——踏寻光者的征途，他们为中国激光赢得全球行业话语权精益求精，他们作为推进科教协同和产教融合的成果体现，扛起"代表国家竞争力，具备国际竞争力"的旗帜，带着对一束"光"的满腔热血，实现了一个又一个的突破与跨越，他们是真正的追光者！这一沉浸式思政示范课，以华中科技大学砥砺奋进70 年的发展历程为主线，带大家深入科学家的内心世界理解他们的爱国精神、创新精神、求实精神、奉献精神、协同精神和育人精神。

南开大学为创新思政课形式，增强思政课的互动性，提高思政课的获得感，打造具有天津特色和南开元素的辅助思政课教学资源，推出"新时代生态之路""新时代的天津足迹""马克思主义在南开"三个虚拟仿真实验室。"新时代生态之路展厅虚拟仿真实验"以生态文明建设为主题，以原木色和绿色为主色调，突出生态文明自然、和谐的特点。以生态文明建设、发展、实践、改革为主要脉络，通过图片、文字和视频的形式形象地展示新时代生态文明的发展历程。"新时代的天津足迹虚拟仿真展馆"，全面回顾习近平在"实现京津冀协同发展""保障和改善民生""推动生态文明建设""抓好领导班子党性修养""搞好爱国主义教育和思想政治工作"等方面对天津的一系列重要指示和要求，全方位展现习近平总书记对新时代天津发展的高度重视和殷切关怀。"马克思主义在南开虚拟仿真实验"以 2019 年 1 月 17 日习近平总书记视察南开大学为切入点，分为"南开校史""一个关乎国家命运的实验室""一句真挚的寄语"三个虚拟展厅，全景式呈现南开大学的爱国主义之魂，展现南开大学始终同国家命运和民族复兴同向同行的办学历史，呈现党和国家历届领导人对南开大学的殷殷期望。

中南大学采用体验式、互动式、分众式等方式建设体验课堂、实境空间、互动场所、活动设施等，构建融思想内容和空间化于一体的思政实践资源体系，让学生在润物细无声中坚定理想信念、提升道德修为、领悟知识真谛、实现全面发展。为引导青年学子树立正确的价值观，中南大学建成并启动社会主义核心价值观教育"友善"体验课堂，构建数字化、可视化、交互性的创新教育模式。"友善"体验课堂共分为测评区、学习区、体验区、践行区 4 个区域，在这里，同学们可以通过小程序打卡、AR 互动合影、实时弹幕分享、剧场情景演绎、互动游戏等一系列体验环节，打造富有参与感的"友善"体验课堂。

北京科技大学举办数字马院沉浸式体验活动，邀请在校本科生体验精准扶贫虚拟仿真课。学生们在马克思主义学院教师引导下观看数字马院的宣传片以及由全息投影技术呈现的演讲视频——李大钊的《青春》，初步了解数字马院的发展历程、课程板块、运行模式及实际效果。进入精准扶贫虚拟仿真体验环节后，同学们头戴 VR 眼镜、手握操作手柄，手舞足蹈、乐此不疲，不停地和身边的同学分享他的所见所闻，体验教室里热闹非凡。

目前，这一做法正在普及。据悉，北京理工大学、重庆邮电大学、山东省齐鲁工业大学（山东省科学院）、陕西省西安音乐学院、西安医学院、甘肃省天水师范学院、湖北省咸宁职业技术学院等高校马克思主义学院，都建立了虚拟仿真体验室。

（四）行走的思政课激活社会大课堂

2020年9月17日，习近平冒雨来到岳麓书院，遇见了湖南大学"移动思政课"的师生们，他与师生亲切交谈，为移动课堂点赞，指出要把课堂教学与实践教学有机结合起来。①

盐城师范学院把盐城的红色资源作为办学育人的"富矿"。盐城师范学院地处盐阜革命老区，是新四军重建军部所在地。学校加强校地合作，把历史转化为课程，把史料转化为教材，把红色地标转化为育人阵地，先后成立"寻访江苏精神谱系，传承红色基因""千名学子访百城，纪念馆里学党史""农家书屋助力乡村振兴"志愿服务团队，与地方共建"红色书屋"，定期举办"党史阅读分享会""红色讲堂"等理论宣讲活动，多种形式开展行走中的思政课堂。②

天津理工大学把专业课学习搬进国家海洋博物馆，依托学校马克思主义学院思政课教师和海运学院专业教师力量，深挖博物馆蕴藏的思政和海洋元素。该校为加快培养海洋强国建设人才，引导青年学生牢固树立生态文明意识，充分整合优势资源，本着"优势利用、资源共享、相互支持、共同发展"的原则，与国家海洋博物馆共建实践基地。该校将思政与专业元素有机融合，发挥实践基地的育人作用，推出"行走的思政课——知行课堂"，推动思政小课堂与社会大课堂相结合，引导学生强化海洋意识和对海洋人文、海洋生态等的认识和理解，坚定建设海洋强国的信心，并细致分析蕴含其中的马克思主义基本原理，增强学生对唯物史观的理解。③

安徽师范大学爱心支教项目是其发挥自身特长开展的一项长期性助力乡村振兴行动。截至2023年8月，学校物电学院千方爱心学校连续18年开办暑期义务补习班，累计开展1200余堂优质科普课程，将自然科学的奇妙带给大山里的孩

---

① 《湖南大学岳麓书院：不负时代重托 不负青春韶华》，人民网，http：//hn.people.com.cn/n2/2020/0919/c195194-34303682.html。

② 《盐城师范学院：将红色资源转化为育人力量》，光明网，https：//m.gmw.cn/baijia/2021-11/23/35329677.html。

③ 《天津理工大学把专业课"搬进"国家海博馆 建实践基地 推出"行走的思政课"》，载于《天津日报》2023年7月6日。

子们；体育学院"阳光体育"爱心夏令营项目已在全国 20 余地市设立志愿服务基地，持续传递体育热情；地旅学院"情系川皖·圆梦巴蜀"山区留守儿童支教团在 16 年的支教过程中不断积极探索信息化背景下"线上支教"的可行性……志愿者们一届届接续前进，蹚过溪流，跨过山川，架起了一座座"连心桥"。社会实践是青年学子认识社会、感知国情的重要窗口，安徽师范大学始终坚持将思政小课堂与社会大课堂紧密结合，让学生在社会实践这一"行走的思政课"上俯下身子做实事、放下架子学本领，在"自找苦吃"中"自我蝶变"，真正将自己的人生目标和奋斗方向与国家发展、社会进步、民族复兴紧密结合起来。①

（五）利用特色展馆凝聚人心

中国人民大学的博物馆凝结着鲜明的红色基因。习近平 2022 年 4 月 25 日在中国人民大学考察时强调，中国人民大学在抗日烽火中诞生，在党的关怀下发展壮大，具有光荣的革命传统和鲜明的红色基因。课题组成员来到中国人民大学博物馆，参观了解了其校史展、北方文物展、于阗文书展、徽州文书展、中国传统家书展、中国百年股票展等。其中的校史展在高校校史馆中具有独树一帜的风格和特色。校史展突出党办高等教育的红色主题，运用声光电等新技术手段，增加实物展示，形成了主题突出、动线明确流畅、空间利用充分的新的展厅布局，着力实现空间灵动、主客互动、让观众内心感动三个目标。此外，北方文物展致力于使观众从古代中国北方灿烂的民族文化中，了解中原与边疆的密切关系，了解各民族在中华民族多元一体格局形成过程中的历史贡献；于阗文书展、徽州文书展、中国传统家书展、中国百年股票展等致力于使观众真实细腻地沉浸在我国优秀文化发展演变的历程之中，走入历史、了解历史，在历史中凝聚人心。

西安交通大学的西迁博物馆（以下简称"交大西迁博物馆"）展示和传递着西迁精神。调研得知，交大西迁博物馆生动展示了从溯源南洋到交通大学西迁，"从南洋走来"到"与国家民族同向同行"，从"永远飘扬的旗帜"到习近平总书记对西迁精神重要指示。展出照片、图表和实物等共 2200 余件，其中有西迁人及广大师生校友捐赠的实物 480 余件。展馆以图文实物和多媒体等展陈形式溯源南洋、致敬西迁、向西而歌，集中体现西迁人"听党指挥跟党走""打起背包就出发"，筚路蓝缕西迁创业的艰苦历程和辉煌成就，展示西迁精神激励一代代知识分子奋勇前进的磅礴伟力。交大西迁博物馆是弘扬西迁精神的重要阵地，也是陕西开展爱国主义教育的重要基地和发挥立德树人作用的重要平台。

调研发现，新疆工程学院的煤炭工业展览馆展示和传递着学以报国、艰苦创

---

① 《在社会大课堂上好"行走的思政课"》，载于《光明日报》2023 年 8 月 9 日。

业的品格风貌。建设发展历史是新疆煤炭产业发展历程中的重要组成部分，将建校史与新疆煤炭工业发展史有机结合建设的新疆煤炭工业展览馆，全面展现新疆煤炭工业从无到有、从有到优的发展历程，真实、生动地向学生传递学以报国、艰苦创业的品格风貌，引导广大师生树立理想信念，守正创新、踔厉奋发，为全面推进中华民族伟大复兴而团结奋斗。

中南民族大学的民族学博物馆展示和传递着中华民族共同体意识。在调研中课题组了解到，中南民族大学民族学博物馆是我国第一座以"民族学博物馆"命名的专业性博物馆、全国科普教育基地、全国民族团结进步教育基地，现有馆藏历史、民俗、宗教、革命等各类文物 1 万余件，以壮族、苗族、黎族、土家族、瑶族等少数民族的文物为主。作为高校专业性博物馆，它不仅是广大师生学习民族文化知识，开展探究式学习、参与式教学、实践教学的重要场所，也为传播我国少数民族优秀传统文化、宣传我国民族政策、普及民族知识、铸牢中华民族共同体意识作出了积极贡献。

（六）充分挖掘当地资源凝聚人心

陕西高校充分利用当地的红色资源和中华优秀传统文化资源，开展大思政课现场教学。延安的延安革命纪念馆、杨家岭革命旧址、枣园革命旧址、南泥湾、凤凰山革命旧址以及梁家河，西安的八路军办事处、西安事变纪念馆、西迁博物馆、陕西历史博物馆、烈士陵园，等等，不仅是陕西学生的德育基地、爱国主义教育基地，是学生节假日进行思政教育的好去处，也是外省学生经常接受教育的行走课堂。

厦门深度挖掘各学科蕴含的思政教育资源和厦门特有的"英雄小八路""嘉庚精神"等鲜活素材，建设 22 个省级、45 个市级中小学思政示范课，29 个高校项目获省级思政课程教育教学改革精品立项。广泛开展文化、艺术、科技、体育、读书、心理"校园六节"活动，每年举办近千场夏令营，截至 2020 年 11 月，举办 36 年的中学生政治夏令营已成为思政教学理论与实践相结合的品牌项目。持续打造高校"三爱"主题教育实践系列活动特色品牌。开发学生社会实践系统，编印 100 万册学生社会实践护照。制定劳动教育、研学实践教育基地（营地）的建设与服务标准，创建 40 个市级、11 个省级以上研学实践和劳动教育基地，建设 22 项研学精品课程。①

上海充分依托课堂教学主渠道、主阵地作用，深挖各学科爱国主义教育内

---

① 《厦门市着力构建大中小幼一体化德育体系》，教育部网站，http：//www. moe. gov. cn/jyb_xwfb/s6192/s222/moe_1771/202011/t20201117_500442. html。

涵，已相继在全市建立8个学科协同研究中心、35个学科德育实训基地，并通过把"四史"教育有机融入语文、历史、地理等学科教学之中，将其与学生社会实践紧密结合，陆续开展了"百万青少年巡访爱国主义教育基地"、"上海六千年"之旅、"初心之地、复兴之路、强国之梦、文化之根、魅力之城"等系列实践教育活动，把价值观的"盐"融入知识传授的"汤"里。①

温州医科大学在"思政课程"中引入医学资源，系统性梳理温州医科大学在"课程思政"建设过程中富含思政元素的品牌项目，如温州医科大学体现"医乃仁术"融入拼搏精神和青春使命的"明眸工程""微笑联盟""医带医路"等品牌事迹，以及抗击新冠疫情中的素材等。结合学生不同专业、不同年级特点进行分类提炼，在"课程思政"中融入医德元素，深入挖掘医学课程体系中爱国情怀、人文精神、科学精神、奉献精神的医学人文要素和思政要素，提炼升华，将时代的、专业的正能量引入医学课堂，将课程蕴含的医德精神升华为学生的内在精神涵养和价值追求，完成教学内容的互动融合，实现育人育才"润物无声"。②

首都经济贸易大学（以下简称"首经贸"）探索"红色经贸"学科思政体系。"红色是中国共产党、中华人民共和国最鲜亮的底色。"首经贸结合自身特色优势，成立了"红色文化研究教育中心"，探索"红色经贸"体系，巩固拓展党史学习教育成果，推动党史学校教育常态化、长效化。学校成立"红色文化研究教育中心"，希望把研究成果应用到教育中、应用到课堂上。学校通过"请进来，走出去"，与国家博物馆、中国钱币博物馆、二七纪念馆等共建一系列红色教育基地，举办周恩来家风展、邀请"当代雷锋"郭明义作报告等，让红色旗帜在师生心中高高飘扬。学校成立工作领导小组，依托学校经济学、管理学等学科优势，制订"红色经贸"建设方案。从学术研究、课程思政建设、学生社会实践、学生日常思政教育、社会服务五个方面开展"红色经贸"建设工作，7个学院和相关职能部门确定各自工作方向，制定具体工作目标，做到整体统筹、协同推进。③

四、经验与启示

通过上述分学段对教育凝聚人心的典型案例介绍，我们可以得到以下经验启示。

---

① 《德育工作大中小幼一体化衔接，上海为每个学生终身发展注入鲜明底色》，上观新闻网，https：//sghexport. shobserver. com/html/baijiahao/2020/12/01/306693. html。

② 《推进"思政课程"与"课程思政"良性互动构建"大思政"育人格局》，载于《光明日报》2023年3月25日。

③ 《构建"大思政"新格局，形成育人生动实践》，载于《现代教育报》2022年7月15日。

第一，抓住课程建设这个关键，落实教育凝聚人心工作。学校对学生开展教育的主渠道是课程教学。除了继续办好思政课关键课程之外，近年来大中小学都注意抓专业知识课的课程思政建设。这是因为，根据高校的统计，80%的课程是专业课，80%的教师教专业课，学生80%的学习时间用于学习专业课知识。所以，思政课和专业课既要各自守好自己一段渠种好责任田，又要同向同行，协调做好凝聚人心、立德树人的工作。"三全育人"的氛围也在逐步形成中。

各个学校都在下力气抓课程思政建设。有的学校有专门领导负责抓课程思政的全覆盖工作，有的省或者地区甚至建立课程思政联盟。这些措施都在有力推进课程思政建设。

教师探索如何把专业课中的育人元素挖掘出来，目前在课程思政建设初期出现的"两张皮""硬融入"的现象得到有效改观。比如，西安交通大学附中在外语课教喜马拉雅山登峰队内容时，就挖掘了登峰队不畏艰险的攀登精神、对测量准确度精益求精的科学精神、对环境保护的生态文明意识等。

第二，抓住教师队伍建设这个"牛鼻子"，提高教育凝聚人心工作质量。教师队伍建设，关键在于通过师德师风建设和教学科研训练，提高教师的教学科研能力和综合素质。近年来，通过课程竞赛锻炼教师教学能力，成为各地教师队伍建设的重要抓手和着力点。全国性、省际联合、地域性和校级各类教学竞赛都在开展。这种竞赛是不是形式主义？是不是成了教师的负担？虽然网上有质疑之声，但是参加竞赛的教师普遍不这么认为。有一位参赛获奖青年教师是这样表示的：通过备赛活动，得到学校几位专家的全程指导，使自己的教学技能甚至教学理念、育人本领都得到全方位的提高；其他教师也在备赛过程中通过集体打磨过程得到启发；教学获奖后，等于在本学校树立了一个标尺，全体教师都明确了奋斗目标，竞赛实际上起到了动员和示范作用。

以陕西"大练兵"为例。作为新时代陕西省推进思想政治理论课改革创新的实践探索和活动品牌，思想政治理论课教师"大练兵"主题活动经过长时间的运行打磨、全过程的逐步完善、多细节的实时补充，已经成为具有代表性和实效性的思想政治理论课创新模式，具备了可资参考的实践经验和模式范本。从责任落实、育人机制，到建设支撑、育人平台，再到素养提升、育人活力，"大练兵"活动都能起到促进和提升作用。陕西省思想政治理论课教师"大练兵"活动全面提升了思想政治理论课教师队伍的综合能力，提升了学校思想政治理论课立德树人的育人效果，也推动了大中小学思想政治理论课一体化和"大思政课"建设的进程。

第三，下力气建设校园文化硬件和软件。校园文化软硬件，是学生每天都身临其境并接受其耳濡目染的环境条件。很多学校舍得花精力、下本钱，在这方面的建设取得的教育效果，远大于其投入。西安交通大学、云南师范大学、新疆工程学院、齐鲁工业大学、天水师范学院等一批大学在校园中建立了系列的主题文化景点和红色文化体验馆，把校史、四史、中华传统文化史中的重大事件和重要人物，物化为生动形象的文化景点，使爱国爱校教育的现场教学有了鲜活载体。西安音乐学院请著名音乐家为入党誓词谱曲，创作了一批红色歌曲，使音乐与红色"联姻"，在学生中和社会上产生了很好的效果。西安美术学院坚持开设"一画一课"，把红色油画等美术作品引入思政教学课堂，使美学育人扎实开展。

第四，用好社会大资源，善用"大思政课"。用好社会大资源，运用社会资源拓展学校思政教育的渠道，善用"大思政课"，是近年来取得的宝贵经验。许多省市都通过组织学生沿着总书记在当地考察的足迹，参访向习近平汇报的普通群众和基层干部，从而更好学习习近平调查研究方法、领悟习近平新时代中国特色社会主义思想。

很多高校通过组织学生参与"三下乡"等活动，深入田间地头、企业车间、街道社区，采访先进人物，心灵得到洗涤。《三秦道德楷模》《奋战在扶贫攻坚第一线》两本报告文学集，就是学生深入基层的重要收获，《中国教育报》在报道中称其做法是"引导学生把论文写在祖国大地上"。

社会大资源如何"善用"、用好，是近年来各校不断探索的问题之一。退休民警余发海多年来坚持寻找烈士亲属的动人事迹被媒体报道后，引起了咸宁职业技术学院的注意。他们特聘余警官为"德育导师"，请他到学校或羊楼洞志愿军烈士陵园，讲述志愿军医院142位烈士的动人故事，讲述他常年寻找烈士亲属的艰辛，讲述活着的"烈士"胡金海是如何给已故的烈士"胡金海"扫墓的奇闻。① 这些鲜活的故事，使社会资源"活起来"，不仅让学生懂得了今天的幸福生活来之不易，更使他们从活生生的烈士和寻亲民警身上学到了如何做人。

第五，根据学生成长规律，有针对性开展凝聚人心教育。在不同学段采用不同的教学目标、不同的教学方法开展教育，也是近几年的重要经验。华中师范大学组织同课异构论坛后，给全国学校教育很大启示。同样的教育内容，如何避免简单重复、交叉？教育部的要求指明了教学改革的方向：小学阶段重在培养学生的道德情感；初中阶段重在打牢学生的思想基础；高中阶段重在提升学生的政治

---

① 参见《【志愿军】"活烈士"背后的故事》，http://www.yinheyuedu.com/article/detail/24738，2020年8月29日。

素养；大学阶段重在增强学生的使命担当。西安市教育局教研院组织西安大中小学教师代表，就"吃水不忘挖井人"的主题，开展了一场"同课异构"展示；云南师范大学则邀请云南大中小学一体化联盟单位组织了一场生态文明建设主题的同课异构讲课竞赛。这些探索，使教师更深入地领悟了如何开展大中小学思政课一体化建设，如何实现低学段向高学段的螺旋式上升。

第八章

落实教育完善人格工作目标的现状及分析

人格的完善越来越成为教育的核心目标。一方面，由于学校逐步重视完善人格工作，使人格教育取得了一定成效；另一方面，学校中存在的一些心理压力大导致的极端事件，高学历、高智力人员犯罪事件的发生，更充分凸显完善人的道德品质和加强健康人格主体塑造的重要性。因此，了解学生人格发展的状况以及教育完善人格的程度，是进一步开展人格教育的关键一步。

第一节　落实教育完善人格工作目标的主要成绩及其分析

一、教育各界对人格教育的重视程度明显提升

教育完善人格工作的落实，首先在于对这一工作目标的重视程度。调查发现：第一，教育完善人格工作目前已经成为教育领域关注的热点问题，教育各界对人格教育的重视程度明显提升。第二，作为教育完善人格重要场域的学校，对人格教育的认知较为准确，近年来，如何帮助青少年具备健康的人格，成为学校育人工作的重要选题。第三，家庭、社会各界也对青少年人格问题投入了较大的关注。

得出结论的主要依据如下。

（一）政府教育管理部门和学校都将完善人格教育置于比较重要的地位

政府教育管理部门认识到教育完善人格在学校教育中的重要地位。在问卷调查中，当问及关于人格教育在学校教育中的地位时，多数回答"重要地位""基础地位""核心地位"，只有极少数选择"普通地位"。基于对人格教育的重视，教育完善人格的各种条件近年来也得到一定程度的改善。调查显示，专项资金投入、完善教师队伍、加强组织协调、指导辖区内教育改革工作成为当地政府教育管理部门采取的推进学校人格教育工作的主要措施。政府教育管理部门还会通过实地督查、随机抽查、发文督查、会议督查以及暗访等各种方式督导辖区内学校开展人格教育。如在座谈调查中，天津师范大学教师与甘肃农业大学学生均反映，据他们对本校的观察和对目前国内大多数学校的了解，都能将教育完善人格的工作细化于学校工作的各个领域，每个学院都有专门的学工部门，有专职的教师负责学生的思想学习及解决生活中的问题，关注其对学生的人格发展的影响。可见，学校对于学生人格完善工作较为重视。

（二）学校和教师对学生的人格教育有较高的重视程度和较准确的认识

学校较为重视人格教育，对学生人格的认知较为准确。学校教务管理部门对于本校教育工作关注学生人格发展程度较为认可。调查学校教务管理部门"您是否认同人格教育比知识教育更重要？"时（见图8-1），60.19%的被调查者表示"非常认同"、33.01%的被调查者表示"比较认同"、5.34%的被调查者表示"一般"、1.46%的被调查者表示"不太认同"。可以看出，新时代，超过90%的学校可以将人格教育置于教育的重要位置，凸显对完善人格的重视与关注。它们认为学生完善的人格主要涵盖"稳定的性格""良好的动机""健康的体魄""广泛的兴趣""远大的理想"等。如在调研中，郑州大学、天津师范大学、北京邮电大学、西南大学、华中师范大学、西安航天中学、湖北赤壁一中、西安交通大学附小等很多不同学段的师生均反映目前学校心理健康教育体系越来越完善，辅导员队伍和思政教师队伍的理论水平和工作能力都有所提高。这些学校通过加强学生心理健康教育，学生的人格状况也得到了相应的关注。

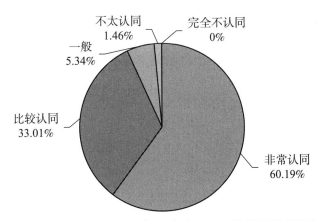

图 8 - 1 对"人格教育比知识教育更重要"观点的认同程度调查比例结果

（三）教师普遍比较重视对学生积极人格的塑造

教师在教育教学实践中比较注重对学生积极人格品质的塑造与养成，仅有极少数的教师对人格教育表示不太关注。例如，如图 8 - 2 所示，在问卷调查中，当问及教师"您在教书育人过程中，是否重视对学生健全人格的培养？"时，72.33%的教师表示"非常重视"，25.55%的教师表示"比较重视"，仅有不到 3% 的教师表示"一般""不太重视""不重视"。同时，大多数教师认为学生人格的发展状况较好，他们侧重从"乐观""诚实""毅力""勤奋""专注力""真诚""勇气"等方面培育学生心理层面、道德层面、社会层面的人格品质。

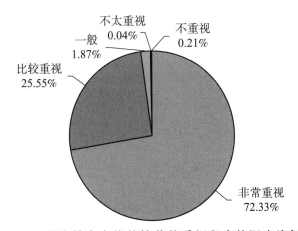

图 8 - 2 对学生健全人格的培养的重视程度的调查比例结果

上述调查结果在座谈和访谈中均获一致性证实。几乎所有发言的老师和同学都认同完善人格是教育的重要任务，反映这一工作的开展情况近年来得到明显改善。现在不仅高校普遍设立面对学生的咨询机构，而且中学甚至有的小学也在积极建设咨询室，对学生提供心理、交往、学习、人生规划、道德情操和思想困惑方面的咨询。课题组实地考察了西安航天中学的咨询室，不仅有良好的氛围和先进的设施，而且有专职的持证老师负责咨询工作，每天都有预约的学生在这里得到免费的帮助指导。陕西师范大学游旭群校长介绍，为了改善中小学师资的人格结构，他们把心理素养作为师范生培养的首要素养来抓。湖北赤壁一中校长亲自抓心理咨询室建设，在编制紧张的情况下，招聘3名心理学专业毕业生组建心理咨询室。关于需要完善的人格内容，也从开始关注心理人格，扩展到了道德人格、社会人格和政治人格。从一些腐败分子的案例中，师生发现他们有个共同的特点：政治人格和道德人格缺失，出现拉帮结派、"两面人"、对党不忠诚等不良趋势。所以逐步认识到所谓"完善"是全面关注学生的人格发展问题，注重塑造学生的品格、品行、品位。心理人格很重要、是基础，也是完善人格工作的切入口和抓手。同样，其他方面人格的塑造也不可或缺。这是对完善人格认识的巨大进步。

二、学生的人格状况总体积极乐观

调查表明，第一，近几年我国学生人格状况总体积极乐观，教育工作提升了学生的人格素质。多数学生认同学校的人格教育使其变得更加有智慧、有勇气、懂得自律等。第二，学校教育优化了学生的智能结构、发展了学生的个性心理特征、提升了学生的审美境界。

得出结论的主要依据如下。

（一）学生总体呈现出较为积极健康的人格状态

调查发现，如图8-3所示，当问及"学校教育提升了您以下哪些方面的素质？"，学生对所有选项的选择均超过了25%，其中占比最高的五项分别为"能力"（89.26%）、"理想"（60.97%）、"性格"（59.39%）、"兴趣"（51.00%）和"意志"（47.19%）。访谈中大多数学生表示身边的同学朋友存在人格缺陷问题的是极少数，学生总体呈现出较为积极健康的人格特征。可见，当前的教育工作除了重视知识教育之外，还注重对学生其他方面能力与素质的培养，以期通过教育工作改善与优化学生的智能结构和人格结构。

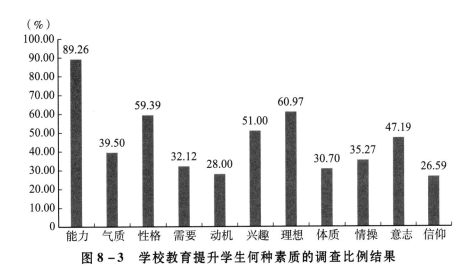

图 8－3　学校教育提升学生何种素质的调查比例结果

（二）学生个性心理品质总体稳定

教育工作在优化学生智能结构的基础上，还致力于发展学生的个性心理品质，促使其形成稳定的人格特征与行为方式。调查显示，学生本人与他人观点不一致时，不同的个体在面对同一情境时会采取不同的态度，其中半数以上学生表现为理性、积极的较高层次的心理图式系统以及较为克制的态度。仅有极少数学生表现为不知所措、盲目、固执、恼羞等相对初始、初级的心理图式系统。当学生有烦心事或心理压力过大时，如图 8－4 所示，58.59% 的学生选择"音乐调节"，55.14% 的学生选择"向人倾诉"，30.57% 的学生选择"与朋友外出散心"，30.06% 的学生选择"运动纾解"，26.11% 的学生选择"顺其自然"等科学合理的心理调控方式，很少一部分学生选择抑郁于心、向亲近的人发脾气等伤己伤人的方式，而选择心理咨询的学生则只有 5.38%。这说明大多数学生都能够科学地化解自身的压力与不良情绪，同时也说明心理咨询一方面不是大多数人排解压力的选择，另一方面也没有被广大学生所接受。

（三）完善人格教育培育了学生较高的审美素养和境界

调查显示（见图 8－5），学生在阅读文学作品或观赏影视作品时，更喜欢"大义凛然的英雄勇士""快意恩仇的武林大侠""调皮可爱的古灵精怪""忠诚无畏的志士仁人"等人物形象，而对"诡谲多变的阴谋小人""左右逢源的市井之辈"等人物形象的选择占比极小。可见，通过教育工作，当前的学生基本有着较高的审美素养和审美境界。

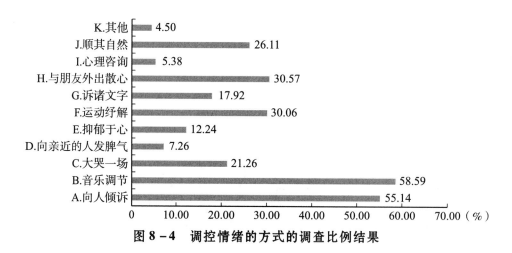

图 8 - 4　调控情绪的方式的调查比例结果

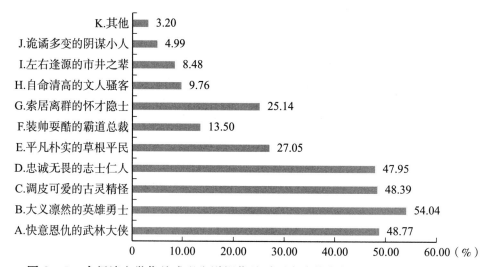

图 8 - 5　在阅读文学作品或观赏影视作品时更喜欢的人物形象的调查比例结果

第二节　落实教育完善人格工作目标的主要问题及其分析

当前教育完善人格工作目标既取得了积极的成效，也存在部分问题。通过对问题进行梳理分析发现，当前教育完善人格工作还存在如下问题。

一、部分学生的人格问题不容忽视

调查显示，第一，当前我国学生人格总体向好，但仍有部分学生在认知层面和行动层面与预期水平存在一定差距，影响学生的健康成长。第二，部分学生的人格问题具体表现为政治意识淡漠、道德素质水平较低、心理素质较差同时存在心理问题、社会人格不健全、法律观念不牢固等问题。

得出结论的主要依据如下。

（一）部分学生政治意识淡漠

在政治人格层面，一部分学生理想信念淡薄、不坚定，对马克思主义理论缺乏清晰的认识，甚至有少数持怀疑的态度，淡化了中国特色社会主义共同理想，更加容易受到社会不良风气的影响，在理想信念的选择上犹豫不决；另一部分学生则无法平衡好个人理想与社会理想的关系，过分关注个人理想能否实现，将个人理想功利化，以自我为中心，把个人理想摆在社会理想之前，割裂了个人理想与社会理想相统一的辩证关系。部分学生表现为精致的利己主义者，对人类、国家、民族和他人的命运漠不关心，只关心自己的升学评优、评奖助学金、出国留学、考公务员等个人前途问题。如在访谈调研中，甘肃农业大学、深圳大学、天津大学、北京邮电大学、中央财经大学、重庆交通大学师生均反映，部分学生的集体观念淡薄、利己思想较为普遍，对国家大事关心不够。

（二）部分学生道德素质水平较低

在道德人格方面，部分学生缺乏大德。2014年5月4日，习近平总书记在北京大学师生座谈会上指出："要立志报效祖国、服务人民，这是大德，养大德者方可成大业"①，深刻阐明了大德的内涵。大德是调节个人与国家、民族、社会关系的规范，有的人读书没有立志报国、服务人民，而仅仅是为了自己。有的仍存在缺乏公德心、损毁公共财物、铺张浪费、不遵守公共场所秩序、横穿马路、信手涂鸦等道德行为失范现象；有极少数学生违反考试诚信，考试作弊被处理；部分学生的道德认知与道德行为背向而行，出现言行不一、知行不一的行为。还有的缺乏私德，在与家人、同学相处时缺乏爱心，有的甚至触碰了道德底线。大部分学生虽然具有强烈的道德认同感，也了解相关的社会道德要求和道德标准，但自己在道德方面表现出来的行为却与他们认同的社会道德标准大相径庭，更有部分学生受到利己主义、享乐主义、功利主义等影响，出现道德缺失、价值观扭曲。

（三）部分学生心理素质较差同时存在心理问题

在心理人格方面，部分学生因学业压力日益倍增，心理问题层出不穷。由于

---

① 《习近平谈治国理政》第一卷，外文出版社2018年版，第173页。

自身心理素质较差，常常显得敏感脆弱，容易出现抑郁、焦虑的情绪，遇到挫折选择退缩和逃避，抗压能力和自我调控能力较弱，同时容易被家庭因素、人际关系、情感问题、学习问题所困扰，严重的可能产生轻生的念头。此外，近年来各地大学生甚至中小学生有轻生意向的现象时有发生，部分学生的心理素质处于亚健康状态。如在调研中，江西师范大学、陕西理工大学、深圳大学、西南大学、中央财经大学师生均反映，现在不少学校的毕业生都容易存在心理问题。因为到了毕业年级，考研压力、就业压力突然增加，学生难以找到合适的方式和途径去排解压力。加上有些大学心理辅导工作多流于形式，在引领与纾解效果上不尽如人意。甘肃农业大学、天津师范大学、西安音乐学院和深圳大学的师生也反映，学生人格方面最大的问题就是抗压抗挫折能力太弱。天津大学有的学生也认为，很多大学生缺乏自理能力，离开父母后无法管理自己的生活，会长期在宿舍打游戏、放弃自身学业，甚至损害自己的身体健康。

（四）部分学生社会人格不健全

在社会人格方面，有的学生社会判别和社会适应力较差，存在不同程度的"社会适应焦虑""人际交往恐惧"等现象。尤其是网络普及之后，有不少学生习惯于虚拟世界的交往，而面对真实的人际交往时往往表现得不自信、不适应。另外，一些"00后"学生自我中心倾向显著，常表现为盛气凌人或自卑封闭等人格特质。在访谈调研中，南昌大学和郑州大学的师生指出，有个别学生存在自杀倾向、抑郁倾向。人格完善工作需要在学校、社会、家庭和个人四个方面形成联动。

（五）部分学生法律观念不牢固

在法治人格层面，部分学生观念不牢固。大部分学生对我国的法治精神和法律原则缺乏系统性掌握，对具体的法律规范也了解不多，法律思维还没有很好形成。高校学生法治观念薄弱的现象时有发生：有的在遇到自己合法权益受到侵害的事情时，选择忍气吞声，不会运用法律武器保障合法权益；有的虽认识到法律能规范人们的日常生活，但往往觉得法律程序过于复杂冗长，时效低，司法界出现的一些腐败现象更导致有的学生对执法的可信度产生了怀疑，从而放弃了使用法律武器；有的仍对违法违纪存在侥幸心理，认为法律有漏洞，总有一些漏网之鱼能逃脱法律的制裁，意识不到此类想法会造成自己对法治观念认识的偏差，导致犯罪行为的出现。

此外，学生完善自我人格的主观能动作用还有待挖掘。目前，学生对于人格完善与健康成长的紧密关系没有切身的体会，主动参与人格教育的积极性不是很高，大部分学生更加追求眼前实惠，价值取向也更加功利化，将重点放在了升学考试、等级考试、实习就业中，在"五唯"尚未破除的大背景下，学生基本不会主动思考自己的人格是否健康完善，对自己也缺乏相应的自我认识，过于关注专业的发展，而非人格的完善。

二、部分学生对参加学校心理咨询有畏惧情绪

学校心理咨询室是学生进行心理疏导的重要场所，也是学校进行人格完善的载体依托。然而，在部分学校的调研过程中，一些学生反映，周围心理压力大抑或突遇重大事故创伤等问题的学生，有些耻于或懒于到学校的心理咨询室，尤其刻意隐瞒寻求心理帮助的经历。造成这种现象的主要原因除了学生自身外，也与学校心理咨询服务的设施建设和队伍建设不够完善有关。

得出结论的主要依据如下。

首先，在多所学校的调研中，学生表示，心理咨询室对学生的隐私保护不够，学生去过心理咨询室后，心理咨询老师会将学生的情况第一时间反映给相应的辅导员老师、班主任或者学生家长，而大多数学生需要保护隐私，不希望自己的问题被通知给辅导员老师、班主任或者学生家长，一是害怕自己被另眼相看或被歧视而影响学业或其他评定；二是他们的过度关心会变相成为新的负担，部分学生不希望被过多打扰。由此造成的恶性循环，会使学生不再相信心理咨询室，也不再愿意前往心理咨询室。

其次，部分学生反映，心理咨询的预约十分困难，且心理咨询老师的工作量巨大，有时无法对学生的问题进行跟踪式的关照，由此导致部分学生每次都要重复叙述自己的问题，且可能面临不同的心理咨询老师，心理咨询的效果大打折扣。

最后，部分学生也表示自己绝对不会去做心理咨询，原因在于大家普遍认为做心理咨询就是心理有问题，会遭受身边人的歧视，不会被当作正常人看待。同时，也有学生指出目前学校的心理咨询室不够权威，不值得自己前去。

三、部分教师的人格本身存在诸多问题

教师的人格问题确实是影响学生人格发展的不可忽视的因素。事实上，部分教师的人格本身确实存在或轻或重的问题。问卷调查在涉及"当前存在的人格教育问题"时，近七成的被调查者认为"教师自身人格参差不齐"是人格教育的重要问题。

得出结论的主要依据如下。

如图 8-6 所示，本校教师的人格状况对学生人格完善的影响程度，31.80%的学校管理部门工作者认为影响"很大"，41.75%的学校管理部门工作者认为影响"较大"，这两部分占到了 73.55%，说明学校管理部门工作者大多数都认为教师的人格状况对学生人格发展有着举足轻重的影响。而近年来，随着社会网络舆论监督热度的上升，部分违反师风师德的教师被曝光并顶上舆论的风口浪尖，引起社会的极大关注。师风师德问题，也是教育部常抓不懈的重要问题。教育部开展师德警示教育，并将其作为常态化工作来抓。根据教育部 2019 年 4 月至 2023 年 8 月公开曝光的 13 批违反教师职业行为十项准则的典型案例①，涉及高校的违规案例有 35 例，其中，生活作风问题（性骚扰、猥亵、与他人或学生发生不正当关系）21 例，占比高校违反教师职业行为十项准则典型案例的 60%；学术不端 7 例，占比 20%；违反教学纪律 5 例，约占 14.3%；经济问题 2 例，约占 5.7%。涉及中小学的违规案例 47 例，其中，违反教学纪律（体罚学生等）17 例，约占中小学违反教师职业行为事项准则典型案例的 36.2%；骚扰猥亵 13 例，约占 27.7%；违规办班 8 例，约占 17%；经济问题 7 例，约占 14.9%；学术不端 2 例，约占 4.2%。涉及幼儿教育的违规案例 11 例，其中体罚 9 例、约占幼儿园违反教师职业行为事项准则典型案例的 81.9%，骚扰猥亵 1 例、发表错误言论 1 例。从以上案例分析，高校教师的违规主要在于男女生活作风问题、学术

---

① 数据源于教育部政府门户网站自 2019 年 4 月 3 日至 2023 年 8 月 16 日发布的 13 批违反教师职业行为十项准则典型案例。详见：《教育部公开曝光 4 起违反教师职业行为十项准则典型案例》，教育部网站，http：//www.moe.gov.cn/jyb_xwfb/gzdt_gzdt/s5987/201904/t20190403_376596.html。《教育部公开曝光 6 起违反教师职业行为十项准则典型案例》，教育部网站，http：//www.moe.gov.cn/jyb_xwfb/gzdt_gzdt/s5987/201907/t20190731_393178.html。《教育部公开曝光 8 起违反教师职业行为十项准则典型案例》，教育部网站，http：//www.moe.gov.cn/jyb_xwfb/gzdt_gzdt/s5987/201912/t20191205_410994.html。《教育部公开曝光 8 起违反教师职业行为十项准则典型问题》，教育部网站，http：//www.moe.gov.cn/jyb_xwfb/gzdt_gzdt/s5987/202007/t20200727_475108.html。《违反教师职业行为十项准则典型问题》，教育部网站，http：//www.moe.gov.cn/jyb_xwfb/gzdt_gzdt/s5987/202012/t20201207_503811.html。《教育部公开曝光 8 起违反教师职业行为十项准则典型案例》，教育部网站，http：//www.moe.gov.cn/jyb_xwfb/gzdt_gzdt/s5987/202104/t20210419_526987.html。《教育部公开曝光第七批 8 起违反教师职业行为十项准则典型案例》，教育部网站，http：//www.moe.gov.cn/jyb_xwfb/gzdt_gzdt/s5987/202108/t20210825_554266.html。《教育部公开曝光第八批 8 起违反教师职业行为十项准则典型案例》，教育部网站，http：//www.moe.gov.cn/jyb_xwfb/gzdt_gzdt/s5987/202111/t20211130_583351.html。《教育部公开曝光第九批 7 起违反教师职业行为十项准则典型案例》，教育部网站，http：//www.moe.gov.cn/jyb_xwfb/gzdt_gzdt/s5987/202204/t20220411_615463.html。《教育部公开曝光第十批 7 起违反教师职业行为十项准则典型案例》，教育部网站，http：//www.moe.gov.cn/jyb_xwfb/gzdt_gzdt/s5987/202208/t20220830_656569.html。《教育部公开曝光第十一批 7 起违反教师职业行为十项准则典型案例》，教育部网站，http：//www.moe.gov.cn/jyb_xwfb/gzdt_gzdt/s5987/202212/t20221228_1036899.html。《教育部公开曝光第十二批 7 起违反教师职业行为十项准则典型案例》，教育部网站，http：//www.moe.gov.cn/jyb_xwfb/gzdt_gzdt/s5987/202304/t20230420_1056414.html。《教育部公开曝光第十三批 7 起违反教师职业行为十项准则典型案例》，教育部网站，http：//www.moe.gov.cn/jyb_xwfb/gzdt_gzdt/s5987/202308/t20230816_1074599.html。

不端；中小学教师的违规主要在于体罚学生、骚扰猥亵未成年人及违规办班等方面。幼儿教师的违规集中于对幼儿体罚。调查也显示，在问到学校在完善学生人格方面主要存在哪些问题时，如图8-7所示，66.99%的学校管理部门相关人员认为问题出在"教师自身人格参差不齐"上，是占比最高的选项。由此也反映出仍有部分教师的人格存在诸多问题，严重败坏师风师德，如此教师带给学生的不仅是不安、恐惧，对学生的人格养成更是造成非常恶劣的影响。如在调研中，南昌大学学生反映，教师的人格首先要健康完善才能教出人格完善的学生，但近年来教师自杀的新闻也频频出现。

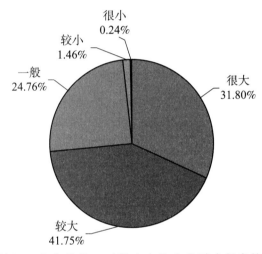

图8-6　本校教师的人格状况对学生人格完善影响程度的调查比例结果

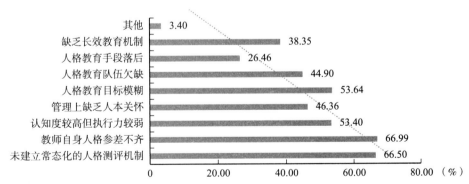

图8-7　学校在完善学生人格方面主要存在哪些问题的调查比例结果

四、部分学校的人格教育执行力较弱

尽管当前国家不断强调人格教育的重要性，很多学校也相应采取了一些措施来保障人格教育的实施，但总体而言，学校在人格教育上普遍还存在口头重视大于行动举措的现象。问卷调查显示，半数以上被调查者认为学校对人格教育认知度较高但执行力较弱，主要表现在：第一，教育完善人格的理念存在偏失；第二，教育完善人格的制度不健全；第三，教育完善人格的评价体系欠缺。

得出结论的主要依据如下。

（一）完善人格的理念存在偏失、价值导向存在偏差

教育完善人格的理念存在偏失，人格教育的价值导向存在偏差。人格教育的目标，归根结底是体现在教育对象身上的。调查发现，诸多教师认为，学校在"管理上缺乏人本关怀"。当前各级各类学校有关人格教育多以管理倾向鲜明的约束性教育为主。对教育完善人格工作目标的理解不准确，导致了人格教育的偏离。在问到学校在完善学生人格方面主要存在哪些问题时，如图 8－7 所示，53.64％的学校管理部门相关人员认为问题出在"人格教育目标模糊"上，而工作目标的把握不准，会对学生形成不良人格起到"推波助澜"的作用。例如，谈及学校成才导向，很多学校往往把学习作为评价第一标准，学习不好就被贴上差生的标签。尤其片面追求升学率使学生的学习负担重，学校生活枯燥无味，厌学情绪滋生之后，部分学生容易走上抽烟、酗酒、争强斗狠、赌博等追寻刺激的道路。这对学生的心理成长是极为不利的，由此滋生出许多更为严重的问题，如冷漠、孤僻，变得心理脆弱，容易产生攻击行为。又如谈及尊重，则往往单方面强调对教师、长辈的尊重，而淡化对同学和他人的尊重，割裂了人际交往中互相尊重的辩证统一关系。再如谈到拼搏，则往往过度强调拼搏的价值与意义，而忽略拼搏时如何面对困难与对抗挫折的品质的培养。在这样的教育下，出现相当一部分学生要么是学业顶尖却情商低下，有知识缺文化；要么是理想远大却心理脆弱，经受不住风雨的洗礼。

（二）人格教育没有纳入制度化和常态化的轨道

教育完善人格的制度不健全，人格教育没有纳入制度化和常态化的轨道。当前关于人格教育的顶层制度设计尚不健全，超过1/3的政策制定部门明确表示没有相关专门规划，更遑论人格教育的运行机制和运行形式是否完善。如图 8－8

所示，在问及政府教育管理部门相关人员"您所在地区有没有学生人格教育的专门规划?"时，34.04%的被调查者表示"没有"，34.04%的被调查者表示"不知道"，仅有31.92%的被调查者表示"有"。在问及学校教育管理部门相关人员"您认为学校在完善学生人格方面主要存在的问题?"时，66.50%的被调查者选择"未建立常态化的人格测评机制"，53.64%的被调查者选择"人格教育目标模糊"，53.40%的被调查者选择"认知度较高但执行力较弱"，38.35%的被调查者选择"缺乏长效教育机制"（见图8-7）。

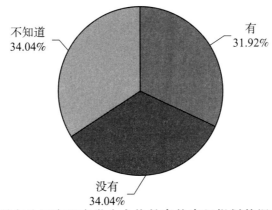

图8-8　所在地区有没有学生人格教育的专门规划的调查比例结果

人格教育没有被置于应有的地位，学生本应得到的情感和人格的培养也被忽视了，人格教育缺乏明确的目标和具体的实施细则。通过调研与相关访谈可知，很鲜见学校开设专门的人格素质教育课程，有些学校即使名义上开设，其课时比重也是微乎其微，部分学校将开设心理咨询室等同于完成了人格教育的任务，而非真正将人格教育作为人的发展的重中之重加以对待。尽管当前有的学校在人才培养计划与实际教学过程中，采取在思想政治理论课或专业课程中渗透人格教育内容的方式，学校的思政队伍也会采取各种形式对学生进行人格教育，在一定程度上起了人格教育的作用，但并不能诞生一个严谨、科学、有效的人格教育机制，人格教育的手段也较为落后。此外，人格教育课程依托思想政治课程实施，在教学安排上还存在一定的自由性和随意性。社会实践和学生自我教育也被视为人格教育的重要形式。然而，这两种方式往往更为松散和自由，因此人格教育的效果得不到保障。人格教育的内容如何融入校园文化建设中、学生日常生活中，也是值得关注和加强的。

（三）缺乏系统的人格评价体系

教育完善人格的评价体系欠缺，教育评价体系的不完善间接导致人格教育弱化、不被重视。如图 8 - 9 所示，当问及"您所在辖区内学生的人格教育主要存在哪些不足?"时，74.47%的被调查者选择"缺乏顶层设计"、68.09%的被调查者选择"考评体系不健全"，34.04%的被调查者选择"自我教育意识不强"。重智轻德、重分轻人的评价体系使得教育全过程表现出浮躁短视、急功近利的心态。目前亟须扭转"五唯"的教育评价导向，构建起利于完善人格的教育评价体系。

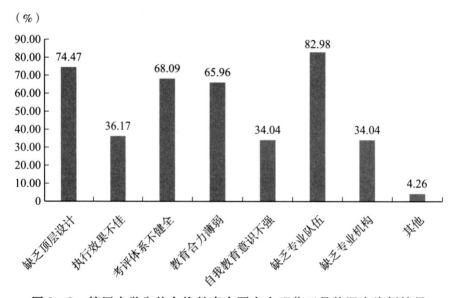

图 8 - 9　辖区内学生的人格教育主要存在哪些不足的调查比例结果

五、完善人格的教育合力不济以致实践成效欠佳

教育完善人格工作目标的最终实现，要落实在各级各类学校以及社会发展的全过程中。人格教育合力的形成，是影响教育完善人格工作目标实现的重要因素。目前来看，社会各界在人格完善上主要存在如下问题:第一，社会、家庭的浮躁、功利心态，影响学校人格教育的顺利推进;第二，政府倡导推进的素质教育还未到位，学校人格教育仍受应试教育掣肘;第三，学校没有建构起系统的人格教育体系，人格教育师资队伍相对薄弱，人格教育缺乏主动性、灵活性与针对性。

得出结论的主要依据如下。

（一）社会整体对人格认知不到位，缺乏对人格问题的共识性认识

调查中，大多数师生提出，目前社会整体对人格认知不到位，缺乏对人格问题的共识性认识，对存在心理问题群体的包容度不够，以一种歧视、嫌弃的眼光看待心理疾病，或者对心理疾病存在一定的误解，导致心理疾病以一种非常态的"病症"存在于社会认知之中，影响了人的健全人格的形成。如图 8 - 10 所示，在问及政府教育管理部门相关人员"本校教育工作中造成个别学生人格缺失的主要因素有哪些？"时，79.61% 的被调查者认为在于"社会不良风气影响"，也说明了社会整体认知不足对人格教育的负面影响。而一些网络媒体为了博眼球不加分辨地肆意传播各种信息，导致铺天盖地的信息涌向学生，良莠不齐的信息影响学生的认知，部分色情、暴力、赌博等图文、视频信息对学生健全人格的形成产生极大的负面影响。

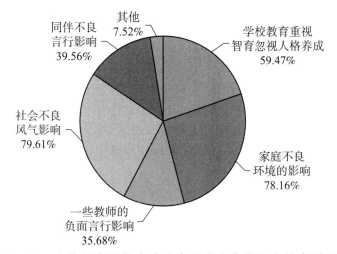

**图 8 - 10   本校教育工作中造成个别学生人格缺失的主要因素
有哪些的调查比例结果**

家庭教育是完善人格的重要场域。然而，人格的养成却没有得到家长应有的重视，部分家长受"应试教育"的影响较深，家长过分焦虑学生成绩与望子成龙心态易让学生产生过度的心理压力和负担，且部分家长对于人格问题的重视程度不够、认知缺乏，导致部分家长无法认识到子女的人格问题，如图 8 - 10 所示，在问及政府教育管理部门相关人员"本校教育工作中造成个别学生人格缺失的主要因素有哪些？"时，78.16% 的被调查者认为在于"家庭不良环境的影响"。这说明了家庭教育对于学生人格完善的重要性。但是目前一些家庭中，部分家长本身的人格也存在一定的缺陷，由此对子女的人格教育产生负面影响。

（二）“应试教育”向“素质教育”转轨尚未触及实质

从“应试教育”向“素质教育”转轨的呼声，在我国已经持续了很长一段时间，政府也力推素质教育，引导教育培养德智体美劳全面发展的社会主义建设者和接班人，并将其纳入党的教育方针。同时，教育主管部门也采取了一系列改革措施，但多年来“应试教育”发展势头不减：高考状元被持续热炒，“高考工厂”成为热搜，高三“吊瓶班”成为热议。应试教育的单一评价标准，使学校片面追求升学率，学生惜分如命。这就在客观上对学校人格教育造成对冲，影响了学生对自身人格的关注和完善人格的动力。如图 8-10 所示，在问及政府教育管理部门相关人员“本校教育工作中造成个别学生人格缺失的主要因素有哪些？”时，59.47%的被调查者认为在于“学校教育重视智育忽视人格养成”。而在与师生座谈时，甘肃农业大学的教师就指出，应试教育唯分数论的选拔规则导致很多大学生出现心理和人格障碍。很多大一学生有厌学心理甚至人格障碍、抑郁，这些学生大多都是因为中学阶段缺乏正确引导，人格教育缺失，使进入大学之后，问题集中爆发难以解决。与片面追求升学率相关的是，政府、社会、家长对学校的评价。一方面是通过“掐尖”高分学生和“挖”优质教师形成高升学率的“名校”，受到社会、家长的追捧和政府的默许。另一方面是一般的中小学被“掐”高分学生和被“挖”优质教师，在“失血”中“沦陷”，被社会和家长边缘化，教育资源捉襟见肘。这种客观现象形成了“示范”作用，使中小学“贫富差异”加大，这就给学校与学生与家长提出了学生本身发展之外的难题，即学校对财源、生源、社会关系的关注，超过对人格培养的关注；学生更为关注分数提升而非全面发展；家长更为关注如何运用各种资源和手段让孩子“不要输在起跑线上”，不要在初中毕业时被“分流”，能够进入理想的高中。在这样的复杂背景下，学生就可能脱离德智体美劳全面发展轨道，取而代之的是残酷的考试竞争。

（三）人格教育学科体系不健全并被边缘化

目前，我国还没有建立起科学、系统的人格教育体系，在现有教育评价标准中，人格教育课程被边缘化。“素质教育报告单”是评价学生人格发展的有效指标，但由于系统人格教育的缺失，在真正实施过程中并未得到切实落实。访谈和调查发现，当前我国各级各类学校很少配备专职人格教育教师，人格教育的施教人员由思想政治课教师、辅导员、教辅人员等构成。由此可知，当前我国在人格教育方面的师资力量是很薄弱的，教师素质也很不均匀，再加之人格问题本身存在其专业性和复杂性，要让思想政治课程的教师讲授人格素质课程，并起到人格素质课程应有的作用，必须要对这些老师进行人格教育的专业培训，提高他们的人格理论和塑造人格能力，以确保人格完善取得实效。

六、文化堕距梗阻导致推动落实不力

美国学者奥格本认为，在社会变迁过程中，社会各部分的变化速度不尽相同，具有惰性的价值观念、风俗习惯等精神形态的文化落后于物质形态和制度形态的文化，它们之间的差距、错位、失衡形成"文化堕距"（culture lag）。[①] 改革开放以来，我国政治生活、经济生活和社会生活日新月异，社会不断发展进步，生活节奏日益加快，竞争也更趋激烈，对人格素质的要求日益提升，呼唤教育的现代化。然而，当前文化堕距成为掣肘教育完善人格的重要因素，致使教育完善人格的发展动力不足。现实存在的文化理念层面的"文化堕距"以及实施践行层面的"文化堕距"影响着教育完善人格工作的落地。

得出结论的主要依据如下。

（一）教育完善人格的文化理念尚未深入人心

调查显示，教育完善人格的文化理念尚未深入人心。诸多被调查者反映学生的人格教育主要存在自我教育意识不强、执行效果不佳等不足。其中的一个重要原因在于，伴随着经济全球化的发展，不同文化之间的界限越来越模糊，西方实用主义思想、后现代思潮等文化在其强势经济实力的裹挟下向全球输出与蔓延，一定程度上影响了中国人的文化心理结构；加之市场经济某些负面影响滋生急功近利、重利轻义的道德心理以及社会不确定性因素的增长进而引发精神焦虑，一部分人形成了"当下即是"的思维方式与"过好眼前就好"的生活态度。在"当下即是"思维的影响之下，人们惯常诉诸眼前的、感性的、具体的利益，对完善人格的理解认知、价值观念以及心理倾向等存在着转变滞后的状况。

（二）人格教育制度化、常态化不足

受工具理性的影响，人格教育的重要性被遮蔽与消解，在现实的实践场域中，往往未将人格教育制度化、常态化，而是将其片面化、肢解化，当学生出现心理问题或者人格障碍时才予以暂时的关注。如图 8 - 7 所示，在问到"学

---

① 张桂敏、吴湘玲：《文化堕距理论视角下农民工市民化"困境"与"出路"的分析》，载于《云南社会科学》2018 年第 3 期，第 136 ~ 143 页。

校在完善学生人格方面主要存在哪些问题"时，66.50%的学校管理部门相关人员认为在于"未建立常态化的人格测评机制"，38.35%的学校管理部门相关人员认为在于"缺乏长效教育机制"，这反映出大多数被调查者都认为人格教育常态化制度、机制尚未建立，使完善学生人格的教育工作目标难以达成。精神形态的人格教育与实践形态的人格教育之间存在着一定的差距，有的学校不能准确理解人格教育工作目标所传达的价值理念，更难以将其转化为行动指南。

第三节　落实教育完善人格工作目标的经验与典型

在对课题进行调研的过程中，发现一些学校在完善学生人格方面已经有了很好的经验与做法，因此课题组在调研和广泛收集资料的基础上，总结和提炼了基础教育、职业教育和高等教育中落实完善人格教育工作目标的一些经验与典型，以期有助于推动完善人格教育工作目标的进一步实现。

一、基础教育

基础教育阶段是学生塑造人格、完善人格的关键时期，这一时期，幼儿教育、小学教育、中学教育阶段中学生的人格形成规律与人格目标各不相同，完善其人格的方法与手段也各有差异，以下是在调研过程中提炼与总结的各个学校完善人格的宝贵经验与做法。

（一）幼儿教育

在调研过程中，发现幼儿教育中关于落实完善人格教育的经验与做法主要分为三种：一是基于绘本的生活化课程中完善幼儿人格，二是创设大自然环境完善幼儿人格，三是因地制宜、充分利用地区环境资源完善幼儿人格，这些积极的探索都是教育完善人格工作目标的宝贵经验。

1. 基于绘本的生活化课程中完善幼儿人格

广州市黄埔区香雪山幼儿园探索基于绘本的生活化课程。香雪山幼儿园在推进绘本阅读时，以幼儿的兴趣为出发点，鼓励幼儿通过直接感知、动手操作、实地调研等方式，将知识概念与真实生活相连接，生发出适合各年龄段幼儿探索的主题活动。通过"读绘本，玩烹饪"① 这项主题活动，开启了生活化课程探索与实践。在此基础上，继续深入挖掘绘本的价值，构建基于绘本的生活化课程体系。幼儿园努力将幼儿置身于生活的大背景中，尊重幼儿成长的现实和需要，发展幼儿的生活能力、社会适应性。以绘本为基础的生活化课程体系，致力于培养爱生活、会生活、懂生活，并拥有完全人格的现代儿童，这就为幼儿成长为完整的社会人奠定了基础。

2. 搭建大自然资源、开设四季课程完善幼儿人格

北京市昌平区李跃儿芭学园将"孩子是脚，教育是鞋"② 作为其学校教育的核心理念。为了给孩子设置有准备的环境，芭学园将人类生活的基本内涵"打包"，变成孩子的工作材料。比如为了让孩子体验种地，体验野外生存，芭学园专门租了 30 亩山林。基于有准备的教育环境，芭学园又设计了四季课程。在春季课程里，体验农耕的孩子会注意到种子、庄稼、蜗牛、蚂蚁、虫子等，这些又会生成为夏季课程的内容。"儿童的自由是探索思想和人格的自由，而不仅是行为的自由。所以，芭学园并不是让孩子快乐就行了"，园长强调。同时，芭学园重视教师培养，使每一位教师都能够按照节令安排和调节学生的每日课程，把握课程中的情感、技术、知识部分，根据学生在课程中的反应进行延展教学。

3. 因地制宜、充分利用地区环境资源完善幼儿人格

浙江省温州市洞头区教育幼儿园立足海岛幼儿的现实生活，汲取海洋文化精神及杜威"教育即生长"理念，先后经历了主题建构、细节优化、领域融合以及整体重构四个阶段，提出了"自由灵动 和谐生长"的课程理念，构建了"小海豚课程"。③ 深圳市大鹏新区南澳中心幼儿园 10 多年来不断探索海洋文化与课程的融合，先后经历了渔家文化课程、海洋文化课程两个阶段，现在进入了无边课程探索阶段。海南省直属机关第二幼儿园放眼海岛，收集自然、人文、社会等资源，根据幼儿认知特点，以"人、物、景、情"为线索，围绕"亲海、知海、探海、爱海、护海"目标，构建了海洋教育资源框架。

（二）小学教育

小学阶段是完善学生人格的关键时期，在调研过程中，发现小学教育中关于落实完善人格教育的经验与做法主要分为六种：一是围绕人格完善更新学校课程发展

---

① 连燕纯、刘盾：《"做中学"开启绘本阅读奇妙之旅》，载于《中国教育报》2023 年 5 月 28 日，第 1 版。

② 宋鸽：《李跃儿把教育当作一生理想》，载于《中国教师报》2023 年 7 月 12 日，第 8 版。

③ 纪秀君、赵彩侠、田玉：《"以海育人"如何落地》，载于《中国教育报》2023 年 6 月 25 日，第 1 版。

理念；二是以评价改革促进学生人格完善；三是在教师评价改革中推动教师人格完善；四是创新开展学校心理健康教育以完善学生人格；五是重视阅读，以阅读滋养学生人格；六是及时介入、积极干预，帮助学生实现心理重建。学校对于教育完善人格的这些有效探索与实验，将成为教育完善人格工作目标实现的宝贵经验。

1. 围绕人格完善更新学校课程发展理念

浙江省绍兴市越城区的鲁迅小学以"立人为本全人发展"[①] 作为学校课程发展理念，构建了顺应学生天性、丰富可供选择的"百草园"校本课程体系，用独特的课程滋润学生的成长。"数字百草园"以现代教育技术为依托，将课程进一步做小、做精，突破年级、时间、空间的种种限制，进一步加大学生的课程选择空间，打造以学习兴趣为导向的新型课程模式。"百草园"数字课程是鲁迅小学"全人"课程系统的有机组成部分，既承担着"个性化"的课题——尽可能地利用互联网优势，发展每个孩子的个性潜能；又承担着"社会化"的课题——每一个孩子参与生活实际，成为社会、集体中出色的一员。数字课程强调让孩子自己动手、亲力亲为，在学习实践中成为一个人格独立的"现代人"。学校还开设了"百草园"劳动实践课程。一是通过"一带一路"，开启劳动项目化学习。二是6个项目化"学园"，涵育"玩美童年"。"玩美百草园"课程设置了6个"学园"，分别是"百草科学园""百草农学园""百草创学园""百草游戏园""百草药学园""百草文学园"，同时，这里也是属于儿童自己的"鲁迅文化基地""科技创新基地""农业体验基地""职业启蒙基地"。在这些园区和基地里，鲁迅小学学子可以做百草园的"小主人""小农夫""小工匠""小创客""小药师"。鲁迅小学聚焦学生适应未来社会发展和个人终身发展所必备的核心素养，重建"百草园"课程，让儿童在"百草园"课程中收获更好的成长。

2. 以评价改革促进学生人格完善

陕西省大荔县荔东小学构建全新的教育评价生态，围绕"枣花向阳开、朵朵都精彩"[②] 的核心理念和"全面发展、个性成长"的育人目标，深入实施改革学生评价，探索教育评价改革实践路径，形成了"阳光之子"学生综合素质评价体系，致力于以评价改革撬动学生全面发展、推动学生人格健全与完善，走出了一条具有区域特色的转型发展之路。学校建立"枣花向阳开"全人格课程体系，同时推进《荔东小学学生综合素质评价标准》的落地。该标准明确将学生成长发展的范围扩展到社会生活的各个方面，并以"五项课程"为途径，引入家长参与，通过观察学生行为、考查学生技能、对学生进行过程性评价，真正实现全员、全

[①] 王慧琴：《让儿童在"百草园"课程中收获更好的成长》，载于《人民教育》2023 年第 8 期，第 4 页。

[②] 《陕西大荔县荔东小学：以评价改革撬动学生全面发展》，中国教育新闻网，http：//www.jyb.cn/rmtxwwyyq/jyxx1306/202305/t20230511_2111039796.html。

程、全方位育人。多元化的评价维度和评价方式、阶段性评价与终结性评价的结合，充分发挥评价的激励作用，为学生的全面发展奠基，为学生的全人格塑形赋能。在评价标准建立的基础上，学校形成了"阳光之子"学生综合素质评价体系，以"15947"评价系统（即以每个学生都能得到全面发展为"1"个目标，以"5"育并举、全面发展为基础，覆盖品质、学习、科技、书写、口才、速算、健体、劳动、艺术等方面，组织学生参评"9"项"达人"称号，设立包含节约、仪容仪表、勤奋刻苦、科技挑战、阅读、体能、才艺、自立习惯等在内的"47"枚奖章，鼓励学生在学校、家庭、社会生活中全面发展）为统领，创新评价工具、完善评价内容、强化技术支撑，利用人工智能、大数据等现代信息技术，对学生进行纵向和横向的全方位评价。所谓"全过程纵向评价"，就是记录学生在年级和学段的成长情况，每个学生都有完整和全面的记录；所谓"全要素横向评价"，主要包括德智体美劳五个方面，以促进学生全面发展，成为有理想、有本领、有担当的时代新人。

3. 在教师评价改革中推动教师人格完善

浙江省宁波市北仑区淮河小学在教师评价改革中，不仅追求评价技术的更新，更突出教师专业发展这个导向，从而让教师评价为教师成长赋能。具体而言，淮河小学主要从以下方面用力。第一，师德为先，强调刚性标准和示范引领。一方面，界定清晰的师德评价刚性标准，确立师德底线；另一方面，通过树立典型、表彰先进，充分发挥师德模范的示范引领作用。第二，突出公平，关注教师评价中的公平感受。基于多年实践经验，淮河小学特别关注评价中教师的公平感受，将程序公平、结果公平作为提高教师积极性和创造性的起点。建立科学完备、严格规范、公开透明的教师评价程序，同时让教师评价能准确衡量教师的工作努力程度、专业水平、工作质量等。第三，私人定制，为教师"各美其美"提供可能。首先，建立更具有包容性、差异化的评价指标体系。一方面，通过集体研讨，让评价指标体系普适化，体现对全体老师共同的专业化要求；另一方面，量身定制让目标个性化。让每名教师为自己设定个人专业发展目标，这是在共性基础上的个性化。其次，定性评价和定量评价相结合。在开展评价的过程中，始终将教师工作的繁复性和创造性放在重要位置，着意设计了一些定性评价内容，警惕定量评价的副作用。再次，通过教师自主积分，实现对教师评价的"私人定制"[①]。教师可以自主申请每一个积分项目，在自己的特长、强项上努力。通过积分汇总表，教师也能发现自己处于劣势的项目，审视自己的薄弱之处，在下一年努力争取积分。最后，注重改进，为教师明确努力方向。学校主要

---

① 翁飞霞：《如何借助评价实现教师持续成长》，载于《中国教育报》2023年5月5日，第9版。

通过树参照、搭平台、给机会等途径，发挥教师评价的改进功能，搭建好教师的成长阶梯。淮河小学通过教师评价改革推动了教师动态性、自主性成长，促进其人格的健全与完善，有利于以教师自身的人格魅力感染学生并进一步促进学生的人格完善。

4. 创新开展学校心理健康教育以完善学生人格

湖南湘江新区金桥小学确立学生在学校心理健康教育中的主体地位，遵循"三重"原则，打造"三全"路径，通过"三个课堂"，整体构建心育课程，形成以心育知识为基础，以活动训练为主线，以心理场域为保证，以学生获得成长体验和人格发展为目标的课程操作方案，并将课程实施贯穿学校素质教育的全过程。[①] 首先，遵循"三重"原则。一是重差异，丰富课程内容，涵养学生良好心理品质。二是重整体，创新活动形式，助力学生社会性成长。在金桥小学，学生不是接受心理健康教育的客体，而是心理健康教育主动的体验者、经历者、调适者。学校心理健康教育着眼于学生的发展，而不是盯着所谓的"问题"。三是重连续，三级监护网综合预防学生心理问题。学校建立起了由班主任、任课教师、班级心理委员组成的心理健康初级监护网，由学校心理辅导室负责的中级监护网，以及对于学校难以处理的个案的高级监护网，通过校长室实行强制报告制度，及时转介给社区和未成年人心理辅导单位、机构，共织未成年人保护网。其次，打造"三全"路径，形成闭环式心育课程链条。一是全员参与、多方联动。金桥小学秉承"全员育人，育幸福全人"的心育课程理念，构建了学校（教师）主导、家庭（成员）主阵、社会（机构）参与的全员育人网络。二是全场域建设，发挥环境对学生心理健康的正向影响。金桥小学从学生的心理需求出发，不断建设物质形态场域。科学划分、设计不同功能的区域，诠释学校精神。"心灵小屋""星星之家""微笑墙""阅读角""游乐场""屋顶农场"……注重学生心灵与学校场域的交融，利用空间的交往性，满足多感官愉悦的同时，德智体美劳多向构建心育课程。三是全学科渗透，培养学生适应未来发展的核心素养。金桥小学要求各学科组充分挖掘教学资源中的积极心理元素，以生活化的场景呈现，既让学生学技能，又让学生提品质。最后，建设"三个课堂"，拓宽学生自主发展的心育舞台。金桥小学着力打造学生的"均衡课堂"、教师的"滋养课堂"、家长的"社区课堂"，确保以学生获得成长体验和人格发展为目标的课程实施方案得到落实。"均衡课堂"的核心思想是"以生为本"，倡导让每个孩子平等享有教学资源，让每个孩子得到不同程度的发展。对教师课堂的定位是"滋

---

① 赵华、欧娟：《以预防和促进发展为导向建设心育课程》，载于《中国教育报》2023 年 5 月 24 日，第 5 版。

养"。教师的心理健康教育理念和行动，对学生起到潜移默化的积极影响，可以提升学生心理成长过程中的自主能力。对家长课堂的定位是"开放"。金桥小学除了在校内开办家长学校以外，还把家庭教育的课堂办在了社区，在社区课堂开办校长的"家校夜话"，每月向社区居民开放，让多方教育力量都来协同帮扶，重视家庭教育对学生心理健康的影响，完善社会心理服务体系。

5. 重视阅读，以阅读滋养学生人格

浙江省苍南县第一实验小学形成了自己的办学价值模型，那就是以"教育留白"促"生命自觉"，即坚持以美育人、以文化人，从生命质量和审美意识两个维度，让学校关照并回归人的价值，关心人的精神成长，关注人的人格养成，在充分的留白中，为孩子的生命自觉创造更多可能。① 除了常规的图书馆（童书馆）、班级图书柜、走廊悦读角等建设外，在"书香校园"的建设过程中，该学校还特别注重对新型阅读空间的再造，并以此去回应"让孩子们先看到书，而不是我们期待的眼神"的校园阅读行动。"校长室"变身"校长图书馆"、以《小王子》中的 B612 星球为名建造户外校园微型图书馆、借李贺的"少年心事当拏云"建造"拿云亭"等。学校坚持推进"晨诵、午读、暮省"，不断引进优质儿童读本，深度优化这种生活方式，用诵读去开启黎明，去激发学生内心最柔软、最真切的情感。近年来，苍南县第一实验小学从三年级开始推出《古文观止》精选名作的三阶背诵课程——从初阶的《陋室铭》《与朱元思书》等 20 篇出发，一路背到二阶的《滕王阁序》《哀江南赋序》等 20 篇，到三阶的《太史公自序》《六国论》等 20 篇。60 篇不是一个必须完成的定量，允许学生结合自己的能力确定背诵篇目数，给他们留足背诵篇目的打折空间，自由取舍。学校看重的是一种根植童年的认知和审美的训练，更是一种意志品质的挑战，使学生们在潜移默化中建立起对于外界、对于古代文化、对于中国古代汉语思维的认知和感受。

6. 及时介入、积极干预，帮助学生实现心理重建

面对学生人格出现重大问题乃至自杀事件，学校应当如何紧急介入、积极干预和恰当应对？陕西省西安市某小学的成功经验为中小学生心理危机预防、预警、干预工作提供了值得学习和借鉴的工作思路。首先，该小学平时在学生情况、同伴关系、教师评价等方面都有追踪性摸底工作，一旦发生紧急事件，能够以最快速度了解学生身心状况。其次，面对学生自杀未遂的心理危机干预事件，该小学形成了包括紧急启动应急预案、事件原因调查、事件处理、学生心理辅导及学生心理重建在内的一系列工作流程，为学生身心健康成长做好托底工作。一旦发现学生有自杀意图，学校第一时间就会进行事件干预，启动应急预案，主要

---

① 张延银：《找到阅读这颗"看不见"的种子》，载于《中国教育报》2023 年 5 月 31 日，第 9 版。

措施有：第一，全体行政及相关教师第一时间到达现场附近，迅速分工、开展工作；第二，多途径、多角度了解孩子自杀原因；第三，由孩子平时最信任的班主任、副班主任和学校心理老师轮流进行沟通交流，沟通过程中帮助孩子重温校园及家庭生活的美好与快乐，给予孩子最大的支持与温暖，安抚孩子情绪；第四，通知心理副校长（地方儿童心理协会专家）到达自杀现场，给予帮扶；第五，年级组科任教师则对学生家长进行安抚和陪伴；第六，学生处老师配合警务和消防人员进行相关情况了解；第七，学校行政人员报备地方教育局和基础教育党委，请求支援、共商对策；第八，配合消防人员在孩子放松警惕的时候采取行动，顺利救助；第九，若学生因家庭原因被救助之后拒绝回家，儿童心理协会派其中一位专业的心理老师和受学生信任的教师一同陪伴孩子，配合医务人员进行健康检查；第十，心理副校长及儿童心理协会两位专家一同前往孩子家与父母第一时间进行沟通并提供家庭辅导，帮助分析、提出建议；第十一，学校行政班子紧急召开会议，商量孩子后续管理问题，同时稳定舆论。以上便是该小学应对学生重大心理危机事件的干预措施，成功挽救了自杀学生并帮助学生顺利毕业升入初中，学生父母的教育观念也在儿童心理协会家庭教育的指导下发生了变化。

（三）中学教育

根据埃里克森人格发展理论，中学阶段的学生处于童年期向青年期发展的过渡阶段。这一阶段的学生处于自我同一性和角色混乱的冲突中，学校如何帮助他们完善人格、健全人格就显得尤为重要。在调研过程中，发现中学教育中关于落实完善人格教育的经验与做法主要分为四种，一是在习惯养成中促进学生人格完善，二是在着力培养学生积极心理品质中完善学生人格，三是打造"阳光会客厅"完善学生人格，四是围绕学校办学理念完善学生人格，学校对于教育完善人格的这些有效探索与实验，将成为教育完善人格工作目标实现的宝贵经验。

1. 在习惯养成中促进学生人格完善

湖北省恩施市龙凤中学用"好"作为培养目标，以正向思维引领学生健康成长。[1]"十好规范"从繁复的管理中抓住事物的本质，将多种规矩凝结为一个点，这就是化繁为简的力量。"十好规范"抓细、抓小、抓实，易学、易记、易行，全面融入学生的日常生活，让大家在没有任何精神负担的情况下自然形成。在依据上，紧密联系立德树人根本任务和德育指南，科学实施。在目标上，关注学生综合素质的形成，让学生更"美丽"。在方法上，形成了从强化训练到包容个性的历程。在内容上，简约而不简单，覆盖了学生的衣、食、住、行、学等日常，

---

[1] 冯军：《一所乡镇中学的"好"教育》，载于《中国教师报》2023 年 4 月 19 日，第 10 版。

具体为健好体、上好课、管好物、吃好饭、走好路、上好网、乘好车、睡好觉、着好装、扫好地 10 个方面，对应的目标即精神抖擞、科学锻炼，自主自觉、合作探究，爱护公物、管好私物，按需索取、践行光盘，文明有序、自觉排队，明辨是非、文明上网，遵纪守法、远离危险，按时作息、劳逸结合，干净整洁、朴素大方，先扫后拖、干净干燥。此外，每个规范都提出要点、提供细则，供学生阅读和践行。在实施中，龙凤中学反复提炼，打造流程，形成 7 个阶段：矫形→塑形→成形→固形→示范→保持→循环。第一阶段，入学第一周"矫形"。学校利用开学第一课、拓展训练、发放"十好规范"资料包、观摩八九年级学生践行"十好规范"等，让学生自我检查，反思、纠正不良习惯。第二阶段，入学第一个月"塑形"。班级、年级、学校逐层举行"十好规范"讲解、训练、评价、纠正。第三阶段，入学第一学期"成形"。让学生形塑自我，同伴互助，形成稳定的行为习惯。第四阶段，入学第一年"固形"。在日常学习生活中，持续跟进，不断养成。第五阶段，八九年级"示范"。这一时段，学生已经形成了良好的习惯，学校逐渐把以前的强化改为自觉，让学生自我管理，形成自然状态，为七年级学生做好示范。第六阶段，学生毕业以后"保持"。学生走出校门回到社区、村落能够继续践行，到高中、大学、社会能终生不忘。第七阶段，从起始年级开始"循环"。此阶段补充和完善细则，不断优化育人环境，让"十好规范"成为大家认同的校园行为文化。在此基础上，学校建立了学生德育档案，持续 3 年对学生的行为习惯进行写实记录，纳入综合素质评价，促进学生习惯养成，使其内化于心、外化于行。学校一路前行，继续拓展，建立了"纵横结合"的多维立体育人体系：纵向上提出了"十有"，即有教养、有追求、有特长、有担当、有度量、有节制、有活力、有情怀、有主见、有作为，使学生在精神层面和人格特质上有了导向，从而内外兼修，丰富了"十好规范"的内涵。横向上以人为本，制定了"十好"教师、职工、家长评价细则，使学校各方面向好。

2. 在着力培养学生积极心理品质中完善学生人格

天津市实验中学立足教育和发展，着力培养学生积极心理品质，注重预防和解决发展过程中的心理行为问题，切实提高学生心理素质和心理健康水平。学校被确立为教育部首批全国心理健康教育特色学校，是全国青少年心理健康教育示范基地。第一，学校建立了三级心理健康教育服务支持体系：第一级是以提升全体学生心理素质、完善人格为落脚点的学校心理健康教育体系，能有效预防心理问题的发生；第二级是以咨询辅导为核心的心理咨询体系，面向部分有心理困扰的学生，防止问题严重化；第三级是面向少数有心理障碍的学生，助力其症状的缓解或康复。开展心理健康教育离不开教师。学校有专职心理健康教育教师 3 名，均具有心理学研究生学历。全校教职员工中共有 276 人获得天津市心理辅导员资格证书,其中一线教师 100% 获得心理辅导资格。学校坚持校本培训,不断提高教师心理健康教育水平。1999 年起,心理健康教育课作为必修课被正式排入学校课表,学校制定了心理健康教育课大纲,先后尝试创设了心理常识课、健康教育课、成才指导课、心理卫生讲座、少男少女课堂等多种模式的心育课程。第二,将心理健康教育贯穿于教育教学全过程。学校开展学科渗透心育的国家级课题研究,构建起"整合教学目标、充实教学内容、优化教学过程和丰富教学形式"① 的心理健康教育与学科教学融合模式,其目的在于使每一位学科教师都是懂得学生心理的教师。同时,学校加强心育文化建设,营造浓郁的校园心育氛围。第三,在青少年心理健康教育中,家长的作用尤为关键。学校帮助家长了解和掌握孩子成长发展的特点、规律以及心理健康教育的方法,促进亲子沟通,优化家长心理品质、提升心理素质。第四,学校先后立项国家级、市级重点课题十余项。从工作模式的创建,到学科渗透心育、学生应对方式、团体辅导策略、学生常见心理问题及对策等专项研究,再至学生职业生涯规划指导和学生发展指导等深化研究,天津市实验中学的心理健康教育在科学发展的路上不断前行。

3. 打造"阳光会客厅"完善学生人格

江苏省苏州市吴江区盛泽第一中学将心理咨询室的牌子换成了"阳光会客厅",这一微小转变使得学生放下心理戒备,开心前往。② 该学校值得学习之处在于,第一,学校努力保护学生的自尊心。许多学生认为只有遇到心理问题的人才需要心理咨询,而他们观念中的"心理问题"往往等同于精神病或心理变态。这虽然是对心理咨询的误解,但也是学生不愿意在大庭广众之下走进心理咨询室的原因之一。而"阳光会客厅"这一名称避开了心理有问题的嫌疑,减少了学生的顾虑和尴尬,有效保护了学生的自尊心,使他们的心境更加坦然。第二,"阳光会客厅"这个正能量的称呼,可以使学生精神振奋、心旷神怡,拥有温暖的氛围和放松的情境,不再有拘束的不适和自卑的局促。学生走进"阳光会客厅",直接倾诉自己的见闻和想法,积极探究困惑背后的原因。"放松一下"——从"阳光会客厅"出来的学生有这种感觉,证明心理咨询正在"向阳而生"。第三,巧妙顺应润物无声的教育特点。学生作为一个个活生生的个体,有兴趣、有热情,更有强烈的自尊心。"阳光会客厅"的一个特点是摒弃了单刀直入的心理咨询,在"阳光会客"中机智自然地进行疏导和启发。"阳光会客厅"注重谈谈、说说、看看、问问,注重会客和交流,在润物无声的氛围中疏导学生心理。正是这样一种别有风味的方式,营造了和谐的氛围,使学生如沐春风,心花灿烂。第

---

① 杨静武:《为学生的幸福成长做好心理准备》,载于《中国教育报》2022 年 3 月 23 日,第 5 版。
② 金坤荣:《阳光会客厅:暖心温情的港湾》,载于《中国教师报》2023 年 5 月 24 日,第 5 版。

四，尽力拓宽谈话交流和心理教育的范围。面对渐渐成长的自我和纷繁复杂的社会，学生在学习、生活、家庭，乃至伙伴交往、社会经历等过程中，总会产生各种各样的情绪和反应，学生有生活中的困惑、成长中的烦恼、交往中的不适、见闻中的不悦、实践中的想法……这些问题使得他们需要追问、求解、消除。"阳光会客厅"拓宽了心理咨询的范围，使学生可以主动了解生活中的知识、社会中的情况，积极调节恰当自然的情绪。这样一来无疑走出了"心理咨询"的狭窄通道，极大限度提高了学生的心理健康水平和健康生活意识，为学生的成长撑起了一片阳光的天空。第五，有效改善心理教育的方式。传统的心理咨询往往是一对一的形式，这会让学生非常紧张，让他们的内心格外情绪化。而"阳光会客厅"中发生的是会客活动，多是三四人的团体活动，所以采取的教育方式是丰富多彩的，有面谈、咨询，有观察、欣赏，有交流、倾听，有引导、点拨，有活动、比赛，等等。这样的方式使得心理教育可以自然而然发生，使学生可以充分表露自己的内心，大胆倾诉自己的困惑和想法，也使教师能够多角度了解学生的情况，全方位关注学生的情绪，有针对性地解决学生的疑惑，从而使心理教育水到渠成。第六，切实优化交往协作的人际关系。许多学生是独生子女，他们有了秘密可能不会告诉父母，但会告诉好朋友。"阳光会客厅"就是为学生提供这样的空间，让学生在同伴的圈子里无拘无束地敞开心扉，轻装前行。当学生的心理负担减轻了，人际关系优化了，健全的人格也会渐渐培养起来。因此，为心理咨询室起一个让人容易接受、温馨委婉的好名字是个不错的方法，比如知心小屋、阳光小筑、心灵花园、青春故事、开心小站、心灵之家、成长加油站等。这些名字让学生有了安全感和安稳感，有利于心灵沟通和过程疏导，为心理健康教育做细做好构筑了坚实、优雅、美好的港湾。

4. 围绕学校办学理念完善学生人格

湖北省武汉中学将"培养和塑造学生的健全人格，为学生的终身发展奠基"[①] 作为学校办学理念，其核心内涵是中国共产党的创始人之一董必武亲自立下的四字校训——"朴、诚、勇、毅"。一是学校利用独有的红色资源，推进"红色校园"建设，实施健全人格的素质教育，拓宽多元成才渠道。营造红色环境，让校园时时能听到红色声音，处处能看到红色图景，使学生耳濡目染受到红色熏陶；开发红色课程，构建"班会晨会校训课程""博古知今实践课程""党团理论素养课程"三大系列课程；建设红色课堂，充分发挥语文、政治、历史等学科德育主阵地及其他学科德育渗透的作用，将立德树人落实在课堂教学全过程；丰富红色实践，宣讲红色故事，追寻红色足迹，打造红色品牌。目前，学校

---

① 杨定成：《让学校真正姓"学"》，载于《中国教育报》2023 年 6 月 14 日，第 5 版。

已与陕西延安中学、江西井冈山中学组建红色教育联盟，携手开展红色教育实践探索。二是武汉中学践行"雁阵文化"理念，坚持责任导向、分层研修，构建了多层级的"12345"校本研修体系。"1个中心"即"学本校园"建设；"2个平台"即教师学习和教师展示平台；"3个工程"即"雏雁起飞""领雁高飞""群雁齐飞"工程；"4个研究"即课堂、课例、课题、课程研究；"5种素养"即师德、学科、创新、跨学科、信息化素养。就拿"3个工程"来说，"雏雁起飞"工程，让新教师载梦启航；"领雁高飞"工程，让优秀教师示范领航；"群雁齐飞"工程，让全体教师逐梦远航。三是武汉中学按照"修炼干部人格、提升教师人格、影响家长人格、发展学生人格"的总目标，通过构建组织领导、工作推进、沟通联络三大体系，搭建"家长学校""家长沙龙""家长在线"三大平台，开发科学育子、生涯规划、家校共育三大课程，不断深化家校合育、实施人格教育的实践与探索，延展学校文化并形成鲜明的办学特色。四是武汉中学积极开发培养学生健全人格和优良学识的课程资源，深入优化课程结构并建构课程体系，在课程数量和质量上，既能充分保障全体学生的共同成长需要，又能更多地满足每名学生的个性需求，不断优化创新人才培养模式。在基础型课程方面，教研组深入研究新课程标准和学科核心素养，以促进新时代学生的全面发展为目标，优化学科课程体系，初步形成了新高考背景下的课程建设蓝图。在拓展型课程方面，一是基于学生个性化发展的需求和学科教学培养目标，开设了可供学生自主选修的学科拓展类课程；二是建立了艺体类和科技类两大兴趣拓展课程体系；三是开发了包括红色环境系列、校歌校史系列、博古知今系列等在内的红色教育课程。在学术型课程方面，学校开展的研究性学习、学术型讲座以及大学先修课程深受师生的欢迎，很好地满足了学有余力学生的学习发展需求。在国际型课程方面，学校与美国的圣保罗中学、三城预备高中等多所优质学校签订了合作备忘录，在合作办学、教育交流、互派访问师生等方面开展广泛的合作。学校还开设中西合璧的课程体系，培育国际化人才，为全体学生提供多元化成长途径。

1922年，时任北京师范大学附属中学校长的林砺儒先生提出"全人格教育"理念，并基于此理念，提出以"培养健康身体、发展基本智能、培养高尚品格、养成善良公民"为办学方针。此后，北京师范大学附属中学百年传承"全人格教育"并逐步发展出全人格教育体系。进入21世纪，北京师范大学附属中学构建了全人格教育课程体系。"首先，根据全人格教育理念，确立育人目标；然后，分析现有的各门国家课程、地方课程和校本课程的育人功能，并与育人目标相对应，若育人目标中没有课程支撑，就开发新课程加以补充；最后，根据培养对象的特点、课程内容与功能的内在联系将各门课程按一定逻辑顺序搭建起来，形成体现全人格教育特色的课程体系。"① 北京师范大学附属中学按照学生的共性特征和个人特色以及学生特长开发出了"夯实基石—发展个性—走向卓越"的全人格教育三级课程体系。基础课程作为必修课程面向全体学生，覆盖了德智体美劳等实现育人目标基础性功能的 18 个要点，分别描述了在学生发展过程中的 18 个关键方面的知识、能力及情感态度价值观表现；个性发展课程作为基础课程的延伸与拓展，基于大学专业设定，划分为政治经济、历史文化、数理科学、语言文学、信息技术、人格塑造、艺术技能、体育技能八个领域，全体学生可根据自身兴趣自主选择；卓越课程作为为杰出人才奠定基础的专修课程，面向极具发展潜力、志向远大、特色突出的学生。目前已开发出"钱学森班"课程、"国际项目合作班"课程、科技创新人才培养课程、艺术人才培养课程以及体育人才培养课程。

二、职业教育

对于职教学生来说，知识技能需要掌握，完善人格更需要塑造，他们最该拥有的品质就是自信和坚持。职业学校学生大多在学习阶段有过挫折和失落，社会上也有部分人认为他们往往成绩差、品行劣。但事实上，职教学生通过学校的帮助和自身的努力，同样能够找到自己的人生目标、选择正确的人生方向。在完善学生人格方面，一些职业教育学校通过创编校园原创文艺作品、建设心理健康小屋、构建职教特色育人体系等方式与手段，为教育完善人格工作目标的顺利实现积累了宝贵经验。

（一）创编校园原创文艺作品推动学生人格完善

济南艺术学校在 2013 年应第九届全国中等职业学校"文明风采"竞赛委员会邀请，为赛事创作了活动主题歌曲《我要证明我自己》，"自信而不迷离，坚持而不放弃"是歌曲创作的基调。② 这首励志歌曲不仅唱响了中职学生的壮志雄心，更传递了无限的正能量，在全省中职学校得到推广传唱。校园原创文化育人的道路在济南艺术学校越走越宽，学生的人格也在这个过程中被逐渐完善。继《我要证明我自己》后，到 2023 年的 10 年间，学校又先后创作了《坚

---

① 王莉萍：《全人格教育课程体系的构建与发展》，载于《中国教育学刊》2019 年第 5 期，第 58 ~ 62 页。

② 于奎、张维浩：《一所中等艺术学校的特色化育人新路径》，载于《中国教育报》2023 年 7 月 18 日，第 6 版。

持梦想》《梦在天空》《圆我青春梦》等校园励志歌曲。这种"人人参与、人人亮相"的校园文艺创作方式，帮助许多中职学生树立了自信、校准了人生发展的坐标。

（二）建设心理健康小屋促进学生人格完善

湄洲湾职业技术学院通过建设心理健康小屋、举行正念练习、团体心理辅导、心理案例督导和心理教学等活动，常态化开展心理教育和心理服务，着力推进心理育人，用心推动学生人格完善，用情呵护好大学生心灵家园。此外，湄洲湾职业技术学院与福建省福州神经精神病防治院举行医校共建合作签约仪式[1]，双方经过友好协商，建立转诊治疗"绿色通道"、义诊机制、队伍建设帮扶等，进一步提升该学院的心理健康教育服务水平，更好地促进青少年健康成长和全面发展。该学院还聘请福建省精神卫生中心医学心理咨询中心主任林涌超为学院健康教育中心指导专家。为了加强青少年的心理健康素质，普及心理健康知识，提高青少年的心理健康水平，增强心理保健知识，在"5·25"大学生心理健康活动日之际，湄洲湾职业技术学院还邀请福建省精神卫生中心医学心理咨询中心多名专业人员来学院开展正念体验课——"活在当下"、心理咨询——"直面内心的困惑"、团体辅导——"放松你的身心"、心理健康讲座——"问世间情为何物"4场心理健康活动，引导学生关注自我心灵，悦纳自我，优化人格，在学习、生活上获得成长的动力与快乐。

（三）构建职教特色育人体系完善学生人格

南京工业职业技术大学以黄炎培职教思想中"金的人格、铁的纪律"育训标准为核心，以"敬业乐群""做学合一"精神理念为根本，以"美的形象""强的技能"育人模式为导向，将百年南工"职教救国""以例示人"使命担当、"敢为人先""与时俱进"教育追求，转化为人才培养"创的精神"，形成新时代中国特色育人标准，即培养"具有'金的人格、铁的纪律、美的形象、强的技能、创的精神'"特质的高层次技术技能人才。[2] 在思想层面：形成育人共识。挖掘"金铁美强创"特色育人内涵的5个方面、5个核心要素、25个基本点；开设"书记第一课"，成立黄炎培职业教育思想研习社，举办"职教大讲坛"，建

---

① 《湄洲湾职业技术学院：建设心理健康小屋呵护大学生心灵家园》，中国教育新闻网，http：//www.jyb.cn/rmtzcg/xwy/wzxw/202305/t20230530_2111048538.html。

② 《南京工业职业技术大学：构建职教特色育人体系》，中国教育新闻网，http：//www.jyb.cn/rmtzcg/xwy/wzxw/202211/t20221109_2110968088.html。

成校训石、百年赋广场等，选树"金铁美强创"师生典型。在理论层面：创新育人研究。开发黄炎培职业教育文库，自编职教育人系列教材，编印《文化手册》《文化育人案例集》，设立教研教改专项课题；建成全国黄炎培职业教育思想研究院、黄炎培职业教育思想研究学术中心和工匠精神研究与实践中心。在实践层面：弘扬时代精神。开设《黄炎培职业教育思想解读》课程，探讨百年职教思想的时代价值；将校史校情、职教文化融入"五育"，"金铁美强创"特质嵌入社会主义核心价值观培育、工匠精神培养，融入"敢为人先、责先利后、敬业乐群、追求卓越"的新时代南工精神。同时，学校落实教育评价改革"多元主体"评价体系。在充分考虑人才培养的多元诉求基础上，打造企业、社会、家长、学生多元主体参与的综合素质评价体系。建立企业人员参与的专业建设委员会、从企业聘请兼职教师，对课程建设的理念、目标、内容、资源等进行全过程评价，将学生职业素养和技术技能作为重要评价指标，推动技术技能人才培养水平持续提升。这一评价体系的构建使人才评价更为全面和科学，有力推动学生人格的健全与完善，保障了人才培养高质量，提高了学校的社会认可度和美誉度。

三、高等教育

大学阶段是学生从学校家庭保护向社会独立个体过渡的关键阶段，这一时期的学习压力、同伴关系、家庭状况、容貌长相等"成长的烦恼"，对学生的心理健康都会产生不同程度的影响。大学阶段更应着重关注学生的成长变化，重视人格完善与健全。

（一）探索交叉融通创新育人模式完善学生人格

近年来，河南开放大学深化人才培养模式改革，在书院制改革过程中将信息化与育人工作充分融合，打破双院数据壁垒，强力支撑双院协同育人，以教育信息化引领高质量发展。2021年河南开放大学推行书院制改革，成立润心、文心、匠心三个书院，采用书院、社区两级管理模式。加强学院、书院"双院协同"，初步构建了独具特色的第二课堂育人体系，纵深推进"三全育人"综合改革，不断把体制机制优势转化为育人实效，着力打通思想教育进学生社区的"最后一公里"。润心书院秉承"思想引领、文化浸润、五育并举、德技兼修、知行合一"[①] 的育人理念，促进学生人格与体格、学业与技能的全面发展，着力培养

---

① 《河南开放大学探索交叉融通创新育人模式 打造"书院制"信息化新生态》，大河网，https：//zt. dahe. cn/2023/06 − 26/1259802. html。

终身学习者、终身运动者、问题解决者、责任担当者、优雅生活者；文心书院围绕"礼·善"家文化品牌建设，依托家文化理念，构建导师引领、行为修身、环境润化的育人机制，建设集思想教育、素养提升、自我管理、自我服务于一体的智慧社区管理模式，助力文心学子的人格完善和行为养成；匠心书院以其独特的工匠文化品位，激活终身教育基因，以开放、自学及平等交流的教育方法，积极探索发展现代化开放教育，融入信息科技时尚元素，是高颜值的"匠师""匠子"文化家园。此外，"双院通"融网络数据化与学习智慧化于一体，为书院第二课堂开展提供平台支持，第二课堂活动数据得到沉淀，为学生综合素质评价提供科学依据。同时紧跟"五育并举"指导思想，对学生成绩等相关数据进行提取汇总，为学生提供荣誉成果等数据上报管理机制，将学生综合素质评价相关数据进行融合，提供多维度数据支持，助力科学评价，推动学生人格情况追踪与完善。

郑州西亚斯学院力求破解"书院制"① 新课题，满足全面育人需求。郑州西亚斯学院自 2016 年 8 月率先试行住宿书院制，2018 年 6 月在全校推广实施，截至 2023 年 6 月共建成 9 个住宿书院，覆盖全校 3 万余名学生，不断破解"书院制"新课题，在创新型复合人才的培养上取得了突出成效。如果说专业院系注重专业知识传授和学术发展的第一课堂，即关注学生"成才"，那么书院更注重学生的价值塑造和人格养成的第二课堂，即关注学生"成人"。在多年的实践和建设中，西亚斯学院以学生为中心建立起知行合一、多元融合、独具特色的书院育人模式，通过育人模式重塑，实现思政教育、学习研讨、社交活动、生活服务深度融合，形成"1＋N"书院育人课程体系，更好实现培养德智体美劳全面发展的高素质人才的育人目标，切实增强了思想政治教育的针对性和实效性，育人成效显著提升。西亚斯学院推动育人方式、管理体制、考核评价机制等全面创新，从空间布局、组织架构、文化融合等多方面进行了实践。西亚斯学院以宿舍为中心构建学生与导师共同学习生活的育人社区，下设 9 个住宿书院，分别突出崇尚科学、敏而好学、实践创新、大学生领导力、多元文化、人文底蕴、体美艺术、国际视野、全球胜任力的教育主题，坚持"一院一主题""一院一品牌"，充分挖掘书院特色育人优势，在尊重学生个性和未来发展目标差异的基础上，有效解决学生学习深造缺乏指引、创新创业缺乏环境、人格培养缺乏载体等问题，推动学生全面发展。西亚斯学院对传统宿舍楼进行改造，并科学规划建设新住宿书院，构建了"学校—住宿书院—学生社区—学生层区—学生宿舍"五级网格化管

---

① 《郑州西亚斯学院：破解"书院制"课题 满足全面育人需求》，大河网，https：//zt.dahe.cn/2023/06－26/1259512.html。

理体系，实现学生管理工作全方位覆盖。同时明确了"校领导—住宿书院党政负责人—育人导师—社区长—宿舍长"为五级网格化社区管理责任人，形成纵向到底、横向到边、责任到人、协同高效的管理体制。融生活、学习于一体，又拥有相当的公共空间和指导教师，书院制早已超越了专业学习的局限。学校立足于学生的个性化成长，建设全员化的育人队伍，让每一位学生都能与导师有充分的、自由的交流。截至 2023 年 6 月，学校 9 大住宿书院总计拥有学业导师 526 名，育人导师 170 余名，纳入管理的朋辈导师超过 4 000 名，生活导师 76 名，校外导师近 300 名，逐渐形成五支导师队伍各司其职、协同育人的良好局面，实现各方力量全员"共育"。一边探索一边改革，西亚斯学院已实现了专业学院和住宿书院"双院制"协同育人、育人导师和学业导师"双导师制"协同育人、书院党团组织和社区学生自治组织协同育人，不断创新学生管理制度和人才培养体系。

（二）打造"一标五维三课堂"心理育人体系完善学生人格

近年来，陕西中医药大学围绕立德树人根本任务，深入实施"心理育人护航工程"，聚焦学生心理健康，关注学生人格完善，逐步形成"一标五维三课堂"心理育人体系，全力推动心理育人的全员参与性、全过程衔接性和全方位渗透性。[①]

第一，学校强化思想引领，确立心理育人新目标。学校党委每年牵头组织召开心理健康教育专题工作会，明晰学生心理危机预警与干预体制建设情况以及心理健康教育与咨询中心工作开展情况，明确院（系）和心理健康教育与咨询中心在学生心理危机预警及干预工作中的职责和要求，立足服务大健康产业的办学定位，积极通过制度建设、课程改革、载体创新等方式实现四个转变：从关注问题学生到关注全体学生，从帮助解决问题到帮助提升心理健康素养，从心理咨询师的"他助"转为学生的"自助"，从单方面灌输到学生自主参与，在育心与育德同向而行、同频共振的心理健康教育过程中，实现"以人为本、生命至上、五育并举、全面发展"的心理育人目标，实现心理育人为思想政治教育服务，最终为培育时代新人服务的总体目标。第二，聚焦心理诉求，打造"五维"育人新理念。学校以希望、自信、乐观、韧性、感恩五个维度为抓手，深入构建以咨询服务、预防干预、教育教学、平台保障为主体的心理健康教育工作模式，着力培育师生自尊自信、理性平和、积极向上的健康心态。积极开发数字化心理育人平台，建立心理健康教育专题网站，打造"杏林花开"微信公众号，让学生通过网

---

① 《持续推动多方位全覆盖心理健康教育体系建设》，中国教育新闻网，http：//www.jyb.cn/rmtxw-wyyq/jyxx1306/202305/t20230530_2111048488.html。

络平台方便快捷地实现心理测评、在线咨询、心理课堂、活动报名等，多层次、多渠道对学生的认知、情感、意志、行为、人格与价值观等进行全面化、系统性的"全链条"式心理危机预防干预，做到心理危机早发现、早干预、早处置、早预防，提升学生心理素养，助力学生健康成长。第三，立足三个课堂，创建一体化育人新格局。学校积极创建以课堂教学为主阵地，强化第二课堂、延伸第三课堂的一体化心理健康育人格局。持续推进有情怀、有格局、有境界、有担当的职业化、专家型的心理育人学工队伍建设，对专兼职心理咨询师、心理健康课教师、辅导员、班级心理保健员、宿舍心理联络员分层次开展培训，充分发挥"专兼结合、同向发力"的心理健康教育队伍的根基作用，推进课程综合改革和精品课程建设。

（三）以"四位一体"的心理健康教育工作格局完善学生人格

近年来，武汉纺织大学积极构建"大思政"育人格局，牢固树立"大心理"育人理念，在工作中坚持运用四种思维方式，扎实有序推进心理育人培养方案进课堂、进活动、进宿舍，创新建立"全天候、全领域、全身心"的学生服务响应机制，将育心与育德相结合，育人与育才相统一，形成了教育教学、实践活动、咨询服务、预防干预"四位一体"的具有学校特色的心理健康教育工作格局。[①]第一，前置思维：注重信息收集与识别应用，提升心理育人效果的关键在于学生信息收集的完整性与分析应用的精准性。针对当前中学和大学阶段信息断层而导致对学生心理思想状况掌握不深等问题，学校坚持前置思维，把信息收集与筛查工作前移，建立健全"早发现、早评估、早诊治"的心理健康预防机制，加强对学生入学前心理健康信息的收集，做到源头防治、科学识别，增强心理育人工作预见性。第二，融合思维：注重知识普及与实践体验。针对心理育人工作中理论与实践脱节问题，学校着力打造"知识灌输、实践体验"的宣教体系，共开设了"大学生心理健康教育"公共必修课和"幸福心理学""人际关系心理学"等十多门公共选修课程，实现全校学生心理健康教育课堂教学全覆盖。同时，学校加强实践体验场所建设和多样化实践活动的开展，建立的大学生心理健康教育中心总面积达 1 000 平方米，设置个体心理咨询、心理测评、沙盘治疗、音乐放松、心理宣泄、团体辅导、等候与阅读、心理作品展示 8 个功能区域，集干预性、教学性、科研性、服务性等多功能于一体。第三，系统思维：注重个体预警与群体防控。针对心理育人中出现的重问题诊治轻教育发展问题，学校开发和升级了

---

① 罗锦银：《"四位一体"工作格局提升心理育人实效》，载于《中国教育报》2023 年 4 月 24 日，第 7 版。

"红黄蓝"心理危机预警管理信息系统，推动心理危机干预工作由单点发力向全线守护转变，实现预警指标科学、预警信息精准、预警流程规范、预警平台先进的目标，为准确预警、科学预防、有效干预奠定了坚实基础。"红黄蓝"心理危机预警管理信息系统自 2016 年投入使用，其科学性、先进性获得了校内外的普遍认可，运行以来积累的经验和成果获批湖北省高校学生工作精品重点项目，并在 2021 年全国高校平安校园建设优秀成果评比中获得一等奖。第四，发展思维：注重需求供给与成长赋能。学校党委建立了"全天候、全领域、全身心"的学生服务响应机制，切实做到"有呼必应，有呼快应，无呼我应"，快速高效便捷地帮助学生解决实际困难；学校完善"四个一"结对联系师生机制，组织开展"千师万生包保帮扶"活动，通过办好校长答疑课、院长答疑课等特色课堂，及时回应学生的诉求和关切，做到"一生一档"。通过上述举措，学校找准了学生心理问题根源，真正做到了谈话谈到学生心窝里，实事办到学生心坎上，学生因现实问题造成的情绪淤积问题和思想问题所致的认知偏差问题得到了缓解。

（四）以体育综合改革推动学生人格完善

青岛科技大学树立健康第一教育理念，对现有体育教育资源、载体、方式等进行系统整合，依托理念重塑、体系重建、价值重构，以体系化贯通、制度化联通、信息化互通、思政化融通，实现了"体"与"育"深度融合，撬动了体育教育的增值和体育综合育人的实效，探索出一条高校体育综合育人的新路子。[①]第一，重塑体育教育理念，为学生全面发展赋能。培养中国特色社会主义建设者和接班人，身心健康是第一位的。青岛科技大学被誉为"中国橡胶工业的黄埔"，形成了以橡胶为核心的办学特色，自强务实、艰苦创业、勇争一流始终是鲜活的办学基因，培养学生以"吃苦耐劳、坚忍不拔；朴实无华、甘于奉献；同心协力、勇承重载"的"橡胶品格"赢得社会广泛认可。通过体育综合改革，引领近四万名学生在体育中锤炼吃苦奋斗精神、团队合作意识、勇争第一的拼搏精神等体育素养，与"橡胶品格"特质形成了高度契合，丰富了学校人才培养特色，也塑造了"爱体育·兴科大"的品牌。学校坚持立德树人，确立了"拥抱体育·出彩人生"体育教育理念，构筑"大体育"格局，以提高身体素质、提升综合素质、服务全面发展为价值引领，以学生终身受益为旨归，通过课堂、实践、联赛等形式，探索体育与德智美劳教育的有机融合，打造"体育课程思政"

---

① 李小伟、陈兵：《"以体育人"推动体教深度融合》，载于《中国教育报》2021 年 11 月 23 日，第9 版。

体系，增强学生体质，锤炼意志品质，塑造健全人格，让学生拥抱体育、享受乐趣、终身受益。第二，重构体育价值，让文明习惯和健康行为陪伴终身。青岛科技大学通过"一揽子"措施，精心打造了专业技能高、理论素质硬、爱体育、懂思政的体育教师队伍，建设体育专业课教师为主，思政课教师、辅导员和学生管理人员共同参与的"体育思政"专兼职教师队伍，为确保体育课程思政有效落地提供了保证。这些积极探索，通过体育精神的逐渐发扬，有力推动了青岛科技大学学生人格的健全与完善。

（五）以"新医科"创新人才培养方案完善学生人格

上海交通大学医学院倡导成就智慧、完善人格的教育，培养学生成为"眼中有光、胸中有志、腹中有才、心中有爱"的卓越医学创新人才。[①] 第一，倡导实行本科生班导师工作制。自 2010 年起，上海交通大学医学院倡导实行本科生班导师工作制，截至目前，共有 200 余位名师名家名医担任班导师。班导师了解青年学生所思所想所惑，在思想政治、专业导航、科研启发、创新激励等方面全程参与医学生培养，引导学生在科学精神与人文精神的融合中成就自我。班导师与辅导员"双师联动"、合力育人，构建"读、说、演、学、行"医学文化育人模式。临床工作中，班导师换药前为病人关上的一扇窗、天冷时将听诊器焐热的贴心举动，都能让学生们明白"医者仁心"无处不在。第二，培养有灵魂的卓越医学创新人才，充分发掘专业课程蕴含的思想政治教育资源，发挥专业教师的育人主体作用，推动名医大家上讲台、下临床、带实验、授技能，将课程思政和专业思政贯穿医学人才培养全过程。强化实践育人、医教协同，引导医学青年广泛参与社会实践，将社会作为了解国情、丰富知识、开阔眼界、增强研究能力、培养责任感及使命感的重要阵地，让学生在德才统一、专博结合、知行合一中成长为高层次国际化医学拔尖创新人才。

四、经验与启示

通过上述分学段对教育完善人格典型案例的介绍，我们可以总结与提炼出以下经验与启示：

第一，加强校领导班子重视意识，落实教育完善人格工作。

教育完善人格工作在各级学校的落实需要校领导班子的重视与监督。只有校领导班子重视学生人格完善工作，校园文化建设、相关专业设施的配备、心理咨

---

① 陈国强：《探索"新医科"创新人才培养方案》，载于《中国教育报》2021 年 3 月 22 日，第 5 版。

询室的修建、专业心理咨询教师的聘请等基础硬件和软件才能保证。湖北省赤壁市第一中学重视学生心理健康和人格教育，配备了3位专业的心理咨询教师，定期开展相关活动、学生提前预约咨询时间，这些做法都为学生搭建了轻松愉悦的咨询与交流氛围；陕西省西安市航天中学在校领导的重视与支持下，配备了先进的心理咨询室，引进了先进咨询设备和专业的人格测试系统，定期组织心理咨询教师外出学习，引导学生以成长困惑创作手抄报，正是这一系列的有力举措，使学生们喜爱去心理咨询室分享自己的成长故事，纾解自己的学习生活压力。这两所学校相关做法都说明学校完善人格工作的有力开展离不开校领导班子的重视与支持。

第二，改革学校课程体系，落实教育完善人格工作。

课程是依据教育目标而设计、展开的学生活动的总和。课程体系是实现培养目标的载体，是保障和提高教育质量的关键。因此，课程体系也就成为育人活动的指导思想，指明了培养目标的具体化方向。因此，只有下大力气改革学校课程体系，使课程体系适合于学生人格完善与健全，才能从根本上保障教育完善人格工作有力落实。

经调研总结发现，改革学校课程体系，值得借鉴的经验主要有以下几点：一是形成"基础课程—发展课程—卓越课程"这一满足学生全面发展需求的综合的、个性化、可持续化的课程体系，如厦门第二实验小学与北京师范大学附属中学均是采用此种课程改革思路，分别提出包括基础课程、发展课程和特色课程的"三阶课程"体系和"夯实基石—发展个性—走向卓越"的全人格教育三级课程体系。这两所学校通过课程体系的改革，能够使本校学生在基础课程基础上发展自己的个性，并与大学专业课程相衔接，在面向世界、拥抱祖国、精进知识、处理矛盾与认识自我中不断完善自我人格。二是开发基于学校特色的校本课程体系，如鲁迅小学以"立人为本全人发展"作为学校课程发展理念，构建了顺应学生天性、丰富可供选择的"百草园"校本课程体系，用独特的课程滋润学生的生命成长。"百草园"数字课程利用互联网优势，挖掘与发展每一个学生的个性潜能，并让学生在学习实践中成为一个人格独立的"现代人"。"百草园"劳动实践课程通过"百草科学园""百草农学园""百草创学园""百草游戏园""百草药学园""百草文学园"的搭建，让学生们能适应未来社会发展和个人终身发展所必备的核心素养。我国类似于鲁迅小学的学校，可以依据自身学校特色与优势，依托现代化技术，围绕学生人生成长与工作实践开发校本课程，以满足学生人格发展的需要。三是开发基于幼儿成长的生活化课程，如广州市黄埔区香雪山幼儿园将知识概念与真实生活相联结，构建了基于绘本的生活化课程体系。北京市昌平区李跃儿芭学园设计四季课程，让孩子在自然课堂中探索思想和人格的自由。截至 2022 年，我国幼儿园有 289 222 个①，它们分布在不同地域、有不同习俗的不同城市与乡村，这些幼儿园如果能基于幼儿成长与生活环境去设计与开发课程，就可以让幼儿更好地认识世界、认识社会、认识自我。

第三，改革师生评价体系，落实教育完善人格工作。

教育评价作为教育实践的重要组成部分，对教育工作起着关键的导向作用。当前我国教育评价体系存在着诸多问题，但关键的是对人的本质、人格的发展认识不足，导致教师和学生的人格评价不能发挥有力指导，难以保障学生健康地成长成才。因此，在教育过程中，如何改革学生评价体系、教师评价体系从而构建起全新的健康的教育评价生态，对于学生与教师的人格健全意义重大。

经调研总结发现，对学生评价体系的改革，可从以下方面入手：一是围绕人格完善建构起学校的核心理念和育人目标。二是探索形成适合于本校的学生综合评价体系，将过程性评价、终结性评价、表现性评价、增值性评价相融合，实现学生的全方位评价。三是坚决推进本校综合素质评价标准落地。以陕西省大荔县荔东小学为例，该校将"枣花向阳开、朵朵都精彩"作为核心理念，建立"枣花向阳开"全人格课程体系，落实《荔东小学学生综合素质评价标准》（将学生成长发展的范围扩展到社会生活的各个方面，并以"五项课程"为途径，引入家长参与，通过观察学生行为、考查学生技能、对学生进行过程性评价，真正实现全员、全程、全方位育人。将阶段性评价与终结性评价相结合，与多元化、多维度、多方面的评价相补充），形成"阳光之子"学生综合素质评价体系，对学生进行纵向与横向的全方位评价。对教师评价体系的改革，可借鉴以下几点经验：一是刚性标准与模范引领相结合，为教师指明底线与方向；二是建立起科学完备、严格规范、公开透明的教师评价程序，促进程序公平与结果公平；三是保障好教师师德师风、工作质量、专业水准、努力程度的准确评价，促进教师自身努力；四是建立个性化评价体系，在共性标准基础上探索教师个性化发展目标，为教师个性化、自主化发展创造条件。

第四，改革心理育人体系，落实教育完善人格工作。

目前，全国大中小学都开始重视学生心理健康教育，但是大多浮于表面，学生对学校设置的心理咨询室、心理健康报表等存在抵触心理，遇到问题还是难以发现。但仍有部分学校通过改革心理育人体系，产生了积极效果，有效推动了学生人格的健全与完善。

---

① 《各级各类学校校数、教职工、专任教师情况》，教育部网站，http://www.moe.gov.cn/jyb_sjzl/moe_560/2022/quanguo/202401/t20240110_1099540.html。

经调研总结发现，对学校心理育人体系的改革，可从以下方面入手：一是可将心理咨询室这一名称改为一个听起来如沐春风、让学生觉得轻松愉悦的名字，如成长加油站、心灵花园、青春故事、开心小站等，就像江苏省苏州市吴江区盛泽第一中学就改为"阳光会客厅"，这一做法虽小，但影响极大。这一名称的转变有利于保护学生自尊心，使学生拥有轻松心情和营造一个温暖的咨询氛围，放下不适与局促，减少学生的顾虑和负担，使更多的学生在这里勇敢表达、寻求帮助、追求自我。二是确立学生在学校心理健康教育中的主体地位，将学生作为心理健康教育的体验者、经历者、调试者，甚至引导学生作为组织者，而不是心理健康教育的被动客体，构建起学生主体、学校（教师）主导、家庭（成员）主阵、社会（机构）参与的全员育人网络。如湖南湘江新区金桥小学就打造了学生的"均衡课堂"、教师的"滋养课堂"、家长的"社区课堂"，确保以学生获得成长体验和人格发展为目标的课程实施方案得到落实。三是打造心理育人模式。如黑龙江大学以"培养学生健全人格、激发学生内在潜能、提升学生综合素质、导航学生幸福人生"为目标，形成了"全员参与、全过程融入、全方位联动"的"三全"心理育人格局，搭建了校—院—班—寝"四级"心理育人工作网络，拓展了进学院、进班级、进寝室、进课堂、进网络的"五进"心理育人载体，建立了重视到位、认识到位、预防到位、教育到位、干预到位、跟踪到位的"六到位"闭环式心理育人模式，同时，探索多种育人活动，精心为学生提供多种多样的、精准的心理服务。陕西中医药大学深入实施"心理育人护航工程"，聚焦学生心理健康，关注学生人格完善，逐步形成"一标五维三课堂"心理育人体系，全力推动心理育人的全员参与性、全过程衔接性和全方位渗透性。

第五，打造习惯养成体系，落实教育完善人格工作。

对于学生成才及人格完善而言，习惯养成至关重要，好的习惯将受益终身。尤其是幼儿及中小学校阶段，学生正处于养成习惯的关键时期，学校如果能够正向引导，使学生都能在习惯养成中完善其人格，将极具重要意义。陕西省西安市西京小学提出"人人有事干，事事有人管"，为每个学生设置自己的岗位职责。从常务班长到值周班长、值日班长，从打餐员到关灯委员，每个学生都明确自己的职责，通过职责培养学生的责任感。通过日小结、周小结分析自身优点与不足，使学生更好地完善自己。这些将成为陪伴学生终生的好习惯。湖北省恩施市龙凤中学用"好"作为培养目标，以正向思维引领学生健康成长。"十好规范"抓细、抓小、抓实，易学、易记、易行，全面融入学生的日常生活，让大家在没有任何精神负担的情况下自然形成。如何督促学生养成习惯，也是湖北省恩施市龙凤中学在实施中反复提炼出来的，即七个阶段：矫形→塑形→成形→固形→示

331

范→保持→循环。在七个阶段的实践过程中，学校为每一个学生建立了德育档案，持续 3 年对学生的行为习惯进行写实记录，纳入综合素质评价，促进学生习惯养成，使其内化于心、外化于行。

第六，围绕学生、关爱学生、服务学生，把教师的爱心及时传递到学生心田。

"有仁爱之心"是"四有好老师"的标准之一。学生处于成长期，各方面都还不成熟，也会遇到很多未成年人、青年学生自己无法解决的实际难题，各种矛盾交织在学生阶段会给他们形成困惑，甚至无法解脱。这就需要教师亲近学生，及时发现问题，通过传道析理，把道理讲深讲透，使受困学生真正从内心摆脱困扰。陕西西安某小学的做法就是很有启示意义的。

第九章

落实教育开发人力工作目标的现状及分析

人口规模巨大的现代化是中国式现代化的显著特征之一。人力资源是我国可持续发展和中国式现代化的巨大优势。开发人力是教育的重要工作之一，涉及亿万青年的就业和生活，也涉及他们今后步入社会是否能充分发挥聪明才智、贡献社会、人人出彩的重要问题。

第一节 落实教育开发人力工作目标的主要成绩及其分析

一、国家实施教育强国战略，新时代我国教育事业得到发展

我国把教育摆在优先发展的战略地位，进入新时代，我国教育事业蓬勃发展，已经成为世界教育大国，为我国社会主义现代化建设，实现中华民族伟大复兴提供了巨大的人力资源库。

得出结论的依据如下。

（1）在义务教育发展方面。2021年底，我国2 895个县全部通过基本均衡发展认定，实现义务教育基本均衡发展。2022年，义务教育巩固率达95.5%，资源配置、人员构成和条件设施质量有了巨大提升。一是教育经费投入增加。2012~2021年，我国财政性义务教育经费从1.17万亿元增加到2.29万亿元，占

国家财政性教育经费投入的比例始终保持在 50% 以上；小学生均经费支出从每生每年 7 447 元增至 14 458 元，初中生均经费支出从每生每年 10 218 元增至 20 717 元。二是师生结构不断优化，教师质量有所提升。全国有普通小学 14.91 万所，招生 1701.39 万人，在校生 1.07 亿人；专任教师 662.94 万人，学历合格率 99.99%，专任教师中专科及以上学历比例为 98.90%。全国共有初中 5.25 万所，招生 1 731.38 万人，在校生 5 120.60 万人；专任教师 402.52 万人，学历合格率 99.94%，专任教师中本科及以上学历比例为 91.71%。三是基础设施不断完善，办学条件建设质量和科学性有所提升。全国普通小学共有校舍 88 961.80 万平方米，设施设备配备达标的学校比例均有所提升，分别为：体育运动场（馆）面积 93.52%，体育器械 97.07%，音乐器材 96.81%，美术器材 96.79%，数学自然实验仪器 96.62%；全国初中学校共有校舍 78 648.35 万平方米，设施设备配备达标的学校比例不断提升，分别为体育运动场（馆）面积 95.68%，体育器械 98.08%，音乐器材 97.88%，美术器材 97.88%，理科实验仪器 97.75%。[①]

2022 年之后，以优质均衡为政策导向，在基本均衡基础上追求教育全过程的公平，尤其是教育过程和教育结果的公平。《关于构建优质均衡的基本公共教育服务体系的意见》（以下简称《意见》）规定，以公益普惠和优质均衡为基本方向，全面提高基本公共教育服务水平，加快建设教育强国，办好人民满意的教育。教育强国建设伟大历史进程中，以义务教育优质均衡推进基本公共教育服务体系建设，进而支撑高质量教育体系建设。义务教育学校标准化建设、学校布局、教师资源配置、不同学生群体公平发展等成为优质均衡的核心议题。如何实现新时期义务教育优质均衡发展，办好人民满意的教育，成为《意见》政策指向和战略部署的核心内容。

（2）在高中教育发展方面。高中教育阶段在我国是一个特殊教育阶段，因为它既不属于义务教育阶段，又不纯粹归于个性教育的特殊教育阶段，而且高中教育属于基础教育阶段，是通往高等教育的必经之路。我国现在的高中阶段教育发展迅速，但是仍然存在许多问题。高中教育是我国初等教育的最后一个阶段，包括普通高中、成人高中和中等职业教育三类。普通高中是我国高中教育最重要的组成部分；成人高中用于成人扫盲，随着我国文盲数量的减少以及义务教育的普及，使成人高中数量不断减少；中等职业教育既是我国职业教育的重要组成部分，又是我国高中教育的重要组成部分，在未来将会发挥越来越重要的作用。

---

① 《中国教育统计年鉴（2022）》，中国统计出版社 2023 年版。

从学校数量来看，2023 年全国高中阶段教育共有学校 2.25 万所。其中，普通高中 1.54 万所，比上年增加 355 所，增长 2.36%；中等职业学校 7 085 所，比上年减少 116 所。虽然中等职业学校数量有所减少，但普通高中数量的增加反映了高中阶段教育在持续扩大，尤其是普通高中的扩展，更好地满足了社会对基础教育的需求。这一变化表明，国家在高中阶段教育资源的布局上更侧重于普通教育，反映出我国在普及教育方面的持续投入和对教育公平的追求，进一步推动了基础教育的均衡发展。从招生人数来看，2023 年全国高中阶段教育共招生 1 421.84 万人。其中，普通高中招生 967.80 万人，比上年增加 20.26 万人，增长 2.14%；中等职业学校招生 454.04 万人，比上年减少 30.75 万人，下降 6.34%。这一数据体现了普通高中招生人数的持续增加，显示出社会对普通高中教育的需求持续上升，而中等职业教育的招生下降则可能反映了教育资源分配和学生选择倾向的变化。从在校生人数来看，2023 年全国高中阶段教育在校生共有 4 102.09 万人。其中，普通高中在校生 2 803.63 万人，比上年增加 89.75 万人，增长 3.31%；中等职业学校在校生 1 298.46 万人，比上年减少 40.83 万人，下降 3.05%。[①] 普通高中在校生人数的增加，意味着更多的学生进入了高等教育的准备阶段，进一步展示了我国教育体系在基础教育阶段的不断发展和完善，特别是在促进学生接受普及教育方面取得了显著进步。

（3）在职业教育发展方面。职业学校教育包括职业启蒙教育、中等职业学校教育、高等职业学校教育等阶段。职业培训包括技能培训、劳动预备制培训、再就业培训和企业职工培训等类别，依据职业技能标准，培训分为初级、中级、高级职业培训和其他适应性培训，企业、学校、社会机构等均可开展职业培训。

基础教育阶段开展职业启蒙教育。全国有超过 4 500 所中、高职学校积极支持中小学开展劳动教育实践和职业启蒙教育，辐射中小学近 11 万所，每年参与人次超过 1 500 万。[②]

中等职业学校教育由普通中专、成人中专、职业高中、技工学校等实施，主要招收初中毕业生或具有同等学力的社会人员，以 3 年制为主。2021 年，全国设置中等职业学校 7 294 所（不含技工学校），招生 488.99 万人，在校生 1 311.81 万人，分别占高中阶段教育招生总数和在校生总数的 35.08%、33.49%。中等职业学校毕业生可以继续接受高等专科、本科和研究生教育。

高等职业学校教育包括专科、本科及以上教育层次，主要招收中等职业学校

---

① 资料来源：《2023 年全国教育事业发展统计公报》。
② 中国职业教育发展白皮书，教育部 2022 年 8 月 20 日发布。

毕业生、普通高中毕业生以及同等学力社会人员，专科为 3 年制、本科为 4 年制。2021 年，全国设置高等职业学校 1 518 所（含 32 所职业本科学校），招生 556.72 万人，在校生 1 603.03 万人。职业本专科招生人数和在校生总数分别占全国本专科高校招生数和在校生总数的 55.60%、45.85%。①

（4）在高等教育发展方面。2014 年，教育部在《关于全面深化课程改革，落实立德树人根本任务的意见》中明确提出，要在各学段建构学生发展核心素养体系，关注学生文化基础、社会参与以及自主发展方向的全面发展。《2020 年全国教育事业发展统计公报》数据显示，2015～2020 年新增劳动力的平均受教育年限从 13.3 年上升到 13.8 年，而受过高等教育的劳动力比例也相应从 42.5% 上升到 53.5%，均呈现逐年上升趋势（见图 9-1）。

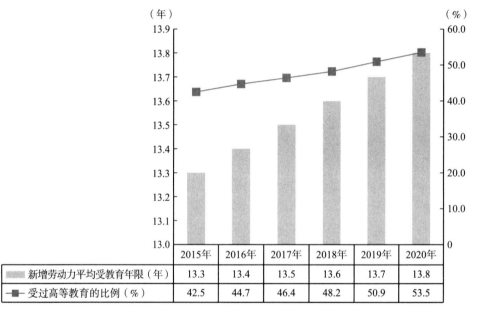

	2015年	2016年	2017年	2018年	2019年	2020年
▨ 新增劳动力平均受教育年限（年）	13.3	13.4	13.5	13.6	13.7	13.8
■— 受过高等教育的比例（%）	42.5	44.7	46.4	48.2	50.9	53.5

图 9-1　2015～2020 年人力资源开发状况

资料来源：《2020 年全国教育事业发展统计公报》。

根据教育部公布的数据，2022 年我国仅高校毕业生人数就达到 1 076 万人②，2023 年则高达 1 158 万人③。可见，近年来，教育工作对人力资源的开发作用是显而易见的，人力资源的开发力度也在不断扩大。具体而言，在教育教学过程

---

①　《中国职业教育发展报告》（2012—2022 年），载于《职业技术教育》2022 年第 24 期，第 69～77 页。
②　资料来源：《2022 年全国教育事业发展统计公报》。
③　资料来源：《2023 年全国教育事业发展统计公报》。

中，老师帮助学生认识到自己的优势和短板，激发学生潜能，学校组织因材施教、开展差异性教学；在人力使用中，用人单位因人而用，发挥个人特长，让人人都有出彩机会。这既是实现人德智体美劳全面发展过程中必不可少的环节，也是不断加强对学生潜能的开发，培养和打造世界一流人才的教育工作的一个重要目标。

（5）为了更好开发人力。国家非常重视对中小学优质师资力量的补充。为贯彻落实党的二十大精神和习近平总书记关于教育的重要论述，特别是关于教师队伍建设的重要指示批示精神，按照《中共中央 国务院关于全面深化新时代教师队伍建设改革的意见》要求，对标 2035 年建成教育强国目标，加强高素质中小学教师培养，深入实施科教兴国战略，夯实创新人才培养基础，2023 年 7 月，教育部印发《教育部关于实施国家优秀中小学教师培养计划的意见》（以下简称"'国优计划'《意见》"）。

"国优计划"《意见》提出，从 2023 年起，国家支持以"双一流"建设高校为代表的高水平高校选拔专业成绩优秀且乐教适教的学生作为"国优计划"研究生，在强化学科专业课程学习的同时，系统学习教师教育模块课程（含参加教育实践），为中小学输送一批教育情怀深厚、专业素养卓越、教学基本功扎实的优秀教师。首批试点支持 30 所"双一流"建设高校承担培养任务，每年每校通过推免遴选不少于 30 名优秀理工科应届本科毕业生攻读理学、工学门类研究生或教育硕士，同时面向在读理学、工学门类的研究生进行二次遴选，重点为中小学培养一批研究生层次高素质科学类课程教师。

"国优计划"《意见》明确，"国优计划"包括推免选拔、在读研究生二次遴选两种选拔方式，包括试点高校自主培养或者与师范院校联合培养两种培养方式。支持培养高校为推免录取的"国优计划"研究生设计教师教育选修课程。鼓励高水平高校面向全体在读学生普遍开设教师教育选修课程。"国优计划"研究生在本科阶段选修教师教育课程所获的学分可计入"国优计划"研究生培养相关模块课程学分。攻读非教育类研究生学位且修完教育模块课程的"国优计划"研究生，通过教育硕士专业学位论文答辩，毕业时同时获得教育硕士学位证书。

"国优计划"《意见》从纳入免试认定、探索"订单"培养、组织专场招聘、支持专业发展等方面提出系列从教激励政策，并从研究生推免招生及经费支持、优配教育实践基地、强化人才培养统筹等方面，提出教育部及相关部门、各地、培养高校对计划实施给予的支持保障。健全中国特色教师教育体系，推动高水平高校为中小学培养研究生层次高素质教师，让优秀的人培养更优秀的人。

二、学校积极重视学生潜能开发问题，学生综合素质不断提高

伴随着教育改革的不断深入，学生潜能开发问题得到教育工作者的高度重视，各高校通过顶层设计制定相关制度政策、组建开发学生潜能专家队伍、搭建激发学生潜能实践平台等一系列举措来培养激发学生个体潜能。

通过问卷、访谈、座谈和实地考察的调查，可以得到如下结论：第一，学校推行符合学生个体发展的创新化管理，教师开展个体差异性教学，教学环境等也逐步趋向民主化、科学化，充分尊重个体差异，根据学生的特长和优势进行能力的开发，充分发挥学生主观能动性。第二，越来越注重兴趣爱好、创新思维和实践能力的培养，学生除了具备扎实的专业知识外，综合能力素质也不断提高。

得出结论的主要依据如下。

（1）所调查的高校普遍反映出学生潜能开发的执行力较好，开发成效显著。在制度保障方面，大部分高校教务部门针对潜能开发具有一套统一且科学的课程开发制度、课程监督制度、课程评价制度，对各个课程进行实时、定期的监控，最大限度提高学生个体潜能开发质量。另外，为满足学生对课程的不同需要开设选修课，大部分高校设置小学期，弹性安排上课时间，学生们可以根据自己的兴趣需求和时间规划自主选择多样化的课程。在潜能开发制度执行力的调查中，有47%的高校选择了"比较好"，13%的高校选择了"非常好"，说明我国教育与过去相比对学生潜能开发的重视度不断提升，制度保障和物质保障基本得到满足（见图9-2）。

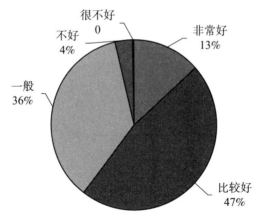

图9-2 所调查学校开发学生潜能制度执行力调查结果

（2）所调查的大中小幼学校教师普遍能多角度、全方位地观察和了解学生，正确认识学生的个体差异，在教学过程中，能营造出民主平等的教学氛围，并且在这个过程中融入对学生的赞扬和鼓励，能够引导学生认识到自身的优势和短板（78.88%），因材施教（68.76%），给予每个学生关心和尊重，帮助学生利用个性特征来激发自身的潜能，开展个性化教学，促进学生的全面发展（见图9-3）。

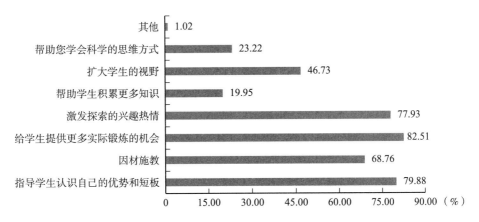

图9-3　教育开发人力方面应开展哪些工作调查结果

（3）动手能力的培养是于幼儿、小学、中学阶段的创造性思维开发至关重要的一环，对于高校和职校而言，专业知识的实际运用能力、专业技术的动手实操能力和创新创业能力，则是培养核心竞争力应具备的基本素养。从调查情况看，多数学校能充分利用自然资源和社会资源开展丰富的实践活动，为学生充分搭建实践平台，与政府企业对接，让学生能尽可能地融入社会。这一点，在职业院校比较明显。教师在教学过程中也能鼓励学生敢于向老师质疑问难，敢于提出新思想、新观念，尽可能给学生留足充分发表独立见解的时间和空间，从而引导学生多角度思考问题，激发创新思维。

三、潜能开发的理念日趋科学，开发内容和方式逐渐丰富多元

不同类型的学生，都会隐藏着不同类型的巨大潜能。潜能是人力资源的重要组成部分，也是社会发展的宝贵资源。这些潜能，不一定会被学生本人、家长和教师所意识、所发现，这就需要教育对其进行开发。为适应国家对于人才素养的要求，各级各类学校正在不断通过对教育理念的更新、对教育目标的调整、对教学内容的改革、对教学手段的创新等来契合学生自身的实际发展情况。从调查所

掌握的情况来看，可得到以下结论：第一，学生潜能开发坚持全面发展与因材施教相结合的教育理念，强调根据个体身心发展特点，进行有针对性的教学。第二，我国教育越来越追求学生综合能力的培养，因此，学生潜能开发的内容逐渐丰富，从多维度、宽领域进行潜能的有效激活与开发。第三，与传统教学方式相比，为了更好地激发出受教育者的潜能，教育者比较注重引导学生认识自我，发现其特长和禀赋，激活潜能要素，有意识地扬长避短，有针对性地选择多元化的开发方式，除传统的灌输式教育外，启发式教育、引导式教育、探究合作式教育，体验式教育，也成为目前最常见的激发学生潜能的教学方式。

得出结论的主要依据如下。

（1）立足新时代，贯彻新理念，谋求新作为，所调查的高校根据办学特色，秉持着以人为本、全面发展、因材施教、创造性、开放性、个性化等教育理念来制订相关教学方案，更加契合我国教育改革发展的新实践，也更加贴近受教育者思想行为的新变化。

（2）所调查学校对仅仅注重学生学习潜能的开发已经满足不了当前国家社会对人才的要求这一观点形成了普遍的认同，在教学过程和课外活动中，教师通常会有意识地对学生的语言潜能（77.76%）、艺术潜能（44.52%）、逻辑潜能（78.35%）、身体运动潜能（38.88%）、人际交往潜能（73.64%）、自我认知潜能（64.13%）等进行积极的开发，促进学生全面发展，提升综合能力（见图9-4）。

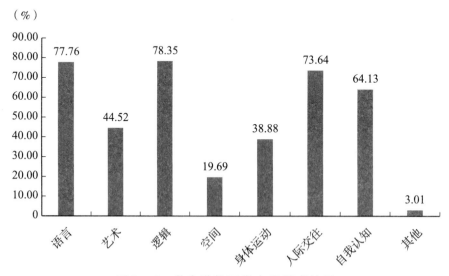

图9-4　学生潜能开发内容调查结果

（3）教学方式逐步适应服务于学生的学习方式。随着教学观念的转变，越来越多的教育者开始探索新的教学方式，在与教师群体的座谈中我们发现，启发式教育（85.48%）、参与式教育（71.39%）、探究—合作式教育（58.57%）、引导式教育（56.83%）是四种最常见的激发学生潜能的方法，在帮助学生积累知识的同时，激发探索的兴趣和热情，帮助学生学会运用科学的思维方式，培养学生探究意识和创新能力，指导学生认识自己的优势和短板，充分发挥学生的自主性。除此之外，很多教师还借助开发设计个性化课件、创设问题情境、制作教学动画、开展互助合作小组等现代化教学方法增强学生潜能开发效果（见图9－5）。

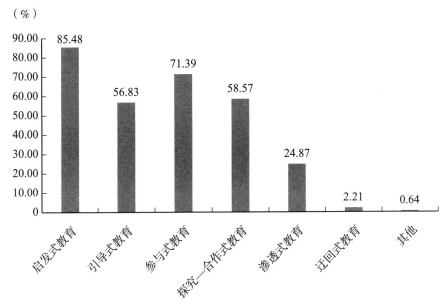

图9－5　激发学生潜能教学方式调查结果

四、我国职业教育发展进入新时期，为职校学生发展提供了时代机遇

党的十八大以来，以习近平同志为核心的党中央始终把职业教育摆在教育改革创新与经济社会发展更加突出的位置，推动职业教育高质量发展。第一，政府高度重视现代职业教育发展，职业教育的重要性和认可度不断提升，不断增加职业教育投入，健全多渠道经费投入机制，为职业教育发展提供了基本物质保障。第二，坚持以马克思主义职业教育思想为指导，立足中国实际，办学定位和办学

理念越发清晰，人才培养模式和人才评价标准不断优化，形成了具有中国特色的现代化职业教育体系。第三，校企合作不断深化、协同育人，为职校学生搭建了实践平台，从而能更快地适应职业的需求。

得出结论的主要依据如下。

其一，党的十八大以来，党中央出台了《关于加快发展现代职业教育的决定》《现代职业教育体系建设规划（2014—2020年）》《国家职业教育改革实施方案》等一系列政策文件，为职业教育发展提供了政策保障。国务院印发《关于加快发展现代职业教育的决定》，进一步提升对职业教育的认识。落实"高度重视、加快发展"的工作方针，2015年教育部又启动《高等职业教育创新发展行动计划（2015—2018年）》和《职业院校管理水平提升行动计划（2015—2018年）》两个行动计划；《中共中央关于制定国民经济和社会发展第十四个五年规划和二〇三五年远景目标的建议》对职业教育提出了"建设高质量教育体系，加大人力资本投入，增强职业技术教育适应性，深化职普融通、产教融合、校企合作，探索中国特色学徒制，大力培养技术技能人才"的新要求。一系列重大举措对新时代教育工作进行了全面的部署，也为加快发展现代职业教育指明了方向，中国职业教育真正步入了新时期，迎来了改革发展的"黄金时期"。2022年8月19日在天津召开了首届世界职业技术教育大会，是我国政府首次发起并主办的国际性职业教育大会，受到国际社会的高度重视，来自全球123个国家约700名代表注册参会。大会聚焦"后疫情时代职业技术教育发展：新变化、新方式、新技能"这一主题，围绕数字化赋能、绿色技能、产教融合、技能与减贫、促进公平、终身学习等议题，分享各国职业教育发展经验和成果，研讨后疫情时代对职业教育理念、方式、内容等方面的影响，共同探讨新形势下全球职业教育改革发展的方向和主要任务。

其二，所调查职业技术院校聚焦立德树人根本任务，逐步健全德技兼修、工学结合的育人机制，技术技能人才培养的综合素养提升越发突出，在办学定位、教育理念、人才培养、师资队伍、教学方案、科研转化等方面都取得丰硕成果。在培养目标上，坚持应用型人才培养目标，学习大国工匠精神，着力提升学生的职业精神、信息素养、创新能力、实践能力和合作能力，满足大批学生提升职业素养的需要。在专业设置上，避开与普通高等教育同质化发展模式，选择生产管理、服务等一线工作需要专业类型，满足学生就业和创业的现实需要。在人才培养方案制定上，设置教育教学目标、教学计划、理论教学、实践教学、实验、实习、实训、调研、课程设计、毕业论文设计等环节，满足学生就业创业、企业用工、家长期待等多重现实诉求。在课程结构上，在深入调研企业用工需求和学生发展需求的基础上调整、修改和优化课程内容，合理调整理论教学和实践教学的比重，科学设置学时、考核标准，及时增加新技术新知识的教学内容，删除陈旧知识和落后技术的教学内容。在教学方式上，摒弃传统的"填鸭式"满堂灌输，综合应用讲授教学、讨论式教学、启发式教学、活动教学、合作教学、实验教育、案例教学等方法，培养学生实践能力和创新能力。在学习成果评价上，扭转"唯分数"的课程评价方法，采取考试成绩、综合表现、实践教学表现等相结合的评价方式，全面评估学生。在教学管理上，对学生按照生源类型、层次和学习背景等实际情况采取专业单独分班、课程选修制度、学分制度、弹性学制、弹性学期等针对性措施，满足学生个性化差异。为实现"人人皆可成才，人人尽展其才"进一步创造积极条件。

其三，大部分职业技术院校意识到职业化、专业化、技能化是职业教育的必然走向，对接市场、对接职业、对接企业也是职业技术院校的唯一选择。职业技术院校的最终办学目的就是为企业输送大量高层次、高素质的产业技能人才，企业也需要借助职业技术学校进行技能研究和产品研发，从而增强科研创新活力和市场竞争能力。因此，通过深化校企合作，强化职校学生专业技术理论和操作技术的融合教育，加快技术与理论的相互融合、不断转化，为学生提供实操机会和实践渠道，实现高等职业教育的最终目的。

五、用人单位能够充分发挥个体优势，因人而用、用人所长

潜能的开发不只是停留在学校教育阶段的事情，而是贯穿人的成长一生全过程的问题。尤其是学生从学校迈向社会的关键阶段，能否帮助学生充分认识到自己的所长，为他们提供适合的就业岗位是用人单位助力人力开发的关键，也是检测教育开发人力的重要节点。目前来看，社会上的用人单位能够秉持因人而用、任人唯贤的原则，在前期充分了解毕业生的优势，用人所长，在就业后也不放弃对员工人力资源的开发。

得出结论的主要依据如下。

（1）通过近几年用人单位对所招聘毕业生的要求变化和评价情况来看，除毕业生的就业观念、工作态度及职业道德素质有待进一步提高外，学生的思想政治素质、敬业与责任、人际沟通、快速适应和学习能力等综合素质的培养尤为重要，用人单位对于上述综合素质的关注程度已超过对专业能力、知识结构的关注。

（2）以人为本的理念逐渐在用人单位得到普及，把人当作组织中最具有活力、最具能动性和最具创造性的因素，将注意力放到如何使所招聘的人才发挥出

更大的创造性价值上，这种管理也体现出了人力资源管理的基本特征。

（3）用人单位在选拔与任用的过程中，比较侧重于充分了解应聘学生的特点，根据其自身特点和潜能选择与其相匹配的职位，坚持公平公正、合理合法、因事择人、德才兼备、用人所长的原则。

第二节　落实教育开发人力工作目标的主要问题及其分析

潜能作为一种内隐能力，需要内在与外在的共同开发，在现实的教育教学实践中，学生的潜能开发受到多种因素的制约，因而个体自身潜在能力难以最大程度被激活。在对各级各类学校的调查过程中，发现还存在以下问题。一是对学生的潜在能力（天赋、优势等）认识往往不精准，对学生在认识自己（长处、兴趣、天赋）方面加以引导的力度不够。二是学校在因材施教方面手段比较陈旧，缺乏现代感，也缺乏有效政策的鼓励引导，对学生往往是"按照模板批量生产"。三是被家长的意志绑架，使学生的潜能不能被很好地发现、培养。

一、学校和家庭教育对学生潜能的曲解，导致青少年儿童潜能开发偏离正轨

随着社会的不断发展，对人力资源的需求日益增加，然而教育者和家长对学生潜能的误解可能导致学生潜能的开发偏离正轨，进而走向"过度开发"的极端。家长对孩子的要求越来越严格，学校为了满足社会和家长的期待，容易忽视青少年儿童的成长规律和内心诉求。

得出结论的主要依据如下。

（1）在教育孩子的过程中家长带有较强的功利性。从幼儿时期开始就让孩子接受多方面的教育，在所谓"不让孩子输在起跑线上"理念的误导下，家长有一种"竞争焦虑"，不顾孩子的天赋和兴趣，逼着孩子"从众性"地"加码"学习，大多数幼儿要学习好几门课程，参加各种培训班，这就使得幼儿在学前教育阶段的压力越来越大，导致幼儿在学前负担加重，出现厌学心理。一方面，早教过急，家长希望孩子能超前发展、走在其他孩子前面，于是给孩子额外布置学习任务或参加各种培训班，加重了孩子的学习负担。另一方面，囿于家长、社会等方面的早教积极期待，很多学前教育机构热衷引进一些"高大

上"的幼儿学习内容。随着英语、奥数等知识的介入，幼儿教育中，越级知识的传授现象层出不穷，不仅加重了幼儿的学习负担，还增加了家长不必要的教育教学投入。

（2）在传统的教育观念和知识本位观的影响下，家长和学校都长期受到"智育第一"思想的影响，导致了对学生智育的过度开发。长期以来，学校教育对学生知识的灌输、成绩的追求，掩盖了学生许多发展的可能性。大多数受访学生认为课堂教学可以开发的潜能主要表现为知识、智力方面，这些方面反映了传统的课堂教学形式向学生传达的主要是智力开发方面的信息，使学生对学校教育中学生智力潜能方面的开发报以信任的态度，但过度的智力开发占用了大量的时间和精力，势必会减少对其他潜能的开发，造成学生发展的局限性。应对考试的书本知识、题海战术代替了智力开发，导致部分学生学习比较呆板，缺乏自学的悟性和研究、创新、实操能力和综合能力。很多学生表示希望开发思维，提升想象力、交流和表达能力等，由此看来，学生对自身发展有着更高层次的要求，要求教学带给他们的不仅仅是智力的发展，还应该有各种综合能力的开发和培养。

（3）当学校和家长认识到学生潜能开发和特长培养的重要性时，容易走入过度培养才艺的误区。尤其是一些文化课学习基础较差的学生，出于对学生前途的担忧，认为把孩子的精力用在才艺培养上，不失为另辟蹊径的选择。一是可以通过特长生减分的途径升学。二是即使上不了大学，成为某领域的"明星"，也不失为一种"弯道超车"的选择。殊不知，学生才艺特长的开发和培养既依赖于自身的条件，又需要通过合理的学习和训练来加以实现。而学校和家长有时忽视了学生的自身条件和兴趣爱好，强制要求其学习某项技能，如乐器、舞蹈、体育、书法、绘画等，造成学生的逆反心理，产生抵触情绪的同时，也使得学生身心疲惫。

二、潜能开发片面化，未满足学生和时代对全面发展的需求

"重智育，轻能力"的思想长期影响着人们的教育观念，使教育者片面地偏重智育，而轻视其他潜能的早期开发和培养，阻碍了学生潜能的全面开发。传统教学中，教师容易走入"视教材为金科玉律"的教学误区。教师在教课时过于重视教材，强调概念的限定，学生的学习兴趣及思考的欲望被限制，阻碍了学生创造力的发展。同时，学生对潜能开发的期望展现了他们的不同需求，教师应提供更开阔的平台以表现学生个体的多样性和差异性等，这也是教师在教学中需要不

345

断挖掘的。学校、家长和社会对智育的过分追求和对能力的轻视使得学生的潜能开发偏离正常轨道，走向片面化追求智力的发展、忽视其他潜能的开发的误区。长期以来，学校教育在学生眼中形成了一种只与知识挂钩，与能力培养无关的形象，这也是片面追求智力潜能开发的后果。

得出结论的主要依据如下。

（1）潜能开发的片面化致使学生许多其他方面的才能受到抑制，压制了学生的特长发展。一部分受访学生认为有些潜能是可以通过教育开发的，比如体育、语言、记忆力和计算能力等，但也有一些属于天赋，是不能通过教育得到开发的。学生认为有些能力培养方面的潜能是教育所不能企及的，说明这些方面的教育培养工作还未达到理想的效果，所以会遭到学生质疑，同时也说明学生对这些能力是充满向往的，但目前的教育还未满足他们的需求。学校和家长有时忽视了学生的自身条件和兴趣爱好，强制要求其学习某项技能。这对于正处于身心发展阶段的儿童来说，可能会使其产生抵触心理，造成多重的思想与身心压力。

（2）学生个体潜在能力开发不足或过度超前开发。潜在能力开发不足，这可能与学生在学校中所学的知识有限，很难仅通过课堂激发学生的个人潜能有关。学校的课程主要是以考试科目为主，缺少课外实践活动。此外，课堂内外的延伸也比较匮乏。课堂中的教师能够把握学生的动向，但课后学生的状况却很难把握，这也就造成了课内外所学不能得到很好的衔接。学生缺乏独立自主的学习能力，师生缺乏共同协作的空间。此外，面对学生的个体差异，教师很难兼顾每位学生，这也很容易造成部分学生的潜能和优势没有得到很好的开发，或者学生潜能被过度超前开发。教育者和家长如果对学生潜能的理解存在偏差，可能会导致潜能开发偏离正确方向，甚至走向"过度"开发的极端。不顾儿童自身条件和兴趣，人为干预儿童的学习过程。

（3）学生对于阅读、写作、组织能力、领导能力、个人表现能力这一类潜能的开发，不仅是对自身兴趣、爱好和个性的反映，还是对现代社会必须具备的综合素质提升需求的反映。在被问到"假如让您现在去找工作，您认为哪些方面的素质储备不足？"这个问题时，除"扎实的专业功底"（77.35%）外，创新创造思维、表达沟通能力、抗压心态、实际操作能力、人际关系能力等也是大部分学生所需要着力提升的。学生对潜能开发的多方面的期望展现了他们的不同需求，表现了个体的多样性和个体情况的差异性，这也是教师教学中对学生的指导要因材施教的一个力证。学校教育在这些能力的开发和培养上还是存在很大的不足，不能满足学生发展的需求（见图9-6）。

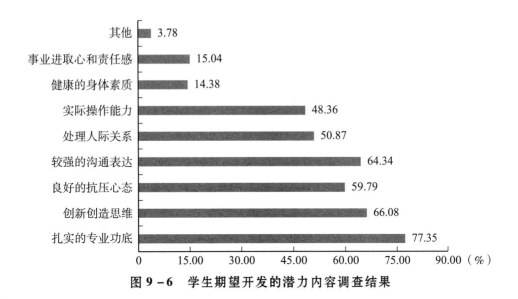

图 9-6 学生期望开发的潜力内容调查结果

三、社会舆论对职业技术院校的偏见，导致学生潜能开发不畅

从社会的角度看，我国 2035 年远景目标的实现需要数以亿计的各行各业熟练技能型人力资源，各级职业教育所担负的教育使命越来越艰巨。尽管人们对职业教育重要性的认识正在迅速提高，但思维惯性导致很多人还是倾向于把职业教育看成教育体系的底层或另类，倾向于把职校学生看成高考竞争中的失败者，导致这部分学生的能力没有得到客观全面的评价。这一点，从家长对"普职分流"的态度消极就可以窥见端倪。从高职院校本身看，相当一部分职业教育工作者、领导者乃至学生家长甚至学生本人，对职校学生也缺乏客观全面的认识，部分或全部认同社会的偏见，对高职教育普遍缺乏认同感和自信心。

得出结论的主要依据如下。

（1）调查数据反映，偏见（88.46%）、不公（74.53%）、歧视（69.57%）是最容易导致学生潜能开发受阻的三大因素（见图 9-7）。由于社会长期用高考标准衡量职业教育及职校学生，与普通本科大学相比，职业技术院校没有被社会普遍认为是与普通本科相并行的一种高等教育类型，两种类型都是现代化建设需要的，是功能互补的；而被认为是低水平学校，职校学生被贴上"差生"的标签。加上社会认知偏低等各种因素的影响，职校学生普遍存在着自信心不足、自我学习意识较差的问题。

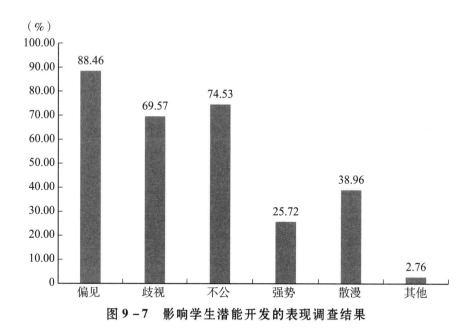

图 9 - 7　影响学生潜能开发的表现调查结果

在对这类学生的访谈中我们发现，他们对社会认同感较为在意，社会认知的偏差极易让他们产生自我认知上的偏差，事实上，职校学生比普通本科生更渴望得到关注，也更希望激发自己的潜能。除此之外，在访谈中我们还发现，随着自身的成熟和知识技能的积累，职校学生对自身潜能开发有了更高层次的追求，例如，自主学习的需求、认识自我的需求、行为调控的需求、创新发展的需求。

（2）在同样的社会评价标准下，受同样的社会因素影响，职校学生出现了明显的两极分化。有相当数量的学生适应了职校的学习生活，通过自己不断努力，取得了优异的成绩并获得了很好的发展，他们的潜能得到了较好的开发。而另一些学生则习得性无助，在无奈、无助和茫然甚至绝望中挣扎。由于个体的原因，他们的潜能被压抑着，不能释放出来。对他们来说，课业究竟有多难，自己究竟能完成哪些、不能完成哪些，已经不在他们的考虑之列。对他们来说，自己完全不是学习的材料，也永远不会成为成绩优秀的学生。据有的职业技术学校班委反映，很多课程，只要他们能来听课，能交出很简单的作业就可以获得及格的成绩，部分学生也会选择逃课、睡觉、玩手机，甚至连笔、本、书都不会带进教室。在某种程度上，他们已经基本放弃了努力。这种习得性无助是教育评价标准的竞技性等多种因素共同作用的结果，他们没法进入前列，或者没法始终保持在前列。

（3）职校学生较为普遍存在严重的自卑心理，找不到自身价值。自我意识不健全，不能全面客观地评价自己，看不到自己的优点，发现不了自己有过的成功，感受不到自身的能量，没有勇气和信心改变自己。这对学生的影响是全方位的，且可能是持续地发生作用。退缩、逃避、不敢担责、对压力的低承受度是这类学生典型的行为表现。他们的生活目标远低于他们的实际能力，任何挑战性的活动都可能被他们排斥掉，潜能的发挥受到强烈的抑制。另外，社会支持系统薄弱，安全感低，家人情感淡漠等，会使其对自己的价值产生极大的困惑，根本无心去寻找发挥自己潜能的途径和方法。这一部分学生很容易产生诱发性心理问题。

（4）职业教育者对职校学生也缺乏客观全面的认识，部分或全部认同社会的偏见。职业教育者往往更多地看到学生身上的缺点和不足，较少看到他们的优势和潜能。同时，部分职业教育者缺乏对自己职业尊严的认同感，在教学过程中带着"得过且过"的悲观情绪，导致学生的潜能又一次失去了被有效开发的机会。

四、大学生职业规划不够合理，创新创业潜能不足，普遍存在就业焦虑

随着高等教育由"精英教育"走向"大众教育"，大学毕业生数量也急剧上升。目前大学生在适应时代发展变化方面存在诸多问题，例如，知识结构单一、专业素质不足、职场经验欠缺、就业观念存在偏差、信息不对称等，从而引发了高层职位虚位以待和底层职位竞争白热化甚至暂时无法就业的局面，无法满足市场需求。

得出结论的主要依据如下。

（1）据统计，2021 年的大学毕业生人数创新高，高校应届毕业生为 909 万人，比 2020 年增加 35 万人。2023 年则更是增至 1 158 万人。近年来，全国高校毕业生人数逐年剧增，加上往届毕业生，大学生总体就业形势一年比一年严峻。尽管全国大学生就业率近几年基本持平，但毕业生人数逐年剧增，绝对数仍在增加。因此，在未来相当长时期内，大学生就业压力不会减弱，这种压力必然会传递给在校学生，尤其是高校高年级学生。

（2）目前所调查的高校中很大一部分缺乏就业指导。大部分高校设有专门的就业创业指导中心或类似的机构，但即使成立了相应的部门机构，其工作职责与就业创业的实质要求还有较大的差距，只是停留在传统的政策宣传、信息发布、生源统计、档案整理、就业招聘会等日常工作上，未能发挥更大的作用。所配备的人员通常是学校行政工作者，提供的指导往往缺乏一定的科学性和专业性。

（3）许多高校开设创新创业课程，但在实际操作过程中，培训效果并不理想。部分高校在对大学生创新创业能力进行培养时并没有注重对大学生进行创业

技能训练，只注重对创新创业理论的讲解，部分高校并没有将大学生的创新创业能力培养纳入教学体系之中，只在毕业之前开展培训，使得大学生对创新创业的认知不够，无法顺利开展创新创业活动。被调查的学生反映，学校开设的创新创业课程体系并不算完善，只是在企业管理或者经济等相关课程中有所涉及，且创新创业实践平台缺乏，学生缺乏足够的实践机会，在发现创新创业机会之后无法运用所学的知识、技能和创新思维，快速抢占市场先机，使得高校创新创业教育课程无法全面落实。尤其是近年来，在新冠疫情的冲击下，大学生越来越热衷于考公务员、选调生，考事业编、进国企，创新创业积极性也因此被扼杀。

（4）所调查高校学生的专业选择和职业选择观念功利化。调查结果显示，在问及"您的学习目的和动力主要是什么？"这一问题时，掌握生存技能（73.67%）、获取良好的生活条件（61.33%）、满足父母期待（51.94%）、考取较高分数（49.20%）这四个选项位居前列，由此可见，当前高校学生对于学习的认识带有功利的眼光（见图9-8）。

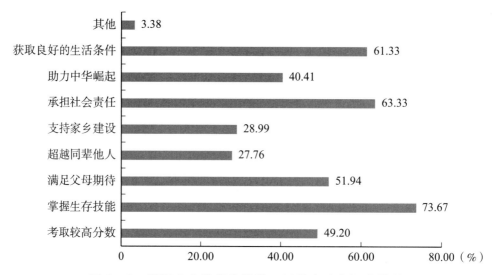

图9-8 所调查高校学生的学习目的和动力调查结果

很多考生包括家长过于功利主义，他们选择专业的基本原则往往是"好就业、多赚钱"，功利导向往往忽视考生的兴趣爱好，忽视考生的人格优势和潜能，把很多考生引导到了自己不喜欢也不擅长的领域，使他们的潜能得不到充分的发挥。性格内向、不善交往的学生选择了需要强交际能力的专业，活泼爱动的学生选择了单调枯燥的职业，这类现象比比皆是。高校专业管理没有给学生留出调整专业的通常路径，一般调整专业需要将学分归零，重修新专业的所有课程，或者只有名列前茅的同学才具备转专业的资格，一旦选择了这个专业，就很难改变。另外，在选择职业时，缺乏正确的择业观：第一，以收入多少为衡量标准，忽视了职业发展能力与自身潜能发挥的环境因素；以专业对口为择业标准，忽视了在大学期间所学专业知识之外接受的通识教育所积累的能量；以地域为择业标准，忽视了大城市人才竞争压力带来的更大的就业压力。第二，对个人评价不够客观，过高估计自身能力，职业规划与现实之间产生鸿沟，追求理想主义，不愿意从基层做起，不愿到中小企业工作，从而导致了很多大学生就业拖沓。除此之外，部分家长期望值过高，将自己未完成的愿望和整个家族的荣辱全部寄托在子女身上。父母对子女的过高期望会给子女造成极大的心理压力，导致他们在面临就业时，无法坦然面对现实与压力。第三，当前填报专业志愿的方式也不利于有效地开发人力。高中生（含职高生）对于专业只看名称，对于所从事的职业没有进行深入的了解，一般都是在班主任、家长、招生人员、社会咨询机构的"指导"下进行选择，而不是根据学生的潜能选择。这样的招生模式，还是有很大的改革空间。

第三节　落实教育开发人力工作目标的经验与典型[*]

在对课题进行调研的过程中，发现部分学校在开发人力方面已经形成了较为成熟的经验与做法。因此，课题组在广泛收集资料和实地调研的基础上，总结和提炼了基础教育和职业教育中落实开发人力教育工作目标的部分经验与典型，以期有助于进一步推动开发人力教育工作目标的实现。

一、基础教育

基础教育是人类文明发展的基础，是国家素质提升的关键。随着社会经济的发展，基础教育也越来越受到重视，它可以为国家建设提供坚实的基础。基础教育阶段是学校教育落实开发人力教育工作目标的第一步，通过教育初步培养学生的创新意识，开发学生各方面潜能，为学生以后的全面发展奠定基础。下文将从小学教育和中学教育两个阶段分别展开，总结提炼部分基础教育学校在落实教育开发人力工作目标中的做法及经验。

---

[*] 本部分内容为课题组调研所得。

（一）小学教育：综合特色课程开发探索

小学是全面开发学生潜能、奠定终身发展的关键阶段。在落实教育开发人力工作目标方面，榆林高新第四小学通过探索综合特色课程，充分挖掘学生潜能，实现五育并举、融合发展的目标，为小学教育实践提供了鲜活的经验。

1. 融合课程促进全面发展

榆林高新第四小学在课程设计中注重德智体美劳的全面推进，强调课程的整体性与融合性。在德育方面，学校打破了传统将德育局限于班主任和德育教师的做法，倡导"人人都是德育工作者"。数学与科技课程不仅着重培养学生的智育和理性思维，也通过学科内容渗透德育理念，使学生在知识学习中领悟德育内涵。体育课程则在传统教学基础上创新性地设置技能培养目标，从一、二年级的毽子与跳绳，到三年级的围棋与象棋，再到五年级的游泳、六年级的篮球与足球，构建了一个涵盖多种技能的系统化体育课程框架。学校还定期组织校园足球联赛、篮球联赛和春季运动会，既推动了阳光体育锻炼的落实，又培养了学生的竞争意识与合作精神。

2. 创新劳动教育实践形式

在劳动教育方面，学校通过"校内外结合"的实践模式，赋予劳动教育更丰富的内涵。一方面，学校在日常教学中融入劳动实践，例如体育赛事的场地布置、器材准备与卫生清扫均由学生在教师指导下完成。另一方面，学校租用十亩土地作为劳动实践基地，结合科学课程开展田间实验教学，让学生在劳动中亲身体验自然规律，增强社会责任感。

通过田间劳作与社会实践相结合的形式，学生不仅掌握了劳动技能，还在实践中体会到劳动的意义。这种因地制宜的创新实践模式，有效促进了劳动教育目标的实现。

3. 个性化发展与特色创建

学校注重个性发展与特长培养，围绕学生兴趣和爱好，提供多元化的学习与发展路径。例如，在体育教育领域，学校已成功创建全国围棋特色学校和全国足球特色学校。每年举办的围棋、象棋比赛，以及篮球、足球联赛，不仅为学生提供了展示才华的平台，也进一步激发了他们的特长潜能。

此外，学校的综合性课程通过多样化的活动设计，鼓励学生在掌握基本技能的同时，专注于自身特长的发展。这种既有共性又有个性的培养方式，为学生的全面发展奠定了坚实基础。

通过系统化、创新性和融合性的课程设计，榆林高新第四小学为落实教育开发人力工作目标提供了鲜活案例。学校的经验表明，小学教育阶段全面挖掘学生潜能，注重德智体美劳的协调发展，既能有效提升学生的综合素养，也为实现教育开发人力的长期目标贡献了力量。

（二）中学教育："五育并举"实践探索

中学教育是基础教育的重要阶段，同时也是社会公民意识和责任感培养的重要时期。湖北赤壁一中立足国家教育方针，通过"五育并举"的实践探索，为实现学生德智体美劳全面发展提供了鲜活经验。

1. 体育模块化教学促进身心发展

赤壁一中在体育教育方面进行了模块化教学改革，为学生提供多样化的选择。例如，学生可根据兴趣爱好选择武术、健美操等课程，集中学习并掌握相关技能。这种特色教学模式，不仅激发了学生的运动热情，也在学科教学中落实了个性化发展理念。此外，学校每年拿出招生计划中的 50 个名额，专门招收体育特长生，为更多学生提供体育发展的平台。每年的传统体育节上，学生通过丰富的体育活动展现运动风采，学校也因此形成了鲜明的体育教育特色。

2. 美育节与艺术特长培养相结合

美育是赤壁一中的又一亮点。学校每个年级均设有美术特长班，通过系统的艺术教育和实践，为学生提供成长和发展的艺术舞台。学校每年 12 月举办的美育节，为学生展示艺术才华提供了机会，这些学生在高考中取得了显著成绩，其中半数考入"985""211"等重点高校。通过扎实推进美育工作，学校在培养学生艺术素养的同时，也提升了他们的综合素质与审美能力。

3. 劳动实践基地提升实践能力

劳动教育是学生全面发展的重要组成部分，赤壁一中在这方面大胆探索与实践。学校保留了传统的"磨难教育"项目，每年为高一新生组织长距离徒步活动，以增强学生的毅力与团队协作精神。同时，学校还申请并建设了劳动实践基地，成为湖北省乃至中部地区的重要劳动教育资源平台。通过与基地共建共管，学校在每学年为高一、高二学生提供数天的劳动教育课程，涵盖军训、劳动技能培训和社会实践等内容。这种校内外结合的劳动教育模式，不仅弥补了学校劳动教育资源的不足，还让学生在实践中获得了劳动技能与社会责任感的双重提升。

通过体育、美育和劳育的综合实践探索，赤壁一中在落实教育开发人力工作目标上积累了宝贵经验。学校的模块化教学、特长培养与劳动实践相结合的模式，充分体现了"五育并举"的理念，不仅为学生的全面发展提供了有力保障，也为中学教育阶段的教学改革与创新提供了典型示范。

二、职业教育

职业院校作为技能型人才培养的主阵地，肩负着培养大国工匠和为党和人民培养新型技能人才的重要使命。为此，职业院校必须扎实做好学生培养工作，切实贯彻落实开发人力的教育工作目标，不断提升学生的职业素养和实践能力，为国家经济社会发展提供强有力的人力资源支撑。

（一）以实践教学为抓手，提升学生职业技能水平

职业教育的核心目标在于培养能够满足社会需求的高素质技术技能人才，而实践教学则是实现这一目标的关键途径之一。通过将理论与实践相结合，让学生在真实的工作场景中掌握技术、锻炼能力，不仅提升了教学效果，还为人力资源开发提供了有力支撑。陕西铁路工程职业技术学院在实践教学方面的探索与创新，为职业教育落实开发人力目标提供了宝贵经验。

1. 三层次劳动教育：逐步提升实践能力

陕西铁路工程职业技术学院针对职业教育学生的特点，构建了"三层次劳动教育"体系，从基础、专业到高端实践，逐步提升学生的动手能力和技术水平。

第一层次是基础劳动教育。在基础劳动教育阶段，学校将校园清洁、设施维护等基本任务交由师生共同完成。通过这些简单却重要的劳动，学生不仅增强了责任意识，还在实际操作中学习如何解决日常问题。例如，学生在参与校园道路清扫时，需要制订清扫计划，分工协作完成任务。这种基础性的劳动教育为学生养成严谨细致的工作态度奠定了基础，同时帮助他们理解劳动的价值与意义。

第二层次是专业劳动教育。在专业劳动教育阶段，学校通过校内设施维护、道路修缮等项目，为学生提供与其专业技能相匹配的实践机会。例如，市政工程专业的学生负责校内道路的修补工作，在老师的指导下完成从测量、设计到施工的全过程；焊接专业的学生则参与学校新校区管道维修工作，亲身体验管道焊接的技术要点。这种基于专业领域的实践教学，使学生在校期间就能接触到真实的工作场景，掌握解决实际问题的方法。同时，学校充分发挥教师的示范作用，要求教师与学生共同完成任务，帮助学生在实践中提升技术技能。

第三层次是高端劳动教育。高端劳动教育是陕西铁路工程职业技术学院实践教学的亮点。学校组织学生参与桥梁、隧洞等复杂工程项目，在最先进的设备和技术环境中进行实践。例如，在某桥梁建设项目中，学校派出土木工程专业的学生团队，协助施工方完成了关键技术节点的解决方案。这种高端实践不仅提升了学生的技术能力，也极大地激发了他们对专业的兴趣。通过接触行业前沿技术和设备，学

生更加清晰地认识到自身的职业发展方向，并为今后就业奠定了坚实基础。

2. 结合国际化视野：培养全球化技能人才

陕西铁路工程职业技术学院积极引入国际先进技术与教育理念，为学生提供国际化视野下的实践机会。

一方面，是在国际合作与技术引进层面，学校与日本、德国等职业教育发达国家建立了合作关系，引入其先进的职业教育模式和技术设备。例如，学校邀请德国焊接专家到校指导，组织学生学习德国精密焊接技术；与日本高职院校合作开展轨道交通设备维护技术培训，让学生了解国际轨道交通行业的技术标准和应用场景。这种国际合作，不仅提升了学生的技术水平，也帮助他们熟悉国际化工作环境，为未来在全球舞台上发展打下基础。

另一方面，是在海外实践与技术输出层面，学校在实践教学中还积极推动技术输出与国际化实践。例如，组织教师团队和学生到肯尼亚为当地员工提供高铁施工培训。这不仅提升了学生的实践能力和语言能力，还让他们深入了解不同文化背景下的工程管理与技术应用。通过这样的实践，学生不仅掌握了技术，还培养了全球化视野和国际化思维，增强了职业竞争力。

3. 突出师生共建：实践教学的关键支撑

在实践教学中，教师的引导与示范作用至关重要。陕西铁路工程职业技术学院在师资建设方面采取了一系列举措，确保教师能够在实践教学中发挥主导作用。

一方面，是提升教师实践能力。学校针对职业教育教师理论强、实践弱的特点，组织教师定期深入企业、项目一线接受培训。例如，某桥梁工程项目中，学校组织土木工程专业教师团队与企业工程师共同完成施工方案优化，既提升了教师的实践能力，也为教学注入了新鲜的实践案例。

另一方面，是注重师生共同实践。在学校的实践教学模式中，教师始终与学生并肩作战，共同完成实践任务。例如，在某次焊接技能实践中，教师不仅手把手教学生操作，还在焊接过程中实时讲解关键技术要点。通过这种师生共建的方式，学生不仅学会了技术，还增强了对职业的认同感和归属感。

4. 实现人力资源开发：从课堂到岗位无缝对接

陕西铁路工程职业技术学院通过实践教学的系统设计，为学生提供了从课堂到岗位的无缝对接路径。

学校的实践教学直接对接企业实际需求。例如，轨道交通专业的学生在校期间参与地铁施工项目，毕业后无缝衔接到施工单位相关岗位。这种"学中做、做中学"的培养模式，使学生在进入职场时具备了快速上手的能力，深受用人单位欢迎。

另外，学校还通过实践教学为地方经济发展提供了人才支撑。例如，学校为陕西省多项重点工程输送了大批技术技能人才，涵盖土木工程、轨道交通等领域，为区域基础设施建设和经济发展作出了重要贡献。

以实践教学为抓手，陕西铁路工程职业技术学院在提升学生职业技能水平、培养高素质技术技能人才方面积累了丰富经验。通过"三层次劳动教育"、国际化合作和师生共建模式，学校不仅实现了从课堂到岗位的无缝对接，还为地方经济和国家发展输送了大批技术型人才。这一模式为职业教育在落实开发人力目标中提供了重要启示，也为其他职业院校的实践教学改革提供了有益参考。

（二）以产教融合为路径，深化校企合作助力人力开发

在当前经济和社会快速发展的背景下，职业教育不仅需要紧密结合产业需求，还应与地方经济发展深度融合。湖北咸宁职业技术学院（以下简称"咸宁职院"）通过多种创新举措，探索并实施了产教融合、校企合作、地方特色产业依托等模式，为区域经济发展培养了大量高素质的技能型人才，助力了人力开发。

1. 校企共建实训平台，构建技能培养新模式

在当前的教育模式中，产教融合已成为职业教育发展的重要趋势。职业院校通过校企合作共建实训平台，为学生提供了丰富的实践机会，强化了他们的职业技能，使其在毕业后能够快速适应工作环境。咸宁职业技术学院（以下简称"咸宁职院"）充分利用其地理优势和产业背景，与多家企业联合建立了高水平的实训基地，不仅服务于学生的技能提升，还帮助企业解决技术难题，达到了双赢的效果。

咸宁职院的实训平台覆盖多个行业领域，包括智能制造、汽车维修、虚拟仿真等专业。这些实训基地不仅为学生提供了真实的工作环境，还为企业提供了高端技术支持。例如，学校与本地的智能制造企业共同开发了智能制造实训中心，中心内配备了工业机器人、自动化生产线等先进设备，让学生在操作中了解并掌握最新的制造技术。此外，虚拟仿真实训中心则利用虚拟现实技术为学生创造了模拟的工作场景，帮助他们进行复杂操作的练习。这些实践性强、模拟度高的训练内容，使学生能够在无风险的环境中积累经验，增强动手能力。

学校不仅关注学生的技能提升，还通过公共实训平台为企业员工提供职业技能培训。例如，咸宁职院为本地企业的技术人员开设了"技术扫盲班""初级工班""高级工班"等课程，帮助企业员工提升技能，并通过职业技能鉴定为其职业发展提供认证支持。这种"校企共建、双向受益"的合作模式，不仅让学生从中受益，也为企业的技术进步和人才储备提供了有力支持。

从实际效果来看，咸宁职院的这种校企合作模式极大地促进了企业技术水平

的提升，为地方经济的可持续发展提供了动力。企业的生产工艺和技术能力得到了显著增强，很多企业也因合作成功在市场竞争中获得了优势。而学生在进入职场后，能迅速适应工作岗位，具备较强的竞争力，毕业就业率较高。

总之，咸宁职院通过校企共建实训平台，创造了校企合作的新模式，这不仅为学生提供了良好的学习环境，也促进了企业技术创新和地方经济发展。未来，学校可以进一步扩展实训平台的建设规模，吸引更多的企业参与进来，不断提高教育质量与服务水平，培养更多符合市场需求的高素质技术人才。

2. 订单式培养机制，精准对接企业用人需求

随着市场需求的变化，传统的教育模式已无法完全满足企业对高素质技术人才的需求。因此，订单式培养作为一种创新的校企合作模式，成为职业教育的一种重要方式。通过与企业合作，职业院校可以根据企业的实际需求制订专门的培养计划，确保学生在毕业时能够具备所需的职业技能，并直接进入相关企业工作，从而实现教育与就业的无缝衔接。

咸宁职院在订单式培养模式上取得了显著成绩。订单式培养是指企业根据自身的用人需求，向学校定向招生，学校则根据企业的要求调整课程设置，量身定制培训方案，并安排企业人员参与课程的讲授与评估，确保培养出的学生能够直接适应企业的用人标准。这种模式不仅帮助学生更好地适应未来的职场，也大大降低了企业的招聘与培训成本。

咸宁职院与多家本地企业联合开发了多个定向培养课程，其中以智能制造、物流管理、茶叶加工等领域为主。在智能制造专业，学校与某知名设备制造企业共同开发了面向设备调试岗位的专项课程，课程内容涵盖设备安装、调试、故障排除等技能，确保学生掌握企业实际生产中所需的核心技术。课程的实施过程中，企业派遣技术骨干担任兼职教师，参与课程设计与教学，这不仅让教学内容更符合企业需求，还让学生在学习过程中接触到真实的工作场景和技术要求。

此外，订单式培养还包括企业的全程参与，学校与企业共同进行学业评估，确保学生在毕业前达到企业用人标准。例如，在物流管理专业，学校与本地物流企业合作，设置了专业的订单班，学生通过参与实际项目，提前熟悉企业的运营流程和管理要求，毕业后可以直接上岗，避免了传统就业模式中的岗前培训环节，节省了企业的时间和成本。

订单式培养模式的成功实施，不仅使学生的就业率显著提高，还帮助企业培养了一大批符合产业需求的技术骨干。学校和企业通过深度合作，既提高了教育质量，也推动了地方经济的发展。这种模式的成功实施，为其他职业院校提供了可借鉴的经验，并为产业发展注入了强有力的人才支持。

3. 产学研深度融合，推动技术创新与成果转化

产学研深度融合是推动科技创新和产业升级的重要路径。在现代职业教育

357

中，学校不仅要培养学生的实践能力，还要鼓励学生参与到企业的技术创新和科研项目中。咸宁职院通过产学研结合，将科研成果与企业的生产需求紧密结合，为企业技术革新提供智力支持，并推动技术成果的快速转化应用。

咸宁职院与多家企业联合建立了产学研合作平台，通过共同开展技术攻关、科研项目等形式，推动技术的创新与产业化。比如，学校与一家机械制造企业合作，共同研发了一种高效节能的智能控制系统。这一系统不仅帮助企业降低了生产成本，还提高了生产效率，获得了良好的市场反馈。与此同时，学校通过这一科研项目，提升了自己的技术研发能力，为学生提供了参与实际科研项目的机会，增强了他们的创新意识和实践能力。

学校还通过产学研平台推动技术成果的产业化应用。例如，学校开发的智能物流管理系统成功应用于本地物流企业，提高了企业的运营效率和服务水平。这些技术成果不仅推动了企业的发展，也为地方经济注入了新的活力。此外，咸宁职院还与本地多家企业开展了联合科研项目，通过技术升级和创新，推动了地方产业的升级，进一步促进了地方经济的发展。

产学研融合的优势在于能够加速技术创新和成果转化，提高学校的技术服务能力，同时为企业提供创新支持，促进地方经济的高质量发展。咸宁职院通过与企业的紧密合作，打造了良好的产学研生态，为学生提供了广阔的科研平台，也为企业带来了持续的技术创新动力。

4. 依托地方产业特色，培养服务区域经济的技能人才

地方特色产业是推动区域经济发展的核心力量，职业教育需要充分发挥其优势，培养与地方产业需求相适应的技能人才。咸宁职院紧密结合地方特色产业，立足本地的茶叶、竹材、中草药等产业特点，通过专业设置、课程优化和校企合作等多种形式，积极为地方经济提供所需的人才支持。

咸宁地处鄂南，茶叶、竹材、桂花和中草药等特色产业有着深厚的产业基础。咸宁职院通过产业调研与需求分析，将这些地方特色产业纳入学校的专业设置和课程体系中。例如，在茶产业方面，学校开设了茶艺与茶叶加工专业，培养能够掌握现代茶叶生产技术的技能型人才。通过与地方茶企的合作，学校不仅帮助企业提升了生产技术，还推动了地方茶产业的升级。学校还通过"订单式培养"模式，为企业定向培养专业技术人才，确保学生毕业后能够顺利进入茶叶企业工作，减少了岗前培训的压力。

此外，学校还依托特色产业进行产学研合作，推动技术创新。例如，学校与地方竹材企业合作，共同研发了竹材加工的环保技术，帮助企业提升了竹材加工效率并降低了生产成本。通过这些项目，学校不仅增强了学生的技术实践能力，还促进了地方产业的技术升级。

学校还通过与地方政府和企业的合作，为地方乡村振兴提供了有力的人力资源支持。咸宁职院通过设立弹性学制和定向就业计划，培养了一大批有志于乡村发展的专业人才，这些人才不仅服务于地方产业，还推动了乡村经济的发展。通过深耕地方特色产业，咸宁职院不仅培养了大量符合地方经济需求的技能人才，也为地方经济提供了强有力的人才支持。学校的做法为其他职业院校提供了宝贵的经验，展示了地方特色产业与职业教育深度融合的成功案例。

（三）以技能大赛为平台，激发学生技术创新潜力

为深入学习贯彻习近平新时代中国特色社会主义思想，认真贯彻落实习近平总书记关于青年工作和技能人才工作的指示精神，提升青年学生的职业技能水平和创新能力，并弘扬劳模精神、劳动精神和工匠精神，共青团中央及人力资源和社会保障部联合举办了 2023 年全国行业职业技能竞赛——第十八届"振兴杯"全国青年职业技能大赛（以下简称"大赛"）。此次大赛为青年学生提供了一个展示自我、提升技能的平台，推动了技能成才、技能报国的理念，具有重要的社会意义和广泛的影响力。

1. 多层次竞赛体系，提升职业技能水平

大赛设置了"主体赛"和"专项赛"两大竞赛项目，其中"主体赛"主要关注职业技能的实际操作与应用，涉及多个具有行业代表性的职业（工种）。这些项目包括智能硬件装调员、工业视觉系统运维员、无人机驾驶员、仪器仪表维修工、机床装调维修工等。每个项目的设置都是根据当前产业对技术技能人才的需求精心挑选的，涵盖了传统制造业与新兴产业的技术应用，体现了技能人才培养的广泛性和专业性。

竞赛分为省级初赛和全国决赛两个阶段，省级初赛由各省级团委和省级人力资源社会保障部门等共同组织实施，参赛选手由学校推荐或个人报名，通过竞赛成绩选拔优胜者。全国决赛根据省级初赛的成绩择优选派选手参赛，并通过严格的竞赛评选，最终决出各职业（工种）的金、银、铜奖及优胜奖。这一竞赛体系不仅考核选手的职业技能水平，同时也促进了不同地区、不同学校之间的学习和交流，为技能人才的培养和选拔提供了坚实的保障。

2. 创新创效竞赛，培养学生创新能力

除了传统的职业技能竞赛外，2023 年大赛还设立了"专项赛"——创新创效竞赛，分别设立了中职组和高职组，每个组别包含技术革新、创意设计、管理创新三个方向。该赛项聚焦于技术创新、创意设计和管理创新，激励学生在专业技能的基础上，发挥创新思维，提出符合行业需求的技术方案和管理模式。

赛事分为省级初赛、全国复赛、全国决赛三个阶段，每个组别的获奖作品

359

将分别按照 5% 、10% 、15% 、70% 的比例评选出金奖、银奖、铜奖和优胜奖。通过这种赛制设计，不仅锻炼了学生的技术能力，也培养了他们的创新思维和解决实际问题的能力。创新创效竞赛为学生提供了一个平台，使他们能够将理论知识与实践相结合，解决行业实际问题，同时也推动了技术成果的转化与应用。

3. 奖项设置面向职业发展，促进学生全面成长

全国决赛设立了金、银、铜奖和优胜奖，依据竞赛成绩为选手提供职业资格晋升机会。对于已颁布国家职业标准的职业（工种），获得全国决赛前五名的选手，将依据相关规定晋升为技师职业资格或职业技能等级，已经拥有技师资格的选手可晋升为高级技师。对于获得第 6 ~ 20 名的选手，将依据规定晋升为高级工职业资格或职业技能等级，已经具有高级工资格的选手可晋升为技师职业资格。这一奖项设置不仅是对选手技能的认可，更为其未来职业发展提供了重要的资格认证。

此外，赛事还设有"全国青年岗位能手"称号的评选，获得这一称号的选手在就业市场上将具有更强的竞争力，能够吸引更多企业的关注。通过这种与职业资格证书紧密结合的奖项设置，在激励选手提升技能的同时，也为他们的职业发展提供了更多的机会。

4. 赛制引导与产业需求对接，推动产教融合

全国青年职业技能大赛不仅仅是一次技术竞赛，更是教育与产业需求深度对接的有力平台。通过赛制设计，大赛鼓励参赛选手积极解决实际生产中遇到的技术难题，促进了技术技能和创新能力的提升，同时也推动了产学研结合的深入发展。通过赛前培训、竞赛指导等形式，参赛学生不仅学习到了先进的技术知识，还能根据当前产业发展趋势不断调整学习内容，确保所学技能紧贴市场需求。

赛事的举办加强了教育与产业的互动，推动了职业教育体系的完善，也为企业提供了大量的高素质技能人才。这种产业需求导向的竞赛模式，不仅提高了职业教育的社会价值，也加速了技能人才的培养与流动，进一步促进了产业转型升级与科技进步。

三、经 验 与 启 示

通过对上述各学段教育开发人力典型案例的分析，我们可以从中总结出以下几条经验和启示，这些经验对落实教育开发人力工作目标具有重要的借鉴意义。

（一）完善"五育并举"课程体系，落实教育开发人力工作目标

落实教育开发人力工作目标，首先要注重学生的全面发展，"五育并举"是关键路径。传统的教育体系往往侧重智育，而对德育、体育、美育和劳动教育的关注较少，这使得学生的全面素质和能力培养受到了制约。因此，职业院校应根据时代发展需求，优化课程体系，推动全面素质教育。

通过调研发现，学校在完善"五育并举"课程体系时，可从以下几个方面着手：首先，注重课程的多样化与特色化。如榆林高新第四小学开设了毽子课、跳绳课、围棋课等一系列特色课程，并要求学生达到一定的技能标准。这种课程设置不仅丰富了学生的课外活动，也在潜移默化中提升了学生的动手能力与团队协作能力，促进了德智体美劳的全面发展。其次，注重课堂教学与实践的结合。陕西铁路工程职业技术学院通过在校内开展劳动教育，将校园卫生清洁、后勤保障等实际工作交由学生参与，以此增强学生的劳动意识和实际操作能力。高层次的劳动教育，还包括技术服务与技术研发等项目，学生在实际项目中获得了丰富的动手实践经验，并为未来的职业发展奠定了坚实基础。通过这一系列举措，学生获得了更加多元和实用的学习机会，有效落实了教育开发人力的目标。

（二）强化实践基地建设，落实教育开发人力工作目标

在新时代背景下，实践能力的培养成为职业教育的重要目标。实践基地作为连接理论与实践的桥梁，是学校落实开发人力教育目标的核心载体。通过实践基地，学生能够在真实的工作环境中锤炼技能，提升职业适应能力和创新能力，为未来就业做好充分准备。

在调研过程中，我们发现，一些学校在实践基地建设上积累了宝贵的经验。榆林高新第四小学通过租赁土地作为劳动实践基地，让学生参与到田间地头的劳动实践中。这种以劳动教育为基础的校外实践，不仅培养了学生的动手能力，还让他们在自然和社会环境中体验到劳动的价值与乐趣，为学生的全面成长提供了坚实的基础。

与此同时，湖北咸宁职业技术学院则通过建设多个实训中心，打造了一个多功能的公共实训基地。这些实训中心涵盖了智能制造、虚拟仿真、汽车与航空等多个领域，为学生提供了丰富的实践操作机会。学校通过与企业合作，推动产学研一体化，进一步提高了实训基地的实用性和前瞻性。该院不仅注重硬件设施的建设，还强化了实践教学的管理，实行"产教融合"的模式，保障了学生能够在企业实际工作环境中获得更多的实践经验。通过这些努力，咸宁职业技术学院为学生提供了充分的实践平台，有效促进了学生能力的提升，并为区域经济的发展

培养了大量高素质的技能人才。

（三）结合院校特色加强校园文化建设，落实教育开发人力工作目标

校园文化建设在职业院校中具有不可忽视的重要性。它不仅能增强学校的凝聚力和吸引力，还能促进学生的综合素质提升，尤其是在职业精神和工匠精神的培养上起到至关重要的作用。尤其是在建筑类职业院校中，结合专业特点加强校园文化建设，能有效提高学生的职业素养和专业能力，帮助学生在激烈的市场竞争中脱颖而出。

以建筑类职业院校为例，专业特色与校园文化的有机融合是提高学生培养质量的重要手段。通过加强职业精神的培养，尤其是建筑专业中德育与技能并重的教育理念，学生不仅能在课堂上学习到专业知识，还能在实践中感受到职业道德和社会责任的力量。例如，建筑学专业学生通过参与技能竞赛、校企合作项目等实践活动，能够加深对行业的认知，明确职业规划，从而树立正确的职业信心和价值观。

此外，校园文化的建设还体现在教师教学理念的转变和创新教学模式的引入。通过"双师型"师资队伍的建设和人文美育课程的增设，学校能够打破传统的教育框架，将文化素质教育与专业技能培养有机结合，使学生在掌握专业技能的同时，提升自己的综合素质。通过这种方式，职业院校不仅为学生提供了高质量的专业教育，还在文化软实力的提升上取得了显著成绩，为学生的职业发展打下了坚实的基础。

从以上经验中可以看出，职业院校在落实教育开发人力工作目标时，必须注重课程体系的多元化和实践环节的加强，确保学生在德智体美劳各方面的均衡发展。同时，加强实践基地建设和校园文化建设，是提高教育质量、提升学生综合能力和满足社会需求的有效途径。职业院校应不断深化教学改革，以产教融合、校企合作等形式，实现教育与社会需求的有效对接，为国家的经济社会发展培养更多高素质的技能人才。

第十章

落实教育培育人才工作目标的现状及分析

培育人才是教育的根本任务，是国家人才战略的重要体现，所培养的人才素质决定我国未来在世界的竞争能力和发展走向。人才的概念在本章特指在人力资源中具有战略性、创新性、进步性、专业性、拔尖性、社会性的高端层次的人力，如国家级顶尖级人才、国家级领军人才、自然科学人才、哲学社会科学人才、国家治理人才等。为提高基础学科人才培养质量，加强基础学科人才储备，我国教育主管部门自 20 世纪 90 年代起先后启动了以"基地建设""拔尖计划""强基计划"为代表的本科教育改革工作。经过 30 余年，尤其是全国教育大会以来的探索与实践，我国基础学科拔尖人才的培养改革已显成效，但在生源质量、选拔机制、课程结构、培养模式、办学理念等方面仍存有不足。因此，本章着重对高等教育机构的人才培育现状进行分析。

第一节　落实教育培育人才工作目标的主要成绩及其分析

党的十八大以来，以习近平同志为核心的党中央站在实现民族复兴、赢得国际竞争主动权的战略高度，作出全方位培养、引进、使用人才的重大部署，推动新时代人才工作取得历史性成就、发生历史性变革，正在加快建设世界重要人才中心和创新高地，着力形成人才国际竞争的比较优势。

一、人才培育的目标、标准和方法更加科学合理

我国在教育培育人才工作方面，取得了卓有成效的成绩，人才培育的目标、标准和方法更加科学、合理，主要体现在：第一，人才培育目标以立德树人为根本任务，回归"以学生为本"；第二，形成了多元的教育理念；第三，人才培育的方法从"传统单一"转向"灵活多样"；第四，建立起多维人才培育平台。

得出结论的主要依据如下。

（一）人才培养目标以立德树人为根本任务，回归"以学生为本"

为了满足国家对具有综合素质能力的创新型人才的需求，绝大多数高校在培育人才过程中，更加注重学生的主体地位、尊重个体差异，注重学生的个性化发展，挖掘学生的优势智能，根据不同学生的特点，因材施教，使学生的综合素质和自主创新能力得到极大的提升，为落实立德树人根本任务打下坚实的基础。这也可以从问卷调查数据中加以佐证。总体来看，63.11%的学校教务管理部门对本校培养目标与学生能力素质的契合度较为满意（见图10-1）。且受访的教师群体对自己所培养学生的综合素质还是比较满意和认可的（见图10-2），80%以上的教师认为自己所培养学生的综合素质非常好（22%）和比较好（61%）。这可以从侧面反映出，学校和教师群体在日常的教育教学工作中，对立德树人根本任务的把握和落实总体向好，令人欣慰。

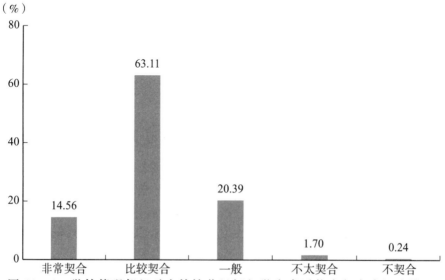

图10-1 学校管理部门对本校培养目标与学生素质能力契合度调查情况

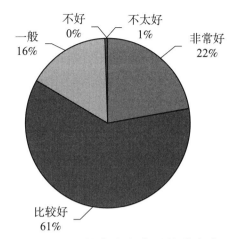

图 10 – 2　教师对所培育学生素质的满意度调查情况

（二）形成了多元的教育理念

为使教育工作更好地适应社会发展的不同需求，高等教育逐渐形成了差异与多元的人才培育理念。具体来看，教育工作从指导思想上回到了尊重人才成长规律、以学生为中心的人才培养模式，多元的人才培养理念也越来越丰富。如图 10 – 3 所示，全面发展理念（36%）、精细化理念（22%）、本土化理念（20%）、国际化理念（18%）等逐渐在学校中得到推广。

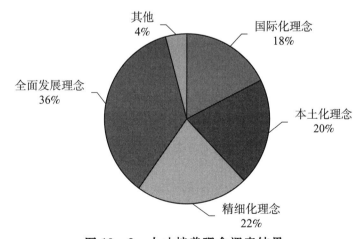

图 10 – 3　人才培养理念调查结果

（三）从应试教育转向素质教育，培育方案多样化

随着素质教育理念的提出和不断深化，以学生为中心的人才培育模式在教学

中注重灵活运用多样化的教学方法，采用讨论式、启发式、探究合作式等多种人才培养方式方法，培养学生的思维能力。通过创设生活情境和问题情境，制造认知冲突，引疑释疑，培养学生发现问题、解决问题的能力。坚持"五育融合"全面发展，教育必须与生产劳动和社会实践相结合。在素质教育理念之下教育工作更加重视学生动手能力的培养，通过校内外社会活动，培养学生的综合实践能力，增加师生的亲密交流和增强学生主体学习的参与意识，引导学生主动学习、自主发展。可见，随着人才培育理念从应试教育转向素质教育，人才培育方案也从"刻板单一"转向了"灵活多样"。这点也可以从对学校教务管理部门的问卷调查中得到印证：85.55%的学校教务管理部门人员对所在学校的人才培养质量较为满意。在培养方案的选择上（如图10-4所示），62.86%的教务管理部门人员选择了分类培养，个性化培养（12.86%）和大同小异培养（11.89%）也有部分学校推行，只有8.50%的学校选择了"一刀切"培养。

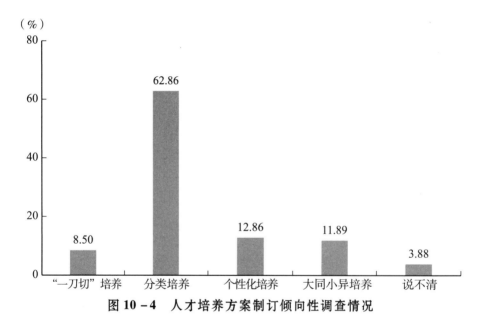

图10-4　人才培养方案制订倾向性调查情况

（四）校地多维协同育人实践平台助力培育人才

很多高校都建立了创设校内实验、网络平台、校外基地多维度协同共育的实践平台体系，充分发挥信息技术与实践教学的各自优势，通过创设多维度实践教学平台体系，开展实践教学，优化实践教学运作模式，建立以真实教育教学技能训练实践为基础的教学平台，积极拓展教学实践领域，尽可能给学生潜能开发提供实践操训平台。如图10-5所示，政府部门为高校搭建起了多维协同育人平台，其中教育资源共享平台（87.23%）、教育督导评估平台（70.21%）、常态化线上学习平台（61.70%）占比较大。

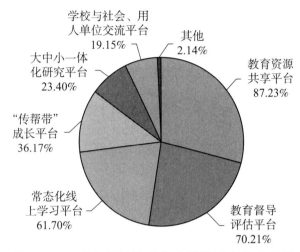

图 10 - 5 　政府部门培育人才搭建平台调查情况

二、高校作为人才培养和集聚高地为社会输送了大量人才

高校是人才培养和集聚的主阵地，也是国家战略科技力量的重要组成部分，承担着科技创新和人才培养的双重使命。近年来，高校实施大众化教育，培育的毕业生每年已经达到甚至超过 1 000 万人，有力支持了中国式现代化伟大事业和中华民族伟大复兴。教育部持续深化科教融合，强化科研育人，高校战略科学家和领军人才群体稳步壮大。国家发展靠人才，民族振兴靠人才。多年来，高校科技创新有力支撑了创新人才自主培养，为国家战略人才力量建设提供了源头活水，为经济社会高质量发展积蓄了重要力量。第一，"强基计划"在引导基础教育健康发展上出实招；第二，天赋型人才的特别培养方式初显成效；第三，产学研一体化的高端人才培养模式契合新时代发展需要。

得出结论依据如下。

（一）"强基计划"在引导基础教育健康发展上出实招

强基计划即高校开展的基础学科招生计划，目的在于选拔培养有志于服务国家重大战略需求且综合素质优秀或基础学科拔尖的学生。2020 年，教育部发布《教育部关于在部分高校开展基础学科招生改革试点工作的意见》，标志着"强基计划"开始实行，当年全国共有 36 所试点高校开展强基计划招生工作。经过两年时间验证，2022 年，东北大学、湖南大学、西北农林科技大学 3 所高校也开启了"强基计划"。至此，原来的"985"高校全部加入"强基计划"。①

首先，"强基计划"摒弃"功利化"做法，取消竞赛降分录取模式，在引导基础教育健康发展上出实招。根据考生的高考成绩、高校综合考核结果、综合素质评价情况等择优录取，体现对学生更加全面的综合评价。其次，破除"唯分数"窠臼，积极使用综合评价，在引导素质教育发展上迈出坚实步伐。"强基计划"将综合素质评价纳入高校考核，真正突破了高校招生"唯分数论"的做法，是健全立德树人落实机制、建立科学的教育评价机制的重要举措，对于引导学生健康发展必将产生重要的推动作用。最后，突破学科化倾向，支持高校探索综合能力测试，积极引导高中教育走出知识学科本位。"强基计划"要求高校改变偏重学科知识考查的做法，积极探索通过笔试、面试、实践操作等方式考查学生分析问题、解决问题的能力和创新思维，增强选才的科学性。

（二）天赋型人才的特别培养方式初显成效

拔尖人才是客观存在的，无论是孩子还是成人，都存在极少数在智能、志向、人格特征等方面远超平常人的天才，从学生成长规律来看，的确有一批天资聪颖的孩子。对于这一部分天赋型人才，许多高校开设了智力优秀学生综合素质开发实验班，如中国科技大学和西安交通大学开设的"少年班"、中国人民大学开设的"少年科学院"，这些成功的尝试，将传统课堂延伸到科研院所，让这批天赋型人才走进国家高端科学实验室，参与科学研究，接触到第四次产业革命和科技革命出现的前沿科学知识、技术和信息，提高科学素养及科研能力，取得了一批成果。

（三）产学研一体化的高端人才培养模式契合新时代发展需要

产学研一体化是指生产、教育、科研通过一定机制实现协同与集成化，以克服三者相互脱节的弊端。它可以实现三者科学技术创新上、中、下游的对接与耦合，最大限度实现三者既体现社会分工的功能，又实现资源优势上的互补，使学生更好地"与生产劳动和社会实践相结合"，为社会培养契合新时代发展需要、适应第四次科技革命的新型高端人才。

"全媒体人才""跨界""产学研合作"等成为高频词，折射出行业人才需求的动向。所调查高校中，38.77% 的学校产学研融合程度较高（见图 10 - 6）。

---

① 《39 所"强基计划"高校陆续发布招生简章——强基计划第四年，有何新变化》，载于《中国教育报》2023 年 5 月 6 日。

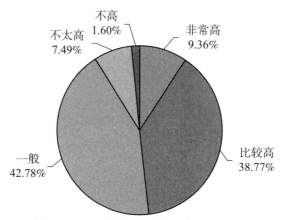

图 10 – 6　产学研融合程度调查情况

　　为促进精准招聘，越来越多的企业正在将校企合作向相关二级学院下沉。例如，多所企业已在西安电子科技大学、东北大学等多所目标院校同计算机、软件、信息等学院签署合作协议。通过深化与山东大学机械工程学院的产学研合作，中国重汽集团在该院 2021 届毕业生中的签约人数大幅增加。习近平总书记给中国石油大学克拉玛依校区毕业生回信，充分肯定了 118 名同学赴新疆基层工作的人生选择，并勉励全国高校毕业生把个人理想追求融入党和国家事业，为党、为祖国、为人民多作贡献。[①] 西安电子科技大学计算机技术专业针对目前我国数据库教学中把重点放在解决"怎么用"，数据库内核技术核心能力和知识体系反向等不符合国家战略需要的问题，为破解数据库内核教学与实训的国际教学难题，提出了内核向下对接硬件算力，向上关联各种应用的新的产学研训一体化的思路。长安大学为培养我国隧道工程的高端人才，根据我国在隧道工程中世界领先的最新科学与技术开设了 16 门前沿拓展课，聘请我国在这方面的院士、顶级工程师给学生上前沿课，还把学生派到世界最长隧道——长达 22 千米的新疆隧道去实习，以尽早掌握国际前沿的科学技术。华为公司董事长任正非密集访问重点高校并与到访的 C9 高校领导座谈。这些既是其深化与高校合作关系的举措，反映了人才培养供给侧与产业发展需求侧精准对接的趋势，又体现了在世界百年未有之大变局背景下国家重点领域对高等教育的期待。

三、教育、科技、人才三位一体，为高等教育现代化提供方向

　　党的二十大报告把教育、科技、人才有机结合起来，提出"教育、科技、人

---

　　① 中共中央办公厅　国务院办公厅：《习近平给中国石油大学（北京）克拉玛依校区毕业生的回信》，中国政府网，https：//www.gov.cn/xinwen/2020 – 07/08/content_5525013.htm。

才是全面建设社会主义现代化国家的基础性、战略性支撑"①，教育、科技、人才三位一体，教育支撑人才，人才支撑创新，创新服务于国家经济建设和综合国力提升，充分发挥在教育、科技、人才方面的聚合力，坚持科技是第一生产力、人才是第一资源、创新是第一动力，全面提高人才自主培养质量，着力造就拔尖创新人才，为全面建设社会主义现代化国家提供基础性、战略性支撑。第一，实施科教兴国战略，用"双一流"引领高等教育高质量发展；第二，部分高校建设了未来技术学院、交叉学科专业，开设适应第四次科技革命的前沿课程；第三，开设学科实验班，培养未来领军人才。

得出结论的主要依据如下。

（一）实施科教兴国战略，用"双一流"引领高等教育高质量发展

党的二十大报告指出，"全面提高人才自主培养质量"②。当前，我国高等教育正处于从规模扩张向高质量发展转换的阶段。高等教育的提质增效迫切需要注入更多的动能，通过构建新的教育格局来应对新形势、新任务。用"双一流"引领高等教育高质量发展，就是国家实施科教兴国战略的重要组成部分。

"双一流"是建设世界一流大学和世界一流学科的简称。2015年8月18日，中央全面深化改革领导小组会议审议通过《统筹推进世界一流大学和一流学科建设总体方案》。至此，我国将"211工程""985工程""优势学科创新平台"等重点建设项目，统一纳入世界一流大学和一流学科建设之中。统筹推进"双一流"建设，是中共中央、国务院作出的重大战略决策，也是中国高等教育领域继"211工程""985工程"之后的又一国家战略，目的在于提升中国高等教育综合实力和国际竞争力，为实现中华民族伟大复兴提供有力的科技、人才支撑。2021年12月，习近平在中央全面深化改革委员会第二十三次会议强调，要突出培养一流人才、服务国家战略需求、争创世界一流的导向，深化体制机制改革，统筹推进、分类建设一流大学和一流学科。

自2017年9月教育部、财政部、国家发展和改革委员会正式确认公布第一批"双一流"建设名单以来，"双一流"建设取得了很大的成就。2022年2月，第二批"双一流"建设名单公布。如此一来，"双一流"引领高等教育高质量发展的格局基本形成。

当前，"双一流"建设高校承担了全国超过80%的博士生和近60%的硕士生

---

① 习近平：《高举中国特色社会主义旗帜 为全面建成社会主义现代化国家而团结奋斗——在中国共产党第二十次全国代表大会上的报告》，人民出版社2022年版。

② 中共中央办公厅 国务院办公厅：《习近平给中国石油大学（北京）克拉玛依校区毕业生的回信》，中国政府网，https://www.gov.cn/xinwen/2020-07/08/content_5525013.htm。

培养任务，培养了一批大师、战略科学家、一流科技领军人才和创新团队、青年科技人才、卓越工程师，是我国自主培养高层次人才的主阵地，突出体现了教育、科技、人才融合发展的特征。以中国科学技术大学为例，该校立足国家重大需求，瞄准科技前沿和关键领域，进一步强化基础性学科建设，加大新兴交叉学科建设力度，促进学科交叉融合。制订了一流学科"培优行动"实施方案，发挥学科优势带动尖端领域群体性突破，围绕人工智能、量子科技、深地深空、"双碳"等一流学科重点领域方向，设置"双一流"学科重点项目，积极服务国家战略需求、探索创新型人才培养模式。哈尔滨工业大学推进人才培养、队伍建设、科学研究、内部治理四项重点领域改革，围绕强国战略部署制定学术大师、工程巨匠、业界领袖、治国栋梁四类杰出人才培养目标，坚持课程和项目"双驱互融"，打造了面向小卫星、机器人、新体制雷达、人工智能、智能制造、生命健康等关键领域的人才培养创新载体，建设了由 6 位院士担任班主任的特色班和全国首批未来技术学院，牵引推进"1 + 1 + X"人才培养体系改革，持续探索和完善具有学校特色的杰出人才自主培养之道。

从"双一流"学校和学科所贡献的奖项与我国高校总数的占比，也能看出"双一流"学校和学科的贡献度。全国高校共计 3 117 所，"双一流"高校仅 137 所，占比 4.4%。据大连理工大学学科评价中心数据库统计，截至 2022 年，国家级教学成果奖一共颁发了 856 项，特等奖 3 项，一等奖 108 项，二等奖 745 项。高等教育（本科）颁发 573 项，高等教育（研究生）颁发 284 项，其中"双一流"高校 628 项。① 如表 10 – 1 所示，"双一流"高校获国家级教学成果奖的比例为 78.2%，非"双一流"高校（含研究所、部分军事院校）获国家级教学成果奖的比例为 21.8%。

表 10 – 1   2022 年国家级教学成果奖"双一流"高校占比情况

项目	"双一流"高校	非"双一流"高校
获奖数（含研究生、本科）（项）	670	186
占比（%）	78.2	21.8

（二）部分高校建设了未来技术学院、交叉学科专业，开设适应第四次科技革命的前沿课程

2021 年，北京大学、清华大学、北京航空航天大学、天津大学、东北大学、

---

① 大连理工大学学科评价中心：《2022 年国家级教学成果奖获奖情况综合分析——基于大连理工大学学科评价中心数据库》，http：//xkpj. dlut. edu. cn/info/1080/1851. htm。

哈尔滨工业大学、上海交通大学、东南大学、中国科学技术大学、华中科技大学、华南理工大学、西安交通大学等 12 所国内顶尖高校进入首批未来技术学院名单，涉及人工智能、量子信息、集成电路、生命健康、脑科学、能源环境、空天科技等诸多领域，关系到国家战略、国家安全、经济社会、人民生活等。从部分未来学院网上的信息可见，聚焦未来革命性、颠覆性技术人才需求，推动整体实力强、专业学科综合优势明显的高校建设一批未来技术学院，着力培养具有前瞻性、能够引领未来发展的科技创新领军人才，以适应第四次工业革命的兴起和我国科技创新进入跟跑、并跑、领跑"三跑并存"的新阶段。北京大学未来技术学院以未来生命健康技术为主要方向，围绕生物医学工程和分子医学两大前沿交叉学科开展建设。西安交通大学前沿和科学技术研究院聚焦交叉学科、前沿学科、新兴学科。华中科技大学未来技术学院聚焦先进智能制造、生物医学成像、光电子芯片与系统、人工智能等 4 个未来交叉学科技术方向。东北大学未来技术学院聚焦工业智能领域，通过控制科学与工程、计算机科学与技术、软件工程、机器人科学与工程等一流学科和一流专业的交叉融合，培养引领未来工业智能技术发展方向的科技创新领军人才。中国科学技术大学未来技术学院聚焦量子科技领域。

（三）开设学科实验班，培养未来领军人才

西安交通大学自 2007 年开始创办"工科试验班（钱学森班）"，是全国较早创办学科实验班的学校。学校将"新工科"建设的要求和钱学森班"大成智慧学"的教育理念有机结合起来，遵循钱学森"集大成得智慧"教育理念，秉承大成智慧学中"量智与性智相结合、科学与艺术相结合、科学与哲学相结合、逻辑思维与形象思维相结合、微观认识与宏观认识相结合"的思想精髓，打破专业壁垒，按照钱学森提出的现代科学技术框架构建课程体系，构建"基础—专业—创新"梯次推进的培养方案，形成学科交叉融合的知识体系，打破专业壁垒，培养未来面向国家多元化重大需求、具有交叉学科背景的世界一流的工科领军人才。钱学森班的教学教改成效突出，已形成品牌效应，影响了中国国内多所高校和中小学的人才培养理念。目前，国内共有 115 所以"钱学森"名字命名的学院、学校或试验班，以钱学森教育思想为引领来探索创新型工程领军人才培养的理念在全国各学段得到推广。[①]

南京大学"国家实验室实验班"以南京微结构国家实验室为实体，定位物理学、化学和材料学等基础学科，汇聚了由院士、长江学者等组成的导师"天团"，

---

① 西安交通大学钱学森院工科试验班简介，http：//bjb.xjtu.edu.cn/ryjy/sybjs.htm。

采用本科—硕士—博士八年一贯制培养方式，"不唯分数论英雄"选拔了一批优秀学生，形成了一个培养本科生和研究生的全新模式和平台，为国家培养了上百名理论基础扎实、实验技能过硬、思维能力出众和对前沿科学敏感度高的研究型后备领军人才。

第二节　落实教育培育人才工作目标的主要问题及其分析

虽然我国教育在培育人才工作方面取得了很大成绩，但是与新时代党和国家的人才强国战略及培育人才工作目标相比，还有很大差距。

一、在人才培育中，"五育"全面发展存在教育短板

德智体美劳全面发展是人才的基本要求，它们本应和谐统一，共同实现完整的、全面的教育宗旨，但在现实工作中还存在不尽如人意之处：第一，学生"五育"全面发展存在教育短板。第二，"五育"融合力度不够。

得出结论的主要依据如下：

2018年，习近平首次作出"培养德智体美劳全面发展的社会主义建设者和接班人"的明确要求，赋予"培养什么人"以更为全面的内涵。随之，《关于深化教育教学改革全面提高义务教育质量的意见》进一步强调，坚持"五育"并举，全面发展素质教育。德智体美劳全面发展作为教育改革的热点问题，其提出直指当前我国"长于智、疏于德、弱于体美、缺于劳"的失衡育人，"见分不见人、育分不育人"的片面育人，以及"五育"互相孤立、彼此分离的割裂育人。三种畸形发展的育人方式是我国教育工作长期存在的痼疾。其一，失衡育人。其焦点问题在于，学校实践中智育独大、自成体系，而其他各"育"以"附属品"呈现。尤其是德体美劳"四育"遭遇弱化。在学校课程设置评价体系中，音乐、体育、美术、劳动、德育所占比例小，"疏德、偏智、弱体、抑美、缺劳"现象普遍存在。过度关注"智育"，必然会消磨对其他四育的重视，造成"智育独大"的现状，导致目前德育尚未形成完整的系统性和连贯性、智育还存在重分数提升而非智力开发、体育与美育重技能培养而非素质培养，劳动教育常被边缘化等现实状况。在学生的调查问卷结果中（见图10-7），当被问及"哪类课程帮助最大"时，近85%的人选择了知识类课程和技能培训类课程，而其他类课程占比相对较少。

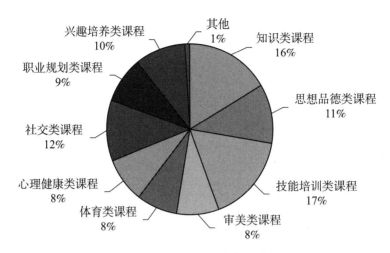

图 10 - 7   课程帮助程度调查情况

其二，片面育人。片面是失衡的必然结果，智育独大造成"基础教育'唯分数'，高中教育'唯升学'、高等教育'唯文凭'的不良困局"，催生趋利性的教育生态。

其三，割裂育人。"五育"本身是相辅相成、不可分割的教育统一体，只是在育人的功能方面有所侧重。对"五育"理解的偏颇造成"五育"的相互割裂、相互独立，教育内部力量相互弥散、消解。

上述"三唯"的不良评价体系倒逼"重知识轻素质"的育人倾向，造成个体素质发展的不全面性、人力资源开发的不充分性、个性潜能的受限制性，很难为培养社会发展所需的高质量创新人才提供基础保障。

二、人才观存在偏差

人才的培育需要正确人才观的支撑。当前社会各界对人才的认识和培育存在部分偏差。第一，对社会需要哪些人才认识不够精准，专业设置落后于时代对人才的需要；第二，时代发展急切需要高端职业技能型人才，而社会普遍又对其有所偏见；第三，社会各界还未意识到自己在人才培养中的责任和使命。

结论的主要依据如下。

（一）社会对"人才"的本质和层次认识片面化

社会需要的人才十分广泛，在人才的类型上，包括数以百万计的杰出科学家、高端的领军人物、数以千万计的科技创新人才和各行各业的骨干；在人才的分布上，包括自然科学界的人才、社会科学界的人才、管理型人才、职业技能型人才等。当前社会在对人才的认识上存在部分偏差，有的人"只认凤凰不认麻雀"，认为只有杰出科学家、领军人才才是真正的人才，对人才的认识存在"狭隘化"取向，不能正确看待各行各业的骨干和科技创新人才。此外，人的能力和行业的贡献是人才的重要衡量标准，部分用人单位将学历等于能力，搞"学历崇拜"，埋没了真正有实力的人才，这一问题在高校毕业生中反响比较强烈。加上这些年高校毕业生数量激增，就业形势比较严峻，硕士毕业生竞争一些不需要高学历的岗位的报道充斥媒体，产生了对这一问题的叠加反响。

（二）家长对于社会人才需求认识出现偏差

当前，我国现代化建设急切需要高端职业技能型人才，而社会又对其存在偏见，这种偏见主要来自学生家长。通过调查访谈和座谈，有教师指出，当地的许多家长表示"唯有考上名校才是成功""上名校才能做人才"，认为技工人员学历低，无法适应社会的学历门槛，是受歧视的群体，不受人待见，更别提能够成为人才。所以，很多学生家长宁愿让孩子在水平一般的院校"混日子"，也不愿让孩子到优质职业院校学习技能。

（三）人才培养是社会、学校和家庭培养的协同系统工程的理念并未深入人心

人才培养的主体主要是高校，社会各界无法正确定位自己在人才培养中的责任和使命。目前，培养创新创业人才需要调动高校、企业、政府等多方力量参与，是一项系统而且长期的工程。高校肩负着人才培养的重要使命，对于人才培养责无旁贷。而企业尽管对于创新创业人才求贤若渴，但依旧以追求经济效益为主要目的。同时，企业与学校合作过程中还受到核心技术、安全因素等影响，企业与学校在人才培养战略上存在着差距，成为学校和企业之间合作的一大障碍。因此，在培养主体方面，尤其需要企业界的积极参与。虽然产学研一体化的模式有助于解决这一问题，但是探索这一模式的高校毕竟数量有限。创新创业人才培养现在面临的尴尬在于人才培养在高校，而人才的使用在企业。高校必须开放办学，企业和社会各界参与其中，形成完整的创新创业人才培养链，走校企协同的创新创业人才培养道路。

三、人才培养在现实实施过程中面临诸多困境

人才培养在具体实施过程中时常遇到各种现实困境，不同程度地制约着人才有效培养。其中包括：第一，人才培育目标与个体发展产生冲突；第二，学科交叉融合的机制破解难；第三，拔尖、领军人才的培育缺乏有效手段，唯分数选拔会漏掉奇才；第四，教学优质资源不足，难以跟上高等教育改革的步伐。

结论的主要依据如下。

（一）人才培育目标与个体发展产生冲突

目标设定的优点在于能够按照外部期望模式进行培养，一定程度上保证了外部发展需要，但忽略了学生个体在成长变化过程中内部多元智能发展需求的变动性，淡化了个体发展需求。所调查的高校（见图 10 - 8）在被问及"学科设置与社会需求关系时"，38.77% 的高校选择了紧跟社会需求，30.75% 的高校选择了与社会需求同步。满足社会发展需求是高校教育改革的进步，但是，有的学校以"满足社会发展需求"的名义，在一定程度上忽视了学生个体发展的需求。设定建设目标的形式在中国人才培养工作中较为普遍，学生在未入学时或入学之初，按照国家和社会需求就已确定了未来成才目标。人才从选拔至培养，包括小班化、个性化、多育化、导师制、动态制等，虽然遵循人才多元智能发展规律，但在目标定位环节却落入了先入为主的窠臼，外部已提前为拔尖创新人才设定了培养目标，造成了外部建设目标与内部个体发展需求的冲突。如何使人才培育目标与个体发展需要相协调，是人才培养中需要重视的问题之一。

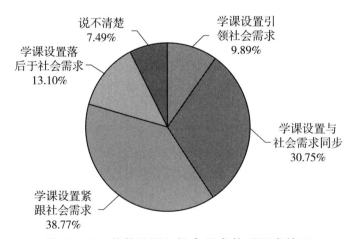

图 10 - 8 学科设置与社会需求关系调查情况

（二）学科交叉融合的机制构建有难度

学科交叉融合程度取决于多学院跨组织的协同度，但在现实实施中受各学院目标绩效考核、学科建设团队之间的壁垒、促进交叉融合的机制缺乏等因素影响，始终难以实质性推进。传统的课程只能涉及单一学科专业狭窄的知识领域，难以适应多学科交叉涉及面广的知识学习，综合性课程的设置要改变传统的按单一知识分支设置课程的做法，要突破现有学科门类和不同学科的界限，按照解决问题的需要组织课程内容，既能够避免不同课程间教学内容的重复，又有利于知识的系统学习和应用。

（三）拔尖人才专门培养方案有待改进

人才的培养要从关注拔尖学生做起，拔尖学生的培养，往往需要更具"针对性"的培养方案。中小学期间，能够为人才培养的通路"亮绿灯"，需要在评价制度、考试制度等方面有专门针对人才的政策红利，需要配备更加高水平的师资团队、更加优质的教学科研资源和充足的专项科技创新活动经费。从目前了解到的高校情况来看，拔尖人才培养目标的定位要高于高校其他人才培养目标，主要应体现在三点：一是面向国家发展战略和经济社会未来发展需求；二是针对未来关键核心技术领域；三是能够引领未来技术发展的科技领军人才。目前，我国对拔尖人才的培养与普通高校生的培养没有本质区别，缺乏拔尖人才培育的顶层设计。我国至今尚没有专责政府部门参与到拔尖人才培育的管理中，相关的组织规划、课程开发、教学改进和管理都是由学校自发进行试验，缺乏学生甄选标准、学校培养标准、对学生的评价标准等。

（四）教学存在短板，不能适应新时代对人才素质的新需要

尽管目前有的学校在这方面有探索、有成果，但是从全国高校总体来看，需要改进的地方还很多。通过对 2022 年陕西省教学成果（本科）特等奖和一等奖 30 多份申请书的研读发现，大家认为教学中存在的主要问题表现在以下几方面（他们也正是在探索破解这些问题中取得了一定成果）：第一，人才培养理念滞后，与国家战略和区域发展脱节。第二，课程体系较为单一，同质化严重，因材施教不够，重理论知识、轻技能实践。在前沿知识讲授中，新知识与旧知识、旧手段使用采用的是"加法"，而不是"化学反应"。第三，实践课程体系对技术迭代更新、业务转型升级反应迟缓。实践教学模式在教学内容和方法方面，与产业链对接不紧密。专业工程实训教材，不适应对工程能力的系统性训练。实践教

学模式不能满足解决复杂工程问题的能力培训。第四，教学质量文化建设滞后，入心难。教学质量体系主体缺位，升级难。教学质量改进形式大于内容，抓实难。第五，在评价方面，侧重于对教师"如何教"的评价，而缺乏对学生"如何学、如何悟"的评价。由于上述问题的解决在大范围还比较滞后，造成目前学生专业基础薄弱，创新实践能力不足，综合素养有待提高。

（五）培养拔尖和领军人才的优质资源较为缺乏

拔尖、领军人才的培养，学校往往需要配备更加高水平的师资团队、更加优质的教学科研资源和充足的专项科技创新活动经费。行业特色高校在创新型科技人才方面还存在结构性矛盾，在重大科研项目、重大工程、重点学科等领域领军人才严重不足，缺乏国家重大科技基础设施、国家重点实验室、前沿科学中心等重大科研平台和科研项目，难以通过科教协同和学科交叉培养学生的科技创新能力。此外，从现有实施拔尖计划高校情况来看，教师全身心投入拔尖创新人才培养的积极性不高，外籍教师不固定、质量难把控，热爱教学且富有教学经验的全职外籍教师不多，聘请世界上本领域杰出的学者，尤其是诺贝尔奖获得者为学生授课更是不易，从而使导师制、研讨课等难以达到预期效果。

（六）校企协同培养层次尚待深入

当前高校虽然也开展了多种形式的校企合作，但人才协同培养层次不深，主要为浅层次协同。目前我国真正意义上的深层次的校企合作并不多，许多学校和企业对于校企协同的合作目的、合作形式、合作深度，以及各自在合作中应该做什么还比较模糊，不利于人才的协同培养。诸如当前校企之间建立的一些实践教学基地，考虑到时间成本、管理成本、建设成本等，受到学生实习时间短、学习不深入不彻底、专业深度不够等因素影响，实践效果难以凸显，难以达到校企协同培养的要求。人才培养的发展空间受到一定限制，还处于高校作为培养主体进行创新创业人才培养的封闭环境之中。当前，校内教育与校外资源联系紧密度不高，尚未建立创新创业教育产学合作的有效机制，高校人才培养、教学科研与企业资金技术、生产实践尚未实现有机融合，限制了创新创业人才培养的进一步发展。此外，学校与用人单位之间未形成良性的职业素养培育校企互动机制。高校职业素养教学多以"闭门式"的理论说教为主，虽认识到了社会对职业素养的要求，但没有及时将企业有关职业素养的标准和要求引入相关课程。因此，形不成较为有效和有针对性的教育内容和教育方式，以及目的性、指向性较强的职业素养教育内容，更没有很好地满足企业对人才职业素养方面的要求。这样的后果是，不少学生毕业后几年内频繁跳槽，就业满意度不高，用人单位则反映学生职业素养不足，还需付出很大代价对学生进行有关职业素养方面的培养。

四、"内卷"与"躺平"两种极端现象给大学生学业和生活带来极大影响

"内卷"是指人们非理性的竞争或被逼无奈不得不参与的竞争；或者是指某一行业或人群为了争取有限的资源去付出更多的努力，从而导致群体中的每个人"收益努力比"下降的现象。所谓"躺平"，是指在面对学习和生活中的压力与竞争时，个人选择自己舒服的方式去逃避压力和竞争的一种方式和态度。调查发现，在当下快节奏的市场经济社会中，"内卷"与"躺平"现象几乎存在于各个领域，而处在人生重要阶段的大学生也难免不受其影响。

得出结论的主要依据如下。

（一）大学生群体中存在"精致的利己主义者"，内卷化严重

当前，在大学校园内，学生努力学习更多的是出于对高绩点的迫切需求，由于资源的有限性，在评奖评优、保研名额的分配上，从顶尖高校到普通学校，绩点都成了重要的衡量标准，于是"内卷"出现了。如图 10 - 9 所示，在被问及"您学习的主要目的或动力是什么"时，73.67% 的同学选择了"掌握生存技能"、61.33% 选择了"获取良好的生活条件"。参与"内卷"的每一位同学其实都心知肚明，自己在把有意义的时间投入无意义的事情，比如为了博得老师的好感写一篇字数更多的论文。虽然是无意义的事情，但仍有大学生愿意参与"内卷"，

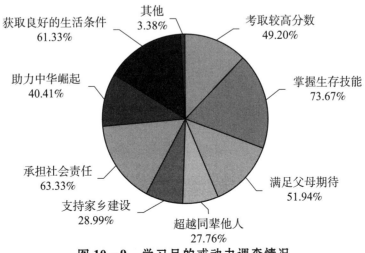

图 10 - 9 学习目的或动力调查情况

甚至希望自己能够成为最"卷"的人，是因为他们只在乎能否为自己带来实际的利益，比如拥有更好的成绩而获得保研的机会，或是更好的工作岗位。接受自己成为"精致的利己主义者"是"内卷化"在大学生群体中的具体表现之一，放弃"意义"转而追求"利益"的大学生数量不断增加，"为中华民族之崛起而读书"的大学生明显减少。

（二）学业和就业内卷化现象严重

"迷茫"和"焦虑"已经成为当代大学生描述自我精神状况的常用词汇，升学压力、求职压力带来的消极情绪不仅蔓延到普通高校，更存在于中国的顶尖高校。在社交平台豆瓣中，搜索分类为校园的小组，可以检索到"985废物引进计划""考试失败垂头丧气互相安慰联合会""真的需要这份文凭吗""海归废物回收互助协会"和各类"大学后悔学某某专业"等丧气满满的小组，但同时也存在"应届毕业生反焦虑小组""大学不后悔学这个专业""考试成功兴高采烈互相鼓励联合会"等宣传积极情绪的小组。有些学生既加入了宣泄消极情绪的小组也加入了鼓励以积极态度对待学业的小组。由此可见，当代大学生在两极情绪之间的自我拉扯。没有明确的目标是当代大学生感到迷茫和焦虑的主要原因，而大学激烈的竞争不允许学生"浪费"时间思考"虚无缥缈"的人生意义和价值。因此，这些负面情绪逐渐演变为学习的"内卷化"。目前，为了寻求一份满意的工作，越来越多大学生将继续深造视为自己的唯一目标。新冠疫情背景下，在国内高校读研成了比出国留学更受青睐的选择。根据教育部门发布的数据，2022年考研人数457万，比上一年增长了80万①，许多地区考研报名人数较上一年"翻一番"。在"僧多粥少"的大环境下，许多学生坦言自己不得不"卷"。然而对于部分学生来说，学习并非志趣所在，只是为了谋求职业发展的"垫脚石"。因此，对他们来说不仅自己要付出的努力成了一件痛苦的事情，同辈的努力也成了自己焦虑的来源。迷茫和焦虑已然成为一些大学生之间沟通交流的共同语言，"卷"也成为很多大学生的感受。

（三）学校试图量化努力使其成为竞争力

在校园内的竞争性活动中，资源是有限的，同时大多数学生具有相似的资质，努力的程度成为学生衡量自己在竞争中能否获得成功的重要标准。如果想在竞争中脱颖而出，就要成为付出努力更多的学生。如图 10-10 所示，在被问及

---

① 《2022 年全国硕士研究生招生考试报考人数为 457 万 比去年增加 80 万》，教育部网站，http：//www.moe.gov.cn/fbh/live/2021/53908/mtbd/202112/t20211222_589430.html。

"哪种环境能够最大限度激发个人潜力"时，59.14%的学生选择了竞争环境，仅25.96%的学生选择了合作环境。然而值得注意的是，在现代高校普遍存在一个问题：努力被量化为了完成作业的字数、学习的时长、考取证书的数量等。因此现代高校学生学习"内卷化"表现出了高投入、低回报和形式化的特点。针对这一现象，中国人民大学新闻学院副教授陈阳认为当代大学生在"内卷"中传达出的情绪更偏向于困惑，明明自己放弃了娱乐、休息的时间，学习认真刻苦，但并不能感受到自己的进步，在学习过程中既没有充实感也没有满足感。同时，在大学生学习"内卷化"中，学生少有向外发展自我的机会，而把时间和精力都投入到增加努力程度的过程中，陷入了忙碌但低效的怪圈。大学生还面临一个残酷的事实：在研究生招生考试和求职中，学习时间的投入、作业的字数等量化的努力其实并不能成为他们的竞争优势。

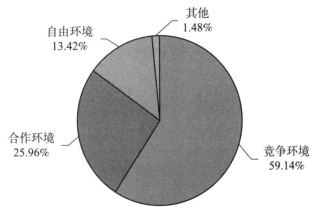

图 10 - 10　激发潜力环境调查情况

（四）高校教育评价的偏离是导致"内卷"现象的主要原因

当前的教育评价忽略了学生本体的价值，比起学生的学习兴趣和创造性，更多关注于学生成绩和奖优情况。因此，在大学校园内更容易找到的是拥有漂亮绩点和排名的同学，而不是潜心研究的同学。学生个体之间为了争夺有限的资源形成了非理性的竞争，即所有的学生都不断趋于一个相同的固定的目标。但是并不是所有的努力都能够带来等量的回报，在这种情况下学生感受到了巨大的压力，有些同学面对失望选择"躺平"，通过降低自己的欲望和对未来的期待来避免激烈的竞争，而有些同学虽然坚持奋斗的状态，但只是更努力地去"卷"。20 世纪 80 年代以来，我国教育评价体系不断进步，评价主体多元化，能够以发展的眼光看待学生，但就目前状况来看，仍然存在以分数作为最终依据的现象，忽略了学生个体价值培养的教育评价加剧了大学生"内卷化"。

（五）"小确丧"文化的流行，导致大学生产生消极和积极两种矛盾情绪

在"内卷"作为热词火遍全网之前，"佛系"也曾被赋予新的意义并在各个网络平台引起热议。佛系青年推崇"不以物喜，不以己悲""得之坦然，失之淡然"的生活态度，欲望极低，对竞争不感兴趣。除了"佛系""内卷"，2021年"躺平"一词也在大学生中流行起来，2022年"摆烂"成为新的流行词，"卷不动，就躺平，就摆烂"，部分大学生开始选择妥协放弃，接受自己会被边缘化的可能性。尽管"佛系""内卷""躺平"的含义各不相同，但这三个词都传达出了青年群体对生存现状的消极态度。最近几年，大学生从"佛系"到"内卷"再到"躺平"，网络空间的流行用语在不断变化，但其背后的"小确丧"文化一直盛行。"小确丧"指的是微小而确实的颓废。对大学生来说，比如某次考试没有取得理想的成绩，在得知考试成绩后会短暂地为自己的努力没有回报而感到颓废难过，但并不会使这名学生永远地放弃努力，这就是"小确丧"。因此，大学生经常会感受到自己在动力满满和颓废难过的状态之间来回切换。作为新文化的主要传播者和感受者，大学生在"丧"文化的影响下，面对失败和困难不能正确调节自己的消极情绪，抱怨"内卷"成为情绪发泄的出口。因此，大学生口中的"卷"也可以被视为学生在"丧"文化影响下的一种消极状态。

五、教师素质现代化发展水平和程度不够

随着社会现代化发展速度的不断加快，教师队伍现有的素质和社会现代化发展提出的新的素质要求相比，存在着一定的差距。

结论的主要依据如下。

（一）教师的教学热情与教育培育人才工作目标的现代化要求存在差距

生活压力、工作压力与收入现状的反差，导致青年教师职业认同感偏低；"上有老、下有小"的生活现状及繁重的工作压力使中年教师产生职业倦怠，职业精神弱化，奉献精神淡化。在问卷调查结果中，如图10-11所示，当被问及"您认为大多数人选择教师这一职业的原因是什么"时，83.87%的被调查者选择"工作和收入稳定"，位列第一名，而后才是教育热情，这从一定程度上说明，一些教师选择从事教育工作的意愿性不强，而没有充分的教学热情便不会将十足的

精力投入教育工作，其教学效果定然会受到影响。

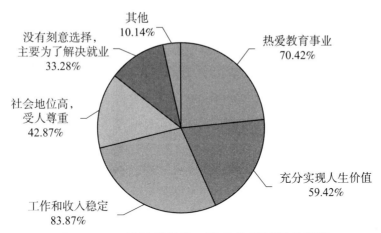

图 10-11　选择教师这一职业的原因调查情况

当被问及"贵校教学工作中主要有哪些方面需要改进"时，排在第一的是师资水平（占比 68.69%），如图 10-12 所示。

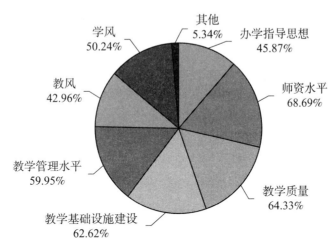

图 10-12　教学工作需要改进的地方调查情况

当被问及"在您的人生成长过程中对您影响较大的人主要是谁"，排在第一位的就是"教师"（占比 74.47%），如图 10-13 所示，如果教师素质不高，定会对教育培育人才工作目标的效果产生负面影响。随着社会现代化程度的不断提高，现代化教育对教师队伍的素质也提出了新的要求，并且这种要求只会越来越高。

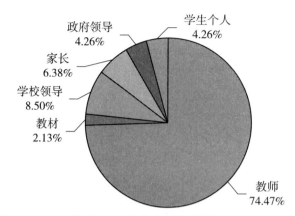

图 10-13　谁在人才培养方面起关键作用调查情况

（二）教师的教学能力与教育培育人才工作目标的现代化要求存在差距

在访谈中，一些教师表示，"严师出高徒，以前的好学生都是'骂'出来的，如今教育部出台文件后，也不敢'骂'了，反而不知道该怎么管学生"，这一案例很好地说明了教师已有的素质与现代社会的要求存在差距。在问卷调查中，当被问及"在教书育人过程中，您认为教师迫切需要解决的问题是什么"时（见图 10-14），排在第一名的是"关注学生需求"（占比 78.74%）；

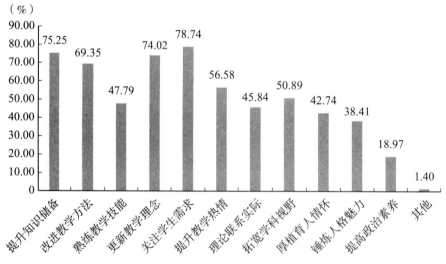

图 10-14　教师迫切需要解决的问题调查情况

排在第二名的是"提升知识储备"（占比 75.25%）；排在第三名的是"更新教学理念"（74.02%），无论是知识储备还是更新教学理念，都说明教师的教学能力不高这一问题，"巧妇难为无米之炊"，教师储备不足，想要实现良好的教学效果是很难的。

（三）教师专业成长与教育培育人才工作目标的现代化要求存在差距

首先，青年教师教学能力有待提高。从主观上看，青年教师缺乏明确的职业生涯规划，对自身专业成长认识和努力不够。部分青年教师只能照着课件上课，离开课件就不会上课；对实习实践带教热情不高，到企业带教更不知如何下手，对"双师型"教师的必要性和重要性认识不足。从客观上看，新手多，教师工作量大，未经过听课、磨课过程就走上讲坛；生师比过大，师资缺乏，学校不能有效地为其成长提供强有力的帮助和支持，如老带新帮扶时间不够、听课量少等。其次，中年教师负担过重。中年教师在学校是骨干，在家庭是顶梁柱。他们孩子小、家庭负担重、课时量大，学习和教学研究时间不足，科研任务和带教实习一样不能落下，而学校中女教师普遍多于男教师，中年女教师所承担的生活压力就更为明显。最后，老年教师安于现状，由于晋升教授职称难度大，老年教师普遍安于现状，"一副（副教授）到底"的想法和现象较为普遍。

第三节　落实教育培育人才工作目标的经验与典型

培养创新型、研究型拔尖、领军人才以及开展基础研究和学术研究，是高等教育的核心任务。在对各高校进行走访调研的过程中，发现部分学校在培育人才方面做了许多有益探索，已经总结了许多经验与做法，也不乏一些可借鉴的典型。本节在调研和广泛收集资料的基础上，以高等教育为主，总结了部分高校落实培育人才教育工作目标的一些经验与典型，以期为推动培育人才教育工作目标的进一步实现提供借鉴。

一、面向国家重大需求构建多维创新拔尖人才培养模式

创新是国家培养造就高水平人才队伍的源头活水。高校面向国家实施创新驱动发展战略的要求，培养综合素质高、创新能力强的拔尖创新人才是现代高水平大学的历史使命，也是建设人才强国的迫切需求，更是高水平研究型大学教育质

385

量的重要标志。

中南大学材料科学与工程学院推行了一系列人才培养政策，如"本—博"拔尖创新人才培养计划、创新人才培养实验室项目、大学生创新创业训练计划、联合学习团队计划（USC）、24 小时实验室等。为了避免理工科专业的学生理论脱离实践，考虑到工科背景下人才培养模式的多元性，在人才培养过程中，划分为通识教育培养、职业能力培养、实训能力培养、创新创业能力培养及思想理论培养五个方面，各方面又可进一步细化，如图 10 – 15 所示。

图 10 – 15　新体系理工科类拔尖创新人才培养模式的构建示意

此外，开展"特需服务"，为人才培养量身定做方案和活动。一方面，为保证实践教学效果，学院在教学改革工程中加大投入力度，建立了"中南大学—中国铝业公司工程实践教育中心""中南大学—宝钛集团工程实践教育中心""中南大学—南山铝业股份有限公司工程实践教育中心"3 个国家级工程实践教育平台和近百个校院级工程实践教育平台。与此同时，学院还聘任了 90 余位材料领域的高新企业专家进课堂，进一步丰富专业实践课程，为拔尖人才培养提供更完善的孵化平台。①

南京航空航天大学力学拔尖学生培养基地于 2020 年入选教育部基础学科

---

① 周江、易仁杰、蔡圳阳、陈根、曹鑫鑫、梁叔全：《理工科类拔尖创新人才培养模式探索与实践——以中南大学材料科学与工程学院为例》，载于《高教学刊》2023 年第 6 期。

拔尖学生培养计划 2.0，在培养人才方面取得了一定成效，具有借鉴作用。在生源选拔方面，实施两个"钱伟长班"建制，促进拔尖学生与非拔尖学生的融合交流，由全国统招新生和全校选拔新生混编组成，选拔范围涵盖全校理工科专业，吸引了更多有志于力学科学研究的优秀学生；在工程力学专业实行"荣誉身份"制度，每年通过学业考核确定"钱伟长荣誉学员"名单。在师资队伍方面，由教授领导的班主任工作组，每个班级配备三位班主任，由"教授（1 名正班主任）+ 副教授/讲师（2 名副班主任）"的队伍组成。在培养课程方面，学院面向"钱伟长班"学生开设了多门"强国逐梦，大师引航"系列课程。该系列课程一般由院士或国家级人才牵头，重点介绍航空宇航科学与技术、力学等学科方向的最新研究进展，以及我国航空航天重大工程的发展历程。通过名家的言传身教，开阔学生的知识视野，塑造学生的爱国情怀，培养学生从事航空航天领域创新的兴趣和志向。"大师课"的设置既凸显了荣誉学生身份的特殊性，又关注了荣誉学生知识的基础性和课程选择的灵活性。[①]

二、依靠国家重点前沿科研计划打造高水平研究大学

高水平研究型大学肩负着培养战略科技人才、开展高水平基础研究，以及持续创造高质量科技供给的使命，作为科技创新和人才培养的主要基地，是经济社会发展的强有力支撑。近几年，在国家自然科学基金委创新研究群体和科技部、教育部创新团队等计划的支持下，我国也涌现出一批在国际上有影响力的高水平研究大学。

依托中国科学院的大任务、大平台、大团队，中国科学院大学在创新创业人才特别是科技领军人才培养中具有得天独厚的优势。其量子信息研究团队，一方面，量身打造人才培养模式，专门制定了"瀚海计划""严济慈班"等项目进行人才的培养和挖掘，不排斥偏才和怪才。鼓励本科生尽早进入实验室锻炼。在研究生中发现潜在人才，按照实际情况对这些潜在人才进行精英教育，提供国际一流的平台和环境使其快速成长。另一方面，拓展交流平台，由于量子团队是中国科学院量子信息与量子科技前沿卓越创新中心和教育部量子信息与量子科技前沿协同创新中心的核心部分，团队允许成员在校内和协同中心内进行需求式有秩序的流动，实现协同区域内资源信息共享、实验平台共享，互相合作，深入交流，团队成员可以就自己有需要的方向、领域或者技术，与协同中心的兄弟院校开展

---

① 宋汀、冯雨薇：《提升"拔尖创新人才"培养质量的路径探究——以南航力学拔尖基地为例》，载于《科教导刊》（电子版）2023 年第 1 期。

合作交流。量子团队还积极拓展与美国斯坦福大学、英国剑桥大学、德国马普量子光学研究所和海德堡大学、奥地利维也纳大学和因斯布鲁克大学、瑞士日内瓦大学等国外知名大学和国际机构的合作交流，构建开放的学术环境和氛围，广泛利用国际合作交流项目让团队成员有充分、自由的条件与国际同行进行学术交流，使国际合作交流常态化。①

西安交通大学通过建设创新港，探索大学与社会深度融合，构建创新联合体，强化作为战略科技力量的高水平研究型大学对区域和国家发展的支撑性乃至引领性作用。得益于创新联合体的建设，创新港近年来在培养战略性科技创新人才、基础研究和原始性创新突破、"卡脖子"技术攻关以及科技成果转化等方面取得了突出的阶段性成效。创新港的高水平研究型大学驱动创新联合体的过程模式包括一个循环、两大特色、三位一体，以及四大板块。一个循环是指在人才培养上实现了从教育教学、实习实践到就业创业，再到作为校友反哺支持母校建设的循环模式。两大特色是指创新港秉承交叉、共享、开放的办学理念，在学科专业体系建设中突出科教融合与产教融合的特色。三位一体是指创新港的定位，即校区—园区—社区互嵌的创新体，技术与服务的结合体，以及科技与产业的融合体。四大板块是指创新港核心区从功能上分为教育—科研—转孵化—综合服务配套，前三个板块之间联动协同，互相促进、螺旋式上升，综合服务配套板块提供赋能创新的公共性和公益性生活保障服务，如图 10 - 16 所示。②

三、产教研融合协同培育专业领军人才

当前，世界百年未有之大变局加速演进，疫情防控、地缘冲突、粮食安全、气候变化等问题加剧了世界局势的动荡，大国间经济、科技、军事、文化等方面的竞合呈现新趋势。与此同时，新一轮科技革命和产业变革深入发展，以原始创新为基础和支撑的关键核心技术突破和颠覆性创新，正在不断扩展新领域、开辟新赛道，成为大国博弈的战略制高点，而人才是竞争力的核心。我国高等教育不仅要致力于满足当前我国关键领域急需人才培养的需求，还必须前瞻布局、系统谋划，培养能够引领科技强国建设的未来科技领军人才和大批高素质的创新创业人才。

---

① 王艳芬、刘继安、吴岳良等：《深化科教融合，培养未来科技领军人才》，载于《中国科学院院刊》2023 年第 5 期。

② 王巍、陈劲、尹西明、郭梦溪：《高水平研究型大学驱动创新联合体建设的探索：以中国西部科技创新港为例》，载于《科学学与科学技术管理》2022 年第 4 期。

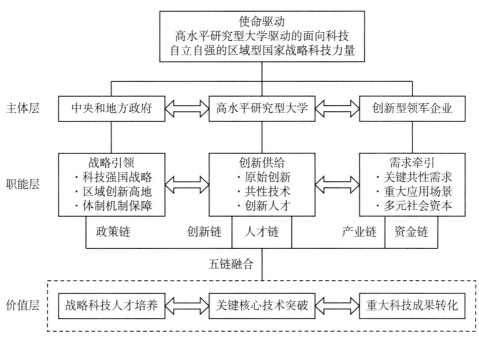

图 10－16　西部创新港创新联合体架构

哈尔滨工业大学以仪器学科为例，通过分析仪器领域科技创新领军人才培养的现状，提出一些优化路径，为同领域的教育工作者提供了一定的借鉴与参考。第一，教育理念上，哈尔滨工业大学仪器学科以"挑战尖端、仪器报国"的理念，围绕国家重大仪器技术需求，结合国际仪器领域重大科学前沿问题，提升其原始创新能力，突破共性核心技术，成功研制一批高精尖仪器，解决国家重大需求，建成高水平研究平台，进而培养面向仪器强国建设的仪器技术创新领军人才。第二，在培养方案上，构建新本硕博一体化培育体系，在大学三、四年级按照"重个性发展、强学科交叉、促学研融合、拓校企联合"的培养模式，将本科阶段的课内外创新实践与研究生阶段的课题研究贯通设计，构建能激发学生创新潜能和创业活力的个性化培养本硕博一体化课程体系，从而有效推进传统专业的新工科改造及"新的"新工科专业建设。第三，在资源平台方面，构建"校企协同、实践育人"平台，整合多方资源，对接产业链共建实践育人环境，形成"合作、共建、共享、共赢"的政校企深度合作育人模式，与航天科技集团、中国计量科学研究院、汉威集团、海克斯康等建立创新实践基地，面向国民经济主战场，实现协同创新、协同育人，如图 10－17 所示。①

----

① 王伟波、邹丽敏、邱实、刘俭、刘永猛、付海金、刘颖：《仪器领域科技创新领军人才培养的现状及优化路径——以哈尔滨工业大学仪器学科为例》，载于《西部素质拓展》2021 年第 6 期。

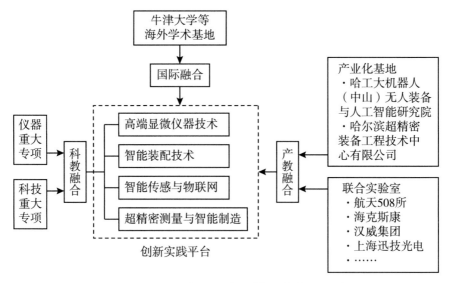

图 10 - 17   "多维融合，协同育人"平台

西北工业大学在价值塑造、能力培养、知识传授"三位一体"人才培养理念的统领下，积极探索拔尖创新人才科教融合培养路径，逐步形成了面向国家创新驱动发展战略需求的"一二五"拔尖创新人才科教融合培养路径，即一个引领、两个融通（融通"寓研于学"和"寓研于教"）、五位一体（科研项目、成果、平台、实践、文化）的科研育人模式，培养学生的探索性精神、训练批判性思维，激发学术志趣，提升学术能力。例如，与华为签订《华为智能基座产教融合协同育人基地协议》、与中兴通讯联合打造校企合作"5G 无线菁英班"等，以聘请企业导师、学生团队入驻、基地实习调研、建立联合实验室、共建成果转化体系等方式，共同推进产学研协同育人。西北工业大学培养了一大批具有家国情怀、追求卓越的拔尖创新人才，成为行业精英、国之栋梁，在人才培养领域形成了独有的"西工大现象"，享有"总师摇篮"之美誉。①

四、突破传统思维，培养学科交叉人才

突破原有学科间的界限束缚，促进多学科的交叉融合，构建适应时代发展的新知识架构体系，这既是社会发展到当今阶段的外源性驱动，也是学科发展规律的内源性使然。近年来，我国高度重视学科交叉工作，通过多种形式的政策引导

---

① 刘世皎：《科教融合视域下拔尖创新人才培养探索与实践——以西北工业大学为例》，载于《山西高等学校社会科学学报》2023 年第 5 期。

和资源支持，鼓励协同创新，推进学科交叉融合，取得了一定的建设进展，实践成果逐渐增多，也形成了一定的理论基础和实践经验。

以吉林大学为例。该校超硬材料国家重点实验室在实验室建设与发展，学科交叉团队在拓展实验室研究方向、提升应用基础研究创新能力、解决行业实际问题等方面取得了良好的成果。实验室立足基础研究，面向物理学、化学、材料科学与工程、地球物理学、环境科学与工程，在自主研究课题中设立了学科交叉类课题。为了突出国家重大科技基础设施在前沿科学问题研究中的支撑作用，实验室整合了高温高压大体积材料研究系统科学与技术研究团队，引进岩浆源区性质转变与深部过程团队和引进钻井（探）用高效耐磨孕镶金刚石钻头研制团队，对于发挥学科交叉在能源、地探、环境等领域的重要作用、突破我国在"三深"领域现有的研究水平、实现能源与环境的可持续发展、保障我国能源与矿产资源安全具有重要的意义。[1]

天津大学启动实施的"天智计划"，是针对学科交叉人才培养的重要探索，也是推进学科交叉融合发展的创新举措。"天智计划"即天津大学针对"人工智能+"领域发展的专项计划，是以培育一批人工智能领域高精尖创新人才和新兴学科方向为目标，以解决重大理论和实践应用问题为导向，以导师团联合招生为切入点，通过推进学科交叉融合、贯通交叉培养各个环节，逐步围绕"人工智能+"领域形成 3~5 个核心方向，为社会持续输出在"人工智能+"领域能够堪当大任的复合型创新人才的特设专项。由天津大学牵头培育组建的"天津化学化工协同创新中心"成为全国首批 14 个"2011 协同创新中心"之一，国家重大科技基础设施"大型地震工程模拟研究设施"项目、合成生物学前沿科学中心等多领域研发平台在天津大学落地建设，获批全国首批"国家储能技术产教融合创新平台"，充分印证了天津大学推动交叉融合发展的科学性和有效性。[2]

五、构建新文科信息化教学组织和课程体系

随着全球新一轮科技革命和产业变革深入推进，以大数据、人工智能、物联网、量子信息为代表的新一代信息技术快速涌现。在这一背景下，哲学社会科学的研究与人才培养既面临着重要的发展机遇，也面临前所未有的挑战。相较于传统文科，新文科要求突破传统模式，以创新思维促进多学科交叉与深度融合，尤其

---

① 徐丹、刘然、王启亮：《学科交叉团队建设在国家重点实验室重组中的重要作用——以吉林大学超硬材料国家重点实验室为例》，载于《实验技术与管理》2021 年第 12 期。

② 陈天凯、李媛、刘晓等：《学科交叉人才培养的实践探索与改革路径——以天津大学为例》，载于《学位与研究生教育》2023 年第 4 期。

是利用新兴信息技术，将其融入传统文科专业的育人模式中，以实现转型升级。

中国人民大学信息资源管理学院提出一种名为"课程立方体"的全新课程建设模式，有着明确的交叉学科特征与课程综合协同特性。其并非传统意义上针对某一特定专业设立的通识课或专业课集合，而是将教学目标分解为知识串联与能力复合的双维度螺旋结构。采用单门课程作为其组成单元已无法满足新文科背景下哲学社会科学人才培养需要，以知识模块为设计参考基点，通过多门课程深度耦合形成的"课程立方体"作为新的最小组成单元来构建完整的新型课程群。"课程立方体"中，单门课程仍然存在，但其新的角色仅是装载知识模块和教学任务的"容器"。在"课程立方体"内部，课程之间的边界逐渐虚化，传统课程群中泾渭分明、边界清晰的"组成模块"逐渐被打破。总体来看，新文科背景下的"新型课程群"由若干个"课程立方体"构成，每个"课程立方体"由三门或以上深度耦合、系统协同的课程构成，单门课程容器由若干知识模块填充。[①]

南京大学成立新型基层教学组织——以"立德树人"为宗旨的哲学素质教育虚拟教研室。作为新型文科基层教学组织的典型代表，南京大学哲学素质教育教学团队的建设经验具有重要研究价值。首先明确"启智润心、哲以成人"这一育人理念，打造了一套集"马克思主义哲学智慧""中华优秀传统文化精粹""全球化视野中的西方文明""逻辑认知与当代科技前沿的哲学反思"四大模块于一体的哲学素质课程结构体系。同时，采取跨学科合作、跨学校共建、跨区域共享的组织方式，有效统合"中国特色＋哲学素质教育＋虚拟教研室＋东中西部高校"等要素，强化教师跨校教学能力、跨区域合作能力和社会服务能力，探索以"智能＋"方式推进教学研究、课程建设、教材建设等方面合作的途径。[②]

六、经验与启示

（一）遵循高等教育发展和人才成长规律，推进基础学科拔尖人才培养

教育必须与社会发展相适应，并能促进人的全面发展。从根本上而言，高等教育基本规律的核心是"人"的教育，本质是培养什么样的人的问题。因此，教

---

① 傅予、卢小宾、牛力等：《新文科背景下信息资源管理交叉学科"课程立方体"设计研究——以中国人民大学为例》，载于《图书情报工作》2022年第11期。
② 张亮、汪琳玥：《新时代文科基层教学组织的构建与运行——以南京大学哲学素质教育虚拟教研室为例》，载于《社会科学家》2023年第6期。

育者既要致力于拔尖人才的智力培养，还要关注学生德、体、美、劳的全面发展及其服务于国家、人民和社会的使命教育。同时，基础学科及其拔尖人才的教育也有其特殊规律。一是基础学科具有概念性、问题导向性、交叉性、逻辑性等特点，较诸其他学科，基础学科领域人才培养周期较长、成才率及其社会回报率相对较低。二是拔尖人才大都葆有纯粹的科学好奇心、天马行空的思维和想象力、勇于冒险的自主探索精神和异乎常人的执着性格，这些独特的品质非但不能通过规范化的程序批量训练出来，反而极易被循规蹈矩、求同去异的教育模式抹杀。因此，在制定和实施基础学科拔尖人才培养改革政策和举措时，我们必须充分考虑这些不容回避的因素，切忌操之过急，克服功利思想，力戒急躁情绪，尊重学生的个性、兴趣与选择，并为其营造相对宽松和自由的成长环境，确保基础学科拔尖人才培养改革工作的有效开展。

（二）加大师资等教育资源配置力度，稳步扩大试点招生规模

拔尖人才的脱颖而出，需要有人数众多的一般人才作为基础。让更多的适龄青年接受高等教育，是世界发达国家的通行做法。为兼顾拔尖人才培养的质和量，包括高水平师资在内的教育资源配置力度应随着系列改革的推进不断加大。根据《中国教育统计年鉴》相关数据，自 2000 年以来，我国普通高等院校基础学科高水平师资长期紧缺。虽然系列改革均布点在高水平研究型大学和科研院所的优势学科，其师资配置优于全国平均水平，高校也尽可能地将优质师资集中于试验区，但由于高水平教师整体规模有限、师资建设速度缓慢，并且随着招考规模逐年扩大，各试验区的培养规模也同步成倍增加，多数试验区及其所在院校难以维持原有的师生比例，遑论延续以 5∶1～1∶1 的生师比配备学术导师。因此，为了持续落实精英化、个性化、导师制的培养模式，保证拔尖人才的培养质量，系列改革试验区及其所在院校一方面应加快高水平师资队伍的建设步伐，另一方面还可尝试根据试验区在校生规模和现有的师资情况，酌情调整试点专业每年的招生规模，在确保高质量教育资源配置的前提下，稳步实施拔尖人才培养的扩招工作。

（三）探索选拔机制改革，形成分类、多元的拔尖人才选拔新模式

《国务院关于深化考试招生制度改革的实施意见》中确定了招生制度改革的总目标是形成分类考试、综合评价、多元录取的考试招生模式，健全促进公平、科学选才、监督有力的体制机制，构建衔接沟通各级各类教育、认可多种学习成果的终身学习"立交桥"。目前，基础学科拔尖人才遴选模式较为单一，与"提高人才选拔水平""科学选才""形成分类考试、综合评价、多元录取的考试招

生模式"的要求相去甚远。下一阶段，教育主管部门可适当放权，各试点高校及试验区在秉持教育公平、合法合规选拔的前提下，积极开展拔尖人才选拔机制的探索与改革。如适当降低高考成绩在选拔中的占比，尽可能地减少学科"偏才"因高考发挥失常而与基础学科培养改革计划失之交臂的情况；根据相关学科特点和人才培养目标，增加多种形式和标准的破格入围及录取手段，确保有学科潜能的"怪才"如愿进入拔尖人才培养计划，进而得到有效的培养；增设入学前的补招环节，确保具有学科志趣的学生入围等。

（四）优化课程结构，适当增加必要的不同大类学科的选修课程

课程体系建设作为人才培养的核心，是教育改革的重心所在。除必要的基础学科专业课程外，针对拔尖人才培养的课程改革，应兼顾三个方面的要求。一是立足于本科阶段的人才培养工作，二是充分发挥人文社科类课程在创新人才培养中的作用，三是关注每个拔尖人才心智发展的独特性。结合我国当前情况看，基础学科拔尖人才培养的课程体系改革不应一味追求深化专业课程，须综合考虑学科基础、学科交叉、素质教育等多重因素，强化和落实个性化培养的理念。试验区课程体系的建设可从适度增加综合性和跨学科课程数量、提高选修课比例等入手，加强人文学科、社会科学领域，尤其是文化、艺术、美学的通识教育，让学生能从人文艺术教育中养成跨学科、发散性思维，从而最大限度地激发个体的学科潜能，助益其未来的科研发展之路。人文学科、社会科学领域的学科，也应该增加理工类自然科学的概论课程，了解自然科学的最新发展。现在不少高校采取大类招生，也需要开设相邻大类的选修课，扩大学生的学术视野。

（五）立足办学特点和优势，构建具有"校本"特色的拔尖人才培养模式

构建具有"校本"特色的培养模式是最利于充分激发和培养各类拔尖人才学科潜能的理想教育方式。基础学科拔尖人才培养改革工作开展 30 余年来，教育主管部门广泛布点，累计遴选了 500 余个试验点，涵盖了 20 多个基础学科，约百所类型不一的高等院校入围。不难看出，其旨在使每位有特殊学科天赋的拔尖学生都能得到有效培养，从而成长为各领域、多种类型的科学领军人物。鉴于此，各试点单位应在借鉴海内外高水平高校拔尖人才培养经验的基础上，充分发挥其学科点及所在院校的办学优势，积极探索具有"校本"，甚至"区本"特色的教育模式。如综合类高校具有自然科学与高新技术研究方面的优势，可以培养研究型拔尖人才为目标，探索重在提升学生学术和科研能力的培养模式；理工、

医药、农林等类型的高校与产业联系较为紧密，可以培养实践型拔尖人才为目标，并加快构建科教协同育人的培养模式等。

（六）完善拔尖人才培养质量评价体系，夯实拔尖人才培养的制度基础

一是要建立完整、多元的教育质量评价体系。根据评价主体的不同，高等教育质量评价应包括师生对学生学业与发展质量的评价，高校对校本教育质量的评价，教育主管部门对高校教育质量的评价，社会对高校教育质量的评价等众多层次。二是对研究成果实施多元评价，建立拔尖人才培养研究的评价标准，杜绝"为了研究而找假问题"的现象，实行政治标准、业务标准、效益标准三结合的教育研究评价体系。三是建立健全拔尖人才培养工作对拔尖人才培养研究工作的保障机制，拔尖人才培养研究源于拔尖人才培养工作，需要拔尖人才培养工作的实际参与者加入研究团队中，形成常态化的协作机制，才能确保研究不脱离工作实践，保证研究拔尖人才的培养工作。

第十一章

落实教育造福人民工作目标的现状及分析

造福人民，以人民作为教育事业的中心，办人民满意的教育，是中国社会主义教育的基本性质和社会基础。自全国教育工作会议以来，教育造福人民工作的目标追求和贯彻落实，整体来看成效显著是不容置喙的事实。在今后工作中进一步落实造福人民教育工作目标的前提和关键是深入了解和掌握教育造福人民的实际情况。

第一节　落实教育造福人民工作目标的主要成绩及其分析

一、实施教育优先发展战略，以人民为中心，成果惠及全体人民

党和政府始终把教育摆在优先发展的战略地位，始终坚持以人民为中心，教育面貌正在发生整体性、格局性变化，教育造福人民工作取得显著成绩。调查发现，第一，教育工作提升了人民群众的教育获得感和幸福感。第二，教育工作持续促进社会公平。第三，教育工作助力脱贫攻坚和乡村振兴取得实效。

得出结论的主要依据如下。

（一）教育工作提升了人民群众的教育获得感和幸福感

新中国成立 70 多年来，党和政府始终以人民为中心，坚持把教育作为重要的民生工程，一以贯之地重视教育。对仅有改革开放 40 余年历史的社会主义中国来说，在保持经济稳步增长的前提下，在 40 余年内建立起了基本能够满足不同受教育群体的教育体系，实属不易。在教育发展上，加快补齐教育"短板"，使学前教育更加规范、基础教育更加均衡、职业教育更具特色、高等教育更高水平、其他各类教育更加完善。总体来看，教育工作基本满足了人民群众的受教育需求。虽然我国教育工作仍有诸多不尽如人意的方面，但总体来看，我国的教育体系愈加健全，能够适应不同人群、不同层次、不同阶段的教育需求，人民群众的教育满意度和获得感不断提升。

根据教育部《2021 年全国教育事业发展统计公报》的数据，总结近年来的教育概况可以明显看到，我国积极推进教育事业改革发展，各项工作取得了新的突破性进展，各级各类教育均取得较大成就。2021 年，全国共有各级各类学校 52.93 万所，各级各类学历教育在校生 2.91 亿人，专任教师 1844.37 万人（见图 11 - 1）。

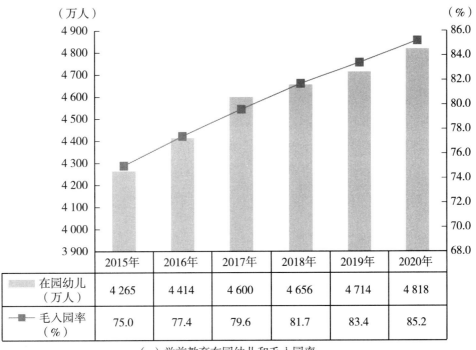

	2015年	2016年	2017年	2018年	2019年	2020年
在园幼儿（万人）	4 265	4 414	4 600	4 656	4 714	4 818
毛入园率（%）	75.0	77.4	79.6	81.7	83.4	85.2

（a）学前教育在园幼儿和毛入园率

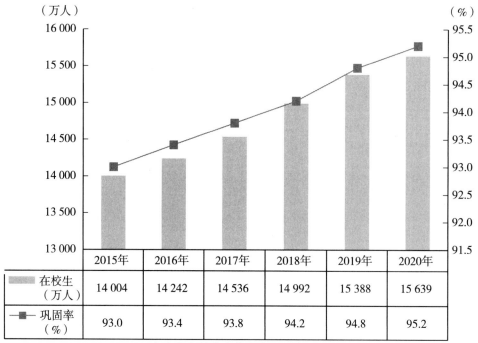

	2015年	2016年	2017年	2018年	2019年	2020年
在校生（万人）	14 004	14 242	14 536	14 992	15 388	15 639
巩固率（%）	93.0	93.4	93.8	94.2	94.8	95.2

（b）义务教育在校生和巩固率

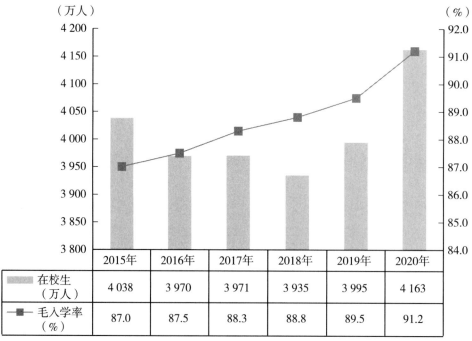

	2015年	2016年	2017年	2018年	2019年	2020年
在校生（万人）	4 038	3 970	3 971	3 935	3 995	4 163
毛入学率（%）	87.0	87.5	88.3	88.8	89.5	91.2

（c）高中阶段教育在校生和毛入学率

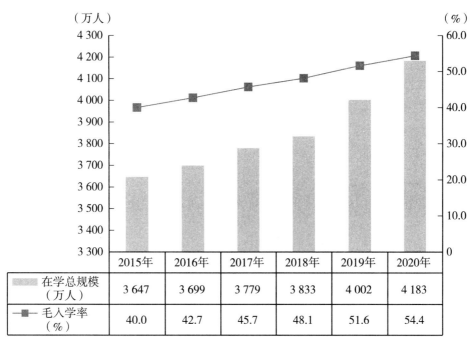

（d）高等教育在学总规模和毛入学率

图 11-1　各学段学校学生情况一览

资料来源：《2021 年全国教育事业发展统计公报》。

在高等教育方面，我国调整发展战略，2017 年 1 月，经国务院批准同意，教育部、财政部、国家发展和改革委员会印发《统筹推进世界一流大学和一流学科建设实施办法（暂行）》，"双一流"的提出力争全力提升中国高等教育综合实力和国际竞争力，为实现"两个一百年"奋斗目标和中华民族伟大复兴的中国梦提供有力支撑。2022 年 2 月 14 日，教育部、财政部、国家发展和改革委员会公布《第二轮"双一流"建设高校及建设学科名单》，公布第二轮"双一流"建设高校及建设学科名单和给予公开警示（含撤销）的首轮建设学科名单。公布的名单共有建设高校 147 所。建设学科中数学、物理、化学、生物学等基础学科布局 59个、工程类学科 180 个、哲学社会科学学科 92 个。2022 年，教育部、财政部、国家发展和改革委员会发布《关于深入推进世界一流大学和一流学科建设的若干意见》，着力解决"双一流"建设中仍然存在的高层次创新人才供给能力不足、服务国家战略需求不够精准、资源配置亟待优化等问题。该意见提出 2030 年更多的大学和学科进入世界一流行列以及 2035 年建成教育强国、人才强国的目标。

针对当前我国义务教育领域存在的过度"内卷"现象，以及其对学生、家长带来的负面影响，同时考虑到长此以往此现象对我国人口增长、经济发展的危害极大，2021 年 7 月，中共中央办公厅、国务院办公厅印发了《关于进一步减轻义务教育阶段学生作业负担和校外培训负担的意见》，明确提出要有效减轻义务教育阶段学生过重作业负担和校外培训负担（以下简称"双减"），旨在从根本上解决我国义务教育阶段学生学业压力大、家庭教育负担重等人民群众不满意的问题。"双减"既是贯彻中央决策部署的重大教育改革，明显具有国家意义上的"权威"性质；又是与每个学生和家庭息息相关的好事，具有民生意义的"民意"性质。政策公布不到4个月，作为试点的广州，"学科类校外培训周课时数由高峰值91万课时下降至19.1万课时，减少了近80%"[①]。上海市教育科学研究院在2021年底对全国10个省域开展"双减"实施效果大规模抽样调查，结果显示，"75.5%的学生表示没有参加学科类培训，80%的学生表示学校作业量变少"；同时，"90%以上学生表示'双减'有效减轻了自己的学业负担"。[②] 教育部委托第三方开展的调查也显示，学生过重的作业负担、校外培训负担、家庭教育支出负担和家长相应的精力负担均有效减轻，学生的睡眠、运动、实践时间普遍增加，家长更加关心孩子身心健康成长。[③] 2022年10月28日，《国务院关于有效减轻过重作业负担和校外培训负担，促进义务教育阶段学生全面健康发展情况的报告》显示，"双减"政策实施一年来，学生过重作业负担和校外培训负担有效减轻、家庭教育支出和家长相应精力负担有效减轻以及教育观念正在发生积极转变。2023年7月21日，教育部在京召开全国"双减"工作推进会暨"双减"工作专门协调机制全体会议，指出两年来"双减"工作推动校外培训明显降温，校内服务有效提升，学生和家长总体负担正在逐步减轻，"双减"工作取得阶段性的实质进展。

（二）教育工作持续促进社会公平

教育公平，是我国未来教育事业发展的关键议题。我国教育在党的"办人民满意教育"理念指导下，努力促进教育公平，取得了明显的进步。教育公平在一定程度上是可以通过数据来反映的。目前较为认可的一种教育公平的衡量方式为教育基尼系数。教育基尼系数由五个教育层次（未上过学、小学、初中、高中/中专、大专及以上）的受教育年限及其对应的人口数计算而来，数值落在0~1之间，越靠近0越公平，越靠近1越不公平。学者孟大虎和许晨

---

① 王红、陈陟：《"内卷化"视域下"双减"政策的"破卷"逻辑与路径》，载于《教育与经济》2021年第6期。

② 董圣足、公彦霏等：《"双减"之下校外培训治理：成效、问题及对策》，载于《上海教育科研》2022年第7期。

③ 赵婀娜、吴月：《〈关于进一步减轻义务教育阶段学生作业负担和校外培训负担的意见〉印发一年来——促进学生全面发展健康成长》，载于《人民日报》2022年7月27日。

曦分析了 2002～2018 年全国及分省份的平均受教育年限计算结果，得到了以下数据，如表 11－1 所示。①

表 11－1 　　　　　2002～2018 年各地区教育基尼系数

地区	2002 年	2007 年	2013 年	2018 年
全国	0.210	0.230	0.214	0.224
北京	0.210	0.199	0.174	0.164
天津	0.221	0.210	0.195	0.187
河北	0.211	0.195	0.186	0.206
山西	0.197	0.188	0.182	0.193
内蒙古	0.262	0.233	0.207	0.230
辽宁	0.195	0.198	0.193	0.185
吉林	0.201	0.200	0.189	0.191
黑龙江	0.205	0.191	0.187	0.194
上海	0.231	0.203	0.204	0.193
江苏	0.253	0.234	0.210	0.229
浙江	0.270	0.256	0.235	0.234
安徽	0.265	0.278	0.230	0.237
福建	0.264	0.257	0.220	0.242
江西	0.231	0.229	0.194	0.211
山东	0.241	0.222	0.213	0.235
河南	0.211	0.204	0.202	0.206
湖北	0.225	0.238	0.215	0.224
湖南	0.219	0.208	0.196	0.203
广东	0.217	0.193	0.182	0.185
广西	0.227	0.209	0.198	0.194
海南	0.222	0.220	0.192	0.196
重庆	0.234	0.218	0.220	0.228
四川	0.261	0.243	0.241	0.254
贵州	0.291	0.272	0.259	0.262

---

① 孟大虎、许晨曦：《教育扩展与我国教育不平等的变化——基于教育基尼系数的考察》，载于《杭州师范大学学报（社会科学版）》2022 年第 44 期，第 50～60 页。

续表

地区	2002 年	2007 年	2013 年	2018 年
云南	0.318	0.279	0.246	0.252
西藏	0.449	0.421	0.502	0.463
陕西	0.270	0.237	0.207	0.229
甘肃	0.313	0.305	0.242	0.276
青海	0.346	0.318	0.307	0.296
宁夏	0.293	0.272	0.242	0.262
新疆	0.249	0.212	0.215	0.230

通过分析数据可以发现，总体来看，我国各省内部教育基本实现了公平。但不同地区之间差距较大：东北和华北地区教育公平程度较高，西北和西南地区有较多省份处于"相对平均"水平，其他地区处于"比较平均"水平。同一地区不同省份的教育公平发展水平也不均衡：东北地区各省的教育公平发展程度趋同，而西北地区呈现较大的内部差异。

党的十八大以来，以习近平同志为核心的党中央坚持把教育摆在优先发展的战略位置，教育工作中把教育公平上升到法律层面，强化教育投入，在确保落实4%目标上下功夫，汇聚强大合力打好教育脱贫攻坚战，使贫困地区学生和困难群体享受到同等优质教育资源，保障人人都享有公平接受高品质教育的权利，促进实现教育优质均衡发展，进一步缩小教育区域差距。近年的政府工作报告中，"教育公平"和"教育质量"一直都是教育改革的核心词，国家出台的有关教育工作的重大文件，无一例外都强调要"促进教育公平"和"提高教育质量"。2022 年政府工作报告指出，教育投入不断向困难区域、薄弱环节和重点领域倾斜，纵深推进教育现代化区域创新试验，优化区域、城乡教育资源配置，缩小城乡教育差距，不断提升教育服务区域发展战略水平。全国中小学（含教学点）互联网接入率达到100%，拥有多媒体教室的学校比例达到95.3%。农村教学点数字教育资源全覆盖项目持续实施，整合开发英语、音乐、美术等学科数字资源6 948 学时，与基础教育阶段所有学科教材配套的资源达5 000 万条[1]。

（三）教育工作助力脱贫攻坚和乡村振兴取得实效

新时代针对贫困问题提出要"发展教育脱贫一批"，是在科学分析扶贫成果

---

[1] 《让每个孩子都享有公平而有质量的教育》，载于《人民日报》2022 年 1 月 12 日，第 7 版。

与教育发展之间关系后的历史结果，明确了教育扶贫的战略地位与治本作用。教育是解决贫困地区发展和帮助贫困家庭脱贫的根本手段，是打赢脱贫攻坚战的重要支撑。2013 年《关于创新机制扎实推进农村扶贫开发工作的意见》就教育扶贫战略提出的要求是"全面实施教育扶贫工程"；2015 年《中共中央 国务院关于打赢脱贫攻坚战的决定》中，教育扶贫在新时代被赋予了"阻断贫困代际传递"的新使命，更是精准扶贫"五个一批"工程之一；2016 年 12 月出台了《教育脱贫攻坚"十三五"规划》，提出"教育强民、技能富民、就业安民"；2018 年印发的《深度贫困地区教育脱贫攻坚实施方案（2018－2020 年）》，提出确保深度贫困地区如期完成"发展教育脱贫一批"任务等。我国的扶贫事业是一个系统性的工程，在党的坚强领导下，通过特色产业扶贫、易地搬迁脱贫、转移就业扶贫、资产收益扶贫、健康扶贫、生态扶贫等可以大面积地改变贫困地区和贫困人口的现状，但贫困人口贫困原因复杂、自我发展能力弱、返贫现象严重，甚至会通过贫困代际传递造成贫困阶层固化。教育扶贫则更具有根本性、先导性、持续性，贯穿人的职业生涯和生命周期的全过程，全面而持久。只有持续地发展基础教育、精准地推进职业教育、稳步地提升高等教育质量和水平，培养大批经济社会发展进步所需要的专门人才，从根本上切实保障扶贫成果的可持续性，才能真正消除贫困的代际传递。

让贫困地区的孩子们接受良好教育，是扶贫开发的重要任务，也是阻断贫困代际传递的重要途径。回顾我国扶贫之路，我们经历了生存型扶贫、发展型扶贫和治本型扶贫发展过程，这一发展历程反映出我们对治理贫困认识的不断深化，从"输血式"扶贫到注重"造血式"扶贫，注重激发摆脱贫困的内生动力。教育是确保贫困人群增强可持续脱贫能力的关键。要通过教育脱贫工程使贫困群众从"要我脱贫"转变为"我要脱贫"，通过教育使贫困群众生发出奋力脱贫的内生动力，才能稳住脱贫成果，从而为下一步走向共同富裕打下坚实的基础。扶贫不是慈善救济，忽视内生动力的培养反而会助长群众的"等靠要"思想，甚至会再度大面积返贫。通过教育扶贫，使贫困人口逐步形成重视教育的生活理念、战胜贫困的信心斗志，生发出为了美好生活而奋力改变现状的持久内生动力。只有生发出内生动力走上内源式脱贫之路，才能从根本上彻底摆脱贫困、消除贫困；只有发挥教育扶贫的"拔穷根"作用，才能打破贫困意识和贫困观念的枷锁，阻断贫困代际传递。"把贫困地区孩子培养出来，这才是根本的扶贫之策"[1]，也是进行教育脱贫、阻止贫困现象代际传递的最佳方案。

此外，职业教育也是教育扶贫的排头兵。所谓"普职比"，就是普通高中与

---

① 习近平：《做焦裕禄式的县委书记》，中央文献出版社 2015 年版，第 24 页。

中等职业学校的比例。改革开放以来，我国实施"普职比大体相当"政策，改变了单一的中等教育结构，促使职业教育快速发展，为社会主义现代化建设事业培养了大批高素质劳动者和实用人才。这种举措在某种程度上也适应了教育扶贫的需要。习近平强调："一个贫困家庭的孩子如果能接受职业教育，掌握一技之长，能就业，这一户脱贫就有希望了。"① 职业教育在定向扶贫中发挥了独特而不可或缺的作用。授人以鱼不如授人以渔，对于贫困家庭的孩子来说，通过职业教育和技能培训等方式，学会一门脱贫致富的技能，吃上"技能饭"，是他们获得理想工作岗位、保持稳定就业的关键所在。在我国脱贫工作取得伟大胜利以后，教育对农村的支持，转向了参与乡村振兴。

二、为科技创新、文化繁荣提供智力支持，发挥桥梁作用推动民族振兴和国家富强

新一轮科技革命和产业变革正在兴起，信息大爆炸、传播大变革，人民对美好生活的向往必然离不开科技和文化的作用，而二者的发展从根本上便离不开教育的引导和作用。近年来，国家实施科教兴国战略，教育发挥其基础性、根本性、深远性作用，对人的知识的构建起到至关重要的作用，从源头上对科技创新和文化自信繁荣起到实质性作用。调查发现，第一，教育工作为科技创新提供动力源泉。第二，教育工作为文化自信自强提供支撑。

得出结论的主要依据如下。

（一）教育工作为科技创新提供动力源泉

进入 21 世纪以来，全球经济与社会的发展进入了一个既充满无限可能性同时也伴随着剧烈震荡的年代，创新已然成为世界主要国家战略性的共识，科技创新是推动经济社会可持续发展的源泉和动力。从某种程度上讲，教育决定了科技创新的价值取向，教育目标的选择、课程内容的安排、教学方法的采用等对于个人科学精神的培育、科学技术观的塑造及科技知识的习得具有不可或缺的影响。

首先，教育工作能坚定个体正确的科学方向。在各种关于"科学"的观点激荡的今天，个人能否分辨并坚定正确的科学方向是其能否最终成长为社会主义现代化建设可用之才的重要标准。通过各种类型的主题教育，教育工作能对个人产生潜移默化的影响，激发个人的爱国情、强国志和报国行，树立为社会主义建设服务、为人民群众实际需要服务的科学初心，并在实践活动中践行初心、担当使

① 《十八大以来重要文献选编》（下），中央文献出版社 2018 年版，第 42 页。

命。教育工作能培养有理想、有本领、有担当的人，真正落实好"为党育人、为国育才"的教育方针。

其次，教育工作能培养个体辩证的科学思维。要促进科技创新不能仅仅依靠正确的科学方向，个人是否拥有辩证的科学思维也十分重要。教育工作不仅注重受教育者知识技能的培养提升，同时也有利于帮助受教育者树立科学的世界观，进而运用科学的方法论来指导各类实践活动，提升实践活动效率。例如，我国著名的科学家钱学森先生在指导研究生时，要求学生先学习《自然辩证法》《矛盾论》等经典名著，高度重视对学生的哲学教育，并且要求学生相关考核成绩达到优秀之后才开始专业课程教学，以此锻炼学生辩证的科学思维，最终为国家建设和发展培养了大批紧缺型人才。现阶段我国实行的"双减"政策也是培养个人科学思维的助力，只有学生摆脱过于繁重的学习任务，让思维处在一个相对轻松活跃的状态，从长远看来才更有助于学生的成长成才。个人只有具有辩证的科学思维，才能灵活运用辩证思维多角度、全方位、深层次地分析具体困难，从而及时高效寻找最优解决方案，推动实践活动进程。

最后，教育工作有利于培育并提升个体的创新意识和能力。一个人的创新意识与兴趣和好奇心具有密切联系，兴趣越浓、好奇心越强，其对知识的探究欲望越强，创新行为的驱动力也越强。由此可知，兴趣和好奇心是激发创新意识、开展创新活动的基石和前提。传播知识是教育工作的应有之义，教育者通过情景互动式教学等形式将知识形象生动地传授给受众，充分将趣味性和科学性有机结合，增强了知识的可接受性和影响力，对个人兴趣的培养具有重要作用。个人具有创新意识并在实践中养成鉴别与洞察能力，才具备锻炼创新能力的基础。在教育工作中，可以培养个人的科学精神、科研方法及科研技能，使学生树立正确的科学理念和价值观，形成严谨而合理的科学思维，有利于学生形成独立完成科学实验的能力，具备鉴别正误、洞察事物及分析事情的能力，并且从科学活动中获得感悟。同时，教育工作还可以培养学生在面对复杂局面时，找到正确处理事物的方式，以科学的、理性的以及清晰的态度看待事物，通过创新的方式解决问题，进而形成较强的创新能力。

高等教育的普及化和大众化取得实质性进展，我国教育进入高质量发展阶段，教育工作面向国家重大需求、面向经济主战场、面向世界科技前沿、面向人民生命健康所作出的努力有目共睹。我国的5G、大数据、物联网、人工智能等科学技术在全球处于领先地位，离不开高等教育为各行业输送的人才和提供的智库。例如，在抗击新冠疫情中，高校利用科研优势，在疫情预测、二维码检测、疫苗研发、医疗救治、检测产品研发等方面作出突出贡献，这些都是教育工作为科技创新作出的实质贡献。

（二）教育工作为文化自信自强提供支撑

"文化是一个国家、一个民族的灵魂。文化兴国运兴，文化强民族强。没有高度的文化自信，没有文化的繁荣兴盛，就没有中华民族伟大复兴"①，教育工作对于推进文化自信自强具有重要作用，其影响是多方面的。

首先，教育工作能促进个体文化自觉的提高。只有全面了解本民族文化的产生源头、形成过程及发展趋向，才能够建立起良好的文化自觉。在多元文化思潮冲击下自主选择民族文化传播方式与传承路径，并且主动反思民族文化之不足，通过借鉴其他民族优秀文化，促进本民族文化创新发展。教育者在教育工作中将中国特色社会主义文化作为教学内容，通过梳理中华文化发展轨迹，总结不同阶段文化特征与文化成果，让个体对中华文化有清晰全面的认知，从而自觉拥护中华文化主导地位，形成正确文化价值观。

其次，教育工作能推动个体文化认同的增进。文化认同代表着个体对于中华文化的身份认同，表明个体愿意主动运用中华文化相关符号性元素来标识自己身份。随着多元文化融合发展，青年学生容易受到西方文化的影响，片面认为西方文化优于中华文化，盲目用一些西方文化元素标识自己。教育工作的重要性便由此体现，其可结合学生认知特点与规律，采取个性化教学方式，让学生深入参与中华文化学习过程，逐步认识中华文化的优越性，从而坚定文化立场，自觉承担文化传承与传播的使命。

最后，教育工作能促进个体文化传承意识的增强。中华文化是中华民族生存发展的重要基础，也是伟大民族精神的内在基因。中华文化之所以源远流长、保持蓬勃生命力，关键在于每一代中华儿女始终牢记民族文化的传承使命，将中华文化发扬光大，在延续原有文化体系的基础上，与时俱进，融入时代元素，使其不断创新发展。青年理应自觉承担起中华文化传承发展的使命任务，学会在多元文化思潮中自觉坚守正确文化立场，切实推动中华文化创造性转化、创新性发展。而教育工作能够有效增强学生的自主意识与探索精神，使学生深入了解中华文化的深厚内涵，建立良好的责任感与使命感。

中华民族在几千年历史中创造和延续的中华优秀传统文化是中华文明的智慧结晶和精华所在，是中华民族的根和魂，是我们在世界文化激荡中站稳脚跟的根基。现阶段，教育工作在推动中华优秀传统文化创造性转化、创新性发展中已取得显著成绩，为社会提供了许多优秀精神文化产品，满足了人民不断增长的

---

① 习近平：《决胜全面建成小康社会　夺取新时代中国特色社会主义伟大胜利》，载于《人民日报》2017 年 10 月 28 日，第 1 版。

文化需求。在"盛世中华 何以中国"网上主题宣传启动仪式上，《新千里江山图·壮美陕西》系列融媒体作品，正式入藏陕西历史博物馆。这一精品力作，结合传统国风绘画技法和现代三维动画等技术，成为中华优秀传统文化创新发展的有力缩影。守正才能方向明确，创新才有不竭动力。新时代，教育工作在进一步营造坚定文化自信自强的浓厚氛围、培厚建设文化强国的社会土壤、激发全民族文化创新创造活力等方面已经作出其贡献，是教育造福人民在现实中的生动写照。

三、以学校育人主阵地为牵引，造福人民的价值理念根深蒂固

教育造福人民工作的落实，不仅体现在具体目标的达成上，还体现在思想观念的转变上。调查发现，第一，学生群体普遍具有造福人民的意识并乐意付诸一定的行动。第二，教师群体秉持为人民服务的宗旨从事教育事业。第三，学校能够以造福人民为目标办教育。

得出结论的主要依据如下。

（一）学生群体普遍具有造福人民的意识并乐意付诸一定的行动

调查反映，多数学生认为毕业后到基层就业是锻炼成长的好机会，认为是金子到哪里都会发光。高校毕业生对于服务基层是较为认可的，具有服务社会的倾向，对于国家重大需求的态度也较为积极，表现出勇于担当重任的时代新人风范。根据调查统计数据分析以及部分学校的访谈，学生具有服务社会的意愿，能够意识到自身的社会责任和价值。多数学生（53.57%）认为毕业后到基层就业是锻炼成长的好机会，30.15%的学生认为是金子到哪里都会发光，只有4.59%的学生认为大材小用（见图 11-2），由此可见，学生对于服务基层是较为认可的，具有服务社会的意愿。

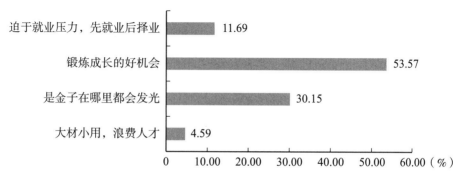

图 11-2 学生对毕业后赴基层就业的评价的调查

在"毕业生选择基层就业的比例如何"这一问题中，45.99%的教务管理工作者选择"比例较大（35%以上）"、26.20%的教务管理工作者选择"比例很大（超过50%）"、24.33%的教务管理工作者选择"比例不大（20%以内）"、3.48%的教务管理工作者选择"比例很小（10%以内）"（见图11-3），高校毕业生选择基层就业的比例在35%的占比为72.19%，反映出高校毕业生对到基层就业持认可态度，将到基层就业作为自己首次就业的优先选择。毕业生愿意面向国家重大需求作出职业选择，愿意前往基层锻炼学习。总体而言，工作的社会价值对学生而言是重要的择业因素，学生具有较为积极、乐观的择业观，能够认识到服务社会、造福人民的重要意义。以西安交通大学为例，西迁后的西安交通大学毕业生中40%以上扎根西部地区奉献智慧和力量，受到党和人民的充分肯定。

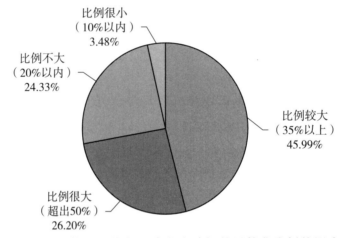

图 11 - 3　教务管理工作者对毕业生选择基层就业比例的调查结果

（二）教师群体秉持为人民服务的出发点从事教育事业

在问及为何选择教师这一职业时，70.42%的教师选择了热爱教育事业，59.42%的教师选择了实现人生价值，由此可见，绝大多数教师是本着为国家和民族的发展培育国家栋梁的初心，将自己对教育事业的热爱与祖国的前途命运结合起来，将自我价值融入社会价值当中。尤其体现在，大部分教师对乡村挂职态度较为积极。有66.81%的教师有过挂职锻炼等社会服务经历，将近七成的教师自愿到乡村帮学或支教。将办好人民满意的教育作为自己应有责任，并付诸自己最大的力量，助力我国教育事业的发展。有一大批退休教师积极参加教育部"银龄讲学计划"，为解决教育落后地区师资不足问题发挥余热。同时，大部分教师为提升人民群众的满意度能够做到身体力行。办好人民满意的教育关键在于实现教育公平、提升教学质量、降低课外教育负担。在满足人民美好教育期待的过程中，教师认为首先应该提升自身的教学水平（67.44%），其次注重学生的全面发展（57.17%），同时提高学生学习水平（38.41%）并公平公正对待学生（36.25%），保证在教学活动中，使每个学生都能公平享受教育资源，促进教育公平，能够做到因材施教、发展学生的个性（见图11-4）。

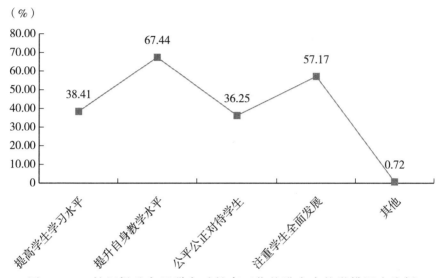

图11-4 教师提升人民群众对教育工作的满意度的举措调查比例

此外，全社会已经营造出稳定的尊师重教氛围。现阶段，党中央高度重视加强教师教育体系建设，不断完善教师队伍培养体系和结构体系，同时注重师风师德建设，在全社会掀起重振师道尊严的热潮。近年来，教育投入更多向教师倾斜，不断提高教师待遇，让广大教师安心从教、热心从教，营造出落实"五人"教育工作的有利师资环境。

（三）学校能够以造福人民为目标办教育

学校学科设置比较符合教育造福人民的需求，学校教务管理工作者认为学校学科设置总体较为合理，大抵可以满足社会需求。在"您认为贵校学科设置与社会需求之间的关系是什么"这一问题中，38.77%的教务管理工作者认为"学科设置紧跟社会需求"、30.75%的教务管理工作者认为"学科设置与社会需求同步"（见图11-5）。

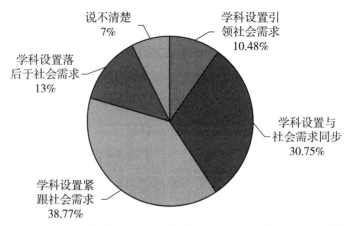

图 11-5　高校学科设置与社会需求之间的关系调查比例

这一点在对学生的调查中也有所反映。学生对学校的服务类课程安排比较满意，多数学生认为学校开设的社会服务类课程较为合理。另外，学校致力于通过理论创新和科研成果转化服务社会。学校管理部门及领导对于学校理论及科研成果转化方面的工作较为满意。同时，通过师生座谈会可知，绝大多数教师和学生对学校造福人民工作的成效比较认同，认为学校服务社会的功能发挥较为充分，他们能够看到并认可学校在例如"三下乡"、支援西部、服务基层、理论创新及科研成果转化等方面做出的努力。

第二节　落实教育造福人民工作目标的主要问题及其分析

依据课题组发放并回收的问卷以及后期进行的师生座谈和专家访谈，我们可以提炼、总结出当前我国教育造福人民工作目标中存在的问题。

一、人民群众的教育幸福感和获得感仍有待提升

人民群众的教育幸福感和获得感需求主要表现为：第一，学生、教师、学生家长存在多方面的教育焦虑；第二，教育供给仍无法完全满足人民美好教育生活需要。

得出结论的主要依据如下。

（一）学生、教师、学生家长的教育焦虑主要集中在基础教育阶段

中小学生学习压力大、家长焦虑情绪严重。由于我国教育评价体系弊端根深蒂固，学校办学短视、功利问题仍比较突出。在"五唯"压力下，中小学生学得太苦太累。部分家长为了孩子有个理想的未来，坚信"不能让孩子输在起跑线上"，教育"内卷化"严重，课外补习都是源于此。针对学生校外辅导日益泛滥、学生学习负担和家长经济负担加重的情况，国家两办出台文件，"双减"政策①正在落地。调查显示，多数师生及家长对"双减"政策表示赞成和支持，但在师生和家长中也存在质疑和担忧的声音。这种质疑和担忧主要体现在三方面：其一，变相的隐蔽校外培训暗流涌动，一些有经济实力的家长还是会请私教给孩子进行"一对一"的考试科目辅导教学，许多家长看到其他孩子补课，不愿自己的孩子落后也加入补课队伍，而昂贵的辅导费用又让许多经济实力不足的家庭望而却步，家长们认为这也是另一种教育不公平。其二，"双减"之后，许多学生可以在学校课后时间进行作业的巩固、学业的复习和预习，这对家长来说是一种解放，但许多家长表示，学生放学回家之后，该完成的任务仍没有完成，回家还是要进行高强度的学习，这不免让家长担忧学校的课后培训质量。其三，课后培训释放了大多数学生家长的时间和精力。但是，对教师而言，课后服务给教师带来的是身体和心理的双重考验。他们的额外劳动收入较少或无偿，合法权益也未能得到有效保障。尤其是中青年教师，他们自己的子女养育问题也成了难题。这不免引起教师的担忧情绪，甚至影响教师的教学效率和教师情怀。随着政策实施，仍有不少家长表示"只要高考存在"培训就不能停止，会让自己的孩子继续参加培训。对于学校课后服务的实际效果，许多家长也持怀疑态度：课后服务的内容是什么？课后服务能提高孩子的学习成绩吗？课后服务是否有助于孩子的身心健康发展？这些问题成为家长关切的话题。"双减"背景下，家长对学校课后服务有着多种期待，部分家长希望课后服务能够发挥课后辅导、查缺补漏的作用，而有的家长则希望课后服务能够培养孩子的兴趣特长、进行体育锻炼等。家长对孩子教育的高期望与现实优质教育资源的不匹配是家长产生焦虑的主要来源之一。②

此外，虽然 2022 年十三届全国人大常委会第三十四次会议表决通过新修订的《职业教育法》，将严格控制"普职比"改为"在义务教育后的不同阶段因地制宜、统筹推进职业教育与普通教育协调发展"，体现出越来越弱的强制的意味。

---

① 参见中共中央办公厅、国务院办公厅于 2021 年 7 月 24 日发布的《关于进一步减轻义务教育阶段学生作业负担和校外培训负担的意见》。

② 陈鹏、姚晓丹：《纾解"妈妈们的焦虑"还需要再加把劲》，载于《光明日报》2021 年 8 月 25 日，第 7 版。

但是严格控制"普职比"是调查中引起强烈不满的问题，这从侧面反映出部分家长认为中职院校教学质量、环境、就业、未来的收入和社会地位都不尽如人意。部分家长期盼孩子接受高中教育的愿望促使学生、教师、学生家长的压力激增，政策导致初中生甚至小学生人人补课，助长了教育的功利化、短视化。正因为如此，国家意识到真正解决职业教育问题不在于控制"普职比"，而在于提高职业教育的质量，明确职业教育与普通教育具有同等重要的地位，增强群众对职业教育的认同度。而在高等教育阶段，在"五唯"的压力之下，诸多高校教师表示有的学校在考核中重科研轻教学，导致科研的"内卷"较为严重，以至于许多教师无法将更多的精力投入教学之中。而破"五唯"的政策落实也存在"一刀切"的问题，使一部分教师因为没有科研等奖励而缺乏内生动力，逐渐走向"躺平"。

（二）我国教育对国内迅速出现的多样化、选择型的高质量和个性化的教育需求的满足能力不足

一是满足人民对基本教育的需求。当前我国正在着力解决学前教育入园难、义务教育阶段"择校热"、中小学生课业负担过重、随迁子女升学考试与教育、弱势群体资助等一系列关乎民生的教育热点与难点问题。二是满足人民对优质教育的需求。从"有学上"到"上好学"，从"广覆盖"到"有质量"，从"大起来"到"强起来"，这是人民群众不断增长的教育需求，体现了我国在社会转型过程中人民群众对推进教育公平，从内涵上和本质上追求高质量教育、积极化解教育矛盾的迫切需要。三是不断满足人民群众对差异化与多元化教育的需求。现阶段，各类主体利益诉求日益多元化，人民群众对教育的需求也是因人而异，如何因材施教，为每一位受教育者提供适合的教育，并满足不同社会阶层对教育的多元化与差异性的需求，成为摆在办好人民满意教育面前的难题。

二、教育公平问题仍较为严峻

教育公平是社会进步的重要标尺，不让孩子因贫困而失学，是全社会所乐见和努力的方向。调查发现，教师群体也普遍认为，要提升人民群众对教育工作的满意度，实现教育公平是最为关键的举措。同样，学生群体普遍认为教育工作造福人民也应该在教育公平方面加强。而政府教育管理部门领导认为从总体上看，辖区内城乡之间、学校之间的教育质量差距仍然比较大。可见，持续推进教育公平，仍是提升人民群众对教育工作的满意度和体验感的重中之重，教育的公平性、均衡性发展仍然任重而道远。

得出结论的主要依据如下。

（一）基础教育阶段，从"县中"现象到"县中塌陷"，目前县中教育面临困境

县级中学承担着为广大农村和县市提供基础教育的任务，是基础教育的重要载体。就师资队伍而言，县域学校师资队伍不稳定，教师结构老龄化严重，由于发达地区、城区学校到薄弱地区、县中挖掘优秀教师，招聘到的青年教师留不住。对于乡村的教师也吸纳不进来，由于薪资补贴更丰厚、乡村教学压力小、县城乡村交通便利等优势，诸多乡村教师更愿意留在乡村教学。而诸多乡村学校中，随着社会发展水平提升，农村家长的教育期待提高、教育支付能力提升，更愿意将学生送到发达地区，导致乡村学校一个班级中只有寥寥几位学生，乡村学校空心化严重，零零散散的学校虽然解决了"有学上""广覆盖"的问题，但是"上好学""有质量"又成为新的问题，也造成了乡村教育资源的浪费。因此，"撤点并校"成为乡村教育的又一热点问题。我们在甘肃调研时看到，西北师范大学运用网络实施远程教育效果不错，让偏远地区农村中小学也能和兰州市的中小学同步接受优质师资的教学。但是，对于未成年人而言，这毕竟是网络授课，与面对面授课还是有很大差别。所以对于这些新问题还需要加以配套方法来解决。就生源而言，县域学校的优秀生源流失问题是县中面临的普遍问题，发达地区、城区的学校通过各种优惠招生政策，甚至不惜通过各种违规手段"掐掉"县域学校的"尖子生"。针对这一现象，2021 年 12 月，教育部等九部门联合印发《"十四五"县域普通高中发展提升行动计划》，推动全面提高县中教育质量。此外，偏远农村地区的教育问题仍是阻滞教育公平的卡点。尽管农村特岗教师政策的出台为农村学校的教师补充提供了有效途径，但仍然无法满足乡村地区的师资缺口。教育"潜规则"、教育乱收费、弱势群体利益难以保障等现象时有发生，造成人民不满，在有的地方存在引发社会矛盾的隐患。

（二）高中教育阶段，新高考改革的公平性、有效性遭到一定程度的质疑

由于影响因素的多元性与复杂性，新高考改革的公平性遭遇重重困境：在制度设计、等级赋分方面的公平性受到质疑；在报考与录取机会的公平性上受到质疑；一科多考、多元选拔和综合评价的公平性受到质疑。例如，自主招生的高校看重专利、发明、论文，从而导致考生购买发明、专利、论文和造假等违规违纪行为的出现。其中，九成以上的高校将奥赛成绩、理科类竞赛奖项、科技创新奖

项作为报考的主要条件①，结果使城乡和不同阶层考试公平差距进一步拉大。新高考改革后，在某些省市的相关配套文件中却提出了相对苛刻的条件②，使农村偏远地区的学生难以获得在随迁地参加高考的机会，且考查内容极具城市化倾向，例如，高考试题中的新药物合成以及新能源技术、酸雨、增塑剂等社会热点问题③。

三、教育工作为社会发展提供智力支持的力度有待加大

教育为社会主义现代化建设服务是党的教育方针的重要内容。教育工作应围绕国家政治、经济、文化、社会等关键领域的重大需求，发挥重要的功能。但总体来看，当前教育工作为社会发展提供智力支持的力度有待加大，教育工作相对滞后于社会发展的迫切需求，这主要体现在：第一，高校的"智库"作用发挥有待加强；第二，教育工作"四个面向"的空间依然很大。

得出结论的主要依据如下。

（一）高校的"智库"作用发挥有待加强

虽然问卷调查的群体多为各地区的高等院校教师，但当问到教师群体是否给有关部门建言献策时，调查结果却显示，高等院校教师的建言献策选择"很少"和"从不"的比例高达66%（见图11-6）。

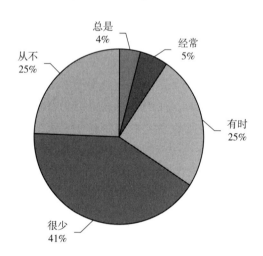

图 11-6 高校教师曾向有关部门建言献策频率的调查结果

---

① 陈鹏：《新高考全面推进自主招生的变与不变》，载于《光明日报》2018年3月28日，第8版。
② 李德铭：《教育公平视角下的异地高考政策研究》，载于《科技展望》2016年第5期，第350页。
③ 刘震：《初试既遵循课标又体现选拔需要》，载于《中国教育报》2017年6月12日，第1版。

由此可见，高校教师的"智库"作用发挥并不是十分理想，这可能与当前高校的制度设计和对教师的考评体制建设尚不能很好地支持智库建设有关。同样地，在询问学生是否有过为社会服务的经历时，回答"否"的比例也较高，这可能与学校作为教育工作的一线部门，在对学生的教学设计和培养方案中，社会服务（不仅仅是实践）的课程、学分等所占的比例较低有关。

（二）教育工作"四个面向"的空间依然很大

研究成果的转化方面，仍存在诸多研究成果无法转化为优秀期刊成果，无法转化为实际生产力的问题。调查发现，在对学校教务部门的调查中，近一半的学校教务管理人员认为学校理论创新及科研成果方面的转化率一般，所在学校的"产学研"融合度不高，但却有81.82%的学校教育管理人员认为所在学校开展服务社会的举措主要是推进产学研融合（见图11-7）。

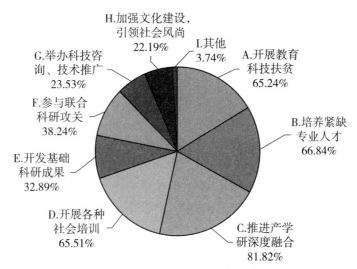

图11-7　学校开展服务社会的主要举措调查结果

由此可见，推进产学研融合已在众多高校中达成共识，有些学校积极进行改革以适应新时代社会经济和科技发展的需要。西安交通大学在政府的支持下建设产学研融合的中国西部创新港就是在引领这种探索。产学研融合既是培育适应经济社会发展的需要，也是教育造福人民的需要。但是如何打通教育工作作为知识形态的生产力到成为现实生产力的转化过程，却是当前高校教育工作面临的一大难题。学校培养的毕业生仍无法真正做到"四个面向"，学校的育人在一定程度上落后于社会发展的需要。随着国家"中国制造2035""互联网＋"行动计划等战略的加快推进，高新技术制造业、人工智能、互联网与制造业的融合产业将成为我国未来经济增长的关键动力。新时代国家产业结构优化升级对我国高等教育和高等职业教育的专业设置和人才培养模式都提出了更高的要求。然而，我国高等教育发展与经济社会发展之间存在一个不可忽视的结构性矛盾，学校造福人民的工作目标仍需通过开发人力、培养高质量的人才得以实现。而就学生来看，虽然他们认为所在学校社会服务类课程所占的比例较为合理，但是仅三成的学生在校期间有过为社会服务的经历。可见，虽然我们的教育工作为学生创造了许多服务社会的机会和平台，但学生在真正践行方面，略显薄弱了一些。这可能与教育工作虽创设了服务社会、服务人民的机会、课程与平台，但教育工作在学生培养中的具体考评体系却并不健全有关。

四、学校福民教育的工作仍有待优化

就目前而言，学校的福民教育工作在学生和教师上仍存在一定的欠缺：第一，就学生而言，高校学生造福社会的行动力仍不足。第二，就教师而言，教师造福人民的意识还有待提高。

得出结论的主要依据如下。

（一）高校学生造福社会的行动力仍不足

数据分析可知，学生服务社会的行动力不强，未表现出明显的积极性；在高校学生造福社会的行动力仍不足。在校期间，学生未参加过社会服务的比重（65%）远高于参加过社会服务的比重（35%）（见图 11-8），且参加过社会服务的学生中，有时和很少（67%）参加的比重要高于总是和经常（33%）参加的比重，可见，学生虽有社会服务的倾向，但却没有明显的积极性和服务热情。同时也能看到，在课程安排方面，34% 的学生认为学校的社会实践安排较少，并未完全满足学生服务社会的需要。这一问题的存在，也与高校在这方面的体制机制保障供给不足有关。

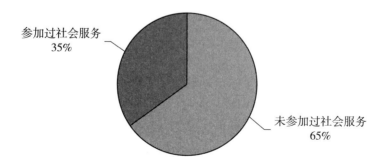

图 11-8　学生参加社会服务情况调查结果

416

（二）教师造福人民的意识还有待提高

教师对学生需求的关注度有待提升，教师的师资水平有待完善。教育从表面来看，似乎人人可言，但实际上具有高度的专业性，更因为受教育者具有主观能动性以及自身的成长规律，所以教育是最为复杂的人类事业。办好人民满意的教育，应兼顾人民的当前利益与长远利益。社会上急功近利的教育需求，对教师教育带来诸多负面影响，办好人民满意的教育，需要培养具有"定力"的教师，教师要熟知教育教学规律，并按个体的成长规律、教育教学内在逻辑来开展丰富的教育活动，这样的教师能够关注学生的长远成长，能够把教育当作一项促进学生当下和将来幸福生活实现的事业。然而，目前，教师自身的师资水平有待完善。部分教师仍在"立德树人""为人师表"的道德修养、深厚的"人文"和"科学"素养上存在短板，对教育教学规律缺乏正确深入的认识以及积极主动的践行意识，过硬的教学实践能力和扎实的学科专业知识仍有待加强。师资力量在量的要求和质的标准上仍不足，尤其是在我国广大的偏远地区，长期扎根的优质师资还是大量缺乏，在国家相关配套制度安排到位的情况下，教育机构所培养的优质师资需要有"下去"的意愿，要能够"下得去"。

第三节　落实教育造福人民工作目标的经验与典型

在对本课题进行调研的过程中，发现各级各类学校在落实造福人民教育工作目标时所做的工作较为饱满，已经形成了较为成熟的经验和做法，其中也不乏一些典型。本节主要选取落实造福人民教育工作目标在基础教育、职业教育和高等教育阶段的典型，为今后进一步落实造福人民教育工作目标提供参考借鉴。

一、基础教育

基础教育为全体适龄儿童、少年终身学习和参与社会生活打下良好的基础，对于提高中华民族的素质，培养各级各类人才，促进社会主义现代化建设具有全局性、基础性和先导性的作用。同时，基础教育也是落实造福人民教育工作目标的基础。下面以幼儿教育、小学教育和中学教育为划分依据，提炼和总结部分学校在教育造福人民工作中的宝贵经验和做法。

（一）幼儿教育

在调研过程中，发现幼儿教育中落实造福人民教育工作目标的经验和方法主要有：第一，持续开展志愿服务；第二，学习全国道德模范。

1. 持续开展志愿服务

山西省阳泉市市级机关幼儿园作为阳泉市直属机关事务管理局下属单位，秉持"让幼儿在快乐、友爱、安全的环境中成长，让员工在文明、和谐、向上的氛围中进步，让园所在科学、规范、严谨的管理中发展"的办园理念。幼儿园十分重视志愿服务工作，把弘扬雷锋精神和"奉献、友爱、互助、进步"的志愿服务精神纳入具体工作中。注册成立了一支 77 人的学雷锋志愿服务团队，积极开展志愿服务活动。以开展幼教课程服务为主线，建立常态化的福利院送教服务项目，使孤残儿童享受到了专业的幼教课程服务。同时，幼儿园积极对李家庄幼儿园、北杨家庄幼儿园、义东沟幼儿园 3 所农村结对帮扶园进行全方位精准帮扶。全体党员对盂县西烟镇上文村一对一结对帮扶户开展了捐款捐物、购买农产品等志愿服务，对社区贫困户和退休老党员进行慰问和送温暖活动。[①] 环境对人的影响是深远而持久的，该幼儿园形成了"学雷锋做好事、人人争当志愿者"的良好校园氛围，为今后学生接受造福人民教育奠定基础。

2. 学习全国道德模范

时代孕育着道德模范，道德模范反映着时代。道德模范是时代的先锋、社会的楷模，是践行社会主义核心价值观的优秀代表，他们就像标杆一样以榜样的力量激励人们去服务他人、奉献社会。为进一步宣扬全国道德模范感人事迹和崇高品德，激发全体幼儿向道德模范学习，以榜样的力量在幼儿心中种下一颗奉献的种子，福州市台江实验幼儿园组织幼儿通过多种形式学习道德模范，包括观看第八届全国道德模范故事汇基层巡演启动仪式暨首场演出等活动。为了帮助幼儿更好领悟新时代雷锋精神，青岛市九水东路幼儿园邀请了"2022 感动青岛道德模范"王春华来给幼儿开展座谈，通过幼儿与道德模范面对面的友好互动，宣扬助人为乐、诚实守信、敬业奉献和尊老爱幼等道德品质，提升幼儿服务他人的意识，让"雷锋精神"在幼儿心中生根发芽。在幼儿阶段对道德模范的学习产生的影响是深远持久的，为今后学生接受造福人民教育奠定基础。[②]

[①] 卢晓荣：《育精神之树结文明硕果——阳泉市市级机关幼儿园创建全国文明单位纪实》，载于《中国机关后勤》2020 年第 12 期，第 38～41 页。

[②] 案例源于福州文明网，http://fz.wenming.cn。

（二）小学教育

在调研过程中，发现小学教育中落实造福人民教育工作目标的经验和方法主要有：第一，开展系列活动缅怀先烈；第二，组织义捐义卖活动。

1. 开展系列活动缅怀先烈

革命先烈们有的为了民族独立和国家尊严献出了宝贵的生命；有的为了彻底埋葬旧社会，建立新社会英勇作战，抛头颅洒热血；有的为了祖国的繁荣富强而献出青春和热血。他们有着服务他人、奉献社会的优秀品质，以牺牲小我成就了吾辈的幸福生活。为缅怀先烈，培养学生爱国奉献的精神，陵水黎族自治县三才中心小学在清明节来临之际开展了一系列教育活动。首先，通过副校长和学生在国旗下的讲话向同学们讲述先烈的英雄事迹，使同学们对先烈的事迹有初步了解。其次，各班召开清明节主题班会，介绍清明节文化，包括清明节的习俗，有关清明节的传说、故事等。为更好地对小学生进行革命传统教育、爱国主义教育和感恩教育，还组织孩子们观看了先烈的革命故事，缅怀先烈，尊重长辈，树立服务他人的意识。在理论学习后，该校还组织学生徒步到希望小学开展缅怀先烈、传承红色基因活动，学生得到了锻炼，培养了学生坚强的意志力和不怕辛苦的精神。[①]

2. 组织义捐义卖活动

为从小培养学生的爱心奉献意识，山东省威海市经区新都小学先组织学生观看《变形计》，引导学生感恩、热爱生活。在此基础上，该校组织开展了以"爱心无限，快乐奉献"为主题的义捐义卖活动，地址选在重庆云阳县的中坪村校。本次爱心传递活动可以以班级、社团或以班级的名义领取趣味种子，学生进行培育，再将培育的花卉搬到义卖现场，让学生体会用辛勤的劳动传递爱的欢畅。整个义捐义卖活动现场俨然一个巨大的"爱心市场"，在"爱的奉献"的主旋律中，图书、茶具、字画、玩具等物品传递着"只要人人献出一点爱，世界将会变成美好的人间"的真谛。本次活动结束后，筹得的善款全部捐献给重庆贫困山区的结对学校——云阳中坪村校的孩子们。此次活动后，新都小学与云阳中坪村校间的"变形计"拉开了序幕，在这样的活动中，学生通过自己力所能及的社会实践来奉献爱心，从小树立起关爱他人的意识，养成乐于助人、乐于奉献的良好品质。[②]

---

① 案例源于央广网，http://gongyi.cnr.cn。

② 杨震、王艳霞：《心无限快乐奉献——威海市新都小学情暖重庆云阳县中坪村校义捐义卖活动剪影》，载于《下一代》2014 年第 9 期，第 49 页。

（三）中学教育

在调研过程中，发现中学教育中落实造福人民教育工作目标的经验和方法主要有：第一，善用航天精神筑梦育人；第二，善用红十字精神铸魂育人。

1. 善用航天精神筑梦育人

正如这所学校名字所展现的一样，西安市航天中学凭借"航天精神引领，航天科技辐射"的发展特色，在 2020 年被评为全国航天特色教育示范学校，经陕西省教育厅审批，开办了全省首家航天后备人才基地班。该校负责人表示，办人民满意的教育、办家长可以信赖的学校，培养优秀 + 特长的学生是他们的追求。他们将"特别能吃苦、特别能战斗、特别能奉献、特别能攻关"的航天传统精神渗透到日常教育教学全过程。正是在这种精神的影响下，学校教风好、学风正、管理严、质量高，形成了"低进高出、高进优出、全面发展"的办学特色，引导学生从中学起，做好职业选择，使学生熟悉航天、热爱航天、立志为航天事业作贡献，整个教育过程都渗透着造福人民的理念。学校通过强基计划、项目研发等方式与全国知名航天类院校深度合作，聚焦航天动态，抓好新时代教育契机，引领"航天后备人才基地班"的优秀学子赓续航天精神，为航天这项造福人民的事业持续奋斗。在学校由创建到发展壮大的 50 多年历程中，学校为国家航天事业培养输送了大批科研骨干和工匠精英，国家特级技师曹玉玺、杨峰、国巍等均毕业于航天中学，荣获了全国劳动模范、中华技能大师、全国五一劳动奖章、中国五四青年奖章、全国技术能手等多项国家级荣誉。在教育过程中，学校真正做到了以造福人民为目标办教育、教师群体秉持为人民服务的出发点从事教育、学生群体普遍具有造福人民的意识并乐意付诸行动。①

2. 善用红十字精神铸魂育人

为大力弘扬"人道、博爱、奉献"的红十字精神，培养学生感恩奉献的品质，咸阳市长武县初级实验中学结合学校工作实际情况，把红十字工作纳入学校德育工作，将人道主义原则与思想品德教育相结合、应急救护培训与卫生保健工作相结合、社会服务与劳动教育相结合、红十字会青少年活动与学校素质教育相结合，把红十字精神贯穿教育教学全过程。该校组织学生进行红十字知识竞赛，对成绩优秀的同学颁发证书和奖品，充分利用生命健康安全教育体验教室，以体验式教育的方式现场教学，进行应急救护培训，大力弘扬"人道、博爱、奉献"的红十字精神。该校还结合"5·8 世界红十字日"、校园文化艺术节、体育节、法治教育宣传月等活动，开展丰富多彩的红十字会宣传活动，通过小广播、板

---

① 案例源于本课题组调研。

报、红十字橱窗、发放红十字宣传页等传播人道理念，普及红十字应急救护知识。此外，该校积极响应上级红十字会的倡议，为灾区捐款捐物，为残疾人、孤寡老人、特困户等献爱心，开展各类志愿服务，培养学生互相关心、团结协作的品质，这充分体现了教育造福人民工作目标在现实中落地。[①]

二、职业教育

自改革开放以来，我国已经建成了世界上规模最大的职业教育体系，为国家的现代化建设提供了不可或缺的人力资源支撑。职业教育作为国民教育体系的重要组成部分，对促进就业创业、助力经济社会发展、增进人民福祉等具有重要意义。下文提炼和总结了部分职业学校在教育造福人民工作中的宝贵经验和做法：一是引导就业基层，实施"精准帮扶"；二是鼓励创新创业，提升服务社会的能力。

（一）引导就业基层，实施"精准帮扶"

陕西铁路工程职业技术学院坚持铁路特色办学，打造"吃苦奉献、拼搏争先"的陕铁院精神。学生培养以"下得去、留得住、用得上、干得好"的技术技能人才为目标，强化学生素质教育、紧抓学生专业技能。学校负责人表示，他们实施"价值引领"导航行动，引导就业基层。始终将学生就业观、成才观教育放在首要位置，强化价值引领。结合铁路行业背景和工程专业特点，开展大国工匠进校园活动，邀请省内外技能大师、优秀毕业生等来校作报告百余场，激励毕业生到基层一线、到祖国最需要的地方建功立业，6万余名毕业生中，87%服务于铁路施工建设一线，其中近70%服务于祖国西部地区。同时，强化就业创业、征兵入伍、西部计划等政策宣传，依托教育部24365"线上就业指导、网上就业服务"平台开展"春风行动"就业指导系列活动，策划举办职业生涯规划大赛、简历设计制作大赛等活动，受益学生达1.8万余人，全面提升了毕业生的职业认知能力、规划能力。另外，学校实施"精准帮扶"护航行动，彰显就业温度。面向家庭贫困、就业困难、少数民族、残疾等特殊就业群体建立"1+1"帮扶台账，将学生就业帮扶列入与优质央企战略合作范围。党委书记、校长带头，全体教职员工每年对接帮扶学生超600人，结合学生就业心理和就业意向，一人一策向用人单位推荐学生。自2020年以来的三年里，学校建档立卡毕业生就业率远高于学校毕业生平均就业率，2022届新疆籍、西藏籍毕业生就业落实率达到

---

① 案例源于本课题组调研。

100%，实现"保证有就业意愿的困难毕业生100%就业"的工作目标。该校立足陕西，服务地方社会经济，面向全国，服务轨道交通、基础设施建设及铁路"走出去"战略，累计培养高素质技术技能人才8万余名，是我国铁路和城轨工程建设与管理人才培养的重要基地，也是落实造福人民教育工作目标的典型。[①]

（二）鼓励创新创业，提升服务社会的能力

义乌工商职业技术学院依托市场办学，坚持以"创"引领办学定位，走创业教育、创意教育、国际教育特色办学。2008年，学校率先在浙江省成立实体化运作的创业学院，设立30家师徒制专创工作室；培养了一批"精教学、会创业、擅服务"的实战型创业导师队伍；构建了"创业班""创业精英班""青创空间""专创工作室""校外实训基地"五大育人载体，现有专创工作室、教师工作站、青创中心、义台青年交流中心等30余个创业实践基地。鼓励学生创新创业，创新实施"麦穗"计划，唱好"志愿服务—勤工助学—创业实战"大学生成长三部曲，全面提升学生创业技能和创业项目可持续发展能力。学校绝大多数学生有志愿服务经历、参加过勤工助学，一部分学生"真刀真枪"从事创业实践活动，"让自己拥有市场，为同学创设岗位"成为学生共识。在此过程中，也涌现了一批创业成功典型，学生的创业故事入选央视《实话实说》栏目。学校应届毕业生的自主创业率稳定在12%左右，60%以上的毕业生留在本地就业创业，成为地方创新创业的生力军。同时，该校还关注社会服务能力的提升。一方面，聚焦区域，助力"共富窗口"建设。学校主动服务浙江共同富裕先行示范区建设，充分发挥双创教育优势和智力优势，助力山区26县共同富裕。由创业学院在校生组建的"直播创客"创业团队，深入磐安县双溪乡，用编织中国结的红绳串起了当地200多名村民的直播创业之路。另一方面，辐射全国，服务"乡村振兴"战略。学校承办台盟中央、团中央、国家人社部组织开展的跨境电商培训班、乡村振兴高级研修班等创业培训项目，面向全国，播撒"双创"火种，将创业知识和技能带到四川、甘肃、广西、青海等20多个省份。这些举措都是造福人民教育工作目标在现实中的生动写照，具有一定的参考借鉴意义。[②]

三、高等教育

高等教育是国家发展水平和发展潜力的重要标志。我国高等教育与时代同行，已建成世界规模最大的高等教育体系，培育了一大批高素质专门人才，对民

---

①② 案例源于本课题组调研。

族振兴、社会发展、科技进步发挥了极端重要作用。"当前，我国已经建成了世界最大规模的高等教育体系，各种形式的高等教育实现了历史性跨越。"① 下文提炼和总结了部分高等学校在教育造福人民工作中的宝贵经验和做法：一是依托研究生支教团奉献中西部地区；二是打造特色教师教育和特色农业教育。

（一）依托研究生支教团奉献中西部地区

北京邮电大学坚持为党育人、为国育才，落实立德树人根本任务，厚植"传邮万里、国脉所系"的家国情怀，形成了信息科技背景浓厚、学科专业优势突出、育人实践特色鲜明的办学格局。该校负责人表示他们一直将造福人民教育工作目标贯穿学校工作。学校每年都会派教师去援疆支边，同时还会有研究生支教团到中西部贫困地区中小学开展为期一年的支教志愿服务。2001 年，研究生支教团的新疆第一棒在库尔勒市开始传递，此后的二十几年间薪火相传、从未中断。"到西部去、到基层去，到祖国和人民最需要的地方去"，这是北京邮电大学历届研究生支教团大踏步走向服务地的万丈豪情，也是一批批中国青年志愿者们矢志不渝爱党报国、西行新疆、共聚天山以南、接力奉献西部地区的生动缩影和真实写照。向科学进军、向困难进军、向荒原进军，向祖国召唤处、人民需要处进军，支教团中有 4 名成员成功获评服务单位喜迎建团百年首届"优秀青年"荣誉称号，北京邮电大学也获得了年度中央单位定点帮扶工作成效考核最高等次"好"以及西部计划绩效考核最高等次"优秀"的评价。北京邮电大学坚持精益求精、优中选优，2009～2022 年，先后遴选派出 69 名青年志愿者前往新疆阿克苏地区开展支教工作，前后一直服务于阿克苏职业技术学院，矢志引领带动更多有志、有为的青年坚定不移投身到党和祖国伟大事业建设发展的第一线。团队累计志愿服务时长超过 23 万小时，为高质量传递天山脚下的"高校支教品牌""研支团声音"作出了积极的探索与贡献。此外，教师还会引导学生们参与扶贫项目，例如做了一些景区的机器人导览系统，促进当地的经济社会发展，这些都是造福人民教育工作目标在现实的落地。②

（二）打造特色教师教育和特色农业教育

西南大学是中华人民共和国教育部直属，农业农村部、重庆市共建的全国重点大学。该校负责人表示在西南大学 100 多年的发展历程中，其特色是教师教育和农业教育这两个板块，这也是学校造福人民工作落实的体现。在教师教育板

---

① 黄超：《高等教育人才自主培养质量持续提高》，载于《人民日报》2023 年 5 月 30 日，第 13 版。
② 案例源于本课题组调研。

块，西南地区的师资队伍很大一部分都来自西南大学的公费师范生，其公费师范生在学校经过教师职业理想追求的培养以后留在西部地区的比例是比较高的。而且学校在对用人单位的回访过程中发现这些单位对学生质量非常满意，具有比较高的评价，并希望学校能多派一些公费师范生去实习，最后留在单位工作。另外是农业教育板块。西南大学农业板块的教育也比较齐全，特别是植物生产、动物生产等专业都非常齐全，能为西南地区特别是山地农业有针对性地培养人才。每年的毕业生里都有人留在基层、从事一线农业生产。并且学校的科学研究、社会服务方面的工作也比较饱满，学校最近研发出了一个新的技术，能帮助农民在下雨天喷洒农药，避免之前喷洒农药受天气影响的弊端，在未来 3 ~ 5 年会有一个十分明显的效果，是科技造福人民实实在在的体现。学校注重发挥自身优势，服务国家战略和地方经济社会发展，积极开展校地合作、定点扶贫和对口支援工作。坚持"立足重庆、面向西南，服务全国"，与重庆、四川、云南、贵州、江苏、山东、山西等省市 82 个地、市、县建立了校地战略合作关系，与国内 80 家大中型企业建立了紧密的产学研合作关系，与 21 个省、市 900 余个行政事业单位和 1 000 多家企业开展了有效的项目合作，取得了显著的经济效益和社会效益。其中与重庆市石柱土家族自治县的县校合作，受到广泛好评，被誉为产学研有效结合的"石柱模式"，入选全国高校产学研合作十大优秀案例。①

四、经验与启示

通过对各学段在教育造福人民工作中的典型案例的介绍，我们可以得到以下经验启示。

第一，凝聚各学段合力，落实教育造福人民教育工作目标。十年树木，百年树人。教育具有长期性和滞后性，其过程就像是一个闭环，其效果也必须经过时间证明。同理，教育造福人民工作的落实不是一蹴而就的，也不是某个学段的任务，每个学段在教育过程中都有不可替代的独特职责和功能。2020 年 12 月，中宣部、教育部发布了《新时代学校思想政治理论课改革创新实施方案》，指出小学阶段重在培养学生的道德情感，初中阶段重在打牢学生的思想基础，高中阶段重在提升学生的政治素养，大学阶段重在增强学生的使命担当。针对不同年龄段学生，各学段要科学定位目标、合理设计教育内容和方法，使得教育环环相扣、层层深入，推进造福人民观念内化于心。除了观念上的转变外，行动上的改变同样重要。各学段学校要把握好尺度，合理设计社会实践，避免因学生的畏难情绪

---

① 案例源于本课题组调研。

减弱教育效果。

第二，以社会实践活动为载体，落实教育造福人民教育工作目标。隐性思政教育主要是通过多种载体来实现教育功能，而在隐性思政教育的多种载体中，以活动为载体的隐性思政教育是校园最常见的方式。尤其是涉及多学段学生时，学生身心发展和成长规律不容忽视，要尊重学生个性发展，引导其健康成长。以社会实践活动为载体对学生进行教育，其形式是潜移默化的，其效果是深远持久的。山西省阳泉市市级机关幼儿园十分重视志愿服务工作，把弘扬雷锋精神和"奉献、友爱、互助、进步"的志愿服务精神纳入具体工作中，注册成立了一支77人的学雷锋志愿服务团队，致力于打造"学雷锋做好事、人人争当志愿者"的良好校园氛围。福州市台江实验幼儿园为进一步宣传全国道德模范感人事迹和崇高品德，激发全体幼儿向道德模范学习，以榜样的力量在幼儿心中种下一颗奉献的种子，组织开展了多项活动让幼儿学习道德模范。为缅怀先烈，培养学生爱国奉献的精神，陵水黎族自治县三才中心小学在清明节来临之际开展了一系列教育活动，包括国旗下讲话、主题班会以及徒步到希望小学缅怀先烈等，培养学生感恩、奉献的优秀品质。山东省威海市经区新都小学先组织学生观看《变形计》，引导学生感恩、热爱生活。在此基础上，该校组织开展了以"爱心无限，快乐奉献"为主题的义捐义卖活动，引导学生通过自己力所能及的社会实践来奉献爱心，从小树立起关爱他人的意识，养成乐于助人、乐于奉献的良好品质。

第三，从传统文化中汲取精神力量，落实教育造福人民教育工作目标。我国是一个拥有悠久历史的文明古国，在漫长的历史岁月中，逐步形成了多种多样的族群，不同的族群在长期的交往中不断融合，形成了今天的中华民族。我国各民族在中国统一多民族国家的发展史上，留下了浓墨重彩的一笔，形成了你中有我、我中有你的血肉联系，也形成了独具特色的中华文化。中华文化源远流长，积淀了中华民族最深层的精神追求，代表着中华民族独特的精神标识，为中华民族生生不息、发展壮大提供了丰厚滋养。中国人独特而悠久的精神世界，让中国人具有很强的民族自信心，也培育了以爱国主义为核心的民族精神。西安市航天中学凭借"航天精神引领，航天科技辐射"的发展特色，将"特别能吃苦、特别能战斗、特别能奉献、特别能攻关"的航天传统精神渗透到日常教育教学过程，善用航天精神筑梦育人。在学校由创建到发展壮大的50多年历程中，学校为国家航天事业培养输送了大批科研骨干和工匠精英，为航天这项造福人民的事业持续奋斗。咸阳市长武县初级实验中学结合学校工作实际情况，把红十字工作纳入学校德育工作，将人道主义原则与思想品德教育相结合、应急救护培训与卫生保健工作相结合、社会服务与劳动教育相结合、红十字会青少年活动与学校素质教育相结合，把"人道、博爱、奉献"的红十字精神贯穿教育教学全过程，善用红十字精神铸魂育人。

第四，推进教育支持乡村振兴，落实教育造福人民教育工作目标。党的十八大之前，中国的教育扶贫事业已经有了稳定发展的基础：从扫盲运动到普及义务教育，从西部地区"两基"攻坚到对口支援制度的建立，从职业教育重点扶持到城乡培训网络构建，从"两免一补"全面实施到农村义务教育经费保障机制建立，中国教育扶贫体系框架初步形成。[①] "中国教育扶贫治理行动在漫长的历史进程中经历了实践的不断检验与修正，最终呈现为以贫困人口为中心，围绕'有学上—上得起—上好学—有收获'四大行动目标螺旋式上升发展的教育扶贫治理行动逻辑运行。"[②] 中国实施的教育精准扶贫是适合中国国情、适应中国反贫困事业的战略，必将持续开展下去。陕西铁路工程职业技术学院坚持打造"吃苦奉献、拼搏争先"的陕铁院精神，实施"价值引领"导航行动，激励毕业生到基层一线、到祖国最需要的地方建功立业，强化就业创业、征兵入伍、西部计划等政策宣传。学校同时实施"精准帮扶"护航行动，彰显就业温度。面向家庭贫困、就业困难、少数民族、残疾等特殊就业群体实施帮扶。义乌工商职业技术学院坚持以"创"引领办学定位，鼓励学生创新创业。一方面，聚焦区域，助力"共富窗口"建设。学校主动服务浙江共同富裕先行示范区建设，充分发挥"双创"教育优势和智力优势，助力山区 26 县共同富裕。另一方面，辐射全国，服务"乡村振兴"战略。学校承办跨境电商培训班、乡村振兴高级研修班等创业培训项目，面向全国播撒"双创"火种。

第五，切实做好成果转化，落实教育造福人民教育工作目标。此处的成果转化不仅仅是指将论文写在祖国大地上，将科技成果应用在实现现代化的伟大事业中，它同时包含了人才的反哺，通过教育培养的人才又反哺社会，这也是一种成果的转化。教育成果的转化为我国持续稳定地向前发展作出了独特贡献，在今后教育造福人民教育工作目标的落实过程中也不能忽视这一重要手段。我国高等教育培育了一大批高素质专门人才，对民族振兴、社会发展、科技进步等方面发挥了极其重要的作用，要促进他们对社会的反哺。北京邮电大学厚植"传邮万里、国脉所系"的家国情怀，学校每年都会有研究生支教团到中西部贫困地区中小学开展为期一年的支教志愿服务。十几年间先后遴选派出 69 名青年志愿者到新疆阿克苏地区开展支教工作，矢志引领带动更多有志、有为的青年坚定不移投身到党和祖国建设发展的第一线。西南大学的特色是教师教育和农业教育这两个板

---

① 谭敏：《教育精准扶贫推进教育公平的中国经验与未来走向》，载于《教育与经济》2023 年第 3 期，第 19～27 页。

② 袁利平、丁雅施：《教育扶贫：中国方案及世界意义》，载于《教育研究》2020 年第 7 期，第 17～30 页。

块，这也是学校反哺社会的体现。西南地区的师资很大一部分都来自西南大学的公费师范生，其公费师范生在学校经过教师职业理想追求的培养后留在西部地区的比例较高。西南大学农业板块的教育也比较齐全，特别是植物生产、动物生产等专业都非常齐全，能为西南地区特别是山地农业有针对性地培养人才，每年的毕业生里都有留在基层，从事一线农业生产的同学。

对策篇

第十二章

落实我国教育工作目标的对策与建议

本章的主要目的是在分析当前我国教育工作目标在实施过程中"是什么""为什么""怎么样"的基础上，为落实教育工作目标提供对策与建议。教育"凝聚人心、完善人格、开发人力、培育人才、造福人民"工作的开展，是一项系统工程。其落脚点在立德树人，根本目标在于培养德智体美劳全面发展的社会主义建设者和接班人。它涉及各级各类学校，联结到教育行政部门、学校、教师等教育系统内的具体执行者。落实难点在于综合教育改革进入深水区，素质教育如何落到实处，培养出能够担当历史大任的"强国一代"。因此，需要采取综合化、系统化、多维化思维与工作方法，直面教育改革的各环节、各领域，以系统综合改革破除藩篱，在推进教育工作综合改革的进程中实现与达成教育工作目标。

第一节　落实我国教育工作目标的总体引领

习近平在全国教育大会上指出，教育是"国之大计，党之大计"①，这是站在政治的高度和国家层面，深刻总结新中国成立 70 多年来教育实践的经验教训，结合新时代教育工作面临的形势任务而得出的重大论断。落实我国教育工作目标，需要有总体引领作为指导与方向。在本节中，主要论述在落实我国教育工作

---

① 《习近平重要讲话单行本（2020 年合订本）》，人民出版社 2021 年版，第 137 页。

目标的过程中，应把握住最为关键和核心的引领方向，即以制度形式落实党对教育工作的全面领导、全面贯彻落实党的教育方针以及落实用习近平新时代中国特色社会主义思想铸魂育人的历史使命。

一、把党对教育工作全面领导以制度形式加以落实

习近平在全教会上集中阐述了"九个坚持"。这是对新时代背景下教育所面临的重大问题作出的科学回答，也是对中国特色社会主义教育规律的新提炼。其中，把坚持党对教育工作的全面领导，列在"九个坚持"中的第一位，突出强调了党对教育事业领导的极端重要性，也是实现凝聚人心这一首要目标的坚实政治保障。党对教育工作的全面领导，需要通过建立完善的制度得以实现。党的十九大报告指出："必须把教育事业放在优先位置，深化教育改革，加快教育现代化，办好人民满意的教育"①，体现了党高度重视教育事业，坚定办好教育的信心与决心。这是教育"凝聚人心"的基础。当前我国教育改革发展进入深水区，教育发展面临的体制机制障碍需要破解，涉及多领域、多部门。因此，需要在制度建设上，落实党对教育工作的全面领导。

（一）健全完善教育系统党内学习制度，准确领悟党中央关于教育工作精神，坚持党对教育工作的全面领导，抓好教育系统"关键少数"是关键

提高教育系统"关键少数"对党中央关于教育工作精神的领悟度，是落实党对教育工作的全面领导的关键。健全完善教育系统党内学习制度，就是为了通过原原本本学习领悟党中央关于教育工作精神，尤其是学习领悟习近平关于教育的重要论述，提高"关键少数"的政治领悟力和政治执行力。保证党中央关于教育工作精神在执行层面不走样、不衰减。教育系统的"关键少数"，尤其是学校层面的领导干部，一般工作具体且繁忙，有的干部重具体业务轻自身提高。针对这种情况，党内学习制度应清晰地要求学习时的时间保证和质量保证。在时间上，要做到中心组学习的主题是学习领会中央有关教育的文件、讲话，并结合实际研究如何贯彻落实，而不是以讨论工作替代学习、研究。尤其是中央有关教育会议、文件、讲话下达的一个时期内，要采取主题学习研究的方式进行。在质量

---

① 习近平：《决胜全面建成小康社会　夺取新时代中国特色社会主义伟大胜利——在中国共产党第十九次全国代表大会上的报告》，人民出版社 2017 年版，第 45 页。

上，力争做到学习不仅知其言，更要知其义；不仅知其然，更要知其所以然。抓好学习研究，才能避免以其昏昏使人昭昭，全面准确地贯彻、落实党的教育方针和党对教育工作的精神。要通过"关键少数"的学习领悟，在教育系统形成马克思主义理论教育常态化机制，不断用马克思主义中国化最新成果教育和武装全党，把习近平新时代中国特色社会主义思想贯穿教育工作各领域全过程。

（二）健全完善教育系统意识形态领域工作责任落实制度

意识形态工作是党的极端重要的工作。这一工作在立德树人的教育系统更是尤为重要，需要通过岗位责任的制度落到实处。坚持党的全面领导，首要的是要坚持马克思主义的指导地位，聚焦立德树人根本任务，使教育领域成为坚持党的领导、坚持办学正确政治方向的坚强阵地。

各级党委、各级教育主管部门、学校党组织要把坚持和巩固马克思主义在意识形态领域指导地位，作为教育领域的一项重要政治任务，坚持把思想政治工作作为办好教育的生命线来看待。习近平指出，"思想政治工作是学校各项工作的生命线，各级党委、各级教育主管部门、学校党组织都必须紧紧抓在手上"①。"紧紧抓在手上"要通过制度加以保障，通过制度规定岗位职责和失职追责约束。

把意识形态工作作为极端重要的工作来抓，各级各类学校要抓好思想政治理论课建设。思政课是落实立德树人根本任务的关键课程，办好思政课是党领导教育事业的重要着力点。因此，学校各级党委要不断推进思政课建设，从制度上切实加大思政课的资源供给与条件保障，加强教师队伍建设、提升思政课教师素质、优化师生比配置等，从而实现学校思政工作与党的中心工作同频共振，增强办好中国特色社会主义教育的政治定力。要进一步探索、善用"大思政课"，在物质条件、经费分配等方面予以保障。"大思政课"是实现教育"凝聚人心"工作目标的重要渠道，具有目标的鲜明性、领域的多维性、内容的丰富性、载体的多样性、要素的全面性、方法的渗透性、技术的现代性、效果的综合性等特征。要从大背景、大系统、大视野、大格局、大课堂、大知识、大资源、大事件、大教改、大队伍等方面探索"大思政课"之善用的问题。要因地制宜，开展学校历史特色、地域特色、行业特色教育，通过爱学校、爱故乡、爱地域、爱行业教育，升华到厚植家国情怀。

把意识形态工作作为极端重要的工作来抓，各级各类学校要抢占意识形态的前沿阵地。应对各种思想文化的激烈交锋，切实筑牢意识形态安全防线，需要牢

---

① 《习近平在全国教育大会上强调　坚持中国特色社会主义教育发展道路　培养德智体美劳全面发展的社会主义建设者和接班人》，载于《人民日报》2018 年 9 月 11 日。

牢把握教育领域意识形态工作领导权。因而，教育主管部门负责人和学校党政一把手，在制度规定上是意识形态工作第一责任人。要坚持正确的舆论导向，积极传播正能量，创新传播手段和话语方式，确保舆论宣传和课程设置体现社会主义的正确方向。学校应坚持定期对学校的意识形态工作进行自我评估，在教材、课堂、讲坛、学术会议等方面不留死角。要区分意识形态问题和学术问题。不要把正常的学术讨论上升到政治高度，对于学术探讨要坚持学术自由，不扣帽子、不打棍子、不揪辫子；也不要借学术之名散布错误言论，误导学生。

把意识形态工作作为极端重要的工作来抓，各级各类学校要守正创新，让教育"凝聚人心"的内容、范围、渠道更为丰富。要把思政教育的理论性、思想性、亲和力和针对性作为一个完整的体系加以正确运用，真正使学生在政治上、思想上成熟，增强中国特色社会主义理论自信。重视仪式、节日在教育"凝聚人心"中的作用。升国旗仪式可以激发学生的神圣感。纪念重要民族传统节日可以增强学生民族自豪感和民族文化自信心。纪念重要革命节日，可以加深学生对党史、近现代史、新中国史、改革开放史的了解。

（三）健全完善坚持社会主义办学方向的学校章程

坚持社会主义办学方向，是习近平在全国教育大会上提出的"九个坚持"的重要论述之一，是新时代我国教育工作必须坚持的根本原则。要通过建立或修改学校章程的方式，以法定形式确定和保障学校的社会主义办学方向。要把社会主义办学方向的核心内容作为"规定动作"写进学校章程，这样可以避免学校因更换领导人而出现方向上的摇摆。

建议规定：马克思主义是我们立党立国的根本指导思想，也是我国办学最鲜亮的底色。

独特的国情、独特的文化传统、独特的社会制度，决定了我国学校必须以马克思主义为指导。

建议规定：必须坚持党对教育的全面领导。

学校实行党委（党总支）领导下的校长负责制。党委是学校的领导核心，统一领导学校工作，依法支持校长积极主动、独立负责地开展工作。学校党委执行中国共产党的路线、方针、政策，坚持社会主义办学方向，领导学校的思想政治工作。学校依法自主办学，即学校按照国家法律法规及学校章程自主管理内部事务。

建议规定：学校全面贯彻国家的教育方针，坚持社会主义办学方向，围绕立德树人的根本任务开展教育工作。

培养什么人、怎样培养人、为谁培养人，是教育的根本问题。习近平在全国高校思想政治工作会议上强调，教育要坚持"为人民服务，为中国共产党治国理政服务，为巩固和发展中国特色社会主义制度服务，为改革开放和社会主义现代化建设服务"①。坚持"四个服务"揭示了我国教育的社会主义性质和方向，坚持社会主义办学方向必须落实和体现在中国教育发展的"四个服务"上。其一，教育必须为人民服务，就要坚持以人民为中心的发展理念推动教育内涵发展，要始终以师生为主体力量推动教育内涵式发展。其二，教育必须为中国共产党治国理政服务，就要为党的治国理政提供坚实的思想文化基础，为党的治国理政提供合格的人才保障，为党的治国理政提供智力支持。其三，教育必须为巩固和发展中国特色社会主义制度服务，就要发挥学习阵地作用，发挥宣传阵地作用，发挥研究阵地作用。其四，教育必须为改革开放和社会主义现代化建设服务，就要培养国家社会经济发展所需要的高素质创新型人才，就要推进知识和科技创新。

在教育为改革开放服务方面，既要扩大开放，与世界一流大学合作交流；又要清醒地认识到教育国际化并非完全西化，而是把正确的价值观念、优秀文化融入我们的思维方式、教学方法，为我所用。做到在兼顾全球化视野和眼光时，坚定中国自觉与中国立场，在推进创新吸收转化过程中兼具中国特色、地方特色与文化特色。

建议规定：重视学校文化建设，营造良好育人环境。

要正视网络舆论中错误思潮对学生的负面影响，采取有效措施，提高学校应对负面舆论的综合能力。

在思政教师队伍素质培训中，不仅要学习网络教育技术，更要提高斗争精神、斗争勇气、斗争本领。把关注、跟踪、分析舆论热点，善于及时运用马克思主义理论联系舆情实际为学生答疑解惑，作为新形势下对思政教师的基本要求。要学习公众号平台的打造和运用，把网络发声传播正能量纳入思政教师的考核中。要加强网络舆论正能量影响的机制建设、品牌建设、内容建设和队伍建设，扩大思想政治教育在虚拟世界对学生的影响力。要增强运用大数据掌握学生思想动态的能力与水平，分门别类制定具体应急预案，及时了解学生中存在的思想观念偏差，对于具有代表性的错误思想观念（精致利己主义、享乐主义、历史虚无主义倾向）要加以适时指正、引导。要在校园树正气、批歪风，营造风清气正的校园环境。

（四）健全完善教育领域党的领导体制建设

新时代社会主要矛盾已经发生转变，如何更好地提高教育质量、满足人民群众

---

① 《把思想政治工作贯穿教育教学全过程　开创我国高等教育事业发展新局面》，载于《人民日报》2016年12月9日。

对于现代教育的新期待，如何扭转教育领域不平衡问题、建设高质量教育体系，对于教育领域上层建筑的调整就显得尤为重要。基于我国仍处于社会主义初级阶段这个基本国情，健全完善与现阶段教育发展水平相适应的教育体制机制任务更加紧迫。习近平指出，"各级党委要把教育改革发展纳入议事日程，党政主要负责同志要熟悉教育、关心教育、研究教育"①。坚持党对教育事业的全面领导，必须健全和完善党领导教育事业的体制机制，确保推进党的领导在教育领域的全覆盖。

第一，建立党委统一领导、行政负责、党政齐抓共管、各部门各负其责的教育工作机制。针对当前我国教育领域出现的突出问题，必须坚持党对教育事业的全面领导，实质在于通过最高政治领导力量增强教育事业发展的协同性、系统性，形成党的领导在教育领域全覆盖的工作格局，促进党的领导内容与方式全面化、体系化。坚持党对教育事业的全面领导，就要把党的领导贯穿于提高教育质量、促进教育公平、强化教育管理、推进教育改革等全过程、各方面，增强党对教育工作全局的把控，实现党的领导范围在不同学段、不同类别、不同层次的全覆盖，保证教育战略、规划和政策一以贯之地实施，确保党和国家各项政策落实到位；就要发挥党的领导优势调动各方面积极性，发挥把方向、谋大局、定政策、促改革的能力和定力，围绕教育不断作出总体部署和战略设计，积极推动教育事业高质量发展，从而将党的领导优势转化为教育的治理效能，推进教育治理体系和治理能力现代化。各级党委要增强责任意识，加强对教育工作的领导，切实把教育改革发展纳入议事日程，坚持在研究和解决教育工作中的重要问题上下功夫。同时，完善协调运行机制，加强教育领域党政分工合作以及学校党组织建设，把党对教育工作的全面领导落到实处，从而推动教育各相关方面凝心聚力，不断形成教育发展合力。

第二，充分发挥基层党组织的核心作用。加强党对教育事业的全面领导，基层党组织是关键。优先发展教育事业，是党中央的一项重大战略。作为一项复杂的系统工程，既需要党中央的统一部署，又离不开基层党组织的领导与参与。因此，学校基层党组织要时刻同党中央保持高度一致，突出基层组织的政治功能，结合当地教育实际状况以及历史经验，积极探索增强教育工作实效性的有效途径，充分发挥基层组织的战斗堡垒作用。推动中小学建立党组织领导的校长负责制，是深化基础教育改革，全面提高基础教育质量的重要保障。习近平指出，"要把中小学校建立党组织领导的校长负责制，把政治标准和政治要求贯穿办学治校、教书育人全过程各方面"②。因此，要做到以下几点：其一，中小学校党组织全面领导学校工作，

---

① 《习近平在全国教育大会上强调　坚持中国特色社会主义教育发展道路　培养德智体美劳全面发展的社会主义建设者和接班人》，载于《人民日报》2018年9月11日。

② 《习近平主持召开中央全面深化改革委员会第二十二次会议强调　加快科技体制改革攻坚建设全国统一电力市场体系　建立中小学校党组织领导的校长负责制》，载于《人民日报》2021年11月25日。

必须坚持以习近平新时代中国特色社会主义思想为指导，把政治标准和政治要求贯穿办学治校、教书育人全过程各方面，讨论决定事关学校改革发展稳定及教育教学、行政管理中的"三重一大"事项，履行好指明方向、统管大局、科学决策、紧抓队伍、保证落实、促进发展的领导职责；其二，校长要在学校党组织领导下，依法依规行使职权，按照学校党组织有关决议，全面负责学校的教育教学和行政管理等工作；其三，党组织严格执行民主集中制，凡属重大问题都要按照集体领导、民主集中、个别酝酿、会议决定的原则，由党组织会议集体讨论作出决定；其四，完善学校党组织会议议事决策制度；其五，完善校长办公会议（校务会议）议事决策制度；其六，健全决策咨询机制；其七，要十分有力地抓好基层党支部建设。教师党支部以课程思政建设为抓手，把支部建设与教师素质建设相结合；学生党支部以提高报效祖国本领为抓手，与学生的全面发展相结合。

针对以制度保障落实党对教育工作全面领导，本研究提出以下几点建议：一是对人文社会科学类教材进行全面检查，及时查处是否有背离马克思主义方向的内容。二是对思政课程和课程思政的教案、课件进行抽查。发现不符合马克思主义的内容予以督导，限期整改。三是对近年来网络上反映出在政治上有问题的教师，应视情节做出处理，对于发表严重错误政治言论、参与非法政治活动等情节恶劣的教师，必须依据相关法律法规和教师管理规定，给予严厉的行政处分，如警告、记过、降低岗位等级等。对于屡教不改或造成极大社会负面影响的教师，坚决予以解聘，取消其教师资格，并向社会公布处理结果，维护教师队伍的纯洁性和教育行业的良好形象。

党对教育事业全面领导，目前学校需要加强以下方面：一是党委的所有常委（不设常委的中小学校应该包括所有委员）都应该有加强党对教育全面领导的意识和责任。党委书记不能只是科学家、著名教授甚至院士，更应该是政治家、教育家。党性修养和党建知识要作为重要考察指标。二是学院一级分党委的作用发挥不够，是弱项，要改变院长强书记弱的局面，配备政治和业务能力都强的双拔尖干部担任分党委书记。三是系室党支部的工作要落到实处，尤其是在意识形态领域和师德师风建设、立德树人方面。四是中小学的党支部或分党委要肩负政治领导及办学方向领导责任。

建议进一步加强教育管理，加强教师职业道德和职业素养培养，对利用讲台、讲坛、沙龙、视频会议等方式散布负面舆论信息和观点的，坚决予以追责、清理。对坚持真理、主持正义的学生，一定要予以保护。不能允许在教育领域中把所谓"学术自由"变成反对"教育为中国共产党治国理政服务"的理由。

二、全面贯彻落实党的教育方针

习近平指出："要全面贯彻党的教育方针，落实立德树人根本任务。"[①] 党的教育方针是教育工作准确、有效开展的根本依据和基本遵循，也是教育"凝聚人心"工作的指南。全面贯彻党的教育方针，必须进一步做细做深。根据不同的岗位和不同的职责进行分类设计，责任落实到具体岗位、具体个人。

（一）各级教育主管部门要做到"三对标"

各级教育主管部门对于办好社会主义教育负有十分重要的政治责任、管理责任，代表着党和政府、体现着人民意愿。要在把握办学方向、教育方向、教育结构、教育质量、制定教育政策方面，起着领导、引导、检查、监督作用，履行着管方向、管全局、管效果的功能。因此，要将党的教育方针作为导向和检验标准，对教育发展形势应该有预判、有预案，做长远规划和设计。在工作中，要做到"三对标"。

第一，对标党的教育方针关于培养德智体美劳全面发展的社会主义建设者和接班人培养目标的规定，深入落实立德树人根本任务。在教育发展规划和行动纲领中，在制定教育政策中，都要为根本任务的落实创造良好的条件。建设高质量教育体系，建立与德智体美劳全面发展相契合的培育体系、科学合理的评价体系和考核竞争体系。把牢教育的政治方向、将党的教育方针有效融入教育行政管理中，清理制度规范、校正误区偏差，使各级各类教育更加符合教育规律和人才成长规律。

第二，对标党的教育方针关于发挥教育为人民服务、为社会主义现代化建设服务教育功能的规定。立足新发展阶段、贯彻新发展理念、服务构建新发展格局，更好地服务和支撑高质量发展需要，强化高校科技创新提质增效，贯彻提升"四个服务""四个面向"服务能力，引导学校把论文写在祖国大地，把智慧奉献给民族复兴伟业。为推进技能型社会建设，不断优化高等教育和职业教育学科专业结构、人才类型结构。要办人民满意的教育。健全基本公共教育资源均衡配置机制；对群众反映强烈的突出问题，对打着教育旗号侵害群众利益的行为，要紧盯不放，坚决整改到位、整改彻底，加快构建服务全民终身学习的教育体系。

第三，对标党的教育方针关于教育与生产劳动和社会实践相结合育人途径要

[①] 《习近平在陕西榆林考察时强调　解放思想改革创新再接再厉　谱写陕西高质量发展新篇章》，载于《人民日报》2021 年 9 月 16 日。

求。生产劳动和社会实践的目的要明确，方案要详细，要求要具体，针对性要强，指导要到位。开展深度的生产劳动和社会实践活动，让学生深入田间村庄、社区楼宇、工厂企业、实验室、工地，在第一线体验社会。劳动要具体，实践要深入，收获要真实。要避免作秀式的"生产劳动"和走马观花、浮光掠影式的"社会实践"。通过生产劳动和社会实践，引导学生正确认识社会，尤其是了解国情，辩证地分析新时代的机遇与挑战，既要发现困难和问题，更要看到社会的光明前景。观察前进中的问题、困难及其克服解决，真正了解国情民意。正确引导学生观察感受我们党带领全国人民在习近平新时代中国特色社会主义思想指导下，在中国特色社会主义伟大实践中艰苦奋斗、攻坚克难，取得的辉煌成就，从而认识和把握中国特色社会主义的历史必然性，不断树立为共产主义远大理想和中国特色社会主义共同理想而奋斗的信念和信心。

（二）各级各类学校要根据教育方针的要求，推进落实三大方面工作

第一，落实教育"双为"功能。"双为"指教育方针中的"为社会主义现代化建设服务"和"为人民服务"。做好教育"为社会主义现代化建设服务"，要按照国家教育发展战略规划，搞好学校发展规划，处理好"四个服务""四个面向""四大功能"（育人、科研、创新传播文化、服务社会）之间的关系，平衡资源分配。要在人才培养体系、学科体系、课程设置等方面按照世界科技革命的新要求进行调整，解决人才结构短板问题。这对于坚定"四个自信"，实现教育"凝聚人心"很重要。做好教育"为人民服务"。义务教育要以实现优质均衡、高中阶段教育要以实现全面普及、职业教育要以服务能力显著提升、高等教育要以竞争力明显提升为主要发展目标的基础上，努力实现教育为社会主义现代化建设服务、为人民服务。其中，义务教育落实教育方针应聚焦努力破解实现教育公平和提高教育质量的教育难题上。尤其是在立德树人任务的实现过程中德育课程实效性不强、国家教育质量标准缺失、教育教学模式纷乱、进一步防止学生课外负担过重等问题的处理与解决上；普通高中要注重解决好高中教育的普及化及多样化发展，尤其是处理好教育体制对学校办学体制、教学内容、校长和教师聘任方面的束缚问题，升学阻碍学校多样化发展的问题以及学校在办学理念、办学目标、管理制度、教学模式改革上的落后问题；职业教育要处理好高等职业教育创新不足难以满足社会生产对于人才的多方位需求矛盾以及职业教育集团办学过程中面临的自身及对外发展问题；高等教育要解决好自身产教研结合不足、专业设置同质化、创新与科研转化能力不足以及"双一流"建设等问题。同时，要在教育中培养学生的人民立场、人民情感，把为人民服务作为毕生的价值追求。

第二，提升立德树人能力。更好完成把学生培养成为德智体美劳全面发展的社会主义事业的建设者和接班人的任务，需要进一步全方位提升教育工作者自身立德树人能力。教育工作者是教育方针的直接落实者。教师的素质直接影响教育方针是否落到实处。首要的素质是对教育方针的自觉认同、对教育根本任务的自觉认同。习近平在全国教育大会讲话中指出：教育的根本任务是立德树人。可见，立德树人任务的落实是新时代对教育工作者的根本性要求，新时代对教师的要求是全方位的、高质量的，涵盖了政治方面、思想方面、道德方面、人格方面、知识方面、能力方面、视野方面、思维方面、创新方面。

同时，还需要注重激发受教育者内在学习需求和动力。这就需要在教育中让学生学习习近平关于青年工作的重要论述，了解党和人民对新时代青年一代的新期待和新要求，了解自己所肩负的历史责任和使命，激发学生的需求和动力。

第三，落实党的教育方针关于教育与生产劳动和社会实践相结合的要求。要创造条件，让学生在社会实践担任实职中得到锤炼，进一步深化学习成果。学生社会实践有很多形式和不同层次。使学生深入了解国情，与人民一道为第二个百年目标奋斗，从"旁观者""见证者""分享者"变成"参加者""奋斗者""奉献者"，学生思想才能产生飞跃性质变。在社会实践中担任实职，在解决实际问题、化解社会矛盾中运用习近平新时代中国特色社会主义思想，这样锻炼终身受益。学生参与实践得到锻炼后以自身影响带动和辐射同辈，逐步增加收获。

要把劳动教育作为育人的重要渠道。学校劳动能够安排学生的就不要聘请务工人员。让学生通过自我服务的劳动，培养劳动能力，树立劳动光荣的荣辱观，尊重劳动成果，热爱劳动人民，树立人民至上的观念。要把生产实习、参加社会公益劳动作为劳动教育的重要途径，要鼓励学生成为志愿者、参加慈善事业。

对此本研究提出建议：动员更多的大学生参与学习宣讲活动。大学生参与学习宣讲活动，不仅起到了宣传普及的效果，也能促进大学生真学、真懂、真信、真用。在宣讲中，可以促使学生更加细致观察、深入学习和思考，提升他们的领悟能力和理论水平。大学生参与学习宣讲活动，要用好新时代文明实践中心的平台和现代网络平台，让学生有更大的舞台展现自己的才能、发挥更大作用。在全国开展的新时代文明实践中心建设试点工作中，有的先进新时代文明实践中心已经在"让党的先进文化和创新理论飞入普通百姓家"活动中起到了引领示范作用。但是，更多的文明实践中心有了平台，却缺乏"实践主体"。应该把大学生作为新时代文明实践中心志愿者，既为大学生提供了服务社会、提高自己理论水平和能力的平台，又解决了新时代文明实践中心普遍缺乏"实践主体"的困难。

三、落实用习近平新时代中国特色社会主义思想铸魂育人的历史使命

习近平新时代中国特色社会主义思想是保障教育工作目标推进的总体领导思想。落实用习近平新时代中国特色社会主义思想铸魂育人的历史使命，是实现教育"凝聚人心"工作目标的关键。落实用习近平新时代中国特色社会主义思想铸魂育人的历史使命，一要通过常态化学习抓好学校领导、教职员工的思想作风建设。二要抓实对学生的思想政治教育。

（一）在各级学校领导、教职员工中普遍开展习近平新时代中国特色社会主义思想学习常态化活动

第一，抓好"四真"。真学、真懂、真用、真教习近平新时代中国特色社会主义思想。国内外"两个大局"的形势、学校"三全育人"的任务，需要各级学校领导、教职员工真学、真懂、真用、真教习近平新时代中国特色社会主义思想，用习近平新时代中国特色社会主义思想凝聚人心。育人先育己。只有领导、教职员工先做到坚定"四个自信"，才能教育学生信服。只有领导、教职员工先增强做中国人的"三气"，才能帮助学生树立"三气"。为了保证各级学校领导、教职员真学、真懂、真用、真教习近平新时代中国特色社会主义思想，就要认真学习习近平关于新时代中国特色社会主义的相关论述，准确把握领会其精神实质，并在具体教学实践中充分应用落实。学习中要坚持目标导向和问题导向。目标导向，就是通过引导学生学习，提高学生的政治觉悟和理论水平，领悟"十个明确"，树牢"四个意识"、坚定"四个自信"、做到"三个认同"。问题导向，就是要针对学生的思想困惑、社会舆论的热点、发展中的难点，进行理论联系实际的学习。在日常教育教学工作中，要勤于学习和思考。目前开展的真学真懂真用真教活动，主要是通过会议集中学习、撰写学习心得、发表学习感悟、网上自学视频等形式，被动性太强，自主思考与反思不足，应该通过问题讨论、专题研讨、专家讲解等方式，全面系统学、联系实际学、及时跟进学、入心入脑学。

第二，抓好教职员工常态化学习。教职员工素质的提高，需要常态化学习和运用习近平新时代中国特色社会主义思想。学习常态化是保证学习不走过场、知识逐步积累、水平渐进提高的有效形式，要目标明确，有制度保障、时间保证、考核要求。要加强对习近平新时代中国特色社会主义思想学习重视的程度、掌握的深度、运用的广度，以胜任"立德树人"根本任务、解决"培养什么人、怎

么培养人、为谁培养人"根本问题的要求。常态化学习要以学校各级党组织为核心，以工会、团组织、民主党派、教研单位为平台，既要读原文、悟原理，提高政治站位和理论武装，又要与业务工作相结合，推进学校的教育综合改革和发展，促进教育工作持续发展。要超越教育自身小逻辑，服从服务于社会发展大逻辑；要打破原有的教育陈规陋习，通过守正创新建立教育新模式；要改变旧的教育理念，以"四新"建设突破教育发展"瓶颈"。

第三，建构习近平新时代中国特色社会主义思想深化学习机制。习近平新时代中国特色社会主义思想在各级学校领导、教职员工中的普遍开展与深入学习，需要建构起行之有效的工作运行机制，以保证学习的持续性、深入性与系统性。其一，建立保障机制。加强统筹协调和部门协同联动，从多层面建立起深入学习的保障体系；完善制度保障，建立规章制度，以制度刚性保障学习落实。其二，改进学习机制。针对不同对象进行针对性的教育设计，让习近平新时代中国特色社会主义思想广泛深入各级学校领导和教职员工心中，凝心聚力，解决好入眼入耳入心入脑践行问题。其三，完善评价奖惩机制。客观评定学习过程中的学习目标、工作业绩，对成绩突出的个人给予相应的物质及精神奖励，发挥先进榜样积极引领示范作用。对学习落实工作中不上心、不重视、不到位情况，针对性进行惩戒。

（二）遵循学生的成长规律，针对不同学段学生的特点和接受能力，开展习近平新时代中国特色社会主义思想教育

党的十九大以来，习近平新时代中国特色社会主义思想进教材、进课堂、进学生头脑的工作深入推进。2021年7月，教育部组织编写了大中小学《习近平新时代中国特色社会主义思想学生读本》，这是学生学习习近平新时代中国特色社会主义思想的重要教材，是推动大中小学思政课一体化建设的重要载体。2023年8月，高等教育出版社、人民出版社联合出版《习近平新时代中国特色社会主义思想概论》，这一教材是推进中国特色哲学社会科学教材体系建设的重要成果，成为全面系统阐述习近平新时代中国特色社会主义思想的统编教材，是高校思想政治理论课的权威用书。

有了权威教材，就有了教学的基本依据。如何用好教材，引导学生学好习近平新时代中国特色社会主义思想，是下一步需要探索和解决的问题。

第一，教师要用心教。一是要用心分析学情。要遵循学生的成长规律，针对不同学段学生的特点和接受能力，开展习近平新时代中国特色社会主义思想教育。小学阶段开展色彩启蒙教育。扣好人生第一粒扣子，打好人生白纸的底色。用适合少儿浅显易懂的道理、易于接受的方式，结合他们成长的背景，让他们初

步接触习近平新时代中国特色社会主义思想。中学阶段开展奠基辨理教育。让他们初步了解习近平新时代中国特色社会主义思想的核心理论观点和判断，打牢思想基础，增强学生的政治认同、价值认同和情感认同。大学阶段开展塑观铸魂教育。引导学生理解把握习近平新时代中国特色社会主义思想的世界观和方法论，坚持好、运用好贯穿其中的立场观点方法。打牢马克思主义的理论功底和信仰基础。二是要用心研究教学规律。处理好政治性和学理性、价值性和知识性、建设性和批判性、理论性和实践性、统一性和多样性、主导性和主体性、灌输性和启发性、显性教育和隐性教育之间的辩证统一关系。要解决好"传道授业解惑"之间的关系。授业以传播知识为主，解惑以传播思想为主，传道以传播真理为主。授业为基础，解惑为提高，传道为目的。所以，传道是首要的任务。要在讲清楚习近平新时代中国特色社会主义思想的世界观和方法论上下功夫。三是要用心钻研教学艺术。让学生在学习时，感受到习近平新时代中国特色社会主义思想中巨大的理论魅力和思想智慧。四是要学习新的教学技术和教学方法。运用好启发式、探究式、参与式、合作式等教学方式以充分调动学生的主动性，实现有效学习。运用好全新的技术手段让习近平新时代中国特色社会主义思想在学生学习时鲜活起来，更容易入眼、入脑、入心。五是要解决教师"用心教"存在的短板。问题之一是，有的教师政治意识不强、信念信心不足。问题之二是，有的教师知识储备不足、创新能力不足。问题之三是，有的教师思维不新、视野不广。问题之四是，有的教师格局不大、情怀不深。解决这些"短板"需要从抓教师队伍素质提高入手。

第二，学生要用心悟。学思践悟实际上是四个环节。一是学习，首先要激活学生的学习需求，有了需求才会有兴趣、有动力，才会自觉主动学。王国维认为治学有三种境界。第一境界"昨夜西风凋碧树。独上高楼，望尽天涯路"，喻的是治学要有明确的学习目的和执着的追求；第二境界"衣带渐宽终不悔，为伊消得人憔悴"，讲的是治学要能废寝忘食，孜孜以求的治学态度；第三境界"众里寻他千百度，蓦然回首，那人却在，灯火阑珊处"，谈的是治学的专注精神，反复追寻、研究，下足功夫的钻研精神。[1] 学习需要读原文，不能停留在泛读，也不要满足于精读，而要达到研读的精度。要从"熟知"中追求"真知"，即不仅知其然，还要知其所以然。研读就是边学边思，就是第二个环节——思考。要引导学生带着情感学、带着问题学、带着思考学，增强学生学习的系统性、实效性。三是体验。要进入角色，深入情景。这就需要到基层去，到火热的实践中去，边观察、边思考、边体会。四是领悟。这是一种通过学思践悟积累后的智慧

---

① 王国维：《人间词话》，江苏文艺出版社 2007 年版，第 14 页。

升华，能够领悟到所学思想的精华和真谛。

本研究建议，对高校思政课《毛泽东思想和中国特色社会主义理论体系概论》《中国近现代史纲要》两门课的内容进行整合，在普通高校、高职高专院校、民办高校普遍开设《习近平新时代中国特色社会主义思想概论》。在其他学段的思政课中，根据学生能够接受的方式和程度，进行《习近平新时代中国特色社会主义思想学生读本》的解读或辅导。要把大中小思政课一体化建设、学校社会家庭一体化教育、"三全育人"机制进一步推进，总结先进典型经验，找出现存"卡脖子"问题的症结，构建大思政新格局。

第二节　落实我国教育工作目标的行动举措

落实我国教育工作目标，除了有总体引领外，还需要针对凝聚人心、完善人格、开发人力、培育人才、造福人民五个方面制定具体的行动举措。"五人"教育工作目标的实现，需要在审视问题的基础上进行。针对课题组的调研，回应"五人"教育工作目标当前的不足进而制定行动举措，以有效推进工作目标的落实。

一、落实教育"凝聚人心"工作目标的行动举措

分析现状与总结经验的旨归在于落实行动。本部分基于当前社会凝聚人心的教育成就，着眼于教育领域凝聚人心工作的困难梗阻，聚焦于提炼总结出的典型经验，提出了落实教育凝聚人心的具体行动举措：第一，强化教育凝聚人心共识，引导凝聚人心工作向纵深发展；第二，根据学生成长规律，推动构建大中小幼一体化德育体系；第三，用好凝聚人心主阵地，深入落实高质量课程建设；第四，创新凝聚人心方法，增强凝聚人心的实效性；第五，抓住教师队伍建设"牛鼻子"，发挥教师的关键作用。

（一）强化教育凝聚人心共识，引导凝聚人心工作向纵深发展

教育凝聚人心，是全国教育大会提出的教育"五人"工作目标的主要内容，是今后衡量教育工作的主要标尺。需要强化教育凝聚人心共识，引导凝聚人心工作向纵深发展。

教育凝聚人心工作向纵深发展，在宏观行动举措上要坚持党对教育工作的全

面领导，为凝聚人心提供坚强政治保证；坚持社会主义办学方向，为凝聚人心指明政治方向；发挥社会主义核心价值观的引领作用，为凝聚人心明确价值导向；在微观行动举措上，要加强对教育凝聚人心工作意义的宣传，让更多的相关方不仅了解教育凝聚人心工作的内容，更要了解教育凝聚人心工作的重要意义，从而把教育凝聚人心转化为自觉行动和习惯。

只有坚持和加强党对教育事业的全面领导，才能确保教育的社会主义方向，才能保障教育事业在实践中不走形、不变样。首先，要站在中国共产党治国理政、国家事业永续发展和民族复兴的战略高度，看待教育"凝聚人心"功能的重要性，通过各种途径发挥党对教育工作的总体设计和统筹规划作用，加强和改进党对教育工作的领导。其次，各级党组织要重视对教育事业的组织领导，要将参与教育的各方力量凝聚在党组织周围，建设好主阵地。最后，加强和改进教职工党支部和学生党支部的建设，是加强党对教育事业全面领导的重要举措。他们既是参与一线教育活动的重要主体，也是发挥党对教育事业领导作用的生动体现。

坚持社会主义办学方向，在行动举措上要体现在"培养什么人、怎么培养人、为谁培养人"这个根本问题上。遍观中外历史与现状，任何一个主权国家都是按照自己的政治目标和政治诉求来培养接班人的。在全国教育大会上，习近平强调"培养德智体美劳全面发展的社会主义建设者和接班人"，既强调了教育的素质要求，又对培养目标进行了阐述，更重要的是强调我们培养的建设者和接班人是"社会主义建设者和接班人"。这表明坚持社会主义办学方向，是我们办教育要牢牢把握的政治原则，为凝聚人心指明了政治方向。要发挥教育"凝聚人心"的功能，就要把握社会主义教育事业的一般规律，把社会主义方向作为凝聚教育参与者的重要坐标，查摆不足，结合实际，改进工作机制。各级教育组织要创新工作方法，更新工作理念，勤于搜集教育参与者身边的各种资料，善于提炼，用更为生动具体的案例，呈现出更加鲜活的教育过程，更好地引领教育者和青年学生定向于为人民服务、为社会主义现代化建设服务。

社会主义核心价值观能否有效引领，关系着一个国家培养的人才是否符合国家价值需要、民族价值需要和时代价值需要。培养能够担负起中华民族伟大复兴的时代新人，需要在社会主义核心价值观的引领上下功夫。2014 年，习近平在北京大学考察时从新的角度和高度阐释了教育在学生成长成才方面所应担负的责任，进一步从理论和实践方面为大学生培育和践行社会主义核心价值观指明了方向。教育和价值观有着天然联系，真正的教育不仅要有现实的关爱，更离不开理想信念的塑造，而理想信念的塑造是建立在价值观之上的。如果没有接受正确的教育，未树立正确的价值观，人们将麻木不仁、得过且过，甚至唯利是图、道德沦丧。现实中很多伪君子、两面人都是没有正确的价值观所致。因此，价值观是

445

教育赖以生存的土壤，应在教育的全过程塑造和践行正确价值观，使受教育者获得内心最本真的呼唤，心灵变得更加宁静充实，精神变得更加纯洁高尚，进而在社会活动中做出正确的选择。学校应该拿出足够的时间精力应对学生群体中出现的价值虚无、文化多元等问题，发挥社会主义核心价值观"导航灯"作用，教育学生树立正确的价值观念，沿着社会主义道路阔步前行；发挥社会主义核心价值观"稳定器"的作用，引导学生紧密团结在社会主义大家庭内，共建和谐社会；发挥社会主义核心价值观"栖息地"作用，培养学生扶正祛邪、激浊扬清和昂扬向上的道德情操。

基于以上分析，提出如下建议。

建议一：在教育领域的干部、教师、员工、学生中，并延伸到家长，通过各种方式，普及教育凝聚人心工作目标意义的共识和信心，进一步增强社会各界对教育凝聚人心工作目标的共识。

建议二：把学校党委（党支部）领导参与教育"凝聚人心"的工作，作为对学校工作的考评内容，用政策导向来增强对教育"凝聚人心"工作目标的共识和信心。这些工作应该包括：与课程主渠道有关的内容（如学生思政工作、思政课建设、课程思政建设）、与校园文化和社会实践有关的内容（如大思政课建设、校园文化建设、社会实践活动指导、行走思政课堂建设、科研反哺思政教育、数字资料库建设）、与意识形态工作有关的内容（如对错误社会思潮和热点问题的及时有效批判和引导、网络舆论分析引导、意识形态安全等）。

建议三：针对教育"凝聚人心"目标达成度，建立学校党委专项考核评价制度，加强相关考核评价体制机制建设。以考核评价和跟踪问效措施，促进教育"凝聚人心"的实效不断提升和彰显。

（二）根据学生成长规律，推动构建大中小幼一体化德育体系

凝聚人心的教育内容是层次多样的，教育面向的教育对象也是不同的。因此，要注意不同学段内容安排的循序渐进性，掌握好哪些内容是要分学段循序渐进进行的，哪些内容是要一以贯之进行的。即使是一以贯之进行的，也要考虑如何根据不同的教育对象的认知规律由浅入深地进行教育。

教育凝聚人心是一个长期的过程，在不同的学段安排的内容根据受教育者情况的差异有所不同也有所重合。但深浅程度是有所差异的，要在不同的学段循序渐进、反复持之以恒地进行，使思想政治教育伴随受教育者终身，渗透进受教育者生活的方方面面。

教育部的要求指明了思想政治教育教学改革的方向：小学阶段重在培养学生的道德情感；初中阶段重在打牢学生的思想基础；高中阶段重在提升学生的政治

素养；大学阶段重在增强学生的使命担当。这一要求既符合学生在不同学段的接受程度，也符合思想政治教育的规律，为大中小幼一体化思政课建设提供了从低学段向高学段的螺旋式上升的宏观指导。

基于以上分析，提出如下建议。

建议一：大中小一体化的德育（思想政治教育）工作，要遵循思想需求促进律、求新思辨律、内外因交互作用律、情绪情感参与律、品德结构优化率、能动受动张力律、螺旋式上升律。[①]

思想需求促进律，是指某一思想欲被学生所接受，首先是这一思想能满足学生的思想需求。但是，这种需求并不一定为学生当下所认识。教育者需要根据学生的认识水平和社会对他们未来的期望和要求，"激活"他们的需求[②]，促进学生思想进步。

求新思辨律，是指学生思想成长过程是在其对新事物好奇的追求下，以及由此引发其提高自身思辨能力这一内在需求的驱动下进行的。教育者需要跟踪学生对新事物的了解掌握程度，及时进行了解引导。要善于及时地引导学生了解和学习当代中国马克思主义理论，是如何被我们党领导广大人民群众，应用于认识当代新特征、做出当代新抉择、解决当代新困难、化解当代新矛盾、交锋当代新思潮、开创当代新局面的。

内外因交互作用律，是指外因是事物发展的条件，内因是事物发展的根据，外因通过内因而起作用。教育者要重视学生思想成长的内部因素和外部因素以及相互交叉影响。尤其是当前世界面临百年未有之大变局，国内改革发展面临很多新情况、新问题，学生的成长环境就具有了多维性、复杂性、开放性等特点。这就对学生的思想成长产生强化（反复强化、综合强化、累积强化）、感染（情绪感染、形象感染、群体感染）和导向（规范导向、舆论导向、利益导向）等功能。积极的外部因素能够引导学生思想前进的方向，促进学生的思想成长；不良的外部因素则会夸大其负面效应，阻碍学生的思想成长。教育者需要及时了解学生的内外因变化情况，教育内容和方法也要因事而化、因时而进、因势而新。

情绪情感参与律，是指学生的思想成长过程是在一定接受情绪情感的参与中进行的。积极地接受情绪情感的参与，可以促进学生对某种思想的认同、接纳、追求和实践；消极地接受情绪的参与会阻碍这一过程的有效进行。教育者需要以关爱为主，以情育人；创设情境，寓教于乐；善于洞察，及时交流。通过亲其

---

① 卢黎歌、薛华等：《当代大学生思想特点、成长规律与马克思主义大众化研究》，西安交通大学出版社 2012 年版，第 68～77 页。

② 卢黎歌、郭玉杰：《激活需要：提升思想政治教育实效的重要切入口》，载于《高校辅导员》2022年第 6 期，第 14～18 页。

师，达到信其道。

品德结构优化律指出，新思想品德结构形成的机理为：在原有品德结构的基础上，增加或减少某种因素，改善某种因素的质量，使各种因素在结构中的地位作用进行重新排列。教育者需要在教育中，把握好亲和因素、时机因素、相邻因素的运用，促进学生品德结构优化。

能动受动张力律，是指学生成长过程的强烈主体意识，主要体现在其思想接受活动中的自主能动性上。思想接受活动的大脑运行机理可以分解为几个依次递进的不同状况：反应状况、接受状况、解读状况、筛选状况、整合状况和化解状况。而学生接受某一思想的自主能动性，主要表现为对该思想因素内化过程中的自主选择、整合创新和自我调节上。教育者需要在教育中，关注引导学生对该思想的选择、调节和创新过程。

螺旋上升律，是指学生对某种思想、理论的认识、接受乃至实践，不是直线式的一步到位就能完成的，而是一个长期的、需要不断努力的循序渐进的上升过程。教育者需要在教育中辨别，哪些教育内容是可以在低学段完成的，哪些教育内容需要在不同学段反复强化、不断巩固。其中需要巩固深化的内容，怎么避免简单重复，而是常学常新。

建议二：认真研究解决大中小思政课一体化推进中的几个关键问题。

一是一体化教材建设。教材是教学的基本遵循。在教材编写中没有一体化，教育教学的一体化就很困难了。当前，大中小学思政课教材编写由教育部统一负责，在编写专家的组成上已经基本解决一体化的问题了，内容的贯通、避免不必要重复等问题得到初步解决。但是，在教材内容螺旋式上升的问题上，在符合不同学段学生的阅读"口味"上，教材建设还在路上。

二是一体化常态机制建设。在大中小学思政课一体化建设中，从理念到行动，从教师的自发活动到深入细致的教学研究，都需要以常态化机制作为保障。大中小学思政课教师只有经常性地在一起沟通交流，就教学中的具体内容、方法进行协商讨论，才能达成具有操作意义的共识。目前各地区正在成立专门部门，组织搭建大中小学思政课一体化教学研究线上线下平台，围绕集体备课、教学研讨、学术讲座、协同培训等开展丰富多样的一体化活动，形成了大中小学教师广泛交流合作的局面。这项工作需要长期坚持，久久为功。

三是一体化资源平台建设。近年来，教育部在思政课教学资源平台建设方面做了大量卓有成效的工作，大力建设全国高校思政课教师网络集体备课平台、思政课虚拟教研室、国家智慧教育公共服务平台等，遴选开发了一大批各类优质专题教育资源，为支持思政课教育教学发挥了重要作用。推进大中小学思政课一体化，有待继续分期分批完善国家智慧教育平台，打造具有地域特色的一体化资源平台，从丰富优质资源供给、着力完善个性服务、积极扩大宣传推广等方面持续加强资源配置，为大中小学思政课提供海量、适切、交互的资源服务。

四是一体化教学体验。实践是最好的老师。要使教师树牢一体化理念，必须引导教师参与到一体化的切身体验中，使其在实践中感知一体化的内涵边界，感受不同学段学生的知识需要和方式喜好，感悟同一资源在不同学段的使用要求。因此，有必要通过挂教、轮岗、访学、联合上好一堂课等方式加强教师的参与式体验，使教师尤其是青年教师有不同学段的教学经历，在生动直观的亲身体验中增加一体化的自觉性。

五是一体化课程标准。目前，《普通高中思想政治课程标准》（2017 年版2020 年修订）和《义务教育道德与法治课程标准》（2022 年版）正在高中、初中和小学得到贯彻实施。但是，普通高校相应的课程标准尚未推出，这在一定程度上形成了大中小思政一体化的"肠梗阻"。普通高校思政课程标准早日出台是一体化的学段设计的重点。

六是一体化信息建设。在信息时代，一体化信息建设的步伐一定要跟上。给大中小幼教师们至少应该提供如下信息：党的理论创新的最新成果及国家关于思政课建设有关文件信息；大思政建设及相关资源信息；大中小学思政课一体化建设成就与改革信息；不同学段"金课"建设与展示信息；大中小学学情分析、受教育对象研究信息；资源库信息（包括教学案例库、教学重难点问题库、教学素材库以及在线示范课程库）；思政课学科建设与思政教育教学研究信息；课程思政建设、德育工程建设、家校社思政一体化建设的成功经验案例信息；国外学校德育最新进展信息。

七是高校在一体化建设中的作用。要发挥高校引领大中小幼一体化建设的优势：充分发挥学术优势，在理论成果的整理、凝练、分享方面发挥示范作用；积极组织大中小学思政课教师"联合备课共同体"，在思政课研究、教师培训和教研领域发挥引领作用；总结推出思政教师典型，形成对一体化思政队伍的整体引领作用；促进思想政治理论课学段衔接，相互贯通，取得实效，发挥领军作用。

建议三：遵循循序渐进规律安排不同学段的教育内容。幼儿教育营造积极向上的浸入式文化环境；小学教育注重道德情感的理性化培养，开展"着色"启蒙教育；中学教育学习基本理论、认识国情世情，开展奠基辨理教育；职业教育强化职业理想，开展"大国工匠"精神教育；大学教育加强"三观"塑造，开展使命理想教育。也就是说，大中小幼教育总体贯穿"强国一代"意识的塑造与培育。

幼儿时期，是儿童成长的感性认识阶段。儿童主要通过感官来获取信息，因而，环境对幼儿的思想认知具有较为突出的影响。在幼儿阶段要重视环境的"隐性教育价值", 通过环境的创设和利用, 充分利用文化环境浸润, 以"乐园、学园、家园、花园"为环境创设目标, 将爱党、爱国、爱社会主义等精神蕴含在生活环境之中, 营造让"每一块墙壁会说话、让每一寸土地能育人"的人文环境, 使园内的一草一木都能熏陶幼儿的情操。

小学阶段, 是学生初入社会、思想朦胧、开始社会化的起步时期。在这个阶段, 学生的认识能力、社交能力和注意力都进入新的发展阶段, 要扣好人生第一粒扣子, 打好人生白纸的底色, 开展润物细无声的教育, 逐渐培育理性的认知思维。教师要通过能够引起学生思考的启发式探究式教育模式, 培养学生的道德情感。学校不仅要加强校园文化的硬件和软件开发, 通过静态的主题文化墙营造无声的教育环境, 引发学生对道德情感的共鸣, 更要在各种动态教育活动中, 注重探究、引导、启发, 培养学生是非善恶判断等理性道德判断和思考能力, 为学生世界观、人生观、价值观的形成打牢基础。

中学阶段, 是学生认识自我、认识社会、社会化的奠基时期。这一时期学生的思维和创造力、自我管理和自我发展能力、独立和社会能力进一步发展, 开始积极探索自己的发展方向, 准备迎接成人经历的挑战。要以打牢思想基础, 学习分辨是非为目的, 在中学生中开展奠基辨理教育。包括初中的体验式教育和高中的常识性教育。要引导学生在学习和活动中, 自觉获取知识并进行深入思考, 打好政治思想道德法治素养基础。积极开发社会大资源, 充分发挥实践育人功能, 设计丰富多样的活动和育人环境, 通过第二课堂、走出去、引进来, 拓宽教育渠道, 帮助学生了解社会、认识国情, 在实践中加深对课堂理论知识的理解, 增强对国家和社会的认同感, 使人心在实践中得以凝聚和巩固。

职业教育阶段, 包括中等职业教育和高等职业教育, 是部分学生定向职业的时期。这一部分学生中, 除了极少数是因对职业的兴趣而选择职业院校外, 绝大多数是因为学习成绩不理想而被动地"分流"。所以对于这些学生, 职业理想和"大国工匠"精神教育是很重要的内容。首先要帮助学生克服"被弃"的自卑心理, 建立积极的情感体验和情感认知。教师要真心与受教育者交朋友, 倾听他们的心声, 用情感温暖人心、感化人心, 架起凝聚人心的心灵之桥。然后要帮助学生认识职业, 了解社会的需求, 明白职业的价值, 看到职业的前途, 树立职业的信心, 对标劳动模范, 用"大国工匠"精神激励学生。

大学教育阶段, 是学生世界观、人生观、价值观由不成熟到基本成熟的阶段, 也是树立理想信念、确定事业志向、明确使命担当的时期。要抓住学生在学校学习的最后一个阶段, 通过全面系统地进行思想政治教育, 在立场、原理、方法上下功夫, 扎实提高理论水平, 固本强基, 铸造灵魂, 真学真懂真用, 从而树立正确"三观", 坚定理想信念, 担当时代大任。要通过思政课的系统教学, 努力把思想政治教育的理论知识、价值导向，转化为大学生坚定的政治觉悟、崇高的理想信念、丰富的社会知识、科学的思维方式。

（三）用好凝聚人心主阵地，深入落实高质量课程建设

教育凝聚人心工作，课程是主阵地。既要发挥思政课关键课程的重要作用，又要所有课程守好"一段渠""种好责任田"，完善思政课程与课程思政协同育人的"大思政课"格局，实现二者的协同育人。

思政课的凝聚人心功能的效果，首先取决于教学中"讲道理"的程度。用真理的力量感召学生，这是"理论性"和"思想性"的基本要求。道理只有深入、透彻，才能令人信服。信服的过程就是凝聚人心的过程。思政课一要讲清楚马克思主义的基本理论、基本立场、基本方法之理。奠定基础，引导学生树立科学的世界观和方法论。二要讲清楚马克思主义中国化，尤其是当代中国马克思主义、二十一世纪马克思主义之理。铸魂育人，引导学生弄懂"行、能、好"，确立"三个认同"、坚定"四个自信"。三要讲清楚"两个结合"之理。守正创新，引导学生理论与实践相结合，把论文写在祖国大地上。四要讲清楚人生之理。立德树人，引导学生践行社会主义核心价值观，树立远大理想信念。五要讲清楚历史之理。以史为镜，引导学生学史明理、学史增信、学史崇德、学史力行。六要讲清楚"两个大局"之理。了解大势，引导学生学会掌握社会发展基本规律。七要讲清楚明辨善恶是非之理。善于分析，引导学生学会抵御错误思想的侵蚀。[①] 要通过思政课教学的"八个相统一"，讲清楚上述道理。

思政课的凝聚人心功能的效果，其次在于内容选择的针对性和教师的亲和力。教师要在课前准备时摸清"人心"的基本状况，把握好"教情""学情"和人心在追求、向往、倾向方向上的异同。既要求大同、求小异，还要化异趋同。这两方面构成了"针对性"的基本要求。同时，教师要亲近"人心"、理解"人心"。亲其师才能信其道，教育无论是教师、教育内容、教法，都应该与"人心"息息相通，在情感沟通上破除"代沟""界沟"，以情感人、以情化人，这也是"亲和力"的基本要求。

全过程育人，需要所有课程都同向同行。思想政治教育工作是学校一切工作的"生命线"，全体教育工作者都应善于开展思想政治教育。众多学校，特别是高校已经较为广泛地推行着"课程思政"和"三全育人"的教育模式，教师也认识到自己做好思政工作的责任，凝聚人心工作成效显著。但是，目前也还存在

---

① 兰美荣、卢黎歌：《论"思政课的本质是讲道理"》，载于《北京工业大学学报》（社会科学版）2023 年第 3 期，第 46 ~ 53 页。

政治理论教育与通识、专业教育相分离，"只教书不育人"的现象。"硬融入""两张皮""贴标签"的现象还在一定程度上影响着课程思政的育人效果。

基于以上分析，提出如下建议。

建议一：各级各类学校要进一步提高对教育凝聚人心工作的重视程度。

学校教育凝聚人心工作的实效，关键在于校级领导的重视程度。重视，主要是指对教育凝聚人心工作在人才培养中的地位和作用认识到位、作为到位。重视分为表面重视、实质重视；一般重视、高度重视等不同类型。在以习近平同志为核心的党中央高度重视下，曾经一度存在于某些校领导中对立德树人根本任务表面重视但实质并不是很重视的现象，目前基本没有了市场。在各级党委和学校的重视下，用于立德树人的条件，尤其是思政课教师配备、经费投入、工作条件，都有了明显的改善。各级领导深入课堂听课、讲课，深入学生中做学生工作也成为常态。我国人才战略的实施，需要各类学校领导更进一步，把重视从一般重视提高到高度重视。要从重视抓思政课建设，到重视让所有课程在立德树人中发挥应有作用，这是对"重视"的更高要求，难度也会更高。对于学校而言，用单列指标（编制指标、晋升指标、评奖指标）、拨专项经费、配备现代技术设备、给足课时来体现重视程度较为容易，而让思政课成为学生真心喜欢并且终身受益的"金课"、让各门课发挥为党育人为国育才作用、让教育凝聚人心工作取得实效，学校领导还需要深入学校工作的各个环节中，发现问题，查找原因，研究解决之道。

建议二：严格教材管理。

教材是教学的基础工具，决定了教学内容，为顺利开展教学活动提供范本和参考，是学生获取知识、提升能力和塑造"三观"的重要依据。不论什么课程的教材、不论是统编教材还是校本教材，凡是涉及意识形态的内容，都要体现国家意志。利用教材搞乱意识形态，涣散人心的教训，在世界不同国家和地区已有先例。所以教材建设是教育凝聚人心工作中的一项不可忽视的工作。教材的文字、插画、质量、形式，教材内含的价值导向，教材引申的社会解读等都会直接关系"为谁培养人""培养什么人""怎么培养人"的重大教育问题。因此，立国之本在教育，教育之基在教材。在编写、选用教材时必须慎之又慎。目前学校教材质量评价体系要在三个方面下功夫：一要加强发挥社会主义核心价值观导向功能；二要强化中华民族优秀传统文化、红色革命传统传承力度；三要建立专门的教材质量评价机构，统筹协调教育资源，加强教材的科学性和创新性，为教材内容把好质量关。

（四）创新凝聚人心方法，增强凝聚人心的实效性

方法是渡河的"船"、过河的"桥"。新时代要完成"立德树人"根本任务，

达到"铸魂育人""形成共识""凝聚人心"的目的，必须培养科学的思维方法，创新凝聚人心的方式方法，推进思想政治教育改革创新，增强凝聚人心的实效性。

基于以上分析，提出如下建议。

从理论宣传生动化、先进导向典型化、价值引领行为化、道德教育现场化、师生关爱日常化、实践活动仪式化、教育方式灵活化着手，创新凝聚人心方法，具体举措如下。

1. 理论宣传生动化

理论宣传要通过讲好"中国故事""身边人物"使学生领悟"大道理"。把党和政府的声音传播好，把国家发展的目标路径讲清楚，把学生关注的热点问题回答好，使学生于感染中激起思想共鸣，从而实现学生的自我教育。通过"故事化"的方式，把一系列宏大而严肃的理论话题，轻松地转换为具象、生动的故事，打通理论宣传的沟通纽带，架设起先进理论与学生之间的情感桥梁，增强感染力和说服力。

2. 先进导向典型化

先进典型是核心价值观的具体体现，要将选拔树立先进典型工作作为一项长期性、基础性工作。抓住党员群众在学习生活和日常生活中的美好品质，从细微之处入手，挖掘个人或组织在先锋模范、敬业奉献、道德品质等方面的闪光点，不仅要有打动人、感动人的事迹，还要在精神、道德和成绩方面具有强大的引领力，变"个体效应"为"群体效应"，增强先进典型的亲和力。

3. 价值引领行为化

聚焦学生日常学习行为方式改进和行为习惯养成，打造"核心价值观—行为信念—行为养成"梯次衔接的价值观落地方式。建立流程化、规范化的信念产生和应用体系，以搞清概念、寻找共识、专业特色为原则，聚焦价值导向、历史传承、重要事件和关键行为，紧密结合学习工作和学业管理，按照学习行为梳理、关键行为分析、行为信念确立的流程，推动学生参与信念的制定，以信念指导工作扎实有效开展。

4. 道德教育现场化

以道德讲堂为主阵地，讲好身边好人的道德故事，营造出"积小德为大德，积小善为大善"的良好风尚，推进道德教育日常化、现场化。组织开展道德模范、好人系列推选活动，通过现场化活动，不断提升学生的社会公德、职业道德、家庭美德、个人品德。探索道德教育新范式，用现场仪式的方式，使学生在日常的学习活动中感受到校园文化的存在与力量。

5. 师生关爱日常化

从思想上、生活上、工作上全方位关心关爱师生，推动师生关爱工作常态化开展。师生关爱要覆盖思想、工作和生活等方面，积极为他们解决实际困难，排除他们的后顾之忧。师生关爱不能偶尔为之，要常态化开展，如常态化开展师生的思想政治理论、党和国家方针政策、发展战略学习，培养师生对学校的认同感、归属感；常态化关心师生生活中的困难，认真做好困难师生帮扶活动，提升师生的幸福指数；常态化开展专业技术技能学习，关心师生职业与学业发展问题，促进畅通师生成长路径。

6. 实践活动仪式化

仪式会给人以庄重、神圣的感觉，也会培养崇尚崇高的心理。要重视仪式、节日在教育"凝聚人心"中的作用。升国旗仪式可以激发学生的神圣感。纪念重要民族传统节日可以增强学生民族自豪感和民族文化自信心。纪念重要革命节日，可以加深学生对党史、近现代史、新中国史、改革开放史的了解。

7. 教育方式灵活化

基础教育和高等教育所推动的教育教学改革，应该以教育方式灵活化为宗旨，即针对不同学生、不同教育内容、不同教育场景应采取不同的教育方式。既不能单一地采取灌输式方式让学生接受空洞的大理论，也不能不顾学生主观需要和内心意愿，以与内容并不匹配的所谓"新教学方式"追求"教学创新"，结果华而不实，难以满足学生求知需求。要在"适应不适应"学生的需求、教学内容的要求上下功夫，灵活选用教育方式，主动作为，为学生答疑解惑，凝聚起学生的爱国心、爱国情。

（五）抓住教师队伍建设"牛鼻子"，发挥教师队伍的关键作用

在学生成长的过程中，教师的作用无疑是极其重要的。教师是学生知识的主要传授者，思维方式形成的启发者，道德观与价值观的引导者。教师的政治意识和素质，更能影响学生的思想与行为模式。教育主管部门和学校要落实习近平对教师提出的"三个牢固树立""四有好老师""四个引路人""四个相统一"等殷切希望，加强教师队伍建设，发挥教师在凝聚人心方面的关键作用。

基于以上分析，提出如下建议。

常态化进行师德师风建设、打好教师素质基础；树立凝聚意识、培养凝聚思维；提高教师政治站位、强化使命担当；培养人格魅力、构建亲和关系。

1. 常态化进行师德师风建设、打好教师素质基础

教师的师德师风，直接影响学生对教师、学校乃至社会的评判。所以说师德师风是教师能否很好承担"凝聚人心"任务最关键的素质要求。师德师风建设，需要制度保障。首先要强化教师师德师风考评。其次要加强教师师德师风舆情监控，强化警示教育。可在全国范围内联网，建立起教师师德师风监察档案库，及

时通报或者曝光教师违反师德师风要求情况；教育部可设置教师师德师风检举窗口，为检举不良教师提供便捷途径，保护好学生应有权益；采取综合措施，建立长效机制，指导督促各地各校研究制定贯彻落实师德建设系列文件的实施细则办法，推动师德制度建设落到实处，建立师德建设的有效政策体系。

2. 树立凝聚意识、培养凝聚思维

实现教育凝聚人心，需要教师充分认识到凝聚人心的重要性。一方面，随着社会主义革命、建设和改革的不断推进，思想政治教育的内容和形式日益完善，思想政治教育在社会发展中的思想导向和社会凝聚作用也逐渐凸显。另一方面，在教学中尤其是思想政治教育教学中，基本都是按照课程安排的章节进行教学，集中进行凝聚人心教育和在教学中渗透凝聚人心教育的意识不够。因此，要从教育凝聚人心的角度进行教学设计，在教学的过程中融入凝聚人心的内容，让教育凝聚人心贯穿受教育者生活的全过程、全方面，当好受教育者的主导者和引路人。

3. 提高教师政治站位、强化使命担当

教育凝聚人心事关党和国家、事关全体公民。教师要做好凝聚人心工作必须提高政治站位，做到"两个维护"，坚定"四个自信"，提高政治的坚定性、敏锐性、鉴别力和执行力。教师要强化使命担当精神，明职责知使命。牢记教育"四个服务"功能，牢记教育的使命和担当，守住意识形态主阵地，开展"守好一段渠、种好责任田"的生动教育，促进教育凝聚人心的实现。

4. 培养人格魅力、构建亲和关系

学校是教育的重要场所，教师陪伴学生的时间占据他们生活的很大一部分，有的甚至超过了父母。教师的言行举止、形象气质和人格魅力，都会对学生产生潜移默化、耳濡目染的影响。教师如果具备良好的人格魅力，不仅会对学生产生正面影响，还会激发学生学习的兴趣，大大提高教育凝聚人心的效果。教师要学高为师、身正为范，严格要求自己，规范自身行为，做到课上课下一致、校内校外一致、网上网下一致。要围绕学生、关照学生、服务学生，做学生的知心朋友，与学生建立相互信任的亲密关系。

二、落实教育"完善人格"工作目标的行动举措

在聚焦当前我国教育完善人格工作目标实施的现实与特殊困难、分析其阻力产生的深层原因与总结和提炼各个学段落实教育完善人格工作目标的经验与典型基础上，本课题提出了落实教育完善人格的具体行动举措：第一，改革教育评价体系，为教育"完善人格"树立正确导向；第二，推动构建大中小幼一体化人格

培育体系，为教育"完善人格"建立系统科学的完整体系；第三，强化校领导班子人格完善意识，为教育"完善人格"增强可持续的支持力量；第四，改革学校课程体系，为教育"完善人格"筑牢核心关键阵地；第五，改革心理育人体系，为教育"完善人格"指明主要施力方向。

（一）改革教育评价体系，为教育"完善人格"树立正确导向

教育评价体系作为衡量优秀教师和选拔优秀学生的"指挥棒"，一直对教育发展拥有绝对的话语权。而调查显示，当前无论是学生评价体系还是教师评价体系都不够健全，致使学生和教师的人格健全与完善工作得不到政策的有效支持。即使近年来相关讨论和文件不断尝试纠正当前的教育评价走向，但重智轻德、重分轻人的学生评价体系和重科研教学轻教师人格品行的教师评价导向，仍在实际中占据着主导地位。因此，有必要在国家、地方、学校三个层面推进教育评价体系综合改革，把完善人格的工作纳入其中，作为重要组成部分，为教育"完善人格"树立正确导向。

1. 国家层面综合改革教育评价体系，从根本上确立科学评价标准

目前，全国各个城市、各个学段学校都在尝试进行教育评价改革，试图在学校层面建构起完善学生人格、促进学生全面发展的综合改革举措。但是，改革教育评价体系要长远有效，必须放置于国内大环境中，只有整个国家和社会都认可的评价体系，才是真正切实可靠能发挥作用的评价体系。因此，必须在国家层面出台政策性文件，综合改革教育评价体系，从根本上为学生发展、教师成长确立科学评价标准。事实上，2020 年 10 月 13 日，中共中央、国务院为适应新时代中国特色社会主义教育发展专门印发了《深化新时代教育评价改革总体方案》。但是，"在具体执行中却面临价值认识不到位、观念变革不彻底、执行力度不扎实、方法技术不够新等问题，出现了政策预期目标与现实效果背离比较显著的不合理现象"[①]，因此，有必要认清问题，继续探索教育评价体系改革有效方法与路径。本课题认为，基于促进师生人格完善这一教育目的，教育评价体系改革的关键在于三点：第一，强化教育评价改革的理论与技术支持。新一轮教育评价改革的目标实现需要科学、有效、完备的教育评价理论与技术支持，才能够解决现实评价时遇到的评价理念难以落地、评价内容难以推广、评价制度难以运作、评价生态难以形成等具体的评价困境和难题。具体应从理念、原则、方法、体系、标准等方面去强化评价设计、评价手段、评价工具的研究。第二，侧重对教育评价改革

---

① 杨聚鹏：《新时代教育评价改革政策的实践困境与推进策略研究》，载于《武汉大学学报》（哲学社会科学版）2022 年第 6 期，第 181～190 页。

中遇到的重点与难点的突破性研究。如何在教育评价中融入对学生人格健全的评价？不唯学生考试成绩评价，如何保证学生学习水平和评价的公正性？政府如何客观公正地对学校进行办学质量的评价？如何有效评价教师的师德与人格？这些都是改革教育评价体系中需要着力解决的"硬骨头"。第三，建构强有力的社会支持体系。教育评价改革的有效落地，离不开社会行动、社会资源、社会力量的支持。新时代教育评价不仅仅是教育问题，已然是一个复杂的社会问题，必须引导社会理念、社会制度、全社会成员对教育评价改革理念、政策的认同、衔接与支持。

2. 地方层面合力配合教育评价体系改革，从资源上确保改革生效

国家层面的综合性改革举措必须由地方政府配合才能完成。地方层面的合力配合主要体现在对国家层面的教育评价改革的地方化、系统化、机制化的改进与融入。一是全面加强党对教育工作的全面领导，建立市级、县（区）级教育工作领导小组，定期召开专题会议，研究教育发展重大问题，深入推进教育评价改革实施。二是完善发展区域教育信息化系统，打造智慧生态系统。目前多地利用信息化、数字化推进区域办学质量评价改革，完善了指标设置、评价内容和评价方式。区域教育信息化系统正从纵向贯通和横向融通上努力打造智慧生态系统[①]，这一尝试能够在数据层面建立开放共享协议，实现区域之间、部门之间、政府学校行业之间的数据交流，实现区域内的教育资源整合与有效分配；有效整合区域内教育行政部门教育信息系统，有效消除数据壁垒与冲击；同时利用区域教育大数据能够有效分析区域内各级各类学校学生与教师各个维度的发展情况，做到风险管控与防治。三是完善学校评价机制，推动分层分类发展。完善教师评价机制，激发教书育人活力；完善学生评价机制，实现学生健康全面发展；完善用人评价机制，促进争先担当作为；完善上下联动机制，形成部门横向协同合力。

3. 学校层面因地制宜推进教育评价体系改革，从行动上保障改革落地

学校层面因地制宜推进教育评价体系改革，是指学校要为教育评价体系改革落地搭配本校的各类支持，出台实施细则。各级各类学校要根据学校发展目标，制订教育评价体系推进方案，从行动上保障改革落地。具体而言：一是建构起学校层面人格完善的核心理念与育人目标。二是在国家层面的教育评价体系与地方层面的资源支持基础上，挖掘适合于本校的师生综合评价体系，将过程性评价、终结性、表现性评价与增值性评价相融合，实现学生的全方位评价。三是制定学校层面的综合素质评价标准，并从运作机制、阶段性改进等方面保证评价标准的

---

① 王永固、王怡、王会军、胡小杰、李晓娟、楼又嘉：《区域教育智慧生态系统构建：模型、框架与策略——基于浙江教育大数据工程行动实践》，载于《中国电化教育》2022 年第 12 期，第 114～120 页。

有效落地。四是建立起以科学完备、严格规范、公开透明为底线和标准的教师评价程序，促进教师评价的程序公平与结果公平。五是从细节上保障教师师德师风、工作质量、专业水准、努力程度的准确评价，促进教师自身努力。六是建立个性化评价体系，在共性标准基础上探索教师个性化发展目标，为教师个性化、自主化发展创造条件。七是要求教师拥有强大的自我管理能力，持续提升自身在真善美境界上的修炼，即要以人格完善为要求，不断提升和强化对人格完善与健全的理性认知与价值认同。

（二）推动构建大中小幼一体化人格培育体系，为教育"完善人格"建立系统科学的完整体系

当前，各个学段学生中出现人格问题的现象频频发生，并且在不同学段发生的原因各不相同。从学生个体发展的视角来看，学生人格问题的阶段性变化规律与学生人格发展的阶段性特征相吻合。因为学生从幼儿入学到大学阶段，各个学段应该着重学会应对和处理的事件不同，所要解决的人格问题各不相同。因此，必须对大中小幼各阶段人格教育的具体目标和主要内容进行整体规划，做到大中小幼人格教育的有效衔接，才能保证学生人格发展的健全与完善，减少人格问题的出现。调查显示，大学教师和学生认为人格教育，应该重点放置在小学，而幼儿和小学学段学生处于相对简单单纯的生活学习环境中，很多问题不会显现出来，难以得到针对性解决。这一现状就使大、中、小、幼人格教育的有效衔接的研究和开展变得极为重要和迫切。埃里克森人格发展理论指出，在学生学龄初期（3～5岁），内心面对着主动对内疚的冲突，在幼儿园这一时期，学生处于前运算阶段，充满着自我中心。在学龄期（6～12岁），内心主要充斥着勤奋对自卑的冲突，因此在小学阶段如果他们能顺利地完成学习课程就会获得勤奋感，反之，就会产生自卑。在学生青春期（12～18岁），面对着自我同一性和角色混乱的冲突，这是因为在中学阶段社会的要求和自我的要求开始矛盾，学生容易出现角色混乱，急需要形成正确的社会自我，在矛盾中成长。在学生成年早期（18～25岁），面对着亲密与孤独的冲突。因此在大学阶段，学生寻求一个人或者一些人来与他共同面对自己想做的事，在亲密关系中产生不断改变世界的能量。基于以上认知，构建大中小幼一体化人格培育体系，应该将每一时期学生的主要思想矛盾作为完善人格的主要内容去攻克。

1. 幼儿阶段旨在帮助学生创设良好的生活学习环境，增强体验感

幼儿阶段是个体心理技能的快速成长期，这一阶段其人格开始得到发展。幼儿阶段，是学生自尊心、自信心、社会规范和道德情感发展的关键时期，容易受到家长和老师朋友的评价影响。因此，这一阶段人格发展的主要目标是创设良好

的生活和学习环境，帮助幼儿得到各方面的美好体验。要着重培养幼儿积极稳定的情绪情感，帮助幼儿树立自尊和自信，培养良好的行为习惯及基本的社会适应能力，使幼儿人格获得最优化发展。[①]

2. 小学阶段旨在帮助学生顺利完成学业，增强自信心

小学阶段，学生的课业负担加重，纪律约束明显强化，主要活动也由游戏变为知识学习。在这一阶段，学生接触到更多的交往对象，学习生活的空间场所范围得到拓展，行为规范的进一步习得，学习内容和任务的丰富发展等，都将进一步推动学生人格的发展。因此，这一阶段人格教育工作的载体和环境均发生变化。应注重在学习活动和课堂情境下，根据小学生人格发展特点开展教育。小学阶段，学生面临着新的发展任务，发展目标在于获得勤奋感。这一阶段尤其要关注同辈群体对学生发展的影响作用。在开展工作时，一是通过指导学生与同辈的比较和相互评价，客观分析自身发展，全面认识自我；二是引导学生正确接纳自我，增强自尊自信和对待困难挫折、解决问题的能力；三是注重学生社会适应能力的提高与强化，分别是学习适应、人际适应和生活适应等。[②]

3. 中学阶段旨在帮助学生学会建立科学的世界观、人生观和价值观，增强自我认同感

中学阶段是学生一生中最为特殊的时期。伴随着生理、心理的剧烈变化和发展，中学生的人格发展也呈现出新的特点，主要表现在自我意识、价值观和道德品质、社会适应能力和情绪稳定性等方面[③]。青春期是自我意识发展的关键时期，其发展呈现出曲折波动的特点：初一和初二呈现急剧下降的趋势，而后变化逐渐平稳，到高中阶段后期开始呈回弹之势。[④] 在此阶段，需要引导学生形成自我认同感，防止角色混乱。一是帮助学生从心理（性格、兴趣、潜能等）、社会（社会角色、责任、权利、义务等）、生理（外貌、身体变化、穿着等）等多层面全方位地了解和认知青春期的自我，加强自我认知，正视自我、接纳自我、欣赏自我。二是进行正确的价值引导，塑造科学的世界观、人生观和价值观。三是通过习惯养成和目标制定与实施，帮助学生强化自控能力、养成积极心态、提高情绪稳定性并提升自主性、自觉性和抗逆性。四是人际交往的引导，引导学生树立正确的交往理念，正确看待和认识早恋等。

---

① 教育部：《3-6 岁儿童学习与发展指南》，首都师范大学出版社 2012 年版，第 8 页。

② 夏敏：《气质与父母养育对儿童社会适应的交互作用：代表性理论及其证据》，载于《心理科学进展》2017 年第 5 期，第 837～845 页。

③ 俞国良：《现代心理健康教育——心理卫生问题对社会的影响及解决对策》，人民教育出版社 2007 年版，第 47 页。

④ 孙远刚等：《12-15 岁初中生健全人格培养研究》，大连海事大学出版社 2017 年版，第 78 页。

4. 大学阶段旨在帮助学生建立良好的社会关系，增强抗挫折能力

大学阶段，是学生尝试独立生活的开始，意味着学生要自己独立处理来自学业、恋爱、社交、理财、实习、求职等多方面的重大课题；意味着人格自我和社会的统一与成熟。这一阶段的学生看似成熟，其实会有很多人格问题容易集中发生。在这一阶段，一是着力提升大学生的人际交往能力，帮助学生学习人际交往及吸引策略，加强对学生亲密关系的理论与实践指导，构建健康稳定的人际网络。二是帮助学生正确认识理想与现实的差距，积极悦纳自我，正确面对人生的挫折与考验，避免不当的自我评价。三是帮助学生学会恰当表达和宣泄情绪，提供情绪管理和调节的方法与策略，增强心理弹性和韧性等。

（三）强化校领导班子人格完善意识，为教育"完善人格"增强可持续的支持力量

一所学校的发展情况与校领导的办学理念紧密相关，其人格理念对于学生人格的发展与完善具有重大作用。调查显示，一所学校教育完善人格工作做得好不好、到不到位，主要与校领导是否重视成正比。校领导越重视，学校的人格培育与完善的氛围越充足、投入的精力与成本就越高，学校的整体工作就能以学生人格完善为主要目标，反之，校领导不重视，校园氛围难以提升、教师人格难以健全、相关设施难以投入、学生人格完善与健全难以得到关注与呵护。目前，完善人格工作做得系统且有成效的学校为数不多。要实现教育完善人格工作目标，就必须在全国范围内倡导校领导班子重视人格工作：一是增强校领导班子自身人格魅力。二是引导校领导班子重视学生人格健全与完善，提高人格对个人、社会和国家发展重要性的认识。为在全国范围内取得实效，可开展完善人格主题教育，制定政策性文件。三是强化领导在人格教育设施投入、相关教师培育投入、校园文化建设投入上的意识。

（四）改革学校课程体系，为教育"完善人格"筑牢核心关键阵地

作为教育"完善人格"的关键阵地，课程体系的改革极为关键。当前，为完善学生人格，全国范围内已有多所学校对课程体系的改革进行尝试。这些宝贵经验与做法为教育"完善人格"工作目标的实现提供了实践基础和可行路径。

1. 开发基于幼儿本位的生活化课程

幼儿园课程改革要基于幼儿本位，通过对课程内部要素、外部条件及其关系进行调整与干预，使课程体系以幼儿生活化、本土化为核心，达到促进幼儿人格完善、全面发展的目的。一是将幼儿作为主体，将幼儿的现实生活和未来生活作为课程开发的依据，设计充满参与感与趣味性的课程。二是课程改革要涵盖探索性、游戏性、思考性、创造性、高度体验感等，同时要注重引导幼儿与教师、家长、同伴、课程内容、学习环境、生活环境的互动和交流，从而达到学习的目的。三是以幼儿生活及人格完善为核心，构建幼儿园环境与文化，让幼儿在园中感受到课程内容的延伸、课程对话的应用，从而鼓励幼儿更好地认识周边世界、认识老师同学、认识自我。

2. 探索形成全人格教育课程体系

全人格教育课程体系指北京师范大学附属中学基于全人格教育理念构建的由"基石课程""志趣课程""卓越课程"[1] 组成的全人格教育课程体系。北京师范大学附属中学将全人格教育作为其办学理念，培养出一批又一批人格健全、全面发展的优秀人才。基于全人格教育课程体系对于学生人格健全与完善的积极作用，有必要将其作为推动学生人格完善的有效对策进行推广。"基石课程"涵盖了全人格教育的基础性与全面性，基本覆盖学生发展核心素养的 18 个要点，"各学科教学中都会渗透'乐学善学''勤于反思''自我管理''问题解决'"[2]。"志趣课程"与"卓越课程"对核心素养的落实既有纵向深化又有横向拓展。但面对当前学生成长中遇到的人格问题，未来在对全人格课程体系的完善中，一是应进一步开发实践类、综合类课程，引导学生深层次思辨，聚焦具体问题的解决。二是应使课程建设更具系统性与协同性。三是未来学校课程建设应关注到学生的个性化发展，促进学生自主发展。

3. 探索特色校本课程的路径改革与规划

特色校本课程在发扬学校特色文化、创设育人体系、完善学生人格等方面具有关键作用。学校特色课程开发要聚焦学生核心素养、理想人格，结合校情、学情，让学生个性表达、全面发展。一是可以以传统文化课程为切入点，根植学生家国情怀。二是以品格教育课程为关键点，培养学生良好习惯。三是以艺术教育课程为着眼点，陶冶学生艺术情操。四是以校园体育为着力点，强健学生体能体魄。五是以劳动课程为突破点，培育社会主义建设者。

（五）改革心理育人体系，为教育"完善人格"指明主要施力方向

教育"完善人格"的主要施力方向在于学校的心理健康教育，目前全国大中小学都开始重视学生心理健康教育，但真正有成效的举措并不多，还需要在改革心理育人体系上下功夫，可从以下方面着力：一是确立学生在学校心理健康教育

---

[1][2] 王莉萍：《全人格教育课程体系的构建与发展》，载于《中国教育学刊》2019 年第 5 期，第 58 ~ 62 页。

中的主体地位。二是打造心理育人格局，关注学生心理健康。三是更换心理咨询室名称，打造如沐春风般的轻松氛围。

1. 确立学生在学校心理健康教育中的主体地位

确立学生在学校心理健康教育中的主体地位，指的是学生应是心理健康教育的主动体验者、经历者和调试者，而不是被动填写心理健康调查问卷的客体，也不是为了学分被动参加心理健康讲座的聆听者。构建起学生主体、学校（教师）主导、家庭（成员）主阵、社会（机构）参与的全员育人网络。要通过有效举措，激发学生的主体性意识，实现学生对自我的积极探索与勇敢面对。这就需要学校做到以下几点：一是建构突出学生主体地位的心理健康教育内容，引导学生确立其主体意识。二是搭建突出学生主体性的心理健康教育平台，强化学生主体能力，如各级学校根据学生成长规律，以学生发展过程中正经历的问题为心理健康教育活动的主题，强化学生的关注意识，并引导学生间相互解决问题。三是形成突出学生主体性的心理健康教育模式，通过主体性、参与性、体验性等教学模式的探索，使学生自主积极参与到课堂与活动中来。

2. 打造心理育人格局，关注学生心理健康

心理育人格局不是以一所学校之力就能够有效打造的。要实现学生心理及人格的健康发展，需要依赖国家宏观系统层面对学生心理健康教育的进一步关注与常态化发展，使育人、育德与育心相结合。在全社会范围内通过外部系统、中间系统、微观系统，形成对学生心理健康的关注：在外部系统需要加强网络文化、地方文化等对学生心理健康的积极影响；中间系统的强化，需要学校形成"校级—院级—班级—寝室"的心理健康育人网络，以大数据为技术支撑，做到心理健康问题预防为主、追踪到位，全力推动心理育人的全员参与性、全过程衔接性和全方位渗透性；微观系统要关注学生身心整合、发展需求、问题应对、自主意识、自我管理，家长、班主任、辅导员、各科教师、学生都将成为这一微观系统中的主要观察者、介入者与教育者。

3. 更换心理咨询室名称，营造如沐春风般的轻松氛围

当前大部分大中小学都设置了心理咨询室，但前去咨询的学生寥寥无几，问题之一在于"心理咨询室"这一名称，将学生前去寻求帮助的想法无情压制。学生会误认为，自己一旦寻求帮助就成为心理有问题的人。因此，可行且有效的做法是将心理咨询室这一名称改为一个听起来如沐春风、让学生觉得轻松愉悦的名字。如"成长加油站""心灵花园""青春故事交流站""开心小站"等。学校同时也应加强宣传，指明这一场所可用来释放压力、交流讨论等，从而保护学生自尊心，使学生拥有轻松心情、拥抱温暖的咨询氛围。

本研究对此提出建议：教育"完善人格"是教育"凝聚人心""开发人力"

"培育人才""造福人民"的基础与前提。只有保障学生有健康完善的人格，其他方面才有成功可能。因此，国家要在全国范围内组织一批教师型专家，着力构建大中小幼一体化人格培育体系，督促各级各类学校、教师及家长共同助力学生形成健康完善的人格。

三、落实教育"开发人力"工作目标的行动举措

通过全面总结当前我国教育开发人力工作目标取得的成绩、面临的现实困境，深刻剖析其产生原因，参考借鉴各学段落实教育开发人力工作目标的经验与典型，本课题提出了落实教育开发人力的具体行动举措：第一，加快扭转教育功利化倾向，为教育"开发人力"树立正确导向；第二，推进各级学校教育改革，为教育"开发人力"筑牢关键阵地；第三，塑造专业化教师队伍，为教育"开发人力"提供坚实后盾；第四，发挥教育评价"指挥棒"作用，为教育"开发人力"锚定正确航向。

（一）加快扭转教育功利化倾向，为教育"开发人力"树立正确导向

新时代对教育提出了新的更高的要求。但是，教育界长期存在的功利化倾向，还在影响着我们的教育环境和生态，影响着教育现代化、教育强国的建设步伐。因此，需要我们正视学生的成长规律，尽快扭转和解决教育功利化倾向问题。

在调研中发现，教育功利化倾向在学校、教师、学生家长以及学生本人中普遍存在，成为学生潜力发挥、学生健康成长的主要障碍之一。教育功利化倾向对开发学生人力的危害是多方面的：其一，教育"开发人力"的基础是具有科学正确的教育目的并在实际教育过程中得以严格执行，而受功利化理念影响的学生，会形成错误的人才观、学习观。在学习与工作中都会形成追求短期利益的习惯，以急功近利的心态去实践自己的人生。造成知识面狭窄、缺少创新意识、高分低能的后果，其人格往往难以完善，自身独特的潜力难以得到有效发挥，学业事业难以有所作为。其二，教师发展深受其害，难以出现经师与人师相统一的新型教师。受这种理念影响的教师，课程均简约为知识内容的教学及掌握知识能力的培养，而对于知识背后所蕴含的精神、态度、情感等则不加考虑，更谈不上关注学生个性发展。而道德教育也是侧重于道德知识、规范教育，而忽视了道德理想的树立、道德情感的养成和道德行为的训练。长此以往，严重妨碍了学生潜力在教育各学段的有效鉴别与培养，导致学生错过最佳潜力开发时机。当前我国教育工作的"内卷"、负担过重等现象，背后的根本就是教育理念、观念的偏离和扭曲。

扭转教育功利化倾向，首先需要转变教育理念。家庭、学校、国家、社会都

有一定的责任。具体从以下几方面入手。

1. 家庭层面

家庭是社会的基本细胞，是人生的第一所学校。广大家长不能把是否有利于取得好成绩和上好学校作为孩子学习活动的唯一标准，而是要全面学习家庭教育知识，系统掌握家庭教育科学理念和方法，增强家庭教育本领，用正确思想、正确方法、正确行动教育引导孩子；坚持立德树人导向，以端正的育儿观、成才观、成人观引导孩子逐渐形成正确的世界观、人生观、价值观。

2. 学校层面

学校是教育的主阵地，要深刻认识到学校的中心任务不只是抓好分数、提高升学率，而是要把立德树人融入思想道德教育、文化知识教育、社会实践教育各环节，贯穿基础教育、职业教育、高等教育各领域，学科体系、教学体系、教材体系、管理体系要围绕这个目标来设计，教师要围绕这个目标来教，学生要围绕这个目标来学。针对不同学段，科学定位德育目标，合理设计德育内容、途径、方法，使德育层层深入、有机衔接，推进社会主义核心价值观内化于心、外化于行。引导家长、学校、社会等各方面提高认识，推动落实好"双减"政策要求，促进学生全面发展。

3. 国家层面

扭转教育功利化倾向也需要国家在政策层面进行改革。国家对"双减"、新高考、职业教育的改革尝试，都是为了使教育回归正轨的有力措施。而这些改革所遇到的阻力，其深层原因在于理念的落后。要超越单纯的财政视角，一方面改善教育投入的结构，从过度重视"物"转移到主要重视"人"。另一方面需要供给侧结构性改革，鼓励多样化办学，提高办学质量和水平、构建一种新教育生态。另外，要超越单一教改的视角，从课程改革走向学校综合改革，加强党对教育的领导，坚持社会主义办学方向，全面贯彻党的教育方针，以教育家办学和学校自主管理为主体进行变革，建造有利于学生成长成才的新型学校。

4. 社会层面

社会的用人导向直接影响着学校的办学方向和家长的教育期望。党政机关、事业单位、国有企业要带头扭转"唯名校""唯学历"的用人导向，建立以品德和能力为导向，契合岗位需求的人才使用机制，形成不拘一格选人才、用人力的良性用人机制和就业导向。

（二）推进各级学校教育改革，为教育"开发人力"筑牢关键阵地

1. 基础教育

促进学生全面发展，即德智体美劳"五育并举""五育相融"，是学校落实教育开发人力工作的重要内容。学校传统课程体系设置往往重视智育，而对其他几方面的培育存在或多或少的疏忽，难以达到培养学生全面发展的教育目的。学校是教育的主阵地，持续推进学校课程体系的完善，有助于培养学生在基础教育阶段多方面均衡发展，·落实教育"开发人力"工作目标。具体可以从以下几方面开展：一是开发课程多样性，例如在体育方面开设跳绳课、围棋课、象棋课、游泳课、篮球课等种类丰富的特色课程，并要求选课学生达到一定的技能和考核要求，保证学生真正学会一些技能。二是依据学校特点开设课程。将学校中的一切资源都视作教育资源，因地制宜地开设特色课程。

初中是义务教育的最后学段，毕业学生也将面临"普职分流"的选择。目前家长恐惧孩子被分流到中职，原因有二：其一，中职毕业生的职业素养水平很多时候还满足不了用人单位的要求，故而就业难，升学更难。这一问题留待职业教育部分再详细论述。其二，受"指挥棒"的影响，初中把培养目标主要定在普高升学率上，对于近半数不能进入普高的学生，没有采取有针对性的因材施教措施。这一部分学生成人后，也是国家的重要人力资源。提高他们的素质，是"让人人出彩"的需要。这一部分人的教育培养问题，是教育界联合用人单位一起，需要不断研究、改进的重要问题。

普通高中推进"新高考"改革，改变"一考定终身"的高等教育招生考试体制。普通高中要深化学校教育教学改革，推动特色办学。加强办学的多样化，增加和扩大学生可选择的机会和空间。随着高中教育的普及，更多的适龄学生进入高中学习，学生发展的差异需求越来越明显。因此学校要深化教育教学改革，实施个性化教育，发展学生的个性和特长。其一，进行课程改革。将必修课与选修课比例进行调整，降低必修课难度，增强学生自信，激发学生对选修课程的自由探索热情，针对杰出人才设置灵活性跳级、毕业安排。其二，学校可按照学校能力水平增加学生接触不同类型课程的机会，如每种选修课都可设置普通类、高级类、快速了解类课程，为不同需求的学生提供探索机会。其三，要求教师积极改革教学方式方法，引导学生进行探究式学习。一是减少照书本逐字逐句讲课的时间，将时间还给学生迅速学习思考，倡导启发式教学；二是增加实践学习时长，引导学生在实践中巩固课堂所学的知识。其四，学校要开足开够劳动课与体育课。劳动课要培养学生热爱劳动、亲近劳动人民、珍惜劳动成果、以劳动自立的品质，并使其掌握一定的劳动技能；体育课要保证学生每天适当的锻炼时间，培养强身健体和磨炼意志的意识，使学生掌握自己喜爱的若干项体育技能，奠定"为祖国健康工作"的体质基础。

2. 职业教育

大力推进职业教育提质培优工程。首先要发展职业教育，建立多轨贯通的升学评价体系。横向主要是调整普职分流。高水平发展职业教育，提升职业教育的质量和地位，使其更具吸引力和竞争力；淡化普职差别，促进普教、职教横向融通，中小学实施职业启蒙教育，探索发展特色综合高中；深入论证普职分流社会关注议题，降低义务教育升学压力，科学回应家长焦虑。其次是中等职业技术学校要深化改革，提高中职教育质量。普职分流引发家长焦虑、社会热议的最重要原因是，职业学校的校园氛围及师资力量跟不上，有的甚至达不到教育部规定的水平，家长对中职教育缺乏信任感。同时，也与用人标准不切实际攀高、对技术工人社会地位的舆论误导有关。解决家长和学生的失落和焦虑，中职要受到社会认可，必须以提高育人质量、加强教育管理、全面改善就业、提供合适的薪资待遇、提高社会地位为前提。通过中职质量提升的实际效果，改善中职在社会上的口碑，让学生感受到有好的预期，从而提高学习信心和兴趣。目前我国多数中职教育质量不高，支撑不起提供较高水平专业技术人才的重任，这是客观事实。所以中职发展的根本问题在于自身的改革。其一，加强文化基础知识和技能并重的培养模式。学习借鉴国外中职培养模式的合理部分。技能课要适应社会对技术人才的要求，要适应第四次工业革命、智能制造业兴起对高素质技工的职业要求；科学文化知识课程具有奠定学生日后进一步发展和技术创新后劲的基础作用，建议占比不少于50%（比如德国是60%左右），保证中职学生具有一定的文化知识水平。其二，中职与用人单位高度"联姻"。在专业设置、知识与能力结构、用人要求、师资培养、办学规模、联合办学等方面，充分尊重用人单位意见。进一步强化学生的职业素养和核心能力培育，鼓励中等职业教育采取多样化发展模式，满足不同区域、不同群体的多样化需求。打通培养、使用的渠道，以方便学生就业、创业。中职应与用人单位建立共同培养的机制，为中职学生职业训练提供符合要求的实训条件和基地。其三，加大政府对中职建设的指导、规范和支持力度。要制订长远计划，在提高中职的管理水平、师资力量和培养质量上下功夫，解决教育质量不平衡问题。对于达不到标准的中职，可以指定高职与之"手拉手"，或者改制为附属中职，帮助中职尽快"脱贫"。

高职高专院校，是目前职业教育的主力军，占有高等教育的近半壁河山。它们培养的毕业生，活跃在我国产业链和其他岗位的各条战线，正在为中国式现代化贡献着自己的力量。调查显示，目前我国高职高专院校水平参差不齐。有的学校各种办学条件近年来有了很大进步，但也有很多不尽如人意的学校。要推动现代职业教育高质量发展，需要借鉴普通高校，尤其是"双一流"高校建设的成功经验，国家、地方、学校、用人单位一起发力，从改变办学条件和提高师资队伍入手，加强校企联合，确定发展目标和时间节点，加强国家层面的督导。

厘清职业本科教育定位。《关于推动现代职业教育高质量发展的意见》中明确提出，到 2025 年，职业本科教育招生规模不低于高等职业教育招生规模的10％。厘清职业本科教育的定位，要从其培养定位、培养理念、培养模式、评价方式上作出精准认识与判断。在培养定位上，要认识到职业本科教育以培养联结研发环节和生产环节的高层次技术技能人才为主；在培养理念上，要注重学生理论知识、解决复杂问题的综合能力、创新技术思维的培养；在培养模式上，实现校企合作、工学结合的全过程贯穿；在评价方式上，加强行业评价与企业评价，以学生的职业岗位适用度为主要评价标准。长远来看，还要明确职业本科教育的办学定位、发展路径、培养目标、培养方式、办学体制，完善职业本科教育标准体系、评价体系、制度体系和保障体系，引导职业本科学校坚持类型定位、突出自身特色。打通职业教育的"天花板"，给优秀职教本科生，尤其是有生产实践经验的职业技术领军人物，提供通过考试竞争继续深造、攻读研究生的机会。这样会大大振奋职业教育及其学生，让他们看到更为光明的前景。

3. 高等教育

大力发展具有中国特色的应用型大学。新时代新形势下，我国经济社会发展转向以国内大循环为主体、国内国际双循环相互促进的新发展格局。教育发展需要适应和主动服务于这一新格局，挖掘并构建自主发展的内生力量，以教育变革发展推进教育社会功能释放，促进教育内部以及教育与社会的融合发展循环。高等教育结构改革要适应社会发展的要求。目前大学的办学不仅水平参差不齐，而且同质化现象严重、贪大求全：专业性大学向综合性看齐，高职高专也拼命跻身于普通高等学校。教育部应该根据国家现代化建设对人才结构的要求，通过顶层设计，有计划、有目的地逐步调整高等教育结构。继续把"双一流"大学作为未来科技创新人才摇篮来建设，主要培养本硕博一体化的科技和人文社会科学的领军人才及高端人才。将其建设成世界一流的研究型大学，服务于国家科学技术创新攻关。除此之外，从教育供给侧与经济社会发展需求侧平衡的角度看，发展高质量的应用型教育同样也是国家经济社会发展的战略需要。国际上通行学术型人才与应用型人才 2∶8 的结构。建议将我国其他本科学校逐步向特色专业的应用型大学转型，改变贪大求全的办学模式。高职高专坚持职业特色，培养既有一技之长，又能进行技术革新的技术人才。从长远发展看，应该将后两类学校逐步融合，形成具有中国特色的应用型大学，服务于经济建设主战场。

（三）塑造专业化教师队伍，为教育"开发人力"提供坚实后盾

1. 加强教师教育体系建设

教育"开发人力"，离不开教师的慧眼识才，因此，教师要有极高的辩才能力与水平。首先，支持打造师范教育高质量发展的领头雁，推动以高水平师范院校为引领，推进师范院校在教育科学研究、教师教育师资队伍建设、师范人才培养和基础教育服务等领域的创新发展；其次，实施卓越教师培养计划，推进地方政府、高校和中小学"三位一体"协同育人，分类培养高素质专业化的中小学教师、高素质善保教的幼儿园教师、高素质"双师型"的职教教师、高素质创新型的高校教师；最后，要倡导教师学会发现学生特点、特长、特色，引导学生认识自己的潜力、潜能，帮助学生科学合理地选择最适合自己的发展方向。此外，还要做好师范类专业认证，以认证促建设，健全质量保障体系。

2. 注重提高教师培训实效性

教育"开发人力"，要求教师自身要不断成长进步。首先，大中小学要强化校本教研，发挥教学名师示范带动作用，引领青年教师快速成长；其次，通过领航工程、领雁计划等举措，倡导教育家办学，鼓励教师大胆探索，创新教育理念，改进教学方法，成为学生创新精神的呵护者、创造能力的培育者、创业生涯的指导者；最后，推进高等学校、培训机构与中小学校教师培训资源整合，建设高水平的教师培训基地。

3. 注重常态化教师基本功训练

基础教育和职业教育是我国培养和提供高质量人力资源的重要基础和支撑力量。人力资源优质与否，教师是关键因素。要为教师的专业发展提供条件和保障，使教师从"蜡烛"转化为"点灯"。建议在基础教育和职业教育学校，也建立教师的专业发展指导中心，肩负起指导、督促、监察教师的专业发展的责任。教师基本功训练是一件久久为功的工作，要常态化地常抓不懈。要帮助教师打好以下若干方面的基本功：吃透教材的基本功、教材转化的基本功、教案设计的基本功、课件制作的基本功、语言表达的基本功、课堂驾驭的基本功、情绪掌控的基本功、心灵互动的基本功、思想沟通的基本功、答疑解惑的基本功、教学研究的基本功、课程思政的基本功。

4. 推动各地加强中小学教职工编制保障

中小学教师编制保障直接关系到中小学教师能否安心教书育人。首先，在"双减"大趋势下，不仅学生要推进"双减"，也要保障中小学教师不增加工作负担，延时服务后，教师的后顾之忧以及合法权益要关心并解决。其次，健全教师职称、岗位和考核评价制度。关注教师身心健康，提供有效健康服务，让教师健康工作、幸福生活。最后，完善中小学教师荣誉制度，深入做好教学名师、教育系统先进集体和先进个人、教书育人楷模等评选推选活动，发挥其示范引领作用。

（四）发挥教育评价"指挥棒"作用，为教育"开发人力"锚定正确航向

教育评价事关教育发展方向，也关乎人力开发的程度和质量。教育评价既以教育价值观为尺度，又引导社会教育价值观，教育评价"评什么"在一定程度上决定老师"教什么"、学生"学什么"。科学的教育评价引导人们树立科学的教育观，不科学的教育评价则会滋生偏离的价值导向。所以，要用好教育评价这个"指挥棒"，为教育"开发人力"锚定正确航向。

1. 改革学校评价

落实立德树人的根本任务。在中小学和高等学校建立以立德树人成效为根本标准的科学评价体系，使立德树人的评价由虚变实，以推动教育本体功能的回归。在尊重学生成长规律和教育规律的指导下，把落实党的全面领导，坚持正确办学方向，加强和改进学校党的建设以及党建带团建、队建，做好思想政治工作和意识形态工作等作为评价学校及其领导人员、管理人员的重要内容。通过"指挥棒"的调整，克服重智育轻德育、重分数轻素质等片面办学行为，促进学生身心健康、全面发展。

2. 改革教师评价

引导教师以德立身、以德立学、以德施教，潜心教书育人。坚持把师德师风作为教师评价的第一标准，强化教师思想政治素质考查，推动师德师风建设常态化、长效化，引导广大教师坚定理想信念、陶冶道德情操、涵养扎实学识、勤修仁爱之心，树立"躬耕教坛、强国有我"的志向和抱负，坚守三尺讲台，潜心教书育人，克服重科研轻教学、重教书轻育人等现象。突出教育教学实绩，强化一线学生工作，改进高校教师科研评价，突出质量导向；推进人才称号回归学术性、荣誉性，切实精简人才"帽子"。

3. 改革学生评价

促进德智体美劳全面发展。学生评价坚持以德为先、能力为重、德才兼备、全面发展，改变用分数给学生"贴标签"的做法。根据学生不同阶段身心特点，科学设计各级各类教育目标要求，引导学生养成良好思想道德、心理素质和行为习惯，永远听党话、跟党走，矢志奉献国家和人民。稳步推进中高考改革，构建引导学生德智体美劳全面发展的考试内容体系；加快转变以考试成绩为唯一标准的招生模式等。

4. 改革各级党委和政府教育工作评价

树立科学的政绩观，推进科学履行职责。完善省级政府履行教育职责评价，既评估最终结果，也考核努力程度及进步发展；构建政府、学校、社会等多元参与的评价体系，建立健全教育督导部门统一负责的教育评估监测机制（在条件成熟的情况下，可以建立第三方教育评估机制）；把教育评价改革情况作为教育督导的重要内容，对违规行为问责追责。

本研究对此提出建议：加快完善职教高考制度，推进学术人才与技能人才的平等发展、按需培养。通过提高职业学校育人的能力水平、职教学生的社会认可度等方式推进职业教育的快速发展。要继续探索"因材施教"的途径，由专业人员引导学生根据自身优势和特点选择职业生涯和专业方向；要对前期一些学校试行"因材施教"的做法进行总结。新高考改革的核心目标之一是"增强学生选择权"，因此就要加强对学生选择与发展的指导，即注重加强学生发展指导的全面性、针对性与体验性，兼顾学生兴趣、社会需要与个人特长。另外，提升学生综合素质要以课程规划为抓手，开齐、开足、开好各级各类课程，为学生德智体美劳的全面发展奠定基础。同时，要强化优势课程，优化教学方式，凸显学校育人特色，满足学生个性发展需要。

四、落实教育"培育人才"工作目标的行动举措

从教育培育人才的现状分析出发，通过对当前社会教育培育人才工作取得的成绩、尚存的问题、困难的剖析，以及对教育培育人才中经验典型的总结，提出了落实教育培育人才的具体行动举措：第一，加强拔尖人才教育政策的顶层设计，优化拔尖人才培养政策体系；第二，转变人才培育理念，更新对拔尖人才培养的观念认知；第三，创新人才培养体系，探索教育教学新路；第四，着力教师的能力建设，构建创新型教师队伍；第五，构建各学段贯通、多主体协同的拔尖人才培养网状体系；第六，坚持拔尖人才成长规律，促进理论与实践相结合。

（一）加强拔尖人才教育政策的顶层设计，优化拔尖人才培养政策体系

1. 推进拔尖人才相关法律法规的建立

国家和教育行政部门建立清晰、全面和贯通的拔尖人才培养政策体系。深入实施科教兴国战略、人才强国战略，充分发挥制度优越性，从顶层设计和中央统筹开始，以新型举国体制来促进各类拔尖人才全链条培养和发展，尤其需要推动拔尖人才相关法律法规的建立。这不仅能够奠定拔尖人才教育的合法性地位，而且可以推动实践和研究层面的繁荣发展。针对我国拔尖人才培养体系中遗漏学前教育和基础教育阶段的问题，政府可以出台法律法规或政策，指导中小学科学规

范开展拔尖人才早期甄别和培养活动。前几年有些大中城市成功开展了拔尖人才的培养工作，但在社会上出现一些不同声音后便"急刹车"了，这正是因为缺乏法律保护。培养拔尖创新人才是关系到我国发展战略、应对国际敌对势力挑战的重大问题，必须有法律保障。发达国家的英才教育、天才教育能够大力发展与其立法有关，如美国制定的《天才教育法案》《授权教师给予天才和高能学生帮助法》，促进了拔尖创新人才的成长。由于有法律规定，美国排在同龄人前 1% ~ 3% 的英才学生会受到重点关注和特别培养。发达国家的成功经验可借鉴参考，建议建立培养尖子人才"特区"，把有专业特长的特殊学生送到"特区"培养，必将有力推动我国拔尖创新人才的成长。

2. 健全政策框架，保障拔尖人才培育政策实施清晰可行

考虑到我国拔尖人才教育政策实施细则不够清晰，教育行政部门有必要健全政策框架，从拔尖人才甄别、项目设计与管理、课程与教学、教师培训、拔尖人才权益维护、项目评估、经费支持等方面出台配套的实施细则对人才培养实践进行统筹和规范[①]，以保障全国范围内拔尖人才教育的规范化和理性化发展。

针对政策协同性不足，部分政策的深层理念之间存在矛盾的问题，首先，应当加强顶层设计，系统梳理并仔细检视已有的拔尖人才教育政策及调适范围更广的人才培养政策，强化上下位政策之间的逻辑一致性。其次，强化拔尖人才教育政策体系内部的协同性。一是，完善运行管理机制，在国家层面推动成立专门的机构或部门统筹负责拔尖人才教育，同时在省级教育行政部门设立对应的管理和落实机构，负责省内拔尖人才教育的政策规划、实施和考核。[②] 二是，减少当前以具体、孤立的项目制形式推进拔尖人才培养的工作形式，强化目标统筹。厘清拔尖人才教育的整体性目标，并据此确定"一揽子"针对不同政策目标、调适对象和方向领域的拔尖人才政策，形成政策的协同效应。三是，打通基础教育阶段。拔尖人才培养是一项系统工程，当前大多数政策关注高中及高等教育的拔尖人才培养，但未能深入打通基础教育阶段，形成对拔尖人才发现、保护、科学引导的合理体系。在选才上应加大对拔尖人才的甄别力度，允许在基础教育阶段遴选科技特长中小学生，组织专家设计论证科学而灵活的选拔机制，也可借鉴国外做法，采用主动报名和学校推荐双轨制。在育才上支持设立科技特色拔尖班、科技特色学校，集中力量投入科技资源保障拔尖人才的专门培养，要让那些有杰出能力又积极探索科学的青少年有学习和实验的地方，要保障成才学生的合理通道。

① 褚宏启：《追求卓越：英才教育与国家发展——突破我国英才教育的认识误区与政策障碍》，载于《教育研究》2012 年第 11 期，第 28 ~ 35、67 页。

② 方中雄、张瑞海、黄晓玲：《破解超常教育的制度重构——将超常儿童纳入特殊教育体系》，载于《教育研究》2021 年第 5 期，第 101 ~ 107 页。

（二）转变人才培育理念，更新对拔尖人才培养的观念认知

1. 政府层面要树立科学的教育政绩观、评价观与学校观

（1）要树立科学的政绩观，破除"教育 GDP 主义"倾向。教育政绩观是指政府部门教育领导干部对于教育与政绩的关系认识，具体体现为通过何种教育管理方式去实现教育目标的根本认识和态度。这就关涉领导干部对于教育政绩的认识和教育管理职责手段的选择。习近平在全国教育大会上提出要坚决克服教育领域中"唯分数、唯升学、唯文凭、唯论文、唯帽子"（即"五唯"）的"顽瘴痼疾"。这表明，当前追求"五唯"的教育管理是不符合教育规律的错误选择。而深入分析就会发现，在这一错误教育管理职责背后，是受到不合理的教育政绩观支撑的。即在实际教育管理工作中，很多地方政府惯用"经济考核"的思维和方法，将学业成绩、人才评价视同于"教育 GDP"。在这样的错误政绩观指导下，教育自然会不计成本、不择手段、片面地追求学生考试分数、升学率及"名校"录取率、学历层次、论文数量、帽子头衔。

因此，必须破除地方政府以 GDP 主义管理教育的倾向，树立正确的政绩观。

第一，要树立以人为本的全面发展的教育政绩观。首先要让教育惠及所有学生的发展，不只是关注优秀的学生，而是关注于具有独特个性的每一名学生。其次要着眼于整个地区的教育的全面发展，不仅仅关注"名校"，而是要致力于在区域内培养适合地区经济和社会发展的人才。最后要着眼于学生德智体美劳"五育"的和谐发展，以达到人格的完善、人力的开发、人才的培育。

第二，要树立公平公正、均衡发展的教育政绩观。将推进基础教育均衡化作为考核地方干部教育政绩的重要指标之一，从政策引导上推动教育公平公正的实现。在教育部不断出台相关规定的背景下，要严处顶风"掐尖"的行为。

第三，树立科学合理的可持续发展的教育政绩观。首先，要切实追求符合本地教育发展规律的教育政绩，杜绝片面、脱离实际、急功近利的教育指标。其次，履行教育管理职责之前要充分论证其合理性与可行性，考虑当前教育发展需要与未来教育发展需求的平衡，充分调研社会、学校、教师、学生、家长的预期与承受度，保证教育政策的衔接与持续推行，避免朝令夕改。最后，执行科学的教育政绩考核和执法监督检查机制，对不作为、乱作为、失职行为追责到底。

（2）要树立科学的评价观，构建区域教育正向发展格局。要破解"唯分数""唯升学率"的评价问题，扭转教育评价导向，关键还在于从区域教育发展评价的改革入手，树立科学的评价观，构建科学的区域教育发展评价体系。树立科学的评价观，核心就是要树立科学的评价导向。关键在于确定正确合理的评价指标。对于区域教育评价，要考核其地方政府的教育治理水平，即通过对其区域教

育发展环境、教育资源配置、教育活动运行机制、学生全面发展情况等的评价，分析影响区域教育发展的深层次因素，从而评价区域教育生态的工作情况。

第一，以学生全面发展为核心，评价大中小幼学生成长环境与教育质量。学生成长环境要关注学生"四个认同"情况，学生心理人格、道德人格、社会人格、政治人格的培育维度，学校的知识开发、技能开发、潜能开发情况，教育"开发人力"相关政策，德智体美劳课程设置情况，人民幸福向度、社会公平向度、国家富强向度。

第二，以教育均衡发展为重点，评价区域内各类教育协调发展情况。关注民办教育与公办教育的协调发展，关注普通教育与职业教育的合理结构与贯通培养，关注城市教育与农村教育的均衡发展。

第三，以教育发展环境为重点，评价政府保障教育持续发展的履行情况，包括地方政府对教育发展环境的建设情况，关注对基础教育的基本保障水平，对办学制度的环境创制，对社会氛围及教育发展的支持，对增强学生体验感的学习与生活环境建设情况，对各类教育是否协调、可持续发展的把握等。

（3）要树立科学的学校观，助力未来学校发展。学校是师生身心健康成长的地方，本质是联结师生学习与生活的教育平台。近代学校滥觞于第二次工业革命，目的是大规模培养技术工作人员。而当前新一次工业革命，使学校的传统定位受到挑战，学校不再仅是传播知识的场所，正日益成为研究中心，兼具教育知识的生产者和传播者的重要角色。因此，当前对学校的认识应该迫切回归到"育人"这一教育原点，让教育回归其本真。同时，学校形态上也在发生着改变。由于人工智能等新兴技术的发展，以及新冠疫情的影响，线上学习、虚拟现实等正成为学习的重要新途径。基于"互联网＋"背景下的学校结构性变革的"未来学校"概念呼之欲出。未来学校所具有的生动仿真的学习场景、灵活具体的学习方式以及完全针对个人的个性化学习体系，能够最大限度满足学生个性化的学习需求。可以及时更新学生身心发展的人心、人格、人力、人才、人民数据，进行教学的针对性调整与改革。这就要求学校拥有办学自主权，在基础规定之上要有对学校课程、教学、教师发展的实现自主决定权，在生活与实践中推动学校的与时俱进，全方位为学生成长服务。

2. 学校层面要引导树立科学的学生观、教师观与教学观

首先要树立正确的人才观。其一，学校和教师应当认识到凡是有高度社会责任感，为社会作出一定贡献的都是人才。要摒弃平均发展的思想，强调德智体美劳"五育并举"并非要学生做到五方面均衡发展，门门功课都达到优秀，而是要全面培养，使其掌握基本的技能和水平，在有兴趣和发展潜能的领域重点发展和培养。正确的教育应该为不同的个性、潜质创造发展的条件，即按照各个学生发

473

展的不同特长、不同兴趣和不同爱好提供专门的教育，使其个性得到充分的发展、潜质得到充分的挖掘，成为不同领域的卓越人才。其二，对优秀学生的定义要更为精准科学。传统教育思想认为循规蹈矩、善于死记硬背、考试能得高分就是优秀学生。但是这种学生缺乏创新能力和解决问题的综合能力，在今后的工作与学习中很难成为出色人才，具有局限性。而应该将思想道德品质好、学习上善于思考、勇于创新、善于解决问题的学生，定义为优秀学生。使学生生动活泼地发展是时代的要求，也是社会主义建设的要求。社会主义建设需要有理想、有献身精神和创新精神的人才，而不是缺乏理想和抱负、担当和责任且无所作为的碌碌无为之辈。学生观与人才观相辅相成。学生观是教育过程中对学生的认识，而人才观则体现为教育最终要将学生塑造成什么。所以只有符合时代要求的正确的学生观，才能培养出适应社会主义现代化建设需要的人才。其三，不再将"乖孩子"作为好学生的定义与模板。从家庭教育到学校教育，听话的"乖孩子"在重复老一辈的人生轨迹，听话的"好学生"在重复自己老师的知识体系、学术套路和思维方式，导致大量的新人在走老路，不会创新、不敢创新。其四，教师应树立人人均可成才观念，尊重个人选择，鼓励个性发展，不拘一格培养人才。尊重学生、相信学生、理解学生，相信每个学生都有潜在的发展能力，不放弃任何一个学生。

其次要树立正确的教师观。习近平在不同时间、不同讲话中就教师发表讲话或作出指示，提出"广大教师是打造中华民族'梦之队'的筑梦人"、"四有好老师"①、要做学生的"四个引路人"②、要成为"塑造学生品格、品行、品位的'大先生'"③，强调教师承载着"三传播""三塑造"④的时代重任、要牢记"为党育人、为国育才的使命"⑤、努力做"精于'传道授业解惑'的'经师'和'人师'的统一者"⑥，这些都是新时代对教师观的新阐释。然而，在实际教育工作中，教师通常仍然是权威代表，处于高高在上的位置，难以让学生"亲其师，

① 《做党和人民满意的好老师——同北京师范大学师生代表座谈时的讲话》，载于《人民日报》2014年9月10日。

② 《全面贯彻落实党的教育方针 努力把我国基础教育越办越好》，载于《人民日报》2016年9月10日。

③ 《把思想政治工作贯穿教育教学全过程 开创我国高等教育事业发展新局面》，载于《人民日报》2016年12月9日。

④ 《坚持中国特色社会主义教育发展道路 培养德智体美劳全面发展的社会主义建设者和接班人》，载于《人民日报》2018年9月11日。

⑤ 《强调不忘立德树人初心 牢记为党育人为国育才使命 不断作出新的更大贡献》，载于《人民日报》2020年9月10日。

⑥ 《坚持党的领导传承红色基因扎根中国大地 走出一条建设中国特色世界一流大学新路》，载于《人民日报》2022年4月26日。

信其道"。可以看出，在地位上，教师是立教之本与兴教之源；在使命上，教师承担着立德树人与教书育人的责任；在教师要求上，要争做"经师"与"人师"相统一的"大先生"。

因此，学校要引导树立正确的教师观，给予教师尊重，鼓励教师的自由思考和表达；引领教师创造，激发教师的自觉计划与行动；肯定教师成就，促进教师的自主反思与改进。

最后要树立正确的教学观。教师除了教给学生最基本的知识外，更要发展学生的能力，使能力教育高于知识教育，使学生学会在已有知识的基础上去探索新的知识。为了发展学生的能力，就必须对教学内容和方法加以改进。教学不能只是从概念到概念，理性知识要注意联系学生实际生活、联系现代科学技术发展的实际和社会主义建设的实际。要加强基本知识的教学和基本技能的训练，使学生掌握知识的内在联系，能够举一反三。要减轻学生的学业负担，使学生减少心理压力并有余力去从事自己爱好的活动，培养自己的独立能力。教师要引导学生自己探索，而不是将结论教给学生，要引导学生探求事物发生发展的起因和动力，探讨与其他事物的联系，从中找出规律，形成概念。

要积极提倡教师和学生之间、学生和学生之间形成双向、多向交流信息的模式。目前教师处于主动、持续输出状态；学生则是被动、持续接受状态。两者之间缺乏充分的交流互动与信息反馈，教师不能根据学生理解的程度调节和改进教学。另外，学生只接收单项信息，没有对比信息，思路很难打开。而探讨式教学，学生思维就处于紧张积极状态，信息多方面汇集和分析，学生为了接受和表达见解就需要加以分析和比较，这样就锻炼了学生的思维能力。同时，对概念也会理解得更深刻、更全面。

教师要在做学生学习的指导者的同时，还要做学生的帮助者和学习伙伴，要关注学生潜能、创造性与个性发展，重视学生综合素质发展，以多途径、多方式鼓励学生思想创新发展。要在研究学生特长与爱好的基础上因材施教、扬长避短，充分对症下药。要鼓励学生培养自己的学习兴趣，根据学生的特点、学习兴趣和需要设计学习环境，帮助学生进行最优选择，创造条件激活学生的主体意识，主动去发挥自身最优势的潜能。

3. 树立正确的拔尖人才培育理念

第一，转变拔尖人才"偏科"现状，健全培养机制。目前，入选拔尖计划的高校在人才培养目标制订方面，总体能够贯彻国家对人才全面发展的各方面要求，比较全面地关注了拔尖人才在精神情感、社会交往、表达能力、工具实践和知识智能五方面的发展。然而，人才培养的机制与任务层面，则显示出一种层级逻辑的断裂。将智能技能的发展视作拔尖人才培养的重心，与有效人才发展理论对五大维度均衡发展的要求相去甚远。对此，进入"拔尖计划2.0"时代，各高校应当加强对人才精神情感、社会交往、表达能力发展的关注，在确保人才具有牢固的知识技能基础的前提下，积极探索"五育并举"式的培养模式。要重视结合高校自身的资源禀赋和人文环境，丰富促进拔尖人才学术交流、文化交流的做法，并在教学中扭转"知识＋技能"的二维教学观念，将创新能力、心理健康、交往表达能力的要求融入课程，并不断拓展"第二课堂"，为人才全面、有效发展提供保障。

第二，转变应激型主导的发展形式，促进拔尖学生的自主自由发展。各高校将知识和技能的发展放到培养拔尖人才的重点任务中，而将精神情感、社会交往的发展寄托于激励、考核、选拔等机制上，说明当前高校把拔尖人才理解为一个合格的专业工具，而非一个健全的"人"。因此，各高校设置大量促进学生知识技能发展的应激型课程培养任务，而对学生精神情感的发展只设置了附带在课程体系下的考核激励措施。应激型发展和自主型发展都是人才有效发展的必要组成部分，然而目前在拔尖人才培养中体现出来的发展方式更多地表现为应激型。自主型发展的缺位可能导致学生将成就目标定位于外在强制标准的达成，将成长理解为预定任务的完成，缺乏自我成长的内驱动力，并且可能导致学生发展的自由度、个性化程度受限，长期来看不利于人才的可持续发展。此外，高校应当将更多的注意力投入非正式教育模式、管理模式和促进机制的探索中，将发展的选择权更多地交还于学生，将限定机制转变为导向机制，为学生提供促进自我发展的平台而非产品加工的流水线，实现应激型发展与自主型发展的有效均衡。

第三，转变拔尖人才培养底层逻辑，回归自由全面发展的教育本质。产生上述种种缺憾的深层原因在于高校对拔尖人才培养理念和对学生的基本假设存在较大的理解偏差，这种偏差突出表现为两个方面。首先，高校对拔尖人才的培养应遵循一种工具逻辑，应激型主导的知识技能发展正是这种工具逻辑的体现，人才培养似乎不再是人的发展过程，而是提高工具有效性的过程。其次，高校对"拔尖学生"存在一种错误的假定，即拔尖学生各方面素质都处于优秀水平，其自主自立和身心调适能力都要强于一般学生。然而，已有研究推翻了这一假设。事实上，拔尖学生往往只是在智能的某些方面明显强于一般学生。但在实践中，高校往往因持有这一错误假设而忽视拔尖学生身心发展的潜在危机。为弥补当前拔尖人才培养政策的缺憾，进一步提升拔尖人才的培养质量，高校亟须实现拔尖人才培养的底层逻辑转变，扭转已有的观念偏差，将拔尖人才培养回归人的发展这一本质。基于有效人才发展观、人的全面发展观，审视和改进拔尖人才培养方式，这应当是一切优化工作的前提。

第四，用开放的心态培育人才。我国每年都有数量巨大的学生群体选择出国留学，这是我国改革开放以来，教育与世界科技文化交流的重要举措。很多留学生学成归国，带来了发达国家的新知识、新信息，为我国科技发展作出了积极贡献。但是也存在留学人才流失问题，为很多国人所诟病。对于这一现象的出现，要理性对待。认真了解与掌握留学生群体的组成、出国留学的动机、兴趣爱好与就业倾向，科学制定引导策略和优惠政策。对高端人才要制定科学的公费出国留学派出机制和回国服务机制。对出国留学者实施切实可行的文化教育，使他们带着文化自信，去学习世界上更先进的科技与文化知识。对于归国留学人员，要真诚欢迎回来报效祖国，为他们创造和改善发挥才干的条件、科研生态，解决他们的实际困难。

（三）创新人才培养体系，探索教育教学新路

培养人才需要从基础教育抓起，奠定其稳固基础。但人才培养模式的创新则主要是在高等教育中进行，尤其是"双一流"高校。《统筹推进世界一流大学和一流学科建设总体方案》明确指出，"培养拔尖创新人才是'双一流'建设的主要任务之一"。传统僵化、标准化的人才培养模式，在一定程度上限制了创新人才的培养。同时，伴随着以数字化、网络化、智能化为主要特征的第四次工业革命的到来，教育系统与全球经济社会的现实需求距离在不断增大，教育"凝聚人心、完善人格、开发人力、培育人才、造福人民"的工作目标的实现，也亟须创新人才培养模式，以培养符合未来社会需求的人才。具体而言，第四次工业革命通过引发人才培养目标、人才培养内容、人才培养方式、人才培养体系等方面的变革来综合实现教育工作目标。

1. 科学定位，明确人才培养目标

我国高等教育的根本目标在于立德树人，培养社会主义建设者和接班人。在知识经济时代，创新成为经济增长的主要驱动力，跨专业技术合作成为经济发展常态，知识更新进入高频阶段。而创新、协作、自我更新的主体归根结底是人。高等教育要服务于国家攀登世界科技高峰的战略需要，选拔确有天赋的青少年学生破除常规进行特殊培养，充分挖掘其特长和禀赋，为国家培养顶级科学家。因此，高校要瞄准这一科学定位，更新人才培养目标与方案，从根本上转变思路，主动从"摘果子"的角色转变为"播种者"。我国部分"985"高校（如中国科学技术大学、西安交通大学等）几十年来不断对少年班、基础学科实验班、新科技前沿实验班的办学探索，其经验教训都是值得很好总结的。为提高高校服务经济社会发展能力，国家的 13 部门于 2019 年 4 月起，启动"六卓越一拔尖"计划 2.0，全面推进新工科、新医科、新农科、新文科（简称"四新"）建设，这为拔尖人才培养提供了新的机遇。要结合国家和地方经济社会发展需求、地方经济

文化发展和学校人才培养的优势与特色，在人才培养目标上呈现机构类型差异，培养学术型或应用型人才，并从知识、能力和素质全面养成的角度明确各类人才的培养规格和要求。总之，在人才培养目标的明确上，要立足中国特色、21世纪人才发展的核心素养与世界教育的最新理念，做出调整与更新。

2. 建立科学的专业体系，强化学科支撑作用

2021年4月19日，习近平在清华大学考察时强调："要用好学科交叉融合的'催化剂'，加强基础学科培养能力，打破学科专业壁垒，对现有学科专业体系进行调整升级，瞄准科技前沿和关键领域，推进新工科、新医科、新农科、新文科建设，加快培养紧缺人才。"[①] 这是基于第四次工业革命对当前高等教育学科组织方式和专业体系的挑战作出的科学判断。现有大学的学科专业多是基于第一、第二次工业革命期间制造业发展需求而设计的架构体系。第三次工业革命的发展推动了高校部分专业结构的调整与改革，但当前仍未脱离前两次工业革命时期奠定的学科组织方式与专业设定，大学培养出的学生难以满足社会发展需求，导致大学生就业的严峻困境。因此，第四次工业革命带来的技术的快速迭代与更新，跨学科、跨专业新事物的不断产生与发展，需要高等教育的学科组织方式紧跟产业革新而变动，培养出经济社会发展所需要的新型人才。

首先，要制定多学科交叉融合的新型人才培养方案，打破学科固有界限，制定适合大类专业培养的柔性化培养方案，使各类学科能够灵活合作，碰撞出强大的前沿技术，构建凸显人才培养优势特色的多方协同育人培养方案。其次，利用好传统学科优势，建立特色学科群。目前，不少高校在拔尖人才培养中已经打破了传统的"单学科"孤军奋战的发展惯性，建立了以特色优势学科为轴心、以相关或相近学科为支撑的学科群[②]，一定程度上实现了不同学科之间的有效互动，促进了学科群内不同学科之间的优势互补，为拔尖创新人才提供了跨学科学习的契机。高校应通过不同学科之间的交叉与融合，以求在其结合点上派生出新的学科分支，并通过不同知识之间的交流与借鉴，培养出既有较深的专业知识储备又兼具广博知识面的拔尖人才。高校需继续在优化学科群内部机制、保障学科结构科学性与合理性的基础上，以重大项目为纽带，以优势学科为引领，提升学科群内部不同学科互动的深度与广度。再次，充分发挥基础学科的支撑作用。高校也应当积极转变人才培养目标，在本科阶段为学生提供更多基础学科教育，而将应用学科的人才培养任务部分转移到研究生阶段。在建设学科时，将国家未来经济

---

① 《坚持中国特色世界一流大学建设目标方向　为服务国家富强民族复兴人民幸福贡献力量》，载于《人民日报》2021年4月20日。

② 殷忠勇：《从学科走出学科：知识生产与知识政策视域下学科群建设的逻辑、困境与策略》，载于《江苏高教》2020年第10期，第49~54页。

发展的重点关键领域纳入建设考量，深入分析基础学科具有创新性、前瞻性和突破性的命题，对学科建设方向展开超前布局。[①] 最后，打破学校壁垒，以学科为中心确定拔尖人才培养试点。拔尖项目试点的确定应精准对接国家关键领域，依托优势学科，给予其资金支持和招生特权，以形成优势学科建设和拔尖人才培养相互促进的局面。管理部门要把控行业特色高校在专业开设上向综合性大学趋同的现象，要求其严格依据学校的优势学科设置拔尖人才培养单位。此外，基于学科，建立人才培养联盟和研究集群，共享优质课程、科研项目和研究设备，促进联盟和集群内学生的校际流动，提高学生对专业的忠诚度和归属感，强化基础学科自身的学科规范。[②]

3. 更新教学内容，形成系统的课程体系

第四次工业革命的人才需求，高度依赖人才的专业素养、创新能力、高技术应用和人格的完善与健全，这就要求高校必须在教学内容与课程体系建设中把握好能力培养与人格完善的辩证关系。首先，打通文理分科，既要设置"基本技术素养"类课程以使学生全面了解与把握现代信息技术发展与应用的重要性，又要从人文角度辩证理解科技发展带来的伦理问题。其次，要从学生知识结构和课程体系整体优化的角度出发，平衡通识教育与专业教育、理论教学与实践教学、专业基础教学与职业技能训练之间的关系，同时兼顾实用性、系统性与前瞻性、前沿性，对教育内容及时地做出更新与调整。

第一，增加新课程或学习活动以满足对前沿发展的把握。在"双一流"高校和学科，建议在课程设置上要紧盯世界科技发展前沿，开设科学与技术前沿课程，让学生尽早了解科技发展趋势和最新成果，向学生普及科技前沿信息和技术。承担科技前沿课程教学任务的老师，实行年度培训制度，可以由中国科学院负责科技前沿研究的机构选派前沿研究的院士、专家承担培训工作，实现线上线下相结合的跟踪性培训。

第二，梳理既有课程体系中的具体课程，以实现相关学习资源的系统整合。

第三，重构课程体系，注重价值确认、身份认同与奉献精神的融入，以回应社会关切。培养具有深厚人文关怀与科学情怀的创新型人才。

第四，在课程体系上，新工科、新文科、新医科、新农科以及职业教育，要依据自身特色，制订专业导论课、大类平台课、工具方法课、基础理论课、专业实践课、综合运用课等。强化第二课堂，通过科研活动或生产实习，强化理论学

[①] 薛其坤：《基础研究突破与杰出人才培养》，载于《清华大学教育研究》2021年第3期，第1~6页。

[②] 阎琨、吴菡：《"强基计划"实施的动因、优势、挑战及政策优化研究》，载于《江苏高教》2021年第3期，第59~67页。

习效果，以提前体验未来的工作方式与学习态度。

4. 更新教学方式与组织方式，重视学生能力培养

工业革命对人才的需求，使只会单一机械工作的毕业生无法适应社会发展的需要，也难以满足就业市场的需求。这说明原本的灌输式、填鸭式教学方法与手段，难以培养出符合社会发展需要的人才，即培养机器难以替代具有卓越创造力与智慧、人格健全与精神丰满、素质多元与写作能力强的高素质人才。因此，学校要积极向"产学研"一体化转型，西安交通大学把研究生安排在西部研究院所最密集的"中国西部创新港"，使研究生能尽早沐浴在科技前沿的环境中；齐鲁工业大学（山东省科学院）院校一体化，计算机和信息工程的学生在校期间就能进入国家超算中心（济南），接触到国际顶级的科技前沿。这些典型的探索，应该引起国家层面的重视，总结经验、解决难题，供其他高校参考。教师在设计教学的过程中需要通过更新教学方法和教学手段来实现学生解决问题能力的提升，而第四次工业革命在对教育带来挑战的同时，也给教学方法与教学手段的变革提供了契机。

首先，学校要积极推动人工智能技术进入课堂，普及、推广新技术，加强教学信息化建设。教师要具备数据分析能力、人机协作能力、信息化教学设计能力。坚持以学生为中心，充分尊重学生的主体地位。激发学生的学习兴趣和能力，引导学生表达自己的想法，让学生成为课堂和教学设备的主人。积极尝试探究式教学，如基于问题的学习、研讨式学习、高峰体验课程等方式。在师生互动、合作交流中，培养学生的探究能力和创新精神。

其次，教师要最大化运用新技术带来教学技术的革命，应用人工智能提供的虚拟化、情境类学习环境，利用大数据分析及时准确掌握学生发展的教育数据、分析学生个性化的学习行为数据，有力打破传统教学模式，更加准确地认识到每个学生的个性和特点、人格类型、人力特长、人才强项，更加精准化因材施教，为学生提供个性化、针对性的教学服务。

最后，要结合学生个体间知识结构、能力水平的差异，根据学生兴趣爱好及能力水平的不同个性化选择不同层次班级的走班制。对于有奇思妙想的"奇才""怪才"，给他们提供实验自己设想的平台。对于有天赋、有潜质却"吃不饱"的"天才"，给他们出科技难题，供他们去破解。要在高校和职业院校普遍建立工程训练中心，让学生把自己研究的成果"做出来"。要让高校高年级学生尽可能参与老师的科研课题中以进行实际锻炼。

5. 改革评价机制，优化教学与人才评价方式

传统的人才评价机制使得教育重知识轻能力、重智育轻德育，导致学生普遍应试能力强，而创新思维能力、系统思维能力、动手操作能力欠缺。传统的教学

评价机制也使得教师难以开发其能力，平衡教学和科研工作。高校应当打破传统人才培养惯性，突破技术层面构建的表象，转而关注培养要素的核心内涵，促进培养要素与培养对象发生内在的、本质的联结，实现拔尖人才培养的运行机制与效率机制的有机统一。

首先，遴选一批学术建树高，师德师风优良的教师，参与拔尖人才培养工作。在考核评价、职称晋升和薪酬激励中，考量教师对拔尖学生培养的投入程度等要素。学校的教师发展中心也应当为教师的研究型教学提供技能培训和技术支持。此外，创新型拔尖人才往往需要经历数次失败，未来针对高校拔尖项目成效的评价，应当适当延长评价周期，调整评价指标，宽容失败，为拔尖人才成长留足时间和空间的同时，更多关注培养对象的获得感。

其次，对教学管理系统结构化数据的分析与评价，应通过分析学生的课程成绩、选课记录等，考查课程对学生的吸引力、课程安排的合理度等指标，不断完善评价结果反馈和教学改进机制。尊重学生的主体性。在培养过程要素上，提高"自选动作"占比，保障拔尖学生自主开展探索和确定个性化培养方案的权利；探索本硕博贯通机制，充分发挥导师制、书院制等要素在拔尖人才培养中的作用。此外，为拔尖学生的个性化发展做好诊断和跟踪调整服务。

最后，创新人才评价机制。要制定多元化评价标准，从注重对知识的考核转变为注重对能力的考核，尤其需要考核学生的批判性思维、创新创造能力以及技术应用能力。

（四）着力加强教师的能力建设，构建创新型教师队伍

教师是"教育发展的第一资源"，是影响教育质量的关键性因素。近年来，《关于全面深化新时代教师队伍建设改革的意见》《教师教育振兴计划（2018 - 2022 年）》《深化新时代职业教育"双师型"教师队伍建设改革实施方案》《关于加强新时代中小学思想政治理论课教师队伍建设的意见》《关于加强和改进新时代师德师风建设的意见》等文件都对教师队伍的建设提出了具体要求，这也说明当前我国教师队伍素质水平还满足不了教育发展的要求。教师队伍建设的成效，直接关系着"五人"教育工作目标的实现程度，是具有基础性、关键性、决定性的工作任务。因此，必须针对教师队伍建设的关键问题作出突破与改进，以推进"五人"教育工作目标的实现。

加强教师队伍建设，本质上是激发广大教师在人才培养中的参与、创新、创造与贡献精神，增强教师工作的积极性、主动性、创造性，增强职业成长、专业成功、事业成就的获得感、幸福感与归属感。

1. 以创新人才培养为目标，提升教师培养层次

培养创新型人才，首先要培养创新型教师。建议在高校实施高素质教师人才培育计划，深化本硕整体设计、分段考核的人才培养模式改革。基础教育的质量，直接关系到能否选拔到高质量生源。所以，谈及培养创新型教师，不能只限于高校教师培养。要继续实施农村教育硕士师资培养计划，扩大教育硕士培养规模，培养大批高素质复合型硕士层次高中教师。深入实施名师名校长领航计划，培养造就基础教育领域的教育家、大先生。鼓励职业院校专设流动岗，聘用企业家、高科技人才、高技能人才兼职任教。

2. 加大教师信息技术素养的培养力度

大数据时代的人才，不论哪个专业、学科，都必须精通信息技术、数字技术。这就对承担人才培养的教师提出了很高的信息技术素养要求。在教师队伍建设中，必须让教师的信息技术过关。首先，在信息化平台建设上，国家要支持教师管理信息系统、教师资格管理信息系统、国家教师管理服务信息化平台等的建设和完善，为教师队伍建设提供信息化决策和便捷化服务支撑；其次，在教师信息化能力上，要以人工智能助推教师队伍信息化素质提升，在教师教育改革、教育教学方法创新、教育精准帮扶等方面，进一步推动教师运用人工智能教学的能力与水平。

3. 深化教师管理体制改革

调整科研激励机制的价值取向，营造教师内在的、自主发展的氛围。高校对教师要设置合理的人才培养、科研产出目标，明确学校和学科定位，实行分类评价制度。

（五）构建各学段贯通、多主体协同的拔尖人才培养网状体系

1. 构建学段贯通的拔尖人才培养体系

拔尖人才培养是一项具有连续性和系统性的工程。拔尖人才的早期发现和培养以及大学后，乃至在工作岗位上的提升，对人才潜能的发掘都具有重要作用。因此，构建不同学段贯通的拔尖人才培养体系至关重要。

首先，我国拔尖人才培养工作必须前移，填补当前培养链上的遗漏环节。其一，出台或完善拔尖人才早期培养相关的法律法规和政策，对中小学在为所有有发展潜质和特殊教育需求的学生提供个性化教育资源方面的责任和义务进行规定。其二，尽快组织专家力量开发拔尖人才早期甄别和筛选技术，建立起规范化和常态化全国性拔尖人才早期筛选机制，并探索多元安置形式，为后续的因材施教提供基础。其三，高度重视拔尖人才早期教育的师资培养工作，建立相关资格认证制度和行业标准。

其次，做好基础教育与高等教育在拔尖人才教育上的衔接工作。在总的原则上，拔尖人才培养体系的构建应当树立系统性和整体性思维。在人本理念指导下，打破不同学段教育体系之间的隔阂，促进不同培养主体的协同合作。在具体思路上，其一，不同学段的学校按照人才成长的客观规律，做好本阶段拔尖人才的甄别和培养工作。学前教育对天资卓越儿童的征兆保持敏感，基础教育进行大规模甄别和个性化培养，高等教育针对拔尖人才的天赋领域进行专业化培养。其二，在培养理念方面，教学和考试设计上要根本性转变。教育行政部门应积极引导中小学突破应试教育束缚，推进素质教育进程，从知识灌输向潜能开发过渡，从而解决教学实际与高考标准不匹配、学校培养与社会需求不匹配等症结。其三，在协同形式上，高校应当摒弃坐享基础教育人才培养成果的"掐尖"想法，利用知识和资源密集的优势，提前介入拔尖人才的培养过程，与中学形成人才培养联动机制，使创新型人才培养的资源和理念渗透到基础教育阶段。其四，高校应当在人才自主选拔环节强化综合评价和多元选拔的人才评价体系，引导中小学改革人才培养的重心和评价的维度。[①]

2. 构建全方位社会支持网络

拔尖学生成长为专业领域的卓越人才是一个动态化和系统化的过程，需要为拔尖人才成长提供一个全方位的支持性环境。教育行政部门应当明确拔尖人才教育涉及的潜在利益相关者群体的责任，澄清不同级别政府在拔尖人才培养上的职能和义务。高校积极扮演统筹和协同的角色，调动社会多个主体和资源要素，将科研要素转化为人才培养要素，发挥科教协同和产教融合的作用。重视家庭在拔尖人才成长中的作用，把家长纳入拔尖人才教育体系之中，鼓励家长为拔尖人才鉴别提供熟人视角和生活资料，并协助学校及时监测和调整拔尖人才成长路径。

（六）坚持拔尖人才成长规律，促进理论与实践相结合

教育管理者应当认识到，拔尖人才培养项目虽是以需求为导向的公共政策，但本质上更是一项以"人"为对象的教育政策。如果违背教育规律和人才成长规律，则无法实现为国家发展服务的目标。在致力于服务国家重大战略发展的同时，也应当关注学生自身的情感需求和发展需求，以及多样化的非认知特征和志趣，并注重对拔尖人才的思想引领，使学生能够自然而然地将个人发展目标融入政策目标以及社会和国家的发展趋势中。

拔尖人才的成长发育机制不仅关涉教育学层面的问题，还与心理学、生物

---

① 张杰：《大学中学携手：架起人才培养桥梁》，载于《辽宁教育》2013 年第 18 期，第 23 页。

学和医学等学科密切相关。因此，需要从不同学科视角深入研究拔尖人才成长成才规律。我国教育行政部门应当积极推动组建拔尖人才教育研究中心或专家智库，并提供专项科研经费，鼓励不同学科领域的专业学者通过课题和项目的形式开展跨学科联合攻关。此外，教育行政部门还应积极推动建立人才成长数据库，对参与拔尖项目的毕业生进行长期追踪调查和评价，探寻拔尖人才成才的因果机制。

教育研究者也应当积极筹划成立拔尖人才教育研究协会，定期组织召开学术研讨会。同时，相关协会应当充分发挥专家资政作用，协助主管拔尖教育的政府部门，促进拔尖人才教育的理论研究和培养实践的科学化和规范化发展。此外，借鉴国际拔尖人才教育研究发展的经验，围绕拔尖人才教育筹办学术期刊，推动拔尖人才教育的实践经验和理论研究成果快速传播。部分有条件的高校也可以成立拔尖人才教育研究中心。在开展相关研究之余，为拔尖人才提供教育咨询服务。

本研究提出以下建议：高校创新人才培养模式，要面向国家重大需求、面向国民经济主战场、面向世界科技前沿、面向人民生命健康。要紧密结合学科特色、高校特色、地方特色，以新工科、新医科、新农科、新文科即"四新"为抓手，在组织模式、理论研究、内容方式上改革，进而实现通专结合、全面育人。以"强基计划"作为培养拔尖创新人才的重要途径，在横向复合型人才培养，纵向本硕、本硕博贯通式培养上，加强个性化培养探索。对于"双一流"学校必须开设面向世界前沿、"卡脖子"难题的课程。国家要培训前沿课课程教师。考试评价方面对于拔尖人才要有特殊化，引导拔尖学生将主要心思放在学业上。要有特殊政策，攻克专业的主要问题，创造条件培养尖端人才。

建设高质量专业化创新型教师队伍，要让教师有余力，从繁重冗余的开会、填表等工作中抽出身来，关注学生、关注自身发展。因此，需要给教师队伍更多的社会尊重和行业自律。同时，关注教师素质提升教育，确立教师队伍建设在教育事业发展中的优先地位、在教育经费配置中的优先地位、在资源配置中的优先地位。一些高等学校（特别是一流学校、学科）为了高水平发展、完成国家赋予的使命任务，借鉴国外"非升即走"的措施。这一措施固然可以优胜劣汰，留下一流的教师，但是需要解决"升"的标准问题。如果还是"唯论文、唯课题、唯奖项"，就偏离了党对教育根本任务的要求。故而，要对"升"的标准按照教师的职责进行重新确定，解决教师建设中的导向问题。对于"走"也要符合中国国情，体现对教师的人文关怀。在破"五唯"的同时，要建立新的评价体系，以引导教育健康发展。

同时，也要防止走向另一个极端：从"五唯"变成"五不要"。要科学解释

"唯"的含义以及"唯"的弊端,也要正确认识到分数、升学、文凭、论文等观测点在一定时期、一定范围、一定条件下的积极意义和作用。要采取超前的布局迎接教育新技术带来的新形态。虚拟学校、虚拟教研室等可能带来的教育变革,要提早研究、提早实验、及时总结,尤其是要向教育薄弱的地区和师资缺乏的学校倾斜。

五、落实教育"造福人民"工作目标的行动举措

在分析当前我国教育造福人民取得的成绩、存在的问题以及其中涌现的经验典型的基础上,本课题提出了落实教育造福人民的具体行动举措:第一,发展高质量教育,满足人民对教育的新需求;第二,各级各类学校教育凝聚合力,以促进教育公平为目标进行改革;第三,优化教师的资源配置,构筑均衡化教师队伍。

(一)发展高质量教育,满足人民对教育的新需求

当前,"世界之变、时代之变、历史之变"风云际会,全球各民族各国家都再次面临新的艰难的历史性选择。以国家战略需求为导向的教育、科技、人才等如何才能实现高效治理与高质量发展,已经引起了党中央、国务院和社会各界的高度重视。其中,教育高质量发展是其中不可或缺的一环。但在现实生活中,家长对孩子教育的高期望与现实优质教育资源不匹配。学校、教师、家长乃至学生,都会将极少数重点学校、名牌大学作为"角力场"。部分家长为了孩子有个理想的未来,坚信"不能让孩子输在起跑线上";教师为了完成自己的评价指标,往往会"偏爱"成绩较好的学生,希望他们能作为证明自身教学效果的"成果";学校也存在将"升学率""考入名校率"等作为衡量学校办学层次的标准的情况。在这种倾向下,同一级学校中有重点与非重点之分;在同一所学校中,又有重点班与非重点班之别。虽然在某种特定条件下,集中有效与有限的教育资源,把那些通过考试选拔出来的优秀学生集中起来实施较好条件的教育,在短时期内确实能取得明显升学效果,但是从长期效应来看,其副作用不容低估和忽视,甚至会对学生心理、人格以及社交方式等方面产生不可逆转的影响。经过改革开放40多年来的快速发展,我国已经拥有世界上最大规模的教育体系,成为世界教育大国,但要想成为教育强国、人才强国和科技强国,就必须坚持以人民为中心发展教育,加快建设一批中国特色世界一流的研究型大学。同时优化教育系统结构,促进分类发展,秉承"有教无类",发展高质量教育,形成具有全球竞争力的高质量教育体系。

解决上述问题，建议从下述方面入手。

1. 解决教育发展不平衡问题，着力优化教育资源布局

我国地域辽阔，地理环境复杂，使得教育发展不平衡问题在历史上就很突出。这一点，从我国地理学者胡焕庸在 1935 年发现所谓"胡焕庸线"便可窥见一斑。[①] 新中国成立后，尤其是我国制定第一个国民经济五年计划时起，就在力图改变这一状况。最典型的就是西安交通大学西迁的壮举。教育发展不平衡问题，虽然在新时代有了很大改观，但依然满足不了人民群众在满足"有学上"的诉求后，对"有好学上"的要求，这是现在办好人民满意教育、促进教育公平的最大短板。在人口规模巨大的中国实现教育现代化，教育的均衡发展具有相当的难度，教育公平也是相对公平，而不可能绝对公平。这就需要从我国国情的实际出发，进行教育的合理布局。以西安交通大学西迁为代表的那个时期的教育布局的做法，至今仍有借鉴意义，西迁精神仍需在新时代教育界大力弘扬。只有以解决教育不平衡为导向的教育资源合理布局实现了，"有教无类"才有了客观基础，教育公平才有条件实现。

2. 解决教育发展不充分问题，着力资源挖掘的深度

解决办好人民满意教育的另一个着力点，在于解决教育不充分的问题。随着我国经济的发展，国家在教育方面的投入逐年增加，教育资源总量也在不断积累。但是，如何充分发挥这些资源的潜力，做到物尽其用，也还是有巨大空间的。教育科研经费使用不合理，教育资源部分闲置的现象还不鲜见。这就需要通过教育综合改革，改变以往政策上对经费、资源的管理以卡紧管住为导向，向以有利于调动教师积极性、主动性，更好发展教学、科研为导向。对于尚有发展潜力的学校，应该在政策上鼓励它们扩大规模，挖掘潜力，为教育发展多作贡献。鼓励社会资金支持教育事业，在税收等方面予以扶持。

3. 解决教育市场化倾向问题，回归教育公益事业属性

人民满意不满意，是教育改革的衡量标准，也是教育工作能否在全社会各领域凝聚人心的关键。通过深化教育综合改革，纠正教育市场化倾向，回归教育公益事业属性。

（二）各级各类学校教育凝聚合力，以促进教育公平为目标进行改革

1. 及时研判"减负"态势，精准出台配套政策、补偿政策

中考、高考招生制度要与"双减"政策同向同行，做好政策配套协调。建议

---

① 李佳洺、陆大道、徐成东等：《胡焕庸线两侧人口的空间分异性及其变化》，载于《地理学报》2017 年第 72 期，第 148～160 页。

政府拿出破"五唯"的力度,研究解决单纯的应试教育的选拔机制和对学校、老师的评价机制。要让坚决落实"双减"的学校、学生看到希望、尝到甜头。"双减"政策落实要与平衡教育资源、坚决堵住"掐尖"现象等问题统筹起来。加强对学校、家长、学生和社会各界意见建议的跟踪、信息汇总,为下一阶段"双减"政策精准化、细化、优化调整,奠定民意基础。根据区域特点做好试点工作,及时推广先进经验,做好示范引领。

2. 初中实施柔性分流制度

国家加强职业教育,提倡普职分流的出发点是非常具有前瞻性的。但是中考"5∶5"分流对学生、家长都带来一定冲击。调查发现,社会舆论普遍认同普职分流,认为这有利于为国家的建设提供职业化的人力,也有利于不适合走学术发展道路的学生"过独木桥",而分歧在于是否对初中毕业生实施硬性比例的强制性普职分流。根据这一现实情况,我们需要思考是按行政要求强制分流,还是按市场机制柔性分流。建议在当下家长焦虑度较高、社会舆论反应较强的条件下,对初中分流不作强制性比例规定,而是以市场机制柔性分流制为宜,适当推延"严格控制"比例的实行期。同时,要加大正面宣传国家加强职业教育意义的力度,宣传职业教育在未来的地位,减弱家长焦虑与舆论误导的叠加影响,同等对待中职教育与高中教育、研究型大学与应用型大学,改变孰重孰轻的老旧观念,为普职分流营造良性的社会心态。学校可以做好引导工作,将学生的情况分析告知家长,尊重家长和学生的意愿,由家长和学生决定自己的生涯规划和发展前景,自己对未来的后果负责。对于不适合普通高中的通识及学术类课程,在动手能力上却很有天赋的学生,分流或许是更合适的选择。作为政策制定部门和学校,需要把国家建设对人才和人力资源的需求、中等职业学校的发展、求学通道的打通、就业及其待遇、社会舆论等统筹考虑,综合改革,不可头痛医头脚痛医脚。

3. 压缩学制,扩大高中普及率

现在社会上广为流传的"5+3+2"的学制改革方案,在社会上获得了众多的认同,其可行性也曾在实践中得到过检验。在当下特定历史时期和社会背景下,扩大高中普及率较为可行。受早期人口政策的影响,现在县级以下学生人数普遍减少,现有的高中教育资源一般而言能够满足扩大高中普及率的要求。同时,县级职业教育,办学条件不太理想,缺乏专业特色,缺乏专业课教师,也缺乏稳定的就业渠道。职业高中学生的就业存在很多困惑和难题,发展存在很多困难。扩大高中普及率,同时根据办学条件和就业环境,保留并着力建设好少部分地区质量高、毕业生需求量大的中职,是比较理想的方案。高中也需要通过劳动教育,培养学生的动手能力,为高考可能落榜的学生步入社会打下基础。扩大高中普及率，把大多数适龄学生的分流放在高中毕业，这时学生的基本素质水平基本能得到充分反映，进而有能力选择进入不同的高校，完成适合自己的高等教育。扩大高中普及率的意义还在于，有利于普遍提高我国整体国民文化知识水平和素质，夯实大众创业、万众创新的人力基础，增强国家文化软实力的国际竞争力。同时，也为高校培养高质量尖端人才提供更广阔的选择范围。至于热议中的"把高中教育纳入义务教育"方案，还需要进一步论证，因为高中教育全覆盖的这一主张实际上就剥夺了所有中职的生源。

4. 义务教育要强化素质教育理念，创造性落实"双减"政策

提升书记、校长的教育领导力，对学校的"双减"落实情况书记、校长负总责。禁止学校以"家长诉求"为借口违规增负，堵住"家长成为名校的保护伞"的大堤蚁穴。把"双减"落实与贯彻党的教育方针结合起来，学校要真正建立德智体美劳"五育并举""五育融合"的教育、考核、选拔机制，尤其是体美劳教育要精心设计，要重在素质培养，避免不符合学生成长规律和个性化差异的"一刀切"式的"一考了之"。把"减"出来的时间更多地用于品德熏陶和"体美劳"素质提高，做到"减负"与"提质"相统一。要进一步加强义务教育教师队伍建设，加强培训和学习交流研讨，建立科学合理的教师激励制度，提高他们的素质和待遇，解决他们的后顾之忧。有条件的学校，可以返聘退休教师负责承担"双减"任务教师孩子的接送、管理、教育工作，让这些老师更有精力来"延时服务"。

5. 提升教育质量，发挥学校教育主阵地作用

一要做好制度支持，作业改革、课后服务都对学校的管理能力提出要求，学校需提升自身管理能力，合理配置资源，做好人财物保障。二要做好课程支持，课程是基础教育改革的核心和抓手，学校需将政策"校本化"，即根据学校实际情况，进行课后服务课程和活动的设计，使其更好地融入学校原有课程体系。三是做好教学支持，真正把课堂交还给教师和学生，减少教师的非教学性工作，做好教师"补血"工作，避免学生减负、教师增负。同时，要设法激发学生自主学习兴趣。

（三）优化教师的资源配置，构筑均衡化教师队伍

1. 关注中西部欠发达地区教师发展，切实落实乡村教师支持计划，推动地区间、城乡间师资的优质均衡

首先是依托部属师范大学和高水平院校为中西部地区培养本科层次师范生，以继续推进中西部欠发达地区优秀教师定向培养计划，要引导优秀人才向中西部地区学校轮动，中央要深入推动"县管校聘"管理改革。"银龄计划"

488

经过实践证明是挖掘教育优质资源潜力的有效办法之一，可以适当扩大范围。其次要逐步扩大"特岗计划"招聘规模，适时提高特岗教师待遇，吸引更多优秀人才，丰富和提升乡村教师培养培训方式与水平，促进乡村教师快速成长。最后是在编制配备上向中西部边境地区、乡村小规模学校倾斜，通过落实补助政策、倾斜职称评聘、加强周转宿舍建设和住房保障等，着力增强乡村教师职业吸引力。

2. 在各级各类教育中加强不同侧重

其一，在高等教育领域，加强高校教师教育教学与学术科研服务经济发展、文化传承、科技创新与社会生产进步的联系。高校教师群体要在产教融合、科创融合中发挥他们的远见卓识、技术智慧，引领国家重大产业与科学技术的发展。在基础教育领域，需切实提高教师地位待遇，保障国家给予教师的合法权益，确保中小学教师平均工资收入不低于或高于当地公务员平均工资收入水平，切实增强中小学教师的吸引力，唯有如此才能逐步提高教师队伍素质和水平。其二，赋予教师国家使命和公共属性。《全面深化新时代教师队伍建设改革的意见》强化了教师承担的国家使命和公共教育服务职责，确立了公办中小学教师作为国家公务人员特殊的法律地位。赋予教师职业的国家使命和公共属性成为教师增强职业吸引力的有力武器。其三，提供制度支撑与经费支持。对教师职业的关照要回应教师职业发展的核心关切。无论是教师的薪酬待遇、职业归属、情感认同还是自我价值实现，要真正形成全社会尊师重教、社会优秀人才争相从教、教师人人尽展其才、优秀教师不断涌现的良好局面。

3. 深化教师队伍评价改革

首先，严格落实师德师风第一标准。对于违反师德师风建设规定的行为，要采取"零容忍"的果断措施。其次，深化职称改革，实行分类评价，尤其是绩效工资分配要向班主任、教育教学效果突出的一线教师、从事特殊教育随班就读工作的教师倾斜。再次，深化考核评价制度改革，努力扭转中小学单纯以升学率和学生考试成绩评价教师的倾向，努力扭转高校教师重科研轻教学、重数量轻质量的倾向，引导广大教师潜心教书育人、精心研究学术。最后，要支持地方政府统筹，有关部门密切配合，开展国家教师队伍建设改革试点。

基于上述分析，本课题提出如下建议：根除义务教育阶段的应试主义导向，要研究制定合理的考试目的、考试内容、考试难度。选拔考试在高考中是必要的，但不能下放到其他层级中去。要在政策上真正破除中小学的重点学校、重点班级设置，实现师资资源配置的公平性，堵住"招生掐尖"的行为，解决"县中塌陷"问题，让师资、生源的"不平衡"性得到基本的改观。

第三节　落实我国教育工作目标的外部保障

　　教育生态学认为教育不是独立于社会之外的形态，而是一个有机的、复杂统一并与社会有着千丝万缕联系的生态系统。教育系统内部子系统之间、教育系统与教育外部环境之间相互影响、相互适应。因此，人民满意的教育，应该拥有良好的教育生态。当前社会进入转型期，教育改革进入深水区，常常会发生矛盾与冲突。因此，教育要实现"凝聚人心、完善人格、开发人力、培育人才、造福人民"工作目标，必须"跳出教育看教育"，即看到教育之外的社会环境对教育的影响与作用，通过强化外部保障来推动我国教育工作目标的落实。在这个意义上，落实我国教育工作目标的外部保障，在于构建一个健康良好的教育生态。

　　教育生态包括教育主体及其周围的环境。教育作为一个整体是各主体与环境要素相互联系、作用的结果。教育生态提出的目的，就是为促进教育健康发展。教育生态的基础是平和、和谐，这也是教育工作目标实现的前提条件。俄裔美国心理学家尤里·布朗芬布伦纳基于其个体发展模型，于 1979 年出版的《人类发展的生态学》中开拓性地提出了生态系统理论模型[①]，以个体（儿童）为中心，由内到外包括了教育的微观系统（父母、同伴、学校）、中间系统（家庭、社区、学校、同伴、日常环境）、外部系统（地方文化、地方政策、地方经济、校外教育机构、社区服务、家庭收入、传媒）以及宏观系统（意识形态、文化与亚文化、社会环境）。

　　习近平在全国教育大会上明确指出，"办好教育事业，家庭、学校、政府、社会都有责任"[②]。2020 年，中共中央、国务院印发的《深化新时代教育评价改革总体方案》在指导思想中明确提出，"引导全党全社会树立科学的教育发展观、人才成长观、选人用人观"[③]。在改革任务的第一部分进一步指出，各级党委和政府要坚持正确的政绩观，对教育生态问题突出、造成严重社会影响的，依规依法问责追责。并按照党委和政府、学校、教师、学生、社会五类主体进行谋篇布局，分别对五类主体提出针对性的评价改革任务，使具有整体关联的各要素都向

---

　　① Bronfenbrenner, U. The Ecology of Human Development: Experiences by Nature and Design [M]. Harvard University Press, 1979.

　　② 《坚持中国特色社会主义教育发展道路　培养德智体美劳全面发展的社会主义建设者和接班人》，载于《人民日报》2018 年 9 月 11 日。

　　③ 《中共中央 国务院印发深化新时代教育评价改革总体方案》，载于《人民日报》2020 年 10 月 14 日。

着正确的方向发展，力图借助系统化的改革构建健康的教育生态。这说明，第一，营造健康教育生态是深化新时代教育评价改革的一个十分重要的目标；第二，营造健康教育生态不仅涉及教育系统内部，更是"全党全社会"共同的责任。

一、宏观系统：在教育文化生态上下功夫

（一）在意识形态上下功夫

首先，"坚持党对一切工作的领导，切实加强意识形态工作，持续巩固壮大主流舆论强势，严密防范和坚决打击各种渗透颠覆破坏活动"[①]。加强党的领导，明确意识形态安全的战略方向。发挥党的全面领导在意识形态教育工作中把方向、管大局的关键作用，有效强化意识形态安全的顶层设计，团结带领全社会形成一心维护意识形态安全的时代伟力。其一，以总体国家安全观为战略指导，推进意识形态安全教育的逻辑展开与目标要求相结合，科学探察意识形态安全教育的内在结构和实践主线。其二，要坚持专门工作与群众路线相结合，自觉将意识形态安全教育与贯彻党的群众路线结合起来，坚持用党的理论创新武装全党、教育人民，积极探寻新时代党的创新理论刻骨铭心进头脑的思想通道和创新路径，引导人民深刻感悟党的创新理论精髓和实践力量，不断提高党员干部的政治判断力、领悟力与执行力。

其次，要坚持系统谋划，强化意识形态安全教育的顶层设计与谋划。不断深化对思想政治工作规律、教育发展规律和意识形态建设规律的系统科学认识，坚持在理论和实践、内容与形式的辩证统一中提升意识形态安全教育的整体实效。发挥理论教育的主渠道作用，依靠思想引导、理论分析强化人民群众对意识形态安全的理性认识和自觉维护。在实践养成上，坚持从日常生活视角破局，综合考量不同群体的思想特点和实际需求，在实践活动的广泛组织开展中将主流意识形态有效转化为广大人民群众的价值体认和实践追求。要实现创新内容和改进形式的统一，构建和完善意识形态安全教育内容体系，不断丰富方式方法，提升意识形态安全教育的理论说服力和形式时代感。

（二）在文化与亚文化上下功夫

在文化与亚文化上引导全社会建立健康教育生态，就要在文化自信建设、亚

---

① 《习近平新时代中国特色社会主义思想学习纲要》，人民出版社2019年版，第181页。

文化引导等方面下功夫。文化自信建设，是国家、民族、政党、人民群众对自身文化价值的充分肯定与坚定支持。只有在文化根基上自信，个人才能对国家、民族、政党、人民群众有归属感、认同感、尊严感与荣誉感，进而奠定个人人格基调。一方面，要进一步下大力气保护优秀文化资源，推进我国文化产业的稳步发展，推动网络文化健康发展。另一方面，亚文化的引导主要通过舆论引导进行，舆论引导、舆论评价、舆论支持是否正向，关切亚文化的发展趋势。好的舆论环境，能够有力推动教育工作、教育改革的深入开展。

对于舆论生态，要下大力气进行重塑。第一，教育行政部门要善待媒体、善用媒体、善导媒体。让媒体舆论，尤其是网络媒体能及时准确正向地宣传教育的成绩、经验以及成功做法，全方位、深入细致地讲清楚党的教育主张与改革做法；对在教育改革与发展进程中遇到的"瓶颈"、困难，要引导媒体舆论真实客观地进行报道，让媒体更全面、更深入地理解之后再呈现给广大人民群众，用正能量的传播来鼓舞大众对教育改革的支持；加强网络媒体建设，创办专门的教育网络、教育频道，通过网络媒体完善教育信息的交流平台、教育政策的解释平台、教育业绩的反映平台；充分发挥社交媒体及时性、便捷性和趣味性的特点，利用微博、微信、抖音、B站等社交工具，及时跟踪教育舆情，引导教育舆论。第二，党和政府在决策过程中要耐心倾听，广泛征求广大人民群众的意见与建议，加大各类人民群众参与决策的力度，决策要在形成广泛共识的基础上达成，这样政策的落地实践才能取得人民群众较好的反响与支持。

（三）在社会环境上下功夫

营造良好社会环境是构建健康教育生态的重要保障。营造良好社会环境有三个关键着力点。

1. 用人单位要树立正确用人导向，以品德和能力为导向

建立以品德和能力为导向，以岗位需求为目标的人才使用机制，促进"人岗相适"，改变人才"高消费"状况。当前用人单位存在"唯文凭""唯学历"倾向，这是加重社会教育焦虑、导致教育"内卷"的重要原因之一。

2. 新闻媒体要增强行业自律意识，宣扬科学的教育发展观

新闻媒体界要坚持正确舆论导向，宣传报道好党的教育方针、科学教育观念和教育教学改革典型经验，引导全社会形成关心教育、理解教育、支持教育的良好氛围。

3. 加强教育治理整合与统筹整合能力

首先，在教育综合改革中实现各方主体协同。教育综合改革是教育与社会共举同责的"协同性改革"。受制于分割式社会分工思维，教育改革常常被机械地、孤立地定义与定位为教育领域的"本体行为"或"本体侧行动"。分割式社会分工思维即将社会功能、职责、政策等完全分解并分派给各个社会行业。社会功能与职责的实施路径与措施、实现程度与成效则局限于社会行业甚至社会部门的独自行为与作为。这种机械、僵化的社会分工思维，不仅造成社会功能、职责、政策的分割状态，而且造成社会各领域改革、问题解决呈现明显的各自为政、各行其是以及整体性、一致性、协同性品质缺乏的局面。当代社会改革的重要误区之一，就在于对社会性问题进行单向度的行业性或领域性归因，并无限度地进行行业侧单边改革。在教育改革过程中，分割式社会分工思维不仅使教育改革主体局限于教育管理者、教育研究者与教师，而且使教育改革的立足点、发力点也局限于教育侧问题的解决及制度与政策的修正。同时，社会各界将教育改革、教育问题的解决完全视为教育界的事，而教育界也将推进教育改革、解决教育问题完全视为本职工作与分内职责。

其次，在改革政策和方案的落实与执行中实现协同。教育综合改革的实施需打破行业"自弹自唱"模式，强化教育改革的社会联动品质、机制与行动，在教育侧与社会侧同向发力、协同推进。改革的关键不在于出台了改革政策、制定了改革方案，而在于改革政策和方案的落实与执行。推进教育综合改革，要从根本上消除自扫门前雪思维，摆脱"教育改、改教育"模式。教育综合改革不能仅仅改革教育，其内容也包含改革社会这一重要方面。

二、外部系统：着力打造教育的地方性健康生态

（一）地方性文化

地方性文化承载着地方教育的文化基础，利用区域自身独特的地理、资源特色积淀而成的文化形式，承载着地方发展凝聚力和创造力的重要源泉。教育工作目标的实现，要依靠地方教育形成适合地方教育发展的地方文化精神、地方价值追求、地方发展目标，在创新、协调、绿色、开放、共享五大发展理念的指导下，打造地方性健康生态。在地方文化精神上，要结合地方优秀文化传统，联结教育"凝聚人心、完善人格、开发人力、培育人才、造福人民"的工作目标，凝练出地方优秀文化的精髓，以汇聚地方文化改革力量。在地方价值追求上，要贯彻立德树人根本任务，树立地方正确的人才观，以树人为己任，在地方工作中营造全员、全程、全方位育人的工作机制与良好氛围，营造终身学习文化氛围，努力做到课程育人、文化育人、礼仪育人、网络育人、制度育人、环境育人、管理

育人、服务育人。在地方发展目标上，定位于地方性教育的优质提升，在大中小幼学校建设上，要按特点与规律从卓越校长、卓越教师、卓越课程、卓越管理等方面支撑卓越学校的建设。大规模建设并实现图书馆、博物馆、科技馆、AR 虚拟体验馆等文化资源的充分利用。

（二）地方性政策

地方性政策主要是通过教育评价改革，实现健康教育生态的重塑。通过评价改革，既可倒逼人才培养模式改革，引导教育科学发展，又能够促进教育生态的各相关主体深入理解教育本质，形成教育合力。可以说，教育评价改革是营造健康教育生态的"动力"和"马达"。构建健康的教育生态，要充分发挥评价的导向作用，将构成教育生态系统的关键要素都纳入评价体系中，使其均向着正确方向科学发展。要实现从"单一评价"到"综合评价"转变，将德育、体育、美育和劳动教育以恰当方式纳入评价，减少死记硬背和"机械刷题"等非必要负担，切实增强德育、体育、美育、劳动教育育人实效，提高学生的综合素养。实现从"重知识"到"重素养"评价的转变，加大对学生科学探究、实践创新、团队协作、责任担当等关键能力和必备品格的考查力度。改进结果评价，强化过程评价，探索增值性评价，充分利用信息技术，提高教育评价的科学性、针对性、有效性，综合发挥其导向、诊断、调控作用。各级党委和学校要将构建健康教育生态作为重要职责，按照党中央关于深化教育评价改革的总体部署，结合各地各校的实际，全面推进落实。

（三）地方性经济

地方性经济主要通过为地方教育提供物质基础和资源支持，从而决定着地方教育的规模、速度和质量。地方性经济的发展能够增加财政收入，使政府有更多资金投入到教育、医疗、文化等公共服务领域，改善学校的硬件设施，提高教师待遇，为学生提供更好的学习环境，从而提升教育质量，促进人的全面发展，在提供物质保障角度上落实教育工作目标。同时，繁荣的地方经济可以创造更多的就业岗位，创造就业机会，吸引人才回流和聚集，减少人才外流现象，也为学生提供了更多的实习和就业机会，使他们能够在实践中锻炼自己，提高就业竞争力，实现人才的本地化培养和使用，达到培育人才、造福人民的目的。基于此，为构建更健康的地方生态，使地方性经济更好地服务于地方教育发展，首先，地方政府应根据自身的资源优势和产业基础，优化产业结构，发展特色产业，推动产业转型升级，提高经济发展的质量和效益，为教育提供更坚实的经济支撑；其次，地方上要加强校企合作，建立学校与企业之间的紧密合作关系，开展产学研合作项目，共同培养适应地方经济发展需求的人才，实现教育与经济的无缝对接；最后，地方上要完善教育体系，构建从学前教育到高等教育、职业教育和继续教育的完整教育体系，满足不同层次、不同需求的人才培养要求，为地方经济发展提供全方位的人才支持。

三、中间系统：充分发挥家校社政的育人合力

（一）充分发挥学校—家庭—社区—政府的育人合力，营造良好的育人环境

首先是建立"区域协调发展机制"。与社区建立良好的合作关系，协调整合全区社会资源，丰富课程建设，联合建设校外社会实践基地，为学生开展社会实践等活动提供支持。其次是建立"集团化办学机制"。扩大区域教育品牌影响力和辐射度，进一步探索集团化办学机制，构建"互联网＋"的集团治理模式、教学范式及教研机制，增加区域优质教育资源供给，整体提升区域基础教育质量。进一步健全立德树人落实机制，为不同学段具有创新潜质的优秀学生提供适合的特殊教育课程，探索学生发展指导、创新人才早期培养项目等在不同学段的衔接。最后是建立"家校合作机制"。加强家校全方位合作，开设家长学校，在育人理念、育人方式、课程选择、个性特长培养等方面凝聚共识，让学校真正成为有文化品位和精神感召力的场所。

（二）各级各类学校要主动作为，做积极建设者

学校不仅是健康教育生态的受益者，更应该是积极建设者。各级各类学校应主动作为，遵循学生成长规律和教育规律，着力培养学生人文底蕴、科学精神、学会学习、健康生活、责任担当、实践创新等核心素养。义务教育学校重点要促进学生全面发展、保障学生平等权益、引领教师专业发展、提升教育教学水平、营造和谐育人环境、建设现代学校制度，减负增效，提高学校的社会满意度，促进义务教育优质均衡发展。普通高中要切实提高学生综合素质、开展学生发展指导、优化教学资源配置、有序推进选课走班、规范招生办学行为。同时，学校要发挥自身优势，通过家委会、开放日等载体，将正确、先进、科学的育人观念传递给家庭和社区，为健康的教育生态提供丰沃的土壤。搭建以学校为载体的公共教育平台。

四、微观系统：建立家校合作意识与机制

（一）建立家庭教育援助机制

健康教育生态的构建，需要公平和均衡的教育氛围。作为社会公平基础的教育，搭建更多的支持平台，为底层民众子女争取更多上升机会应是社会公平正义的应有之义。扶助弱势群体家庭的教育支持，目前最切实的举措有三：一是各级教育主管机构牵头，整合各种教育资源，如成立家庭教育援助志愿者对弱势家庭的孩子进行学业辅导，或延长学生在校时间，将因家庭教育资本缺乏所可能造成的学业成绩差异降低到最低点。二是由政府拨付专门资金或加大财政投入力度，为公立或私立学校（主要是民工子弟学校）购置丰富的学校藏书，允许贫困学生将图书借阅回家，以此弥补家庭文化资本的不足。三是建设学校的手机短信教育平台，通过"校讯通"一类平台向家长定时发送如何对孩子进行教育之类的教育信息，以提升家长的教育素养。

（二）明确家校合作本质与界限

家庭教育应接受学校教育的指导和引导，学校教育则应争取家庭教育的协助和辅助，家校形成一股合力，共同发挥在教育孩子中的作用，这是家校合作的本质所在。家庭与学校在教育问题上是平等的教育主体，家校合作并不意味着只是家长对学校所布置任务的监督和协助。故家校合作首先应是正确教育理念上的协调一致，使家庭教育和学校教育目标一致，而不应将家庭文化资本、经济资本、社会资本多少而影响学业成绩差异的"作业"和要求作为学校给家长经常布置的"合作"内容。同时，学校管理部门也应该认识到教育民主是社会民主的重要组成部分，在民主化的视野下，家长参与教育是其应该履行的义务，更是其应有的权利，"改革在字面上的意义是要提升人民对于制度生活各个层面的决策之参与"[①]。不能将参与窄化地变为技术性、效能性考量，将家长排斥在宏观和微观的教育改革决策之外。家长和教育者的关系，应该成为一种民主伙伴关系。

（三）建立定期家校对话机制

尊重家长意见，而不应将家长视为对手关系。受经济中心主义的影响，在相

---

① Thomas S. Popkewitz：《教育改革的政治社会学：教学、师资培育及研究的权力／知识》，薛晓华译，巨流图书股份有限公司2007年版，第346页。

当长的一段时期内，学校管理者奉行管理主义。在教育教学管理方面，将作为手段的管理绝对化为教育的目的，其核心是效率至上、价值中立。学校应该开放相关教改信息，建立线上、线下的家校之间的对话交流平台，学校有义务定期向家长汇报学校教育改革进展情况，接受家长的质询。同时，学校管理者也有责任将先进的教育理念和教育方法、改革趋势向家长传递。

因此，课题组认为健康教育生态的构建，不仅是改变学校、教师、家长、学生的观念，更要改变全社会的成功成才观念。因此，要在国家发展与社会需求基础上，建立一个个人长期的、纵向的评价系统，指导每个人与自己作比较，建构个人成才参考系，才能形成学生成长的健康教育生态。

第十三章

新时代教育工作目标的评估指标体系建构

新时代教育"五人"工作目标，为"为党育人，为国育才"提供了目标指引，是新时代党的教育工作的行动指南。新时代"五人"教育工作目标的评估指标体系是否科学合理，关系到教育"培养什么人、怎样培养人、为谁培养人"这一根本问题。进入新时代，我国的教育工作取得了长足的进步，但是由于缺少必要的标准规范和评估办法，使得各级各类学校的教育工作没有明确的科学指引和评价体系。因此，构建一个科学合理的教育工作目标评估指标体系，有利于对各级各类学校的教育工作质量进行价值衡量，便于各级各类学校教育工作的常态化与长效性开展。

构建以新时代"五人"为核心的教育工作目标综合评价体系是一项重要的课题。虽然我国现有的关于教育的评价研究在理论体系建构和评估应用实践等方面都进行了广泛的探讨，积累了较为丰富的研究成果，但是聚焦教育工作目标的评价，目前学界鲜有此方面的研究。

因此，本章将运用综合评价理论设计建立新时代教育"五人"工作目标评估指标体系，并期望这一创新性研究不仅能充分发挥教育工作目标评估体系对我国教育工作的"指挥棒"作用，促进我国教育工作的健康良性发展，更能为各级各类学校开展教育工作提供目标指引，指导各级各类学校办出特色、办出水平。

第一节　新时代教育工作目标评估指标体系建构的意义

新时代"五人"教育工作目标评估指标体系的建构，不仅是反推党的教育工作目标贯彻落实的需要，还是落实并优化立德树人的教育体制、执行党的教育方针，深化对中国特色社会主义教育规律的认识的内在要求。通过制定科学、详细、客观的教育工作目标评价指标体系，并将其纳入新时代教育评价改革总体方法，还可起到倒逼各级各类学校深入推进工作改革，推进办好人民满意的教育，增强人民群众在教育方面的获得感的效果。

一、有利于进一步落实并优化立德树人的教育体制

本书所制定的新时代"五人"教育工作目标评估指标体系，涵摄学生的德智体美劳全面发展，生动勾勒出人在接受教育过程中自然发展和成长成才的规律线索，鲜明突出了人在教育实践活动中的主体性地位和能动性作用，从唯物主义认识论视角突出了人在认识世界、改造世界、自我改造中的决定性作用，贯穿着人的自然发展和成长成才规律的内在线索，是教育实践活动中受教育者作为教育客体同时又是教育主体的主体间性的深刻体现，有利于从根本上扭转当前教育重知识、轻素质的倾向，有利于从根本上克服"唯分数""唯升学""唯文凭""唯论文""唯帽子"的顽瘴痼疾。因此，建构新时代"五人"教育工作目标评估指标体系，有利于充分发挥"立德树人"教育评价的指挥棒作用，创新德智体美劳过程性评价办法，完善学生综合素质评价体系，切实引导学生坚定理想信念、厚植爱国主义情怀、加强品德修养、增长知识见识、培养奋斗精神、增强综合素质。因此，从这一意义来看，新时代"五人"教育工作目标评估指标体系对倒逼各级各类学校立德树人机制的完善，从而提高人民综合素质、促进人的全面发展具有不可或缺的重要价值。

二、有利于深化对中国特色社会主义教育规律的认识

新时代"五人"教育工作目标，层次分明地反映出中国特色社会主义教育理念（凝聚人心）、教育过程（完善人格、开发人力、培育人才）、教育价值（造福人民）完整体系的丰富内涵，深刻体现出中国特色社会主义教育目标的层次性

与关联性、宏观性与具体性、目的性与规律性有机统一的逻辑特征。因此，分别制定关于"凝聚人心、完善人格、开发人力、培育人才、造福人民"五个方面的评估指标体系，通过评估反馈发现新时代教育工作目标存在的问题，提出改进对策，并对各级各类学校的教育工作目标进行动态监测，可以提高中国特色社会主义教育治理能力和水平，系统推进教育评价改革，并推动从根本上"扭转当前不科学的教育评价导向，引导全党全社会树立科学的教育发展观、人才成长观、选人用人观，推动构建服务全民终身学习的教育体系"①，从而深化对中国特色社会主义教育规律的科学认识。

三、有利于贯彻党的教育方针与加快推进教育现代化进程

"构建科学完备的评测体系是新时代党的教育工作目标由理念到实践、由思想到行动、由构想到实操的转换点，是在实践中检验工作目标效果的触发点。"②通过构建完备的"五人"教育工作目标三级评价指标体系，为各级各类学校推进教育工作目标效果的检验提供方向指引和具体的实践方法，对于推进新时代"五人"教育工作目标的贯彻执行和落地生根必不可缺。而新时代"五人"教育工作目标是新时代党的教育方针的深化、细化及具体执行，通过评估指标体系倒逼教育工作目标的落实，有利于实现党的教育方针在人才培养过程中的系统性、指导性和发展性。从这一意义来看，新时代"五人"教育工作目标的评估指标体系本质上就是对党的十八大报告中提出的"坚持教育为社会主义现代化建设服务、为人民服务，把立德树人作为教育的根本任务，全面实施素质教育，培养德智体美全面发展的社会主义建设者和接班人，努力办好人民满意的教育"③的贯彻落实。与此同时，当今世界综合国力的竞争，说到底是人才的竞争，而教育则是人才和综合国力竞争的基础工程和战略工程。通过设计一整套评价指标体系评价新时代"五人"教育工作目标的实施情况，把准新时代党的教育工作的实践路向，探索并总结中国特色社会主义教育理念、过程、价值等方面的规律，以便科学、系统、持久地推进新时代中国特色社会主义教育事业向前发展，对加快推进教育现代化、建设教育强国具有重大意义。

---

① 《深化新时代教育评价改革总体方案》，人民出版社 2020 年版，第 1 页。
② 卢黎歌、李英豪：《大力推进新时代党的教育工作目标落地生根》，载于《中国高等教育》2020 年第 1 期，第 24~25 页。
③ 中央文献研究室：《党的十八大以来重要文选选编》（上），中央文献出版社 2016 年版，第 106 页。

四、有利于办好人民满意的教育

从改革教育工作评价本身来讲,新时代"五人"教育工作目标评估指标体系本身摒弃了以往"唯分数""唯升学率""唯论文成果"等单一的结果评价导向,而更侧重于从人格完善、人才全面发展、人才潜能开发等方面强化过程评价和综合评价,而过程评价、综合评价甚至是在此基础上衍生出的增值评价,可以激发人民群众对个性化、多样化教育的需求。此外,"凝聚人心""完善人格""开发人力""培育人才""造福人民"五个方面的评价指标体系,涵盖了诸如家校共育、教育公平、国家需求、社会要求等多个方面的标准,这对于促进教育工作在区域、城乡、学校、人群之间平衡发展,满足人民群众对优质教育的需求、对教育公平的需求等来说,都是十分关键的。因此,构建新时代"五人"教育工作目标评估指标体系,势必会在很大程度上提高教育工作评价的科学性、专业性和客观性,并在科学、专业、客观的评价导向基础上,推动当前教育领域存在的问题及短板的解决,实现办好人民满意的教育、增强人民群众在教育方面的获得感的效果。

第二节　新时代教育工作目标评估指标体系的建构依据

一、建构教育工作目标评估指标体系的理论依据

(一) 系统科学理论

系统科学思想的特点是以整体观来看待事物,钱学森定义系统为由互相制约的各部分组成的具有一定功能的整体,强调系统是具备一定功能的多元素综合体。[1]广义的系统思想认为凡是处理整体与部分、组织与构成、影响与交互、秩序与混沌、目标与功能、行为与表征等相互联系的问题,都可以作为系统问题。具体如多样化的统一、差异性的整合、分散行为的协调、目标规划、整体部署、资源配置、组织实施、信息传递以及优化组合等实际工作都是属于系统化意义的工作。通过对系统概念的分析,需明确系统应具备多元性、相关性和整体性的基本特征。

---

① 苗东升:《系统科学精要》,中国人民大学出版社 2010 年版,第 48 页。

新时代教育"五人"工作目标，是一个由"凝聚人心""完善人格""开发人力""培育人才""造福人民"五个部分构成的相互影响、有机统一的整体工作目标体系，其涵盖深层理念、基本目标、必经环节、价值旨归等多个层次，并共同致力于实现教育的终极目标——实现人的自由而全面发展。可见，新时代"五人"教育工作目标符合系统的多元性特征，"五人"之间也以一定的方式相互联系、彼此影响和作用，不存在毫无关联的独立单元。

此外，系统科学还认为社会系统是一个开放性的复杂巨系统，除去具备系统的基本特征外，还具备组分的异质性、结构的多层次性、相互关系的非线性、过程的动态性特点。[①] 作为社会系统的分支，教育工作同样满足开放性复杂系统的特征要素。

首先，组分的异质性是指系统中各个组成部分之间具有较为明显的范围界限，在相互联系的同时又具备相对独立的特质。教育工作涉及各级政府教育部门、各类学校教育部门、各种民间培训教育机构等多个领域，这些不同的教育工作、教育种类有着明显的区分和差别。

其次，结构的多层次性是指各部分之间的组成结构是分区域、分层级的，细化的元素在小局部或低层级之中影响作用，在此基础上由几个小区域或低层次构成高层级的联系单元，单元之上再组成更高层次的组织。我们构建新时代"五人"教育工作目标的评价指标体系，需依据指标层的形式来细化教育工作目标的任务和内容，而指标层就是标准的多层次机构模式，比如学校教育工作可以分解为教学工作、科研工作等多个层面，而教学工作又可分为教学计划、教学方案、课程设置等多个观测指标，即学校教育工作本身以严格的层次结构组合联系，层次分明、结构清晰，属于完整的多层次复杂结构。

再次，相互关系的非线性是指各个组分在产生相互影响或作用的时候，相关组分的变化并不表现为简单线性叠加或递减的正比例或反比例关系，而是呈现为更加复杂的相关变化。教育工作隶属于社会发展的大系统，教育工作目标的实现涵盖众多因素，如政府部门对教育政策的制定和管理、学校教学计划和人才培养方案的制定与评价以及教育资源的分配与均衡等诸多因素，属于组分异质且又层级复杂的系统，系统中基层组分会影响子系统，子系统不但作用于高层系统还能制约基层组分，因此教育工作目标系统中各个部分的关系必定是高度非线性的，这就对我们制定新时代"五人"教育工作目标的评估体系提出了新的要求：需要在综合考量多种因素的前提下，尽可能涵盖影响教育工作目标的各方面因素，注意各方面因素之间的耦合关系。

---

① 周树杰：《系统科学的形成与发展初探》，载于《理论界》2006年第9期，第155~157页。

最后，过程的动态性是指系统在表现为整体的相对稳定性同时，组分个体、组分之间、区域之间、层级之间包括系统本身都在不断经历发展变化，在进程和顺序上，渗透往返、盘旋曲折，经历量变和质变的过程，从低级别稳态跃至更高级别的稳态。教育工作系统中包含领导者、教师和学生等人为组分，还有涉教事务管理、组织和教学等行为组分，以及教材编写、师资队伍建设、教育信息化平台等信息组分，各个组分、区域、层次以及分系统之间的相互关系和作用都具有强烈的动态性，整体系统也表现出阶段性的动态发展变化过程。

综上所述，教育工作系统完全满足复杂系统的特点，此外，教育工作目标的评价工作处于社会环境之中，可以称为一个开放性的复杂系统。从隶属关系上讲，社会系统是一个特殊复杂且规模巨型的开放性复杂巨系统，经济社会形态系统、政治社会形态系统和意识社会形态系统是社会巨系统的三个一级宏观分系统，意识社会形态系统中包含了哲学、教育、科技等各类子系统，教育工作包含在大教育系统的范畴中。因此，对教育工作目标的实施情况进行评估，所构建的评估体系需视野放宽，不能仅仅局限于狭义的学校教育工作中去构建，而应在经济社会发展中寻求评价反馈新时代"五人"教育工作目标的实施。基于此，借鉴利用系统科学的思维和方法，采用综合集成法，集合专家经验、问卷定量数据、座谈信息等多方面的"智慧"，来设计新时代"五人"教育工作目标评价指标体系便有了基本的遵循。

（二）教育评价理论

教育评价是指在一定教育价值观的指导下，依据确立的教育目标，通过使用一定的技术和方法，对所实施的各种教育活动、教育过程和教育结果进行科学判定。纵观教育工作评价理论与实践的历史发展，一般认为大致经历了以下四个阶段：自19世纪中叶起到20世纪30年代的八十多年，为教育工作评价的第一个时期——"心理测验时期"。教育测量的研究取得了一系列的成果，在考试的定量化、客观化与标准化方面，取得了重要的进展。强调以量化的方法对学生学习状况进行测量。然而，当时的考试与测验只要求学生记诵教材的知识内容，较为片面，无法真正反映学生的学习过程。到20世纪30~50年代是教育测量的第二个时期——"目标中心时期"。泰勒（Tyler R）提出了以教育工作目标为核心的教育评价原理，即教育工作评价的泰勒原理，并明确提出了"教育评价"（education evaluation）的概念，从而把教育评价与教育测量区分开来，教育评价学就是在泰勒原理的基础上诞生与发展起来的。[①] 在西方，一般人们都把泰勒称为"教育评价之父"。

---

① 参见［美］拉尔夫·泰勒：《课程与教学的基本原理》，罗康、张阅译，中国轻工业出版社2014年版。

第三个时期即 60 年代，是教育测量的第三个时期——"标准研制时期"（20 世纪 50 ~ 70 年代）。以布卢姆为主的教育家，提出了对教育目标进行评价的问题，美国教育学家斯克里文（Scriven M.）、斯塔克（Stake R. E.）和开洛洛（Kellogg T. E.）等对教育评价理论作出巨大的贡献。学者们把 1967 年界定为美国教育评价发展的转折点。到了 20 世纪 70 年代以后，教育评价发展到第四个时期——"结果认同时期"。这一时期非常关注评价结果的认同问题，即对教育过程的评价更加重视。关注评价过程，强调评价过程中评价给予个体更多被认可的可能。总之，重视评价对个体发展的建构作用，因此，又称为"个体化评价时期"。进入 21 世纪以来，教育评价的发展呈现出新特点，评价开始关注人的需要和交互作用的影响，文化特征的质性评价得到越来越多的重视，教育评价本身也呈现出综合性、动态性等特征。

可以说，迄今为止，人类教育评价走过了这样一条历史途径：从观察、测量到测量与质性评价并重。教育评价的发展大致经历了测量、描述、判断、建构和综合等阶段。这些教育评级理论的精髓为我们构建新时代"五人"教育工作目标指标评价体系提供了思想的火花。

二、建构教育工作目标评估指标体系的政策依据

教育评价事关教育发展方向，有什么样的评价"指挥棒"，就有什么样的办学导向。为加快推进教育现代化、建设教育强国、办好人民满意的教育，2020年 10 月，中共中央、国务院印发了《深化新时代教育评价改革总体方案》。《深化新时代教育评价改革总体方案》是为深入贯彻落实习近平关于教育的重要论述和全国教育大会精神，完善立德树人体制机制，扭转不科学的教育评价导向，坚决克服"唯分数""唯升学""唯文凭""唯论文""唯帽子"的顽瘴痼疾，提高教育治理能力和水平，加快推进教育现代化、建设教育强国、办好人民满意的教育制定的方案。

《深化新时代教育评价改革总体方案》指出，要"引导全党全社会树立科学的教育发展观、人才成长观、选人用人观，推动构建服务全民终身学习的教育体系"，强调在教育工作中"引导确立科学的育人目标，确保教育正确发展方向"。明确提出"坚持科学有效，改进结果评价，强化过程评价，探索增值评价，健全综合评价"的评价原则，并充分利用信息技术，提高教育评价的科学性、专业性、客观性。坚持统筹兼顾，针对不同主体和不同学段、不同类型教育特点，"分类设计、稳步推进，增强改革的系统性、整体性、协同性"。并指出，经过 5 ~ 10 年努力，各级各类学校"立德树人落实机制更加完善，引导教师潜心

育人的评价制度更加健全，促进学生全面发展的评价办法更加多元，社会选人用人方式更加科学"。这为我们拟订新时代"五人"教育工作目标评价指标体系指明了方向，提供了政策导向。

第三节　新时代教育工作目标评估指标体系的建构原则与方法

一、新时代教育工作目标评估指标体系的建构原则

原则是思考问题和行动办事所依据的法则或标准，是负载行动者价值倾向和基本立场的。新时代"五人"教育工作目标评价指标体系的建构所要遵循的基本原则主要有统一指导与分类评估相结合的原则、可操作性与可测量性相结合的原则、合目的性与合规律性相结合的原则等。

（一）统一指导与分类评估相结合的原则

"统一指导、分类评估"主要是针对教育部第一轮本科教学工作水平评估而提出的，其主要意图在于根据不同层次和类型的高等学校的特点制定不同的评估方案，加强统一指导进行分类评估，以提高我国本科教学工作水平评估的针对性与有效性。

一般来讲，用一个评估方案评估所有的学校本身确实有针对性不强的问题。为此，2005 年潘懋元教授针对本科教学评估一事首次提出了统一指导、分类评估的原则。在随后的研究过程中不同的学者从不同的角度研究这个命题，形成了许多不同层面的研究成果。截至目前，国内关于"统一指导、分类评估"的认知基本达成一致意见，这为我国教育工作目标评估质量的保障提供了更多富有科学性的理论支持。

实际上，在我国的教育工作评估过程中，教育部曾印发过《基础教育工作分类推进与评估指导意见》，中共中央办公厅、国务院办公厅也印发过《关于分类推进人才评价机制改革的指导意见》。那么什么是统一指导、分类评估呢？

从内涵来看，所谓统一指导和分类评估，即是在评价新时代教育工作目标的实现时，制定全国统一的评价标准，这一评价标准的设定，强调在具体的一级、二级指标设定时，方向明确，范围固定。如对"凝聚人心"的评价与考

察，"四个自信"的方向和范围是确定的；而具体到三级指标观测点，则强调观测点是统一划定的，但对观测点具体如何打分及细化，则需对基础教育工作、高校教育工作等不同教育工作的类型进行分类研判和评估，如对文化自信的观测点——"教育工作中社会主义核心价值观的贯彻情况"在小学、中学、大学的贯彻观测情况都不一样，小学侧重学生是否对社会主义核心价值观熟记于心，中学主要观测学生对 24 字社会主义核心价值观的内涵理解，大学则主要观测广大青年学生对社会主义核心价值观的践行情况。基于统一指导和分类评估的理念，本研究在制定新时代"五人"教育工作目标的三级评估指标体系时，注重设定全国统一的三级指标体系，在内容释义中强化根据不同教育工作类型对第三级观测点进行详细阐释，力求制定一个既有统一标准又有行动指南的教育工作目标评价指标体系。

坚持统一指导与分类评估的原则，关键在于如何对新时代教育工作进行科学合理的划分，即如何确立分类评估的标准。对新时代教育工作进行科学合理的划分，也是本课题研究的重点和难点。为便于研究，经课题组调研、讨论认为，新时代教育工作可根据工作的阶段划分为学前教育工作、基础教育工作、高中教育工作、成人教育工作、高等学校教育工作五类。除此之外，教育工作根据工作主体的不同，还可划分为政府教育部门的教育工作、学校教师的教育工作、学校教务管理部门的教育工作等。

（二）可操作性与可测量性相结合的原则

坚持可操作性与可测量性相结合的原则要求在建立指标体系时，选择指标必须实用可行，评价信息易于获得和更新，有利于掌握和操作。评价指标的可操作性有三个基本要求：

一是评价指标的可信性。评价指标不是凭空产生的，而是采用科学的方法进行调查研究，在掌握大量丰富的感性材料的基础上经过认真的考虑和科学的论证确定的。指标一旦形成科学、合理、有序的等级和分值，就要避免主观随意性和盲目性，使评价工作纳入制度化、程序化的轨道。不能因为照顾某个评价对象而随意更改。本书所确立的新时代教育工作目标评价指标体系，是在前期问卷调查和深度访谈基础上制定的，具有较高的可信度。

二是评价指标的可测性。指标的可测性是指每条指标的内涵都可进行实际测量或观察，并获得明确的结果，包括定量指标与定性指标在实测时都应具有明确的结论，以保证评估结果的有效性和可靠性。[1] 如前所述，新时代教育工作目标

---

① 顾明远：《教育大辞典》，上海教育出版社 1998 年版，第 198 页。

属于社会大系统中教育系统的子系统，其涉及面广，影响因素多，具有较高的复杂性、隐蔽性和多样性。其中，有一些因素是难以直接测量的，这就要求评价指标体系能够把这些因素转化为与之相关的可测性因素，通过考察这些可测性因素从而认识那些不可测性因素，完成对评价对象的总体认识和全面把握。另外，指标作为目标的具体规定，应尽量运用行为化、操作化、明确化的语言加以定义，从而能够直接测量和评定。唯此，才能在教育工作目标的评价中统一思想和行动，在实施评价过程中统一标尺，得出正确的结论。

三是评价指标的可行性。指标体系中各项评价指标的制定既要有一定的指导性和引领性，体现政策要求，又应在适当高于当前教育工作实际水平的基础上，把握一定的超前性和导向性，还应在把握政策引领性和超前导向性的前提下，注重可行性，即评价指标的制定必须符合评价对象的实际水平，能被广大评价对象认可和接受。

因此，制定新时代"五人"教育工作目标评价指标时要选取学前教育工作、基础教育工作、高中教育工作和高校教育工作均会涉及的教育工作内容，且观测点必须通俗易懂，具有教育教学工作的普遍性。同时，指标体系中的每项指标，都需要有可靠的信息来源和简便易行的信息获取方法，应根据课题组所做的问卷情况和访谈情况，经过反复筛选和提炼，形成完备而简练、可量化、可行的评价指标体系，否则看似科学的指标体系却难以在实际工作中操作施行。

（三）合目的性与合规律性相结合的原则

在人类的实践活动中，合目的性原则是所有实践活动都必须遵循的一个主导性原则，因为一切实践都是为了实现预设目的而开展的活动。所谓合目的性，是指主观目的的现实化过程，是主体在活动之前或之初，关于自身需要和满足需要的结果之间统一关系的实现，即合目的性是在人的对象性活动中，目的对于对象指向的客观化并从作为结果的对象"返回"目的本身的过程。合目的性是主观目的的实现，它既是过程，又是结果。

具体到本书的研究，合目的性主要指新时代"五人"教育工作目标评价指标体系的设定要能充分反映新时代教育工作的方向、任务成绩和水平，即评价指标体系能够充分反映新时代党的教育工作的基本理念、根本方针，具体来看，即所设定的评价指标体系应坚持马克思主义指导地位，学习贯彻习近平新时代中国特色社会主义思想，坚持社会主义办学方向，落实立德树人的根本任务，坚持教育为人民服务、为中国共产党治国理政服务、为巩固和发展中国特色社会主义制度服务、为改革开放和社会主义现代化建设服务。

评价的合规律性原则一方面要求每条评价指标都与教育工作目标保持一致，

体现教育工作目标的整体优化；另一方面指标体系的设计要遵循教育工作的外部规律和内部规律，使每条观测指标都能真实客观、科学地反映出评估客体的本质。基于此，三级评估指标体系的设计，应兼顾新时代我国教育工作目标应遵循的内在规律，在凝聚人心工作目标层面，遵循党的意识形态工作规律；在完善人格工作目标层面，遵循人格结构研究的基本规律及人格发展的一般规律；在开发人力工作目标层面，遵循人力资源教育性开发的一般规律；在培育人才工作目标层面，遵循人的全面发展规律；在造福人民工作目标层面，遵循教育要面向现代化、面向世界、面向未来的规律。

二、新时代教育工作目标评价指标体系的设计方法

新时代"五人"教育工作目标评价指标体系的设计具有很强的政策性，必须按照科学的方法和严谨的态度进行。本研究在设计新时代"五人"教育工作目标评价指标体系的过程中，依分解目标与归纳指标、确定权重与比例、编制评价标准，专家论证与修订等环节依次进行。

（一）分解目标与归纳指标

分析和确立评价客体实际上就是根据评价目的确定评价范围和内容的过程，在明确了评价客体之后，可以有针对性地对"凝聚人心、完善人格、开发人力、培育人才、造福人民"进行目标分解。

具体的分解过程如下：

第一步：充分研究五个方面目标的结构。课题组开展头脑风暴，把构成五个方面的目标要素一一列出，继而设计各项评价指标。头脑风暴时既要注意显性的因素，还要注意潜在的因素，以保证指标体系的全面性。

第二步：划分层次逐层研究。在指标分解过程中，横向可分解为类项目的分指标，纵向又可分解为若干级具体的指标，可见纵向目标的分解不止一次。其中，目标经过第一次分解所得到的指标，称为一级指标，然后将一级指标再分解为二级指标；有了二级指标，评价指标的构成已相对比较清楚，如果有些指标仍然抽象、笼统，不能直接测量，还须进一步分解二级指标，得到三级指标，但基于简明性考虑，一般以不超过四级为宜。若分解到的三级指标已经清晰可测，我们也可把三级指标称作主要观测点。因此，本书后续的评价指标体系设计与构建中就是采用了"一级指标—二级指标—主要观测点"的结构形式。

通过分解目标，得到大量的末级指标，如果就此组成指标体系，有可能会出现各指标之间内涵相同的重复现象，也可能相互抵触，所以需要进一步加工整

理，进行归纳合并。将复杂条目删减归并，简化提炼；将相互不协调的指标修订、改正，统一要求；从实际出发分析指标的可行程度，决定取舍；对于一项指标，要分析其信息来源的可行性，研究其获取所需信息、资料的难易度。对于可行性、可操作性差的指标应考虑由其他指标替代、补偿。归类合并后的指标应该是目的性、完备性、明确性、时代性和可操作性高度统一的指标。

（二）专家经验法征询意见

专家经验法，也称为专家评定法、经验加权法。它是由经验丰富的教育工作者、教育学者，或主管教育工作部门的领导，根据他们的长期工作经验和主观认识，共同商议而确定权数的一种方法。[①] 采用这种方法，需要对初拟的指标体系征询专家意见，对专家提出的意见进行综合考虑。具体来看，在征询专家经验的过程中主要采用了德尔菲法。所谓德尔菲法，是美国兰德公司赫尔姆于 1964 年发明并首先运用于技术预测的方法。它在教育评价领域得到广泛应用，在教育工作评价领域同样有着一定的应用前景。这种方法以对专家的信任为基础，但为了使每位专家都能独立发表自己的意见和观点，特地采用匿名的形式。通过问卷向专家就指标问题征求意见，在多轮咨询、匿名反馈的过程中，经过专家们的分析判断、综合权衡，逐步统一价值认识，从而确定指标体系。这种方法要求专家有丰富的实践经验和一定的科学知识，同时采用这种方法的评价者或相关管理人员，也必须运用感性知识和理性知识。[②] 这种方法的应用需要依赖于对所要咨询的问题有比较深入研究的专家。在咨询的过程中，需要反复几轮征询专家的意见。

本书在制定指标体系过程中，一是课题组成员中的专家对评价指标体系的设定进行总体把关；二是通过召开多次课题论证会，邀请国内教育学界、思政学界、马克思主义理论学界以及社会学界的专家学者进行论证与指导；三是课题组成员赴国内 30 余所大中小学进行走访调研，为本课题评价指标体系的设计积累了丰富的一手资料和素材。

第四节　新时代教育工作目标评估指标体系框架设计

依据上述分析，新时代"五人"教育工作目标指标体系需系统地将五个方面

---

①② 王茂胜：《思想政治教育评价论》，中国社会科学出版社 2006 年版，第 119～132 页。

的教育工作目标加以结构化联合，以便整体测量教育工作各个方面的基本情况和综合情况，进而为教育决策者、教育工作者作出科学合理的教育决策及教育工作评价提供完善的教育工作信息和客观标准。本研究在借鉴已有关于该教育评价的研究基础上，遵循教育工作、教育活动的基本规律，围绕教育工作的核心要素，从教育学、教育管理学等对教育工作的质的规定性出发，以教育工作中人的因素为主要考量因素，建构新时代教育工作目标的评价指标体系。

一、教育"凝聚人心"工作目标评价体系构建

教育"凝聚人心"工作目标评价体系如表 13 - 1 所示。

表 13 - 1 　　　　　 教育"凝聚人心"工作目标评价体系

一级指标	二级指标	三级指标
教育工作增强政治认同	政党认同	（1）理解中国共产党的执政地位是历史和人民的选择； （2）理解中国共产党的性质、执政理念和宗旨； （3）拥有对中国共产党的忠诚感和归属感，衷心拥护和支持中国共产党的执政领导地位
	国家认同	（1）认同自我的公民身份； （2）具备维护国家主权、领土完整，坚决捍卫国家安全、荣誉与利益的决心； （3）认同祖国的历史与文化价值观念； （4）认同国家所保障和维系的社会结构和秩序
	制度认同	（1）了解中国特色社会主义制度的历史底蕴； （2）明确中国特色社会主义制度的独特优势； （3）知晓中国特色社会主义制度的实践成果； （4）感受中国特色社会主义制度的治理效能
	政策认同	（1）主动配合并践行党的各项路线方针政策； （2）对政策的制定和执行能主动提出意见建议； （3）能正确处理公共政策执行过程中个人利益和集体利益的关系

一级指标	二级指标	三级指标
教育工作强化思想理论认同	指导思想认同	（1）根据各学段要求，制定指导思想"三进"的具体方案； （2）根据各学段要求，设计信仰教育体系及方案； （3）根据各学段要求，制定理论指导实践的社会实践教育体系
	主流意识认同	（1）认可社会主义主流意识形态的思想引领； （2）认可并自觉践行社会主义核心价值观； （3）坚信中国特色社会主义共同理想和共产主义远大理想； （4）对社会思潮具有一定的分辨和鉴别能力
	价值引领认同	（1）教育行政部门在"大思政课"的顶层设计和实施方案中凸显主流价值引领； （2）大中小学"课程思政"实施方案中凸显主流价值融入； （3）学校党团活动、学生日常管理活动中凸显对学生的思想价值引领
教育工作增强情感认同	对历史的珍视之情	（1）学习"四史"，了解"四史"的基本知识； （2）认识和掌握历史发展规律，认同"四个选择"； （3）以正确态度评价历史事件和历史人物； （4）对历史怀有尊重和敬畏之情
	对人民的敬重之情	（1）肯定人民力量； （2）维护人民利益； （3）站稳人民立场； （4）厚植人民感情
	对国家的挚爱之情	（1）激发学生对祖国和家乡的热爱和眷恋； （2）引导学生生发对国家统一、民族团结的愿望； （3）激励学生树立对祖国繁荣昌盛的坚定信念； （4）激活学生的民族自豪之情

二、教育"完善人格"工作目标评价指标体系构建

教育"完善人格"工作目标评价指标体系如表 13 - 2 所示。

表 13 - 2 　　　　 教育"完善人格"工作目标评价指标体系

一级指标	二级指标	三级指标
心理人格 培育维度	个性心理发展	（1）提升学生能力：对学生创新能力、抗压能力、学习能力、生活能力等的培养。 （2）影响个体气质：包括学生心理过程的速度和稳定性（如思维的灵敏度、注意力集中度）；心理过程的强度（如情绪的强弱、意志努力的程度）以及心理活动的指向性特点（如对培养学生理性平和社会心态之效果）等。 （3）塑造个体性格：端正学生态度、锤炼学生意志、形塑学生情绪、锻炼学生理智等
	积极人格培育	（1）激发个体兴趣：教学过程激发学生学习动力；教育内容符合学生成长需求；教育手段吸引学生学习热情。 （2）塑造个体品质：乐观、专注力、毅力、诚实、勇气、真诚、勤奋等。 （3）端正个体动机：对学生学习动机、入党动机和服务、贡献社会动机的纯化效果。 （4）激活个体需要：激活学生生存与安全需要、学习奋斗需要、社会交往需要、爱与尊重的需要、自我实现的需要。 （5）学校对学生以上积极人格培养的渠道畅通度、手段丰富性、师资储备健全性、应急干预及时性等
道德人格 培育维度	道德认知	（1）对中华优秀传统道德的了解程度。 （2）对中国特色社会主义道德的了解程度。 （3）对中国革命道德的了解程度。 （4）根据各学段确定学生学习掌握社会公德、职业道德、家庭美德、个人品德的规范知识。 （5）准确理解作为社会规范的法律规范和道德规范的适用范围

一级指标	二级指标	三级指标
道德人格培育维度	道德情感	（1）社会道德情感：公正感、责任感、义务感及集体主义情感的培养和塑造。 （2）个人道德情感：自尊感、羞耻感、荣誉感的培养和塑造。 （3）道德知识情感：稳定抽象、深刻持久的对道德概念、原理和原则的情感培养
	道德意志	（1）在各种道德情境中能自觉调节自身道德言行，使其符合道德要求。 （2）在各种道德选择中能主动使道德动机战胜不道德动机、利他动机战胜利己动机。 （3）能自觉排除困难、抗拒不良环境的诱惑，将道德行为进行到底
	道德信念	（1）培养学生在复杂的生活中迅速进行道德定向，并毫不犹豫地按道德常规行事的道德决策力。 （2）培养学生在变化的、冲突的情境中明辨是非善恶，克服内心矛盾，作出合理的行为抉择并加以执行的执行力。 （3）培养学生运用道德规范进行自我监督、自我反思的内省力
	道德行为	（1）教育引导学生按照一定的道德原则和规范开展道德评价行为。 （2）教学过程中通过组织行为练习使学生的道德行为转化为道德行为习惯。 （3）教育引导学生对"非道德行为"进行反思和改正，对道德行为和"非道德行为"进行比较、反思和鉴别
社会人格培育维度	利他人格的培养	（1）培养学生学会对他人移情、共情和同情。 （2）培养学生增强责任感，勇于承担社会责任。 （3）培养学生增强内控力和自律性，学会换位思考
	社交人格的培养	（1）学生包容力的培养。 （2）学生交际沟通能力的培养。 （3）学生互助、分享、合作、谦让、贡献等品质的培养

一级指标	二级指标	三级指标
政治人格培育维度	政治主体意识	（1）准确认知政治环境及其与自身利益的关系。 （2）独立思考政治事件、政府决策等政治现象。 （3）自觉关注、自主决定其政治生活的行为方式、价值取向。 （4）自觉养成忠诚、责任、担当的政治品质，摒弃"两面派""山头主义"的陋习
	政治参与意识	（1）教育学生对自身价值与社会政治过程中的双向互动关系具有理性的认知。 （2）引导学生产生参与政治生活的行为意识。 （3）培养学生产生政治意识和表达愿望
	政治实践能力	（1）设计实践教学环节鼓励学生自觉参与各类模拟政治生活实践，提高政治行为能力。 （2）通过思政课程的教学提升学生判断、鉴别政治信息真伪和分析政治现象的政治分辨力。 （3）通过媒介素养养成，提升学生参与民主选举、民主决策、民主管理、民主监督的政治表达力

三、教育"开发人力"工作目标评价指标体系构建

教育"开发人力"工作目标评价指标体系如表13-3所示。

表13-3　　教育"开发人力"工作目标评价指标体系

一级指标	二级指标	三级指标
学校的培养性开发	知识开发	（1）专业知识开发； （2）通用知识开发； （3）生活知识开发
	技能开发	（1）硬技能开发； （2）软技能开发； （3）生活、体能、劳动等必备技能开发
	潜能开发	（1）创新创造潜能； （2）社会适应潜能； （3）自我认知潜能（即引导学生认知自己的优势，激活对自身优势领域的学习兴趣，发挥所长）； （4）计算与空间潜能

514

一级指标	二级指标	三级指标
学校的培养性开发	兴趣开发	（1）制订相应的校本课程教学计划，引导学生发现或发掘自己的爱好与兴趣； （2）完善相应的教育环境（设备、师资等）帮助学生科学地培养兴趣爱好； （3）健全相应的兴趣升学、就业通道，创设条件成就学生的兴趣
教育相关部门政策性开发	人力资源开发的体制机制健全程度	（1）根据经济社会发展需求快速调整教学培养计划和人才培养计划； （2）相关教育部门建立健全人力资源对经济社会发展的反馈机制； （3）学校教育部门能够因材施教，制订针对性的人才培养方案对不同学生进行潜能开发
	人才评价体系的科学合理程度	（1）对考试成绩或论文发表数量的重视度； （2）评价标准涵盖德智体美劳各方面的完整度； （3）拔尖人才、特殊人才、创新人才的分类评价程度
	学生就业培训体制机制健全程度	（1）建立健全全程跟踪式的学生职业生涯辅导体系； （2）能够向适应社会发展需求的办学模式和办学机制转型； （3）毕业生终身学习能力的培养情况

四、教育"培育人才"工作目标评价指标体系构建

教育"培育人才"工作目标评价指标体系如表13-4所示。

表13-4　　　教育"培育人才"工作目标评价指标体系

一级指标	二级指标	三级指标
德育	德育课程设置与实施	（1）德育课程设置的理念与实施方案； （2）校本德育课程的设置与学时安排； （3）不同学段德育课程设置的衔接度
	德育效果评价与反馈	（1）德育效果的过程评价体系建设； （2）德育成效的社会反馈机制建设； （3）德育实施方案的动态调整机制； （4）德育效果的多元、个性化评价

515

一级指标	二级指标	三级指标
德育	德育工作规划与发展	(1) 有效管理的德育工作机制； (2) 有效开展的德育工作队伍； (3) 有效操作的德育工作策略
智育	智育课程设置与实施	(1) 学科专业课程设置及对专业人才的培养； (2) 尖端前沿课程设置及对拔尖人才的培养； (3) 人文素养课程设置及对通用型人才的培养
	智育效果评价与反馈	(1) 受教育者知识能力培育效果：知识迁移、整合、应用能力效果； (2) 受教育者人文素养培育效果：历史素养、文学艺术素养、法律道德素养及科学素养的培育效果； (3) 受教育者社会交往素养培育效果：人际沟通能力、形象塑造、礼仪常识
	智育工作规划与发展	(1) 智育工作方案在各学段的衔接状况； (2) 智育工作与其他育人目标的协同度； (3) 智育工作对教材编写、课程设置、考核评价等方面提出的新要求
体育	体育课程设置与实施	(1) 课外体育活动制度建设与执行情况； (2) 体育课程设置与落实情况； (3) 体育教材建设与利用情况
	学生体质监测与评价	(1) 标准测试组织实施情况； (2) 标准测试结果情况； (3) 学生体测的反馈与评价机制
	体育工作规划与发展	(1) 指导思想与发展规划是否完善并具时代性； (2) 组织机构管理是否健全并开展实际工作； (3) 工作规章制度是否健全并有效
美育	美育课程设置与实施	(1) 美育课程体系建立健全程度，课程设置的完善度； (2) 音乐、美术类科目是否开齐开足； (3) 第二课堂是否经常开展多彩的艺术实践
	学生美育效果的评价	(1) 学校美育评价的"类差异性"是否凸显（是否"一刀切"评价）； (2) 专门的学校美育评价组织是否建立健全； (3) 音乐、美术类科目是否纳入升学毕业考核方案

一级指标	二级指标	三级指标
美育	美育工作规划与发展	(1) 美育指导思想与发展规划是否完善; (2) 美育工作的组织管理机构是否开展实际工作; (3) 美育工作的规章制度是否健全并有效
劳动体育	劳动教育课程设置与实施	(1) 劳动教育课程体系是否建立健全,课程设置是否完善; (2) 劳动实践课程是否开足、开齐; (3) 第二课堂与劳动教育课程的结合程度
	学生劳动教育效果的评价	(1) 专门的劳动教育评价考核机制是否建立。 (2) 专门的学校劳动教育评价组织是否健全。 (3) 劳动教育是否纳入升学毕业考核方案。 (4) 学生对劳动的理念是否发生变化;学生对人民群众的劳动成果是否更加珍惜;学生对劳动人民的感情是否加深
	劳动教育工作规划与发展	(1) 劳动教育指导思想与发展规划是否完善; (2) 劳动教育工作的组织管理机构是否健全; (3) 劳动教育工作的规章制度是否有效

五、教育"造福人民"工作目标评价指标体系构建

教育"造福人民"工作目标评价指标体系如表 13 - 5 所示。

表 13 - 5　　教育"造福人民"工作目标评价指标体系

一级指标	二级指标	三级指标
人民幸福向度	教育成本	(1) 子女入学机会; (2) 资源分配均衡; (3) 收费科学合理; (4) 课外负担较轻
	教育评价	(1) 满足各类人群的需求; (2) 过程评价与结果评价; (3) 调研反馈—调整机制
	教育效果	(1) 内容多样; (2) 启发思考; (3) 学有所成(就业、升学等)

续表

一级指标	二级指标	三级指标
社会公平向度	起点（机会）公平	（1）城乡教育均衡发展； （2）随迁子女机会均等； （3）区域教育均衡发展
	过程（条件）公平	（1）教学过程因材施教； （2）考核过程因材而设； （3）决策过程因校因地制宜
	结果（效果）公平	（1）同级同类学校教育质量相对均衡； （2）同级同类学校具有统一的考核标准； （3）学生"三观"、自我满意程度以及学业的成就水平差距相对较小； （4）区际、校际形成对接交流及援助体系
国家富强向度	面向国家重大需求	（1）学生对选择职业的态度（是否倾向选择面向国家重大需求的行业、岗位及选择基层就业）； （2）基础学科及学科交叉情况（投入力度师资、经费等）； （3）在补短板、解决"卡脖子"项目方面的成果； （4）各类学校"为党育人为国育才"的实施方案
	面向国民经济主战场	（1）人才培养方案或计划吸纳用人单位的建议或意见情况； （2）理论创新或科研成果的转化率； （3）产学研一体化建设及实施情况； （4）"把论文写在祖国大地上"的成果
	面向世界科技的前沿	（1）鼓励创新的体制机制健全程度； （2）学校工作的国际化交流程度； （3）科研成果的国际获奖情况； （4）各类学校毕业生从事研发工作的比例
	面向人民生命健康	（1）教育工作推进人民心理健康程度； （2）教育工作推进人民身体健康程度； （3）教育工作推进人民社会适应良好（即能与自然环境、社会环境保持良好接触，并对周围环境有良好的适应能力，有一定的人际交往能力，能有效应对日常生活、工作中的压力，正常地进行工作、学习和生活）

第五节 新时代教育工作目标的评价过程

一、新时代教育工作目标的评价主体

教育工作评价主体与教育工作评价客体是构成教育工作目标实现成效评价活动的两个基本要素，两者之间的关系是教育工作目标实现成效评价活动中最基本的关系。研究教育工作目标实现成效评价主体与教育工作目标实现成效评价客体及其相互关系，对于正确协调两者之间的关系，充分发挥教育工作目标实现成效评价主体的主导作用和教育工作目标实现成效评价客体的能动作用，具有重要意义。易言之，评价指标体系是众多指标的集合体，指标又是工作目标的具体化。对教育工作进行评价，"谁来评价"和"对谁评价"即评价主体和评价客体是我们需要首先明确的问题。只有明确了评价的主客体，评价指标体系的设计才更有抓手，更具针对性。

教育工作目标实现成效的评价主体主要解决的是"谁来评价"的问题。从现有研究现状来看，学界对教育工作目标实现成效评价主体的争议，不在于是否应该把人作为评价主体，而在于如何确定能为社会所广泛接受的、可信度较高的评价主体。罗剑明等分析了教育工作评价的主体，他们认为教育工作评价主体应分为三种类型：一是社会大众，二是教育工作对象，三是教育工作者。程伟等认为，教育工作的评价主体主要包括个人（指专家、学者、权威人物和其他人群中的任何个体）、群体（指由专业工作者所组成的评价群体或者由专家、学者等权威人物所组成的评价群体）、组织（指具有评价功能的能进行人的有序活动的整体）。[1] 也有人认为，由于教育工作评估是校内与校外、课内与课外、自评与他评的结合，所以应用分层的方法确定教育工作评估的主体。

根据学界已有的观点，结合新时代我国教育工作的目标及现实考量，本研究认为，教育工作目标实现成效评价主体即教育工作质量评价的承担者、发动者、组织者和实施者。因此，在教育工作目标实现成效的评价活动中，谁承担、发动、组织和实施教育工作，谁就是教育工作目标实现成效的评价主体。我们认

---

[1] 程伟、于仰涛：《思想政治工作评价研究方法论》，载于《理论月刊》2006 年第 9 期，第 180 ~ 182 页。

为，教育工作目标实现成效评价主体是指依据一定社会发展的要求，对由一定教育者组织的教育实践活动的效果施加有目的、有计划、有组织的评价影响的个体或群体。从广义的角度说，教育工作目标实现成效评价主体既包括专职评价者，也包括兼职评价者，还包括那些在特定时间和空间对特定教育实践活动开展某类教育工作目标实现成效评价的人。

教育工作目标实现成效评价主体具有不同的类型。一般来说，教育工作目标实现成效评价主体可分为两类：一类是教育工作质量评价个体，主要是指承担、发动、组织、实施教育工作的个人，即个体评价者，如教育工作者、管理教育工作的领导者等；另一类是群体评价者，主要是承担、发动、组织、实施教育工作的群体组织，如各种组织、团体、机构等。教育工作目标实现成效评价的群体一般专指正式群体，即经过一定的组织程序正式批准成立，具有严密的组织机构和明确的教育职能的组织、团体和机构，如教育部思想政治工作司、各地的教育管理部门等。教育工作目标实现成效评价主体的主要职责在于对特定的教育活动作出评价，总结其成绩经验，对比不足，找出差距，发现问题，为下一步教育工作质量的提升提供客观依据。

尽管教育工作目标实现成效的评价本身就是教育工作的一个部分和环节，但在多数情况下，尤其是那些大规模的、全方位的教育工作目标实现成效评价并不是由实际从事教育活动的人所进行的评价或自我评价，而是上级教育管理部门或教育领导部门所要求并实施的工作。教育工作目标实现成效的评价主体只有充分了解和把握教育的本质特点和运动规律，具备正确的教育价值观和相应的能够进行评价活动的能力，才能体现其主体性。教育工作目标实现成效的评价主体有时也会呈现出客体性，即评价主体在特定条件下还具有对象性、客体性特征。这主要是因为：第一，评价主体的评价活动受评价对象和特定环境的制约。第二，评价主体在一定条件下是教育工作目标实现成效的评价客体审视和认识的"客体"。

具体来看，新时代教育工作目标的评价过程，涉及各级教育部门和高校党委的管理者、教育队伍和广大青年学生群体。由于评价过程是一种相互作用的过程，因而在此过程中，这些参与者既是主体，也是客体。就主体而言，他们分别承担着管理主体、教育主体和学习主体的角色。在此过程中，各自履行着不同的功用，共同促进评价工作的有效开展。

（一）教育工作目标评价的管理主体

教育工作目标实现成效评价的管理主体是整个教育工作的组织者、领导者和实施者，担负着把方向、聚资源和查问题的基本职能，呈现出组成的多元性、评价的政治性和实施的科学性等特征。首先，从管理主体的构成来看，管理主体担负着对教育工作目标实现成效如何进行领导、组织、检查、指导等工作，通过以评促改，保证国家有关教育的方针、政策、法规的贯彻执行和教育目标的实现，进而指导教育工作实践。管理主体主要包括教育部及各地教育工委和国务院的宣传或教育主管部门、地方党委和政府及其教育主管部门、学校党委等。其次，从评价的职能来看，管理主体作为教育工作目标实现成效评价的组织者、领导者和实施者，肩负着把方向、聚资源、查问题的基本职能。这些职能的行使是这一工作得以顺利开展和完成的保障。最后，从管理主体的评价特点来看，管理主体在工作中始终把握着基本的政治性和合理性原则，在特点上呈现出评价的政治性和实施的科学性的特征。

具体来看，教育工作目标评价的管理主体在推动评估指标体系执行过程中，应做到：

（1）宏观上指导制定新时代教育工作目标的三级评估指标体系；

（2）负责监督教育工作目标的评估指标体系的落地实施；

（3）统筹协调各地区各级各类学校科学开展教育工作目标实现成效的评估；

（4）负责对教育工作目标的评估指标体系进行解释说明；

（5）负责对评估结果、评估信息、评估数据的汇总分析；

（6）开展评估教育工作目标落实情况的思想动员等工作。

（二）教育工作目标评价的教育主体

教育主体是在教育工作中，直接担负着教学活动、课堂教学、心理健康等工作的教育队伍。教育主体有校党政干部和共青团干部、专业课教师、辅导员班主任和心理咨询师等，承担着价值观念、思想道德和专业知识等方面教育状况的评价职能，并呈现出直接性和自评性的特点。首先，从教育主体的构成来看，教育工作目标实现成效的评价是教育工作的基本内容和重要促成因素，因而，一线的教育工作队伍也同时构成了教育工作目标成效评价的教育主体，具体包括校党政干部和共青团干部、思政课教师、专业课教师、辅导员班主任、心理咨询教师等。其次，从教育主体的职能来看，教育主体在教育工作目标实现成效的评价过程中，承担着对价值观念教育、思想道德教育和专业知识教育、心理教育等方面的评价职能。最后，从教育主体作为评价主体的特点来看，教育主体长期处在教育工作第一线，对学生的思想状况、心理素质、知识学习等有着深入的了解，这些决定了其在教育工作目标实现成效评价过程中的直接性和自评性。例如，一线教育工作队伍是做好教育工作的重要力量，也是推动整个评价工作开展的重要因素。作为教育主体，他们的自我评价是整体评价工作的重要部分。自我评价是教育主体对照教育工作目标进行自我测评。自我评价不仅可以探测出教育主体在教育工作中工作方法、工作态度、工作思路方面的不足，还可以评价自身在贯彻党的教育政策方面到位不到位、深刻不深刻、积极不积极等。

具体来看，教育工作目标评价的一线教育主体（即教育工作者）在推动评估指标体系执行过程中，应做到：

（1）负责具体实施教育工作目标评价指标体系中的第三级指标，将其落地落小落实到日常具体的教育实践与不同课程的教学工作中；

（2）配合相关部门做好第三级指标体系的问卷调查、访谈调查等工作；

（3）对三级指标体系的科学性和合理性提出动态改进意见和建议；

（4）与教育主管部门或领导进行对接，参与并及时反馈教育工作目标实施过程中遇到的难题与困境，提出解决方案建议；

（5）对学校教育中的德智体美劳的课程设置与育人效果进行客观评价，提供一手数据。

（三）教育工作目标评价的学习主体

学习主体是各级党委政府和学校党委作为管理主体的最终工作对象，是指在教育工作目标实现成效的评价过程中，作为授课、管理、环境的直接接受者、经历者和体验者，其看法、态度和感受在教育工作目标实现成效评价过程中始终起到重要作用的广大学生。广大学生在教育工作中具有特殊性，既是整个教育工作的最终对象，也是教育活动的主动参与者，这就决定了学习主体在教育工作目标实现成效评价中，对授课内容、管理方法和教育环境的好坏、优劣的看法和态度，对整个评价工作起着重要影响。而学生作为学习评价的主体，其评价方式主要有授课系统的评价，如对授课内容和方法的评价，以及对师德师风的评价。还有对管理方法的评价，如对学习条件的管理情况的评价，对教育队伍建设、师德师风建设、教材建设等方面是否适合新时代复杂环境下的教育需求的评价；此外，学生主体的评价还有对在择业创业等方面的就业机会、保障条件、支持条件等方面所取得的成就和面临的不足的评价，如此等等。

具体来看，教育工作目标评价的学习主体在推动评估指标体系执行过程中，应做到：

（1）认真填写教育工作目标评估指标体系调查问卷，配合一线教育工作者的调研与访谈，如实反映作为学生在学校教学、教育环境中的客观收获、感受；

（2）客观真实地接受相关的心理测试、人力测试，通过联系家长来真实反馈社会群体对新时代教育工作造福人民工作目标的看法；

（3）客观反映在升学就业、学业支持、教育环境、师德师风等方面的看法和意见；

（4）行使公民权利，勇于对所在地教育管理部门建言献策，留言提建议等。

二、教育工作目标实现成效的评价客体

教育工作目标实现成效的评价客体主要是相对于主体而言的，是教育工作目标实现成效评价的对象，是评价影响的接受者和评价效果最主要的体现者。没有评价客体，评价主体就失去了作用的对象，就会成为无客体的主体，也就根本不能作为真正意义上的教育主体而存在。

由于教育工作目标实现成效评价主要是针对教育工作质量效果的评价，因此，凡是能直接或间接影响教育工作质量效果的要素在一般情况下都应被涵盖在教育工作目标实现成效的评价客体这一概念范畴内，在这个意义上，教育工作质量客体是一个集合性的概念，其具体内涵要视不同的教育工作目标实现成效的评价活动而定。由于教育工作目标实现成效的评价范围与教育工作目标实现成效的评价客体存在密切联系，所以通过对教育工作目标实现成效评价范围的简要梳理，有助于我们更为准确地把握评价客体的外延。本研究认为，教育工作目标实现成效评价的评价范围应包括：对受教育者的评估、对教育者的评估、对领导部门的评估以及教育过程中的途径、形式、方法的评估和对整个过程的辩证把握。[①]换言之，教育工作目标的评价客体不仅具体指向被评价对象教育过程的构成要素，而且理应涵盖被评价对象进行教育活动的整个过程。一般而言，在现实的教育工作目标评价活动中，教育工作目标实现成效评价的客体主要包括"教育者、受教育者、教育介体和教育环体"。需要说明的是，教育工作质量评价客体是一个集合性概念，在对其部分要素作评价时，既要用联系的观点把握各要素之间的内在联系，也要在注意把握各要素的基础之上，对教育工作目标的评价客体形成整体性、系统性认识。

在教育工作目标实现成效评价客体的构成要素中，各构成要素的评价难度存在一定的差异。比如，对教育者、教育对象、教育内容等的评价难度要大于对教育组织、教育载体、教育环境等的评价。因为教育工作目标实现成效评价本身是定性评价与定量评价的结合，对教育组织、教育载体、教育环境等要素的评价本质上属于对"物"的评价，而对教育者、教育对象的评价属于对"人"的评价，对教育内容的评价属于对"知识、观点及价值观"的评价。从"物"到"人"再到"观念"，评价的难度逐渐呈递增趋向。

此外，由于教育工作目标实现成效评价的内容一般主要包括事实和效果两部

[①] 陆庆壬：《教育学原理》，复旦大学出版社1986年版，第245～248页。

第十三章　新时代教育工作目标的评估指标体系建构

分，所以教育工作目标实现成效评价客体也可大致划分为事实客体与效果客体。对于事实客体的评价相对容易，比如教育资源的配置、工作的具体开展、环境的营造等，这些都具备良好的观测基础。而对于效果客体的评价则相对比较困难，原因就在于教育工作与效果的因果关系难以确定。需要说明的是，教育工作目标实现成效评价客体具有广泛性。主要在于教育工作目标实现成效评价是对教育过程及其效果的总体评价，也就是说，它是对教育过程各要素、各环节和教育效果各方面的评价，是一种全程、全域评价，而不是对某单个要素的评价。

三、新时代教育工作目标的评价过程

从评价过程来看，对"五人"教育工作目标进行评价，是依据一定的评价标准，用定性与定量相结合的科学方法，对新时代各级各类学校教育工作的过程及其结果进行价值判断的活动。就具体的过程来看，教育工作质量评价过程是一个由决策、组织、领导、控制和总结反馈等环节构成的实践活动。它们是前后衔接、相互作用、相辅相成的整体。

（一）教育工作目标评价的决策

教育工作质量评价过程的决策担负着计划、部署、指挥的重任，一般是由教育领导部门、管理机构或者单位党委、行政首长负责。教育工作质量的评价过程是一个多层次的工作系统，依据不同的层次划分管理者的不同管理权限与管理责任，教育工作质量评价过程管理决策可以分为三种不同的决策类型：战略性决策、管理性决策和工作性决策。其中，教育工作质量评价过程的战略性决策是对设计教育工作质量评价过程的根本目标或长期目标、主要任务、战略规划的重大事项进行的决策活动，具有全局性、长期性和战略性的特点，一般由教育领导部门和高层管理机构、管理者承担。而教育工作质量评价过程的管理性决策是对某一地区、部门或单位投入教育工作过程中的人力、资金、物质等资源进行合理配置、布局和调整的活动，具有局部性、中期性和技术性，一般由地区或相关教育部门及学校的领导层和中层工作机构、管理者负责。工作性决策一般由基层一线教育工作者进行，是涉及教育工作质量评价过程的一般管理和处理日常质量评价工作、开展质量评价活动的具体决策活动，主要是形成短期性、日常性和操作性的教育工作质量评价过程管理的工作计划和活动方案。

（二）教育工作目标评价的执行

只有执行得力，教育工作质量评价过程中的决策才能得到落实，教育工作质量评价才能顺利进行。决策方案在正式执行之前，需要做好各种必需的准备工作，如进行必要的宣传和动员，调整好决策执行的必要人力、资金和物质，协调好有关部门积极给予支持和配合，等等。对于一些重大决策的执行，还应制定出执行部门和人员的监督评估措施，确定责任部门和责任人。对执行决策的关键岗位、关键人员和决策执行的关键阶段、关键环节，要加强指导、监督和评估，根据需要对决策执行的情况及时进行调控，保证工作系统内部执行决策方案的及时性、协调性和有效性。因此，教育工作质量评价过程的执行阶段，主要包括组织、实施、领导等几个环节。其中，在评估执行的组织环节，应坚持因事设职与因人设职相结合的原则、权责对等的原则、命令统一的原则。教育工作质量评价过程的组织主要是根据教育工作质量评价过程的决策，进行思想动员，专家遴选培训等环节，合理地分工，明确权责，为教育工作质量评价过程良性运行打好基础。其中最重要的是思想动员和专家遴选与培训环节。一方面，在思想动员方面，在开展教育工作质量评价之前，要组织所有参与教育工作质量评价的人员进行思想动员，这是教育工作质量评价过程管理不可或缺的一环。此外，还要对教育工作质量的评价对象等相关人员进行充分的思想动员，让他们正确认识教育工作质量评价的必要性，使他们以正确的态度、健康的心态，积极参与到教育工作质量评价过程中来，主动配合教育工作质量评价主体，共同完成教育工作质量评价任务。思想动员的主要内容就是要讲清楚教育工作质量评价的目的意义以及有关政策；强调实事求是、一切从实际出发的原则；强调自觉遵守教育工作质量评价过程细则和相关纪律要求，增强责任感；等等。另一方面，在专家遴选与培训方面。专家遴选需要根据教育工作质量评价过程的需要以及专家的知识结构来决定。教育工作质量评价是一个复杂的工程，涉及众多学科知识，包括心理学、社会学、教育学、行为学等，因此，在专家遴选过程中，就要考虑到不同学科背景的专家学者，组成一个教育工作质量评价专家库，围绕教育工作质量评价过程方案来进行选择。遴选出专家之后，要对他们进行教育工作质量评价培训，主要是对评价者进行教育工作质量评价理论与方法的专业培训，包括系统了解教育工作质量评价方案，尤其是要掌握按照教育工作质量评价方案收集评价指标信息、处理评价指标数值等的基本方法与技术。

（三）教育工作目标评价的方式方法

教育工作目标评价的具体实施，是评价主体运用多种方法采集评价指标信息以客观呈现评价过程中的事实判断，并通过分析指标信息以形成价值判断的过程。由于教育工作质量评价是否有效，取决于评价主体是否掌握教育工作质量评价过程中的有效信息，而评价主体所获取的信息又主要体现在评价主体所制定的评价指标体系中，因此，这里说的信息采集主要是采集评价客体，即教育工作质量的体现者、承担者的相关信息，需采取观察、访谈、问卷调查、文献档案等方式方法。其中，观察法是收集教育工作质量评价过程中个体思想动态、行为表现以及群体状态信息的重要途径；访谈法往往能够获得广泛、深层、丰富的评价信息；问卷调查法便于收集获取新时代教育工作目标评估指标体系的数值和分值。文献档案法则需要评价主体到被评价者的教育工作部门主动向相关部门或职能部门调取与教育工作质量评价相关的文献档案，包括：一是教育工作开展情况档案，如教育活动计划和总结、工作日记、会议记录、专题报告、大事记等；二是教育工作制度建设档案，如教育文件通知、教育的相关规定、奖惩条例等；三是教育工作质量档案，如教育工作的各类获奖证书、社会反响材料、媒体报道材料、各种表彰和事迹宣传材料等。此外，还包括教育活动的各类相关统计报表、活动图片、数据光盘等。

通过以上方式方法，可以有效采集各级各类学校和教育工作部门的相关教育工作信息，以形成比较可靠的事实判断，在形成相关的教育工作事实判断之后，接下来就是通过处理收集到的零乱、分散的教育工作目标的相关评价信息以形成一定的价值判断，即通过对数据和信息进行分类整理，把原始信息加工整理成为质量评价管理所需要的信息。这一过程主要包括两个方面：一是对收集到的评价信息进行整理、统计、分析；二是运用评价指标体系和相关的评价标准对该信息进行价值判断，从而得出评价结论，为制定教育工作目标的实现效果结论提供依据。其中，对收集到的信息要进行审查、分类、核验、分组、计算等工作。

由于教育工作目标实现情况评价的特殊性，对于教育工作质量评价出现重大责任事故，或出现重大政治原则问题，有时还要根据需要予以实行一票否决，即无限扩大相关评价指标的权重。总之，不能有悖于新时代党的教育工作目标和党的教育方针的初衷，偏离评价的目的。

（四）教育工作目标实现成效评价的总结反馈

总结反馈环节的任务是对教育工作目标实现成效的评估情况作出报告和总结。总结成绩，找出差距，发现问题，为教育工作目标的进一步优化和改进提供客观依据。总结反馈环节在评价过程中具有承上启下的作用，既关系到前一个决策方案执行效果的评价、经验教训总结，又关系到下一轮决策所要针对的问题与目标的确定，其信息对下一个决策的形成、执行与总结反馈有着重要意义。因此，完善新时代教育工作目标实现成效的评价过程总结反馈环节，健全教育工作目标评价信息反馈系统，有利于不断改进教育工作目标实现质量的评价督导机制，对不断提高教育工作水平具有非常重要的意义。具体来看，需从以下几个方面进行总结反馈：

一是对教育工作目标评估指标体系的评价。在对教育工作目标实现成效评估的基础上，对教育工作目标评估指标体系进行二次评价，如指标体系中的各项指标是否符合完备性等要求，各指标的权重配置是否反映了教育工作目标的客观实际与政策导向等要求。

二是对教育工作目标评估过程的再评价。即对教育工作目标评价过程进行二次评价。此次被评价对象主要集中于第一次评估活动中的各构成因子，如收集的评价信息的全面性、准确性和真实性，以及信息分类整理的准确性与合理性和运用评价方法与计算程序的正确性等。

三是对教育工作目标评价结果的再评价。即对已获得的教育工作目标质量评价结果进行二次评价。对其评价结果的再评价即是从整体上对教育工作目标质量评价结论是否反映教育工作客观现实及在何种程度上反映这一客观现实进行判断，并据此反观教育工作目标实现成效的评价环节，完善教育工作目标的评价过程。

在完成以上环节之后，还要撰写教育工作目标的评估总结报告。教育工作目标评估总结报告一般包括评价的时间、评价结构和人员、评价的实施步骤与基本方法、评价的结果与最后的评价结论等。教育工作目标评价总结报告的撰写，是促进教育工作科学化、制度化的重要条件。

参 考 文 献

一、著作类

[1] Thomas S. Popkewitz：《教育改革的政治社会学：教学、师资培育及研究的权力/知识》，薛晓华译，巨流图书股份有限公司 2007 年版。

[2]［英］阿尔福德雷·诺·怀特海：《教育的本质》，刘明译，北京航空航天大学出版社 2019 年版。

[3]［美］阿历克斯·英格尔斯：《人的现代化——心理·思想·态度·行为》，殷陆君译，四川人民出版社 1985 年版。

[4]［英］艾尔弗雷德·诺思·怀特海：《教育的目的》，教育科学出版社 2021 年版。

[5] 本书编写组编：《习近平总书记教育重要论述讲义》，高等教育出版社 2020 年版。

[6]《邓小平论教育》人民教育出版社 1995 年版，第 1 页。

[7]《邓小平年谱（1975 - 1997）》上、下卷，中央文献出版社 2004 年版。

[8]《邓小平文集（一九四九——一九七四年）》（中卷），人民出版社 2014 年版。

[9]《邓小平文选》第二卷，人民出版社 1994 年版。

[10]《邓小平文选》第三卷，人民出版社 1993 年版。

[11]《邓小平文选》第一、二卷，人民出版社 1994 年版。

[12] 邓晓芒：《灵之舞》，上海文艺出版社 2009 年版。

[13] 杜萍：《当代教育学》，华东师范大学出版社 2016 年版。

[14]［美］菲利普·阿特巴赫：《比较高等教育：知识、大学与发展》，人民教育出版社教育室译，人民教育出版社 2001 年版。

[15] 冯建军：《共和国教育学 70 年：教育哲学卷》，北京师范大学出版社 2020 年版。

[16]［古罗马］西塞罗：《西塞罗文集》（政治学卷），王焕生译，中央编译出版社 2010 年版。

［17］顾明远：《教育大辞典：增订合编本》，上海教育出版社 1998 年版。

［18］《国家中长期教育改革和发展规划纲要（2010－2020 年)》，人民出版社 2010 年版。

［19］郝文武：《教育哲学》，人民出版社 2006 年版。

［20］何东昌：《中华人民共和国重要教育文献（1976－1990)》，海南出版社 1998 年版。

［21］何友辉、彭泗清、赵志裕：《世道人心：对中国人心理的探索》，北京大学出版社 2007 年版。

［22］胡锦涛：《高举中国特色社会主义伟大旗帜　为夺取全面建设小康社会新胜利而奋斗——在中国共产党第十七次全国代表大会上的报告》，人民出版社 2007 年版。

［23］胡锦涛：《坚定不移沿着中国特色社会主义道路前进　为全面建成小康社会而奋斗》，人民出版社 2012 年版。

［24］胡锦涛：《在庆祝清华大学建校 100 周年大会上的讲话》，人民出版社 2011 年版。

［25］胡锦涛：《在全国优秀教师代表座谈会上的讲话（2007 年 8 月 31 日)》，人民出版社 2007 年版。

［26］胡锦涛：《在中国文联第九次全国代表大会中国作协第八次全国代表大会上的讲话》，人民出版社 2011 年版。

［27］《胡锦涛文选》第三卷，人民出版社 2016 年版。

［28］《胡锦涛文选》第一、二、三卷，人民出版社 2016 年版。

［29］胡学勤、胡泊：《劳动经济学》，高等教育出版社 2018 年版。

［30］黄济、王泽山等：《现代教育论》第三版，人民教育出版社 2012 年版。

［31］黄钊：《中国古代德育思想史论》，中国社会科学出版社 2011 年版。

［32］江泽民：《论社会主义市场经济》，中央文献出版社 2006 年版。

［33］江泽民：《在庆祝中国共产党成立七十周年大会上的讲话》，人民出版社 1991 年版。

［34］江泽民：《在纪念中国共产党成立七十八周年座谈会上的讲话》，人民出版社 1999 年版。

［35］江泽民：《在庆祝中国共产党成立八十周年大会上的讲话》，人民出版社 2001 年版。

［36］江泽民：《在庆祝中华人民共和国成立四十周年大会上的讲话》，人民出版社 1989 年版。

［37］《江泽民文选》第二卷，人民出版社 2006 年版。

[38]《江泽民文选》第一、二、三卷，人民出版社 2006 年版。

[39]《江泽民文选》第一卷，人民出版社 2006 年版。

[40] 教育部：《3－6 岁儿童学习与发展指南》，首都师范大学出版社 2012 年版。

[41] 教育部课题组编：《深入学习习近平关于教育的重要论述》，人民出版社 2019 年版。

[42] 靳诺主编：《坚持扎根中国大地办教育》，中国人民大学出版社 2021 年版。

[43]《决胜全面建成小康社会 夺取新时代中国特色社会主义伟大胜利——在中国共产党第十九次全国代表大会上的报告》，人民出版社 2017 年版。

[44]《李大钊选集》，人民出版社 1978 年版。

[45]《列宁选集》第 4 卷，人民出版社 2012 年版。

[46] 刘复兴主编：《坚持把服务中华民族伟大复兴作为教育的重要使命》，中国人民大学出版社 2021 年版。

[47] 卢黎歌、薛华等：《当代大学生思想特点、成长规律与马克思主义大众化研究》，西安交通大学出版社 2012 年版。

[48] 陆庆壬：《教育学原理》，复旦大学出版社 1986 年版。

[49] 罗剑平：《教育与人才》，黑龙江美术出版社 2016 年版。

[50] 马克思、恩格斯：《共产党宣言》，人民出版社 2014 年版。

[51]《马克思恩格斯全集》第 2 卷，人民出版社 1957 年版。

[52]《马克思恩格斯全集》第 6 卷，人民出版社 1961 年版。

[53]《马克思恩格斯全集》第 20 卷，人民出版社 1971 年版。

[54]《马克思恩格斯全集》第 42 卷，人民出版社 1979 年版。

[55]《马克思恩格斯全集》第 23 卷，人民出版社 1995 年版。

[56]《马克思恩格斯全集》第 32 卷，人民出版社 1998 年版。

[57]《马克思恩格斯全集》第 25 卷，人民出版社 2001 年版。

[58]《马克思恩格斯全集》第 3 卷，人民出版社 2002 年版。

[59]《马克思恩格斯全集》第 21 卷，人民出版社 2003 年版。

[60]《马克思恩格斯文集》第 10 卷，人民出版社 2009 年版。

[61]《马克思恩格斯文集》第 2 卷，人民出版社 2009 年版。

[62]《马克思恩格斯文集》第 8 卷，人民出版社 2009 年版。

[63]《马克思恩格斯全集》第 35 卷，人民出版社 2013 年版。

[64]《马克思恩格斯全集》第 26 卷，人民出版社 2014 年版。

[65]《马克思恩格斯全集》第 42 卷，人民出版社 2016 年版。

［66］《马克思恩格斯全集》第49卷，人民出版社2016年版。

［67］《马克思恩格斯全集》第28卷，人民出版社2018年版。

［68］《马克思恩格斯选集》第1~5卷，人民出版社2009年版。

［69］《马克思恩格斯选集》第1卷，人民出版社2012年版。

［70］《马克思恩格斯选集》第3卷，人民出版社2012年版。

［71］《马克思恩格斯选集》第4卷，人民出版社2012年版。

［72］毛礼锐、沈灌群编：《中国教育通史》第六卷，山东教育出版社1989年版。

［73］《毛泽东年谱（一八九三~一九四九）（修订本）》中卷，中央文献出版社2013年版。

［74］《毛泽东书信选集》，人民出版社2003年版。

［75］《毛泽东同志论教育工作》，人民教育出版社1958年版。

［76］《毛泽东同志论教育工作》，人民教育出版社1992年版。

［77］《毛泽东选集》第一卷，人民出版社1991年版。

［78］《毛泽东文集》第二卷，人民出版社1993年版。

［79］《毛泽东文集》第三卷，人民出版社1996年版。

［80］《毛泽东文集》第七卷，人民出版社1999年版。

［81］《毛泽东选集》第一、三卷，人民出版社1991年版。

［82］《毛泽东早期文稿（1912.6－1920.11）》，中央文献出版社1990年版。

［83］《毛泽东周恩来刘少奇邓小平论教育》，人民教育出版社1994年版。

［84］苗东升：《系统科学精要》，中国人民大学出版社2010年版。

［85］［美］奈尔·诺丁斯：《教育哲学》，许立新译，北京师范大学出版社2017年版。

［86］全国干部培训教材编审指导委员会组织编写：《改善民生和创新社会治理》，人民出版社、党建读物出版社2019年版。

［87］《全国教育工作会议文件选编》，人民出版社2010年版。

［88］全国十二所重点师范大学联合编写：《教育学基础》，教育科学出版社2014年版。

［89］《深化党和国家机构改革方案》，人民出版社2018年版。

［90］《深化新时代教育评价改革总体方案》，人民出版社2020年版。

［91］《十八大以来重要文献选编》（下），中央文献出版社2018年版。

［92］《十六大以来重要文献选编》（中），中央文献出版社2006年版。

［93］《十四大以来重要文献选编》（上），人民出版社1996年版。

［94］孙远刚等：《12－15岁初中生健全人格培养研究》，大连海事大学出版

社 2017 年版。

[95]《孙中山全集》第九卷，人民出版社 2015 年版。

[96] 王策三等：《教学认识论》，北京师范大学出版社 2002 年版。

[97] 王道俊、王汉澜：《教育学》，人民教育出版社 1989 年版。

[98] 王茂胜：《思想政治教育评价论》，中国社会科学出版社 2006 年版。

[99] 文学国等：《马克思恩格斯列宁斯大林论教育》，中国社会科学出版社
2016 年版。

[100] 邬志辉：《中国农村教育发展报告 2017》，东北师范大学中国农村教育发展研究院 2017 年版。

[101] 吴铎、张仁杰：《教育与社会》，中国科技出版社 1991 年版。

[102] 习近平：《摆脱贫困》，福建人民出版社 2014 年版。

[103] 习近平：《高举中国特色社会主义伟大旗帜　为全面建设社会主义现代化国家而团结奋斗——在中国共产党第二十次全国代表大会上的报告》，人民出版社 2022 年版。

[104] 习近平：《决胜全面建成小康社会　夺取新时代中国特色社会主义伟大胜利——在中国共产党第十九次全国代表大会上的报告》，人民出版社 2017 年版。

[105] 习近平：《论把握新发展阶段、贯彻新发展理念、构建新发展格局》，中央文献出版社 2021 年版。

[106] 习近平：《论党的宣传思想工作》，中央文献出版社 2020 年版。

[107] 习近平：《论坚持党对一切工作的领导》，中央文献出版社 2019 年版。

[108] 习近平：《论坚持全面深化改革》，中央文献出版社 2018 年版。

[109] 习近平：《青年要自觉践行社会主义核心价值观——在北京大学师生座谈会上的讲话》，人民出版社 2014 年版。

[110] 习近平：《思政课是落实立德树人根本任务的关键课程》，人民出版社 2020 年版。

[111] 习近平：《思政课是落实立德树人根本任务的关键课程》，人民出版社 2022 年版。

[112] 习近平：《在北京大学师生座谈会上的讲话》，人民出版社 2018 年版。

[113] 习近平：《在党史学习教育动员大会上的讲话》，人民出版社 2021 年版。

[114] 习近平：《在第十二届全国人民代表大会第一次会议上的讲话》，人民出版社 2013 年版。

[115] 习近平：《在纪念红军长征胜利 80 周年大会上的讲话》，人民出版社

2016 年版。

[116] 习近平：《在纪念五四运动 100 周年大会上的讲话》，人民出版社 2019 年版。

[117] 习近平：《在科学家座谈会上的讲话》，人民出版社 2020 年版。

[118] 习近平：《在庆祝改革开放 40 周年大会上的讲话》，人民出版社 2018 年版。

[119] 习近平：《在庆祝"五一"国际劳动节暨表彰全国劳动模范和先进工作者大会上的讲话》，人民出版社 2015 年版。

[120] 习近平：《在庆祝中国共产党成立 100 周年大会上的讲话》，人民出版社 2021 年版。

[121] 习近平：《在中国科学院第十七次院士大会、中国工程院第十二次院士大会上的讲话》，人民出版社 2014 年版。

[122] 习近平：《做党和人民满意的好老师》，人民出版社 2014 年版。

[123] 习近平：《做党和人民满意的好老师——同北京师范大学师生代表座谈时的讲话》，人民出版社 2014 年版。

[124] 习近平：《做焦裕禄式的县委书记》，中央文献出版社 2015 年版。

[125]《习近平关于科技创新论述摘编》，人民出版社 2016 年版。

[126]《习近平关于全面从严治党论述摘编》，中央文献出版社 2016 年版。

[127]《习近平关于社会主义社会建设论述摘编》，中央文献出版社 2017 年版。

[128]《习近平谈治国理政》第一卷，外文出版社 2018 年版。

[129]《习近平谈治国理政》第二卷，外文出版社 2017 年版。

[130]《习近平谈治国理政》第三卷，外文出版社 2020 年版。

[131]《习近平谈治国理政》第四卷，外文出版社 2022 年版。

[132]《习近平新时代中国特色社会主义思想学习纲要》，人民出版社 2019 年版。

[133]《习近平重要讲话单行本（2020 年合订本)》，人民出版社 2021 年版。

[134]《习近平著作选读》第一卷，人民出版社 2023 年版。

[135]《习近平著作选读》第二卷，人民出版社 2023 年版。

[136] 萧鸣政：《基于人力资源素质论的教育与开发》，人民出版社 2017 年版。

[137]《新华词典》，商务印书馆 1982 年版。

[138] 新华月报：《新中国 70 年大事记（1949.10.1—2019.10.1）》（下），人民出版社 2020 年版。

[139] 新时代思想政治工作大讲堂编写组：《新时代思想政治工作大讲堂》，人民出版社 2021 年版。

[140] 学习时报编辑部：《以教育现代化助力强国建设》，人民出版社 2020 年版。

[141] 杨国安：《教育价值问题》，中国文化出版社 2015 年版。

[142] 姚裕群：《人力资源开发与管理通论》，清华大学出版社 2016 年版。

[143] 余潇择：《哲学人格》，吉林教育出版社 1998 年版。

[144] 俞国良：《现代心理健康教育——心理卫生问题对社会的影响及解决对策》，人民教育出版社 2007 年版。

[145] 袁占亭主编：《坚持以人民为中心发展教育》，中国人民大学出版社 2021 年版。

[146] 《在纪念毛泽东同志诞辰 120 周年座谈会上的讲话》，人民出版社 2013 年版。

[147] 《在教育文化卫生体育领域专家代表座谈会上的讲话》，人民出版社 2020 年版。

[148] 《在庆祝中国共产党成立 100 周年大会上的讲话》，人民出版社 2021 年版。

[149] 张耀灿等：《现代思想政治教育学》，人民出版社 2006 年版。

[150] 张耀灿等：《现代思想政治教育学》第 2 版，人民出版社 2006 年版。

[151] 赵中建：《教育的使命——面向 21 世纪的教育宣言和行动纲领》，教育科学出版社 1996 年版。

[152] 《哲学大辞典修订》（下），上海辞书出版社 2001 年版。

[153] 《中共中央关于党的百年奋斗重大成就和历史经验的决议》，人民出版社 2021 年版。

[154] 中共中央文献编辑委员会：《邓小平文选》第二卷，人民出版社 1994 年版。

[155] 中共中央文献编辑委员会：《邓小平文选》第三卷，人民出版社 1993 年版。

[156] 中共中央文献研究室：《建国以来重要文献选编（第十一册）》，中央文献出版社 1995 版。

[157] 中共中央文献研究室：《三中全会以来重要文献选编》（下），中央文献出版社 2011 年版。

[158] 中共中央文献研究室：《习近平关于科技创新论述摘编》，中央文献出版社 2016 年版。

[159] 中共中央文献研究室：《习近平关于社会主义政治建设论述摘编》，中央文献出版社 2017 年版。

[160] 中共中央宣传部：《习近平新时代中国特色社会主义思想学习纲要》，人民出版社 2019 年版。

[161] 中共中央宣传部编：《习近平新时代中国特色社会主义思想学习问答》，学习出版社、人民出版社 2021 年版。

[162] 中共中央宣传部．中央广播电视总台：《平语近人：习近平总书记用典》，人民出版社 2019 年版。

[163]《中国共产党第十八次全国代表大会文件汇编》，人民出版社 2012 年版。

[164]《中国共产党第十九届中央委员会第六次全体会议公报》，人民出版社 2021 年版。

[165]《中国共产党中央委员会关于建国以来党的若干历史问题的决议》，人民出版社 2009 年版。

[166]《中国教育统计年鉴（2022）》，中国统计出版社 2023 年版。

[167] 中国社会科学院语言研究所词典编辑室：《现代汉语词典》，商务印书馆 2020 年版。

[168] 中华人民共和国教育部中共中央文献研究室：《毛泽东邓小平江泽民论教育》，中央文献出版社、人民教育出版社、北京师范大学出版社 2002 年版。

[169] 中央文献研究室：《党的十八大以来重要文选选编》（上），中央文献出版社 2016 年版。

[170] 周光礼、周详：《教育与未来：中国教育改革之路》，中国人民大学出版社 2017 年版。

[171] 周浩波：《教育哲学》，人民教育出版社 2019 年版。

[172] 周洪宇、龚苗编著：《教育改革的中国方案——聚焦发展核心素养的素质教育探索》，湖北教育出版社 2021 年版。

[173] 周洪宇主编：《中国教育黄皮书：长江教育研究院 2021 年度教育报告：2021 年：科学编制国家教育事业发展"十四五"规划》，湖北教育出版社 2021 年版。

[174] 朱益明、王瑞德等：《中国教育现代化 2035：从规划到实践》，上海教育出版社 2020 年版。

[175] 字词语辞书编写组：《新编现代汉语词典》，湖南教育出版社 2016 年版。

[176]《做党和人民满意的好教师：同北京师范大学师生代表座谈时的讲

话》，人民出版社 2014 年版。

二、论文期刊类

[1] 本刊评论员：《培养德智体美劳全面发展的社会主义建设者和接班人》，载于《求是》2018 年第 18 期。

[2] 陈超：《产业结构现代化与高教结构改革》，载于《比较教育研究》2001 年第 9 期。

[3] 陈玉兰：《我国人才结构失衡现象及其对策研究——基于结构偏离度分析视角》，载于《湖南科技大学学报》（社会科学版）2013 年第 6 期。

[4] 程伟、于仰涛：《思想政治工作评价研究方法论》，载于《理论月刊》2006 年第 9 期。

[5] 褚宏启：《核心素养的国际视野与中国立场——21 世纪中国的国民素质提升与教育目标转型》，载于《教育研究》2016 年第 1 期。

[6] 褚宏启：《追求卓越：英才教育与国家发展——突破我国英才教育的认识误区与政策障碍》，载于《教育研究》2012 年第 11 期。

[7] 董圣足、公彦霏等：《"双减"之下校外培训治理：成效、问题及对策》，载于《上海教育科研》2022 年第 7 期。

[8] 董衍美：《1978 年以来全国教育工作会议回顾》，载于《职业技术教育》2018 年第 30 期。

[9] 方中雄、张瑞海、黄晓玲：《破解超常教育的制度重构——将超常儿童纳入特殊教育体系》，载于《教育研究》2021 年第 5 期。

[10] 高书国：《高质量教育体系的时代内涵与实践策略——基于系统理论的战略分析》，载于《中国教育学刊》2022 年第 1 期。

[11] 高书国：《新一轮高等教育结构调整特征与对策分析——高等教育普及化时代的战略准备》，载于《高校教育管理》2017 年第 5 期。

[12] 葛莉：《新时代中国共产党深化教育改革创新的内在理路》，载于《思想理论教育导刊》2022 年第 2 期。

[13] 顾明远：《个性化教育与人才培养模式创新》，载于《中国教育学刊》2011 年第 10 期。

[14] 顾明远：《新时代教育发展的指导思想——学习习近平总书记在全国教育大会上的讲话》，载于《北京师范大学学报》（社会科学版）2019 年第 1 期。

[15] 郭莉、骆郁廷：《中国特色社会主义制度认同的本质》，载于《马克思主义研究》2015 年第 11 期。

[16] 国务院：《关于〈中国教育改革和发展纲要〉的实施意见》，载于《人

民教育》1994 年第 9 期。

[17] 黄兴胜、黄少成：《深刻把握新时代党的教育工作目标的内涵特征与实践路向》，载于《国家教育行政学院学报》2018 年第 12 期。

[18] 季苹、顿继安：《以人格为核心的能力结构：整体把握育人目标的学科教学理论探索》，载于《中国教育学刊》2022 年第 1 期。

[19] 江畅：《人格完善与人生幸福》，载于《通识教育研究》2016 年第三辑。

[20] 江泽民：《全面建设小康社会，开创中国特色社会主义事业新局面——在中国共产党第十六次全国代表大会上的报告》，载于《党建》2002 年第 12 期。

[21] 蒋纯焦：《新中国 70 年教育的发展历程》，载于《河北师范大学学报》（教育科学版）2019 年第 6 期。

[22] 匡后鹏：《一个人遇到好老师是人生的幸运》，载于《青少年与法》2016 年第 5 期。

[23] 匡瑛、石伟平：《走向现代化：改革开放 40 年我国职业教育发展之路》，载于《教育与经济》2018 年第 4 期。

[24] 兰美荣、卢黎歌：《论"思政课的本质是讲道理"》，载于《北京工业大学学报》（社会科学版）2023 年第 3 期。

[25] 李明欢：《20 世纪西方国际移民理论》，载于《厦门大学学报》（哲学社会科学版）2000 年第 4 期。

[26] 李德铭：《教育公平视角下的异地高考政策研究》，载于《科技展望》2016 年第 5 期。

[27] 李忠军、杨科：《新时代铸魂育人的关键：信仰、信念、信心》，载于《思想教育研究》2019 年第 6 期。

[28] 林健：《未来技术学院建设：教师队伍建设和未来技术研发》，载于《清华大学教育研究》2021 年第 3 期。

[29] 林泽炎：《人才开发重在提高人才效能》，载于《中国发展观察》2014 年第 9 期。

[30] 刘复兴、朱月华：《教育是国之大计、党之大计》，载于《中国高等教育》2019 年 Z3 期。

[31] 刘凯：《新时代教育改革的目标指向与实现路径》，载于《韶关学院学报》2021 年第 2 期。

[32] 刘明石：《历史虚无主义对大学生思想的危害及对策探究》，载于《思想教育研究》2016 年第 4 期。

[33] 柳海民、邹红军：《高质量：中国基础教育发展路向的时代转换》，载于《教育研究》2021 年第 4 期。

［34］龙宝新：《论新时代教育工作目标落地面临的现实障碍及其破解》，载于《内蒙古师范大学学报》（教育科学版）2021年第4期。

［35］卢佳慧、齐淑静：《大学生抗挫折能力的环境影响因素探析》，载于《武汉理工大学学报》（社会科学版）2022年第6期。

［36］卢黎歌、郭玉杰：《激活需要：提升思想政治教育实效的重要切入口》，载于《高校辅导员》2022年第6期。

［37］卢黎歌、郭玉杰：《新时代教育工作目标的生成逻辑》，载于《湖北大学学报》（哲学社会科学版）2021年第4期。

［38］卢黎歌、李英豪：《大力推进新时代党的教育工作目标落地生根》，载于《中国高等教育》2020年第1期。

［39］卢黎歌：《试论高校思想政治理论课教材体系向教学体系的转化》，载于《教学与研究》2009年第11期。

［40］卢晓荣：《育精神之树结文明硕果——阳泉市市级机关幼儿园创建全国文明单位纪实》，载于《中国机关后勤》2020年第12期。

［41］孟大虎、许晨曦：《教育扩展与我国教育不平等的变化——基于教育基尼系数的考察》，载于《杭州师范大学学报》（社会科学版）2022年第44期。

［42］穆铭：《高质量教育体系需要构建健康的教育生态》，载于《人民教育》2021年第9期。

［43］宁本涛：《"五育融合"与中国基础教育生态重建》，载于《中国电化教育》2020年第5期。

［44］施久铭：《以提升质量为抓手，夯实人才强国之基——党的十八大以来基础教育质量提升成就述评》，载于《人民教育》2017年第18期。

［45］隋牧蓉、卢黎歌：《论道德教育在个体道德自觉形成中的建构、塑造与统合功能》，载于《探索》2022年第2期。

［46］孙杰远：《教育治理现代化的本质、逻辑与基本问题》，载于《复旦教育论坛》2020年第1期。

［47］谭敏：《教育精准扶贫推进教育公平的中国经验与未来走向》，载于《教育与经济》2023年第3期。

［48］唐芳云、蔡如军：《思想政治教育学科视域下的政治人格研究》，载于《广西科技师范学院学报》2019年第3期。

［49］万美容、李芳：《师德建设：新时代振兴教师教育的基础工程》，载于《思想教育研究》2018年第7期。

［50］王刚、王艺璇：《"十三五"期间我国关键教育政策问题与对策建议》，载于《现代教育管理》2020年第3期。

［51］王红、陈陟：《"内卷化"视域下"双减"政策的"破卷"逻辑与路径》，载于《教育与经济》2021年第6期。

［52］王慧琴：《让儿童在"百草园"课程中收获更好的成长》，载于《人民教育》2023年第8期。

［53］王莉萍：《全人格教育课程体系的构建与发展》，载于《中国教育学刊》2019年第5期。

［54］王明建：《"为谁培养人"——中国共产党百年教育地位溯源》，载于《河北师范大学学报》（教育科学版）2021年第3期。

［55］王巍、陈劲、尹西明、郭梦溪：《高水平研究型大学驱动创新联合体建设的探索：以中国西部科技创新港为例》，载于《科学学与科学技术管理》2022年第43卷第4期。

［56］王伟波、邹丽敏、邱实、刘俭、刘永猛、付海金、刘颖：《仪器领域科技创新领军人才培养的现状及优化路径——以哈尔滨工业大学仪器学科为例》，载于《西部素质拓展》2021年第7卷第6期。

［57］王伟光：《以中国式现代化全面推进中华民族伟大复兴》，载于《红旗文稿》2022年第21期。

［58］王永固、王怡、王会军、胡小杰、李晓娟、楼又嘉：《区域教育智慧生态系统构建：模型、框架与策略——基于浙江教育大数据工程行动实践》，载于《中国电化教育》2022年第12期。

［59］文东茅：《高考改革方案对"唯分数论"的超越》，载于《中国高教研究》2014年第10期。

［60］习近平：《努力成长为对党和人民忠诚可靠、堪当时代重任的栋梁之才》，载于《求是》2023年第13期。

［61］习近平：《深入实施新时代人才强国战略　加快建设世界重要人才中心和创新高地》，载于《求是》2021第24期。

［62］习近平：《思政课是落实立德树人根本任务的关键课程》，载于《求是》2020年第17期。

［63］夏敏等：《气质与父母养育对儿童社会适应的交互作用：代表性理论及其证据》，载于《心理科学进展》2017年第5期。

［64］肖昊、张云霞：《产业结构优化升级与高等教育的互动》，载于《江苏高教》2005年第5期。

［65］徐国庆：《职业教育实现现代化的关键是完善国家基本制度》，载于《华东师范大学学报》（教育科学版）2021年第2期。

［66］徐永利：《百年党史述说党对教育工作的全面领导》，载于《北京教

育》（高教）2021 年第 7 期。

[67] 薛二勇、李健：《教育强国建设的政策内涵．监测指标与战略路径》，载于《中国教育学刊》2023 年第 7 期。

[68] 薛其坤：《基础研究突破与杰出人才培养》，载于《清华大学教育研究》2021 年第 3 期。

[69] 阎光才：《信息技术革命与教育教学变革：反思与展望》，载于《华东师范大学学报》（教育科学版）2021 年第 7 期。

[70] 阎琨、吴菡：《"强基计划"实施的动因、优势、挑战及政策优化研究》，载于《江苏高教》2021 年第 3 期。

[71] 阎琨、吴菡、张雨顺：《拔尖人才培养的要素、动态和系统视角：基于茨格勒理论》，载于《清华大学教育研究》2021 年第 3 期。

[72] 杨道宇：《与世界共生：迈向 2050 教育范式变革》，载于《比较教育研究》2022 年第 4 期。

[73] 杨聚鹏：《新时代教育评价改革政策的实践困境与推进策略研究》，载于《武汉大学学报》（哲学社会科学版）2022 年第 6 期。

[74] 杨凯：《国家信息主权问题的研究》，电子科技大学硕士学位论文，2006 年。

[75] 杨震、王艳霞：《心无限快乐奉献——威海市新都小学情暖重庆云阳县中坪村校义捐义卖活动剪影》，载于《下一代》2014 年第 9 期。

[76] 杨志成：《百年未有之大变局下世界教育变革与中国教育机遇》，载于《教育研究》2021 年第 3 期。

[77] 衣新发：《中国教师心理健康状况的横断历史研究：1994－2011》，载于《北京师范大学学报》（社会科学版）2014 年第 3 期。

[78] 易凌云：《"五唯"问题：实质与出路》，载于《教育研究》2021 年第 1 期。

[79] 殷忠勇：《从学科走出学科：知识生产与知识政策视域下学科群建设的逻辑、困境与策略》，载于《江苏高教》2020 年第 10 期。

[80] 袁利平、丁雅施：《教育扶贫：中国方案及世界意义》，载于《教育研究》2020 年第 7 期。

[81] 岳昌君：《高等教育结构与产业结构的关系研究》，载于《中国高教研究》2017 年第 7 期。

[82] 张弛：《习近平关于科教兴国战略重要论述的三维阐释》，载于《大连理工大学学报（社会科学版）》2023 年第 1 期。

[83] 张桂敏、吴湘玲：《文化堕距理论视角下农民工市民化"困境"与

"出路"的分析》，载于《云南社会科学》2018 年第 3 期。

[84] 张杰：《大学中学携手：架起人才培养桥梁》，载于《辽宁教育》2013 年第 18 期。

[85] 张旺：《城乡教育一体化：教育公平的时代诉求》，载于《教育研究》2012 年第 8 期。

[86] 张正江：《我国基础教育长期存在的一个突出问题及其改革之路》，载于《天津市教科院学报》2006 年第 2 期。

[87] 张志勇、杨玉春：《"强基计划"是对教育生态系统变革的深刻引领》，载于《中国教育学刊》2021 年第 1 期。

[88] 郑萌萌、王玉洁：《西方社会思潮对大学生文化自信的影响及对策探究》，载于《学校党建与思想教育》2020 年第 2 期。

[89] 邳庭瑾、陈佳欣：《教育发展的不平衡与不充分》，载于《清华大学教育研究》2018 年第 6 期。

[90] 中共教育部党组：《人民教育奠基中国——新中国 60 年教育事业发展与改革的伟大成就》，载于《求是》2009 年第 19 期。

[91]《中国职业教育发展报告》（2012－2022 年），载于《职业技术教育》2022 年第 24 期。

[92] 周江、易仁杰、蔡圳阳、陈根、曹鑫鑫、梁叔全：《理工科类拔尖创新人才培养模式探索与实践——以中南大学材料科学与工程学院为例》，载于《高教学刊》2023 年第 6 期。

[93] 周树杰：《系统科学的形成与发展初探》，载于《理论界》2006 年第 9 期。

[94] 周越、徐继红：《逻辑起点的概念定义及相关观点诠释》，载于《内蒙古师范大学学报（哲学社会科学版）》2006 年第 5 期。

[95] 朱旭东、刘丽莎：《论构建社会主义现代化强国所需要的高质量教育体系》，载于《清华大学教育研究》2021 年第 1 期。

[96] 朱永新、魏书生、贺乐凡、王本中：《〈规划纲要〉让我们形成共识凝聚力量》，载于《中国教育学刊》2010 年第 4 期。

三、报纸及网文类

[1]《把思想政治工作贯穿教育教学全过程　开创我国高等教育事业发展新局面》，载于《人民日报》2016 年 12 月 9 日。

[2] 白宏太：《5 年来，教师队伍 5 大变化》，载于《中国教师报》2017 年 10 月 18 日。

［3］《包头市青山区：以"一体化建设"为抓手筑牢大中小幼思政之基》，载于《中国教育报》2022年11月19日。

［4］《北京市优化资金投入结构　缩小城乡间教育发展差距》，载于《中国教育报》2021年4月1日。

［5］本报评论员：《大力推进教育体制改革创新》，载于《人民日报》2018年9月17日。

［6］本报评论员：《坚持以人民为中心发展教育》，教育部网站，http：// www. moe. gov. cn/jyb_xwfb/xw_zt/moe_357/jyzt_2018n/2018_zt19/zt1819_gd/mtpl/201809/t20180918_349136. html。

［7］《不忘立德树人初心　牢记为党育人为国育才使命　不断作出新的更大贡献》，载于《人民日报》2020年9月10日。

［8］《岑港幼儿园多举措开展幼儿爱国主义教育》，中国定海区教育局网，http：//www. dinghai. gov. cn/art/2022/2/22/art_1496335_59080127. html。

［9］陈宝生：《国之大计党之大计——新中国教育事业的历史成就与现实使命》，载于《人民日报》2019年9月10日。

［10］陈国强：《探索"新医科"创新人才培养方案》，载于《中国教育报》2021年3月22日，第5版。

［11］陈鹏：《新高考全面推进自主招生的变与不变》，载于《光明日报》2018年3月28日，第8版。

［12］陈鹏、姚晓丹：《纾解"妈妈们的焦虑"还需要再加把劲》，载于《光明日报》2021年8月25日，第7版。

［13］陈子季：《中国教育国际影响力在改革开放中不断增强》，载于《中国教育报》2018年11月15日。

［14］程旭、林焕新：《教育发展成果更多更公平惠及全体人民》，载于《人民日报》，2022年5月5日，第6版。

［15］《持续推动多方位全覆盖心理健康教育体系建设》，中国教育新闻网，http：//www. jyb. cn/rmtxwwyyq/jyxx1306/202305/t20230530_2111048488. html。

［16］《重庆巴南职业教育中心：培养有志青年锤炼有为人才》，光明网，ht-tps：//new. qq. com/rain/a/20230706A01BV400。

［17］《大课堂大师资大平台推进上海大学"思政课+课程思政"建设》，上海大学教务部网，https：//jwb. shu. edu. cn/info/1016/305623. htm。

［18］《大连中华职教社打出"组合拳"推动职教理念深入人心》，辽宁神韵网，https：//gd. huaxia. com/c/2023－06－02/1700508. shtml。

［19］《"'大思政课'我们要善用之"（微镜头·习近平总书记两会"下团

542

组”·两会现场观察)》，载于《人民日报》2021 年 3 月 7 日。

[20]《德育工作大中小幼一体化衔接，上海为每个学生终身发展注入鲜明底色》，上观新闻网，https：//sghexport. shobserver. com/html/baijiahao/2020/12/01/306693. html。

[21] 丁雅诵：《普及高中教育，是时候了》，载于《人民日报》2017 年 4 月 20 日。

[22] 冯刚、陈步云：《立足国情 打造中国特色》，载于《中国教育报》2021 年 7 月 1 日。

[23] 冯军：《一所乡镇中学的“好”教育》，载于《中国教师报》2023 年 4 月 19 日，第 10 版。

[24]《改革开放以来的三次全国教育工作会议》，载于《人民日报》1999 年 6 月 23 日。

[25] 巩育华：《国家兜底，让寒门学子不寒心》，载于《人民日报》2015 年 8 月 13 日。

[26]《构建“大思政”新格局，形成育人生动实践》，载于《现代教育报》2022 年 7 月 15 日。

[27]《关于进一步加强青年科技人才培养和使用的若干措施》，载于《人民日报》2023 年 8 月 28 日。

[28]《广东省外语艺术职业学院聚焦“老大难”问题，在主题教育中寻求良策实现破局》，中国教育网，https： // guangdong. eol. cn/guaungdongxiaoyuan/201911/t20191113_1692858. shtml。

[29] 国家统计局：《关于 1992 年国民经济和社会发展的统计公报》，http：//www. stats. gov. cn/sj/tjgb/ndtjgb/qgndtjgb/202302/t20230206_1901936. html，1993 年 2 月 18 日。

[30]《国家统计局：光辉的历程宏伟的篇章——新中国成立 60 周年经济社会发展成就回顾系列报告之一》，http：//www. gov. cn/gzdt/2009/09/07/content_1410926. html，2009 年 9 月 7 日。

[31]《国务院办公厅关于加快中西部教育发展的指导意见》，载于《中国教育报》2016 年 6 月 16 日。

[32] 国务院办公厅：《关于新时代推进普通高中育人方式改革的指导意见》，教育部网站，http：//www. moe. gov. cn/jyb_xxgk/moe_1777/moe_1778/201906/t20190619_386539. html。

[33] 国务院：《关于全面加强基础科学研究的若干意见》，教育部网站，http：//www. moe. gov. cn/jyb_xxgk/moe_1777/moe_1778/201802/t20180202_

326384. html。

[34] 国务院：《关于印发国家职业教育改革实施方案的通知》，教育部网站，http：//www. moe. gov. cn/jyb_xxgk/moe_1777/moe_1778/201904/t20190404_376701. html。

[35] 国务院新闻办公室：《中国人权发展50年》，载于《人民日报》2000年2月17日。

[36] 何忠国：《坚决克服"五唯"痼疾》，载于《学习时报》2018年9月19日。

[37]《衡南县泉湖中学：强化党建引领，凝聚人心奋进》，载于《湖南日报》2023年5月30日。

[38] 胡娟：《推动人的全面发展是教育的时代使命》，载于《光明日报》2021年7月13日。

[39] 黄超：《高等教育人才自主培养质量持续提高》，载于《人民日报》2023年5月30日第13版。

[40]《激活"大课堂"做优"大品牌"》，载于《中国教育报》2023年8月4日。

[41] 纪秀君：《求解农村教师结构性缺编难题》，载于《中国教育报》2014年11月19日。

[42] 纪秀君、赵彩侠、田玉：《"以海育人"如何落地》，载于《中国教育报》2023年6月25日，第1版。

[43]《济南市景山小学用独特的景山文化凝聚人心景山·向美而生向上漫溯》，新时报网，http：//e. e23. cn/content/2020/xxjy_0910/65525. html。

[44]《坚持党的领导传承红色基因扎根中国大地 走出一条建设中国特色世界一流大学新路》，载于《人民日报》2022年4月26日。

[45]《坚持中国特色世界一流大学建设目标方向 为服务国家富强民族复兴人民幸福贡献力量》，载于《人民日报》2021年4月20日。

[46]《教育部：超八成留学成员学成归国》，教育部网站，http：//www. moe. gov. cn/fbh/live/2022/54849/mtbd/202209/t20220921_663497. html。

[47] 教育部：《2006年全国教育事业发展统计公报》，载于《中国教育报》2007年6月8日。

[48] 教育部：《2012年全国教育事业发展统计公报》，载于《中国教育报》2013年8月16日。

[49] 教育部：《2019年全国教育事业发展统计公报》，载于《中国教育报》2020年5月20日。

［50］金坤荣：《阳光会客厅：暖心温情的港湾》，载于《中国教师报》2023年5月24日，第5版。

［51］《牢记历史经验历史教训历史警示　为国家治理能力现代化提供有益借鉴》，载于《人民日报》2014年10月14日。

［52］李斌：《坚定文化自信，实现精神上的独立自主》，载于《人民日报》2023年6月13日，第4版。

［53］李小伟、陈兵：《"以体育人"推动体教深度融合》，载于《中国教育报》2021年11月23日，第9版。

［54］连燕纯、刘盾：《"做中学"开启绘本阅读奇妙之旅》，载于《中国教育报》2023年5月28日，第1版。

［55］刘传铁：《创新人才培养机制夯实人才发展基础》，载于《湖北日报》2014年10月14日。

［56］刘震：《初试既遵循课标又体现选拔需要》，载于《中国教育报》2017年6月12日，第1版。

［57］《吕山小学：团建中收获自我，合作中凝聚人心》，中国教育云，http：//cx.zjer.cn/index.php？r=portal/content/view&id=5051725。

［58］罗锦银：《"四位一体"工作格局提升心理育人实效》，载于《中国教育报》2023年4月24日，第7版。

［59］毛泽东：《关于正确处理人民内部矛盾的问题》，载于《人民日报》1957年6月19日。

［60］《湄洲湾职业技术学院：建设心理健康小屋呵护大学生心灵家园》，中国教育新闻网，http：//www.jyb.cn/rmtzcg/xwy/wzxw/202305/t20230530_2111048538.html。

［61］《铭记历史凝聚人心——海亮初级中学组织党建活动》，海亮教育网，https：//www.hailiangedu.com/news/info/6713.html。

［62］《南京工业职业技术大学：构建职教特色育人体系》，中国教育新闻网，http：//www.jyb.cn/rmtzcg/xwy/wzxw/202211/t20221109_2110968088.html。

［63］《南阳市第十九小学：文化凝聚人心文明滋养校园》，卧龙区文明网，http：//wlqwmw.ihold.com.cn/？m=word&key=12417。

［64］彭宇文：《新时代教育公平要在教育供给上下功夫》，载于《光明日报》2018年3月12日。

［65］全国人民代表大会常务委员会：《关于修改〈中华人民共和国教育法〉的决定》，教育部网站，http：//www.moe.gov.cn/jyb_xxgk/moe_1777/moe_1778/202104/t20210430_529302.html。

[66]《全面贯彻落实党的教育方针　努力把我国基础教育越办越好》，载于《人民日报》2016年9月10日。

[67]《让每个孩子都享有公平而有质量的教育》，载于《人民日报》2022年1月12日，第7版。

[68] 人力资源社会保障部：《国家中长期人才发展规划纲要（2010－2020年）》，http：//www.mohrss.gov.cn/SYrlzyhshbzb/zwgk/ghcw/ghjh/201503/t20150313_153952.htm，2015年3月13日。

[69]《陕西大荔县荔东小学：以评价改革撬动学生全面发展》，中国教育新闻网，http：//www.jyb.cn/rmtxwwyyq/jyxx1306/202305/t20230511_2111039796.html。

[70] 宋鸽：《李跃儿把教育当作一生理想》，载于《中国教师报》2023年7月12日，第8版。

[71]《推进"思政课程"与"课程思政"良性互动　构建"大思政"育人格局》，载于《光明日报》2023年3月25日。

[72] 王济光：《加快形成深入实施人才强国战略的支撑体系》，中国人民政治协商会议全国委员会网，http：//www.cppcc.gov.cn/zxww/2022/10/25/ARTI166667-8302140543.shtml，2022年10月25日。

[73] 温家宝：《百年大计教育为本》，载于《人民日报》2009年1月5日。

[74] 温家宝：《在全国教师工作暨"两基"工作总结表彰大会上的讲话》，载于《人民日报》2012年9月10日。

[75] 翁飞霞：《如何借助评价实现教师持续成长》，载于《中国教育报》2023年5月5日，第9版。

[76]《"我们来共同关心这些教育问题"（微镜头·习近平总书记两会"下团组"·两会现场观察）》，载于《人民日报》2021年3月7日。

[77] 邬志辉：《若不提高乡村教师素质教育公平难实现》，载于《中国青年报》2015年6月15日。

[78]《无锡职业技术学院：产教融合协同育人培育优秀技术技能人才》，载于《光明日报》，2023年5月24日。

[79]《习近平参加上海代表团审议时的讲话》，载于《人民日报》2016年3月6日。

[80] 习近平：《坚持中国特色社会主义教育发展道路，培养德智体美劳全面发展的社会主义建设者和接班人》，新华网，http：//www.xinhuanet.com/video/2018/09/12/c_129951878.htm，2018年9月12日。

[81] 习近平：《决胜全面建成小康社会　夺取新时代中国特色社会主义伟

大胜利》，载于《人民日报》2017年10月28日，第1版。

[82] 习近平：《让人民群众有更多获得感》，载于《内蒙古日报》2016年10月10日。

[83] 习近平：《习近平出席全国教育大会并发表重要讲话》，中国政府网，http：//www. gov. cn/xinwen/2018－09/10/content_5320835. htm，2018年9月10日。

[84]《习近平在北京市八一学校考察时强调　全面贯彻落实党的教育方针　努力把我国基础教育越办越好》，载于《人民日报》2016年9月10日。

[85]《习近平在欧洲学院发表重要演讲》，载于《人民日报》2014年4月2日。

[86]《习近平在全国教育大会上强调　坚持中国特色社会主义教育发展道路　培养德智体美劳全面发展的社会主义建设者和接班人》，载于《人民日报》2018年9月11日。

[87]《习近平在陕西考察时强调　扎实做好"六稳"工作　落实"六保"任务　奋力谱写陕西新时代追赶超越新篇章》，载于《人民日报》2020年4月24日。

[88]《习近平在陕西榆林考察时强调　解放思想改革创新再接再厉　谱写陕西高质量发展新篇章》，载于《人民日报》2021年9月16日。

[89]《习近平在中共中央政治局第五次集体学习时强调　加快建设教育强国　为中华民族伟大复兴提供强力支撑》，载于《人民日报》2023年5月30日。

[90]《习近平在中国人民大学考察时强调　坚持党的领导传承红色基因扎根中国大地　走出一条建设中国特色世界一流大学新路》，载于《人民日报》2022年4月26日。

[91]《习近平致信全国优秀教师代表强调大力弘扬教育家精神　为强国建设民族复兴伟业作出新的更大贡献　向全国广大教师和教育工作者致以节日问候和诚挚祝福》，新华网，http：//www. news. cn/politics/leaders/2023－09/09/c_1129854339. htm，2023年9月9日。

[92]《习近平主持召开中央全面深化改革委员会第二十二次会议强调　加快科技体制改革攻坚　建设全国统一电力市场体系　建立中小学校党组织领导的校长负责制》，载于《人民日报》2021年11月25日。

[93]《厦门市着力构建大中小幼一体化德育体系》，教育部网站，http：//www. moe. gov. cn/jyb_xwfb/s6192/s222/moe_1771/202011/t2020 1117_500442. html。

[94] 杨定成：《让学校真正姓"学"》，载于《中国教育报》2023年6月14日，第5版。

[95] 杨静武：《为学生的幸福成长做好心理准备》，载于《中国教育报》

2022 年 3 月 23 日，第 5 版。

[96] 杨志成：《未来教育的时间与存在》，载于《中国教育报》2017 年 6 月 28 日。

[97] 于奎、张维浩：《一所中等艺术学校的特色化育人新路径》，载于《中国教育报》2023 年 7 月 18 日，第 6 版。

[98] 翟博：《新时代教育工作的根本方针》，载于《中国教育报》2019 年 9 月 16 日。

[99] 张延银：《找到阅读这颗"看不见"的种子》，载于《中国教育报》2023 年 5 月 31 日，第 9 版。

[100] 赵婀娜、吴月：《〈关于进一步减轻义务教育阶段学生作业负担和校外培训负担的意见〉印发一年来——促进学生全面发展健康成长》，载于《人民日报》2022 年 7 月 27 日，第 1 版。

[101] 赵华、欧娟：《以预防和促进发展为导向建设心育课程》，载于《中国教育报》2023 年 5 月 24 日，第 5 版。

[102] 中共教育部党组：《党坚持对教育事业领导的历史经验与启示》，载于《人民日报》2021 年 09 月 07 日。

[103] 中共中央办公厅国务院办公厅：《关于分类推进人才评价机制改革的指导意见的通知》，教育部网站，http：//www. moe. gov. cn/jyb_xxgk/moe_1777/moe_1778/201804/t20180413_333039. html。

[104] 中共中央办公厅国务院办公厅：《关于减轻中小学教师负担进一步营造教育教学良好环境的若干意见》，教育部网站，http：//www. moe. gov. cn/jyb_xxgk/moe_1777/moe_1778/201912/t20191215_412081. html。

[105] 中共中央办公厅国务院办公厅：《关于加快推进乡村人才振兴的意见》，教育部网站，http：//www. moe. gov. cn/jyb_xxgk/moe_1777/moe_1778/202102/t20210224_514648. html。

[106] 中共中央办公厅国务院办公厅：《关于全面加强和改进新时代学校体育工作的意见和关于全面加强和改进新时代学校美育工作的意见》，教育部网站，http：//www. moe. gov. cn/jyb_xxgk/moe_1777/moe_1778/202010/t20201015. html。

[107] 中共中央办公厅国务院办公厅：《关于深化新时代教育督导体制机制改革的意见》，教育部网站，http：//www. moe. gov. cn/jyb_xxgk/moe_1777/moe_1778/202002/t20200219_422406. html。

[108] 中共中央办公厅国务院办公厅：《关于深化新时代学校思想政治理论课改革创新的若干意见》，教育部网站，http：//www. moe. gov. cn/jyb_xxgk/moe_1777/moe_1778/201908/t20190815_394663. html。

［109］中共中央办公厅国务院办公厅：《关于推动现代职业教育高质量发展的意见》，教育部网站，http：//www. moe. gov. cn/jyb_xxgk/moe_1777/moe_1778/202110/t20211012_571737. html。

［110］中共中央办公厅国务院办公厅印发：《关于进一步减轻义务教育阶段学生作业负担和校外培训负担的意见》，教育部网站，http：//www. moe. gov. cn/jyb_xxgk/moe_1777/moe_1778/202107/t20210724_546576. html。

［111］中共中央 国务院：《关于教育工作的指示》，载于《人民日报》1958年9月20日。

［112］中共中央 国务院：《关于全面加强新时代大中小学劳动教育的意见》，教育部网站，http：//www. moe. gov. cn/jyb_xxgk/moe_1777/moe_1778/202003/t20200326_435127. html。

［113］中共中央 国务院：《关于全面深化新时代教师队伍建设改革的意见》，教育部网站，http：//www. moe. gov. cn/jyb_xxgk/moe_1777/moe_1778/201801/t20180131_326144. html。

［114］中共中央 国务院：《关于深化教育教学改革全面提高义务教育质量的意见》，教育部网站，http：//www. moe. gov. cn/jyb_xxgk/moe_1777/moe_1778/201907/t20190708_389416. html。

［115］《中共中央 国务院印发深化新时代教育评价改革总体方案》，载于《人民日报》2020年10月14日。

［116］《中国共产党章程》，人民网，http：//dangjian. people. com. cn/GB/136058/427510/428086/428087/index. html。

［117］《珠江路小学：提升教师团队凝聚力，打造"追梦"教育理念》，今报网，http：//www. jinbw. com. cn/c/20220105/n_1641352358245130. html。

［118］《做党和人民满意的好老师——同北京师范大学师生代表座谈时的讲话》，载于《人民日报》2014年9月10日。

后　记

　　本书是教育部哲学社会科学研究重大课题攻关项目的最终成果。课题自2019年8月2日获准立项到2022年10月申请结项，经历了1 100多个日日夜夜。全体课题组成员谨记申报时的承诺——为我国实现2018年全国教育大会提出的新时代"五人"教育工作目标，贡献自己的智慧和心力。

　　通过课题研究的实战训练，使课题组的全体成员科研能力都得到了很大的锻炼和提高，也培育了一批博士生和硕士生，使他们了解了重大项目从申报到结项的全过程，提高了他们的科研能力。

　　本课题的终结成果包括课题总报告、子课题研究报告、调研报告、咨政建言报告。本书是在课题总报告基础上修改完善形成的。子课题研究报告、调研报告、咨政建言报告没有收入本书，但其中的数据、资料和部分观点被吸收进本书中。

　　本书的写作团队成员（按照章节顺序排列）：

　　第一章西安交通大学卢黎歌、武星星；第二章陕西师范大学龙宝新与焦龙保、西安交通大学岳潇；第三章长安大学吴凯丽、深圳大学李迎霞；第四章重庆邮电大学李英豪；第五章西北农林科技大学隋牧蓉；第六章西安交通大学武星星；第七章华中科技大学郭玉杰；第八章陕西科技大学李华飞；第九章西安交通大学李丹阳；第十章钱瑾；第十一章中国共产党重庆市万州区委员会党校向苗苗；第十二章李华飞、郭玉杰、李丹阳、钱瑾、向苗苗、卢黎歌；第十三章武星星。摘要、序言、后记、通稿卢黎歌。摘要、目录英文翻译南方科技大学兰美荣，校正西安交通大学魏华。参考文献整理：武星星、李英豪。格式整理隋牧蓉。在写作过程中，团队成员经常互相交流、研讨，同时也吸纳了子课题报告、咨询报告、调查研究报告中的部分内容。所以，本书是集体研究的成果。

　　子课题研究报告写作成员：

　　第一子课题负责人：天津师范大学副校长秦龙，写作成员：隋牧蓉、岳潇、郭玉杰、吉瑞霞、王玉福、王韩。

　　第二子课题负责人：陕西学前师范学院副校长文明，写作成员：陕西学前师范学院文明，孙媛，杨佩。

第三子课题负责人：西安音乐学院党委书记张立杰，写作成员：王安潮、王刚、张铭钟、冯增勤。

第四子课题负责人：陕西师范大学民族教育学院院长龙宝新，写作成员：陆根书、陈春晖、焦龙保、蔡婉怡、杨静、赵婧、孙瑞芳、杨聚鹏。

说明：申报时的第三子课题负责人郑庆华，因履新不能继续在课题组工作，故调整为张立杰；第四子课题负责人陆根书因工作关系不能继续在课题组工作，故调整为龙宝新。

问卷设计统计、调研走访、调研报告写作成员：

卢黎歌、卢春天、隋牧蓉、岳潇、吴凯丽、武星星、李英豪、李迎霞、李华飞、郭玉杰、钱瑾、李丹阳、向苗苗。

论文作者、建言献策作者：

卢黎歌、秦龙、文明、张立杰、龙宝新、陆根书、隋牧蓉、岳潇、吴凯丽、武星星、李英豪、李迎霞、李华飞、郭玉杰、卢春天、胡长栓、杨华、田建军、王霞、訾艳阳、宋宝萍、阮云志、魏华、邓谨、陈春晖、吕焰、王洪礼、吉瑞霞、王玉福、杨佩、孙媛。

上述对研究过程及成果的总结，大体归纳有以下几点：

第一，以问题为导向。问题是学术研究的灵魂，也是研究的起点。要以对指南破题和问题选择为起点，围绕新发现的问题开展研究，回应社会对本研究领域的重大关切。

第二，做好研究规划。规划是成功的一半，也是研究的基本遵循。要根据研究目标，仔细构建研究规划，并且要反复征求各方面的意见，尤其是专家的意见。规划已经确定，应该当成课题组成员共同体的共识，要按照规划的进度、研究方案、承诺的任务进行。

第三，充分发挥骨干和团队的集体智慧和力量。课题组成员不能是挂名成员。所有成员都应该遵守申报承诺，完成其应承担的任务。

第四，以高度的责任心、使命感进行课题研究。课题组不能仅仅以"完成任务"为追求，而要"为党献策、为国建言、为民解困"。

第五，研究成果的形态应当是丰富而多样化的。除了完成定量化的论文、研究报告等规定成果外，还应该关注咨政建言、社会宣传、人才培养、队伍建设等附加成果。

但愿我们的课题成果能为推进新时代教育工作目标的贯彻落实，为2035年建成教育强国、人才强国，贡献一份力量。

本课题得到全国许多专家，尤其是教育部组织的中期检查和结项审查专家的指导、帮助。调研中得到各省市教育主管部门和大中小学师生的积极支持，在此表示衷心感谢。课题组也得到了课题组成员所在学校的关心照顾和大力支持。感谢西安交通大学校领导、社科处给予课题具体细致的指导和大力支持。课题在进行中，因为正值我国抗击新冠疫情的关键时期，对于开展调查、听取意见、进行研讨都有影响，在一定程度上限制了我们的出行、交流。加之水平有限，可能在某些方面对中央决策的理解、对现实问题的认识，还有一定的改进、完善空间。我们诚恳希望广大读者给我们提出宝贵意见。

本书出版，得到教育部社科司领导的大力支持；得到了全国许多著名专家学者的精心指导，包括靳诺、黄蓉生、艾四林、宋进、高国希、胡德海、王岩、曹娟；得到西安交通大学社科处尤其是贾毅华、梅红的关心支持。还要感谢给予我们调查工作积极支持的全国广大师生，各级教育部门和高校的干部、职员。

经济科学出版社，尤其是孙丽丽、纪小小两位编辑对于本书的出版付出了大量的精力和心血，对她们付出的辛勤劳动致以衷心感谢。

卢黎歌

2024 年 **9** 月

553

教育部哲学社會科學研究重大課題攻關項目
成果出版列表

序号	书名	首席专家
1	《马克思主义基础理论若干重大问题研究》	陈先达
2	《马克思主义理论学科体系建构与建设研究》	张雷声
3	《马克思主义整体性研究》	逄锦聚
4	《改革开放以来马克思主义在中国的发展》	顾钰民
5	《新时期 新探索 新征程 ——当代资本主义国家共产党的理论与实践研究》	聂运麟
6	《坚持马克思主义在意识形态领域指导地位研究》	陈先达
7	《当代资本主义新变化的批判性解读》	唐正东
8	《当代中国人精神生活研究》	童世骏
9	《弘扬与培育民族精神研究》	杨叔子
10	《当代科学哲学的发展趋势》	郭贵春
11	《服务型政府建设规律研究》	朱光磊
12	《地方政府改革与深化行政管理体制改革研究》	沈荣华
13	《面向知识表示与推理的自然语言逻辑》	鞠实儿
14	《当代宗教冲突与对话研究》	张志刚
15	《马克思主义文艺理论中国化研究》	朱立元
16	《历史题材文学创作重大问题研究》	童庆炳
17	《现代中西高校公共艺术教育比较研究》	曾繁仁
18	《西方文论中国化与中国文论建设》	王一川
19	《中华民族音乐文化的国际传播与推广》	王耀华
20	《楚地出土戰國簡册 [十四種]》	陈 伟
21	《近代中国的知识与制度转型》	桑 兵
22	《中国抗战在世界反法西斯战争中的历史地位》	胡德坤
23	《近代以来日本对华认识及其行动选择研究》	杨栋梁
24	《京津冀都市圈的崛起与中国经济发展》	周立群
25	《金融市场全球化下的中国监管体系研究》	曹凤岐
26	《中国市场经济发展研究》	刘 伟
27	《全球经济调整中的中国经济增长与宏观调控体系研究》	黄 达
28	《中国特大都市圈与世界制造业中心研究》	李廉水

序号	书　名	首席专家
29	《中国产业竞争力研究》	赵彦云
30	《东北老工业基地资源型城市发展可持续产业问题研究》	宋冬林
31	《转型时期消费需求升级与产业发展研究》	臧旭恒
32	《中国金融国际化中的风险防范与金融安全研究》	刘锡良
33	《全球新型金融危机与中国的外汇储备战略》	陈雨露
34	《全球金融危机与新常态下的中国产业发展》	段文斌
35	《中国民营经济制度创新与发展》	李维安
36	《中国现代服务经济理论与发展战略研究》	陈　宪
37	《中国转型期的社会风险及公共危机管理研究》	丁烈云
38	《人文社会科学研究成果评价体系研究》	刘大椿
39	《中国工业化、城镇化进程中的农村土地问题研究》	曲福田
40	《中国农村社区建设研究》	项继权
41	《东北老工业基地改造与振兴研究》	程　伟
42	《全面建设小康社会进程中的我国就业发展战略研究》	曾湘泉
43	《自主创新战略与国际竞争力研究》	吴贵生
44	《转轨经济中的反行政性垄断与促进竞争政策研究》	于良春
45	《面向公共服务的电子政务管理体系研究》	孙宝文
46	《产权理论比较与中国产权制度变革》	黄少安
47	《中国企业集团成长与重组研究》	蓝海林
48	《我国资源、环境、人口与经济承载能力研究》	邱　东
49	《"病有所医"——目标、路径与战略选择》	高建民
50	《税收对国民收入分配调控作用研究》	郭庆旺
51	《多党合作与中国共产党执政能力建设研究》	周淑真
52	《规范收入分配秩序研究》	杨灿明
53	《中国社会转型中的政府治理模式研究》	娄成武
54	《中国加入区域经济一体化研究》	黄卫平
55	《金融体制改革和货币问题研究》	王广谦
56	《人民币均衡汇率问题研究》	姜波克
57	《我国土地制度与社会经济协调发展研究》	黄祖辉
58	《南水北调工程与中部地区经济社会可持续发展研究》	杨云彦
59	《产业集聚与区域经济协调发展研究》	王　珺

序号	书　名	首席专家
91	《城市新移民问题及其对策研究》	周大鸣
92	《新农村建设与城镇化推进中农村教育布局调整研究》	史宁中
93	《农村公共产品供给与农村和谐社会建设》	王国华
94	《中国大城市户籍制度改革研究》	彭希哲
95	《国家惠农政策的成效评价与完善研究》	邓大才
96	《以民主促进和谐——和谐社会构建中的基层民主政治建设研究》	徐　勇
97	《城市文化与国家治理——当代中国城市建设理论内涵与发展模式建构》	皇甫晓涛
98	《中国边疆治理研究》	周　平
99	《边疆多民族地区构建社会主义和谐社会研究》	张先亮
100	《新疆民族文化、民族心理与社会长治久安》	高静文
101	《中国大众媒介的传播效果与公信力研究》	喻国明
102	《媒介素养：理念、认知、参与》	陆　晔
103	《创新型国家的知识信息服务体系研究》	胡昌平
104	《数字信息资源规划、管理与利用研究》	马费成
105	《新闻传媒发展与建构和谐社会关系研究》	罗以澄
106	《数字传播技术与媒体产业发展研究》	黄升民
107	《互联网等新媒体对社会舆论影响与利用研究》	谢新洲
108	《网络舆论监测与安全研究》	黄永林
109	《中国文化产业发展战略论》	胡惠林
110	《20世纪中国古代文化经典在域外的传播与影响研究》	张西平
111	《国际传播的理论、现状和发展趋势研究》	吴　飞
112	《教育投入、资源配置与人力资本收益》	闵维方
113	《创新人才与教育创新研究》	林崇德
114	《中国农村教育发展指标体系研究》	袁桂林
115	《高校思想政治理论课程建设研究》	顾海良
116	《网络思想政治教育研究》	张再兴
117	《高校招生考试制度改革研究》	刘海峰
118	《基础教育改革与中国教育学理论重建研究》	叶　澜
119	《我国研究生教育结构调整问题研究》	袁本涛 王传毅
120	《公共财政框架下公共教育财政制度研究》	王善迈

序号	书　名	首席专家
184	《区域经济一体化中府际合作的法律问题研究》	石佑启
185	《城乡劳动力平等就业研究》	姚先国
186	《20世纪朱子学研究精华集成——从学术思想史的视角》	乐爱国
187	《拔尖创新人才成长规律与培养模式研究》	林崇德
188	《生态文明制度建设研究》	陈晓红
189	《我国城镇住房保障体系及运行机制研究》	虞晓芬
190	《中国战略性新兴产业国际化战略研究》	汪　涛
191	《证据科学论纲》	张保生
192	《要素成本上升背景下我国外贸中长期发展趋势研究》	黄建忠
193	《中国历代长城研究》.	段清波
194	《当代技术哲学的发展趋势研究》	吴国林
195	《20世纪中国社会思潮研究》	高瑞泉
196	《中国社会保障制度整合与体系完善重大问题研究》	丁建定
197	《民族地区特殊类型贫困与反贫困研究》	李俊杰
198	《扩大消费需求的长效机制研究》	臧旭恒
199	《我国土地出让制度改革及收益共享机制研究》	石晓平
200	《高等学校分类体系及其设置标准研究》	史秋衡
201	《全面加强学校德育体系建设研究》	杜时忠
202	《生态环境公益诉讼机制研究》	颜运秋
203	《科学研究与高等教育深度融合的知识创新体系建设研究》	杜德斌
204	《女性高层次人才成长规律与发展对策研究》	罗瑾琏
205	《岳麓秦简与秦代法律制度研究》	陈松长
206	《民办教育分类管理政策实施跟踪与评估研究》	周海涛
207	《建立城乡统一的建设用地市场研究》	张安录
208	《迈向高质量发展的经济结构转变研究》	郭熙保
209	《中国社会福利理论与制度构建——以适度普惠社会福利制度为例》	彭华民
210	《提高教育系统廉政文化建设实效性和针对性研究》	罗国振
211	《毒品成瘾及其复吸行为——心理学的研究视角》	沈模卫
212	《英语世界的中国文学译介与研究》	曹顺庆
213	《建立公开规范的住房公积金制度研究》	王先柱

序号	书　名	首席专家
214	《现代归纳逻辑理论及其应用研究》	何向东
215	《时代变迁、技术扩散与教育变革：信息化教育的理论与实践探索》	杨　浩
216	《城镇化进程中新生代农民工职业教育与社会融合问题研究》	褚宏启 薛二勇
217	《我国先进制造业发展战略研究》	唐晓华
218	《融合与修正：跨文化交流的逻辑与认知研究》	鞠实儿
219	《中国新生代农民工收入状况与消费行为研究》	金晓彤
220	《高校少数民族应用型人才培养模式综合改革研究》	张学敏
221	《中国的立法体制研究》	陈　俊
222	《教师社会经济地位问题：现实与选择》	劳凯声
223	《中国现代职业教育质量保障体系研究》	赵志群
224	《欧洲农村城镇化进程及其借鉴意义》	刘景华
225	《国际金融危机后全球需求结构变化及其对中国的影响》	陈万灵
226	《创新法治人才培养机制》	杜承铭
227	《法治中国建设背景下警察权研究》	余凌云
228	《高校财务管理创新与财务风险防范机制研究》	徐明稚
229	《义务教育学校布局问题研究》	雷万鹏
230	《高校党员领导干部清正、党政领导班子清廉的长效机制研究》	汪　曤
231	《二十国集团与全球经济治理研究》	黄茂兴
232	《高校内部权力运行制约与监督体系研究》	张德祥
233	《职业教育办学模式改革研究》	石伟平
234	《职业教育现代学徒制理论研究与实践探索》	徐国庆
235	《全球化背景下国际秩序重构与中国国家安全战略研究》	张汉林
236	《进一步扩大服务业开放的模式和路径研究》	申明浩
237	《自然资源管理体制研究》	宋马林
238	《高考改革试点方案跟踪与评估研究》	钟秉林
239	《全面提高党的建设科学化水平》	齐卫平
240	《"绿色化"的重大意义及实现途径研究》	张俊飚
241	《利率市场化背景下的金融风险研究》	田利辉
242	《经济全球化背景下中国反垄断战略研究》	王先林

序号	书　名	首席专家
243	《中华文化的跨文化阐释与对外传播研究》	李庆本
244	《世界一流大学和一流学科评价体系与推进战略》	王战军
245	《新常态下中国经济运行机制的变革与中国宏观调控模式重构研究》	袁晓玲
246	《推进 21 世纪海上丝绸之路建设研究》	梁　颖
247	《现代大学治理结构中的纪律建设、德治礼序和权力配置协调机制研究》	周作宇
248	《渐进式延迟退休政策的社会经济效应研究》	席　恒
249	《经济发展新常态下我国货币政策体系建设研究》	潘　敏
250	《推动智库建设健康发展研究》	李　刚
251	《农业转移人口市民化转型：理论与中国经验》	潘泽泉
252	《电子商务发展趋势及对国内外贸易发展的影响机制研究》	孙宝文
253	《创新专业学位研究生培养模式研究》	贺克斌
254	《医患信任关系建设的社会心理机制研究》	汪新建
255	《司法管理体制改革基础理论研究》	徐汉明
256	《建构立体形式反腐败体系研究》	徐玉生
257	《重大突发事件社会舆情演化规律及应对策略研究》	傅昌波
258	《中国社会需求变化与学位授予体系发展前瞻研究》	姚　云
259	《非营利性民办学校办学模式创新研究》	周海涛
260	《基于"零废弃"的城市生活垃圾管理政策研究》	褚祝杰
261	《城镇化背景下我国义务教育改革和发展机制研究》	邬志辉
262	《中国满族语言文字保护抢救口述史》	刘厚生
263	《构建公平合理的国际气候治理体系研究》	薄　燕
264	《新时代治国理政方略研究》	刘焕明
265	《新时代高校党的领导体制机制研究》	黄建军
266	《东亚国家语言中汉字词汇使用现状研究》	施建军
267	《中国传统道德文化的现代阐释和实践路径研究》	吴根友
268	《创新社会治理体制与社会和谐稳定长效机制研究》	金太军
269	《文艺评论价值体系的理论建设与实践研究》	刘俐俐
270	《新形势下弘扬爱国主义重大理论和现实问题研究》	王泽应

序号	书　名	首席专家
271	《我国高校"双一流"建设推进机制与成效评估研究》	刘念才
272	《中国特色社会主义监督体系的理论与实践》	过　勇
273	《中国软实力建设与发展战略》	骆郁廷
274	《坚持和加强党的全面领导研究》	张世飞
275	《面向2035我国高校哲学社会科学整体发展战略研究》	任少波
276	《中国古代曲乐乐谱今译》	刘崇德
277	《民营企业参与"一带一路"国际产能合作战略研究》	陈衍泰
278	《网络空间全球治理体系的建构》	崔保国
279	《汉语国际教育视野下的中国文化教材与数据库建设研究》	于小植
280	《新型政商关系研究》	陈寿灿
281	《完善社会救助制度研究》	慈勤英
282	《太行山和吕梁山抗战文献整理与研究》	岳谦厚
283	《清代稀见科举文献研究》	陈维昭
284	《协同创新的理论、机制与政策研究》	朱桂龙
285	《数据驱动的公共安全风险治理》	沙勇忠
286	《黔西北濒危彝族钞本文献整理和研究》	张学立
287	《我国高素质幼儿园园长队伍建设研究》	缴润凯
288	《我国债券市场建立市场化法制化风险防范体系研究》	冯　果
289	《流动人口管理和服务对策研究》	关信平
290	《企业环境责任与政府环境责任协同机制研究》	胡宗义
291	《多重外部约束下我国融入国际价值链分工战略研究》	张为付
292	《政府债务预算管理与绩效评价》	金荣学
293	《推进以保障和改善民生为重点的社会体制改革研究》	范明林
294	《中国传统村落价值体系与异地扶贫搬迁中的传统村落保护研究》	郝　平
295	《大病保险创新发展的模式与路径》	田文华
296	《教育与经济发展：理论探索与实证分析》	杜育红
297	《宏观经济整体和微观产品服务质量"双提高"机制研究》	程　虹
298	《构建清洁低碳、安全高效的能源体系政策与机制研究》	牛东晓
299	《水生态补偿机制研究》	王清军
300	《系统观视阈的新时代中国式现代化》	汪青松
301	《资本市场的系统性风险测度与防范体系构建研究》	陈守东